La guerre de la psychanalyse

5-7, rue de l'Ecole polytechnique, 75005 Paris

http://www.librairieharmattan.com
diffusion.harmattan@wanadoo.fr
harmattan1@wanadoo.fr

ISBN : 978-2-296-06775-2
EAN : 9782296067752

Émile Jalley

La guerre de la psychanalyse

2. Le front européen

L'Harmattan

Émile JALLEY, ancien élève de l'Ecole normale supérieure, agrégé de philosophie, psychologue diplômé d'État, professeur émérite de psychologie clinique et d' épistémologie à l'Université Paris Nord.

Principales publications

Livres

Wallon lecteur de Freud et Piaget, Paris, Editions sociales, 1981.

Wallon : La Vie mentale, Paris, Editions sociales, 1982.

Henri Wallon : Psychologie et dialectique, (avec L. Maury) Paris, Messidor, 1990.

Atlas de la psychologie (H. Benesch), direction de traduction de l'allemand avec augmentation, Paris, Livre de Poche, 1995.

Dictionnaire de la psychologie (W. D. Fröhlich), direction de traduction de l'allemand, Paris, Livre de Poche, 1997.

« Psychanalyse, psychologie clinique et psychopathologie » : in Psychologie clinique et psychopathologie (R. Samacher et col.), Paris, Bréal, 1998.

Freud, Wallon, Lacan. L'enfant au miroir, Paris, EPEL, 1998.

La crise de la psychologie à l'université en France, tome1 : Origine et déterminisme, tome 2 : état des lieux depuis 1990, Paris, L'Harmattan, 2004.

La psychanalyse et la psychologie aujourd'hui en France, Paris, Vuibert, 2006.

Wallon et Piaget. Pour une critique de la psychologie contemporaine, Paris, L'Harmattan, 2006.

La guerre des psys continue. La psychanalyse française en lutte, Paris, ibid., 2007.

Critique de la raison en psychologie. La psychologie scientifique est-elle une science ? ibid., 2007.

Encyclopédies

« Wallon Henri » : Encyclopaedia Universalis, tome 18, Paris, 1985.

« Wilfred Bion » : ibid., tome 4, 1989.

« Concept d'opposition » : ibid., tome 16, 1989.

« Psychanalyse et concept d'opposition » : ibid., tome 19, 1989.

« Psychologie génétique » : ibid., tome 19, 1989.

« Les stades du développement en psychologie de l'enfant et en psychanalyse » : ibid., Symposium, 1989.

« Les grandes orientations de la psychologie actuelle » : Encyclopédie médicochirurgicale, Paris, Éditions techniques,1989.

« Psychologie clinique » (en collaboration) : ibid., 1991.

« La psychologie moderne » : Encyclopédie Clartés, Paris, Éditions Clartés, 1996.

« Wallon Henri 1879-1962 » : Encyclopédie philosophique universelle. Dictionnaire : Paris, Presses Universitaires de France. 1992.

Articles divers

« Le thème du miroir dans l'histoire de la philosophie » : L'Unebévue, Paris, EPEL, n° 14, Hiver 1999.

« Données pour un panorama bref, partiel et provisoire de la structure institutionnelle de la psychologie française aujourd'hui » : Psychologie clinique, Paris, L'Harmattan, n° 11, 2001, pp.185-217.

« Etat de la psychologie en France : déontologie, publications, gestion des carrières », Le Journal des psychologues, n° 184, février 2001, pp. 14-18.

« La psychologie, une science fondée sur l'éthique ? », ibid., n°188, juin 2001, pp. 8-9.

« La psychologie est-elle en crise ? », ibid., n° 213, déc. 2003-janv. 204, pp. 10-15.

« Le retour de Wallon et Piaget », ibid., n° 244, fév. 2007, pp. 58-63.

Forum

www.pour-une-critique-de-l-universite.com

e-mail : emile.jalley@wanadoo.fr

Pour Pierre Jalley, mon fils
Bénédicte Jalley-Meurisse, mon épouse,
et Gisèle Jalley-Ponchard, ma mère

Georges-Philibert Maroniez (1865-1933) : Falaise sur l'Atlantique

La guerre de la psychanalyse
2. Le front européen

SOMMAIRE

TOME 1.

Hier, aujourd'hui, demain

TOME 2

Le front européen

Introduction

1. Rassembler ses ressources face à un ennemi pressé d'en finir

Cet ouvrage qui se présente comme le deuxième tome d'un livre global, dont le premier tome s'intitule aussi *La guerre de la psychanalyse*, mais avec le sous-titre *1. Hier, aujourd'hui, demain*, en a été détaché pour éviter la longueur excessive d'un ouvrage de près de 1000 pages sur un ensemble de questions difficiles.

Malgré tout, il a son autonomie propre et peut être lu de manière complètement indépendante, même s'il serait souhaitable que la lecture en fût enchaînée avec celle du premier volume. De toute manière, nos ouvrages n'ont jamais été conçus selon une économie requérant une lecture continue, bien plutôt un accès à plusieurs entrées selon la perspective choisie par le lecteur, dans un champ dont la structure naturelle comporte elle-même de multiples entrées.

Le précédent ouvrage comporte une Introduction globale exposant le projet d'ensemble du livre unique que composent en fait les deux volumes. Dans ce cadre, nous avons déjà présenté le contenu essentiel du deuxième tome actuel en des termes sur lesquels nous ne reviendrons pas ici, et auxquels nous renvoyons le lecteur intéressé.

Dans le trajet global de cet ouvrage en deux volumes complémentaires, nous avons d'abord, dans le présent, « aujourd'hui », examiné l'état de crise finale de la psychologie clinique (Raoult, 2004, 2005), puis le bilan de santé affiché par la psychanalyse classique (Perron, 2006), puis l'état actuel de la crise de l'université où se trouve en tout état de cause impliqué le destin de la psychanalyse, même non universitaire (Lunel, 2007 ; Jourde, 2007), enfin les rapports récents tissés entre la nouvelle neuroscience et la psychanalyse (Naccache, 2006). Dans un second mouvement, plongeant dans le passé, « hier », on s'attachait à rechercher les antécédents de la psychologie et de la psychanalyse dans l'histoire de la philosophie antique, médiévale, classique, romantique et moderne, avant d'étudier le thème de l'image en miroir à nouveau à travers les mêmes périodes de l'histoire de la philosophie. Nous en arrivions alors où nous en sommes à présent, avec ce second volume, à la question de « la psychanalyse dans la psychologie européenne », avec tout d'abord la configuration particulière « Wallon et Piaget : 1920-1980 », avant d'en venir au test de Rorschach (1921-1990), sensiblement dans la même plage historique.

De fait, Wallon, Piaget, Rorschach nous apparaissent comme « **le front européen » dès longtemps constitué, et toujours présent** d'une certaine manière, dans la guerre actuelle de la psychanalyse, ce que les psychanalystes français auraient les premiers intérêt à comprendre et à bien assimiler, afin de mieux tendre leur moral, reprendre leur courage, et mobiliser leur énergie de réplique, affiner aussi le détail de leur argumentaire, dans la guerre qui continue, et dont les épisodes les plus atroces ne sont certainement pas encore survenus.

Quel front et comment ? Et pourquoi l'Europe ?

Le front européen s'entend ici de trois psychologues d'une importance mondiale, mais dont la formation et la carrière se sont déroulées à l'abri de toute influence vraiment sensible, identifiable et marquée du paradigme de la psychologie anglo-saxonne, plus précisément nord-américaine. Cela va de soi pour Rorschach qui, formé dans le cadre germanique de l'École de Zurich n'a jamais subi la moindre influence anglophone. Cela n'est pas moins évident de Wallon aussi bien que de Piaget qui, pour avoir connu la psychologie nord-américaine, parfois citée par eux tard dans leur carrière (Wallon, 1941 ; Piaget, 1947), n'en ont pas moins écarté l'influence, parfois même avec humeur, surtout Piaget.

Ce front européen offre une base culturelle qui, aussi surprenante que la chose puisse d'abord paraître, permet la mobilisation d'un arsenal de ressources et d'un éventail d'arguments à même de contrecarrer la pression envahissante du paradigme DSM-TCC-Psychotropes et de son socle procuré par le fondamentalisme cognitiviste, dont la dernière grande offensive éditoriale s'est fait jour avec le *Livre noir de la psychanalyse*, mais qui ne s'en prolonge pas moins par une lutte quotidienne dans l'espace universitaire et administratif géré par les autorités de tutelle, une réponse plus sporadique en dehors aussi.

2. La vérité partielle liée au mythe de la coupure bachelardo-althussérienne

De ce point de vue, il s'agit tout d'abord de réfuter une erreur qui est grave même si elle est partielle. Assurément partielle, et même bancale, car dans ce domaine, comme en d'autres, aucune proposition n'est rarement vraie, sans que sa contradictoire le soit également d'une certaine manière aussi. **Toute vérité en histoire est à deux faces**, à double versant, ambivalente. Les Français devraient savoir cela depuis Kant et Hegel, Freud aussi.

Or la thèse qui s'est imposée depuis quelque 25 ans années, d'une Histoire de la psychanalyse en France interprétée sur le mode de la cassure, d'après le faciès d'un antagonisme de fracture, lecture dérivée d'un modèle inspiré de celui de la coupure bachelardo-althussérienne, et de couleur somme toute « structuraliste », cette thèse, si elle n'est **pas entièrement fausse, n'est pas non plus totalement vraie**. C'est une sorte de bagnole à laquelle manquerait au moins une roue, et qui a bien du mal à ne pas sortir de la route, en zigzaguant même d'un bord à l'autre. C'est l'impression que me donnent personnellement depuis longtemps les schémas du genre de *La bataille de cent ans* (Élisabeth Roudinesco) suivie de *L'impossible rencontre* de la psychanalyse et de la psychologie en France (A. Ohayon). Il y a du vrai là-dedans, **un certain vrai, mais qui n'est pas certain non plus**, plutôt même de ce genre très répandu de vérité qui devient aussitôt une erreur si elle n'est pas complétée et amendée par la perspective opposée. Et de ce fait, à n'y prendre garde, on est reparti pour des errements comparables à ceux introduits par le dogmatique et même fanatique petit livre de Reuchlin écrit encore 25 ans plus tôt. Car évidemment, personne n'arrive à le penser, à le formuler, à l'écrire. Alors encore 25 ans et... C'est fou la lenteur des choses dans ce pays depuis la fin de la Deuxième Guerre mondiale : on dirait que tout a été cassé, brisé, que les cerveaux ont débrayé, quand on ne les a pas encore remplacés par du saindoux, ce à quoi tend de manière délibérée la destruction concertée de l'enseignement depuis des décennies, comme le soutiennent à bon escient des universitaires compétents comme Pierre Jourde (2007). Le pouvoir n'a plus guère à s'inquiéter de la capacité de réaction des étudiants : leur faculté critique est ramollie comme il faut, à point pour en faire des bêtes de somme bien dociles. On va bien voir jusqu'où peut aller leur agitation commençant cette semaine, en cette fin de novembre 2007, dans la contestation du pouvoir ultra-présidentiel.

Donc, oui, il y a **du vrai là-dedans**, à savoir dans la résistance formidable de la structure institutionnelle de la psychologie universitaire en France à l'introduction de la psychanalyse dans l'enseignement et la recherche universitaires. C'est là un fait dont je puis personnellement témoigner pour en avoir été le témoin impliqué.

J'ai passé la licence de psychologie en deux fractions : d'abord le certificat de psychologie générale en 1956, qui était alors requis comme partie intégrante de la licence de philosophie à 4 certificats (philosophie générale, histoire de la philosophie, morale et sociologie). Puis les 4 autres certificats : psychologie de l'enfant, psychologie sociale, psychophysiologie générale et psychophysiologie comparée en 1967.

Pas un atome de psychanalyse là-dedans, ni même de psychologie clinique, alors que Lagache avait créé la licence de psychologie en 1945 (Nicolas dit que c'est Guillaume tout juste avant), et que le psychanalyste Anzieu y fonctionnait comme assistant depuis les années 50. Lagache diffusait de manière adroite la psychanalyse et la psychologie clinique, qu'il venait de créer *ad hoc*, à partir de son cours de psychologie générale de licence, ce que j'ai encore vu faire à Juliette Favez-Boutonier en 1956, avec Durandin comme assistant. Ce n'est qu'après 1968 que j'ai vu à René-Descartes un enseignement de « Méthodes d'étude de la personnalité », en fait un enseignement d'initiation à la psychologie clinique, mais toujours dans le cadre contraint du Certificat de psychologie générale, alors qu'un Certificat de maîtrise de psychologie clinique - portant pour la première fois cette dénomination explicite - fonctionnait à René-Descartes dès la rentrée de 1968 (un an après son inauguration à Censier).

Mais **l'autre côté de la vérité** est celui-ci. Cependant, il implique pour être reconnu que l'on sache varier les perspectives d'examen, et changer de lunettes à bon escient, ce qui nécessite certes des dons naturels, mais aussi beaucoup de travail dans le champ de l'histoire des idées et de la culture. **Wallon et Piaget étant les deux psychologues de loin les plus importants de l'aire francophone**, ce à propos de quoi il convient de disposer d'une capacité de jugement pertinente et bien formée à même d'en produire l'évaluation - car aussitôt d'autres innocent(e)s prétendront que c'est Janet et Claparède, sinon Burloud et Ferrière, ou alors Guillaume et Montessori - il se trouve aussi que Wallon et Piaget **ont rencontré Freud, ou au moins son texte, comme leur principal interlocuteur.** Qu'ils lui ont offert la rencontre d'un miroir, d'un jeu de prismes à la fois réceptif et déformant - pas d'un obturateur ou d'un couvercle à la manière du *Livre noir* - qu'ils en ont produit des critiques profondes et nuancées, et qu'ils ont tiré de la pensée freudienne une substance conceptuelle qu'ils ont transformée, adaptée et assimilée à leur propre démarche créative, mais que, ce faisant ils ont également diffusé dans l'ensemble des conceptions psychologiques de leur époque la pensée psychanalytique comme une espèce de couleur, de parfum, d'allure, à la fois partout répandues, sous forme d'une harmonique de base, d'un ton indiscernable. Seuls les bons experts de l'histoire de la psychologie et de la psychanalyse le perçoivent, le ressentent, l'identifient, le cernent, parviennent à le dessiner et à le définir, au bout de décennies de pratique, surtout pas les gens pressés qui croient pouvoir faire le tour de pareilles questions en 3, 4 ou 5 années de travail. Que font un violoniste, un pianiste même doués en 5 ans ! ? Il paraît que le philosophe Alain avait dit à son fils naturel Louis Savin, mon professeur d'hypokhâgne à Henri-IV, qui le redisait à ses élèves, qu'il fallait au moins 10 ans pour commencer à savoir faire quelque chose.

Cette indépendance de jugement des deux plus grands psychologues tant à l'égard de la psychanalyse que de la résistance contre elle dans la structure universitaire française, tient à deux facteurs particuliers. Tout d'abord à la nationalité suisse de Piaget. Ensuite au fait que la carrière de Wallon, jusqu'à son élection difficile au Collège de France, s'est faite entièrement en marge de la Sorbonne, où il n'a jamais pu être enseignant titulaire, donc dans la voie latérale et marginalisée des Hautes Études, reconnu certes pour son grand talent, mais mis à l'écart aussi pour ses opinions politiques d'extrême gauche.

C'est Zazzo lui-même qui a appelé Wallon et Piaget, sans oublier l'américain Gesell, « **trois géants d'inégale visibilité** » : Gesell a été mondialement connu, dit-il, à partir de 1930 ; Piaget, dit-il encore, connu dès 1955 en URSS, ne l'a guère été des lecteurs cultivés du *Monde* qu'à partir de 1970 ; quant à Wallon, il m'a été dit un jour par Pierre Grappin, l'ex-doyen de Nanterre avant 1968, que, déjà bien avant la Première Guerre mondiale, il était connu comme le principal psychologue français.

3. Une psychologie de la personnalité avoisinant la psychanalyse

Il existe aussi tout un continent de la psychologie non proprement psychanalytique, une psychologie de la personnalité, féconde dans les différents champs de la psychologie, **entre les années 20 et 80**, où pèse beaucoup le continent européen, même si les anglo-américains y sont assez bien représentés, et qui possède en intersection avec tout un large versant de la psychanalyse, justement le métaconcept de personnalité, qu'il s'agisse de modèles anthropologiques (Mauss, Malinowski, R. Benedict, M. Mead, Kardiner, Linton, morpho-physio-psychologiques (Kretschmer, Sheldon), psychophysiologiques (Pavlov, Heymans et Wiersma), psychologiques d'approche caractérologique (Le Senne, Jung, Rorschach,

Schneider, Jaensch), d'approches psychosociologique (G. H. Mead, Lewin, Bandura), factorialiste (Cattell, Guilford, Eysenck), cognitiviste même (Rogers, Adorno, Fromm, Horkheimer, Frenkel-Brunswick, Rokeach, Helson, Holzman et Klein, Appley, Kelly, Bieri, Harvey, Gardner, Block, Kagan, Zuckerman, Aiken, Witkin, Rotter et Phares, tout ce qui précède en écho bien entendu déjà avec Abraham, Ferenczi, Freud, Klein, Lagache, Scheler, Bergeret, et même l'Egopsychology, sans oublier non plus Wallon, et Piaget même - chez qui la notion de personnalité, qu'on se le dise, n'est pas tout à fait une rareté... Mais ce n'est pas en faisant de l'histoire événementielle qu'il était possible d'identifier un pareil continent, dont le propre, avec d'autres grandes structures latentes de ce type, est justement de dissimuler quelque peu leur contour dans la brume.

Il ne faudra pas trouver étonnant non plus qu'il faille mettre au compte de l'ancien front européen de la psychanalyse et de ses compagnons de route - ce qu'ont été Wallon et Piaget bien plus que ses adversaires - Hermann Rorschach et son étonnante découverte du test des taches, tout de même que les interprétations psychanalytiques récentes auxquelles il a donné lieu dans le cadre de **l'école française de techniques projectives**. Même si là encore il faut des années de pratique patientes pour savoir s'orienter dans ce paysage complexe, ouvert par Lagache, Anzieu et leurs disciples d'obédience anglaise (Winnicott, Bion) plutôt que lacanienne, ce qui est d'ailleurs un témoignage supplémentaire, s'il en fallait encore un, de l'étonnante diversité et de la **remarquable richesse de la psychanalyse française**.

Un mot particulier doit être dit encore concernant Wallon, à propos duquel le lecteur peu informé en histoire de la psychologie et de la psychanalyse - faute notamment de l'absence regrettable de pont entre ces deux champs - pourra s'étonner que sa présence soit si insistante, aussi massive même, dans l'exploration, attentive au moins, des sources et parentés européennes des générations successives de la psychanalyse. On a déjà eu l'occasion d'évoquer le thème important des **notions-carrefours** dans l'histoire des idées, à propos notamment de la pensée binaire, du thème de l'image spéculaire (*Aujourd'hui, hier, demain* : chapitres 5 à 8), paysage où Wallon joue le rôle d'un témoin d'une grande importance. Celui-ci, en plus de son dialogue original, prolongé et très étroit (*Le front européen* : chapitres 9 à 11) avec la pensée freudienne, nous apparaîtra intervenir encore dans un autre de ces carrefours où convergent de multiples auteurs, cette fois à propos des mécanismes fondamentaux des processus d'identification (chapitres 14 et 15 : Wallon, Freud, Rorschach, Mélanie Klein, Lagache, Schafer, Schachtel, Klopfer, Rapaport).

C'est aussi une très grosse surprise - un véritable scoop[1] dans le double registre de l'histoire de la psychologie comme de la psychanalyse - que le dialogue

---

[1] Même si des contacts plutôt sporadiques et depuis longtemps oubliés, que l'on aura l'occasion de remémorer (12.11.), s'étaient déjà établis, en une période de mode plutôt fugace, dans les années 1950, et même déjà avant en Suisse au moins.

Le présent ouvrage comme le précédent sont dédiés à ma mère Gisèle Maria Jalley-Ponchard, à ma femme Bénédicte Jalley -Meurisse et à mon fils Pierre Grégoire Hadrien Jalley.

insistant avec la pensée freudienne (*ibid.* : chapitre 12) ait pu jouer un rôle d'une telle importance dans la genèse historique, par un double mécanisme de filiation et d'opposition, de dépendance et de prise d'autonomie, de la psychologie de l'intelligence et de l'épistémologie génétique de Jean Piaget.

De toute évidence, étaient à mentionner également dans ce front européen de la psychanalyse, et même en première ligne plutôt qu'au rang des troupes alliées - dont l'intérêt stratégique et panoramique actuel, mais trop inédit jusqu'alors, a davantage centré notre attention ci-dessus -, les principaux représentants dont s'est illustrée **la grande et très riche école française de psychanalyse depuis un large demi-siècle**, et que nous avons présentés dans notre ouvrage intitulé *La psychanalyse et la psychologie aujourd'hui en France. Pour un livre blanc de la psychanalyse* (Vuibert, 2006 a). Mentionnons à nouveau et sans y revenir davantage au premier chef Jacques Lacan, mais évidemment aussi Daniel Lagache, Didier Anzieu et Juliette Favez-Boutonier - cités plus haut -, Françoise Dolto, Béla Grunberger, Janine Chasseguet-Smirgel, Francis Pasche, Piera Aulagnier, Joyce McDougall, Paul-Claude Racamier, Jean-Bertrand Pontalis, Serge Lebovici, René Diatkine, P. Marty, C. David, M. Fain, M. de M'Uzan, Denise Braunschveig, Évelyne Kestemberg, André Green, Guy Rosolato, Jean Laplanche, Serge Viderman, sans oublier non plus Maurice Bouvet, Simone Decobert, Robert Barande, Jean-Luc Donnet, Michel Soulé, Jean-Paul Valabrega, Nicolas Abraham, Maria Torok, Jean Guillaumin, ni non plus René Kaës, René Roussillon, Anny Cordié, Catherine Chabert.

Nous avons produit depuis l'année 2004, huit livres d'une longueur moyenne de 500 pages, sans avoir jamais l'impression de nous répéter, ce que nous avons toujours sciemment évité de faire. Nous aurions bien entendu préféré écrire moins d'ouvrages et plus courts aussi. Mais il nous semble que la matière ne nous en a pas laissé le choix. Plus nous avons progressé en connaissances au cours de notre carrière dans le domaine des disciplines psychologiques, plus nous avons éprouvé que **la « psychologie », et plus encore la « psychanalyse », sont les plus difficiles, et de très loin, de toutes les sciences**, à la fois parce qu'elles s'adressent à l'objet du niveau de complexité le plus élevé, et aussi parce qu'elles mettent en jeu les méthodologies les plus délicates et les plus sophistiquées, du fait de requérir l'usage conjoint de l'esprit de géométrie et de l'esprit de finesse.

Par ailleurs, le degré des conflits, la situation de blocage intergroupal, l'état de verrouillage institutionnel, les carences et les retards dans le travail critique, historique et épistémologique, nécessaire à une discipline aussi difficile, faute de quoi elle cesse rapidement d'avancer, ont été tels depuis les années 50, qu'il n'était pas question de continuer à fourrager et ferrailler dans le présent, sans d'abord tenter de revenir assez loin en arrière pour **voir ce qui pouvait faire ainsi obstacle au moindre pas en avant**, et que l'on se trouvait alors face à une montagne de matériaux à affronter et à traiter pour que soit dégagée à nouveau la perspective d'un chemin, si au moins il en reste un, ce dont on peut douter, après tant d'erreurs accumulées comme à plaisir. Nous ne prétendons avoir réussi dans ce travail, mais au moins pensions-nous au départ que jamais ce ne serait aussi long. En tout cas, nous sommes bien affaiblis, et nos ennemis bien pressés d'en finir.

TROISIÈME PARTIE : ENCORE HIER

La psychanalyse dans la psychologie européenne
Wallon et Piaget : 1920-1980

CHAPITRE 9

L'attitude manifeste de Wallon à l'égard de la psychanalyse

9.1. Wallon dans le contexte français

Wallon est né en 1879, soit quarante ans après Ribot (1839), une vingtaine d'années après Janet (1859) et Binet (1857), une dizaine d'années après Dumas (1866), et il est contemporain de Blondel (1876). Parmi ces auteurs, une première génération représentée par Ribot (+ 1916) et Binet (+ 1911) précède assez nettement les débuts de la carrière médicale (1908) et professorale (1919) de Wallon. Par contre, les périodes d'activité respectives de Janet (+ 1947), de Dumas (+ 1946) et de Blondel (+ 1939) recouvrent largement la phase la plus féconde (1920 - 1945) de la carrière de Wallon. Or, de ce point de vue, un fait est incontestable : l'attitude intellectuelle de Wallon à l'égard de la psychanalyse tranche complètement, c'est du moins notre avis, avec celle de ses contemporains.

De fait, l'article de 1920 sur *La conscience et la vie subconsciente* peut apparaître à bon droit comme le premier texte en langue française qui présente l'ensemble de la théorie psychanalytique d'une façon claire et assez complète, sans déformations notoires, et dans une forme d'expression déjà moderne, encore à peu près acceptable aujourd'hui. La qualité de l'information y est aussi remarquable que la modération du jugement, le ton mesuré des critiques.

C'est au moins la thèse que nous défendions, pour la première fois dans la littérature, dans notre ouvrage paru en 1980 sur *Wallon lecteur de Freud et Piaget.* À l'époque nous n'avions connaissance que d'un petit nombre de titres d'autres auteurs parus avant cette date (le livre de Régis et Hesnard et deux articles de Kostyleff)[2]. Depuis ont été identifiés une quinzaine environ d'autres articles et passages[3], qu'il est intéressant de connaître pour comprendre que la psychanalyse s'est diffusée dans l'aire francophone (suisse et française) avant 1914 **de façon sensiblement plus dynamique que ce qui en a été prétendu jusqu'ici**. Mais pour l'essentiel le contenu de ces articles, bien que ce corpus francophone jusqu'ici délaissé par les historiens ne soit pas tout à fait rien, ne modifie en rien notre jugement antérieur.

Cette méditation de Wallon sur la psychanalyse se prolongera pendant quarante ans, jusqu'à la fin de sa vie. Elle s'exprime en des textes fort nombreux,

---

[2] Kostyleff 1911 a , Kostyleff 1911 b ; Regis et Hesnard 1914.

[3] Bergson 1896, 1901, 1922, 1924 ; Maeder 1907a, Maeder 1907 b, Leroy 1908, Jung 1908-1909, Maeder 1909, Maeder 1911-1912, Kostyleff 1912, Menzerath 1912, Bovet 1913, Janet 1914, Ribot 1914, Claparède 1921.

répartis dans une trentaine de titres, ouvrages et articles, couvrant environ l'espace de 300 pages de livres en format universitaire standard. Il est clair qu'aucun psychologue français de cette époque (Janet ?) n'a consacré autant de pages à la présentation et à la discussion de la psychanalyse.

L'attitude d'ensemble de Wallon à l'égard de la pensée freudienne ne se laisse pas facilement définir, dans la mesure où elle connote ce qu'il faut se risquer à qualifier comme une certaine ambivalence, mais dont l'expression est par ailleurs toujours très contrôlée. Plus précisément, cette attitude allie une **indéniable curiosité intellectuelle et une forme de réserve personnelle**, dont le motif demeure en fait informulé. Cette forme d'intérêt réel mais ambigu s'exprime en particulier par la distance variable du jugement de Wallon à l'égard de l'objet de son discours : certains textes font preuve d'une sévérité extrême, d'autres au contraire d'une véritable bienveillance, parfois à propos des mêmes notions, par exemple celle de libido. De plus, ces deux positions semblent alterner, peut-on dire, en dents de scie à travers le temps, sans gradient d'évolution assignable.

Comment s'explique cette double attitude d'intérêt et de modération de la part de Wallon, si on la compare à celle nettement moins favorable[4] de ses contemporains ? Notre opinion personnelle est que Wallon paraît en possession, dès les années vingt, d'un **modèle particulier du conflit intrapsychique, dont ne dispose aucun de ses contemporains francophones**, et qui, quelles que soient les différences essentielles qui le séparent du modèle spécifiquement freudien, ne lui en fournit pas moins une sorte de grille de lecture, de dispositif d'approche acceptable du texte psychanalytique. Nous allons essayer de justifier dans un instant cette hypothèse personnelle mais fort plausible.

D'un autre point de vue, la formation intellectuelle de Wallon le rattache aux sources diverses et très riches d'une tradition typiquement française dont Malrieu nous paraît avoir fort clairement brossé le tableau. Nous le citons : « Wallon appartient à cette génération de rationalistes et de démocrates qui, à la fin du 19ème et à l'aube du 20ème siècles, se reconnaissent disciples de Descartes et adhèrent à l'esprit du doute méthodique et de l'évidence ; continuateurs des révolutionnaires de 89 et des scientifiques du 19ème siècle, ils sont persuadés que la libération des hommes passe par la démystification des croyances magiques où les tient la religion. Cette idéologie exclut l'esprit de système de la recherche scientifique : les théories ne peuvent être que provisoires, la remise en question des principes fondamentaux de la raison doit être considérée comme normale : Wallon est profondément intéressé par la révolution einsteinienne. La preuve est toujours à reprendre »[5]. Pour sa part, Wallon, dans plusieurs articles importants de caractère historique et épistémologique, a clairement retracé les étapes principales de cette lignée française à laquelle il consent volontiers à se rattacher, à certaines réserves

---

[4] Voir par exemple le récit qu'en fait Roudinesco Élisabeth : 1982, *La bataille de cent ans. Histoire de la psychanalyse en France, t. 1, 1885-1939*, Paris, Ramsay, 223-266.

[5] Malrieu : 1979 a, « Henri Wallon », in : Château Jean et col. : 1977, *La psychologie de l'enfant en langue française*, Toulouse, Privat, 115-142, 117.

d'espèce près : Montaigne, Descartes, Pascal, les penseurs du 18ème siècle, Comte, Bernard, Poincaré[6]. Assurément, cette lignée rassemble des composantes d'apparence disparate : scepticisme (Montaigne) ; doute méthodique, « idéalisme matérialiste » (*sic* : Descartes) ; application probabilitaire du nombre (Pascal) ; origine expérimentale de la connaissance, empirisme humaniste, importance des institutions, perfectibilité du devenir humain (pensée des « Lumières ») ; critique de l'introspection, antisubstantialisme, « pragmatisme scientifique » (*sic* : Comte) ; conception organiciste et analytique de la causalité, homogénéité causale du normal et du pathologique (Bernard) ; caractère provisoire et révisable des hypothèses scientifiques (Poincaré). En fait, malgré leur diversité, ces courants convergent pour composer une tradition rationaliste, analytique, relativiste, humaniste, qui apparaît par principe comme coupée de tout aboutissement vers le paradigme nouveau d'une métapsychologie du conflit, liée elle-même à l'admission de la réalité psychique. On peut même soutenir que cette tradition idéologique, commune pour l'essentiel à Wallon et aux psychologues qui lui sont contemporains, représente un obstacle épistémologique essentiel, le noyau même de ce que Freud appelait un jour, dans un propos tenu à Claparède, « l'obstacle français », à la reconnaissance de la psychanalyse.

En fait, comme on l'a montré de façon circonstanciée ailleurs, sous des références auxquelles on renvoie simplement le lecteur intéressé par ces questions[7], Wallon dispose dès 1925, date de parution de son premier ouvrage important (*L'enfant turbulent*), d'un **modèle dialectique original applicable aux particularités de la vie psychologique, et dont les traits paraissent empruntés conjointement à Hegel et à Marx** - suggestion pertinente de P. Malrieu, comme si ce modèle suivait curieusement une voie moyenne entre ces deux paradigmes philosophiques majeurs. On ne reviendra pas ici non plus sur les circonstances et les conditions dans lesquelles Wallon a pu s'initier à la connaissance de ces deux auteurs, parmi bien d'autres éléments de sa formation, notamment à l'École normale supérieure et dès le début de sa carrière d'enseignant et de médecin.

La transposition de certains traits empruntés à des modèles philosophiques du processus dialectique au champ des conduites psychologiques, dont il n'est d'ailleurs pas certain qu'elle ait jamais été délibérée de la part de Wallon, pose des problèmes d'ordre méthodologique et épistémologique assurément très délicats. P. Malrieu qui en avait pris conscience s'est efforcé de brosser un tableau assurément complexe des principes et des formes de la dialectique wallonienne. Pour ne rapporter que l'essentiel de ses propos, que l'on aura intérêt à compléter plus exactement en se référant à son texte original, P. Malrieu distingue les principes suivants : principe fonctionnel, principe de la différenciation et des antagonismes, principe de l'intégration, principe des rencontres fortuites. En ce qui concerne les

---

[6] Wallon Henri : 1935 n° 84, 1936 n° 91, 1951 n° 169, 1951 n° 170, 1951 n° 177, 1953 n° 199, 1958 n° 241.

[7] Jalley Émile : 2006, *Wallon et Piaget. Pour une critique de la psychologie contemporaine*, Paris, L'Harmattan ; « Introduction » in : Wallon : 1941, 2000, *L'étude psychologique de l'enfant*, Paris, A. Colin.

formes de « dialectiques de la vie psychologique » dans l'œuvre de Wallon, il en identifie quatre : dialectique d'interaction entre les fonctions biologiques et les régulations sociales, dialectique des réactions et du milieu, dialectique de l'inconscient et du conscient, dialectique de la réaction et de l'acteur[8].

Nous avons ailleurs (Jalley, 2000) évoqué les circonstances et les contenus de la formation initiale de Wallon. Cependant, il convient aussi, à ce sujet, - ce à quoi nous n'avions pas prêté jusqu'ici assez d'attention, d'évoquer la figure de Frédéric **Rauh**, professeur de philosophie à l'École normale supérieure, et qui, de l'aveu même de Wallon, semble avoir eu sur lui une influence notable, d'ordre à la fois personnel et scientifique.

Rauh « avait des sympathies pour le socialisme ». En philosophie, il « répudiait la métaphysique », et invoquait le contact direct de la réalité, le recours à l'expérience dans tous les domaines, moral et scientifique. Rauh s'intéressait aux questions épistémologiques relatives à la psychologie. Il critiquait la psychologie scientifique, alors débutante, pour le caractère étroit de ses méthodes. Cependant, il prévoyait dans ce domaine, bien que de façon encore purement spéculative, la possibilité d'appliquer le nombre à la qualité même sous la double forme, d'ailleurs, de ce que les psychologues se sont accoutumés depuis à appeler probabilité statistique et aussi bien échelles ordinales[9].

Cependant dans le long texte de 1934 où Wallon parle de Rauh, deux passages sont particulièrement intéressants.

D'après le premier, Rauh souhaitait que la psychologie, même à utiliser les formes perfectionnées du nombre, en vînt à prendre en compte « la **notion de devenir**... la description des faits psychiques en fonction de leurs transformations ... des mutations en acte »[10]. On peut se demander, bien que cela laisse un doute sérieux, si le thème hégélien du devenir concret de l'esprit a pu parvenir à Wallon par le canal de l'enseignement de Rauh. En tout cas, ses conceptions paraissent d'un esprit très différent de celles de Bergson, régnantes au tout début du 20ème siècle.

Quant au second passage, il effectue une association quelque peu surprenante entre le thème précédent et la démarche freudienne. Mais il faut citer Wallon sur ce point : « La nécessité d'intégrer le temps dans les faits est encore beaucoup plus essentielle... lorsqu'il s'agit du développement de la personnalité et du développement des caractères. Il y a déjà plusieurs auteurs qui posent ce problème. Je ne vous citerai qu'un **exemple bien connu : Freud**. Ce qu'il y a peut-être de plus intéressant chez lui, et en tout cas ce qui est chez lui le gros problème, c'est précisément la question du devenir et de la finalité »[11].

Incontestablement, il existe une association dans l'esprit de Wallon entre la psychanalyse et les concepts de développement, d'histoire, envisagés eux-mêmes

---

[8] Malrieu Philippe : 1979 a, op. cit. ; 1979 b, « Personne et personnalisation chez Henri Wallon », Enfance : Centenaire d'Henri Wallon, 5, déc. 79, 381-391.

[9] Wallon Henri : 1934 n° 76, 65-71 ; 1959 n° 247, 18-20.

[10] Id., 1934 n° 76, 69-71.

[11] Id., 1934 n° 76, 70.

sous la forme de la contradiction, du conflit dialectique. Ainsi, synthèse de la quantité et de la qualité sous forme de la mesure, dont Wallon attribue la préoccupation à Rauh, dans un contexte où il en vient à mentionner Freud (1934)[12]. Puis, dans *La vie mentale* (1938), analyse du fait psychique en fonction de la « **loi générale » de « connexité des contraires** », et mise en rapport de celle-ci avec le mécanisme de l'ambivalence, dans un cadre conceptuel où se rejoignent explicitement les noms de Freud et de Marx. Encore est-il que ce Marx, ainsi que nous pensons l'avoir montré, ne saurait être tout à fait le Marx de l'analyse économique, mais **un Marx tempéré de traits hégéliens**, contrainte probablement nécessaire pour en adapter la doctrine à l'étude des lois de l'esprit, à l'analyse des faits mentaux.

Donc, à la différence des psychologues français de l'époque, Wallon aborde la lecture du texte freudien à l'aide d'un outil bien particulier, un modèle dialectique du conflit intrapsychique, dont la structure présente, mais sans plus, une certaine forme d'analogie avec le modèle psychanalytique du conflit intrapsychique. Ce modèle composite, qui intègre, en une structure nouvelle, les principales propriétés de ses antécédents hégélien et marxiste, représente **une voie d'accès, malgré tout acceptable, à la lecture de Freud**, tout en présentant par ailleurs des caractères peu compatibles avec la pensée freudienne et susceptibles de faire obstacle à son exacte appréciation[13]. En définitive, c'est cette conjoncture idéologique assez singulière qui nous semble expliquer les traits spécifiques, cet intérêt mêlé de réserve, dont se marque l'attitude d'ensemble de Wallon à l'égard du texte freudien.

L'un de ces caractères peu compatibles, dont il vient d'être fait état, consiste évidemment dans la notion de dépassement (*Aufhebung*), commune à Hegel et à Marx, et que Wallon, pour sa part, a intégré dans son propre vocabulaire[14]. Chez Wallon, le conflit endogène interfonctionnel, propre à chaque stade du développement, engendre, selon un double rapport de filiation et d'opposition, une organisation stadiale nouvelle. Chez Freud, le conflit aboutit dans un cas précis, la situation œdipienne, à l'apparition d'une instance nouvelle de l'appareil psychique, en l'occurrence le surmoi. Cependant, en dehors de cette fonction génétique et structurante, le conflit intrapsychique, tel que l'envisage Freud, fonctionne essentiellement en tant que source, par la composition des forces en présence, de « formations de compromis ». Cette notion introduit, par principe, un mécanisme de fonctionnement radicalement différent de celui mis en jeu par le dépassement dialectique. Ce n'est pas le lieu ici de développer davantage cet aspect capital. On peut se contenter de signaler qu'il constitue un **point de divergence important**,

---

[12] Dans la *Science de la logique*, Hegel définit justement la synthèse de la qualité et de la quantité comme la mesure.

[13] On pourrait faire la même remarque à propos de la licence que Lacan s'est accordé de lire Freud, au moins pendant une partie de son trajet, avec des lunettes hégéliennes, ce qui d'ailleurs se justifie du point de vue de la conjoncture culturelle germanique.

[14] Wallon Henri : 1938 n° 103, 1982, *La vie mentale*, Paris, Éditions sociales, voir Index : « dépassement ».

une sorte de tache aveugle, dans le rapport de Wallon à Freud. Il est plausible d'y repérer la raison, entre autres, pour laquelle Wallon a manqué complètement la conception freudienne de la psychopathologie des névroses, pour rabattre *grosso modo* l'ensemble de la psychopathologie infantile sur la base de la neurologie.

Le conflit freudien a aussi un autre débouché que ceux qui viennent d'être invoqués. En particulier, le « conflit entre identifications » semble être pour Freud un mécanisme à part, qui comporte une fonction génétique et structurante spécifique, en tant que facteur de la formation du « caractère » (1923).

Envisageons rapidement un dernier point, à notre avis, d'une grande importance. Le modèle du conflit endogène dont Wallon dispose en 1925 a pu certes lui servir de grille de lecture pour aborder le texte freudien. C'est l'hypothèse que nous tenterions de défendre en ce moment. Mais on peut aussi envisager **l'ordre réciproque. La lecture du texte freudien**, dont il est incontestable que Wallon possède déjà une connaissance satisfaisante dès 1920, a pu aussi lui servir de prétexte pour préciser ce modèle du développement à composante hégélo-marxienne, dans un mouvement de retour et d'approfondissement, forme de prise de distance à l'égard de Freud, vers des paradigmes philosophiques dont il avait déjà acquis la notion au cours de sa période de formation. Certaines indications paraissent militer en faveur de cette conjecture. Les voici : en 1914, Wallon éprouvait des difficultés à préciser les hypothèses théoriques susceptibles de coordonner les observations qu'il avait rassemblées depuis 1908 dans le service de Nageotte à la Salpêtrière. Ce n'est qu'à partir de 1920, c'est-à-dire consécutivement à son expérience neurologique des blessures de guerre, mais aussi après avoir lu certains textes importants de Freud (*Études sur l'hystérie*, *Trois essais*) que Wallon aurait mis au point le modèle filiation-opposition qui apparaît pour la première fois dans *L'enfant turbulent* (1925).

Les deux hypothèses ne sont pas incompatibles. Wallon aurait mis au point son propre modèle du conflit endogène en réaction, peut-on dire, à une première campagne de lecture du texte freudien. Cependant, et en sens inverse, ce modèle aurait pu jouer, en raison même d'une forme de résonance par rapport au modèle freudien, une fonction d'instrument d'approche dans l'étude de la psychanalyse que Wallon poursuit tout au long des années suivantes.

Quelques mots encore concernant certains points de détails dans la biographie d'Henri Wallon. Celle-ci est à présent bien établie, complétée et révisée encore tout récemment[15] (Jalley, 2006 b). Cependant, dans la période où j'ai rédigé cette biographie nouvelle, je n'avais pas encore pris connaissance du livre de Serge Nicolas sur *L'histoire de la psychologie française* (2002), où figure également une biographie de Wallon, dans laquelle se trouvent certains détails que je n'avais pas mentionnés. Je profite ici de l'occasion pour préciser ces points qui ne figurent pas

[15] Jalley Émile : 2006 b, *Wallon et Piaget. Pour une critique de la psychologie contemporaine*, Paris, L'Harmattan, Biographies parallèles de Henri Wallon et de Jean Piaget, 425-439. Voir aussi plus anciennement : Wallon Henri : 1938 n° 103, 9-19.

dans ma propre biographie, à moins que Serge Nicolas ne se trompe sur ces détails, ce qui m'étonnerait, car c'est un auteur qui a le pied sûr en ce domaine.

Paul Hyacinthe (Henri, il aurait changé de prénom en prenant celui - probablement en hommage - de son grand-père Henri Wallon (Jalley, 2006 b, 426), *normalien de la promotion 1831, secrétaire de l'Académie des inscriptions et belles lettres, doyen honoraire de la Faculté des Lettres de Paris, sénateur inamovible, ancien ministre. Il y a eu deux autres normaliens du même nom, Paul-Henri (manufacturier à Rouen, ancien professeur (1862, + 1909), et Jean-Charles-Étienne (1875, + 1924), ancien professeur au Lycée Janson-de-Sailly, tous deux fils du précédent, et les oncles* de notre auteur, lui *né à Paris dans le 5ème arrondissement* donc le 15 juin 1879.

Il entre à l'École normale supérieure en *octobre* 1899.

Il demande une mise en congé d'inactivité à partir de 1903, après obtention d'une pension de la Fondation Thiers *jusqu'en 1906.*

Assistant de Jolly et de Nageotte au laboratoire d'histologie de l'EPHE (1908-1910), puis assistant de Nageotte *dans son service et à sa consultation* de Bicêtre, puis de La Salpêtrière de 1908 à 1931.

1919 ? -1927 : consultation pour blessés nerveux (janv. 1918 - mars 1919) puis pour enfants anormaux (rue de La Tour, en 1922 *jusqu'en 1927* seulement ?).

Chargé *de cours* (d'enseignements ?) à l'Institut de Psychologie *dès sa création en 1920* (nommé en 1921 ?) *jusqu'en avril 1927.*

1922 (école de Boulogne-Billancourt) - *1925 ?* - 1927 ?: premier directeur du laboratoire de psychobiologie de l'enfant à l'EPHE, *sans traitement.*

1928-1939 : organise et dirige les consultations médico-pédagogiques au Service social des enfants anormaux à l'Institut Lannelongue (Boulogne-Billancourt).

1929 - *1949* : Professeur à l' INETOP.

1932 - *1937* : Chargé de cours à la Sorbonne.

1934 (18 nov.) : Piéron soutient la création d'une chaire de psychologie expérimentale au Collège de France et la candidature de Wallon. Le rapport de Piéron est publié in Serge Nicolas, 2002, 211-212.

1944 : Secrétaire général de l'Éducation nationale du 19 août *jusqu'au 10 septembre. Zazzo (1983) dit que le Ministère de l'Éducation nationale une fois pris par les FFI, Wallon est arrivé tout seul tranquillement de chez lui à pied, en négligeant la voiture militaire qu'on lui envoyait, alors qu'on tiraillait encore sur les toits voisins et qu'il fallait toujours longer les murs par précaution.*

1951 : *Les mécanismes de la mémoire* avec Eugénie Evart-Chmielniski (*1950, G. Evart-Chimielnitzki*, Non).

1954 : renversé par une voiture (*1953 ?*).

Henri Wallon et Daniel Lagache, qui avaient une certaine différence d'âge (1879 ; 1903) entretenaient des relations familiales assez cordiales depuis 1925. C'est Lagache qui a rédigé la notice chronologique de Wallon dans le *Bulletin de l'Association Amicale des Anciens Élèves de l'École Normale Supérieure*, texte que nous reproduisons d'ailleurs pp. 643 - 649, et fort intéressant à de multiples égards, notamment en ce qui concerne l'histoire des rapports entre la psychanalyse et la psychologie en France.

9.2. Mythologies

Commençons par la prédilection qu'aurait la pensée freudienne, d'après Wallon, pour les « entités ».

Dans notre ouvrage sur la *Critique de la raison en psychologie* (2007), nous envisageons trois modes de critiques de type kantien applicables aux contenus des doctrines en psychologie : 1 : la chosification ; 2 : la confusion du possible et de réel ; 2 : le discours contradictoire. Or la critique que formule ici Wallon semblerait bien nous mettre en présence de la critique de type 1 (disons K 1).

Expliquons mieux. La différence entre **K 1 et K 2** ne va pas toujours de soi, sauf à saisir que les deux « illusions » - ou biais dans le langage actuel - procèdent selon deux mouvements symétriques, qui les disposent l'une par rapport à l'autre **comme en miroir** : dans la situation K 1 de « chosification », le procès de la pensée est « éjectif » : on part d'un réel observé pour en induire de manière éjective donc un hyper-réel postulé, en fait un simple possible. Dans la situation K 2, le procès cognitif projette un hyper-réel postulé, en fait un simple possible, sur le réel observé. Ce second cas est très proche à ce que l'on a appelé depuis Merton la *self-filfulling prophecy*.

Les exemples en psychologie sont innombrables, mais on en trouverait à foison dans toutes les sciences humaines. Exemple d'illusion K 1 : le « QI » ou les « facteurs de personnalité ». Exemple du type K 2 : toutes les expériences qui font fonctionner le sujet selon les étapes programmées d'un ordinateur - et il le fait - à partir du postulat d'un cerveau-ordinateur.

Dans sa *Critique*, Kant adopte un autre ordre que le nôtre : K 1 : chosification du sujet en âme, en personne ; K 2 : discours antinomique ; K 3 : confusion du possible (l'idée de Dieu) avec le réel (l'existence de Dieu). Nous avons changé cet ordre en K 2 (confusion possible-réel) et K 3 (antinomie), car la chosification (K 1) et la confusion possible-réel (K 2) sont les deux erreurs de raisonnements les plus fréquentes. Les chercheurs en général sont plus attentifs à ne pas se contredire (K 3). Mais cette convention a peu d'importance et ne change rien au fond des choses.

Revenons à la critique de Freud par Wallon. Celui-ci accorde à Freud la qualité et l'intérêt de ses observations, mais lui reproche en même temps de transposer la description des mécanismes mentaux en « forces agissantes ». Ainsi les lois du rêve, et de même le refoulement des émotions pénibles seraient de l'ordre des « faits observables », mais « il ne s'ensuit pas, ajoute Wallon, qu'ils doivent servir à construire l'inconscient »[16].

---

[16] Wallon Henri in : Jalley Émile : 1981, *Wallon lecteur de Freud et Piaget*, Paris, Éditions sociales, (WFP), 1921-1930 n° 27, 401 ; 1926 n° 40, 411. Le sigle WFP désignera désormais les références dans cet ouvrage, encore disponible sur le site Internet amazon.fr. Par ailleurs, dans la suite des notes des chapitres 9 à 11, les n° suivant les millésimes se réfèrent à la bibliographie classique des titres de Wallon établie par René Zazzo avec la collaboration de Rachel Manaranche, in Zazzo René : *Psychologie et marxisme*, Paris, Denoël-Gonthier, pages 187 à 218.

Ce dont Wallon fait grief à Freud, c'est de glisser subrepticement du plan de la description des processus à celui de l'explication causale. C'est l'un des aspects que peut rencontrer la critique que nous appelons de type K 1.

Cette critique est fort subtile, et il n'est pas inutile, pour mieux en saisir le sens, de rappeler brièvement les principales étapes de toute démarche scientifique d'analyse du réel.

Ainsi Piaget, par exemple, distingue dans le processus de l'explication scientifique les trois paliers suivants.

Le premier consiste dans l'observation des *faits*, ce qu'il appelle encore la *lecture* de l'expérience.

Le second conduit à l'établissement de faits généraux, c'est-à-dire de lois d'extensions variables. Ces *lois* ou relations légales expriment certaines régularités propres au champ considéré. Elles résultent d'un processus d'*induction* amplifiante et conservent, quel que soit leur degré d'extension, un caractère *local*.

Enfin le troisième palier implique la recherche des conditions ou facteurs, autrement dit l'assignation des *causes*. Cette dernière démarche représente proprement l'*explication* : celle-ci repose sur la coordination des lois par rapport à un cadre plus *général*, lequel est défini par un modèle. Le rôle du modèle consiste à produire une représentation de l'ensemble des relations en jeu, et de permettre leur hiérarchisation en fonction de divers plans de réalité[17].

On peut développer la description de Piaget en suggérant qu'à chacun de ces paliers correspond un type particulier d'hypothèses, dont la formulation requiert elle-même un certain ensemble de catégories.

Tout d'abord l'observation implique un certain découpage des faits, lequel se réfère toujours, de manière plus ou moins explicite, à ce que l'on peut appeler **hypothèses de lecture**, ou hypothèses ***descriptives*** (soit de rang « un »). Celles-ci permettent la mise en perspective de l'expérience.

Au niveau intermédiaire, l'établissement des lois présuppose et produit à la fois des **hypothèses *locales*, ou *inductives*** (soit de rang « deux »). Celles-ci détaillent, à un niveau médiat de généralité, des types particuliers de mécanismes ou de fonctionnements.

Enfin le niveau le plus élevé met en jeu des **hypothèses *générales* ou *explicatives*** (soit de rang « trois »). Celles-ci ont pour fonction de regrouper les relations locales dans le cadre d'ensemble défini par le modèle.

Cette distinction entre différents plans d'hypothèses nous a paru importante à dégager, dans la mesure où elle semble intervenir constamment, de manière implicite, dans le rapport de Wallon à Freud. Il nous semble que la raison de certaines « analogies » entre Wallon et Freud est à rechercher au plan des **hypothèses de premier et de second rang**. Au contraire, le principe de leurs « différences »

[17] Piaget Jean : 1963, « L'explication en psychologie », in : *Traité de psychologie expérimentale, tome 1, Histoire et méthode*, Paris, PUF, 127-129 ; voir aussi Pichot Paul : 1965, « Les modèles psychopathologiques de la personnalité », in : Lagache et col, *Les modèles de la personnalité en psychologie*, Symposium de l'APSLF, Paris, PUF, 1965, 64.

serait à attribuer à la divergence des modèles explicatifs. Nous aurons l'occasion d'y revenir plusieurs fois.

Ainsi la notion de conflit serait de l'ordre des hypothèses de lecture, tandis que le concept de refoulement qui en spécifie le caractère abstrait appartiendrait au plan des types locaux de mécanismes. Par ailleurs, le schéma de l'appareil psychique et la théorie de ses principes de fonctionnement (plaisir-déplaisir, réalité) relèveraient du palier de l'explication.

Il est assez singulier de voir Wallon accorder à Freud la réalité de processus tels que les lois du rêve, et même le refoulement (niveau « deux », et peut-être aussi « un »), tout en lui déniant le droit, à partir ce ceux-ci, de postuler l'inconscient (niveau « trois »).

Il est peut-être légitime, soutient encore Wallon, de concevoir l'inconscient comme hypothèse, mais non comme cause. En fait Freud personnifie l'inconscient, il définit le psychisme inconscient « **en y introduisant la conscience** »[18]. D'où sa propension à y créer des personnages, sous forme « d'entités explicatives », auxquels il accorde une sorte d'individualité. Les relations entre ces acteurs, ces essences personnifiées se déroulent comme « un drame continu », un duel éternel entre l'espèce et l'individu, la nature primitive et la nature acquise[19].

Tous les processus décrits font appel à des « virtualités cosmiques », sont auréolés d'une sorte de « **généralité mythique** ». De fait, l'explication chez Freud est « téléologique et totale ». La description d'un phénomène particulier, se confond toujours avec l'exposé de tout le système[20].

Avec cet aspect sensiblement différent formulé par la toute dernière phrase, on se trouverait en présence du troisième mode de critique de type kantien (disons K 2), touchant la confusion du possible avec le réel : le modèle explicatif global, dont le statut est celui d'un simple possible, est projeté et plaqué sur le réel observé, à tout propos et même hors de propos, sans en être inféré selon un mode de généralisation progressivement amplifiante et justifiée. On risque de retrouver très fréquemment par la suite ces types critiques K 1 (voir supra) et K 2.

Wallon préfère en psychologie des explications de type plus local. Lorsqu'il reconnaît les faits décrits par Freud, il a pour pratique de les reprendre en les désinsérant du cadre d'ensemble de la métapsychologie freudienne. Nous le verrons mieux un peu plus loin. En définitive, Wallon considère la psychanalyse, du moins en tant que théorie psychologique, comme une variété d'idéologie plus proche de la philosophie que de la science. Philosophie idéaliste, qui plus est, laquelle met en avant le principe de plaisir, au lieu de « l'homme en contact avec le réel ». Et de préciser que « la poésie et la philosophie allemandes du siècle dernier sont pleines de conflits entre puissances élémentaires... et la raison »[21].

---

[18] La critique récente de Lionel Naccache dont on a parlé plus haut, va tout à fait dans le même sens.

[19] Wallon Henri in : WFP : 1926 n° 40, 410 ; 1949 n° 145, 508 ; 1941 n° 111, 474. Freud a parlé lui-même de sa propre « démonologie », 1901, voir notre tome 1.

[20] Ibid., 1949 n° 145, 507-508 ; 1941 n° 111, 74 ; 1927 n° 42, 412.

[21] Wallon Henri : 1938 n° 103, 17 ; in WFP : 1927 n° 42, 416.

Un article de 1947, qu'il convient d'ailleurs de replacer dans le contexte de l'époque, contient des lignes très dures contre la **philosophie allemande**. Celle-ci comporte, comme une sorte de « maladie... l'hypertrophie du concept. Dès qu'un concept est posé, il tend vers le gigantisme ». C'est un type de pensée syncrétique qui tend tout naturellement au mythe[22].

Signalons toutefois que ce rapprochement effectué par Wallon entre la psychanalyse et la pensée allemande est unique dans l'abondant corpus freudien qu'il nous a laissé[23]. D'ailleurs, on trouve dans ce corpus des textes très durs à l'égard de la psychanalyse[24], et d'autres qui le sont beaucoup moins[25]. La **« distance » de son jugement n'est jamais fixe**, sans qu'une évolution vers l'un ou l'autre pôle de l'échelle des évaluations soit perceptible.

Par ailleurs, Wallon est sensible à l'aspect de créativité géniale qu'exprime la pensée freudienne. On y trouve « certaines intuitions saisissantes » qui manifestent « **l'effet de son génie** », mais devront être mieux contrôlées par la psychologie objective. Déjà la psychanalyse apporte sa contribution à une « psychologie du caractère » - on dirait de nos jours une psychologie clinique[26].

Aussi bien, l'allure mythique des entités freudiennes ne les empêche-t-elle pas de traduire « les systèmes dynamiques » selon lesquels s'organise l'activité psychique. C'est ce qui les oppose aux notions figées propres aux « doctrines associationnistes et intellectualistes »[27].

A la différence de son disciple Jung, Freud a toujours insisté davantage sur les « origines dynamiques de l'inconscient ». De plus, Wallon prend parti pour Freud contre Janet, dont la synthèse mentale n'aurait fait que remplacer le vieil associationnisme.

Par rapport à la théorie de celui-ci concernant « les états subconscients », la thèse d'un **inconscient articulé à la conscience** représente un progrès. « Revirement heureux et nécessaire, du coup l'opposition établie entre la conscience et l'inconscient change de sens » (1920 !)[28].

Mais **alors, comment** reprocher en même temps à Freud de construire l'inconscient ?

Enfin, Wallon est très sensible aussi au caractère provisoire de la synthèse, au style ouvert qui marquent la démarche freudienne. « Freud, écrit-il, ne donne d'ailleurs pas cette systématisation comme définitive ». Et il note aussi que la métapsychologie, chez son auteur, n'a pas d' « influence directe » sur la recherche. Ces derniers propos contredisent quelque peu les vues précédentes sur le lien de la

[22] Wallon Henri : 1947 n° 127, *Enfance, n° spécial 1959-1963*, 302-303.
[23] Id., 1927 n° 42, in WFP : 412-416.
[24] Id., 1949 n° 145, in WFP : 504-509.
[25] Id., 1943 n° 114, in WFP : 497-500.
[26] Id., in WFP : 1927 n° 42, 416 ; 1939 n° 108, 471.
[27] Ibid., 1920 n° 22, 390, 393.
[28] Ibid., 1920 n° 22, 390, 393.

psychanalyse avec la pensée allemande et la propension de celle-ci à l'hypertrophie du concept[29].

On voit que les opinions de Wallon sur Freud sont d'un caractère variable, et très contrasté selon les textes.

On en viendrait à formuler le constat qu'à certains égards la critique de Wallon à l'égard de Freud **se contredit**, ce qui ferait tomber le discours de son auteur sous le coup du troisième mode de critique de type kantien (disons K 3), touchant le fait que les discours scientifiques et/ou idéologiques se développent presque toujours sur le mode contradictoire de la thèse confrontée à l'antithèse, sans parler du fait d'avoir à envisager si de telles contradictions sont de forme simplement logique donc des paralogismes stériles, ou si elles sont de forme dialectique, les deux propositions contradictoires du discours pouvant alors être considérées toutes les deux comme valides d'un certain point de vue, et alors susceptibles d'une synthèse à construire vers un dépassement, quel qu'en soit le mode discursif.

9.3. Causalité psychique

La psychanalyse, nous dit encore Wallon, verse dans l'idéalisme par abus des entités, mais aussi par **défaut de base biologique**.

Cette forme de critique, qu'il y aurait d'ailleurs à discuter en prenant en considération l'ensemble du corpus freudien, est fort intéressante, car c'est assurément l'une des plus **fréquentes dans la contestation actuelle** que développent les neurosciences à l'égard de la psychanalyse, sur un mode d'ailleurs plus passionné que nuancé, plus répétitif et bavard qu'argumenté. Or ce n'est pas le style personnel de Wallon, comme on va le voir.

Dès 1920, Wallon souligne que Freud ne s'explique jamais sur le raccord entre le statut psychique de la libido et ce fond biologique dont il fait souvent mention. Aussi bien la **méthode « purement psychologique »** de Freud lui apparaît-elle comme le corollaire naturel d'une théorie invoquant la seule « causalité psychogène »[30].

Dans *Psychologie pathologique* (1926), la notion d'une « causalité psychique » est exposée d'une manière très objective, sans aucune hostilité. Wallon l'évoque d'ailleurs aussi bien à propos de la schizophrénie qu'à propos des névroses. Dans la préface pour le livre de Hesnard (1949), le ton est plus dur. « Simple affirmation de principe », l'hypothèse d'une causalité purement psychique est mise en rapport avec le recours abusif aux « entités » et aux « virtualités ».

Au cours de la guerre 1914-1918, Wallon a été confronté au problème pratique du diagnostic différentiel des névroses traumatiques. Il s'agissait de troubles fonctionnels, à crises de type tantôt hystérique tantôt épileptique, et provoqués notamment par l'émotion-choc. On sait aussi que Freud a été amené à s'intéresser,

---

[29] Ibid., 1920 n° 22, 1942, 387.

[30] Ibid., 1920 n° 22, 385 ; 1949 n° 145, 506. Argument K 3.

vers la même époque, à ce type de syndromes, et qu'il en a interprété les effets au bénéfice de sa réflexion en cours sur la compulsion de répétition[31].

Wallon admet donc la notion de trouble purement fonctionnel créé par l'émotion. Toutefois l'émotion-choc demeure un facteur événementiel, alors que la conception psychanalytique des névroses tend à gommer, selon lui, le cadre de l'histoire actuelle pour rattacher l'étiologie au **seul noyau de l'histoire infantile**. Il faut ajouter aussi que, dans le domaine de la psychopathologie infantile, Wallon tend à rattacher les syndromes à une base organique, probablement à cause de la population très particulière dont il avait la charge médicale dans le service de Nageotte. Alors que Freud développe la psychanalyse sur la base d'une théorie des psychonévroses, Wallon articule sa psychologie génétique à une typologie des syndromes psychomoteurs, dans laquelle les troubles du comportement sont mis en rapport avec les divers types de lésions cérébrales[32].

De ce point de vue, il est intéressant de faire le parallèle entre Freud et Wallon par exemple à propos du concept de perversion. Dans les *Trois Essais*, Freud élabore une théorie purement psychologique de la perversion, qu'il rattache à la pulsion partielle, en tant qu'élément de l'organisation prégénitale. Pour sa part, Wallon (1938) décrit la notion de perversité chez l'enfant en la rattachant explicitement à la notion psychanalytique de perversion et en développant à ce propos les principaux concepts freudiens (libido, fixation, régression). Cependant, il relie, en même temps, la perversité enfantine à une base organique, en invoquant un facteur particulier d'hypertonie, dans le cadre d'un « syndrome extrapyramidal moyen », intéressant des lésions du pallidum. Reste aussi que pour Wallon, la conduite perverse de l'enfant trouve son véritable motif dans la signification symbolique que peuvent lui conférer les réactions de l'entourage[33].

Lorsqu'il expose un concept freudien, Wallon **parfois le naturalise** dans les termes de sa propre problématique, de manière à lui conférer la référence biologique dont il l'estime dépourvu. Nous venons de le constater à propos de l'intégration que Wallon effectue du concept freudien de perversion dans celui de perversité, de manière à le doter d'une double acception, clinique et physiologique, symbolique et neurologique. Cela est vrai également de la notion de libido, que Wallon tente parfois de greffer sur son propre canevas psychobiologique, en décrivant par exemple les zones érogènes en termes essentiellement anatomo-physiologiques.

Ce préjugé physiologique de Wallon peut s'observer en toute évidence dans le curieux lapsus qui lui fait identifier « chez l'enfant, comme le soutient Freud, une période bucco-anale ». Le télescopage entre le stade oral et le stade sadique-

[31] Les autorités militaires autrichiennes avaient administré pendant toute la durée de la guerre des chocs électriques à la limite de la souffrance supportable à des soldats traumatisés, pour les inciter à retourner au combat, tout en sachant pertinemment que la plupart n'étaient pas des simulateurs. Il en avait résulté la création d'une commission d'enquête à laquelle Freud avait été convié de participer.

[32] Jalley Émile : 1981, 589 ; Wallon Henri : 1938 n° 103, 173-181.

[33] Id., 1938 n° 103, 313-330.

anal s'explique ici par le fait que Wallon centre la description du comportement sur le tube digestif, traité comme un seul ensemble fonctionnel. On voit ici combien la référence à la physiologie canalise la mention du thème freudien, au point même de lui imprimer une distorsion, qui en marque aussi bien **la reconnaissance que le désaveu**[34].

On sait que la référence au facteur biologique implique toujours chez Wallon la mention complémentaire du facteur social. Et qui manque la première risque fort, d'après lui, de manquer aussi la seconde. Dans la préface pour Hesnard, Wallon écrit ceci : « Le gros péril des conceptions psychanalytiques, auquel il ne semble pas que Freud ait tout à fait échappé, c'est de fondre ensemble l'individuel et le social, au lieu de les articuler l'un sur l'autre ; c'est de chercher dans **l'individuel l'explication intégrale du social** ».

Mais sur ce point encore, le jugement de Wallon sur Freud évite toute position catégorique. Car ce risque d'une fusion de l'individuel et du social ne représente pas du tout pour lui la même variété d'idéalisme que celle de Piaget. D'ailleurs, Wallon s'en explique très clairement dans un article de la même époque (1946) sur « Le rôle de l'autre dans la conscience du moi ». La conception de Piaget insiste sur « l'élargissement graduel du champ » d'activité du sujet, la réduction progressive de l'égocentrisme. Bien au contraire pour Freud : « il ne **semble pas que pour lui, la conscience individuelle soit un fait primitif**... Il n'y a pas autisme puis égocentrisme : système clos qui devra s'ouvrir aux exigences de la compréhension réciproque en milieu social... La conscience n'est pas la cellule individuelle qui doit s'ouvrir un jour sur le corps social... Ce moi n'est donc pas une entité première, il est l'individualisation progressive d'une libido d'abord anonyme à laquelle les circonstances et le cours de la vie imposent de se spécifier et d'entrer dans les cadres d'une existence et d'une conscience personnelles »[35].

Comme on peut le constater, l'antithèse par rapport au solipsisme piagétien est ici fortement marquée. Freud ne part pas de la conscience pour l'articuler au contexte social, il le construit au terme d'un processus, et même d'une histoire où se croisent l'autre et la pulsion.

Le privilège accordé par la psychanalyse à une causalité d'ordre psychogène contrarie en fait la propre conception que se forme Wallon de la causalité en matière de psychologie. Elle est celle d'une causalité à niveaux multiples d'interaction, laquelle résulte d'un double déterminisme, biologique et social, interférant lui-même avec un troisième facteur, d'ordre proprement psychologique. Ainsi l'émotion résulte de l'interaction des facteurs biologique et social, mais assume elle-même, en tant que conduite constituée, un rôle de facteur causal spécifique. D'où le modèle complexe d'une **causalité de type bio-socio-psychologique** qui, de prime abord, peut paraître plus riche que le type de déterminisme invoqué par le modèle freudien. Cependant, le reproche, adressé par Wallon à la conception psychanalytique, d'une certaine indifférenciation des facteurs de la vie mentale peut

---

[34] Id., 1938 n° 103, 323 ; 1934 n° 79, 49.

[35] Id., in WFP : 1949 n° 145, 509 ; in WFP : 1946 n° 124, 500-501.

paraître, par ailleurs, conduire à une conséquence inattendue. Celle-ci apparaît de manière fort transparente dans un passage de *La vie mentale* concernant l'inconscient, ou plutôt « **les deux inconscients** » : « L'homme psychique, écrit Wallon, se réalise entre deux inconscients, l'inconscient biologique et l'inconscient social. Il les intègre diversement entre eux. Mais s'il veut se connaître, il doit établir ses corrélations avec l'un et avec l'autre »[36]. On peut se demander si, à distendre ainsi le concept d'inconscient entre l'instance biologique et l'instance sociale, on saurait maintenir le concept d'un inconscient comme « réalité psychique », ou si au contraire on n'aboutit pas à une totale évaporation de l'objet même de la découverte freudienne. En même temps, il reste incontestable que le mouvement inaugural de la pensée freudienne invente et développe la psychanalyse dans un espace qui articule la réalité psychique de l'appareil mental entre les sciences de la nature et les sciences de l'esprit, entre la « psychologie biologique » et la « psychologie collective », pour user d'expressions empruntées à Freud lui-même (Jalley, 2007 a).

9.4. Symbolisme

Le terme symbole est d'un usage particulièrement fréquent dans l'article de 1920[37].

Dans les passages où Wallon l'utilise, il signifie expression déguisée, « représentation indirecte et figurée d'une idée, d'un conflit, d'un désir inconscients »[38]. C'est l'acception même que Freud donne au mot *Symbol* dans les *Études sur l'hystérie*, lorsqu'il parle par exemple de « paralysie fonctionnelle symbolique » ou encore de « conversion par symbolisation ». Plus tard, vers 1914, Freud l'utilisera en un sens plus étroit pour désigner certaines images des rêves, où s'exprime un rapport constant entre la symbolisant et le symbolisé inconscient. Pour recouvrer la première acception, Freud utilisera dès lors le plus souvent l'expression « formation substitutive », désignant les divers types de formation de compromis. Wallon utilise le mot au sens large où Freud le pratique encore en 1895. « Les récits de l'hystérique, commente Wallon, sont purement imaginaires mais symboliques ». Les rêves, explique-t-il encore, utilisent des souvenirs récents, « mais détournés de leur signification initiale », comme symboles de désirs inconscients.

De même dans la cure, les associations du patient « symbolisent avec l'état fondamental »[39]. Toutefois, s'il saisit bien l'essentiel de la pensée freudienne concernant la fonction substitutive du matériel conscient, Wallon n'y souscrit pas pour autant.

Les *Études sur l'hystérie*, ouvrage résultant d'un compromis difficile et même discordant entre Freud et Breuer, n'ont pas encore abandonné toute référence aux modèles physiologiques. Un article de Kostyleff (1911), d'ailleurs lu par Wallon, mettait l'accent fort sur cette composante. Somme toute, cette première version

[36] Id., 1938 n° 103, 150.
[37] Id., in WFP : 1920 n° 22, 385, 385, 388, 390 ; ajout de 1942 : 386, 388, 388, 390 ; soit 8 mentions en 6 pages.
[38] Laplanche Jean, Pontalis Jean-Bertrand : 1967, 476.
[39] Wallon Henri in WFP : 1920 n° 22, 385, 388, 390.

du « freudisme » intéressait probablement beaucoup Wallon, en dépit d'une tendance déjà marquée à recourir au symbolisme. Mais, par infortune, ce dernier aspect aurait tourné au pire dans les *Trois Essais*.

« La pensée de Freud continuant d'évoluer, écrit Wallon en 1920, l'idée de symbole prend sa pleine signification », en rapport avec l'hypothèse que la cause profonde du symptôme réside dans « la constitution libidineuse »[40]. Il en résulte que « le rôle des événements fortuits se réduit donc à rien. C'est déjà chez l'enfant qu'il y a des dispositions multiples et contraires[41], faisant de sa nature quelqu'un de « *polymorph pervers* », selon l'expression de Freud »[42].

Ainsi Wallon prête à Freud la thèse fondamentale d'une totale prédétermination par les facteurs internes liés à la constitution. Le contexte montre que cette dernière est comprise par lui comme une sorte de programme de développement individuel défini par la « disposition perverse », par les pulsions partielles, donc sur le terrain de la psychologie bien plus que sur celui de la biologie.

En ce sens, le thème de la prédisposition constitutionnelle paraît bien rejoindre, dans la critique de Wallon, celui d'une « causalité purement psychique ». Leur dénominateur consiste dans la même tendance à « l'explication téléologique et totale » par un déterminisme purement interne, dans la même propension à expulser tout facteur événementiel, à nier le rôle de l'histoire.

Or il est clair qu'il s'agit là d'une interprétation. Dans les *Trois Essais* aussi bien que dans l'*Introduction à la psychanalyse*, Freud définit ce qu'il appelle **« la série étiologique » par deux composantes**, l'une liée à la constitution, l'autre au « facteur accidentel ». Or ce dernier fait intervenir le poids de l'histoire à deux niveaux définis, l'un par l'enfance, l'autre par la puberté[43].

Wallon reproche à Freud d'utiliser la notion de symbolisme de manière abusive, par rapport à des contenus où le facteur sexuel s'associerait invariablement à une composante phylogénétique. « Le symbolisme sexuel, chez lui n'est jamais à court de moyen… La doctrine de Freud tend vers **le pansexualisme et le pansymbolisme** ». Aussi bien, elle tend à « interpréter symboliquement les gestes et les propos de l'enfant ou du psychopathe », en les rattachant « à la succession des stades psychologiques qu'a dû franchir l'espèce ou la race ». Or, souligne Wallon, les analogies entre l'enfant, l'aliéné et le primitif requièrent beaucoup de prudence. Mais, sur ce dernier point, Wallon encore nous paraît lire Freud selon une interprétation bien particulière[44], où paraissent curieusement se conjuguer la référence à Jackson et celle à Haeckel. Nous y reviendrons plus loin. Il n'en reste pas moins que **Wallon fait lui-même un usage clinique** de la notion de symbole, lorsqu'il affirme par exemple que les obsessions (dans la névrose obsessionnel-

---

[40] Id., in WFP : 1920 n° 22, 385. Modifié en 1942. En 1920, Wallon avait écrit « constitution sexuelle ». Or, c'est un concept présenté dans les *Trois essais* dès 1905, p. 105.

[41] Ce sont les pulsions partielles et Wallon connaît apparemment les textes concernant le fait qu'elles forment des « couples de contraires » : 1905 a, 55.

[42] Wallon Henri in WFP : 1920 n° 22, 385.

[43] Freud Sigmund : 1905 a, 158-159 (ajout de 1915) ; 1916-1917, 326-327.

[44] Wallon Henri in WFP : 1927 n° 42, 415 ; 1949 n° 145, 506 ; 1932 n° 66, 425.

le) ont un caractère symbolique. Selon Freud, « l'obsession serait la satisfaction détournée, camouflée de certains désirs », théorie dans laquelle « il y a **quelque part de vérité** ». De même, lorsque Wallon déclare que mensonge, vagabondage et vol chez l'enfant peuvent « traduire de façon plus ou moins symbolique certains complexes affectifs »[45].

9.5. Psychogenèse inversée

La lecture de *Totem et tabou* a suscité de la part de Wallon un ensemble de critiques aussi fréquentes que différenciées quant à l'argumentation. Pour l'essentiel, il retrace l'esprit et les étapes de la démarche freudienne en ces termes : « Freud a toujours cherché dans le passé la raison de l'avenir, dans des complexes infantiles celle des motifs qui mènent l'adulte, dans la vie la plus reculée des groupements humains celle des complexes infantiles »[46].

C'est que, comme l'écrit Freud lui-même, cité par Wallon, « rien ne finit, rien ne passe, rien n'est oublié »[47]. Or ce thème de la pérennité, de la conservation du passé dans le présent, retient particulièrement Wallon, par rapport à sa propre conception du devenir mental. En effet, dans la perspective d'une théorie dialectique de la psychogenèse, telle que la sienne, le passé est aussi d'une certaine manière conservé. Et Wallon lui-même écrit, **à la fois proche et lointain de Freud dans son dialogue avec lui** : « En dépit du choix (qu'il n'est pas d'ailleurs nécessaire d'imputer à l'instinct sexuel), rien n'est détruit de ce qui est abandonné, rien n'est même sans action de ce qui est dépassé. À chaque étape franchie, l'enfant laisse derrière lui des possibilités qui ne sont pas mortes »[48].

Le modèle de la sexualité infantile, explique Wallon, conduit par lui-même, à « de véritables **cercles vicieux**, le soi-disant stade infantile étant décrit sur le modèle de l'anomalie psychique à expliquer »[49]. De la sorte, la méthode d'analyse régressive propre à la technique psychanalytique se développe en fabriquant « une sorte de psychogenèse renversée », dont Freud se risquera même à étendre le modèle aux champs de l'anthropologie et de l'ethnographie[50]. Freud est « parti d'un postulat évolutif. Il a dépeint la vie psychique comme une succession de conflits à résoudre, et de conflits dont l'origine appartient à l'enfance de l'individu ». Mais il a perverti ce concept de l'évolution ontogénétique, du fait d'en inverser en quelque sorte la direction et aussi de le rattacher sans précaution à la question des origines de l'espèce humaine. Ce double vice relève d'un usage déplacé, d'une extension illégitime du procédé de l'analyse régressive hors du strict champ de la

---

[45] Id., 1942 n° 113, 227-228 ; 1938 n° 103, 326. Cet usage des termes symbole, symbolique se conforme à celui qu'en pratiquent les *Études sur l'Hystérie*, et qui se retrouve aussi dans la littérature des articles d'avant 1920 sur la psychanalyse, notamment chez Jung et le milieu suisse influencé par lui.

[46] Id., in WFP : 1920 n° 22, 1942, 387.

[47] Id., in WFP : 1927 n° 42, 413 ; texte cité de S. Freud : *L'interprétation des rêves*, 491.

[48] Wallon Henri : 1941 n° 111, 15.

[49] Argument K 3.

[50] Wallon Henri in WFP : 1951 n° 170, 510-511.

psychopathologie, le seul où il ait quelque validité. Ainsi « l'évolution a été entièrement projetée dans le passé; elle est devenue un cycle fermé où... l'individu ne peut plus être qu'un nouvel exemplaire de ce qui a été avant lui. Elle est devenue substantialiste au lieu de rester dialectique »[51]. Dès lors, « **l'évolution serait plutôt une involution**, un retour vers son point de départ, c'est-à-dire vers ce qui précède la vie »[52]. Ainsi la genèse se trouve figée en structure, le mouvement converti en substance, le développement n'est plus que récapitulation.

L'abus des « entités » résulte par lui-même dans le caractère « conceptuel ou substantialiste » de la psychologie freudienne. Dénaturée par ce travers, la méthode d'analyse régressive se serait pétrifiée dans une métapsychologie centrée sur la notion de répétition. D'ailleurs le type logique dont use Freud, au lieu de marquer les différences entre objets appartenant à divers ensembles, tend à les identifier. Malgré l'autre penchant de sa pensée pour le dualisme, Freud incline à percevoir **dans l'autre le retour du même**.

Wallon est tout aussi intéressé que Freud par les applications comparatives de la méthode pathologique. Or celle-ci ne peut éviter de recourir aux concepts d'arriération, de régression, d'involution. Mais le maniement correct de la méthode régressive ainsi formée suppose deux conditions. La première est qu'elle soit appliquée exclusivement au champ des phénomènes dans lequel elle s'est constituée. La deuxième consiste dans le marquage correct des ressemblances et des différences. Or, d'après Wallon, la méthode régressive de type freudien ne respecte ni l'une ni l'autre de ces conditions[53].

Wallon a lui-même pratiqué plusieurs types de comparaisons pathologiques. Nous aurons à en présenter plus loin deux variétés. La première consiste dans l'étude rétroactive de l'enfant anormal, en particulier arriéré, à partir de l'adulte cérébrolésé. Mais, dans ce procédé, le dernier ensemble de faits joue simplement le rôle d'un indicateur des différents niveaux de localisation fonctionnelle. Nous aurons aussi à parler de l'autre type comparatif utilisé par Wallon, consistant à traiter les niveaux-limites atteints par l'arriéré comme repères approchés des stades du développement. Certes les deux procédés impliquent la référence au concept d'arriération plutôt qu'à celui de régression. Mais il arrive que Wallon utilise encore un autre type comparatif qui se réfère explicitement à la notion de régression, dans un sens à la fois réel et méthodologique. Dans *Les origines du caractère chez l'enfant*, Wallon en vient à propos de la krouomanie, à exprimer que le dément suit à rebours l'évolution de l'enfant normal. L'enfant substituerait progressivement à la sensibilité protopathique, mal localisée, affective, la sensibilité épicritique, précise, discriminative. Le dément, lui, parcourt l'évolution dans le sens rétrograde, et se frappe soi-même afin de stimuler les vestiges de la sensibilité la plus récente, obscurcie par la réapparition de la plus archaïque. On voit que c'est ici la série des

[51] Argument K 1, concernant aussi le § suivant.
[52] Wallon Henri in WFP : 1954 n° 208, 514 ; 1951 n° 170, 512 ; 1958 n° 241, 518.
[53] Argument K 3.

stades du développement normal qui sert d'étalon à l'étude d'un procès régrédient (sur tout ce qui précède, voir le § 10.15)[54].

L'étude des procédés comparatifs utilisés par Freud et Wallon présente l'intérêt de montrer comment, à partir d'un même champ - la psychopathologie - et concernant les mêmes objets - l'adulte et l'enfant - se sont développées deux allures différentes du processus de comparaison. Par ailleurs, le processus de comparaison met par lui-même en jeu les catégories logiques d'analogie, de différence, d'ensemble, de série. À ce titre, il concerne toute forme de réflexion sur la notion de modèle. C'est pourquoi il reste intéressant, même aujourd'hui, d'étudier les diverses variétés historiques de la **démarche comparative, qui subsiste même sous une forme inavouée** dans les formulations les plus puristes de la méthodologie expérimentale actuelle en psychologie cognitive.

9.6. Le principe de récapitulation

La critique que Wallon développe à propos de la conception régressive que Freud se formerait de l'évolution se spécifie en un motif annexe, qu'il convient d'étudier en lui-même. D'autant plus que, de manière intéressante, la discussion de l'usage freudien du principe de récapitulation constitue l'objet de développements souvent repris et parfois très abondants dans le corpus des propos de Wallon sur Freud. Juste après avoir commencé la rédaction de *Totem et tabou*, dans le courant de 1912, Freud écrivit pour la revue *Scientia* publiée en Italie un essai d'une trentaine de pages : *L'intérêt de la psychanalyse*, où l'on peut lire les lignes suivantes : « On a récemment réalisé dans le cadre du travail psychanalytique que la phrase « l'ontogenèse est une récapitulation de la phylogenèse » doit être applicable à la vie mentale »[55].

La « phrase » en question formule ce que l'on appelle dans l'histoire de la biologie « la loi biogénétique fondamentale de Haeckel », dont Freud avait lu les ouvrages. Haeckel, d'ailleurs disciple de Darwin, appliquait ce principe à l'embryologie dans une perspective strictement méthodologique. Il proposait l'hypothèse suivante : lorsqu'on ne connaît pas les formes ancestrales d'une espèce, les stades de l'embryon peuvent servir de modèle pour les reconstituer. On considère le principe de Haeckel comme conservant encore aujourd'hui, dans ses limites propres une certaine valeur[56].

Or ce qu'avance ici Freud consiste en tout autre chose : il propose d'appliquer la loi biogénétique de Haeckel à la vie mentale. Est-ce à dire : à certaines représentations ? Mais, comme celles-ci sont le résultat d'expériences, le reflet d'événements, bref comme elles sont acquises au cours de l'histoire de l'individu, la proposition de Freud ne revient-elle pas à donner, d'une loi formulée dans le cadre de la théorie darwinienne, une interprétation lamarckienne ?

---

[54] Wallon Henri : 1934 n° 79, 117.

[55] Freud Sigmund : 1913, 207.

[56] Balan Bernard : 1979, *L'ordre et le temps, L'anatomie comparée et l'histoire des vivants au XIXe siècle*, Paris, Vrin, 448-458 ; Vogel G. et col., 1970, *Atlas de biologie*, Paris, Stock, 227, 463.

Les dernières lignes du *Président Schreber*, texte rédigé l'année d'avant (1911), expriment de manière évidente le lien qui rattache les vues que Freud mûrit alors sur la phylogenèse, au terrain même de sa pratique analytique, à savoir la névrose, le rêve : « Et je crois que le moment sera bientôt venu d'étendre encore un principe que nous, psychanalystes, nous avons depuis longtemps énoncé, et d'ajouter à ce qu'il impliquait d'individuel, d'ontogénétique, une amplification anthropologique, phylogénétique. Nous disions : dans le rêve et dans la **névrose** se retrouve l'**enfant** avec toutes les particularités qui caractérisent son mode de pensée et sa vie affective. Nous ajouterons aujourd'hui que nous y retrouvons encore l'homme **primitif, sauvage**, tel qu'il nous apparaît à la lumière des recherches **archéologiques et ethnographiques** »[57].

Freud envisagerait donc trois étapes d'un vaste processus de transmission concernant certaines données de « la vie mentale ». Tout d'abord, les mécanismes du rêve et de la névrose ; ensuite, l'enfance ontogénétique, assimilée à une forme de « préhistoire personnelle » ; enfin la vie primitive, dont l'une des formes serait l'enfance de l'humanité, c'est-à-dire la préhistoire proprement dite.

Quant aux données de la vie mentale ainsi transmises, Freud en précisera ultérieurement la nature et la source en proposant la notion de legs phylogénétique, d'héritage archaïque (*phylogenetischer Besitz, archaische Erbschaft*). D'après Freud, le contenu de ce bagage comprendrait, pour l'essentiel, trois sortes de composantes. La première serait constituée par les fantasmes originaires, lesquels représentent autant d'actes, au sens dramaturgique, dont l'agencement d'ensemble réalise la structure complète du complexe d'Œdipe. La seconde comprend des traces affectives organisées autour d'un noyau fourni par le sentiment de culpabilité. La troisième consiste en vestiges d'une « langue » archaïque, d'un mode primitif et imagé d'expression, dont les témoins principaux affleureraient dans les symboles des rêves, mais aussi dans les mythes, les légendes, les folklores. Or Freud postulait l'origine de ces divers matériaux dans ce qu'il supposait du mode de formation et d'organisation particulier propre au groupe humain ancestral, à la « horde primitive ». Mais il conviendrait de développer à part ce sujet.

En ce qui concerne le mode de transmission éventuel d'un tel héritage, Freud s'explique dans un texte de *Totem et tabou*, dont l'interprétation n'est pas aisée, et qui paraît avoir donné lieu à une traduction française contestable, suggérant de fait une connotation de caractère organiciste. Freud écrit au sujet de l'origine archaïque des prohibitions concernant le tabou : « Elles se sont ensuite maintenues de génération en génération peut-être seulement à la faveur de la **tradition, transmise par l'autorité paternelle et sociale**. Il se peut aussi qu'elles soient devenues une **partie « organique » de la vie psychique** des générations ultérieures. Il est impossible de décider... s'il s'agit d'une **forme d' « idées innées »**, ni si ces idées ont fixé la détermination du tabou à elles seules **ou parallèlement à l'éducation** »[58].

---

[57] Freud Sigmund : 1911, 1954, 324. Souligné par nous.

[58] Id., 1912 a, 43, souligné par nous. Le balancement « dialectique » entre ces deux voies est constant.

Nous suggérerions plutôt de lire, mot à mot : « mais peut-être se sont-elles déjà « organisées » au sein des organisations ultérieures en tant que partie du fonds psychique hérité »[59]. Or cette organisation, cet organe même, que Freud par ailleurs suppose comme pouvant être formé d'idées innées, pourrait bien être l'anticipation dans son œuvre de l'instance qu'il qualifiera, seulement une dizaine d'années plus tard, comme surmoi. D'ailleurs, ce matériau d' « idées » qui constituerait l'organe en question évoque la notion d' « idéal du moi », qui apparaîtra l'année suivante, en 1914, dans *Pour introduire le narcissisme*[60], et dont le rapport avec la notion très proche de « moi idéal » (*ideal ego*) proposé initialement par James Mark Baldwin (1895) - lu en anglais par Freud - est fort probable.

Apparemment, Wallon a bien identifié la série de correspondances, voire même de transitions entre termes, dont Freud se propose le programme dans le texte de **1911**. Autant de glissements de la pensée qui aboutissent, d'après lui, à l'identification pure et simple des termes de la comparaison.

Effectivement, Freud dégage dans *Totem et tabou* (**1912**) un ensemble complexe de rapports établis, par couples variés ou en trio selon les cas, entre **le primitif, l'obsessionnel et l'enfant**. Ainsi, par exemple, tous trois présentent un certain nombre de traits communs : la crainte de l'inceste, la sensibilité à l'égard de la valeur des noms[61]. Le primitif, « que nous comprenons aussi peu que nous comprenons les enfants »[62], manifeste une « confiance démesurée dans la puissance de ses désirs »[63], et que l'on retrouve à l'œuvre dans le jeu de l'enfant.

Par une forme de pétition de principe, Freud en vient, selon Wallon, à installer l'enfant aussi bien que le primitif dans une sorte d'état de nature, où l'esprit ne produirait encore qu'images et mythes. « Il confond, écrit-il, l'homme des sociétés primitives et l'homme de la nature. Il y aurait donc entre l'enfant et le primitif une sorte de communauté mentale, qui se traduirait par la communauté de leurs mythes, car c'est par images et non par raisonnement qu'ils pensent tous deux »[64]. Mais, une fois dessiné cet homme de la nature, figure commode où se rejoignent le primitif moderne et l'homme préhistorique, aussitôt de l'enfance réelle on bascule par métaphore dans l'enfance de l'humanité pour forger enfin le grand mythe des origines. L'enchaînement de ces thèmes est fort bien indiqué par le texte suivant de Wallon : « La **personnalité** dépend du **passé infantile**... Et ce passé infantile lui-même a quelque chose de stéréotypé[65]. Il est beaucoup moins déterminé dans ses formes par des événements originaux que par le **passé de l'espèce**. Freud remonte jusqu'à la horde primitive »[66].

---

[59] « Vielleicht aber haben sie sich in den späteren Organisationen bereits « organisiert » als ein Stück ererbten psychischen Besitzes », GW 9, 41-42.

[60] Laplanche Jean, Pontalis Jean-Bertrand : 1967, 84.

[61] Freud Sigmund : 1912 a, 27, 69.

[62] Ibid., 120.

[63] Ibid., 99. Voir aussi : 6, 63, 76, 146-147.

[64] Wallon Henri in WFP : 1928 n° 45, 418.

[65] Argument K 1.

[66] Wallon Henri in WFP : 1954 n° 208, 515. Souligné par nous.

En fait, Wallon considère comme bien fondés, mais à condition de les traiter avec la prudence requise, les deux problèmes qui intéressent Freud en ce domaine. Ces deux problèmes distincts concernent d'une part le parallélisme onto-phylogénétique, d'autre part la méthode de comparaison anthropologique.

En ce qui concerne le premier point, Wallon l'avoue volontiers : « du fait que la psychogenèse de l'espèce a pour véhicule l'ontogenèse, les **points de contact** sont nombreux entre les étapes que parcourt l'individu et celles qu'a parcourues sa race »[67]. À ce sujet, la position de Wallon, idée difficile d'ailleurs et sur laquelle nous reviendrons, est que ces points de contact ne sauraient concerner que des formules de comportement, des possibilités fonctionnelles, mais en aucun cas des contenus mentaux précis, des traces mnésiques déterminées. Une telle restriction, jointe à la discipline d'un équilibre convenable dans le marquage des similitudes et des différences, peut conduire la méthode comparative à des applications fructueuses, dont Wallon d'ailleurs a donné des exemples en plusieurs domaines : psychopathologie, psychologie de la mentalité primitive, psychologie animale.

En ce qui concerne le second point, auquel nous amène d'ailleurs la proposition précédente, Wallon ne considère pas comme dénuée d'intérêt une comparaison entre l'enfant et le primitif, bien au contraire, à condition que celle-ci s'interdise par principe toute assimilation entre les deux termes. Les **analogies** expriment de simples rencontres plutôt qu'un parallélisme ; elles s'expliquent même en raison de certaines **différences**, « en ceci que le primitif manquait des instruments dont use la pensée moderne, tandis que l'enfant ne sait pas encore les utiliser, par défaut d'apprentissage, mais surtout de maturation »[68]. L'exercice est de l'ordre du grand art d'identifier le même à partir de l'autre, ainsi que dans le *Parménide*.

Mais pour préciser maintenant la thèse de Freud, « c'est l'assimilation qui l'a souvent emporté. Certains l'expliquent par le principe de Haeckel que l'ontogenèse **répète** la phylogenèse, que tout individu **repasse** par les mêmes étapes dont l'espèce fait partie. Par suite, il peut rester **fixé** ou même être **ramené** après l'avoir franchie à l'une de ces étapes. C'est ainsi que Freud voyait dans la mentalité du jeune enfant à l'égard de son père un rappel de la horde primitive... »[69].

9.7. Le développement

Les propos de Wallon sont, pour une part, exacts. Mais, pour une autre part, ils reflètent une interprétation personnelle que les textes de Freud, du moins à notre avis, n'imposent pas irrésistiblement.

Nous allons être obligé, comme d'ailleurs encore un peu plus loin à plusieurs reprises encore dans notre développement, de serrer de très près un certain nombre de propos classiques de Freud, pour bien comprendre la lecture profonde qu'en pratique Wallon, même si cette méthode semble d'abord introduire des digressions à même de nous faire perdre un moment le fil direct de notre propos, et

---

[67] Ibid., 1951 n° 170, 511, souligné par nous.

[68] Wallon Henri : 1942 n° 113, 99-100. Platon : *Parménide*.

[69] Wallon Henri in WFP : 1951 n° 170, 510, souligné par nous.

même également si ce commentaire serré de textes canoniques du père fondateur ne se pratique plus guère (de plus en plus rares se font aussi les lecteurs attentifs de Lacan). Nous pensons quant à nous que ce type de méthode peut s'avérer extrêmement fructueux pour la compréhension d'un présent à l'horizon ressenti par un nombre croissant de collègues comme uniformément opaque.

En ce qui concerne le premier point évoqué ci-dessus, il est incontestable que certains textes de Freud affirment sans aucune ambiguïté que le développement de l'enfant répète de manière abrégée la succession des stades de l'évolution biologique et sociale. D'autres textes, d'un accent différent, font état, sans mention explicite de stades, de la reviviscence, occasionnelle ou même constante, de certains contenus caractéristiques du legs phylogénétique, de l'héritage archaïque (note 101). Cependant, distinguons, concernant ce premier aspect, le problème de l'évolution biologique et celui de l'évolution sociale, ou plutôt proto-sociale.

À propos de la récapitulation de **l'évolution animale**, Freud soutient dans l'*Introduction à la psychanalyse* qu'elle concernerait « le développement de la libido ». Ainsi, on peut rapprocher les stades du développement libidinal de certains types d'organisation propres aux animaux inférieurs, dont l'appareil sexuel se trouve en rapport par exemple avec la bouche ou encore avec la zone rectale. « On observe, pour ainsi dire, chez les animaux toutes les variétés de perversion et d'organisation sexuelle à l'état figé »[70]. Ce thème sera repris l'année suivante dans *L'Homme aux loups* : « On ne peut s'empêcher de faire ici des parallèles biologiques et d'édifier l'hypothèse d'après laquelle les organisations prégénitales de l'homme seraient les vestiges de conditions qui, dans certaines classes d'animaux, ont été conservées de façon permanente »[71].

En ce qui concerne **l'évolution proto-sociale**, rappelons en quelques lignes, pour nous servir de guide, ses principales étapes, telles que les décrivent *Totem et tabou*, mais surtout *Moïse et le monothéisme*. La horde primitive du père, à l'autorité tyrannique, aurait fait place à la horde des frères, marquée par l'instauration du totémisme en même temps que la reconnaissance de droits égaux entre ses membres. Progressivement, l'animal totémique, où se cristallise l'ambivalence des rapports à la figure du père, est remplacé par les dieux à forme humaine. Or, il arrive plus d'une fois à Freud de faire mention de telles étapes par rapport au développement ontogénétique.

En ce qui concerne l'application générale à l'ontogenèse humaine du principe de récapitulation « spécifique », c'est-à-dire propre aux étapes de l'espèce elle-même, Freud dans plusieurs textes, est très explicite : « La tâche sous laquelle ploie notre enfance est écrasante, nous devons, en peu d'années parcourir l'évolution, la distance énorme qui sépare le primitif de l'âge de la pierre de l'homme civilisé actuel, en particulier y parer aux aspirations sans frein encore de l'instinct sexuel infantile (1926)... Son surmoi, nouveau venu, figure avant tout le passé de la civilisation que l'enfant, au cours de ses courtes années d'enfance, est pour ainsi dire

[70] Freud Sigmund : 1916-1917, 334. Voir aussi 1905 a -1924, n. 61-62, 182.

[71] Id., 1918, 1954, 409.

obligé de revivre... Une partie des conquêtes de la civilisation a certainement laissé des traces dans le ça même, où une grande partie des apports du moi trouve un écho ; un grand nombre d'événements vécus par l'enfant auront plus de retentissement s'ils répètent d'autres événements phylogénétiques très anciens (1938) »[72].

Notons tout de même le caractère métaphorique introduit par la locution « pour ainsi dire ». Laissons pour le moment de côté la mention quelque peu mystérieuse des rapports du surmoi avec le ça, qui effectivement semblent constituer pour Freud la clef de toute l'affaire. Mais donnons quelques exemples des séquences stadiales spécifiques parfois décrites par Freud.

L'enfant, comme on sait, intériorise l'autorité parentale sous la forme d'un surmoi, lequel évolue progressivement vers une forme plus impersonnelle, un caractère plus social, « par suite de l'existence d'une autorité venue remplacer et continuer celle du père »[73]. Or, cette évolution nous est décrite, dans *Moïse et le monothéisme* comme une sorte d'écho ontogénétique du passage de la première horde, celle du père, à la seconde, celle des frères, lequel aurait aboli l'ordre ancien au profit d'un nouvel ordre de la paléo-société : « dans l'évolution, bien plus rapide, de l'individu, insiste Freud, l'on retrouve l'essentiel de ce processus »[74].

Mais l'exemple le plus pittoresque, le plus insolite, de ces correspondances stadiales nous est fourni par un passage de *L'Homme aux loups* où Freud décrit, au cours de l'enfance du patient, l'évolution de l'image paternelle à partir de la forme animale vers une figuration plus conforme à la nature humaine. « Le totem, écrit-il, serait le premier substitut du père, le dieu en serait un substitut ultérieur dans lequel le père a reconquis sa forme humaine. **C'est ainsi que les choses se passent chez notre patient**. Avec la phobie des loups, **il parcourt le stade** du substitut totémique du père ; mais ce stade est à présent interrompu et en vertu de relations nouvelles entre lui et son père une phase de piété religieuse vient s'y substituer »[75].

Les quatre curieux passages ci-dessus mentionnés (1916-1917, 1924, 1939, 1918) sont apparemment les seuls où Freud fasse mention explicite de séquences stadiales propres à la **récapitulation onto-phylogénétique**. Il est peu douteux, du moins à bien lire son propos (note 69) que Wallon ait eu connaissance du thème précis évoqué par ces textes. Certes, il convient de reconnaître que ce registre de propos représente l'un des aspects spéculatifs aujourd'hui les plus discutables de la pensée freudienne. Or c'est sur ce point particulièrement délicat que les **critiques** de Wallon à l'égard de Freud sont en définitive **les plus fréquentes** et les plus mordantes. Apparemment, le thème de la sexualité infantile l'interroge beaucoup moins, ce qui est assez remarquable compte tenu à la fois de sa formation médicale traditionnelle et du contexte culturel français.

---

[72] Id., 1926 a, 172 ; 1938, 84.
[73] Id., 1939, 75.
[74] Ibid., 174, souligné par nous.
[75] Id., 1918, 1954, 414, souligné par nous.

Il restera à se demander si un tel type de considérations, pour caduc qu'il puisse paraître à nos yeux, n'a pas joué un certain rôle fonctionnel, dont la nature reste à préciser, dans l'élaboration de la pensée freudienne. Concernant un auteur de l'importance de Freud, il est peut-être de bonne méthode de se refuser à rien rejeter avant examen approfondi. Au surplus, le célèbre « mythe de la famille originaire » pourrait bien n'être que l'arbre qui cache la forêt, l'aspect le plus célèbre mais aussi le plus fragile des vues de Freud en matière de paléoanthropologie. Peut-être est-il d'autres aspects de sa pensée en ce domaine, bien moins connus, et qui anticiperaient de façon prémonitoire certains des résultats les plus récents non seulement de la préhistoire humaine, mais encore de l'éthologie des primates, disciplines d'ailleurs en progrès constant[76].

9.8. Inventaire de l'héritage archaïque

Nous avons mentionné, au début de ce développement sur le principe de récapitulation, les principaux contenus mentaux que Freud range dans le patrimoine atavique, « l'héritage archaïque, résultat de l'expérience des aïeux »[77] : le symbolisme, les fantasmes originaires, le complexe d'Œdipe et son corrélat affectif, le sentiment de culpabilité inconscient.

Pour essentiels que soient ces contenus, ils n'achèvent pas tout à fait la liste des « éléments de provenance phylogénétique »[78], dont Freud a mentionné à l'occasion d'autres représentants. Contentons-nous de les signaler, sans poser encore pour le moment le problème déjà évoqué (p. 490) de leur mode de transmissibilité, de type organique et/ou verbal, qui a justement beaucoup sollicité les critiques de Wallon.

Relèvent encore de l' « acquis phylogénétique » les diverses « formations sociales » : la religion, la morale, l'art, le sentiment social[79]. En effet, celles-ci sont les rejetons directs du complexe d'Œdipe et de son corollaire le sentiment de culpabilité, lesquels constituent les pièces maîtresses de l'héritage archaïque. En ce qui concerne le sentiment social, Freud le rapproche curieusement de la **relation hypnotique**, qui serait **propre à toutes les foules régies par un meneur**, et dans laquelle il voit une pure et simple « reviviscence de la horde originaire »[80].

Quant au sentiment de culpabilité, avec « une sévérité correspondante du Surmoi »[81], il se spécifie selon les contextes en différents types d'attitudes et d'affects que Freud considère également comme « hérités ». Ce sont l'ambivalence à l'égard de l'image paternelle[82], les sentiments aussi de pudeur, de dégoût et de pitié[83].

---

[76] Id., 1921, 1920-1923, 213. S. Lebovici etc. gardent l'idée d'un vécu familial transgénérationnel.
[77] Id., 1938, 30.
[78] Id., 1939, 145.
[79] Id., 1912 a, 179-180 ; 1916-1917, 312 ; 1923 a, 1920-1923, 250.
[80] Id., 1921, 1920-1923, 190-191, 216 ; 1925, 86. Idée très profonde vu l'actualité politique française.
[81] Id., 1930, 89 ; voir aussi 1912 a, 165, 172 ; 1916-1917, 312 ; 1925, 85.
[82] Id., 1912 a, 164 ; 1915 a, 32 ; 1923 b, 226 ; 1939, 124.
[83] Id. 1905 a, 174.

Ces trois sentiments fondamentaux forment l'ensemble de ce que Freud appelle les « digues psychiques », les « barrières » ou « inhibitions sexuelles ». Ces « contre-forces », comme il les nomme encore, ont pour fonction d'endiguer le développement sexuel, de « s'opposer aux excès » de la pulsion, d'en « limiter les buts », de la maintenir « dans les limites de ce que l'on désigne comme normal ». Ce sont « des dépôts historiques des inhibitions extérieures que la pulsion sexuelle s'est vu imposer dans la psychogenèse de l'humanité ». Mais **ces traces doivent être réactivées par l'éducation**. Le sentiment de dégoût en particulier inspire l'horreur des pratiques perverses, entre autres de « l'usage sexuel des muqueuses buccales », en dehors du baiser buccal proprement dit. Ce type d'inhibitions résulterait selon Freud d'un ensemble de facteurs liés au processus même de l'hominisation : station verticale, régression des sensations olfactives, et « refoulement organique » de l'érotique anale[84]. On pourrait montrer, à la lumière par exemple des vues modernes sur la paléontologie des hominidés, que ces propos comportent une part d'anticipation assez exacte, en dépit d'un aspect de prime abord hautement spéculatif, souvent imputé à Freud à titre de connotation négative partisane (Wood et col. : 1974 ; Coppens : 1983)[85].

Quant à leur mécanisme proprement dit, les digues psychiques héréditaires consistent en formations réactionnelles[86].

Malgré ce rejet de l'érotique anale au seuil de la civilisation, les fils de la horde paternelle, ce n'est pas là le moindre paradoxe, étaient pour la plupart et la plupart du temps voués à l'homosexualité. Mais le paradoxe disparaît si l'on considère que la première horde, la horde paternelle, constitue encore une organisation animale située en deçà du Rubicon de la civilisation. Sur la base même des différents textes de Freud, cette question est discutable. Laissons-la de côté.

Or, soutient Freud dans une note des *Trois essais* datée de 1915, « le choix de l'objet, indépendamment du sexe de l'objet, l'attachement égal à des objets masculins et féminins, tels qu'ils se retrouvent dans l'enfance de l'homme aussi bien que dans celle des peuples, paraît être l'état primitif »[87]. Dans un autre passage des *Trois essais*, Freud souligne que « l'inversion est extrêmement répandue parmi les peuplades primitives et sauvages »[88]. Or les descripteurs dont use Freud à ce sujet : enfance des peuples, « constitution » en tant que sédiment d'expériences, « éléments dispositionnels archaïques », appartiennent à l'ensemble des connotations habituelles du concept de legs phylogénétique[89].

À l'héritage archaïque que nous a transmis l'humanité naissante, il faut joindre la particularité fondamentale de « l'instauration diphasée du développement sexuel ». Celle-ci aurait un rapport avec l'apparition du surmoi et il conviendrait

[84] Id., 1905 a, 36, 49, 146, 174 ; 1930, 50-51.
[85] Wood P. : 1974, *Les origines de l'homme. Les débuts de la vie*, Amsterdam, Time-Life, 115-118 ; Coppens Yves : 1983, *Le singe, l'Afrique et l'homme*, Paris, Fayard, 54.
[86] Id., 1905 a, 89, 128 ; 1915 a, 29 ; 1915 d, 17 ; 1926 b, 35, 86.
[87] Id., 1905 a, 1915, 168.
[88] Ibid., 22.
[89] Ibid., 1905 a, 168-169.

d'y voir « l'héritage du développement vers la culture imposé par la période glaciaire »[90]. Nous y reviendrons ultérieurement.

La prohibition de l'inceste, « la barrière contre l'inceste est chose acquise par l'humanité, et comme tant d'autres tabous faisant partie de notre moralité, elle a été fixée chez beaucoup par hérédité »[91]. Ainsi la barrière en question, tout en appartenant à l'hérédité générale de l'espèce, n'aurait **pas pour autant la solidité d'un véritable trait héréditaire**. On saisit particulièrement bien dans ce cas la notion, sur laquelle il nous faudra revenir, de prédisposition dont l'actualisation requiert le contact contingent avec l'expérience. En particulier, la période de latence serait nécessaire à cette fixation plus ou moins contingente de la disposition. Or, la « La maturité sexuelle ayant été différée, on a gagné le temps nécessaire pour édifier, à côté des autres inhibitions sexuelles, la barrière contre l'inceste »[92]. Le type de fonctionnement que suggère ici Freud peut-il encore comporter un sens acceptable de nos jours ? Sans parler des résultats plus récents et plus complexes aussi en matière de génétique moléculaire et de neurophysiologie synaptique, on se demande si l'école éthologique n'a pas mis en évidence, déjà depuis un nombre appréciable de décennies, sous le nom d' *imprinting* (*Prägung*) une variété, certes élémentaire, de ce type de **prédisposition dont la fixation nécessite l'impact d'un facteur externe**.

Appartiendraient également au stock des prédispositions héréditaires « les phobies énigmatiques de la petite enfance »[93]. Certaines sont des réactions au danger de la perte de l'objet maternel, et concerneraient en propre l'espèce humaine : phobies de la solitude, de l'obscurité, des personnes étrangères[94]. D'autres, ainsi la phobie des petits animaux, de l'orage, représenteraient peut-être « les restes atrophiés d'une préparation congénitale aux dangers réels, si nettement développée chez d'autres animaux ». Ici encore, on songe à certaines descriptions de l'école éthologique, ainsi aux réactions d'alarme à la présentation de certains leurres de formes caractéristiques, par exemple d'oiseaux de proie[95]. En ce qui concerne les autres phobies d'animaux, les premières formes mentionnées de phobies (Hans, 1909, 1912 ; le petit Arpad, 1912 ; l'Homme aux loups, 1918), elles sont à rattacher au fantasme de castration, mais Freud ne soutient pas pour autant le caractère héréditaire de leurs contenus[96]. Le rapport à la figure paternelle peut

---

[90] Id., 1920, 150 ; 1919 a, 233 ; 1923, 1920-1923, 248.

[91] Id., 1905 a, 1915, 186 ; 1916-1917, 315.

[92] Id., 1905 a, 136.

[93] Id., 1926 b, 98.

[94] On songe évidemment à Spitz ; Freud : 1926 b, 61, 98 ; et surtout 1916-1917, 383-384, 388.

[95] Tinbergen : 1953, 50. Selon Jouvet (1979), le rêve aurait pour fonction, dans le sommeil paradoxal, de reprogrammer les schèmes innés pour qu'ils ne s'effacent pas. Kreisler, qui cite cet auteur, suggère que la répétition des fantasmes originaires dans le rêve pourrait avoir cette même fonction (1981, 112, 113). De ce point de vue, on ne voit pas en quoi de pareilles propositions offriraient quelque argument que ce soit à une opportune réfutation de la psychanalyse, alors que Freud tient parfois des propos qui s'en rapprochent beaucoup, comme on le voit dans *L'Homme aux loups*.

[96] Freud Sigmund : 1912 a, 146-153 ; 1912 b, 50 ; 1918, 414 ; 1925, 84 ; 1939, 123, 126. Les cas de Hans et Arpad sont évoqués dans *Totem et tabou*.

s'exprimer aussi, en dehors des zoophobies, dans la « représentation de la dévoration par le père », image dont Freud, n'affirme pas non plus résolument l'origine phylogénétique[97].

Enfin, Freud range dans le catalogue des acquisitions héréditaires de l'humanité un certain nombre de dispositions, d'attitudes mentales forgées par l'homme archaïque et qui se réactivent de nos jours chez l'enfant comme, à l'occasion, chez l'adulte. Ainsi la propension à transformer les forces naturelles en dieux, autrement dit « l'animisme, la magie et les enchantements, la toute-puissance des pensées »[98]. Et aussi notre attitude à l'égard de la mort : dénégation de notre propre mort, alliée à « la primitive crainte des morts... prête à resurgir dès que quoi que ce soit la favorise »[99]. On se demande du reste si **l'horreur moderne des références au passé**, si répandu dans la mentalité scientifique moderne, même et surtout dans les sciences humaines, ne pourrait pas en être une forme.

L'ensemble des contenus et dispositions, qui forment l'héritage archaïque persisterait dans l'inconscient sous le régime ordinaire du refoulement, quitte à faire retour, à se manifester selon des modes variés de présence. L'un d'eux consiste dans le processus de la récapitulation stadiale proprement dite, dont nous sommes partis et dont nous avons plus haut donné des exemples (1918, 1939). Cependant, l'exemple majeur de ce type de récapitulation serait constitué, selon Freud, par le complexe d'Œdipe. Ainsi les deux textes suivants, datés de 1919 et 1923 nous ramènent à nouveau devant la difficile notion d'un **programme de développement héréditaire historiquement acquis**.

« Ces relations amoureuses sont vouées à sombrer un jour... parce que leur temps est révolu, parce que les enfants entrent dans une nouvelle phase de leur développement dans laquelle ils sont contraints de répéter le refoulement du choix d'objet incestueux que leur dicte l'histoire de l'humanité (1919)... Le complexe d'Œdipe doit tomber parce que le temps de sa dissolution est venu tout comme les dents de lait tombent... il est un phénomène déterminé par l'hérédité, établi par elle et qui conformément au programme doit passer lorsque commence **la phase de développement prédéterminée** qui lui succède » (1923)[100].

Mais, outre la récapitulation stadiale proprement dite, il existe encore d'autres types d'actualisation relatifs aux différents éléments du « legs ». Ainsi, l'animisme, régulièrement présent chez l'enfant, réapparaît à l'occasion chez l'adulte. Cependant, le sentiment de culpabilité, même sous sa forme normale, consciente (conscience morale) exerce une pression constante : « il repose sur la tension entre le moi et l'idéal du moi »[101].

Il n'est pas possible, pour l'instant, d'aborder le problème du mode de formation, de stockage et de restitution des composantes de cette sorte de bagage héréditaire envisagé par Freud. Nous nous demanderons seulement au passage si ces

---

97 Id., 1926 b, 23 ; 1939, 126.
98 Id., 1919 b, 196 ; 1927, 24-25.
99 Id., 1919 b, 195-196.
100 Id., 1919 a, 228 ; 1923 c, 117. Souligné par nous.
101 Id., 1923 a, EP, 265 ; voir aussi 1919 a, 228.

traces phylogénétiques, « présentes quelque part dans le ça, sous une forme que nous ne connaissons pas encore »[102], dans la mesure même où elles constituent une sorte de fond(s) de l'inconscient, n'auraient pas quelque rapport avec le processus qualifié de refoulement originaire. C'est ce que pourrait suggérer, selon nous, le texte suivant : « Ce qui forme **le noyau de l'inconscient psychique est l'héritage archaïque de l'être humain**, et ce qui succombe au processus du refoulement c'est la part de cet héritage qui doit toujours être laissée de côté lors du progrès vers des phases ultérieures de développement, parce qu'elle est inutilisable »[103]. Un noyau donc, inutilisable, peut-être parce qu'abyssal, fondamental. Mais qui en même temps serait requis comme la base cachée tout autant que nécessaire de tout l'édifice psychique. Notion qui d'ailleurs paraît bien proche de celle, familière à la culture germanique, de celle de l'*Aufhebung* hégélienne.

La résurgence de ces résidus d'expériences archaïques se signale, dans certains cas, par la mise en résonance d'un affect particulier, que Freud a qualifié comme le **sentiment de l'inquiétant**, de l'inquiétante étrangeté (*das Unheimliche*). Cet affect exprime l'angoisse devant l'apparition de « quelque chose qui aurait dû demeurer caché et qui a reparu »[104]. Nous l'éprouvons en particulier devant la réapparition des formes de la pensée animiste, devant les diverses manifestations de l'automatisme de répétition, et aussi dans la foulée, en raison de l'accessibilité de celle-là à la suggestion, phénomène régressif où resurgit la horde[105].

9.9. Le processus pathogène

Le propos de Wallon qui a servi de point de départ au développement précédent (note 69) évoquait deux mécanismes différents. Nous nommerions le premier récapitulation antérograde (l'ontogenèse reproduit la phylogenèse), et le second, par contraste, récapitulation rétrograde : l'individu peut rester « fixé » ou même être « ramené » (régresser) à une étape antérieure de son développement. Or, si le **premier aspect** (id.) nous a paru trouver des garanties bien fondées au niveau du texte freudien, le **second** qui concerne, non plus le développement général, mais **le processus pathogène** proprement dit, apparaîtrait davantage comme une interprétation personnelle de Wallon.

On sait que Freud se représente la genèse d'une névrose chez l'adulte comme la réactivation d'une névrose infantile antérieure, en fonction d'un processus organisé selon la série des mécanismes : privation-régression-fixation[106]. Or il est assez naturel de penser que, si le développement de l'individu reproduit les étapes de l'évolution phylogénétique, alors la régression devrait, réversibilité oblige, prendre la forme d'un mouvement rétrograde, d'une involution ayant pour effet de reproduire, de manière au moins approximative, l'une des étapes antérieures du développement phylogénétique. C'est du moins la conception que Wallon prête à

---

[102] Id., 1938, 76.
[103] Id., 1919 a, 243, souligné par nous.
[104] Id., 1919 b, 194.
[105] Id., 1912 a, 101 ; 1919 b, 190, 196 ; 1921, EP, 196.
[106] Id., 1916-1917, ch. 22 et 23 ; voir p. 341 le schéma de l'« équation étiologique ».

Freud, et qui reviendrait au fond à une sorte de transposition dans le champ de la psychanalyse de la théorie de la dissolution formulée par Jackson dans le cadre spécifique de la neurologie. La lecture que Wallon fait ici de Freud paraît dépendre de ses propres préoccupations en matière de psychologie génétique. L'orthogenèse et la pathogenèse se développeraient selon des parcours de polarité opposée. Dans ces conditions, la forme antérograde et la forme rétrograde de la récapitulation accompliraient leurs trajets respectifs en sens inverse l'une de l'autre sur ce que l'on pourrait appeler la boucle onto-phylogénétique.

Or il n'est guère facile de trouver dans l'œuvre de Freud de quoi confirmer une telle interprétation. Assurément, *Totem et tabou* est tout entier construit sur un système de comparaisons, de correspondances entre quatre personnages : le primitif, le névrosé, l'enfant, et l'ancêtre préhistorique. Même, le dernier chapitre où se trouve pour la première fois décrits le destin de la horde paternelle et les origines du totémisme porte un titre pour le moins singulier : **le retour infantile du totémisme.** De fait, dans ce chapitre, les considérations touchant la horde (§§ 4-7, pp. 153-185) sont immédiatement précédées par un développement (§ 3, pp. 146-153) sur les zoophobies de Hans et du petit Arpad, un cas communiqué par Ferenczi. « Contentons-nous ici, écrit lui-même Freud, de relever deux traits de ressemblance entre notre cas et le totémisme : l'identification complète avec l'animal totémique et l'attitude ambivalente à son égard »[107]. En fait, le contexte montre clairement que l'intention de Freud est ici d'utiliser la psychopathologie infantile comme modèle heuristique en vue de définir l'esquisse d'une paléopsychologie, laquelle lui fournira un peu plus tard l'une des assises de sa « psychologie collective » (1921). Freud ne soutient nullement que la névrose phobique du petit Hans l'a fait régresser à l'étape préhistorique du totémisme. Certes, il faut bien avouer que le titre étrange de ce chapitre est susceptible de créer une méprise. Toutefois soulignons qu'il s'agit, sous la plume même de Freud, de retour **du** totémisme, et non **au** totémisme, autrement dit d'un type de processus antérograde, et non rétrograde. Lorsque le candidat à la névrose régresse vers l'un des points de fixation de son propre développement libidinal, peut-être le passé phylogénétique, selon Freud, fait-il alors retour. Toutefois, supposé qu'elle fasse alors jonction avec le retour antérograde des éléments phylogénétiques, la régression ontogénétique propre au processus pathogène ne saurait pour autant être assimilée à une régression onto-phylogénétique, c'est-à-dire à ce que nous appelions un peu autrement ci-dessus récapitulation rétrograde.

9.10. Répétition déformée

Néanmoins, un autre propos de Freud pourrait peut-être nous apporter ici un peu d'aide. En effet, presque à la fin de *Psychologie des foules et analyse du moi*, Freud écrit ceci : « Le névrosé... **répète**... les institutions de l'humanité **avec une déformation** qui témoigne de la contribution par trop puissante des tendances se-

[107] Id., 1912 a, 151-152.

xuelles directes »[108]. Ce concept de répétition déformée est essentiel, dans la mesure où il paraît nous écarter du schéma suggéré par Wallon d'une régression onto-phylogénétique ou récapitulation rétrograde. De quelle manière ? Avant de l'envisager, commentons la dernière partie du propos. Freud a expliqué au cours des pages précédentes que le lien social qui unit la foule, et cimente les institutions (l'Armée, l'Église) a peu de chose à voir avec la forme primitive du lien libidinal, de l'investissement objectal. Le fonctionnement social s'accommode assez mal des tendances sexuelles directes. Il mobilise plutôt « des tendances sexuelles inhibées quant au but... des tendances inhibées quant au but sexuel »[109] en conjonction d'ailleurs avec un autre type très différent de lien : l'identification. Or une telle structuration, où apparaît l'écart de principe entre la névrose et le fait social, interdit de soi toute référence au modèle d'une simple récapitulation, y compris sous forme rétrograde, des étapes archaïques de la sociogenèse.

Mais pour mieux saisir ici le point de vue de Freud, il est loisible, comme d'ailleurs il s'y autorise lui-même, de se proposer un modèle agrandi du **processus névrotique, sous forme de la genèse du fait religieux**. Rappelons que Freud a très tôt postulé (1907) l'isomorphisme entre ces deux catégories de phénomènes, et que celui-ci constitue même l'un des ponts assurant le passage entre ce qu'il appelle « la psychologie individuelle » et « la psychologie collective ». Deux autres ponts qui, du reste, comportent des rapports avec le premier, sont constitués par l'anthropologie des primitifs actuels et par la paléoanthropologie[110].

Effectivement, dans *Moïse et le monothéisme*, Freud propose, avec une grande audace, d'envisager les mécanismes propres à l'appareil psychique individuel, comme susceptibles de fonctionner, à une échelle spatio-temporelle élargie, au niveau de **l'évolution historique des foules**, des masses, des peuples. « Traumatisme précoce, défense, latence, explosion de la névrose, retour partiel du refoulé, telle est, d'après nous, l'évolution d'une névrose... il est possible de faire un rapprochement entre l'histoire de l'espèce et celle de l'individu... l'espèce humaine subit, elle aussi, des processus à contenus agressivo-sexuels qui laissent des traces permanentes... écartés et oubliés... ils redeviennent actifs »[111]. Mais alors que, dans le même contexte, Freud nous décrit les mécanismes de fixation, du refoulement, du retour du refoulé[112] jouant au niveau de la psychologie collective, il ne parle guère, et c'est ce qui intéresse notre présent propos, de régression. En fait, dans la fresque « historique » ensuite esquissée par Freud, la figure oubliée du père primitif fait retour, selon une sorte de processus métaphoro-métonymique, à travers une longue suite de néo-formations, qui en représentent le « renouveau », la « restaura-

---

[108] Id., 1921, EP, 215-216.

[109] Ibid., 180, 192, 209-216. À noter le glissement sémantique entre la première formulation et la seconde. De même, Freud parle ici de tendances (*Tendenz*) plus souvent que de pulsions.

[110] Freud Sigmund : 1925, 84 ; 1939, 120, 127 ; En ce qui concerne les deux derniers « ponts », voir : 1912 a, 9, 12, 126, 184 ; 1927, 55.

[111] Id., 1939, 120. Freud a même parlé dans d'autres textes de « surmoi collectif », « surmoi de la civilisation » (*Kultur-Über-Ich*), 1930, 103.

[112] Id., 1939, 126, 151, 182.

tion »[113], mais selon de multiples variations venant enrichir le schème initial. Qu'on en juge : après l'animal totémique, les déesses-mères, puis les dieux anthropomorphes, chacun d'abord accompagné de son animal votif ; puis le héros du mythe fondateur, et aussi le roi divin jadis immolé ; alors Moïse, lui-même sacrifié après avoir instauré le culte de Yaweh, puis le héros de la tragédie antique, et enfin le Christ. Aucune de ces figures, telles que les retrace Freud, ne constitue pour lui la simple régression au schème initial de l'imago paternelle. Plutôt dirait-on que chacune en opère le retour, brodant sur ce canevas vide un dessin inédit où s'affrontent, selon des rapports toujours renouvelés, les termes du conflit. Ainsi, par exemple, **le christianisme** aurait instauré de manière fort subtile une nouvelle religion du Fils, où se dissoudrait l'ancienne religion hébraïque du père. En fait, pour paraphraser le langage de Piaget, tout se passe comme si le schème primitif subissait des accommodations nouvelles en fonction de la variété des situations, de la pression de l'évènement.

Comme on le voit, le fonctionnement qui vient d'être décrit, s'il n'écarte pas bien au contraire le mécanisme de la répétition, paraît étranger à tout processus de récapitulation rétrograde, de régression vers l'origine. Il est vrai que tout processus de régression n'en est pas exclu, mais aussitôt saisi et dépassé dans un mouvement d'ampliation antérograde de la répétition. Ainsi, toujours dans *Moïse*, Freud développe le propos, très dialectique, selon lequel la nouvelle religion chrétienne représentait **une « régression » en même temps qu'un « progrès »** par rapport à l'ancienne foi juive[114]. Ainsi donc, s'il est vrai que la névrose, comme le soutient Freud, représente la répétition déformée des institutions de l'humanité, l'histoire de ces institutions elle-même met déjà en jeu, à une échelle agrandie, un mode à la fois semblable et différent de ce processus de la répétition déformée. Aussi bien, dans les écrits sociologiques[115], le concept de répétition déformée est l'un des outils qui permet à Freud d'articuler la psychologie individuelle à la psychologie collective. Mais la contradiction inhérente à ce concept interdit du même coup de réduire la régression ontogénétique, comme mécanisme propre du processus pathogène au modèle en fait néo-jacksonien d'une régression onto-phylogénétique, d'une récapitulation rétrograde. Du moins ce schéma ne nous paraît-il guère trouver de caution dans le texte freudien, s'il est vrai par ailleurs que le modèle d'une récapitulation antérograde, comme nous l'avons vu précédemment, y est beaucoup mieux implanté.

Ainsi, pour revenir de la psychologie collective à la psychologie individuelle, il est bien évident pour Freud que le névrosé, quitte à s'adonner à cette « religion privée » qu'est la névrose, n'a pas pour autant régressé vers l'un des paliers de cette « névrose universelle »[116] que constituerait la série des figures successives de

---

[113] Ibid., 125, 128.

[114] Ibid., 132.

[115] C'est-à-dire concernant ce que Freud appelle les « formations sociales » (*Kulturbindungen*, GW 9, 91, 189 ; *Totem et tabou*, 1912 a, 85, 88, 109, 180. Sur ce concept de « déformation », voir 1912 a, 88 ; 1921, 215 ; 1939, 174.

[116] Freud Sigmund : 1925, 82.

la pensée religieuse. C'est pourtant la conséquence extrême, voire absurde, à laquelle on aboutirait si l'on prenait au mot la thèse, que Wallon prête abusivement à Freud, selon laquelle l'organisation névrotique effectuerait une régression vers l'une des étapes dépassées de la vie mentale de l'espèce.

Cependant, lorsque Wallon parle des « étapes de l'espèce », entendrait-il autre chose que l'histoire de la vie mentale spécifiquement humaine ? Ferait-il allusion aux propos étranges de l'*Introduction à la psychanalyse* et repris dans *L'Homme aux loups* selon lesquels le développement des stades oral et anal de la libido rappellerait les caractéristiques d'appareils sexuels propres à des espèces animales très archaïques ? C'est bien possible. Mais il ne nous paraît pas non plus que Freud ait jamais soutenu, même dans ces textes, que l'obsessionnel régresse jusqu'à la phase évolutive des Myriapodes, voire des Cœlentérés.

9.11. Programmes instinctifs

Indubitablement, Freud considère qu'une **composante transindividuelle intervient dans la structuration du processus névrotique**[117]. Cependant, l'intervention de cette composante ne résulte pas d'un processus de régression onto-phylogénétique. Quant à son contenu, on ne peut l'assimiler ni à l'organisation animale archaïque, dont on vient de reparler, ni à la substance des idéologies religieuses proto-historiques, le centre d'intérêt de *Moïse*. Ce contenu est à rechercher entre ces deux extrêmes, où Freud tâtonne à le repérer, et il n'est rien d'autre que l'héritage archaïque, le legs phylogénétique dont il a été question précédemment. Le plan de l'activité animale ne lui appartient pas encore, n'en étant que le prodrome, la simple anticipation. Le plan des idéologies proto-historiques ne lui appartient plus, il en est, mais pour une part seulement, le produit, la résurgence. Le legs en question constituerait un répertoire de programmes, dont l'origine se situerait à la frontière encore « inconnue » **entre la nature et la culture**, en cette ère de passage où l'animal se fait homme et où « sans doute le langage n'était alors qu'à peine ébauché »[118]. De manière ambiguë, Freud le décrit à la fois en termes de sédiments d'expérience et par ailleurs de constitution[119]. Plusieurs fois, Freud suggère aussi que ce legs représenterait l'équivalent pour l'animal humain de ce que sont les instincts vitaux pour les autres animaux[120]. Nous suggérions précédemment, à propos du texte déjà cité (1919 a) évoquant le noyau de l'inconscient, la plausibilité d'un rapprochement entre l'héritage archaïque et un dispositif en rapport avec le refoulement originaire (p. 499). Mais il y a aussi plusieurs difficultés à cela.

Tout d'abord, il faudrait concevoir que le contenu du refoulement originaire comportât à côté d'une composante individuelle, un noyau collectif, une sorte de

[117] Cette proposition a été couramment admise, comme on y reviendra plus loin, par des psychanalystes bien postérieurs de l'École française, tels que Lacan, Abraham et Torok, Piera Aulagnier, Serge Lebovici.
[118] Freud Sigmund : 1939, 21.
[119] Id., 1905 a, 8.
[120] Id., 1918, 419 ; 1939, 149-150.

dénominateur commun. Or les rares textes concernant ce mécanisme fondamental sont muets sur ce point[121].

Ensuite, il n'est pas facile d'imaginer que ce qui est tombé sous la coupe du refoulement originaire puisse faire effet de retour. De fait, le retour du refoulé est classiquement décrit comme lié au refoulement secondaire.

Toutefois, si l'on suit cette hypothèse, il semble que la dernière page de *L'Homme aux loups*, texte bien connu pour son caractère sibyllin, puisse en recevoir, si peu que ce soit, quelque éclairage.

« Une sorte de savoir difficile à définir, quelque chose comme une prescience agit dans ces cas chez l'enfant... une seule mais excellente analogie : le savoir **instinctif** - si étendu des animaux... Ce patrimoine instinctif formerait le **noyau de l'inconscient** ((*première mention de cette expression (1914-1915, 1918), reprise dans le texte de 1919a*)), une sorte d'activité mentale primitive, destinée à être **plus tard** détrônée et recouverte par la raison humaine ((*à noter l'accent génétique de ces propos*))... Mais souvent, peut-être **chez nous tous** ((*c'est une structure constitutive de l'appareil psychique*)), ce patrimoine instinctif garde le pouvoir de **tirer à soi** des processus psychiques plus élevés ((*le refoulement originaire se caractérise précisément par ce pouvoir* **d'attraction** *exercé sur les représentations du système Pcs-Cs*)). Le refoulement ((*il s'agirait cette fois du refoulement secondaire*)) serait le retour à ce stade instinctif, et c'est ainsi que l'homme paierait, avec son aptitude à la névrose, sa grande acquisition nouvelle ; il témoignerait de plus, par le fait que les névroses sont possibles, de **l'existence de stades antérieurs instinctifs** ((*en quelque sorte sédimentés,* **fixés** *par le refoulement originaire en tant que noyau de l'inconscient*)). Et le rôle important des traumatismes de la petite enfance serait de fournir à l'inconscient un matériel qui le préserverait de **l'usure lors de l'évolution** subséquente ((*cette usure du noyau de l'inconscient s'expliquerait par son caractère archaïque, par le fait qu'il est génétiquement dépassé, d'où la nécessité qu'il soit originairement refoulé dès que surgit la « grande acquisition nouvelle », c'est-à-dire en réalité un régime nouveau du fonctionnement instinctif, celui propre au Trieb et non plus à l'Instinkt*))[122].

Si l'on suit cette suggestion, laquelle n'est qu'une hypothèse de caractère partiel, car la pensée freudienne suit en fait plusieurs voies, alors le refoulement originaire serait ce qui fixe le fond(s) de l'inconscient, cette fixation du fond(s) ayant rapport avec le fait que celui-ci est, du point de vue de l'évolution, mis hors jeu, hors d'usage, presque usé. À l'instar peut-être des instincts animaux, dans la période que Freud déclare encore « inconnue » où l'ancêtre hominien d'animal se change en homme. Les découvertes toutes récentes en matière de paléontologie africaine donneraient encore beaucoup d'intérêt à de tels propos.

Le statut du legs phylogénique et son mode d'intervention au cours du développement normal et pathologique posent un problème, à notre avis, encore très moderne. À vrai dire, ce problème s'articule aujourd'hui en deux sous-ques-

---

[121] Peut-être pas tout à fait en comparant les textes : 1911 a, 311-312 ; 1915 b, 48 ; 1915 c, 88-89 ; 1926 b, 10 ; 1918, 418-419.

[122] Freud Sigmund : 1918, 419, souligné et commenté par nous.

tions : celle de l'héritage biologique, autrement dit de la constitution psychobiologique, et celle, peut-être plus difficile à cerner, de l'héritage social, c'est-à-dire de la transmission de l'expérience collective, dont le premier relais mais non le seul, loin de là, serait la famille. Or Freud a toujours tendu à réduire ces deux termes à un même dénominateur commun, en se référant à un modèle explicatif qu'il n'est pas question d'envisager pour le moment, mais dont on peut dire au passage qu'il soulève de redoutables difficultés. « Je l'avoue concède volontiers Freud, **cette question est la plus épineuse** de toute la doctrine analytique »[123]. On peut bien dire que l'idéologie et la pratique scientifique modernes, en psycho- et biologie, continuent à patauger dans cette question à peu près un siècle plus tard.

9.12. Genèse et structure

Nous distinguerions personnellement **deux courants** dans la pensée freudienne concernant ce sujet, lesquels paraissent de prime abord difficilement conciliables.

Le premier, d'inspiration **génétique**, s'organise par rapport à la notion de **récapitulation** (stadiale, antérograde). Nous avons recensé un certain nombre d'expressions dans les textes de 1911, 1912 b, 1916-1917, 1918, 1923 c, 1926 a, 1938, 1939[124]. Malgré le grand nombre de textes où il s'exprime, ce courant, disons-le, représente l'aspect le plus problématique et peut-être aussi le plus vulnérable de la pensée freudienne. Or, cet aspect hautement spéculatif est celui justement sur lequel Wallon, avec une intuition très remarquable de la faiblesse de ce maillon, a dirigé ses critiques les plus intéressantes et les plus incisives. Mais pourquoi Freud se laisse-t-il entraîner à de tels risques ? On peut songer à une version particulière du thème de l'éternel retour formulé par Nietzsche, l'un des auteurs philosophiques assez souvent cités par Freud. Mais on peut se demander aussi si ce thème de la récapitulation ne constitue pas l'une des grandes voies d'approche qui ont conduit Freud à l'hypothèse d'une compulsion de répétition.

L'autre courant, que nous qualifierions de **structuraliste**, est représenté principalement par les deux textes (1918, 1919 a)[125] centrés par la métaphore du noyau de l'inconscient. Notons que ce deuxième courant coexiste avec le premier dans *L'Homme aux loups* (1918). Or, dans cette autre veine de la pensée freudienne, le concept de récapitulation stadiale se trouve relégué au profit de la notion, d'un caractère moins diachronique, de retour (*Wiederkehr*) d'un certain fond(s) de provenance phylogénétique, lequel met à la disposition du sujet une sorte de cadre lui permettant d'ordonner le matériel psychique. Freud écrit à ce sujet, dans un langage qui, *mutatis mutandis*, évoque à la fois Kant et Piaget, mais aussi d'autres auteurs : ces « schémas phylogéniques((*schème piagétien*)) que l'enfant apporte en naissant ((*a priori kantien*)), ont pour rôle de « classer » les impressions ((*Kant, Piaget*)) qu'apporte ensuite la vie... sont des précipités ((*Hume, Lamarck, mais aussi à*

[123] Id., 1918, 404.
[124] Voir pages 489-490, 493-494, 498.
[125] Voir pages 498-499, 504.

d'autres égards Hegel, Piaget)) de l'histoire de la civilisation »[126]. De fait, construits (*Piaget*) au contact de l'expérience (*Hume*) historique (*Hegel*) de l'espèce humaine (*Lamarck*), ces schèmes ou catégories se trouvent à la disposition du sujet en tant que structures natives (*Kant*). Éléments constitutifs d'un programme préétabli mais inactivé, ils font retour à partir de leur noyau inconscient en direction de l'expérience afin de lui donner forme, d'en ordonner le matériau (*Kant, Piaget*). Qu'on nous passe cet excès de références de prime abord arbitraires. Mais il nous semble à même de mettre en valeur la richesse des courants épistémologiques que condense et qu'anticipe ici la pensée d'un auteur qui a toujours prétendu, avec un rien de coquetterie, savoir peu de philosophie.

9.13. Propriétés du schéma phylogénique

Cette rencontre, au sein de ce deuxième courant de pensée, de plusieurs lignées épistémologiques explique probablement que l'on puisse y repérer une tension dialectique entre deux thèmes coordonnés et divergents. Selon le premier, d'inspiration empiriste-génétiste (Hume, Lamarck), l'expérience viendrait habiter le schéma, raviver sa labilité, en réparer l'usure. Selon le second, d'inspiration aprioriste-structuraliste (Kant, Piaget), le schéma est en quelque sorte inaltérable et, comme tel, il « triomphe de l'expérience individuelle »[127], plie la forme au contenu, restreint la contingence de l'événement à sa propre nécessité. D'où, selon Freud, la racine même, le point d'insertion de ce qu'il a parfois spécifié comme une « tendance au conflit »[128]. Du fait de cette solidité, peut-être sorte de résistance, propre au schéma, « les contradictions, écrit Freud, se présentant entre l'expérience et le schéma semblent fournir assez ample matière aux conflits infantiles »[129].

Que l'on retrouve à l'intérieur du second courant (structuraliste) un aspect génétiste et un aspect proprement structuraliste n'est contradictoire qu'en apparence. Il s'agit probablement d'une **contradiction à l'œuvre dans le réel lui-même** plutôt que dans le seul champ de la pensée. On se trouve ici face à un mode de développement du savoir théorique du type d'une antinomie (argument K 3), dont il y a lieu de savoir si elle donne lieu à une simple contradiction, ou bien ouvre la perspective d'une sortie vers le haut, d'une solution féconde.

Un **troisième thème** encore apparaît comme intermédiaire, tenant pour ainsi dire l'équilibre, entre le premier : primat de l'expérience, de l'événement, et le second : primat de la structure, du schéma. **Le sujet se fierait à l'expérience pour autant** qu'elle l'informe suffisamment, **faute de quoi** il recourrait alors au schéma pour réparer le déficit de l'expérience, assurer à celle-ci pour ainsi dire plus de consistance. Alors, écrit Freud, le sujet « comble les lacunes de la vérité

---

126 Freud Sigmund : 1918, 418. Les parenthèses sont de nous.
127 Ibid., 418.
128 Freud Sigmund : 1916-1917, 331.
129 Id., 1918, 419.

individuelle avec de la vérité préhistorique, il remplace sa propre expérience par celle de ses ancêtres »[130].

En fait, tout dépend des cas particuliers, tout tient à l'histoire individuelle et peut-être aussi à ce que Freud appelle en un sens bien particulier « la constitution (*Konstitution*) ».

En ce qui concerne le premier point - le facteur de cas individuel - le contenu de l'expérience viendrait s'adapter ou non au schéma, s'ajuster ou pas à sa forme. Dans le premier cas, l'événement viendrait confirmer le schéma, le valider à nouveau, en rajeunir l'usure. Dans la seconde éventualité, si usé qu'il soit, le schéma serait toujours assez résistant pour remanier le contenu de l'événement et le soumettre à sa propre forme. Notons que les deux situations peuvent se présenter chez le même sujet, ainsi dans *L'Homme aux loups*. D'une part, Freud est amené à penser que la scène primitive a vraisemblablement eu lieu. D'autre part, la représentation du père comme castrateur ne correspondrait en rien, dans le cas du sujet, à l'événement. En effet, la menace de castration lui est venue non du père, mais des femmes (la scène avec Grouscha).

En ce qui concerne à présent le second aspect (la constitution), le schéma est-il plus ou moins résistant, consistant, cohérent selon les individus ? C'est une question apparemment beaucoup moins claire : *non liquet*. Mais en même temps, on devine aussi que les propos de Freud concernant l'équilibre variable entre le schéma et l'événement, à propos du fantasme, constituent probablement un cas particulier du problème plus général de l'équation étiologique, c'est-à-dire de la formule d'ensemble où se composent, selon des rapports mobiles, « les séries complémentaires » entre la fixation et la privation, la prédisposition et l'accident, la constitution et l'expérience, en d'autres termes la structure et l'histoire[131].

L'ensemble des considérations précédentes sur la **variabilité des rapports entre le schéma et l'événement** nous permet peut-être à présent de mieux comprendre le thème assez singulier, précédemment abordé (9.10.), de la névrose comme répétition-déformation, thème que nous marquions déjà alors comme appartenant à un autre chemin de pensée que la notion de récapitulation.

Les **propriétés contradictoires de labilité et de solidité** que Freud introduit dans ses vues sur le schéma méritent, au passage, d'être comparées un peu mieux avec les vues de Piaget concernant sa propre conception du schème. En effet, il s'agit d'une structure qui modèle le donné (assimilation) et se laisse en retour modeler par lui (accommodation), selon un principe d'équilibre heureux, en soi exempt de conflit, à propos duquel Danset avait en son temps suggéré la formule très opportune de « structure molle »[132].

Cependant, le propos antérieur de Wallon concernant la conception freudienne de la psychogenèse comme récapitulation nous a entraîné dans un développement déjà trop long (p. 492). Nous avons cru nécessaire de l'entreprendre,

---

130 Ibid., 399-340 ; voir aussi 1916-1917, 350.

131 Freud Sigmund : 1905 a, 1917, 157-159 ; 1916-1917, 326-332, 340-341.

132 Danset Alain : 1983, 86. On songe à une forme de néo-kantisme amélioré.

comme nous nous en sommes expliqué, dans l'idée que c'était le moyen de mieux faire comprendre la suite des arguments très pertinents et, à première vue, encore aujourd'hui très solides, que Wallon dirige contre ce thème de la récapitulation. Malgré tout, on aura ensuite à examiner si les propos de Freud ne correspondent pas, sous forme d'anticipations intuitives étonnantes, à des problématiques très encore modernes.

9.14. Les arguments de Wallon

L'un de ces arguments, comme on va le voir un peu plus loin (p. 510) est explicitement dirigé contre la notion de récapitulation stadiale. Cependant, le cadre général de l'argumentation wallonienne englobe dans un cercle plus vaste cet argument spécial et d'ailleurs très habile. La notion de récapitulation y est alors conçue en un sens global, comme processus de reviviscence *lato sensu* de certains contenus mentaux. Elle se trouve alors annexée à une critique d'ensemble de la notion d'hérédité psychique, ou plus précisément de transmission transgénérationnelle des contenus mentaux.

Le nerf de l'argumentation développée par Wallon consiste, comme on l'a déjà mentionné au passage (note 67 sq) à distinguer entre l'hérédité générale propre à la fonction et l'historicité particulière des contenus où celle-ci vient à s'actualiser. À ce propos, il convient de souligner que cette argumentation s'appuie, entre autres références, sur une lecture particulière du difficile passage de *Totem et tabou*, cité (note 58) concernant les deux voies relatives à la transmission du « tabou », savoir la **tradition** d'une part, et un mécanisme « **organique** » d'autre part. En fait, Wallon interprète le terme « organique » dans le sens d'une structure biologique effective. Et il faut reconnaître qu'il est difficile de faire autrement, si l'on ne prend pas en compte le caractère métaphorique introduit par les guillemets. Or cette connotation, si elle n'est pas non plus de signification évidente dans le texte allemand (note 59) se trouve presque gommée dans le texte français. S'il s'avérait qu'il faille entendre par cet « organe » composé d' « idées innées » une structure qui a quelque rapport avec cette instance normative que Freud appellera ultérieurement « idéal du moi » (1914, 1921) et enfin Surmoi (1923), alors l'ensemble de la question serait à revoir, sans pour autant d'ailleurs que la critique de Wallon en fût rendue complètement caduque.

On verra aussi que Wallon en vient parfois à tempérer sa critique, en laissant parfois entendre que tout du « contenu » de la vie mentale, pour ne pas parler de sa « forme » psychobiologique, ne s'explique pas par le rôle *hic et nunc*, l'influence actuelle du milieu social.

Mais abordons à présent la suite des critiques que Wallon adresse à la conception freudienne de la récapitulation.

Sur le plan de l'embryogenèse, « son terrain d'origine », le principe de Haeckel a déjà donné lieu, dit-il, à des objections. « Du moins le problème a-t-il ici des données précises : **la comparaison de formes entre elles** »[133].

---

[133] Wallon Henri : 1941 n° 111, 35, souligné par nous.

Mais dès qu'on l'applique « non plus seulement à la morphologie de l'organisme, mais à des systèmes idéologiques », l'application du principe de récapitulation est insoutenable, car elle « supposerait l'hérédité des caractères acquis et, parmi ces caractères, de ceux qui paraissent le moins liés aux structures anatomiques ». Il est fort difficile d'expliquer « sous quelle forme biologique **un système idéologique peut se transmettre de générations en générations** ». Assurément, « cette réapparition chez tous des mêmes pensées et des mêmes mythes » pose un problème, et « il est nécessaire de s'y arrêter ». Mais on ne saurait l'expliquer par « la transmission héréditaire de la pensée ancestrale »[134].

De toute manière, la transmission des traces mentales d'une histoire primitive est invraisemblable, quel que soit le mécanisme envisagé. À ce sujet, Wallon mentionne assez clairement les deux hypothèses envisagées par *Totem et tabou*, dont l'une explique le maintien des traces par la pérennité d'une tradition sociale, tandis que l'autre mentionne leur inscription à titre de « partie organique de la vie psychique », les deux voies ayant pu d'ailleurs, selon Freud, être empruntées « parallèlement ». Wallon écrit que Freud « paraît laisser le choix » entre « l'identité d'expériences » et « l'action de l'espèce », entre un fond de « souvenirs » et la pression de « l'instinct »[135]. Il nous semble bien reconnaître, dans un langage un peu différent, les deux types de processus indiqués par Freud, comme « l'éducation » et « une forme d'idées innées », autrement dit un type d'héritage proprement social, à côté d'une inscription d'un mode plus « organique ». Or Wallon déclare dans le même texte que « de ces deux hypothèses l'une semble physiologiquement peu acceptable et l'autre voudrait être traduite en termes plus physiologiques ». Ce texte de 1928 est le premier qui met en question le principe de Haeckel-Freud.

Wallon discute parfois le principe de récapitulation en se référant au mode de fonctionnement propre au langage. Si l'on peut soutenir, propose-t-il, que « les possibilités de la vie mentale sont héréditaires... qu'il y a dans son évolution des étapes nécessaires, le surprenant serait qu'elles se confondent avec certains contenus de pensée ». Or il importe de ne pas « identifier la fonction avec un objet ou un contenu particulier »[136].

En fait, la nécessité de distinguer entre **le contenu et la fonction** - le cadre, le programme - apparaît clairement à propos du langage, « un exemple qui a particulièrement été étudié. Incontestablement il n'est possible que par l'existence de centres spécialisés... Mais il n'est en aucune façon préformé dans ces centres. C'est du milieu que dépend le système linguistique dont l'enfant acquiert l'usage »[137]. Ainsi « il en est, sans doute, des aptitudes mentales en général comme de l'aptitude à la parole, qui dépend bien de structures biologiques, mais qui n'a pas de contenu propre, de telle sorte que n'importe quel enfant, quel que soit son

[134] Id., 1942 n° 113, 98 ; in WFP : 1951 n° 170, 511 ; 1928 n° 45, 418 ; 1939 n° 105, 468.

[135] Id., in WFP : 1928 n° 45, 418 ; ce texte prouve que Wallon a lu *Totem et tabou* (trad. 1923, cf. p. 43) et l'*Introduction à la psychanalyse* (trad. 1922, cf p. 334).

[136] Id., in WFP 1928 n° 45, 418 ; 1942 n° 113, 98.

[137] Id., 1941 n° 111, 36.

entourage, en parlera la langue. De même les **fonctions intellectuelles s'ouvrent sur le milieu actuel**, bien loin d'être une récapitulation du passé »[138]. De ce point de vue, l'ensemble des fonctions mentales doit être envisagé sous le même jour que le langage. Or il est impossible d' « admettre par exemple que l'héritage de la parole ne se limite pas à l'aptitude à apprendre un langage quel qu'il soit, mais procède de tous ceux qui ont été parlés par les ancêtres »[139].

À l'appui de la thèse que « l'enfant ne repasse pas toutes les étapes des générations passées », Wallon utilise parfois un argument très ingénieux que l'on pourrait appeler « **l'argument des deux enfants** ». Si le principe de la récapitulation mentale était fondé, alors l'enfant d'une population primitive, en cas d'éducation dans des conditions culturelles plus évoluées, ne pourrait jamais rattraper son retard par rapport à l'enfant moderne. Et par la suite ses propres enfants non plus ! Ce serait la tortue courant après Achille. Car « entre les individus appartenant à des niveaux différents de civilisation, l'intervalle serait égal au nombre de générations nécessaires pour que se succède la série des structures intermédiaires, c'est-à-dire qu'il serait infranchissable, non seulement pour eux-mêmes, mais pour une portion plus ou moins étendue de leur postérité »[140]. Or il est avéré que les enfants issus de cultures primitives et acclimatés à la civilisation moderne sont en général capables de faire d'excellentes études universitaires ! Preuve entre autres que les dénivellations intellectuelles entre individus, si elles risquent de devenir irréductibles à partir d'un certain âge, dépendent en définitive « essentiellement de l'influence exercée par le milieu et non d'une fatalité biologique »[141]. De façon plus générale, l'activité de l'être humain et tout d'abord de l'enfant dépend en dernière instance du milieu social, dont l'influence joue un rôle intégrateur par rapport aux conditions définies tant par la composante biologique que par l'environnement physique. En effet, « c'est inévitablement le milieu qui impose à l'activité d'un être ses moyens, ses objets, ses thèmes et, quand il s'agit de l'homme, **le milieu social se superpose au milieu naturel** pour le transformer d'âge en âge et s'y substituer pratiquement »[142].

Dans un texte sur l'origine et la signification du jeu, Wallon mentionne évidemment la théorie de la récapitulation onto-phylogénétique du jeu, dont le protagoniste bien connu est Stanley Hall. Or, un peu plus loin, Wallon écrit que Freud, tout en s'inspirant dans son œuvre, de la théorie de la récapitulation, la « contredit dans ses applications »[143] . De fait, Wallon déclare que les expressions de l'inconscient (symptôme, rêve, jeu) sont de l'ordre du « déguisement ». Et d'évoquer, dans le même contexte, les concepts de « satisfaction détournée », substitutive, ainsi que de « transfert » (déplacement), mécanismes qui justement ont pour effet de travestir, et même de contrarier la pure et simple reviviscence du passé. Il accorde enfin

---

138 Id., in WFP : 1939 n° 105, 468, souligné par nous.
139 Id., 1942 n° 113, 98.
140 Id., in WFP : 1959 n° 247, 518 ; 1941 n° 111, 36.
141 Id., 1941 n° 111, 64.
142 Ibid., 64.
143 Ibid., 63, 65 et aussi 35.

que « le mérite majeur de cette théorie (de Freud), c'est bien sans doute d'attirer l'attention sur ce qu'il y a de fiction » dans la vie mentale[144]. Or la fiction implique, par principe, un type de fonctionnement différent de celui de la seule répétition. En fait, il n'est pas très difficile d'établir le rapport entre cette présentation sérieusement amendée de la théorie de la récapitulation et le thème freudien évoqué plus haut (9.10.) du processus névrotique comme répétition déformée. Nous y dénotions alors un courant de la pensée freudienne centré par la notion de retour à partir du noyau de l'inconscient plutôt que par celle de récapitulation antérograde. Effectivement, la première notion évoque par principe l'éventualité d'une altération venue marquer ce qui fait retour. Ce processus de retour concerne toujours peu au prou un contenu refoulé[145]. À l'opposé, le schème de la récapitulation suggère un processus de reprise, de restauration beaucoup plus littéral. Or, il est clair, d'après même son propos, que Wallon a bien saisi cette **tension interne à la pensée freudienne**.

De même, Wallon apporte une précision intéressante en ce qui concerne la distinction ci-dessus mentionnée entre la forme et le contenu des fonctions mentales. Si la forme est héritable, les contenus doivent être reconstruits à chaque époque. Or le milieu actuel ne saurait être détaché de toute la tradition historique. De la sorte, certains contenus sont reformés au présent, de manière à relayer les étapes d'un passé très ancien. Et Wallon d'insister sur l'unité de l'histoire des idéologies. Ainsi la filiation des systèmes philosophiques envisagée de nos jours jusqu'à l'antiquité est-elle incontestable. Mais il n'est pas difficile non plus, écrit-il, de saisir dans la philosophie d'un Platon « comme une sublimation (*sic*) des participations mystiques qui, pour le primitif, unissaient la représentation et la réalité des choses »[146]. Or la connexion établie ici par Wallon entre le monde de l'écriture et celui de la tradition orale ne paraît plus s'opposer à **l'hypothèse d'une transmission inconsciente des idéologies au moins par la voie langagière**, l'une de celles évoquées par le texte de *Totem et tabou*, et à propos de laquelle Wallon avait d'abord émis des doutes.

Dans un ordre d'idées plus particulier, l'une des variétés de cette tradition orale est constituée par les jeux d'enfants, sur lesquels Wallon revient dans un autre passage et dont il écrit : « Toute similitude authentique entre ses jeux et les pratiques d'une autre époque ne pourrait donc avoir pour origine qu'une de ces traditions, dont l'adulte peut avoir perdu le souvenir (*sic*), mais dont la transmission entre enfants est aussi persistante que subtile »[147].

Si l'on examine avec la patience nécessaire le célèbre tableau de Breughel dénommé *Les jeux d'enfants* (1560), on peut identifier sans peine un grand nombre des jeux encore pratiqués de nos jours par bien des enfants. De même, beaucoup

---

144 Ibid., 66.

145 Freud Sigmund : *Moïse et le monothéisme*, 1939, ch. 7 : Le retour du refoulé, 182-186.

146 Wallon Henri in WFP : 1939 n° 105, 468. Voir aussi 1932 n° 66, 425-426.

147 Wallon Henri : 1941 n° 111, 64.

de comptines et formulettes encore en usage dans la cour de l'école ont une origine probablement très ancienne[148].

La redoutable difficulté que dit rencontrer Freud, et même d'une acuité extrême pour le travail psychanalytique, n'a **pas du tout été résolue de nos jours**. Face à ce problème, Freud paraît hésitant, et se déterminer à essayer, selon les cas, un éventail de solutions plus ou moins complémentaires ou au moins compatibles, en tout cas sensiblement différentes. Cette relative souplesse des modèles tentés par lui au contact du réel rend sa position d'ensemble plutôt fragile, et c'est sur ce point névralgique de **son style relativiste, et même antinomique** de démarche que Wallon fait, bien entendu, porter le poids essentiel de sa critique la plus dure (argument K 3).

Cette très grosse difficulté est celle du ou des **mécanismes des apprentissages sociaux de degrés de conscience et/ou d'inconscience variables** et en outre de champ plus ou moins étendu, macro- ou microsocial, et dans ce dernier cadre familial et personnel, difficulté jointe à la question différente d'une transmissibilité éventuelle des contenus acquis, susceptible de modifier dans une certaine mesure les schémas d'acquisition.

En premier lieu, il n'est pas contestable que leur propre expérience clinique ait incité certains psychanalystes notoires à admettre une **dimension transgénérationnelle de la réalité psychique individuelle** : Lacan le premier et dans une certaine mesure, en tout cas Maria Torok et Nicolas Abraham, Serge Lebovici - mandat intergénérationnel, et Piera Aulagnier - langage fondamental.

Par ailleurs, plusieurs modèles s'offrent aujourd'hui en concurrence dans le domaine de la psychologie génétique, dont les styles de solution divergents semblent, comme par anticipation, tour à tour solliciter et faire hésiter Freud selon les textes.

Le premier est celui de **l'innéisme intégral** : le cadre tout fait s'impose tel quel et sans accommodation à l'expérience historique variable de l'individu, ce qui est la solution exagérée de Jacques Mehler et Nicolas Dupoux, une tendance en tout cas très à la mode aujourd'hui en matière de psychologie développementale. On en a parlé ailleurs à plusieurs reprises et on n'y reviendra pas. En neurophysiologie proprement dite, c'est le tout-génétique du piano mécanique qui exécute la partition sans tenir compte des réactions de la salle, type de solution qui ressort de la couleur la plus fréquente des propos par exemple de M. Carlier et P. Roubertoux (Jalley, 2007 b).

Le second modèle au goût du jour est venu de l'idée du darwinisme neuronal formulé en neurophysiologie par J.-P. Changeux. Le **cadre héréditaire laisse dans une certaine mesure modifier sa propre grille** d'acquisition par l'expérience individuelle au cours d'une phase d'apprentissage précoce et définitive. En éthologie, cette solution a jadis été celle de l'*imprinting* (Tinbergen) ou encore *Prägung* (les petites oies de Lorenz). Le cadre héréditaire vient informer l'expérience individuelle en se laissant jusqu'à un certain degré moduler par celle-ci : c'est aussi

[148] Roy C. : 1954, 28-47. Ces propos ont été rédigés dans les années 1980.

le cas de l'accommodation piagétienne dans la genèse des structures. Redisons-le mieux : **le cadre est préformé, mais reste ouvert** à une procédure de complémentation sollicitée par le contact de l'expérience ; soit encore la préformation du cadre, largement esquissée, reste inachevée en attendant d'être finalisée, canalisée par la rencontre avec le contenu de l'expérience, sans pour autant que les caractères structuraux nouvellement acquis de celle-là se laissent réduire à celui-ci. Changeux parle de mutations produites par la dynamique embryogénique du programme, puis soumises à un processus de sélection par l'expérience. Cette solution qui ressemble à celle de Piaget, est qualifiée par celui-ci comme située, de façon contradictoire, entre l'apriorisme et l'empirisme.

Autrement, la **solution classique** est celle de la biologie conventionnelle : le programme génotypique invariable à l'échelle de l'histoire individuelle et collective vient informer le contenu phénotypique variable de l'expérience historique et contingente de l'individu. C'est cette solution classique, *grosso modo* celle de l'idéalisme transcendantal kantien dans le domaine de la connaissance, celle aussi de la biologie darwinienne orthodoxe, qu'adopte ici Wallon dans sa critique de **Freud, qui paraît lui, prendre tous les risques pour essayer autre chose**, et qui le rapproche selon les cas, des solutions précédentes de Mehler (la contrainte du cadre) - qui lui, réduit presque tout au génotype vu comme un piano mécanique - ou de Changeux (la complémentation du cadre activée par la sollicitation du contenu)

Mais cela ne résout pas l'autre problème, celui de l'acquisition et du mécanisme de transmission d'un contenu transgénérationnel, dont Freud, comme il a l'esprit de système propre aux allemands, fait remonter la mise en forme jusqu'aux origines de la préhistoire.

Il n'empêche : **nous savons bien que la mémoire sociale inconsciente et plongeant loin existe**. La tradition bonapartiste autoritaire, et qui remonte même à Louis XIV, existe en France à suivre un fil continu à travers le 19ème et le 20ème siècle : Bonald, de Maistre, Napoléon III, Thiers et les Versaillais, Le Général Boulanger, Maurras, L'Action Française, les Croix de feu, les Camelots du roi, Pétain, Doriot, Tixier-Vignancour, l'OAS, Le Pen, etc., bref tous les jalons d'un Parti de l'Ordre obstiné. Les historiens et politologues savent bien aussi qu'il existe un vote vendéen repérable et bien localisé comme hostile à la République depuis la Révolution française, et qui fait tache toujours sur les cartes de résultats électoraux. **Ces choses existent et n'ont toujours pas reçu d'explication, en dehors d'une tradition orale transindividuelle**.

Par ailleurs, on sait aussi aujourd'hui que le schéma darwinien classique du triage automatique des variations par la sélection naturelle doit être tempéré d'**un bon doigt de lamarckisme** : des biologistes comme Edelman et Changeux l'écrivent partout. Que l'expérience historique des générations successives est cumulable en strates dont les profondeurs échappent pour une grande part à la conscience, et que l'humanité, comme dit Pascal, est comme un seul homme qui apprendrait toujours. D'où vient que les musiques populaires, les recettes de cuisine, certains codes gestuels, aient pu se transmettre en dehors de la tradition écrite pendant des siècles. Certes, il y a un moment où les civilisations qui sont mortelles disparaissent, comme disait Valéry, emportant avec elles des pans entiers de la mémoire collective. On cherche ce qu'a pu être le péan des citharistes et chanteurs athéniens du 5ème avant Jésus-Christ. Mais des croyances astrologiques subsistent aussi dans les racontars des voyantes depuis l'époque alexandrine. Ne parlons pas des rancunes abyssales des peuples arabes contre les « Croisés », qui nous étonnent encore par la vivacité toujours actuelle de leurs affects multiséculaires.

En définitive, Freud développe, à propos des rapports du schéma phylogénique et de l'expérience historique, des **propos aussi diversifiés que complexes** : tantôt le cadre contraint l'expérience, soit que celle-ci vienne s'y ajuster adéquatement, soit qu'elle en subisse une importante déformation (apriorisme), tantôt l'expérience viendrait à point ranimer un cadre presque effacé (empirisme), tantôt le cadre se présente comme susceptible de s'étoffer encore de couches sédimentaires nouvelles à travers l'expérience transhistorique, en la modulant et en la déformant, tout en se laissant en retour modifier par elle (interactionnisme).

Somme toute, et pour resserrer encore le propos, Freud envisage son schéma (*Schema*), selon une approche dialectique et surdéterminée, à la fois comme **invariable et variable, ceci aussi bien pour le sujet individuel** - en fonction de la diversité des équations étiologiques particulières - **que pour le sujet collectif** à travers son histoire sociale.

À notre avis, les propos de Freud sur la question du legs phylogénique, sorte de pont métaphorique entre nature et culture, préhistoire et histoire, histoire ancienne et récente, ont encore de quoi beaucoup nous intéresser aujourd'hui.

Évidemment, la diversité, et même contradictoire, des positions épistémologiques de Freud, rend ses propos difficiles à mettre en cohérence pour nous. Cette diversité et cette difficulté tiennent à une perspective culturelle de genre dialectique, susceptible de laisser coexister des positions contradictoires selon un mode complémentaire, mais qui est un ***habitus* propre au type de formation intellectuelle de caractère germanique**, lequel est encore largement en vogue à l'époque à la fin du XIXe siècle, même dans les milieux scientifiques ou y prétendant.

Wallon saisit avec finesse la complexité des positions de Freud sur ce sujet épineux, d'autant qu'il connaît bien la philosophie germanique où il s'est lui-même formé, entre autres facteurs culturels. En même temps, son rationalisme de type également français le rend très sensible à la fragilité de conceptions aussi spéculatives que risquées. Il est tout de même caractéristique que c'est le point de la pensée freudienne qui entraîne de sa part les réactions les plus fréquentes et les plus vives aussi, alors que cet aspect réputé idéologique nous intéresserait beaucoup moins aujourd'hui, mais certainement bien à tort, répétons-le. Il y a certainement « **de l'or dans ce fumier** », comme le disait Leibniz à propos d'Aristote.

CHAPITRE 10

L'aspect positif de la critique de Wallon

10.1. Le désir : étayage et attachement

Étudions à présent l'autre versant de la lecture que Wallon fait de Freud. Après les **critiques, assorties de concessions**, envisageons à présent les **points d'accord**, eux-mêmes **nuancés de réserves**. Commençons par un propos où l'éloge se fait jour à la pointe même de la critique : « La psychanalyse réduit tout à un même processus, à un même complexe : tout se ramène au passé de l'individu et aux préludes de la civilisation. Pour Freud, tout se fait par un retour à l'état primitif : la vie va vers la mort. Cependant Freud a ouvert des voies fécondes. Il a combattu la motivation consciente et par là élargi le domaine de la psychologie »[149].

Nous avons déjà eu l'occasion de souligner que Wallon, s'il se refuse à reconnaître l'Inconscient comme instance au plan d'une métapsychologie, accorde en revanche au niveau de l'expérience clinique la réalité de l'inconscient, des faits inconscients.

Dans la conclusion de l'article de 1920, Wallon envisage avec intérêt l'éventualité d'une étude expérimentale des phénomènes inconscients[150].

Wallon a lu dans la « Communication préliminaire » des *Études sur l'hystérie* que cette névrose résulte d'un « affect coincé « (*eingeklemmten Affeckte*, GW 1, 97), expression qu'il traduit dans l'article de 1920 par : *affect comprimé.* D'autre part, il utilise à plusieurs reprises dans le même texte les mots affect, affectivité[151].

De toute évidence, Wallon s'intéresse à la conception freudienne du fait inconscient, dans la mesure où elle lui paraît devoir déboucher sur une psychologie de l'affectivité, ou plutôt des conduites affectives. Dans le « Rapport inaugural » de 1954, véritable texte-bilan sur Freud, on trouve écrit : « Cependant supprimer l'œuvre de Freud, ce serait amputer de ses origines l'étude de notions qui ont pris une importance capitale dans l'étude psychologique de l'enfant... Les associations de type affectif, mais surtout les rapports avec autrui de semi-confusion, d'identification, d'introjection et de projection... il existe toute une zone affective de la conscience sur laquelle ce sont les travaux de Freud qui ont le plus puissamment attiré l'attention ». Mais cela ne l'empêche pas non plus, comme pour ressaisir de l'autre main ce que la première serait surprise à lâcher trop vite, de pointer sur le champ que « les procédés et les techniques » destinés à explorer ce

[149] Wallon Henri in WFP : 1959 n° 247, 518.
[150] Ibid., 1920 n° 22, 394.
[151] Ibid., 1920 n° 22, 384, 390, 391, 392, 393.

champ sont utilisés par beaucoup de psychologues « **en rapport avec des situations actuelles**, sans qu'il soit besoin pour les expliquer de remonter jusqu'à des complexes plus ou moins mythiques »[152].

Dans un texte de 1943 sur « la sensibilité affective », Wallon écrit à propos de la psychanalyse : « Cette doctrine donne à notre représentation des choses un fondement essentiellement affectif. Le grand mérite de Freud, c'est d'avoir tenté d'établir que le monde n'est pas d'emblée et dans sa pleine réalité un don des sens, mais qu'il est une conquête progressive dont l'artisan principal est le désir »[153].

Puis Wallon brosse en quelques formules très vigoureuses l'essentiel de la conception psychanalytique concernant le rapport du désir au réel, à la connaissance et à la jouissance : « C'est dans la mesure où l'objet est investi par notre désir qu'il commence d'exister pour nous ». Et plus loin : « Les domaines qui sont successivement ouverts à nos constructions sensorielles, et plus tard intellectuelles, le sont par le désir, autrement dit par notre capacité d'y chercher des satisfactions qui s'accordent à notre besoin de trouver une occasion ou un objet de jouissance ». Si on relit la dernière phrase avec attention, on conviendra que la notion de désir y est distinguée de celle de besoin, ce qui est le cas également deux paragraphes plus bas. Il est intéressant, à ce propos, de mentionner qu'une telle distinction figure explicitement dans plusieurs passages du dernier chapitre (VII) de *L'interprétation des rêves* [154]. On notera aussi la reprise de ce couple conceptuel dans la distinction établie par Lacan entre le désir, le besoin et la demande[155].

« Sans doute Freud, poursuit Wallon, a-t-il désigné d'une façon bien exclusive les parties du corps et les personnes sur lesquelles doit porter la libido de l'enfant : les lèvres, les sphincters, la mère, le père. Il est incontestable qu'il s'agit là d'objets particulièrement riches en incitations de la sensibilité et en éventualités affectives. Mais, s'ils se détachent sur le fond multiple des impressions et des relations de l'enfant, ils ne peuvent pas en être isolés »[156]. Wallon apparaît soucieux ici de donner aux premiers objets libidinaux leur densité réelle, en les rattachant à l'ensemble du contexte organique et social, **sur une base plus large** que celle formée par les zones érogènes et la relation triangulaire.

Wallon décrit aussi, parlant de Freud, la manière dont le plaisir vient, dans la succion du sein, s'articuler au début sur la fonction alimentaire : « Premier instrument de l'acte nourricier... les lèvres... ne donnent pas de jouissance distincte de l'acte nourricier lui-même »[157]. Or c'est ce qu'exprime Freud lui-même, lorsqu'il introduit dans les *Trois essais* la notion d'étayage :

« Au début, la satisfaction de la zone érogène fut étroitement liée à l'apaisement de la faim. L'activité sexuelle s'est tout d'abord étayée sur une fonction servant à conserver la vie, dont elle ne s'est rendue indépendante que plus tard...

---

[152] Ibid., 1954 n° 208, 515. Journées internationales de psychologie de l'enfant, Paris, 1954.

[153] Ibid., 1943 n° 114, 498.

[154] Freud Sigmund : 1900, 481, 509.

[155] Laplanche Jean, Pontalis Jean-Bertrand : 1967, 189.

[156] Wallon Henri in WFP : 1943 n° 114, 498.

[157] Ibid.

Mais bientôt, le besoin de répéter la satisfaction se séparera du besoin de nutrition ». Et alors l'enfant préférera « une partie de son propre épiderme, plus accessible »[158], par exemple son pouce, accédant ainsi à l'auto-érotisme[159]. Donc, « plus tard » indépendante, « bientôt » séparée, la fonction sexuelle s'identifie au début avec la fonction alimentaire, elle n'en est pas distincte et, en ce sens, serait aussi primaire qu'elle. Et c'est ce que Wallon semble comprendre.

Cette précision est importante, parce qu'on a parfois interprété la notion d'étayage, comme si la satisfaction libidinale venait se greffer en second, se souder « après coup » sur la satisfaction alimentaire. Ainsi R. Zazzo parle d'une « autre satisfaction, d'ordre libidinal »[160] qui accompagne la satisfaction du besoin de nourriture. À partir de là, on en vient à prêter à Freud la conception selon laquelle **l'attachement** à l'objet, l'amour, « le lien à la mère dériverait du besoin de nourriture »[161], par le relais d'une satisfaction sexuelle, fondée sur celui-ci, qu'il est par conséquent de formation secondaire (et même tertiaire...) par rapport au caractère primaire de la fonction nutritive.

« Ainsi l'objet d'amour naîtra plus tard de la sexualité comme la sexualité est née, par étayage et opposition (?), du fonctionnement des activités corporelles »[162]. Or, à cette conception, que partageraient selon R. Zazzo la psychanalyse et les théories de l'apprentissage (*milk-feed theory*), s'opposerait la découverte par l'éthologie et la psychanalyse de l'enfant (Harlow, 1958 ; Bowlby, 1959) du fait de l'attachement : il s'agit d'une « tendance originelle et permanente à rechercher le contact avec autrui »[163], qui, par elle-même, est indépendante de la satisfaction du besoin de nourriture. « Déjà chez le nouveau-né le besoin de contact, la recherche de proximité avec la mère prime la faim. Dès la naissance, l'amour ne s'alimente pas essentiellement de lait »[164]. Mais si « l'attachement est un besoin primaire, s'il n'est le résultat ni du plaisir de manger ni des soins maternels »[165], il n'est plus nécessaire, pense R. Zazzo, d'interpréter le lien à la mère suivant le chemin nutrition-sexualité-tendresse. Ce lien n'étant pas secondaire mais primaire, il serait désormais possible de faire l'économie du facteur sexuel pour l'expliquer. Ainsi « dans la nouvelle perspective, pour les animaux supérieurs et pour l'homme, l'amour est originel, en deçà de la sexualité et c'est cet amour, garant de confiance et de sécurité, qui prépare à la sexualité »[166]. Mais s'il est vrai que « la notion de sexualité comme pulsion originaire et omnipotente est fausse »[167], il ne reste plus entre les

---

[158] Freud Sigmund : 1905 a, 74-75. Freud ne parle pas ici du suceur de pouce. De façon curieuse, il n'en est question qu'une seule fois dans toute son œuvre, 1916-1917, 294, GW 11, 325, *Gesamtregister*, 327.

[159] Mairesse Anne-Marie : 1978, 54-59.

[160] Anzieu Didier et col. : 1974, 24.

[161] Sillamy Norbert : 1980, t. 1, 114.

[162] Anzieu Didier et col. : 1974, 24.

[163] Sillamy Norbert : ibid.

[164] Anzieu Didier et col. : 1974, 25.

[165] Ibid., 22.

[166] Ibid., 41.

[167] Ibid.

mains du psychanalyste Bowlby qu'une « psychanalyse sans libido »[168], et ainsi s'écroule « le château de cartes de Freud et ses prophéties »[169].

Les faits relatifs à l'attachement constituent une découverte majeure de la psychologie des cinquante dernières années, et il n'est pas question de les discuter. Ce que nous désirons faire remarquer, c'est que l'interprétation du lien à la mère comme formation dérivée, de nature non primaire, mais secondaire, s'appuie sur le postulat d'une « autre satisfaction », sexuelle, venue s'ajouter à une première satisfaction, par elle-même non sexuelle. C'est bien ainsi que paraît raisonner R. Zazzo, puisqu'il présente la sexualité comme « née, par étayage et opposition, du fonctionnement des activités corporelles ». Or le texte des *Trois essais* n'impose pas à notre avis pareille lecture. L'étayage n'est pas de l'ordre de l'opposition, mais plutôt de la différenciation à partir d'une identité initiale. Que le besoin de répéter la satisfaction sexuelle se sépare bientôt du besoin de nutrition, cela signifie pour Freud qu'il s'y satisfait d'abord. En ce qui concerne le lien à la mère, il est discutable que Freud le conçoit comme dérivé, à terme, à partir du besoin de nutrition, par le biais de l'investissement libidinal. Ce lien se trouve à l'origine réalisé dans un tel besoin, lui-même libidinal, et il est en ce sens tout aussi primaire que lui.

Que d'autres composantes, telles les **conduites en rapport avec le contact, l'étreinte**, puissent s'ajouter au noyau minimal que forment les activités liées au sein et à la faim, c'est un résultat à présent indiscutable, mais qui ne semble pas par lui-même incompatible avec le modèle freudien. En effet, rien n'empêche que de telles conduites ne donnent lieu à une satisfaction libidinale, à une prime de plaisir. Car le corps tout entier, dit Freud, est une zone érogène ; et par conséquent, toutes ses fonctions sont susceptibles d'étayer la libido. Or c'est ce que paraît formuler l'un de ces passages démodés des *Trois essais*, de ceux qu'on ne lit plus aujourd'hui que distraitement : « Dans l'organisme se trouvent des dispositifs qui font que l'excitation sexuelle se produit en tant qu'effet surajouté dans un grand nombre de processus, dès que l'intensité de ceux-ci a dépassé un certain seuil quantitatif… Il se peut que rien d'important ne se passe dans l'organisme sans fournir une composante à l'excitation de la pulsion sexuelle. Il ne me paraît pas possible pour le moment de donner à cette thèse une plus grande clarté et précision »[170].

Ainsi le mécanisme de **l'étayage, loin d'être incompatible avec les faits relatifs à l'attachement**, pourrait en recevoir une extension accrue, et réciproquement permettrait d'ordonner par rapport à la perspective psychanalytique les faits découverts par l'éthologie. D'autre part, n'oublions pas l'indication donnée par Freud d'une autre voie que celle de l'investissement libidinal. J. Laplanche et J.-B. Pontalis décrivent l'identification comme « forme originaire du lien affectif à l'objet… en l'absence de tout investissement sexuel », tout en signalant le carac-

---

168 Ibid., 27.

169 Ibid., 48.

170 Freud Sigmund : 1905 a, 104-105.

tère peu systématisé sur ce point de la pensée freudienne[171]. Freud parle « d'une identification immédiate qui se situe antérieurement à tout investissement d'objet »[172] et même précise : « L'identification est une très ancienne forme, peut-être la plus importante, de l'**attachement** (sic... *Bindung*, GW 15, 69) à une autre personne. Il ne faut pas la confondre avec le choix objectal. Voici en quoi consiste la distinction : quand le garçonnet s'identifie à son père, c'est qu'il veut **être comme** lui ; quand il porte sur le père son choix objectal, il veut l'**avoir**, le posséder »[173].

Mais resituons cette parenthèse nécessaire. Le texte de 1941 nous en a fourni l'occasion à propos de la notion d'étayage. Or il se trouve à la fois faire place à celle-ci et présenter un caractère prémonitoire en ce qui concerne la notion moderne d'attachement. Voyons de quelle manière. Après avoir parlé de la zone buccale, Wallon en vient au rôle important des sphincters, « comme l'a montré Freud », et poursuit : « Mais d'autres sensibilités ont précédé, dont l'importance n'était pas moindre, en particulier ce goût d'être porté, remué, et cette joie de s'agiter qui ne sont pas réclamés avec moins d'insistance que la nourriture et qui répondent sans doute à ce que Pavlov a reconnu à des chiens en expérience comme « réflexe de liberté » »[174]. Certes, « la joie de s'agiter » ouvre une autre perspective encore que celle de l'attachement, et il serait intéressant de l'étudier par rapport aux propos de *Trois essais* concernant la relation de l'activité musculaire au plaisir chez l'enfant : « Que l'activité musculaire exercée librement soit pour l'enfant un besoin, d'où il tire un plaisir considérable, est un fait bien connu »[175]. Il reste que R. Zazzo a parfaitement raison de considérer **Wallon comme le grand « précurseur des théoriciens de l'attachement** »[176]. Il convient toutefois de noter que Wallon ne regarde pas les faits qu'il mentionne ici comme inconciliables avec le schéma freudien ; il les situe bien plutôt dans une perspective d'enrichissement, de généralisation de ce schéma (voir 9.3.).

Mais l'article de 1943 présente encore un autre intérêt : un lien y est établi entre le désir et la **fonction « productive » du langage** (*sic*). « Le langage... est d'abord pour l'enfant un instrument actif qui le met en possession de l'objet... Entre le mot et l'objet il y a d'abord comme un lien de productivité et comme une sorte d'identité pratique ». Avant de maîtriser le mot comme simple désignation, l'enfant « a passé par une longue période d'imprégnation et d'incubation verbales où son désir donnait l'existence simultanément à l'objet et au moyen de l'obtenir, de le désigner, de l'évoquer ». Wallon exprime ici que le désir de l'enfant produit dans une certaine mesure à la fois l'objet et le moyen de le formuler, proposition dont la portée clinique est extrêmement profonde. Et de poursuivre alors en ces

---

[171] Laplanche Jean, Pontalis Jean-Bertrand : 1967, 189.

[172] Ibid., 192.

[173] Freud Sigmund : 1933 a, 89-90. Ce texte a été probablement lu par Wallon. Il fait suite immédiatement à celui cité par la note 183, où il est question du cannibalisme. « Attachement » souligné par nous.

[174] Wallon Henri in WFP : 1943 n° 114, 499.

[175] Freud Sigmund : 1905 a, 101-102. Voir notes 153, 156 et 158 pp. 518-519.

[176] Zazzo René : 1975, 7, 29, 140 ; Anzieu Didier et col. : 1974, 46-47, 51.

termes : « Les premières relations de l'enfant avec les choses ont été non d'identification objective, mais d'identification subjective… Il n'a été sensible à leur existence que dans la mesure où il cherchait à s'en attribuer la jouissance. Il a commencé par un réalisme affectif qui explique son réalisme verbal. Le **mot consubstantiel à la chose par le truchement de son désir**, c'est toute l'explication de ce qu'on a appelé la valeur magique du mot pour l'enfant »[177].

On sera sensible dans les extraits de ce texte étincelant à tout ce qui s'y annonce des idées de J. Lacan sur « le langage du désir », sur le fait que le désir humain, qu'on le veuille ou non, n'existe que formulé d'une manière ou d'une autre, médiatisé donc par le rapport à autrui. De sorte que « le désir de l'homme, c'est le désir de l'Autre »[178].

Dans l'*Encyclopédie française*, les notions de désir et d'affectivité renvoient explicitement au concept de libido. En effet, Wallon y présente la libido comme appartenant aux « lois de la vie affective[179]… Peu importe, pour l'instant, ajoute-t-il, que cette libido se confonde ou non avec la sexualité »[180]. Et de présenter ensuite les principaux concepts intéressant le développement libidinal : zones érogènes, fixation, régression, déplacement, sublimation. Une fois mis en place ce dispositif, il l'applique alors tel quel, semblant y adhérer sans autre réserve, à l'étude de la perversité chez l'enfant (voir 9.3.). Un peu plus loin dans le même texte, la libido est définie comme « ce qui pousse l'homme à désirer et à fixer son désir sur certains objets », formulation limpide et qui, de plus, ne présente rien que de très conforme à l'esprit sinon tout à fait à la lettre de Freud.

Malgré les réserves qu'il a parfois exprimées à l'égard de sa description métapsychologique, on voit que Wallon n'hésite pas à faire **un usage clinique du concept de libido**, compte tenu d'une tendance déjà mentionnée à englober le mode d'explication freudien, à le généraliser vers un modèle lesté de la composante physiologique dont lui paraît manquer la psychanalyse (voir 9.3.).

L'attitude de Wallon sur ce point n'est pas purement pragmatique. Elle consiste à accueillir les concepts freudiens susceptibles de contribuer à l'étude des « lois de la vie affective », sous bénéfice de leur adaptation à une perspective à la fois plus concrète et plus extensive, moins métaphysique et moins localisée. On peut le constater également à propos du complexe d'Œdipe. Les trois textes qui traitent de ce sujet sont tardifs et contemporains dans l'œuvre de Wallon : 1941, 1942, 1942 bis.

Le complexe d'Œdipe s'introduit dans les textes de 1941 et 1942 à propos d'un développement sur l'ambivalence propre à l'imitation. Cela s'explique si l'on considère que le concept psychanalytique susceptible de correspondre approximativement au concept d'imitation en psychologie est l'identification. De fait, ces deux mécanismes comportent une fonction assimilatrice à l'égard de l'autre. Or,

177 Wallon Henri in WFP : 1943 n° 114, 499.
178 Lacan Jacques : 1966, 900.
179 Wallon Henri : 1938 n° 103, 322.
180 Ibid., 323.

dans la doctrine psychanalytique, « les effets du complexe d'Œdipe sur la structuration du sujet sont décrits en termes d'identification : les investissements sur les parents sont abandonnés et remplacés par des identifications »[181].

L'imitation chez le jeune enfant est tissée de contraires, car « placée, écrit Wallon, entre sa participation au modèle et la copie qu'elle finit par y opposer ».

« À l'origine, c'est un désir plus ou moins total de s'unir aux personnes par une sorte de participation affective. Freud a bien indiqué le sentiment d'ambivalence qui peut l'inspirer. Le cannibalisme en donnerait l'image : absorber l'objet aimé ou admiré, de même qu'analogiquement la mère dévore son nourrisson de baisers et y mettrait bien les dents ; l'anéantir ainsi, en le sacrifiant à soi. Inversement aussi, s'absorber en lui d'une façon quelconque, en vue d'une plus intime assimilation, jusqu'à se renoncer soi-même et s'abolir »[182].

Sous la même dénomination d'ambivalence, Wallon pense en termes d'imitation ce que Freud pense en termes d'identification, et il n'est d'ailleurs pas très difficile de rattacher ce passage à l'une de ses lectures. « Une identification, a-t-il lu chez Freud, c'est-à-dire une assimilation du moi à un moi étranger… on a pu, à juste titre, comparer l'identification à l'incorporation orale, cannibale, de la personne étrangère… quand le garçonnet s'identifie à son père, c'est qu'il veut être **comme lui** »[183].

L'imitation, telle que la décrit Wallon, comporte donc l'ambivalence par le double mouvement d' « une assimilation d'autrui à soi et de soi à autrui ». Il est comme moi, je suis comme lui ou plutôt je voudrais bien être comme lui. Son principal mobile, vers l'âge de cinq ans, consiste dans le prestige, l'attirance qu'exercent certaines personnes. Mais comme l'enfant « se veut à leur place, très vite le sentiment plus ou moins latent de son usurpation va lui inspirer des sentiments d'hostilité contre la personne du modèle »[184].

Or, ce drame de l'ambivalence est « celui que Freud a symbolisé par le complexe d'Œdipe. Il semble que sa portée doive être généralisée pour mieux répondre à la réalité. Sa signification est loin d'être toujours ou uniquement sexuelle, et ce n'est pas nécessairement le père qui en est l'objet ». Donc le « symbole » freudien, nous est-il dit, ne constitue pas une interprétation erronée : celle-ci peut être vérifiée en certains cas pour une part. Et Wallon de préciser que le schéma freudien de **l'ambivalence œdipienne demeure valable, si** on « en renverse les termes »[185].

Selon Freud, l'enfant partirait de la jalousie sexuelle vis-à-vis du père, pour aboutir, le remords aidant, à le prendre « pour objet de son admiration, et pour modèle à imiter »[186], « à en sublimer l'exemple sous forme de surmoi ». Or le con-

---

[181] Laplanche Jean, Pontalis Jean-Bertrand : 1967, 387.

[182] Wallon Henri : 1942 n° 113, 161-162.

[183] Freud Sigmund : 1933 a, 89-90. Ce texte précède immédiatement celui concernant l'attachement mentionné par la note 173.

[184] Wallon Henri : 1941 n° 111, 70-71.

[185] Id., 1941 n° 111, 70.

[186] Id., 1942 n° 113, 162.

tenu des sentiments et leur destinataire peuvent être différents : simple rivalité, désir de compétition à l'égard d'autres personnes de l'entourage : « Au moins aussi primitif et beaucoup plus incessant son besoin d'étendre son activité à tout ce qui l'entoure, en l'absorbant et en s'y absorbant ; mais ensuite de se ressaisir, d'être le conquérant et non le conquis »[187]. Par conséquent Freud a aussi renversé les termes de cette ambivalence. « En fait l'ordre est inverse » : l'enfant va de la confusion à la défusion, de l'identification à la séparation. « Le prestige qu'il prête (à autrui) l'amène à un besoin de rapprochement et de ressemblance qui trouve dans l'imitation son besoin essentiel. Mais ce désir d'assimilation à autrui ne va pas habituellement sans envie... La fusion d'abord imaginaire veut devenir réelle. Mais la fusion réelle entraîne l'opposition avec l'être réel qu'est le modèle »[188]. Ainsi des **rapports du disciple au maître**, qui passent bien souvent de la vénération à l'hostilité.

En fait, Wallon se représente l'enfant comme d'emblée socialisé, lié à l'entourage. C'est à partir de cet état fusionnel propre à la sociabilité syncrétique que l'enfant parviendra à s'individualiser, à cerner sa propre personne, à marquer sa différence par rapport à autrui. Aussi Freud lui semble-t-il parcourir le chemin inverse : du narcissisme à l'identification, de l'égocentrisme à la socialisation. On rejoindrait ici le reproche formulé dans la préface pour Hesnard : la psychanalyse est toujours en péril de mal « articuler l'un sur l'autre » l'individu et la société (voir 9.3.). Wallon critique Freud de penser le complexe d'Œdipe comme une structure microsociale, et non comme un **système de rôles relié à l'ensemble des rapports sociaux**.

Reste que le complexe d'Œdipe et la notion d'ambivalence qui en introduit pour lui l'étude, intéressent beaucoup Wallon dans les années quarante. Mentionnons, au passage, que la notion d'ambivalence est curieusement rattachée, en 1938 dans *La vie mentale*, à un autre thème : l' « induction réciproque des contraires... une loi générale... que K. Marx avait déjà formulée expressément » (p. 321). Mais nous y reviendrons ultérieurement.

10.2. Deux types de conflit

Le thème du conflit est aussi central dans la psychologie de Wallon qu'en psychanalyse. La conception que Wallon s'en forme est différente, mais il n'en reste pas moins **très attentif au modèle freudien du conflit**. Il est absolument nécessaire de citer le texte princeps de Wallon concernant sa propre représentation du conflit. Avertissons seulement qu'un commentaire détaillé n'en est pas de mise ici, d'autant que nous l'avons déjà tenté ailleurs[189]. Toutefois, son contenu permet seul d'expliquer les jugements de Wallon sur le schéma freudien du conflit. D'ailleurs ce texte introduit à un propos critique sur Freud.

---

[187] Id., 1941 n° 111, 70-71.
[188] Id., 1942 n° 113, 163.
[189] Jalley Émile : 2000, 2006 b.

« Observer l'enfant dans son développement... étudier les stades correspondants... Pour qui les envisage chacun dans sa totalité, leur succession apparaît comme discontinue ; le passage de l'un à l'autre n'est pas une simple amplification, mais un remaniement : des activités prépondérantes dans le premier sont réduites et parfois supprimées en apparence dans le suivant. Entre les deux, il semble souvent que s'ouvre une crise dont la conduite de l'enfant peut être visiblement affectée. Des conflits ponctuent donc la croissance, comme s'il y avait à choisir entre un ancien et un nouveau type d'activité. Celle des deux qui subit la loi de l'autre doit se transformer et elle perd dans la suite son pouvoir de régler utilement le comportement du sujet ».

Wallon poursuit en marquant que certains de ces conflits ont déjà été résolus par l'espèce et que le seul fait de la croissance permet à l'individu de les résoudre aussi. Ainsi de l'intégration, d'ailleurs plus ou moins stricte, des fonctions motrices du système nerveux. Mais l'intégration est beaucoup plus lâche dans le domaine des fonctions psychomotrices et psychiques, « si bien que le conflit n'est jamais tout à fait réglé : ainsi entre l'émotion et l'activité intellectuelle ».

« Pour d'autres conflits, il appartient à l'individu lui-même de les résoudre. Tantôt leur objet est d'importance si fondamentale qu'une seule issue est normale, tantôt au contraire, il est plus contingent et la solution plus facultative »[190]. La première mention désigne notamment la crise de personnalité des trois ans. La seconde se rapporte aux différents troubles de la personnalité. Puis Wallon vient à parler de Freud, mais nous y reviendrons.

Le conflit wallonien est un moteur génétique, un mécanisme du développement. Ressort d'une dynamique évolutive, il marque la transition entre deux types de structures. Son rôle est d'articuler un nouveau régime de comportement sur un autre, dont les activités dominantes sont alors réduites, voire supprimées. Ce concept de réduction est d'usage fréquent chez Wallon : il désigne le statut des conduites du stade dépassé. Celles-ci sont remaniées de manière à recevoir un rôle plus limité, contrôlé par la nouvelle instance, parfois inapparent. Il est indéniable que cette notion présente quelque analogie avec celle de refoulement. Du reste, Wallon emploie les deux mots en concurrence dans un passage de l'article de 1920[191]. Par ailleurs, n'oublions pas que le conflit œdipien comporte lui-même un rôle fondamental de structuration du sujet. Mais le type de conflit propre aux psychonévroses se solde par des formations de compromis où chacune des forces en présence se réalise en exprimant sa limite. De plus, ce type de conflit n'a pas le caractère antérograde propre au conflit wallonien, c'est un processus rétroversif qui utilise la régression vers les fixations anciennes de la libido. Bref, **l'aspect progressif de l'*Aufhebung*, du dépassement-relève y serait bloqué**.

Dans l'article de 1920, Wallon écrit à propos du modèle freudien : « le conflit... est entre deux énergies dont chacune tend à réduire sa rivale... C'est vers l'âge de cinq ans que s'engage ce conflit, qui ne cessera plus, car la libido exprime

[190] Id., 1941 n° 111, 13-14.

[191] Id., in WFP : 1920 n° 22, 385. L'usage premier de ce concept semble se trouver chez Taine.

des énergies qui ne peuvent s'éteindre... qui ne peuvent jamais être complétement purgées de leurs attachements anciens et illicites ou qui sont sujettes à régresser vers des fixations déjà dépassées, toujours vivaces »[192].

Wallon spécifie en termes très variés selon les textes les deux partenaires du conflit. D'un côté : l'inconscient, l'instinct de l'espèce, l'instinct sexuel ou libido, la nature primitive de l'homme, le primitif en chacun car, insiste-t-il, les conflits actuels « rappellent les conflits de ses ancêtres au sein de la horde primitive »[193]. De l'autre côté : la conscience, l'instinct de conservation, la nature acquise. Or « l'instinct de conservation qui doit éviter à l'individu les effets de la vindicte sociale »[194]... « oblige l'individu à subir, en se les incorporant, les exigences et les bienséances sociales »[195]. Et Wallon de multiplier les termes et les expressions, dans de nombreux textes, appuyant sur la composante sociale de l'interdit, de la défense contre le désir inconscient : « la décence, la morale, l'ordre public »[196], « les exigences de la vie en société »[197], « les impératifs sociaux »[198]. Il arrive que l'inconscient soit dépeint comme une sorte de délinquant rusé contre lequel se protège l'ordre social : « L'inconscient de Freud est le simple produit d'un refoulement toujours en litige. Il n'est inconscient que parce que censuré, et censuré parce que dangereux pour l'existence sociale de l'individu comme pour la société elle-même. Mais il n'est pas sans pouvoir user de subterfuges pour accéder à la conscience »[199].

Le lecteur moderne est quelque peu surpris de cette insistance à accentuer la teneur sociologique de la censure, à **sociologiser la psychanalyse**. À cet égard, la pensée freudienne paraît suivre deux lignes différentes, repérables par les expressions suivantes de Freud : les « digues » de la sexualité, et le principe de réalité.

Wallon a peut-être entrevu ces deux directions, qu'il semble distinguer lorsqu'il évoque « les nécessités de la vie sociale et de la conservation individuelle »[200]. Mais d'habitude, il accentue uniquement la première, insistant sur la pression sociale au point de sembler parfois lire Freud avec les lunettes de Durkheim : « La libido qui ne peut d'abord avoir d'autre objet que l'enfant lui-même, passant ainsi par une phase d'auto-érotisme et de narcissisme, va se trouver en conflit avec la décence, la morale, l'ordre public dès qu'elle se cherchera un objet extérieur ». Cependant Wallon perçoit bien le caractère intrapsychique du conflit freudien, lié à l'intériorisation de la défense. Car il en fait mention, peu souvent il est vrai, mais en termes nets : « Refoulée (la libido) constituera l'inconscient, alors que (l'instinct

---

192 Ibid., 1920 n° 22, 385-386 ; ajout de 1942 (p. 386).
193 Ibid., 1935 n° 82, 442.
194 Ibid., 1920 n° 22, 386 ; ajout de 1942.
195 Ibid., 1934 n° 81, 439.
196 Ibid., 1920 n° 22, 386, ajout de 1942.
197 Wallon Henri : 1941 n° 111, 14.
198 Id., in WFP : 1946 n° 124, 501 ; voir aussi : 1954 n° 208, 514 : « Les convenances sociales intériorisées ».
199 Ibid., 1939 n° 107, 469. Tous les termes utilisés dans ce paragraphe pour décrire les instances du conflit sont extraits des textes mêmes de Wallon. On les retrouvera facilement dans les références suivantes : 1920 n° 22, 1927 n° 42, 1928 n° 45, 1935 n° 82, 1939 n° 107, 1941 n° 111, 1946 n° 124.
200 Ibid., 1928 n° 45, 418.

de conservation) va s'identifier avec tout ce qui est convenable, recommandé, et peut servir de trait d'union entre les individus, de plateforme à leur commerce mutuel »[201]. Ailleurs, dans le texte-bilan de 1954, il est question de « conflit... entre la libido et son surmoi »[202], ce qui constitue, notons-le, une lecture bien particulière de la pensée freudienne.

Or il est incontestable que les textes de Freud invoquant le rôle des normes sociales dans la formation de l'interdit ne sont pas rares, bien que peu cités. J. Laplanche et J.-B. Pontalis, soulignent que les deux forces en conflit dans la première topique sont « la sexualité et une instance refoulante comprenant notamment les aspirations éthiques et esthétiques de la personnalité »[203]. Dans les *Trois essais*, Freud parle du rôle des éducateurs « sur la formation, aux dépens de la sexualité, des forces morales défensives » ; il explique « le développement des inhibitions sexuelles », au moment de la période de latence, par la mise en jeu de « digues psychiques », dont il précise sans ambiguïté la composante sociale : « Parmi les forces limitant la direction de la pulsion sexuelle nous avons mentionné avant tout la pudeur, le dégoût, la pitié, et les représentations collectives de la morale imposées par la société ». À propos de « la barrière contre l'inceste », il écrit sans aucun détour : « Une telle inhibition est commandée par la société, obligée d'empêcher que la famille n'absorbe toutes les forces dont elle doit se servir pour former des organisations sociales supérieures ; **la société fait alors usage de tous les moyens** »[204]. De même, l'*Introduction à la psychanalyse* insiste par endroit fortement sur le facteur de coercition sociale à l'origine de la défense : « La fille trouve dans la mère une autorité qui restreint sa volonté et est chargée de la mission de lui imposer le renoncement, exigé par la société, à la liberté sexuelle ». Freud parle également de soumission de la libido à « une volonté individuelle se pliant à la contrainte sociale », d'obligation « de renoncer au plaisir au nom de la dignité sociale (on lui défend... on le force... on lui inculque) »[205].

L'autre ligne de pensée, du reste compatible avec la première, insiste, elle, sur « **l'influence éducatrice de la nécessité réelle** ». La déception liée au mode hallucinatoire de satisfaction incite le moi à s'assurer de la présence réelle de l'objet et pour cela, à tenir compte des « indications de la réalité »[206]. Une épreuve de réalité s'institue, permettant d'inhiber l'intensité des représentations dépourvues d'objet. Ainsi apparaît le principe de réalité, fonction régulatrice de l'appareil psychique, dont le rôle consiste à subordonner, à contraindre la décharge de l'excitation à certains détours. De ce point de vue, toute pulsion implique une contre-

---

201 Ibid., 1920 n° 22, 386, ajouts de 1942 ; voir aussi 1934 n° 81, 439 ; 1954 n° 208, 514. Ce sont les seuls textes mentionnant la caractère intra-psychique du conflit.

202 Ibid., 1954 n° 208, 514.

203 Laplanche Jean, Pontalis Jean-Bertrand : 1967, 91

204 Freud Sigmund : 1905 a, 72, 146, 136 ; voir aussi : 70, 71, 86, 128, 141. Tous ces textes sont datés de 1905.

205 Id., 1916-1917, 190, 291, 294-295 ; voir aussi : 13, 411.

206 Id., 1916-1917, 335, 334.

pulsion, toute excitation interne fait « entrer en jeu des contre-forces »[207], d'où un principe interne de cohésion de l'appareil psychique. Cette perspective met en avant les fonctions adaptatives du moi, « dominé par le souci de la sécurité »[208] et de la conservation de soi. À cet égard la pression sociale apparaît seulement comme l'un des facteurs à l'origine de la défense, l'autre étant constitué par un principe de liaison des énergies, propre à la dynamique de l'appareil. D'ailleurs, les *Trois essais*, à côté des motifs sociaux cités, font également état de **cette origine interne de la défense** : « Devant l'enfant né dans une société civilisée, on a le sentiment que ces digues sont l'œuvre de l'éducation, et certes l'éducation y contribue. En réalité, cette évolution conditionnée par l'organisme et fixée par l'hérédité **peut parfois se produire sans aucune intervention de l'éducation** »[209].

Du reste, l'accent mis par Lacan sur le couple Désir-Loi est à rapprocher de sa défiance affichée à l'égard de cette ligne freudienne intéressée par la fonction adaptative, et dont la mise en valeur lui paraît conduire en particulier à ce qu'il appelle « l'abjection de la théorie du moi dans l'analyse »[210] anglo-américaine.

En ce qui concerne la conception du conflit propre à la psychanalyse, le texte-bilan de 1954 manifeste **à la fois de l'intérêt et de la réserve.** « Freud est parti d'un point de vue évolutif. Il a dépeint la vie psychique comme une succession de conflits à résoudre... Mais l'image dynamique qu'il en donne aboutit aussi en fin de compte à une conception statique »[211]. La préface de 1949 est beaucoup plus dure : enfin, grâce à Hesnard, « le principe de plaisir s'effaçant devant le comportement, du même coup s'effondre **l'édifice mythologique qu'une dialectique sommaire de contraste et de complément avait construit** sur lui : la conscience, et comme elle ne peut suffire à tout, son contraire l'inconscient, et comme l'inconscient identifié à l'instinct ne peut suffire lui non plus à rendre compte de toutes les pulsions ou contraintes qui tourmentent la conscience, son contraire, la loi morale représentée par le surmoi »[212]. Ainsi, redoublement des contraires, pour satisfaire à tout.

Wallon a noté assez tardivement, semble-t-il, le tournant de la deuxième topique. Dans le premier texte où il en parle, il paraît curieusement identifier l'opposition « instincts de vie-instincts de mort » à celle de la première topique : « instinct de l'espèce-instinct de conservation »[213]. Or, dit Freud sans ambiguïté dans

---

207 Id., 1905 a, 71.
208 Id., 1938, 74.
209 Id., 1905 a, 70.
210 Lacan Jacques : 1966, 899.
211 Wallon in WFP : 1954 n° 208, 514. Argument K 1.
212 Ibid., 1949 n° 145, 507. Argument K 3.
213 Ibid., 1935 n° 82, 442. La traduction française des *Essais de psychanalyse* a paru en 1927. *La vie mentale* (1938 n° 103) est le premier texte à mentionner le surmoi. Il semble donc que Wallon se tienne assez bien au courant du contenu des titres de Freud, au fur et à mesure qu'ils paraissent. Ce fait n'a rien de très étonnant : plusieurs indices assurent que Wallon était un lecteur très assidu, la liste impressionnante des auteurs lus par lui pendant sa formation à l'École normale supérieure, comme les importants et surprenants cahiers de notes de lecture conservés dans le fonds Henri Wallon à la Bibliothèque nationale.

l'*Abrégé de psychanalyse*, « les instincts opposés l'un à l'autre, de conservation de soi et de conservation de l'espèce ainsi que ceux, également contraires, d'amour de soi et d'amour objectal entrent encore dans le cadre de l'Éros »[214]. Wallon corrigera cette interprétation erronée dans les ajouts de 1942 à l'article de 1920[215].

10.3. Dualisme pulsionnel et principe d'alternance

Pas plus que le surmoi, Wallon n'approuve, dans la réforme freudienne de 1920, la nouvelle forme du dualisme pulsionnel : « C'est évidemment un mythe que le conflit qui se jouerait entre les forces de vie et de mort dans l'être vivant. Leur attribuer une réalité substantielle ne mènerait qu'à de pures explications verbales. Mais, sous ces soi-disant puissances, il y a bien entre le milieu et l'être vivant des séries d'actions et de réactions d'où peuvent résulter la vie ou la mort... Entre le milieu et l'être vivant l'antagonisme est continuel »[216].

Dans l'un des derniers textes (1958) qu'il ait consacrés à Freud, Wallon effectue un rapprochement pour le moins pittoresque entre **la psychanalyse et l'existentialisme** : Husserl, Heidegger et Sartre y sont nommément cités. Certes, à la différence de l'existentialisme, la psychanalyse n'admet pas « un développement psychique absolument autonome... une ressemblance pourtant avec l'existentialisme, c'est le couple Éros et Thanatos, amour et mort, auquel Freud, dans les dernières années de sa vie, ramène l'ensemble de l'évolution, qui serait plutôt une involution, un retour vers son point de départ, c'est-à-dire vers ce qui précède la vie »[217] .

Ce parallèle étonne un peu, surtout si l'on prend en compte l'extrême circonspection qu'un Sartre a toujours manifesté à l'égard de la théorie aussi bien que de la pratique freudiennes. Il paraît viser tout particulièrement le thème heideggérien de l'être-pour-la mort.

Il est traditionnel de fortement marquer le dualisme freudien, « un dualisme irréductible que seule peut fonder, en dernière analyse, une opposition quasi mythique entre deux grandes forces mythiques »[218]. Cependant, d'un certain point de vue, Éros et Thanatos paraissent bien comporter, sinon une « synthèse », du moins un facteur commun : la répétition. Les pulsions de vie et les pulsions de mort fonctionneraient comme deux différences du même, deux modes de la répétition. Certes, ce considérant d'ordre logique n'est peut-être pas le seul pertinent à une appréciation correcte de la doctrine freudienne. Il n'en reste pas moins que Wallon y a explicitement recours lorsqu'il écrit : « **La simple répétition est tellement dans l'esprit du système** que Freud est finalement amené par le développement de ses théories à opposer, non plus la libido et le surmoi, mais l'instinct d'amour et l'instinct de mort : Éros et Thanatos. Tout être vivant tend vers son

[214] Freud Sigmund : 1938, 8.
[215] Wallon Henri in WFP : 1920 n° 22, 385-386, 387. Cependant voir Laplanche Jean, Pontalis Jean-Bertrand : 1967, 370-371, 3°.
[216] Wallon Henri : 1942 n° 113, 9. Argument K 3.
[217] Id., in WFP : 1958 n° 241, 516-518.
[218] Laplanche Jean, Pontalis Jean-Bertrand : 1967, 92-93. De même Jones Ernest : 1969, 348.

état antérieur, vers celui qui est antérieur à la vie ». Répétition de l'état antérieur à la vie pour Thanatos ; répétition pour Éros d'un état antérieur de la vie. D'une autre façon encore, l'homme répète un état antérieur à sa vie, puisque l'enfant récapitule le primitif, et que « le passé infantile... est en même temps le passé de l'espèce »[219].

Il reste que Wallon reconnaît aussi des aspects véritablement dialectiques dans la démarche freudienne. Dans *L'évolution psychologique de l'enfant*, il entreprend au chapitre sept d'appliquer la notion d'alternance fonctionnelle à tout un éventail de conduites. Chaque type de conduite comprend une alternance entre deux phases contraires et complémentaires d'assimilation (généralisation) et de différenciation (adaptation). Ainsi, dans les expériences sur les réflexes conditionnels, l'animal réagira d'abord à toute espèce de son, puis à un son déterminé. Dans l'imitation aussi, on peut distinguer une première phase d'assimilation intuitive, d'union plastique avec le modèle, suivie d'une phase de mise en œuvre, où interviennent la dissociation et la recombinaison des éléments.

« Mêmes alternances dans l'évolution de la personne et sur le plan intellectuel... il est aisé, par exemple, de les reconnaître sous les termes de **la dialectique freudienne** ». Le ça exprime des exigences d'absorption totale, que vient contrarier la réalité. « Au contact de l'instinct et du milieu se différencie comme une surface d'adaptation... le moi... Les deux phases contraires et complémentaires sont ici bien apparentes ». Mais « à la conscience de simple accord objectif avec le milieu, il a superposé une conscience morale : ... le surmoi, qui, elle aussi, est un produit des deux mêmes phases d'assimilation et d'adaptation », une « identification aux contraintes » qui se spécifie en « adaptation au monde intellectuel des impératifs sociaux »[220]. Si on compare ce texte de 1941 à celui de la Préface pour Hesnard cité plus haut[221], on est forcé de constater que le jugement de Wallon à l'égard de Freud est plutôt **élogieux dans l'un, plutôt sévère dans l'autre, sur la base du même motif** : les fonctions de l'appareil psychique sont agencées selon le principe des contraires.

10.4. Déplacement et condensation

A mesure qu'avance cette étude, on s'aperçoit que la différenciation, dans les jugements de Wallon sur Freud, entre points d'accord et motifs de désaccord, n'est pas aisée à établir. Car le refus s'y tempère à l'occasion d'acquiescement, et l'acceptation n'exclut jamais la prise de distance. Nous proposions de distinguer, dans le traitement de l'objet scientifique, trois types de processus : la lecture de l'expérience, la recherche des lois et l'explication (voir 9.2.). Par rapport à cette grille, **le désaccord de Wallon avec Freud apparaît au niveau des hypothèses explicatives** : le thème de la récapitulation en particulier est l'objet des critiques les plus dures. Le même sort est imparti au thème de la genèse inversée, de la

219 Wallon Henri in WFP : 1954 n° 208, 515 ; voir aussi note 139.
220 Id., 1941 n° 111, 106.
221 Voir note 142.

prévalence du passé, issu d'un usage de la « mauvaise » régression (voir 9.5., 9.6.). À condition de ne pas la réaliser en entités (argument K 1), la notion de faits inconscients est un acquis positif (voir 9.2.). À coup sûr, les thèmes de la causalité psychique et du symbolisme sont marqués d'idéalisme, mais ils peuvent aussi bien trouver leur place dans un réaménagement de la neurologie. En vérité, c'est au **niveau des hypothèses de lecture** que nous avons le mieux repéré jusqu'ici les convergences de Wallon avec la psychanalyse. Rôle de l'affectivité, du désir dans la maîtrise du réel (voir 10.1.) ; importance des conflits, mais à condition d'en écarter les instances personnifiées et d'y mieux marquer l'incidence de tout l'entourage social (voir 10.2. ; argument K 1).

Reste à envisager le niveau des hypothèses de rang « deux », c'est-à-dire de la description des mécanismes, en fait celui des catégories cliniques au sens large, par opposition aux concepts métapsychologiques. Ainsi des « lois » du rêve ou du refoulement, qui reçoivent l'agrément de Wallon au point même qu'il les considère sans restriction comme des faits « observables » (voir 9.2. note 16). Sur ce plan, nous allons voir que Wallon fait un assez **large usage** dans son œuvre **des mécanismes décrits par Freud**.

Mais revenons aux **lois du rêve**, où « l'ingénieuse subtilité qu'y déploie (Freud) aboutit à des résultats souvent plus heureux qu'en d'autres domaines »[222]. Ces lois qui intéressent Wallon ne sont autres que les procédés du travail du rêve décrits par Freud au titre **du déplacement et de la condensation** (dont résulte la surdétermination)[223]. Déplacement de la charge affective d'une représentation sur une autre. Condensation aussi des charges sur une même représentation. Dans son compte rendu de *La science des rêves de S. Freud* (1926), Wallon expose avec précision le fonctionnement de ces deux mécanismes. Au lieu de déplacement, il écrit « transfert », ce qui prouve qu'il a lu avec beaucoup d'attention l'ouvrage dont il rend compte, car Freud y écrit en effet : « transfert et déplacement des intensités psychiques »[224]. Fort de cette caution accordée par Freud lui-même, Wallon pratiquera cet usage du mot en d'autres occasions[225]. On sait que le mot a une autre signification en psychanalyse, qui du reste n'est pas sans rapport avec la première. Mais ne nous y attardons pas.

L'intérêt pour Wallon des deux mécanismes en question, c'est qu'ils lui paraissent converger vers sa propre conception d'un déterminisme à niveaux multiples de causalité (voir 9.3.), qu'ils introduisent en psychologie un principe d'explication différent des schémas mécanistes empruntés aux sciences de la nature. Or, c'est autour des années quarante, à l'époque même où il paraît attaché aux questions de l'ambivalence et de l'Œdipe, que Wallon souligne cette idée avec une insistance très particulière. Mais mieux vaut lui laisser la parole. Les méthodes qui

---

222 Wallon Henri in WFP : 1927 n° 42, 415. Mais il qualifie aussi de mythique la conception du rêve comme régression vers des fixations archaïques : 1938 n° 103, 186-187. Argument K 3.

223 Laplanche Jean, Pontalis Jean-Bertrand : 1967, 468.

224 Freud Sigmund : 1900, 266.

225 Wallon Henri in WFP 1935 n° 82, 442 ; 1938 n° 103, 323 ; 1941 n° 111, 66 ; in WFP : 1943 n° 114, 498.

« tendent à s'introduire dans la psychologie du caractère », écrit-il en 1939, l'interprétation des rêves, le test de Rorschach, etc. « ont un trait commun, c'est la **polyvalence** qu'elles prêtent à leur objet. Non pas seulement cette ambivalence des sentiments qui paraît être un trait de la vie affective... mais la **signification multiple** qu'il conviendrait de reconnaître au même détail d'un songe, d'une tache, d'un graphisme ou d'une main. Condensation sur ce trait d'actions appartenant aux différents plans de la réalité ; concours, pour le former, d'influences polymorphes. D'un seul mot c'est la « surdétermination » de Freud. Entre l'indétermination sur laquelle la psychologie achoppait d'abord et la surdétermination le lien serait **un nouvel aspect de la causalité**. À un certain niveau de la réalité l'effet ne saurait plus être considéré comme celui d'une cause unique. Le seul moyen de l'identifier serait d'y voir **un carrefour aux multiples accès** »[226]. Insistance tout aussi marquée en 1942, où le propos est étendu de la psychologie clinique à l'ensemble de la psychologie comme science, dans la foulée d'une reconnaissance de fait de l'inconscient : « Ce qui déconcerte d'abord dans les interprétations psychanalytiques, c'est leur polyvalence. Chaque trait des associations libres ou des rêves a non seulement un sens apparent et un sens réel, mais il a plusieurs sens réels, qui doivent être comme décortiqués successivement, pour nous amener par degrés au noyau le plus secret, le plus inavouable, le plus redoutable pour la conscience, des velléités refoulées dans l'inconscient. Ce qui se manifeste à la conscience est donc le signe d'**un inconscient à plans multiples**. Une simple image, un geste, dans l'instant où ils se produisent, peuvent condenser sur eux des significations diverses. Il y a, selon l'expression de Freud, surdétermination. Cette notion n'est pas la moins importante de celles introduites par Freud en psychologie. Elle révèle un aspect de la causalité qui paraît habituel dans la vie psychique et qui déborde de loin les relations unilatérales d'une mécanique élémentaire, sur lesquelles ont été longtemps calquées les explications de la psychologie. Les déterminants d'un fait psychique ne peuvent être réduits à un seul. Ils appartiennent toujours à **différentes séries**. Et inversement, comme Freud le montre encore, une même influence se distribue sur plusieurs séries ou sur plusieurs procès à la fois »[227].

On notera dans ce dernier texte l'application du concept de surdétermination non seulement à la pensée du rêve, aux représentations, mais aussi au comportement réel (un geste). De même, dans l'un de ses tout derniers textes, Wallon écrit à propos de l'enfant de trois à cinq ans : « Les personnalités de ses parents, de ses frères et sœurs sont « surdéterminées » par tout ce qu'il projette sur elles de désirs inassouvis, de concurrences malheureuses »[228].

En formulant les « lois du rêve », Freud décrivait les mécanismes du processus primaire, mais de ce fait, pense Wallon, les **procédés essentiels de toute pensée primitive** : celle du rêveur, mais celle aussi du jeune enfant. Dans le texte-bilan de 1954, Wallon opère un recensement des notions que l'étude psycholo-

---

[226] Wallon Henri in WFP : 1939 n° 108, 471-472.

[227] Ibid., 1920 n° 22, 389, ajout de 1942.

[228] Ibid., 1961, 521.

gique de l'enfant doit à Freud. Mentionnée en premier : « la pensée analogique, ambivalente, syncrétique ou surdéterminée d'où ne se dégage que graduellement la pensée discursive »[229].

Il n'est pas question d'aborder ici l'étude détaillée des correspondances entre les concepts freudiens et l'analyse wallonienne des structures de la pensée enfantine. C'est une tâche qui mériterait un chapitre particulier. Bornons-nous à quelques exemples. Prions d'abord le lecteur de se référer à l'étude faite ailleurs de la **pensée par couples** (Jalley, 1998, 2006 b), car une telle notion n'est pas sans rapport avec les analyses de Freud concernant les traits des langues archaïques. On sait qu'il supposait celles-ci parentes de la langue fondamentale du rêve, en ce sens que les signifiés peuvent, à partir du même signifiant, s'y scinder selon deux acceptions contraires (voir 1910 b). Assurément, la relation de contrariété n'est pas la seule dont use la pensée par couples. Mais lorsque Wallon écrit dans *Les origines de la pensée chez l'enfant* : « Contraste et participation : deux procédés primitifs de pensée »[230], sa pensée est assez proche de ce que vise l'hypothèse citée de Freud. Dans le même ouvrage, Wallon parle aussi de la « surdétermination » des couples [231]. D'autre part, lorsqu'il décrit la pensée syncrétique de l'enfant comme agie par un double processus de « contaminations et digressions », d' « agglutination et diffluence »[232], il invoque un type de mécanisme fort apparenté au couple condensation-déplacement.

Que Wallon ait songé depuis longtemps à l'utilité d'un tel couple pour l'analyse de la pensée enfantine, cela apparaît à l'évidence dans un texte de 1930. Après avoir traité du rêve puis des formes archaïques de la pensée représentative chez l'enfant (« la catégorie de l'occulte »), Wallon y étudie les modes primaires du langage et de la pensée verbale, en des termes annonçant ceux du texte de 1943 sur les rapports du désir et du langage. Certes le terme désir n'y figure pas dans le contexte précis où il est question du langage, mais seulement au début de l'article.

Pour l'enfant, dit-il, le nom commence par être identique à la chose, il peut même la créer : « Les choses existent parce qu'elles savent leur nom ». Puis le mot finit par sortir de l'objet, pour se lier à la voix qui vibre dans l'air et à la bouche d'où elle sort. Il y gagne progressivement un double caractère d'immatérialité et de subjectivité ». « Mais, dit un enfant de Piaget : « On pense avec la bouche, même quand on ne parle pas ». Ici opèrent des procédés logiques que Freud a bien mis en évidence et qui se rencontrent aussi chez le primitif. Lévy-Bruhl rapporte que dans certaines croyances le principe vital se confond avec la graisse des reins. Il y a déplacement de ce qui anime tout l'ensemble vers un seul organe ou une partie d'organe, et condensation sur cet organe d'une intuition ou d'une notion globale et complexe, de la notion qui totalise avec l'existence son principe actif. De même, après déplacement du langage sur un des organes, les lèvres, elles vont se trouver

---

[229] Ibid., 1954 n° 208, 515.

[230] Wallon Henri : 1945 n° 119, 587.

[231] Ibid., 57, 60.

[232] Ibid., 290, 292.

condenser tout ce qui touche au langage, y compris la pensée qui n'en a pas encore été distinguée »[233].

On vient de rappeler que Freud considérait le rêve comme une sorte de langue, mais il ne semble pas qu'il ait formé l'idée d'appliquer les mécanismes du processus primaire au fonctionnement de la langue elle-même, de réaliser les procédés de travail du rêve au niveau de la structure même du langage. On doit à J. Lacan l'identification des mécanismes de condensation et de déplacement aux procédés rhétoriques connus sous les termes de métaphore et de métonymie. D'abord étudiés par les grammairiens, ces deux procédés ont été généralisés par certains linguistes, tel R. Jakobson, qui les identifie aux deux axes qui structurent le langage, l'un paradigmatique (sélection, substitution, similarité : métaphore), l'autre syntagmatique (combinaison, contexture, contiguïté : métonymie)[234]. Avec l'innovation lacanienne, c'est l'ensemble de la fonction sémiotique, c'est-à-dire également le processus secondaire, qui tombe sous la juridiction des mécanismes primaires. Mais s'il est vrai que « l'inconscient est structuré comme un langage », il n'est pas étonnant que des procédés de l'inconscient, tels la condensation et le déplacement soient les mécanismes mêmes du langage.

Ce développement nous amène à mieux comprendre le texte précédent. De fait, il paraît proprement extraordinaire que Wallon ait l'idée en 1930 d'appliquer les procédés du travail du rêve à l'étude de la pensée verbale de l'enfant. À y regarder de près le propos d'enfant cité : « On pense avec la bouche, même quand on ne parle pas » peut apparaître, ainsi analysé par Wallon, comme la double conjonction d'une métaphore et d'une métonymie. Métaphore : ça pense **comme** ça parle : avec la bouche. Métonymie : ça pense **rien qu'**avec la bouche.

Reste à parler de la **catégorie de l'occulte**, mot dont un synonyme acceptable est peut-être : inconscient. Wallon utilise cette expression dans ses études sur la pensée primitive, comme équivalente à la « catégorie affective du surnaturel » de Lévy-Bruhl dont la formulation et le cadre de référence théorique lui semblent laisser à désirer. Elle désigne le « monde des puissances invisibles »[235] auquel l'enfant, comme le primitif, attribue la causalité des phénomènes observables : monde de la magie des primitifs, et de l'animisme enfantin. Mais « sans cet effort pour doubler le monde visible d'un monde invisible, le monde ne saurait être pensé »[236]. Aussi peut-on y voir « le substitut de nos catégories rationnelles »[237]. Plus précisément « ce monde de l'efficience pure... est bien près d'inaugurer le milieu idéal et virtuel des pures évocations mentales... qu'imagine la raison pour servir de support aux lois de l'univers »[238], c'est-à-dire ce que Wallon a appelé aussi : espace mental, intuition spatiale, et qui fournit à l'aptitude symbolique « un champ où se

---

233 Wallon Henri in WFP : 1930 n° 53, 422-423.
234 Jakobson Roman : 1963, 43-67.
235 Wallon Henri in WFP : 1930 n° 53, 422.
236 Ibid., 1939 n° 105, 468.
237 Ibid., 1939 n° 107, 470.
238 Ibid., 1930 n° 53, 422-423.

formuler » (Jalley, 1998). Cette « intuition spatiale sous-jacente au langage »[239] est l'une des notions les plus intéressantes de la psychologie de Wallon : que la pratique du langage suppose l'espace, ce n'est pas une idée banale, et on peut y voir une prémonition du symbolique lacanien (ibid.).

En tout cas, ce monde de l'efficience que désigne la catégorie de l'occulte n'est rien de très différent du monde de l' « **animisme** », décrit par Freud comme créé par le mécanisme de la projection, monde où « l'obscure connaissance... des facteurs psychiques et des relations qui existent dans l'inconscient se reflète... dans la construction d'une réalité suprasensible qui doit être retransformée par la science en psychologie de l'inconscient »[240].

10.5. Fixation et régression

Les concepts de fixation et de régression sont ceux dont la **mention est la plus fréquente** dans les textes de Wallon sur Freud[241]. Ils sont parfois associés mais le terme fixation apparaît souvent seul, à l'inverse du terme régression. La plupart du temps, Wallon les mentionne dans le cadre d'un exposé sur Freud, sans les prendre explicitement à son compte. Il peut les présenter alors dans leur sens descriptif précis : points d'attache du développement libidinal, retour de la libido vers les étapes dépassées de son développement. Il peut aussi les utiliser en rapport avec d'autres notions, dans une acception moins rigoureuse. Ainsi par « la notion de complexe... Freud... voulait signifier... des fixations » (1942), ce qui est pour le moins approximatif. De même, « les déterminations essentielles... du caractère » seraient liées à « des impressions d'enfance ou une régression vers des dispositions infantiles » (1935). Parfois une interprétation tendancieuse : « tout individu... peut rester fixé ou même être ramené, après l'avoir franchie, à l'une des étapes » de la phylogenèse (1951). En effet, même lorsqu'il traite de la régression formelle (retour du processus secondaire au processus primaire), Freud ne verse jamais dans cet involutionnisme où la théorie de la dissolution de Jackson se conjugue bizarrement avec le principe de récapitulation de Haeckel. Il n'en reste pas moins que ces deux références ont profondément marqué la notion freudienne de régression, qui en est sortie par transformation et dépassement, sous forme de mutation conceptuelle originale.

Le statut théorique du concept de fixation chez Freud n'est pas toujours clair. Dans l'*Introduction à la psychanalyse*, la fixation est rapportée au facteur constitutionnel (*Konstitution*), mais elle comprend aussi des facteurs historiques (« expériences de la première enfance »). Dans les *Trois essais*, ces deux composantes sont rangées sous le chef de la prédisposition (*Disposition*), sans que celle-ci soit ex-

---

[239] Wallon Henri : 1942 n° 113, 225.

[240] Freud Sigmund : 1901, 299, retraduit par Laplanche Jean, Pontalis Jean-Bertrand : 1967, 346.

[241] Fixation : in WFP : 1920 n° 22, 390 ; 1938 n° 103, 282 ; 1941 n° 111, 66, 188 ; in WFP : 1943 n° 114, 498 ; 1958 n° 241, 517. Régression : in WFP : 1927 n° 42, 416 ; 1930 n° 53, 420. Fixation et régression : in WFP : 1920 n° 22, 386 ; 1938 n° 103, 323 ; 1941 n° 111, 15 ; in WFP : 1951, n° 170, 510, 511 ; 1954 n° 208, 514.

plicitement mise en rapport avec la fixation, bien que le contexte invoque la régression comme concept connexe[242].

Quoi qu'il en soit, il est significatif que Wallon tende, lorsqu'il commente le concept de fixation, à en gommer la composante expérientielle, ou du moins à l'interpréter dans le sens d'un mécanisme physiologique (« sensibilité ») plutôt que d'un facteur historique (Freud dit *Erlebnisse*, dérivé de *erleben* vivre)[243]. **Comme s'il prêtait à Freud** une conception où le poids déterminant est dû au facteur constitutionnel *stricto sensu* et où le rôle de l'événement est quasi nul (voir 9.4.). Ainsi les « fixations obéiraient à la détermination combinée des sensibilités propres à chaque étape du développement individuel et d'influences qui remontent au plus lointain passé de l'espèce »[244]. On avouera qu'il n'est pas bien aisé de reconnaître dans le premier terme ces « expériences de la première enfance » sur lesquelles insistent les *Trois essais.*

Enfin il arrive que Wallon adopte, **prenne explicitement à son compte** la notion de fixation : « Une première révolution se produit vers trois ans : cet âge est celui des fixations affectives... c'est vers 4 ou 5 ans que ce travail de fixation est le plus actif »[245].

10.6. L'ambivalence

Wallon note en 1934 que « la krouomanie peut aussi, chez certains idiots, offrir le spectacle d'une ambivalence, qui est loin d'être exceptionnelle dans le décours et dans les manifestations de la vie affective »[246]. Ce serait la première mention du terme, du moins dans le corpus des propos de Wallon sur Freud. Ensuite, beaucoup de références autour des années quarante toujours, et aussi après[247]. Rien d'étonnant, vu le caractère essentiellement dialectique d'une telle notion.

Nous avons déjà souligné l'importance du texte de 1938, où la notion d'ambivalence, introduite dans le cadre d'une étude de l'indiscipline et de la perversité, est mise en rapport avec la « la **loi des contraires**. Un exemple emprunté à la physiologie, mais à un domaine de la physiologie dont les rapports paraissent particulièrement intimes avec la psychologie, et avec la psychologie affective en particulier » : l'antagonisme entre les fonctions orthosympathiques et parasympathiques du système nerveux. Mais « les **lois de la vie affective** offrent encore d'autres ressources »[248]. Et de décrire, sous les auspices de Freud, les mécanismes du développement libidinal : zones érogènes, fixation et régression (d'où les « faits de dépravation et de perversion »), déplacement, sublimation.

---

242 Freud Sigmund : 1905 a, 158-159, GW 5, 142 ; ajout de 1915 ; 1916-1917, 326-327, 340-341, GW 11, 360, 375-377.

243 Id., GW 5, 142 : « Expériences infantiles accidentelles (*akzidentelle Kinderheits Erlebnisse*) ».

244 Wallon Henri : 1941 n° 111, 66.

245 Id., 1938 n° 103, 282 ; voir aussi 1941 n° 111, 188, où d'ailleurs Freud est cité.

246 Id., 1934 n° 79, 117.

247 Id., in WFP : 1920 n° 22, 387 ; 1934 n° 79, 117 ; 1938 n° 103, 320, 326 ; 1942 n° 113, 162 ; in WFP : 1943 n° 114, 498 ; 1954 n° 208, 515 ; 1961, 520.

248 Id., 1938 n° 103, 242.

L'ambivalence est mentionnée aussi, bien entendu, à propos du complexe d'Œdipe et de la formation du surmoi : « Son origine est dans la participation de la personnalité du père... d'abord un rival pour le petit garçon, un objet de libido pour la petite fille et qui est devenu, par suite de son ambivalence et par une sorte d'antithèse (*sic*), un modèle »[249]. Ambivalence aussi, comme « Freud l'a bien indiqué », de l'imitation[250]. On a vu qu'il s'agissait du caractère cannibale de l'identification dont il est question dans les *Nouvelles Conférences sur la psychanalyse*[251].

Enfin un texte de 1961, consacré à la *Nécessité de l'école maternelle*, étudie le stade du personnalisme où « rétivité et suggestivité vont souvent de pair. C'est une ambivalence qui se retrouve à toutes les phases de cette période »[252].

Wallon mentionne aussi la **sublimation**[253], retient l'**identification** comme l'une des « notions qui ont pris une importance capitale » dans l'étude de l'enfant[254], fait place dans le développement de la personnalité à « une phase de **narcissisme** ». La notion de complexe est évoquée assez souvent dans l'exposé des vues freudiennes[255]. Le texte tout juste cité de 1961 lui accorde même un certain crédit : « C'est semble-t-il de cette période de 3 à 5 ans plus particulièrement que les psychanalystes font dater les **complexes familiaux** (*cf Lacan*) dont l'influence risquerait d'être maléfique durant la vie entière. Effectivement... l'enfant reste à demi-prisonnier de son syncrétisme affectif... Le milieu familial est - du moins dans notre société présente - d'individualisation trop fermée, trop partielle et trop contraignante, s'il n'a pas pour correctif et pour complément l'école »[256]. Précision importante.

Ce texte de 1961 sur la *Nécessité de l'Ecole maternelle* est particulièrement intéressant concernant l'attitude de Wallon, à la fin de sa vie, à l'égard de la psychanalyse. Rédigé peu de temps avant la mort de Wallon et destiné à la formation pratique des maîtres, il met en jeu un certain nombre de concepts psychanalytiques que, de toute évidence, l'auteur considère comme intégrés à ses propres options théoriques, cliniques et pédagogiques : ambivalence (3 fois !), narcissisme, complexe, surdétermination.

10.7. Sadisme et masochisme

En dehors des nombreux articles de Wallon où il est question de la psychanalyse, il existe dans ses ouvrages classiques un certain nombre de textes qui n'ont peut-être pas assez attiré l'attention jusqu'ici. Il s'agit des passages, dans *L'enfant turbulent*, *Les origines du caractère* et *L'évolution psychologique*, faisant mention de faits

---

[249] Id., in WFP : 1920 n° 22, 387, ajout de 1942 ; voir aussi in WFP : 1943 n° 114, 498.

[250] Id., 1942 n° 113, 62.

[251] Voir notes 182, 183.

[252] Wallon in WFP : 1961, 520.

[253] Id., 1938 n° 103, 323, 355, 356 ; in WFP, 1943 n° 114, 498.

[254] Id., in WFP, 1954 n° 208, 515 ; 1941 n° 111, 106 ; in WFP, 1961, 521 : « imitation par identification ».

[255] Ibid., 1920 n° 22, 386, 390 ; 1941 n° 111, 66, 188 ; in WFP, 1954 n° 208, 514 ; 1961, 521.

[256] Ibid., 1961, 521.

cliniques proches des constats freudiens. Les uns concernent le sadisme et le masochisme, d'autres la sexualité, sujet à propos duquel Freud, voire quelqu'un de ses adeptes (« Mlle Suzanne Isaacs », disciple de Mélanie Klein), est toujours cité.

À part, au passage, une imputation de pansexualisme[257] (voir 9.4. note 44), et aussi une allusion à ce « genre de généralisation qui entraîne à des assimilations vagues ou factices »[258], on ne rencontre **guère de critique très mordante de Wallon concernant la théorie freudienne de la sexualité**. Beaucoup plus polémique est son attitude à l'égard du principe de récapitulation. C'est dans ces textes connus, mais à notre avis mal lus, des trois ouvrages cités que Wallon entreprend la discussion de la théorie freudienne de la sexualité infantile. Il est intéressant que Wallon ait abordé ce débat, non d'une manière abstraite, au niveau des principes, mais au plan de l'observation concrète, de la description clinique de l'enfant. On a parfois souligné, et on y reviendra plus loin (10.15.), à propos de la sexualité infantile, quelle fut sa réalité parodoxale pour Freud, celle à la fois d'un ensemble d'observables et d'un modèle abstrait. De ce point de vue, il est attachant de repérer ce que Wallon perçoit et comment il interprète.

Parlons tout d'abord des faits concernant le sadisme et le masochisme, chez l'enfant mais aussi chez l'adulte. Cependant, il convient de rappeler d'abord, pour servir de guide, l'essentiel des vues de Freud sur ce sujet. Et, sur ce point encore, il nous paraît nécessaire de consentir à une digression par le texte freudien, qui paraît avoir été bien connu de Wallon.

10.8. Le modèle freudien

Le couple sadisme-masochisme, en l'occurrence « la pulsion de cruauté dans ses formes active et passive »[259] constitue l'un des « couples d'éléments antagonistes »[260] propres à l'activité des pulsions partielles. Dans *Pulsions et destins des pulsions* (1915), Freud a développé le modèle d'une sorte de « genèse idéale » des moments de la « dialectique... interne » propre au sado-masochisme[261]. Cette progression s'articule en trois temps principaux.

Le **premier** temps met en jeu le sadisme, mais sous une forme encore non-sexuelle, à laquelle conviendrait mieux, selon Laplanche, le terme d' « hétéro-agression », voire d'agressivité en général. Il s'agit de l'ingrédient de violence, de la composante agressive propre à l'exercice de la « pulsion d'emprise » en tant que tendance à se rendre maître de l'autre sans considération de sa souffrance éventuelle, et sans gain d'aucun plaisir sexuel. « Pour l'enfant sadique, souligne Freud, infliger de la douleur n'entre pas en ligne de compte, ce n'est pas ce qu'il vise »[262].

Le **second** temps comporte un changement d'objet en même temps que de but. Le principe en est constitué par un double mécanisme de « retournement sur

---

257 Ibid., 1949 n° 145, 506.
258 Ibid., 1951 n° 170, 511.
259 Freud Sigmund : 1905 a, 54.
260 Ibid., 45, 54-55.
261 Id. 1915 a, 26-29 ; Laplanche Jean, 1970, 150, 154.
262 Freud Sigmund : 1915 a, 28.

la personne propre », concernant l'objet, et de « renversement dans le contraire », concernant le but, de la pulsion initiale, qui se convertit alors en « auto-agression », que Laplanche propose encore de nommer masochisme « réfléchi ». En effet, comme l'écrit Freud, « de la voie active ((tourmenter)), le verbe passe non pas à la voie passive ((être tourmenté)) mais à la voie moyenne réfléchie ((se tourmenter soi-même)) »[263]. Le tourment infligé à soi-même que Freud énonce comme l'un des symptômes caractéristiques de la névrose obsessionnelle, n'est pas encore le masochisme véritable.

Signalons au passage que les transformations syntaxiques du verbe dont il vient d'être question concernent spécifiquement le mécanisme de « renversement dans le contraire », ou plutôt l'une de ses deux variétés, en l'occurrence « la transformation du but pulsionnel » (actif, réfléchi, passif). En fait, ces transformations syntaxiques sont subordonnées, de façon complexe, au premier mécanisme concernant le changement d'objet. Dans le **second** temps que nous venons d'analyser, le changement d'objet à la fois laisse inchangé le but (passage de l'*actif* à l'*actif*-passif) et le modifie (passage de l'*actif* à l'actif-*passif*).

Or, ce deuxième temps, marqué par le retournement sur soi, l'intériorisation, est également celui où s'opère la genèse de la dimension sexuelle propre au véritable sado-masochisme. La douleur que s'inflige à soi-même le sujet est susceptible, comme toute autre excitation, de prêter appui, de fournir un point d'étayage à la satisfaction sexuelle, en tant qu'effet marginal résultant de l'exercice d'une activité vitale, non-sexuelle, instinctuelle *stricto sensu*, c'est-à-dire exprimant les seuls besoins d'auto-conservation[264].

Ce temps « auto-» ou « **selbst** » institue d'après Laplanche la ligne de pliage où se produit l'émergence coextensive du sujet et de la sexualité, « le repli sur la zone érogène et le rebroussement dans le fantasme »[265].

Le **troisième temps** comporte pour la pulsion convertie en auto-agression une « double dérivation symétrique », une bifurcation vers deux destins différents, l'un de forme active, l'autre de forme passive. Il s'agit du sadisme et du masochisme vrais, c'est-à-dire comme perversions comportant le plaisir sexuel. Tous deux dérivent par des procédés syntaxiques différents du masochisme « réfléchi » (auto-agression), lequel fusionnait les deux modes actif et passif de la pulsion.

Le masochisme passif, à composante sexuelle, tire son origine d'une nouvelle transformation du but actif-passif en but passif. Mais ce « renversement » du but implique la recherche d'une autre personne, visée à la fois comme « objet » de la pulsion, mais sujet de l'action.

Le sadisme au sens sexuel comporterait deux dérivations différentes, soit à partir du masochisme « réfléchi », soit à partir du masochisme passif par un nou-

---

263 Ibid ; les parenthèses sont de nous.

264 Laplanche propose de généraliser l'application du concept d'étayage du champ de la fonction alimentaire à celui de la fonction d'agression, en tant que fonction vitale, en elle-même et à l'origine non-sexuelle (Laplanche Jean : 1970, 145-173, en particulier 148-150, 157, 163). La seconde variété de « renversement dans le contraire » concerne la transformation de l'amour en haine.

265 Laplanche Jean : 1970, 164, 190.

veau processus de « retournement » de l'objet, ce processus impliquant lui-même un nouveau « renversement du but », bien qu'en des sens différents dans l'un et l'autre cas (d'actif-passif en actif, ou de passif en actif)[266].

En outre, les deux perversions comportent un même ressort commun constitué par l'identification. Le sadique tire son plaisir d'une identification masochique à l'objet souffrant, procédé qui rend de fait sa position « particulièrement commode ». Cependant, dans le masochisme, « le moi passif se met fantasmatiquement à sa place précédente ((sa place active dans le deuxième temps)), place qui est maintenant cédée au sujet étranger »[267].

Enfin, et ceci nous ramène bientôt à Wallon, Freud accorde un rôle important à la notion de pitié (*Mitleid*). La pitié appartient, avec d'autres sentiments tels la pudeur et le dégoût, au registre des « inhibitions sexuelles », qui, bien que tardives, sont plus précoces chez la fille que chez le garçon. Quant à leur mécanisme, ces sentiments consistent en formations réactionnelles[268]. Celles-ci sont l'œuvre du moi, opérant « sur l'ordre du surmoi... par renforcement de l'attitude qui est opposée à la direction de la pulsion à refouler »[269]. À ce titre, et apparemment pour des raisons topiques, la pitié n'est pas « un résultat de la transformation pulsionnelle au sein du sadisme »[270]. Autrement dit, elle n'appartient pas à la dialectique interne de la pulsion, même si elle a pour fonction d'en contrôler les effets, en particulier ceux du sadisme. Cette fonction particulière de contrôle la fait apparaître, si l'on ose dire, comme un contraire externe, à la différence de ces contraires internes que rassemblent les « couples d'éléments antagonistes » propres à la dynamique des pulsions perverses[271]. En fait, si tout sadique est, inconsciemment, un masochiste, et vice versa, tout sadique n'est pas pour autant accessible à la pitié, de même que le sujet enclin à la pitié y laisse parfois transparaître les traces de son propre sadisme[272]. Ainsi, la pitié « excessive » de Léonard de Vinci envers les animaux dénonce, par contraste, l'existence de puissantes tendances sadiques infantiles[273]. Souvent même, les formations réactionnelles donnent « l'illusion d'un changement de contenu » des pulsions[274]. En particulier, Freud a, à plusieurs reprises, identifié « le masque de la pitié » comme la couverture de sentiments hostiles à l'égard du père, ainsi dans *Dora*, dans l'*Introduction à la psychanalyse* et dans *L'Homme aux loups*[275].

Mais, outre qu'elle est souvent suspecte, la pitié aussi nous pèse et c'est un sentiment que nous trouvons souvent plaisir à nous épargner. C'est justement,

---

[266] C'est du moins ainsi que Laplanche nous paraît lire le texte de Freud : 1967, 430 ; 1970, 154.
[267] Freud Sigmund : 1915 a, 28-29, 27 ; les parenthèses sont de nous.
[268] Id., 1905 a, 89, 128 ; 1915 a, 29 ; 1915 d, 17 ; 1926 b, 86.
[269] Id., 1926 b, 35, 86.
[270] Id., 1915 a, 29.
[271] Voir note 259.
[272] Freud Sigmund : 1905 a, 55.
[273] Id., 1910 a, 201.
[274] Id., 1915 d, 17.
[275] Id., 1905 b, 29 ; 1916-1917, 173-175, 191 ; 1918, 374.

d'après Freud, l'un des ressorts du « plaisir humoristique » que ce mécanisme de la « pitié épargnée »[276]. Ainsi par exemple l'histoire du condamné qui, sur le chemin du gibet, demande, par crainte de prendre froid, un foulard pour protéger son cou.

10.9. La cruauté et la pitié

Ce thème des rapports ambigus de la cruauté et de la pitié nous ramène à Wallon, qui justement les étudie dans un passage de *L'enfant turbulent*, d'un grand intérêt clinique encore aujourd'hui.

Les vues de Wallon concernant le sadisme et le masochisme n'ont pas été d'emblée ordonnées, comme celles de Freud, en fonction d'un couple conceptuel unique. Elles procèdent selon deux filières indépendantes dont l'une concerne le sadisme (1925) et l'autre le masochisme (1925, 1934). Celles-ci se rejoignent dans un passage des *Origines du caractère* (1934) concernant la connivence du sadisme et du masochisme dans la jalousie amoureuse.

Abordons la première filière avec ce développement de *L'enfant turbulent* concernant la cruauté et la pitié, qui lui-même se situe dans le cadre d'une analyse de la « perversité » enfantine. Celle-ci consiste en un type comportemental pathologique que Wallon identifiera ultérieurement, mais pas encore à l'époque, comme lié au syndrome extrapyramidal moyen, résultant de lésions du pallidum[277].

En premier lieu, Wallon a fort bien identifié l'agressivité primitive, **la cruauté inconsciente et innocente**, peut-on dire, sinon toujours inoffensive du très jeune enfant. À cet égard, son analyse correspond exactement, langage mis à part, au « premier temps » de la dialectique freudienne présentée plus haut. « La cruauté, soutient-il, n'est souvent qu'apparente chez le très jeune enfant... il peut rester ignorant du mal qu'il provoque... il ira donc dépecer un insecte, un animal, sans souci ni conscience des réactions provoquées, de la douleur qu'elles signalent. C'est en toute insensibilité qu'il agit »[278].

Freud distingue nettement la pitié comme inhibition de l'agressivité provoquée par le spectacle de la douleur, et l'identification masochique à l'objet souffrant dont s'alimente le sadisme[279]. Wallon, quant à lui, décrit, au titre des rapports de la pitié et de la cruauté, des effets très contrastés.

Tout d'abord, Wallon caractérise la cruauté comme une identification à celui qui souffre, une « sympathie souffrante » (Stendhal), d'où son rapport complexe avec la **pitié, forme plus resserrée de sympathie**. Cruauté et pitié sont des opposés, mais ont en commun d'être « de l'affectivité réfléchie, dédoublée »[280], d'instituer une relation duelle de type identificatoire. C'est le cas aussi, notons-le, des couples de partenaires propres à l'analyse freudienne du sadisme et du masochisme. Par rapport à la cruauté, la pitié réduit « la dualité du spectacle et du spec-

[276] Id., 1905 c, 357-359.
[277] Wallon Henri : 1925 n° 33-34, 267-267 ; 1938 n° 103, 177-178, 381.
[278] Id., 1925 n° 33-34, 276.
[279] Freud Sigmund : 1905 a, 89.
[280] Wallon Henri : 1925 n° 33-34, 277.

tateur », suppose un degré d'identification moins distancée, notation d'une grande finesse psychologique, pourrait-on suggérer, au sens de l'analyse littéraire dans l'usage traditionnel du terme.

Aussi bien, entre la cruauté et la pitié, « il y a des fluctuations », disons mouvance et passage. Il arrive que la pitié soit « traversée par un éclair de joie cruelle ». Même, elle peut servir d'ingrédient au sadisme, de stimulant au tortionnaire : « il en renouvelle et redouble les motifs avec frénésie, jusqu'à l'instant où vaincu, épuisé par l'effort de la contenir et de la refouler, il se croit vraiment la **victime de sa victime** et s'abandonne totalement à l'esprit de vengeance »[281]. En vérité, cette description de l'usage pervers de la pitié ne nous paraît pas fort éloignée du thème de l'identification masochique à l'objet souffrant. Reste cependant l'absence de référence explicite à la composante sexuelle.

Ainsi, on voit que Wallon réunit sous le terme de pitié deux visages assez différents de l'identification, d'un côté la sympathie propre à la pitié authentique, mais de l'autre aussi l'intuition perverse de la souffrance.

10.10. L'algophilie

Parlons à présent des faits concernant le « masochisme ». À cet égard, Wallon cite un certain nombre d'observations, qu'il essaie d'interpréter dans le cadre de sa théorie de l'émotion, selon un modèle de caractère très comportemental.

La conduite du très jeune enfant est caractérisée par l'asynergie, l'extrême labilité des attitudes, en rapport avec l'apparition facile de l'hypertonus et des crises hypertoniques : ainsi les pleurs succèdent au rire. Un type d'excitation fonctionne souvent comme révulsif du type opposé.

Or, note Wallon, on peut rapprocher de ce type de fonctionnement « ce qui a été décrit comme dilettantisme de la douleur, comme algophilie, ou comme l'appétit des mortifications. Groos note avec quelle fréquence l'enfant se livre sur lui-même à des manœuvres dont la douleur est le but apparent »[282]. Et de rapporter les motifs très divers et même contradictoires invoqués par l'auteur : goût pour les sensations les plus aiguës ou au contraire abaissement de la sensibilité, ardeur sportive à se faire souffrir ou au contraire attrait de l'humiliation ; effort de volonté pour contrôler la douleur ou au contraire passivité contemplative. En fait, autant de **contradictions seulement apparentes**, où s'exprime un antagonisme parallèle à celui de l'émotion (accroissement du tonus, réduction de l'hypertonus). Ainsi, par exemple, l'ambivalence de la krouomanie chez les idiots porte au paroxysme les motifs opposés de cette tendance des enfants à exercer des sévices sur eux-mêmes. L'idiot se frappe de manière à accroître son excitation émotive, et afin, en même temps, de la liquider, en se rappelant à la réalité par l'expérience de la douleur. Car le paroxysme émotif touche à l'anéantissement de la conscience, tandis que la douleur la maintient en éveil. Même phénomène chez l'enfant que « la colère mène à l'asphyxie et à la syncope… et à qui d'énergiques

281 Ibid., 278.

282 Id., 1934 n° 79, 114-120 ; voir aussi 1925 n° 33-34, 70-71.

stimulations périphériques font reprendre connaissance, en réduisant la contracture ». Aussi bien s'arrache-t-on les cheveux... pour s'arracher au désespoir. Le mécanisme commun de ces phénomènes consiste dans un effort contradictoire pour contrebalancer l'accroissement de l'excitation interne par une augmentation de l'excitation externe. Cette balance explique « le rôle de révulsif... l'action résolutive » de la douleur à l'égard de l'hypertonus émotif ou, peut-on dire, de l'excès d'affect.

Wallon évoque au passage le masochisme comme « attrait sexuel de l'humiliation »[283], mais sans s'expliquer davantage sur ce sujet. Cependant, un peu plus loin, il revient sur cette évocation du facteur sexuel, mais par rapport au type particulier de mécanisme que propose son modèle de l'action résolutive. À ce propos, il signale, de façon intéressante, que le spasme sexuel peut agir, avec le même rôle fonctionnel que la douleur, comme révulsif de l'hypertonus anxieux : « Quant à la part de sexualité qui peut se mêler à l'angoisse, c'est effectivement un fait d'observation... C'est que l'acte vénérien prend place à côté du rire et des sanglots, parmi les spasmes capables de liquider une trop grande surcharge tonique ». Ainsi chez les mélancoliques mais aussi de façon courante chez l'enfant : « j'ai signalé combien **l'onanisme** est fréquent chez les enfants rebutés par leur entourage et qui vivent habituellement dans la contrainte et l'appréhension... j'ai déjà signalé sa plus grande fréquence chez les enfants dont le père ou la mère s'est remarié et qui de ce fait se voient préférer les enfants du nouveau ménage »[284].

D'ailleurs, indépendamment de sa connotation sexuelle, l'attrait pour l'humiliation, dont dérive le penchant à l'humilité, peut aussi assumer la fonction de révulsif, de « défense contre l'angoisse ». Éteindre l'angoisse en châtiant la chair, c'est « l'anxieuse religion de **Pascal** », et en général l'art de vivre de l'***Héautontimoroumenos***[285].

Notons aussi qu'au passage Wallon décrit un mode de fonctionnement très proche de celui identifié par le « second temps » de l'analyse freudienne, comme typique de la névrose obsessionnelle : « Le contraste entre l'ardeur sportive à se faire souffrir et le besoin de s'humilier répond à la double attitude de celui qui se torture et dont l'intérêt peut se porter, plus ou moins, suivant l'instant, vers l'agent ou vers le patient »[286].

10.11. Le sado-masochisme

Enfin venons-en à l'ajustement des deux termes de la relation sado-masochiste dans le contexte de la jalousie amoureuse. L'intérêt de l'analyse de Wallon réside dans la référence à un tiers personnage, par opposition à la dialectique strictement duelle propre à la genèse idéale décrite par le texte freudien de 1915. Cependant, il convient de ne pas oublier que ce type particulier de fonctionnement à

[283] Id., 1934 n° 79, 16.
[284] Ibid., 1934 n° 79, 121, 125 ; voir aussi 1925 n° 33-34, et note 312.
[285] Id., 1934 n° 79, 119 ; Baudelaire Charles : 1861, *Les Fleurs du mal*, n° 96.
[286] Wallon Henri : ibid., 120.

trois personnages a déjà été analysé quelques années plus tôt par Freud dans *Le Président Schreber* (1911) selon ses différentes structures syntaxiques, dont précisément le délire de jalousie, à côté du délire de persécution et de l'érotomanie.

Assurément, le jaloux est sadique, mais outre le plaisir qu'il retire de la souffrance de l'autre, il prend également sur soi la souffrance qu'il lui impose, processus où s'effectue l'intégration intime du masochisme dans le sadisme. Le jaloux, « pour se faire souffrir lui-même se fera le bourreau de l'être qu'il aime... Si le sadisme est une poursuite de la souffrance en autrui, c'est pourtant une souffrance ressentie jusqu'au plaisir et jusqu'à la souffrance ((*ce n'est plus tout à fait la position « commode » décrite par Freud*)) par celui qui l'impose. Il n'est jouissance ((*ici intervient, en plus de la relation à l'objet, celle au tiers, au rival*)) que par suite de cette confusion entre soi et autrui qui fait le fond de la jalousie. De passif le spectateur alors devient actif ((*à la fois comme sadique et au titre de l'identification au rival*)) sans cesser d'être spectateur... Sous ses complications variées, la jalousie est essentiellement un retour vers le stade où celui qui participe à une situation affective en ressent les attitudes complémentaires ((*identification du sujet aux deux autres actants de la situation triangulaire*))... C'est le sentiment d'une rivalité chez celui qui ne sait réagir qu'en spectateur **possédé par l'action du rival** »[287]. Il faut convenir que cette dernière expression s'approche de fort près de l'analyse que fait Freud de la genèse de l'homosexualité dans le cadre du délire de jalousie[288]. C'est le genre de situation où le problème d'une « influence » effective demeure indécidable.

Malgré la différence du cadre théorique, le mécanisme ci-dessus décrit du contrebalancement d'une excitation en général anxiogène par un autre mode d'excitation, d'ailleurs pas nécessairement hédonique, fait quelque peu songer aussi, comme transposée, à la célèbre description du jeu de la bobine. D'après l'une des interprétations qu'en donne Freud, le jeu du *fort-da* consiste bien à maîtriser, à réduire un déplaisir, mais par le procédé assez paradoxal consistant à le (re)produire sous un autre mode[289].

Wallon ne range pas dans le cadre des conduites masochistes un certain nombre d'autres faits qu'il rapporte d'après le psychologue Preyer[290], et auxquels il ajoute ses propres observations. Mais on peut se demander s'ils ne consistent pas bien souvent en **conduites d'auto-agression**. Un enfant de 41 semaines frappe des deux mains alternativement sur une table puis contre la bouche puis sur son oreille. À un an, il éprouve un grand plaisir à se heurter les dents avec un objet dur, puis à grincer des dents. À un an et un mois, il se frappe encore très souvent la tête comme pour faire l'épreuve de sa dureté, la mine étonnée. C'est là un geste souvent durable chez l'idiot, une stéréotypie »[291]. De fait, Wallon invoque encore

[287] Ibid., 259-260 ; souligné par nous.

[288] Freud Sigmund : 1911 a, 309.

[289] Id., 1921, EP, 16-20.

[290] Preyer lu et également cité par Freud, voir n. 190.

[291] Wallon Henri : 1934 n° 79, 213. L'idée que la douleur « tient le milieu entre perception externe et interne », et joue un rôle important dans la délimitation entre le « propre corps » et le monde externe,

ici la théorie précédente : révulsion de l'excitation interne par l'excitation externe. Mais ce mécanisme serait utilisé ici par l'enfant dans un but de différenciation du corps propre, de contrôle progressif de l'enveloppe corporelle.

10.12. Le dégoût

Comme on l'a déjà vu précédemment, le sentiment du dégoût appartient selon Freud au même ensemble de formations réactionnelles que la pitié, en l'occurrence les digues psychiques. Freud souligne que le dégoût a, par rapport à la libido au sens courant, celle dont l'étayage est assurée par le besoin alimentaire, une fonction comparable à celle de la douleur par rapport à la perversion masochiste, et aussi, peut-on ajouter, de la pitié par rapport à la pulsion sadique. « La douleur qu'on surmonte dans ces cas, écrit- il, est analogue au dégoût ou à la pudeur qui, dans les cas précédemment examinés, s'opposaient à la libido »[292]. Il s'agit d'une double fonction, en un sens contradictoire, d'inhibition et de stimulation de la pulsion. Celle-ci, pour obtenir totale satisfaction doit, en quelque sorte, pousser contre la barrière instituée pour la préserver de l'excès.

Freud n'évoque pas explicitement dans le propos cité le cas de la pitié en tant que digue du sadisme. Mais la situation est en réalité similaire, par rapport aux cas de la pudeur et du dégoût, et elle offre même l'occasion d'un rapprochement intéressant avec les notations précédentes de Wallon concernant l'habileté du tortionnaire à manier la pitié.

L'enfant turbulent comporte aussi un développement d'un grand intérêt clinique sur le sentiment du dégoût. D'ailleurs, Wallon en traite dans le même contexte psychopathologique que celui on s'insèrent ses vues sur la cruauté : le syndrome extrapyramidal de « perversité » infantile. **L'enfant « pervers » -** évocation transposée mais plausible du « *polymorph pervers* » freudien - se caractérise tout autant par sa propension à la cruauté irréfléchie que par l'absence de dégoût, prenant allure de défi.

Le sentiment du dégoût représente, d'après Wallon, l'une des formes primitives de la « conscience organique », en ce que sa formation concerne l'aménagement de la frontière entre l'organisme et le milieu, le moi et le non-moi. Le dégoût est l'une des expériences affectives « circonscrivant primitivement l'être physique par rapport à d'autres... il s'attache à ce qui est une menace, non de destruction, mais de violation ». Malgré son caractère primitif, c'est pour une grande part « un effet de l'éducation », qui suppose un trèe large jeu d'interactions précoces, « une emprise profonde du social sur l'affectif ». Or c'est cette délimitation du soi et de l'autre, par rapport à une certaine conscience de la marge d'espace, qui manque au pervers. Mais passons aux faits invoqués par Wallon, à certains égards fort proches de ceux bien identifiés par la psychanalyse[293].

---

le moi et le non-moi, est clairement exprimée par Freud, à qui Wallon a pu (?) l'emprunter ; Freud : 1923 a, 234, 238 ; Smirnoff V. N. : 1966, 177.

[292] Freud Sigmund : 1905 a, 45.

[293] Wallon Henri : 1925 n° 33-34, 274.

Ainsi, le dégoût est fréquemment provoqué par les déchets organiques quand ils viennent d'autrui. Mais ceux-ci peuvent exercer « un puissant attrait », quand ils proviennent de nous-mêmes : cheveux, rognures d'ongle, salive, déjections, fèces. « Il semble que l'on s'aime organiquement, autant que l'on déteste autrui... Les odeurs tirées de soi plaisent ». Et de la sorte, pour beaucoup : « c'est bien leur lit, leur gîte, c'est eux. Mais s'ils perçoivent un **relent d'étranger**, l'impression est au contraire de répulsion, même de colère, comme s'il y avait effraction et abus de ce qui nous paraît immédiatement et presque organiquement tenir à nous dans notre atmosphère ». Autre notation intéressante : les animaux répugnants, insectes parasites, serpents, ne sont pas toujours objectivement les plus dangereux, mais surtout ceux les plus capables de se glisser « dans le plus étroit rayon de notre corps ».

Cependant, la pression des modèles sociaux est susceptible aussi de moduler, voire de modifier cette **polarité fondamentale attrait-répulsion**, dans la mesure où « elle étend la répulsion pour autrui à soi-même, lorsqu'il s'agit d'actes identiques »[294].

Il arrive aussi que les mêmes objets, ou sensations, qui provoquent d'ordinaire le dégoût venant d'autrui, puissent exciter le désir venant d'une personne en particulier, s'ils sont « le prélude, le simulacre ou l'illusion de la possession. Conquérant, le moi organique ouvre alors ses limites à ce qu'il voudrait absorber en lui »[295].

Le sentiment du dégoût est l'une des formes particulières de conduites affectives qui contribuent à l'édification du sentiment de l'identité personnelle.

L'expérience du dégoût est une réaction d'appropriation du soi organique, elle met en jeu l'intégrité narcissique, dirait-on aujourd'hui, mais au plan du vécu corporel immédiat. C'est l'une des formes particulières de conduites affectives qui contribuent à la différenciation de l'individualité somatique, à la délimitation entre moi et non-moi. Sa fonction est d'ordre défensif, mais dans un sens assez différent de celui du dégoût comme digue psychique à l'égard de la pulsion.

D'autres conduites encore, telles les réactions de prestance, fournissent l'assise de cette conscience primitive du corps. L'analyse de leur rôle fonctionnel a donné lieu à des développements beaucoup plus fréquents dans les exposés de Wallon. Ces réactions se rapportent à « l'effet produit par la présence d'autrui et les attitudes qui y correspondent ». La source dont elles tirent leurs stimulations est, pour l'essentiel, **le regard d'autrui**. Alors que **l'odorat** joue un rôle non moins important dans le sentiment de dégoût.

D'autres formes de conduites, la cruauté, la pitié, et aussi les sentiments de jalousie et de sympathie concernent le **phénomène de cristallisation de la frontière entre le moi et l'autre**. Mais elles se situent à un niveau beaucoup moins organique et intéressent plutôt l'émergence et la répartition des rôles au sein de la matière psychique comme telle. Leur fonction consiste à préparer la conscience

---

[294] Ibid., 274.

[295] Ibid., 273.

de l'identité personnelle proprement dite sur la base de la conscience organique résultant du jeu des réactions précédentes. L'édifice mental se construit par une série étagée de strates insérées entre l'instance biologique et l'émergence sociale.

L'organisation primitive de la marge d'espace comprise entre l'organisme et l'environnement est l'un des concepts très originaux de la psychologie wallonienne. Il est en rapport avec la catégorie de phénomènes dits « **faits d'appartenance** » : intérêt pour les déjections, réaction négative à l'approche d'autrui, dont nous aurons l'occasion plus loin de montrer la parenté avec les constats freudiens.

Il annonce aussi la notion d'un **tiers espace**, d'un lieu intermédiaire, où Winnicott, nous le verrons aussi, a situé l'émergence de l'objet transitionnel.

Les développements précédents montrent l'intérêt mais parfois aussi la difficulté des rapprochements entre Freud et Wallon concernant des notions désignées par les mêmes termes : cruauté, pitié, dégoût. Parfois les mêmes observables donnent lieu aux mêmes interprétations (la forme primitive, le « premier » temps, de la cruauté). En d'autres cas, des observables de contenu apparenté donnent lieu à des interprétations commandées par des modèles différents (l'algophilie comme mécanisme d'étayage de la libido, ou comme procédé de différenciation du corps propre). C'est là, on l'a montré ailleurs (Jalley, 2007 b), **l'une des principales difficultés rencontrées par l'explication en psychologie**.

10.13. D'une soi-disant sexualité infantile

Passons aux faits sexuels proprement dits. Nous avons déjà parlé de la « période bucco-anale » dont Wallon tient Freud pour le découvreur (voir 9.3. note 34). « L'enfant y est captivé par les déjections qui viennent de franchir son anus. Bouche et anus sont le siège de sensibilités qui peuvent l'accaparer ». Freud, on aura à en parler, fait remarquer que les faits relatifs à la sexualité infantile sont à peine perceptibles dans la réalité et qu'il n'est parvenu à les reconstruire qu'à travers leur grossissement dans les névroses (voir 10.15. note 325). Or on s'apercevra, à lire ici Wallon, que lui-même en a perçu sans peine et rapporté de fort crus. Changement de population ? D'époque ? En tous cas, on ne peut refuser à Wallon, compte tenu des préjugés du temps (1930), de remarquables qualités d'observateur[296] : « Le goût qu'il peut éprouver pour ce genre de sensations, poursuit-il se changera facilement en curiosité pour les organes, les siens et ceux d'autrui. Mais il n'y a aucune raison de donner une signification érotique à l'intérêt puissant que suscitent en lui ses sensibilités organiques : c'est l'âge où il est encore inapte à trouver dans le monde des réalités objectives les intérêts ou les satisfactions propres à les réduire (refouler ?) ou à les camoufler »[297]. Suit un passage qui mérite d'être lu attentivement, car il constitue un véritable tour de prestidigitation. Certes, l'enfant éprouve des « jouissances » (deux fois), mais qui, sans être de nature génitale (Freud serait d'accord), aboutiront ultérieurement au plaisir génital (Freud est toujours d'accord), mais seront alors

[296] Zazzo René : 1975, 106, 140.

[297] Wallon Henri : 1934 n° 79, 36. La parenthèse est de nous.

abusivement interprétées (il ne dit pas « fantasmés ») comme ayant été de l'ordre de la sexualité (« l'érotisme »). Freud ici n'est plus d'accord - à un niveau où l'on se retrouve assez prêt des idées d'une polémique bien antérieure.

De fait, aux « fantasmes » près, **le raisonnement de Wallon, par un hasard curieux, est très proche de celui de Jung**, contre lequel Freud polémique dans *L'Homme aux loups*. En effet, Jung, acharné à dénier le rôle de la sexualité infantile dans l'étiologie des névroses, considérait les « scènes infantiles »[298] comme des « produits de l'imagination », reportés dans le passé à partir du présent, sous l'effet de conflits actuels, provoquant « une tendance régressive, la tendance à se détourner des problèmes du présent »[299]. On notera rapidement que c'est là une formulation dont se rapprochent à l'occasion plus ou moins nombre de propos tenus dans la « littérature » actuelle sur les nouvelles psychothérapies, soit près d'un siècle plus tard, ce qui est dire à quel point **notre époque** censée bouger tellement est le plus souvent **collée dans de très vieilles idéologies**. Or, confronté à cette dénaturation de la psychanalyse, Freud discute des rapports entre la « réalité psychique » et l'événement, d'une manière fort prudente, voire hésitante, ce qui confère à l'ensemble du texte (et de ses ajouts) un aspect tendu, marqué de concessions et de reprises. Mais il n'est pas inutile à notre propos d'en rapporter les traits essentiels.

On sait peut-être qu'à propos de l'analyse de *L'Homme aux loups*, Freud s'est interrogé sur la réalité, historique ou seulement fantasmatique, de la scène primitive. De fait, le matériel clinique, en particulier le fameux rêve des loups blancs perchés dans l'arbre et regardant fixement l'enfant, incitait Freud à penser que celui-ci pouvait, vers l'âge de dix-huit mois, avoir perçu de son berceau les rapports sexuels de ses parents, dans une position particulière, *more ferarum* (à la façon des animaux). Mais il n'est pas possible de rapporter ici tout le détail, fort solide, de l'enquête de Freud concernant la reconstitution de l'histoire de son patient.

Assurément, pense Freud, de telles scènes infantiles sont des fantasmes, et il n'est pas nécessaire de supposer qu'elles se soient produites au détail près. Cela, Freud le sait depuis qu'il a abandonné la théorie de la séduction, du moins dans sa généralité. Car le rôle éventuel d'une séduction précoce est encore invoqué mainte fois dans les *Trois essais*, et même encore bien plus tard, dans l'*Abrégé de psychanalyse* (1938)[300]. Mais dans le contexte de la polémique avec Jung, Freud se voit obligé de distinguer le fantasme de la simple imagination. En ce sens, fantasme ne serait pas absolument synonyme de fantaisie, de fiction gratuite : « L'enfant, en ceci semblable à l'adulte, ne peut produire de fantasmes qu'avec du matériel qu'il a puisé à une source ou à une autre »[301]. Certes, il se peut qu'il se soit agi d'une scène innocente, disons, de l'ordre du presque rien. Mais tous les détails n'en sont pas arbitraires, par exemple le vêtement des parents (blanc), le moment de la

---

[298] *Infantilszenen*, GW 11, 381 ; 1916-1917, 345.
[299] Freud Sigmund : 1918, 359.
[300] Id., 1905 a, 58-88, 130, 150, 184.
[301] Id., 1918, 1954, 365.

journée (la sieste), et ils « peuvent avoir été reproduits avec fidélité ». On peut même supposer que des événements bien plus tardifs, par exemple l'observation à la campagne du coït des animaux, aient permis à l'enfant de comprendre, par un acte d' « intelligence après coup »[302] la signification, en fait sexuelle, d'une scène qui, sans l'être littéralement, n'était pourtant pas si innocente pour l'enfant.

Tel est à peu près le cheminement, difficile à suivre, de la pensée de Freud sur ce sujet. À la fin de ce passage dont nous avons cité des extraits et qui d'ailleurs est un ajout témoignant de son hésitation, Freud déclare qu'il n'y voit pas encore bien clair en ce qui concerne « la valeur objective de la scène primitive... *non liquet* »[303].

Malgré la démarche inquiète où elle se formule, la position de Freud est marquée par l'exigence de perdre contact le moins possible avec la réalité, l'événement, l'histoire. C'est en cela qu'elle se distingue radicalement de celle de Jung. Pour lui, rien ne s'est passé, tout est fantaisie plaquée sur les origines. Pour Freud, quelque chose a pu, a dû se produire dont le fantasme constitue l'image déformée, disons le reflet actif. Les scénarios archaïques ne sont **ni tout à fait inventés, ni probablement véridiques**. Ce sont des fantasmes, mais d'autant plus réels, d'autant plus actifs qu'ils agissent dans l'inconscient selon le processus primaire, d'une intensité inextinguible, parce que située en deçà de la distinction logique du vrai et du faux. Telle est la « réalité psychique ».

Du reste, au plan de l'étiologie des névroses, il n'y a, pense encore Freud, aucune « différence quant aux effets, selon que les événements de la vie infantile sont un produit du fantasme ou de la réalité... Si ces événements correspondent à la réalité tant mieux ; si la réalité les récuse, il sont formés d'après tels ou tels indices et complétés par l'imagination. Le résultat est le même »[304]. Il arrive aussi, troisième éventualité, que les récits des patients correspondent à des événements tout à fait fictifs. Mais cela ne change rien non plus. Car « la névrose repose sur le fait qu'elle donne à la réalité psychique le pas sur la réalité de fait, qu'elle réagit à l'action des idées avec le même sérieux avec lequel les êtres normaux réagissent devant les réalités »[305]. Or c'est ce concept essentiel de réalité psychique que manque Jung avec ses « produits de l'imagination ». Et cela change tout, du moins au plan thérapeutique, sinon du point de vue de l'étiologie. Car cela ne revient pas au même d'expliquer au patient que « ses représentations sont des lubies destinées à le détourner des problèmes réels »[306], au contraire de leur accorder le poids du réel, le sérieux de la réalité. On notera rapidement aussi que l'on touche ici à l'essentiel des **positions courantes des théories cognitives modernes** concernant l'origine et l'amendement des « troubles » du psychisme : il s'agit de représentations cognitives défectueuses qu'il convient de redresser, corriger, voire éliminer.

---

[302] Ibid., 367.

[303] Ibid., 369 ; *non liquet* : « ce n'est pas évident » (latin).

[304] Id., 1916-1917, 349. Argument K 3 : Freud soutient ici la double véracité de la thèse et de l'antithèse.

[305] Id., 1912 a, 183.

[306] Id., 1909 b, 212.

La polémique contre Jung concernant le statut du fantasme institue en fait un plaidoyer de Freud en faveur de la réalité, une réalité : celle de la sexualité infantile et du complexeŒdipe. J.-C. Sempé le dit très clairement : contre Jung, il importait de soutenir que « le complexe d'Œdipe était plus qu'un symbole, plus qu'une réalité psychique, mais une réalité historique », il convient d'ajouter aussi que Freud est un esprit positif, et que sa formation de neurologue aussi bien que sa passion pour l'archéologie l'incitent à relever, à côté de la réalité psychique, toutes les traces du réel, biologique et historique. D'où « la démarche de Freud, toujours implicite, de visualiser et rendre saisissable la trace mnésique, la scène primitive de l'homme aux loups, le fonctionnement psychique de la cellule nerveuse »[307]. Mais ceci nous reconduit à Wallon, dont nous ne nous étions pas éloignés beaucoup.

Freud tient pour un fait réel la sexualité infantile. C'est pourquoi, il défend, à propos du fantasme de l'homme aux loups, **à la fois la réalité psychique et la réalité de l'événement**. En ce qui concerne Jung et aussi bien Wallon, tous deux se tiennent à distance de la sexualité infantile, mais pas de la même manière. L'attitude de Jung consiste dans la dénégation. Par conséquent, il rejette tant la réalité psychique que la réalité historique, et il en tient pour les symboles, la fantaisie. **Wallon, à la différence de Jung, perçoit les faits marquants de la sexualité infantile, mais il hésite à en admettre le modèle freudien**. Alors que Jung bascule dans le symbolisme, lui demeure attaché à la réalité des faits, mais par rapport à Freud, il s'agit de la réalité biologique plutôt que de la réalité psychique, de la réalité du comportement plutôt que de celle de l'événement.

Aussi bien, après ce raisonnement sur la « jouissance », très parent de celui de Jung, la démarche de Wallon s'oriente-t-elle vers une description du comportement néo-natal, dans le cadre conjoint d'un modèle organique et d'une théorie des émotions. La conception de l'affectivité, particulière à la théorie wallonienne de l'émotion, est très perceptible ici : l'émotion est à la fois strictement canalisée par l'appareil nerveux et immédiatement en prise sur l'entourage. Tout au contraire du couple pulsion-fantasme (affect-représentation, force-imago), dont l'errance dans l'inconscient est de l'ordre du « destin »[308] plutôt que de la fonction. En vérité, il n'y a pas que des différences entre **la pulsion et l'émotion**, comme nous avons eu ailleurs l'occasion de le montrer (1998, 2006 b).

D'autre part, les termes qui connotent la signification d'émotion (*Regung*, *Triebregung*) ne sont pas si rares non plus chez Freud. Nous y reviendrons plus loin.

Mais il convient à présent de considérer les faits mentionnés par Wallon concernant l'appareil uro-génital. Ils sont étudiés à la suite, mais indépendamment, de ceux concernant le tube digestif. Dans une perspective bien différente, la psychanalyse réfère les stades du développement libidinal à des zones érogènes, dont le rôle n'est pas exclusivement défini par l'unité fonctionnelle des appareils physiologiques correspondants. Sinon, on ne saurait, par rapport à l'appareil di-

---

[307] Sempé Jean-Claude et col. : 1969, 73, 194.

[308] Freud Sigmund : 1915 a, 25.

gestif, isoler une phase orale et une phase anale. Par ailleurs, le contrôle des sphincters, l'activité marquante du stade sadique-anal, intéresse également l'appareil urinaire. Là encore la programmation des zones érogènes ne correspond pas strictement à la localisation des appareils physiologiques comme ensembles fonctionnels. Or il est caractéristique que Wallon considère les faits décrits ici comme un seul ensemble, par rapport à l'unité fonctionnelle de l'appareil organique. Alors que la psychanalyse les articule selon la succession des stades sadique-anal et phallique.

C'est autour d'un an que Wallon repère une « sensibilité urinaire » se développant en rapport avec le contrôle de la miction. La dépendance olfactive de cette sensibilité et l'impatience musculaire qu'elle suscite sont surtout perceptibles chez le chien.

Mais chez l'enfant aussi « la miction combinée au flairage est une de ses plus fréquentes manifestations d'intérêt ». Puis Wallon aborde le plan des conduites correspondant au stade phallique. « Le besoin de miction complique aussi chez l'enfant et même chez l'adulte les états d'attente, d'incertitude, d'anxiété et parfois de désir. Mais ici encore les interprétations de Freud sont prématurées et forcées. La sensibilité de l'urètre… n'a d'abord rien d'érotique, bien que, à la suite d'excitation manuelle, elle puisse dégénérer de façon précoce en spasme vénérien, et le spasme évoquer, avec le temps, des impressions et des images, qui sont d'ailleurs souvent plus masochistes, au début, que sexuelles »[309]. Nous avons tenu à citer ce texte tout entier, parce que, de toute évidence, **la sexualité infantile y est perçue et déniée, reconnue et méconnue**, de manière particulièrement subtile. Rien d'érotique au début, mais que signifie ici « érotique », comme d'ailleurs dans le texte précédent, où il est question de jouissances « grosses… de… l'érotisme », sans qu'il y ait « aucune raison de leur donner une signification érotique » ? En tout cas, spasme vénérien précoce, mais de tonalité plus masochiste que sexuelle, du moins au début. Mais alors que signifie la mise en rapport, dans le texte précédent sur le masochisme, entre le « dilettantisme de la douleur » et « l'excitation sexuelle » ? On a peine à comprendre.

Ces faits relatifs à la sphère uro-génitale doivent tout de même paraître fort importants à ce remarquable clinicien qu'est Wallon, car il en parle encore dans un autre passage des *Origines du caractère*, où l'on peut encore observer la même séquence d'admission suivie de rejet : « Qu'au reste, chez l'enfant, il puisse **très tôt** s'y ajouter, par initiation réciproque ou par découverte personnelle, un certain **appoint de curiosité et de jouissances sexuelles** et qu'alors l'association reste persistante, c'est un fait **incontestable**. Mais ces plaisirs écartés, l'impatience urinaire… est l'accompagnement habituel de son désir, de son attente ou de son angoisse ». Et Wallon de poursuivre que l'intérêt de l'enfant pour ses excrétions traduit des « sentiments élémentaires et confus de puissance fonctionnelle, de création, « d'appartenance » (Lévy-Bruhl) dont l'enfance… fournit tant d'exemples à

---

[309] Wallon Henri : 1934 n° 79, 38. Argument K 2 : les faits sont reconnus par Wallon, mais pas le modèle possible qui est projeté sur la réalité de ceux-ci. On y revient dans la suite du paragraphe.

l'occasion des actes organiques, des fonctions naturelles, des déjections et déchets corporels ». Mais on sait que Freud établit lui aussi un rapport entre les activités d'expulsion et le désir de maîtriser l'objet. Wallon conclut alors, d'attentives observations, que « ces effets divers, liés à la sensibilité urinaire, sont relativement complexes, tardifs et s'étendent sur plusieurs années de la première enfance ».

Un autre témoignage d'une reconnaissance implicite de la sexualité infantile consiste dans l'étonnant texte sur les jeux. Les uns permis, mais d'autres défendus, poursuivis en cachette et où se mêle de l'agressivité à l'égard des adultes. À ce propos, « des faits très judicieusement notés par Mlle Suzanne Isaacs (*élève de Mélanie Klein*) montrent... la liaison fréquente qui s'observe dans le comportement de l'enfant entre le scatologique et l'insubordination... Car la discipline de ses mictions et de ses défécations est le premier effort qu'il a dû tourner contre lui-même sous la contrainte d'autrui ». Mieux encore : « Des enfants qui jouent au « papa et à la maman » ou au « mari et à la femme » cherchent évidemment à reproduire les faits et gestes de leurs parents... Il n'y a pas si longtemps que l'objet préféré de leurs explorations était leur propre corps, puis celui d'autrui... Ainsi savent-ils se donner **un avant-goût de la sensualité**. Il n'est même pas exceptionnel que ces curiosités auto et hétérosomatiques donnent lieu à des **pratiques sadicomasochiques** que leurs participants tiennent soigneusement occultes, ayant le sentiment qu'elles seraient censurées »[310]. Nous présumons, sait-on jamais, que beaucoup de psychanalystes souscriraient entièrement à ce que formule ici Wallon, voici bientôt 75 ans.

On sait, et on y reviendra, que Freud construit le modèle de 1905 malgré la difficulté, signalée par lui, d'observer directement la perversité polymorphe, mais surtout les organisations prégénitales. Toutefois en ce qui concerne la masturbation infantile, sa « courte période d'épanouissement » appartient à cette phase où « la vie sexuelle de l'enfant, vers la troisième ou la quatrième année, se manifeste sous une forme qui la rend accessible à l'observation ». Mais, Freud signale dans un ajout de 1915 que seul l'onanisme de la puberté a jusqu'ici attiré l'attention des observateurs[311]. Dans *Les origines du caractère chez l'enfant*, Wallon signale en quatre passages l'onanisme enfantin[312]. En fait, on s'aperçoit, à parcourir les observations de *L'enfant turbulent*, recueillies encore vingt ans plus tôt, que les mentions concernant l'onanisme, même chez le très jeune enfant, y sont légion. Voici quelques références : obs. 3 ; obs. 5 ; obs. 8 : 4 ans ; obs. 10 ; obs. 15 : « avec une fureur croissante depuis l'âge de 3 ans » ; obs. 20 ; obs. 34 : 6 ans, de plus « recherche les petites filles » ; obs. 38 ; obs. 40 ; obs. 42 : « il se cherche des compagnons de plaisir » ; obs. 45 ; obs. 47 ; obs. 55 : 3 ans ; obs. 58 : 4 ans ; obs. 60 ; obs. 66 : 6 ans ; obs. 68 : 5 ans ; obs. 70 ; obs. 71... etc.

De toute évidence, Wallon a très bien repéré, en un temps où peu s'y intéressent, les faits d'onanisme précoce. Mais s'il admet le constat d'une activité

---

310 Id., 1941 n° 111, 71-72.

311 Freud Sigmund : 1905 a, 83, 69.

312 Wallon Henri : 1934 n° 79, 38, 120, 125, 190.

sexuelle de l'enfant, même normal, il n'en accepte pas pour autant le concept d'une sexualité infantile, le modèle d'un développement organisé de la libido. Les faits sexuels relatifs au jeune enfant sont de l'ordre de l'accident, non de la norme, du possible, non du nécessaire. On retrouve ici encore cette tendance déjà mentionnée, à éviter l'explication globale dans le cadre d'une même classe de faits, à invoquer le pluralisme des motifs. Comme si Wallon utilisait la notion freudienne de surdétermination au profit même du dépassement, de **l'intégration dans sa propre perspective de la psychanalyse**, procédé auquel l'incline naturellement sa formation intellectuelle en matière de philosophie française aussi bien que germanique classiques, en tant que double matrice historique d'un mode de pensée dialectique, où se trouve conservé et préservé ce que l'on met en question.

10.14. Psychothérapie

La référence à un modèle d'explication pluraliste implique la prise en compte de la composante biologique des conduites, donc la défiance à l'égard de l'hypothèse d'une causalité psychique exclusive. Ceci nous amène au problème de la psychothérapie.

Dans l'article de 1920, Wallon décrit de façon bien documentée le principe de la cure analytique : la « production libre et spontanée... des états de conscience » ; insiste sur l'attitude de neutralité de l'analyste : « C'est toujours en laissant s'appeler sans violence les représentations et les idées qu'il finira par en découvrir le foyer dérobé mais actif ; car pour y faire écran, la conscience n'en est pas moins emplie de ses reflets »[313].

Dans un passage très remanié en 1942, il supprime une allusion aux « chercheurs d'allégories », mais reprend et amplifie un propos concernant le caractère non probatoire de la guérison. D'abord Freud avoue lui-même le caractère incurable des psychoses. En ce qui concerne les névroses, « d'autres méthodes que la psychanalyse... (*la suggestion dans le cas de l'hystérie ?*)... se sont aussi targuées de guérisons... Une méthode thérapeutique, surtout quand elle est psychothérapique, est elle-même surdéterminée (*sic!*)... **Le critère de véracité dans les faits complexes de la vie mentale ne peut être que multiple**. Il doit se fonder sur de nombreuses comparaisons... la preuve thérapeutique (est) une héritière encore trop directe du miracle pour qu'elle soit scientifiquement valable »[314].

Cet argument est repris en 1930, dans un texte par ailleurs très sévère sur la psychothérapie, le terme englobant aussi bien, semble-t-il, la cure de type freudien que les méthodes dissidentes. Par rapport à certaines branches de la psychologie appliquée (ergonomie, psychologie industrielle, psychologie judiciaire), qui ont apporté « certaines données fixes sur l'activité psychique », la psychothérapie analytique « est d'un type exactement inverse. Sans doute, elle s'est recommandée, à

---

[313] Id., in WFP, 1920 n° 22, 387-388.

[314] Ibid., 389. Wallon utilise encore l'argument de type K 2 : confusion du possible avec le réel. La réussite incontestable de la cure, supposée qu'elle soit reconnue, n'atteste pas de la véridicité du modèle théorique projeté sur elle.

différentes époques, de différentes doctrines (l'hypnose de Charcot, la suggestion de Bernheim)...

« Mais après n'avoir inspiré de recherches que le plus souvent artificielles, la doctrine finissait régulièrement par succomber sous le poids de ses floraisons extravagantes. Ainsi de l'hystérie naguère. Ainsi bientôt de même, sans doute, de la psychanalyse... la psychologie de la guérison reste sans doute à faire »[315]. Le rapprochement entre le procédé de la cure analytique et ceux propres au césarisme théâtral de Charcot, naguère condamné par Babinski, l'un des maîtres de Wallon, est significatif.

Au plan clinique, Wallon ne semble pas plus à l'aise avec la notion de psychonévrose qu'il ne l'est au plan métapsychologique avec le concept d'une « causalité psychogène ». Dans la préface pour Hesnard, Wallon se montre partisan d'une conception résolument psycho-biologique des troubles nerveux mais de façon très nuancée. Du fait de substituer, comme Hesnard, le comportement à la libido, « s'opère la synthèse de ce qui longtemps avait été opposé : les troubles dits organiques... et les troubles considérés trop souvent comme imaginaires... Entre les conditions biologiques de la vie et les situations morales qui peuvent s'imposer à l'individu, il y a certes place pour des manifestations plus proches d'un pôle que de l'autre, mais il y a toujours solidarité et non rupture. Le point de vue anatomo-clinique était mécaniste, celui du comportement peut devenir dialectique, s'il porte sur l'action réciproque des structures léguées à l'individu par l'espèce et de celles qu'induisent en lui les contacts avec le milieu »[316]. Cette conception demeure intéressante, sinon peut-être en ce qui concerne les névroses, du moins par rapport aux **débats actuels sur les psychoses infantiles, et bien évidemment sur l'autisme**, en particulier mais pas seulement : certains spécialistes insistent exclusivement sur le mécanisme relationnel, tandis que d'autres leur reprochent de ne pas assez tenir compte du facteur neurologique, toujours à supposer selon eux même lorsqu'il est discret, et même invérifié. De façon plus générale, les propos cités montrent que Wallon incline en faveur d'une **conception de la psychothérapie centrée sur le cadre actuel** des difficultés d'ajustement du patient, ce que beaucoup de psychanalystes savent d'ailleurs aujourd'hui pratiquer en fonction des cas et de leur demande.

On sent bien aussi dans un texte de 1942 sur les « obsessions » que les psychonévroses ne constituent pas le domaine de la pathologie mentale où Wallon excelle. Selon lui, les obsessions se caractériseraient notamment par diverses perturbations dans l'expérience de l'espace, y compris l'intuition spatiale, l'espace mental. La phobie paraît ici être assimilée à l'obsession, qui pourtant n'est pas du tout la même chose. De façon singulière, un tel passage juxtapose à la fois le meilleur : l'intuition spatiale, et le moins bon : une sorte de vide théorique par rapport

---

315 Ibid., 1930 n° 53, 424.

316 Ibid., 1949 n° 145, 507. On a montré ailleurs (1998) que cette doctrine wallonienne de l'intuition spatiale présentait de curieuses analogies avec le Symbolique lacanien, et aussi l'Espace potentiel de Winnicott.

à la notion de névrose. Qu'on nous permette de trouver Freud plutôt meilleur dans l'explication de l'agoraphobie du *Petit Hans* ou encore des obsessions de *L'Homme aux rats*, deux cas du reste très différents !

De toute manière, le problème des troubles névrotiques chez l'enfant se pose en de tout autres termes que chez l'adulte. Et il est pensable qu'ils donnent davantage prise à des thérapeutiques centrées sur le milieu, sur l'actuel. Cela, Wallon l'exprime fort nettement dans les dernières lignes du texte de 1954, et même en termes quelque peu pavloviens : « Les associations d'où dépendent les conduites sont le résultat des situations devant lesquelles l'enfant s'est trouvé et par conséquent elles dépendent du milieu où il vit, des milieux qu'il fréquente. C'est **en aménageant ces milieux** et quelquefois en utilisant des milieux factices, de vrais milieux de laboratoire, qu'il devient possible de rompre s'il est besoin les associations fâcheuses de la vie courante. Mais ceci devient un problème de psychothérapie »[317].

Notons au passage que Wallon semble avoir été un excellent psychopédiatre et **clinicien d'enfant**, ce que m'ont confirmé des témoignages personnels de sujets soignés par lui et qui en avaient gardé un souvenir inaltérable.

Reste qu'il convient pour Wallon de surmonter la « fatalité psychopathologique » de ces doctrines qui ont basculé dans le dogme de l'involution. Au contraire, « l'évolution ouvre **à la psychopathologie des perspectives pleines d'espoir**. Elle pose dans l'actuel le problème des rapports entre l'individu et le milieu, celui de la psychothérapie par un milieu approprié, et même celui d'une société apte à rendre de moins en moins fréquents les cas d'aliénation mentale »[318].

Dans la perspective théorique et pratique de la formation de l'enfant, où Wallon se place, il faut mentionner l'une des contributions essentielles dont il estime la psychologie redevable à Freud. « **La psychanalyse est en grande partie tournée vers l'étude du caractère**. Elle fait jouer à la période infantile un rôle fondamental dans sa formation »[319]. Une telle étude ne peut être que marquée par la reconnaissance de « la polyvalence (de l') objet... D'un seul mot c'est la « surdétermination de Freud » »[320]. Effectivement, les *Nouvelles conférences sur la psychanalyse*, l'une des lectures de Wallon (notes 173 et 183), comportent plusieurs passages sur la notion de caractère, dont l'un dans un contexte où Freud parle d'émotion (*Erregung*).

10.15. Deux versions de la méthode pathologique

Freud et Wallon ont aussi en commun d'avoir élaboré, chacun dans son propre champ, une méthode de comparaison entre le normal et le pathologique, dont les termes de référence sont respectivement l'adulte et l'enfant. Cependant le trajet méthodologique et les types de rapports établis entre ces quatre termes sont

---

317 Ibid., 1954 n° 208, 516.
318 Ibid., 1951 n° 170, 512.
319 Ibid., 1935 n° 82, 442 ; Freud Sigmund : 1933 a, 124-125, GW 15, 97.
320 Wallon Henri in WFP, 1939 n° 108, 471-472.

sensiblement différents chez l'un et chez l'autre. En tout cas, la référence commune à un tel dénominateur méthodologique en partie commun est en un sens ce qui a rendu possible le dialogue *in absentia* de Wallon avec Freud, mais ce qui l'a contrarié aussi. Le fait de nous attarder un peu sur ces questions de méthodologie fondamentale nous permettrait de mieux entrevoir les motifs de cet **échange paradoxal**, aussi défendu qu'entendu, aussi défiant que confiant, qui s'est institué pendant une durée de quarante années entre Wallon et Freud.

Disons d'abord que l'une des dérives importantes mais inaperçues de la psychanalyse française moderne à l'égard de l'authenticité de la pensée freudienne consiste probablement dans l'insistance exclusive sur une « méthode clinique » définie à partir de Lagache - et bien au-delà, par la prise en considération du « cas singulier » (et autres attributs), sans plus qu'il soit jamais question de la méthode pathologique, qui est tout à fait autre chose, et dont le paradigme de base consiste dans la corrélation opposition du couple des termes normal-pathologique.

Signalons donc qu'il existe un nombre considérable de textes de Freud[321] - mais à peu près plus personne n'en voit ni l'intérêt ni même l'existence - où se trouvent mis en relation les groupes de termes : homme normal, sain (*normalen, gesunden Menschen*) d'une part, et malade, névrosé, pathologique (*kranken, neurotischen, pathologischen*) d'autre part.

Par ailleurs, Freud et Wallon ont en commun d'avoir d'emblée et comme en vertu d'une nécessité interne, articulé la psychopathologie de l'adulte (ce *Mensch* dont on vient de parler) à une description du développement infantile. Cependant, l'orientation du parcours entre les deux domaines, ainsi que le contenu des termes qu'il relie ne sont pas les mêmes, ce qui explique que les deux auteurs ne peuvent **pas tout à fait se renconter ni s'entendre, en dépit** d'une incontestable zone commune de dialogue.

Tout d'abord, Freud induit, par « analyse régressive »[322] à partir des troubles sexuels caractéristiques des psychonévroses de l'adulte, un modèle des phases de la sexualité infantile.

Il est vrai par ailleurs, d'après la remarque de R. Zazzo, que c'est la neurophathologie de l'adulte qui a fourni à Wallon « sa perspective de psychologie génétique »[323]. De ce point de vue, pour tous deux, c'est l'étude de l'adulte qui livre l'accès à la compréhension de l'enfant.

Il reste que Wallon et Freud n'occupent pas le même **lieu d'observation**. Wallon s'installe dans l'étude concrète de l'enfant pour convoquer à partir de cette perspective les informations que peut lui fournir la pathologie de l'adulte. Freud, lui, effectue le trajet en sens inverse, de l'adulte vers l'enfant.

Il faut ajouter que les observations sur l'adulte n'ont pas dans les deux cas la même origine étiologique. Freud les recueille dans le domaine des psychonévro-

[321] Par exemple entre bien d'autres : GX 8, 391-392, 394-395 ; GW 11, 306-307, 350, 373, 475, etc., pour ne pas allonger la liste.
[322] Freud Sigmund : 1916-1917, 305.
[323] Zazzo René : 1975, 155.

ses, dont il a établi « l'étiologie sexuelle »[324]. Alors que Wallon exerce, entre 1914 et 1920 environ, dans le champ de la neuropathologie, en particulier sur des types de syndromes d'origine purement traumatique (blessures et traumatismes de guerre).

Enfin les **observables** concernant le terme enfant sont de nature différente dans l'un et l'autre cas.

Il convient d'insister sur le fait que la notion de sexualité infantile ne constitue pas pour Freud, en 1905, la description d'un objet réel, mais plutôt un modèle induit à partir d'un autre champ d'observables. Ce modèle a une signification génétique, que désigne la filiation de la névrose de l'adulte par rapport à la névrose infantile, qui en fournit le noyau. Il a aussi une signification technique, par rapport au mouvement rétroactif de la cure analytique vers les origines du symptôme.

Freud insiste beaucoup sur la difficulté d'observer en elles-mêmes les manifestations de la sexualité infantile, ceci en raison du phénomène de l'amnésie infantile, qui a pour effet de dissoudre aussi bien l'objet observable que, chez l'observateur éventuel, la capacité même de l'observer. D'après Freud, l'amnésie infantile représente elle-même l'une des péripéties essentielles de la sexualité infantile[325]. Ainsi c'est l'objet lui-même de la recherche qui s'efface, se gomme de manière active.

La sexualité infantile est d'abord présentée par Freud comme une hypothèse, un « construct » comme disent aujourd'hui les épistémologistes anglo-saxons. La fécondité même de ce modèle tient à son statut d'hypothèse, au fait qu'il amorce la recherche au lieu de la conclure. En ce qui concerne les pièces qui composent le dispositif de la sexualité infantile, entre autres les concepts de pulsion et de libido, Freud les a toute sa vie présentées comme appartenant à sa propre « mythologie », comme « des facteurs encore indéfinissables »[326].

Le caractère d'hypothèse du modèle en question comporte un statut épistémologique assez particulier, du fait de concerner une réalité elle-même hypothétique, un réel dont l'existence n'est immédiatement vérifiable par aucune expérience, à l'encontre d'autres phénomènes visés par la science, dont la plupart sont d'une manière ou d'une autre accessibles à la sensation, même si leur structure n'est pas d'emblée connue. **L'objet hypothétique du psychanalyste** se présente de prime abord de manière aussi impalpable, selon des indices aussi ténus que l'objet de l'archéologue, et *a fortiori*, du préhistorien. Avant la découverte, comment y croire ? Mais après la découverte, faut-il y croire ? Freud s'est lui-même comparé à Schliemann, l'inventeur de Troie. Il faut entendre ce propos non seulement comme métaphorique, mais encore comme tout à fait congruent au type de réalité propre à l'objet découvert par la psychanalyse. Freud accorde que certaines manifestations de la sexualité infantile sont observables, pour l'œil exercé, à partir d'un certain âge de l'enfance, par exemple, écrit-il « la masturbation des petites

---

[324] Freud Sigmund : 1905 a, 50-51.

[325] Id., 1905 a, 12, 68 ; 1916-1917, 184.

[326] Id., 1916-1917, 305 ; 1933 a, 129.

filles ». Il reste que l'ensemble du développement, soit l'organisation de ses diverses « phases », ne peut guère être « décelé par autre chose que par des indices »[327].

On sait que la première analyse d'enfant, celle du petit Hans, a été entreprise en 1907, avec pour principal objet de vérifier par la preuve directe les reconstitutions tentées en 1905 dans les *Trois essais*. À partir de cette première assurance, et en fonction aussi des deux autres grandes analyses qu'il a conduites[328], Freud a enrichi progressivement le modèle de 1905 en chargeant les rééditions successives des *Trois essais* d'un vaste appareil d'adjonctions et de notes (1905, 1910, 1915, 1920, 1922, 1924).

Ce type de composition n'a pas d'autre équivalent, du moins poussé à ce degré, dans tout le reste de l'œuvre de Freud. Il a pour fonction de compléter le canevas initial, le schéma non saturé de 1905, par l'ensemble des attributs nouveaux acquis au fil des progrès de l'expérience analytique. Ce procédé d'écriture **par dépôts successifs** n'est pas contingent. Il a rapport avec une certaine échelle des difficultés rencontrées par le travail analytique, du fait des degrés de la résistance. On pourrait aussi se risquer à imaginer qu'il reflète de manière certes analogique, mais non moins suggestive, la **construction par strates**, la structure de type sédimentaire de l'objet inconscient.

Dans sa première version, le modèle de la sexualité infantile comprend un appareil relativement restreint de concepts : pulsion partielle, fixation, régression, sublimation. Parmi les innovations ultérieures venues recouvrir ce premier sédiment, citons les principales : l'identification (1915), les organisations prégénitales (1915), la prévalence du phallus, et son corollaire, le complexe de castration (1915, 1920), les théories sexuelles des enfants (1910, 1915, 1920, 1924), enfin le narcissisme (1910, 1915), venu complexifier l'auto-érotisme trop simple du dispositif du 1905.

Le modèle de 1905 est un schéma induit à partir de l'observation, non de l'objet visé, mais d'un objet qui en est historiquement dérivé, d'un objet qui en est à la fois la répétition et la transformation : la névrose de l'adulte. Le terme alors atteint par la méthode d'analyse régressive est un certain concept de l'enfance plus que l'enfant réel, sans pour autant qu'un tel concept soit pure fantaisie. Car **il arrive que le concept soit plus vrai que le réel**.

À la différence de Freud, Wallon observe, dans le champ de la neuropathologie infantile, l'enfance anormale mais réelle. Cependant, ce n'est pas le seul objet visé par son étude. De la confrontation de ces données avec celles recueillies dans le domaine de la neuropathologie de l'adulte résulte l'induction d'un autre objet : la série des « stades du développement psychomoteur »[329], autrement dit la suite des étapes du développement normal, **l'histoire de la psychogenèse** en général.

---

[327] Id., 1905 a, 69, 95, 129, 153, 186.

[328] L'analyse de Hans a été commencée en 1907, publiée en 1909 a, celle de l'Homme aux rats, commencée en 1907, publiée en 1909 b, celle de l'Homme aux loups, commencée en 1910, rédigée en 1914-1915, publiée en 1918.

[329] Wallon Henri : 1925 n° 33-34, 3 ; tel est le titre de la première partie de *L'enfant turbulent*.

Le concept d' « enfant normal » qui se dégage de *L'enfant turbulent* est un objet qui comporte un statut épistémologique assez comparable à celui du *polymorph pervers* décrit par Freud. Le « normal » visé par Wallon à travers la lecture de l' « anormal » est de ce fait aussi un schéma hypothétique, postulé au terme d'une démarche inductive, un « construct » appelant vérification au niveau de l'objet réel. L'observation directe de l'enfant normal interviendra dans *Les origines du caractère chez l'enfant*, paru neuf ans plus tard en 1934. À cet égard, cet ouvrage jouerait un rôle épistémologique équivalent dans l'œuvre de Wallon à celui de l'analyse du petit Hans dans la première phase de l'œuvre de Freud : **vérifier la reconstitution tentée par la seule méthode pathologique**, réaliser le modèle fictif obtenu par induction à partir de la lecture d'un autre ensemble d'observables.

Schéma hypothétique, modèle d'abord fictif dans les deux cas, mais où pourtant le statut de l'hypothèse, le type d'inconnue ne sont pas les mêmes. C'est par sa nature même que l'objet freudien échappe à l'observation directe et requiert la reconstitution par la seule méthode pathologique, par priorité sur toute autre voie d'investigation. Nous avons vu ci-dessus que le caractère d'hypothèse du modèle de 1905 est bien particulier, car il porte autant sur la réalité de l'objet que sur la description théorique. De nos jours même, alors que personne ne doute de l'existence de l'électron, beaucoup doutent encore de la réalité de l'inconscient, et plus encore de celle de la sexualité infantile. Au contraire, le « normal » que la méthode de comparaison pathologique a permis à Wallon de définir, se laisse également aborder sous forme de conduites par elles-mêmes observables, en termes de comportements accessibles à l'examen direct, à la **clinique du regard** peut-on dire. De ce point de vue, la méthode de comparaison pathologique laisse place ici à d'autres types comparatifs, à d'autres voies d'accès à l'objet.

De plus, insistons-y, le rapport entre le modèle induit et l'ensemble des observables n'est pas du même type dans l'un et l'autre cas. L'observable dont part Freud est lié à l'objet visé par un rapport de dérivation génétique (perversité polymorphe-névrose). L'objet observé représente par rapport à l'objet construit le terme d'un procès évolutif. Pour Wallon, l'enfant anormal, c'est-à-dire l'objet observé, représente un autre mode de transformation par rapport à l'objet visé, l'enfant normal. Il s'agit de deux types de développement contemporains, mais de régimes différents, et dont l'un représente la variation aberrante de l'autre.

En outre, le rapport établi par Wallon entre l'enfant anormal et l'adulte cérébrolésé n'est pas de type analogue à celui existant entre le pervers polymorphe et l'adulte névrosé. En fait, l'enfant blessé et l'adulte mutilé ne sont comparables que parce qu'ils représentent, dans l'ensemble des processus de dissolution, des jalons où s'indique en creux, comme par contraste, la série des phases évolutives du système nerveux. Ainsi donc, pour Wallon aussi bien que pour Freud, c'est par rapport à une échelle de niveaux de développement, à une série d'étapes évolutives que se définit l'approche compréhensive de l'un des termes en regard de l'autre.

Il reste que la genèse des fonctions nerveuses, qui constitue la base physiologique de la description wallonienne, occupe un tout autre terrain que le développement pulsionnel, dont les étapes offrent appui à la démarche freudienne. Il reste aussi que, pour Wallon, les deux termes, l'enfant et l'adulte, ne représentent pas comme pour Freud, deux moments différents d'une même série génétique. Ce sont simplement deux types de structures pathologiques isomorphes, au sens où elles sont repérables sur la même échelle de base des structures du système nerveux.

En fait, il apparaît que Freud et Wallon ne pratiquent pas, malgré des analogies intéressantes, la même version de la méthode pathologique. Les deux versions diffèrent par le nombre et la nature des termes mis en jeu, ainsi que par le rapport hiérarchique qui s'institue entre eux. Trois termes chez Wallon : adulte cérébrolésé → **enfant anormal** → **enfant normal**. Deux termes chez Freud : **adulte névrosé** → **enfant pervers-névrosé-normal**. Notons la complexité du second terme dans la chaîne freudienne : l'enfant normal est un pervers polymorphe. Mais de plus, la névrose de l'adulte trouve son origine dans la réactivation d'une névrose infantile et/ou d'éléments pervers, sans qu'il soit besoin ici d'entrer dans le détail.

La méthode pathologique de Freud consiste donc, sur la base du résultat d'une histoire, la névrose, à reconstituer le noyau primitif de cette histoire : la sexualité infantile. La méthode de comparaison pathologique de Wallon vise à tracer le profil normal de la psychogenèse à partir d'échantillons-types de fonctionnements anormaux, de phénomènes de dissolution permettant de le dégager par contraste.

La méthode wallonienne consiste à repérer la norme du développement d'après d'autres modes de développement, de points d'arrivée et de rythmes différents. D'après Wallon, les facteurs pathologiques ont pour effet de ralentir le développement, de le figer à une certaine étape, et aussi de réduire la complexité des chevauchements, l'hétérochronie des séries de processus propres à la psychogenèse normale. Tous les registres de la conduite se trouvent fixés au même niveau, alignés « sur un type unique de comportement ». Il en résulte une clarté caricaturale, une perfection de modèle, qui marquent les conduites de « virtuosité partielle » observables chez bien des arriérés[330].

L'observation directe de la pathologie infantile représente donc un ensemble d'observables absent dans la démarche méthodologique qui conduit Freud au modèle de 1905. Telle serait la différence la plus marquante de la démarche freudienne par rapport à celle mise en œuvre dans *L'enfant turbulent*. Or c'est là un fait qui mérite réflexion, s'il est vrai que Freud a travaillé de longues années, au début de sa carrière médicale, dans le domaine de la neuropathologie infantile. En effet, Freud a dirigé, de 1886 à 1897, le service de neurologie infantile dans la clinique de pédiatrie du professeur Kassovitch à Vienne. Il y travaillait régulièrement trois après-midi par semaine. Les observations que Freud recueillait à l'Institut de pédiatrie donnèrent lieu à neuf articles parus entre 1891 et 1897, et consacrés principalement aux « paralysies cérébrales » chez l'enfant.

---

[330] Id., 1941 n° 111, 26.

Dans un ouvrage collectif paru en 1976 et dirigé par Ernst Freud, l'un des trois fils de Sigmund, celui-ci est mentionné, de l'avis de spécialistes, comme « le fondateur d'un nouveau domaine spécialisé de la médecine : la neuropédiatrie »[331].

C'est là un fait qui a jusqu' ici assez peu retenu l'attention, même si la biographie de Jones en livre les indications éparses, mais sans leur donner une telle consistance. Sur cette base, on peut se demander si Freud n'a pas, pendant une dizaine d'années, traité dans son « service des maladies nerveuses »[332] de l'enfant chez Kassovitch **des cas semblables** à ceux qu'a rencontrés Wallon dans sa propre consultation à Bicêtre, puis à la Salpêtrière. À supposer qu'une telle suggestion ait un sens, il est d'autant plus significatif de voir Wallon développer une psychologie de l'enfant sur la base d'une classification des syndromes psychomoteurs, tandis que Freud, dès 1897, délaisse l'étude de l'enfant par les méthodes cliniques objectives, et emprunte la voie de la psychopathologie de l'adulte pour retrouver l'enfance sous la forme d'un « construct », d'une hypothèse d'abord invérifiée au niveau de son objet propre. Il est permis de voir dans une telle démarche un **trajet dont on ne voit guère d'autres exemples** dans l'histoire des sciences. L'observation directe de l'enfant par des méthodes objectives n'a pu, ne pouvait conduire Freud à la découverte de la sexualité infantile.

Si l'adulte a d'abord permis à Freud de comprendre l'enfant, l'inverse aussi est devenu vrai à partir de l'analyse de Hans. Dans *L'Homme aux loups*, Freud écrit : « Les analyses de névroses infantiles ont un intérêt théorique particulièrement grand. Elles nous aident à comprendre les névroses de l'adulte à peu près de la même façon que les rêves d'enfants nous aident souvent à comprendre les rêves d'adultes »[333].

Cette oscillation entre l'étude de l'enfant et celle de l'adulte marque d'un rythme particulier l'ensemble du développement de la pensée freudienne. Elle l'anime d'une pulsation d'ampleur croissante où se composent les deux moments du savoir selon un double procès d'alternance et d'étayage réciproque. On peut schématiser cette progression par la série suivante en précisant qu'il ne s'agit pas de périodes nettement délimitées les unes par rapport aux autres, mais de phases susceptibles de chevauchements : a/ neurologie infantile (1886-1897), b/ analyse d'adultes (dès 1892), c/ modèle de la sexualité infantile vérifié par l'analyse d'enfants (1905-1909), d/ nouveau développement de l'analyse d'adultes (1907-1918), e/ nouveau développement de l'analyse d'enfants (Anna Freud, Mélanie Klein, etc.).

On remarquera sans difficulté qu'un **type analogue de trajet spiral** organise selon deux vections opposées et complémentaires le processus de construction scientifique propre à la psychologie de Wallon. On distinguerait à cet égard la succession suivante de périodes : 0/ critique de l'introspection et projet d'une psychologie matérialiste de la conscience (articles de 1920-1921), a/ observations en

[331] Freud Ernst et col. : 1979, 15, 123, 126, 136, 330 ; Jones Ernest : 1958, 208, 233-234, 238-241.
[332] Freud Sigmund : Lettre à Martha Bernays du 11.7.1885.
[333] Id., 1918, 327.

pathologie de l'enfant (1908-1914), b/ observations en pathologie de l'adulte (1914-1919), e/ interprétation des observations recueillies en pathologie infantile (1919-1925), d/ étude comparée de l'enfant avec l'enfant lui-même, l'animal, le primitif et l'adulte (1934, 1941, 1942, 1945), e/ retours à la psychologie de l'adulte (1938).

Malgré des différences évidentes, les deux démarches, envisagées de manière globale, présentent une ligne de parcours parente : elle s'exprime dans le mouvement complexe oscillant entre les deux termes d'une genèse, les deux pôles d'une histoire, l'adulte et l'enfant, les reflétant l'un par l'autre de manière à en enrichir la connaissance.

L'analyse qui vient d'être produite permet d'éclairer dans une certaine mesure sous un jour inédit, au moins du point de vue de sa généalogie distale, l'attitude particulière de Wallon à l'égard de la démarche et du contenu de la pensée freudienne.

Pour nous résumer, on a vu que, s'il formule un certain nombre de critiques sévères à l'égard de la psychanalyse, Wallon n'est pas non plus sans lui reconnaître quelques mérites[334].

Une objection fréquente de Wallon à l'égard de Freud concerne sa propension à réaliser le dynamisme mental en entités, voire à transposer le fonctionnement psychique en une sorte de **mythologie**, objection dont le ressort principal se rattache à ce que nous avons appelé l'argument kantien de type 1 (K 1) relatif au processus de « chosification »

Ce travers se rattache aussi, d'après Wallon, à la valorisation exclusive, dans l'explication de la vie mentale, d'une **causalité psychique**, impliquant elle-même un usage abusif du **symbolisme**. Avec cet aspect, on glisse vers un autre type argumentaire inspiré de la critique kantienne (K 2) consistant à projeter sur le réel un modèle plausible sans plus, ce qui entraîne une « confusion du possible avec le réel ».

Une critique également très insistante de la part de Wallon se rapporte à l'usage particulier fait par Freud du **principe de récapitulation** ontophylogénétique. Il en résulterait une conception répétitive de l'évolution, d'où une interprétation de la genèse mentale qui marque la prévalence du passé sur le présent, et qui reconstruit même, à la limite une sorte de **psychogenèse inversée**. On saisit encore ici la marque du type argumentaire K 2. Mais intervient aussi le fait que Wallon reproche à ce propos à Freud de tenir un « discours antinomique » sur le mécanisme d'héritabilité - invariance répétitive de la forme du schéma, ou cumulativité mobile de ses contenus - de la psychogenèse, ce qui introduit la référence au style argumentaire de type K 3.

Un autre thème constituerait un point à la fois d'accord et de désaccord entre Freud et Wallon. Chez tous deux, la notion de **conflit** est centrale. Mais l'inter-

[334] Sur ce qui précède, on consultera : Zazzo René : 1975, 31-52, 7, 19, 23, 26, 59, 62, 85, 87, 89, 90, 102. Voir aussi Ajurriaguerra et col., Bergeron, Dolle, Doron, Hesnard, Jalley, Lagache, Lebovici, Soulé, Nguyên Thi Than Huong, Widlöcher, Zazzo (11.2.).

prétation qu'ils en donnent est différente. Freud en réfère la source à un dualisme pulsionnel, alors que Wallon explique le conflit par un principe d'alternance fonctionnelle. On touche ici à la question de la différence entre les modèles explicatifs en dépit d'une base d'observations en partie, sinon tout à fait, comparable. On va revenir à cet aspect épistémologique particulier - oui aux faits observables, non au modèle explicatif, à propos de la sexualité infantile.

Cependant, sur un versant positif, on l'a vu aussi, Wallon sait gré à la psychanalyse d'avoir mis l'accent sur la vie affective, d'avoir valorisé la fonction du **désir**.

Au plan de la description des faits, Wallon, on l'a indiqué également, est très intéressé dans la psychanalyse par les notions de **déplacement** et de **condensation**, de **fixation** et de **régression**, d'**ambivalence** aussi. Il a également consacré des pages très suggestives à la description du **masochisme**.

En ce qui concerne la **sexualité infantile**, s'il arrive souvent à Wallon de la reconnaître au niveau des faits, il n'en accepte pas pour autant la notion à titre de modèle explicatif.

Wallon tient des propos plutôt sévères sur le type de **psychothérapie** auquel donne lieu la psychanalyse, ce qui viserait à notre avis la cure classique tel qu'il la connaît à l'époque. Lui-même donnerait sa préférence à des thérapeutiques davantage centrées sur l'actuel, sur le milieu, ce qui ne condamne donc pas *a priori* en soi toute la psychanalyse, par exemple dans ses adaptations modernes au niveau des psychothérapies d'inspiration psychanalytique, sans parler des techniques variées de la psychanalyse moderne des groupes.

10.16. La position mesurée de Wallon touchant la psychanalyse

L'ensemble des jugements que Wallon porte sur la psychanalyse comporte, comme on l'a montré plus haut et comme on vient de le reprendre à l'instant, deux volets différents, dont l'un concerne un certain nombre de **critiques fondamentales**, alors que l'autre, par contraste, développe tout autant de **points d'accord essentiels**.

Ce panorama descriptif des thèmes qui sollicitent Wallon, de manière critique ou plus positive, dans le corpus freudien, et dont on vient de produire le résumé, est en soi intéressant. Mais, à propos des critiques elles-mêmes, il est encore plus intéressant de montrer qu'elles comportent une dimension fondamentale, du fait de rencontrer les points cardinaux de l'argumentaire de base ressortissant d'une critique de la raison en psychologie, issue elle-même de la rénovation locale tentée par nous du projet de type kantien d'une critique généralisée des sciences. Bien entendu, ce n'est pas que le kantisme soit la pierre philosophale. Mais il nous paraissait depuis longtemps qu'une certaine forme de critique de l'histoire des sciences mise en œuvre par Kant demeure indépassable. Il y a dans toute grande philosophie des aspects dépassés à côté d'un autre aspect toujours valable pour le temps présent : cela est vrai aussi de Platon, de Descartes, de Hegel, de Marx (les socio-démocrates feraient bien de s'en souvenir). Dire que Kant dénonce par avance dans le champ des sciences humaines, la « chosification », le « discours contradictoire », et la « confusion du possible avec le réel », est excellent pour notre projet d'analyse du regard de Wallon sur Freud. Mais cela ne nous suffit pas encore et on peut mieux faire. Il s'agirait pour nous d'essayer de montrer la raison de la différence, de la ligne de partage entre l'aspect critique et l'aspect positif d'une telle approche de Freud par Wallon, ce en quoi la grille de lecture kantienne ne nous révèle encore rien. En fait, il va nous falloir pour cela **une autre grille de lecture, ordonnée en échelle de niveaux**, et on va y venir dans un instant.

Les critiques que Wallon porte à l'égard des conceptions freudiennes contiennent un aspect historiquement daté, et aujourd'hui vieilli à certains égards. Cependant, à condition de les dégager de la sorte de carapace où s'exprime la marque de l'époque, elles apparaissent conserver un **caractère épistémologique très actuel**, qui concerne de fort près l'ensemble du débat où s'affrontent, d'une part les divers courants de la psychanalyse, d'autre part l'ensemble de la pensée psychanalytique et le corps des diverses disciplines psychologiques.

À cet égard, il faut noter aussi le point suivant, qui suscite une difficulté importante. C'est que la frontière entre les deux volets, négatif et positif, que nous venons de pointer, n'est jamais tout à fait fixée, mais qu'elle comprend une certaine marge d'oscillation, **un relatif espace d'incertitude**. Si l'on prend à titre d'exemples les concepts fondamentaux de conflit, de sexualité infantile, de libido, on est obligé de constater que le jugement de Wallon les porte, à l'occasion, au crédit de l'un ou de l'autre aspect, positif ou négatif, du bilan scrupuleux qu'il effectue de la pensée freudienne. Au demeurant, cet aspect particulier de la démarche wallonienne, s'il en rend, parfois et même toujours, difficile la lecture, n'en infirme pas pour autant la qualité remarquable, et encore très moderne de ses appréciations. Ce qui pourrait s'avérer d'une **grande utilité dans la lutte actuelle** de la psychanalyse contre ses ennemis.

Cette variabilité des jugements de Wallon semble dépourvue de toute loi d'évolution apparente à travers le temps, encore qu'à notre avis, elle se soit stabilisée au profit d'une reconnaissance de plus en plus avouée de la doctrine freudienne, dont *La vie mentale* (1938) marque *grosso modo* le point de bascule. En fait, cette variabilité apparaît en partie aussi comme l'effet aléatoire de cette attitude particulière d'intérêt ambivalent, qui marque dès l'origine l'approche de Wallon à l'égard de la psychanalyse. Cependant, elle ne nous paraît guère dépasser, pour l'essentiel, ce que les statisticiens appellent le seuil de confiance. Autrement dit, elle laisse subsister, en deçà des transformations où elle prend figure, un certain nombre d'invariants essentiels, de qualité positive ou négative, qui fournissent la base d'un bilan malgré tout assez stable à travers le temps.

Néanmoins, ce caractère fluctuant des jugements de Wallon par rapport à un certain nombre d'invariants fondamentaux nous a contraint à adopter une grille de lecture susceptible de le maîtriser. A partir de champs très différents de la psychologie, Piaget et Pichot avaient élaboré, dans des perspectives indépendantes, des modèles de l'explication scientifique qui nous paraissent en définitive très isomorphes, en ce qu'ils comportent trois niveaux correspondants du traitement de l'information. Pour Piaget - comme déjà évoqué précédemment, on peut distinguer dans toute forme d'explication causale les trois étages suivants : a/ identification des **observables**, b/ généralisation inductive des **lois**, c/ explication causale par les **modèles**. Les trois étages homologues, dans le domaine des sciences médicales, d'après la conception de Pichot, seraient les suivants : a/ séméiologie (description : « quoi ? »), b/ pathogénie (mécanismes : « comment ? »), c/ étiologie (causes : « pourquoi ? ») (voir 9.2., p. 479-480 ; 10.4., pp. 530-531).

Ces vues, selon nous, comportent le dénominateur commun d'une même structure de modèle impliquant les trois paliers suivants d'hypothèses : a/ hypothèses descriptives, concernant la lecture des observables (rang 1) ; b/ hypothèses inductives, concernant les liaisons (lois) dont relèvent les mécanismes locaux (rang 2) ; c/ hypothèses explicatives, concernant les causes formulées dans le cadre de modèles (rang 3).

Cette forme de dispositif nous paraît susceptible de donner la clef de ce phénomène des niveaux variables où se tiennent les jugements de Wallon par rapport à la psychanalyse (9.2., p. 479-480). On peut formuler, à cet égard, les trois points suivants (a, b, c).

a/ Wallon s'accorde spontanément avec Freud sur bien des points intéressant le niveau **a** (hypothèses de « rang 1 »), lequel concerne donc l'observation et la description des faits, disons la **phénoménologie** du champ de l'expérience. Certains de ces points de convergence avec Freud sont explicitement reconnus par Wallon. D'autres, au contraire, sont pour ainsi dire mis en pratique, élaborés par Wallon dans ses descriptions concrètes sans qu'il en relève la concordance avec les thèmes freudiens, **comme si lui échappait en quelque manière l'extrême proximité où souvent il se tient vis-à-vis de Freud**. On en produira plusieurs exemples, d'ailleurs jusqu'ici inédits dans notre analyse.

b/ Le second niveau **b**, concernant les relations légales qui déterminent les mécanismes locaux, intéresse, comme nous le verrons, les concepts **psychologiques** proprement dits de l'édifice freudien. Cette appellation doit être entendue au sens où on peut l'opposer à un niveau de théorisation de portée plus générale, auquel convient proprement l'épithète de métapsychologique. Ce niveau intermédiaire repère, en particulier, un certain nombre de concepts élaborés directement à partir de l'expérience clinique (condensation, déplacement, etc.) (10.4., p. 531). Or, nous montrerons, sur des thèmes encore non mentionnés, que Wallon accorde un grand intérêt à ces mécanismes locaux (hypothèses de « rang 2 »), bien que sa position ne soit pas toujours stable à ce niveau.

c/ Le troisième niveau **c**, comprenant les modèles explicatifs les plus généraux (hypothèses de « rang 3 »), se laisse désigner par le terme de **métapsychologie** (théorie générale des instincts, etc.). C'est à ce niveau que se manifeste, de façon à peu près invariable, mais encore à certaines réserves près, le désaccord de Wallon par rapport à Freud.

Résumons à présent notre étude antérieure du premier niveau. Celui-ci comporte trois aspects principaux où se marque la convergence entre Wallon et Freud.

Le premier concerne un certain nombre de grandes catégories descriptives : Wallon souligne, en accord avec Freud, le rôle du **conflit** dans la vie mentale (10.2.), et aussi la prévalence de l'**affectivité** dans le développement psychique, au moins, d'après lui, à certaines étapes (10.1.). Il admet aussi, à certains égards, la notion d'**inconscient**, sinon en tant que réalité psychique organisée en instance (« cause »), du moins en tant que descripteur (« hypothèse ») d'un certain secteur des phénomènes mentaux (9.2., pp. 480-481 ; 10.4., p. 531). Il rend aussi hommage à Freud d'une description des faits où l'accent est mis sur la **dynamique**, en rupture avec l'associationnisme et l'intellectualisme, spontanément enclins à l'atomisme (9.2., p. 481). Ces catégories descriptives représentent des instruments de lecture de l'expérience, dont la signification est purement phénoménologique, et n'implique, à ce niveau, aucune spécification en termes de modèles.

À côté de ce contenu matériel des catégories descriptives, un second aspect, d'ordre plus formel, est représenté par la grille, le cadre de lecture, qui président au découpage temporel de l'expérience. Wallon a identifié un certain nombre de points nodaux, de moments cruciaux de la psychogenèse (0,3 ; 0,6 ; 0,9 ; 1 ; 3 ; 6 ; 11 ans), qui déterminent **un découpage stadial très isomorphe** entre sa propre description de la psychogenèse et celles des principaux représentants de la psychanalyse : non seulement Freud et Abraham dans les commentaires classiques (0,6 ; 1 ; 3 ; 6 ans ; puberté)[335], mais aussi Spitz (0,3 ; 0,6 ; 0.8) et Winnicott (0,6 ; 1 an) ; ainsi d'ailleurs que Mélanie Klein (0,3 à 0,4 ; 0,6), et Margaret Mahler (0,5 à 0,6). Signalons en passant le caractère très différent du découpage piagétien par rapport à l'ensemble des conceptions que nous venons d'indiquer.

Ces deux premiers aspects : catégories descriptives et forme du découpage, définissent, au sens strict, ce que nous avons qualifié connue les hypothèses de « rang un ».

Le troisième aspect de ce niveau **a**, ou phénoménologique, met en jeu la convergence entre Wallon et Freud en ce qui concerne le repérage et la description d'un certain nombre de faits, de contenus d'expérience. Ces faits sont très variés, et intéressent un champ plus ou moins large selon le cas, d'un caractère soit simplement local, soit aussi plus général. Mentionnons-en l'essentiel, en suivant, pour la clarté de l'exposé, l'ordre génétique. Nous trouvons commode d'envisager celui-ci en fonction des trois périodes principales de la psychogenèse, dont le repérage représente l'un des points de convergence essentiels entre la psychologie de Wallon et la conception psychanalytique classique.

Le développement qui suit se propose donc de reprendre, en résumé, l'étude des jugements de Wallon sur la psychanalyse que nous avons effectuée, dans le détail, au cours des chapitres 8 et 9. Cette perspective définit, pour une part, mais ni toujours ni seulement, ce que nous vous avions appelé, dans notre ouvrage sur

335 Lagache Daniel : 1955, 29-31 ; Tran-Thong : 1971, 109-120 ; voir aussi Smirnoff V. N. : 1966, 1974 ; Jalley Émile, 1990, 1998, 2006 b. La datation usuelle en psychologie du très jeune enfant indique l'année (0, 1, 2, etc.), séparée du mois par une virgule, lui-même séparé des jours, s'il y a lieu, par un point-virgule.

Freud, Wallon, Lacan. L'enfant au miroir (1998), la **première situation**, concernant le rapport entre différents auteurs. À ce propos, nous ne pouvons que renvoyer à ce livre, où nous proposions, en traitant du problème difficile des « influences » dans l'histoire des idées, de distinguer 5 types différents de situations dans le rapport d'un auteur (ici Wallon) à ses sources antérieures (ici Freud) : 1/ sources citées et non modifiées ; 2/ sources non citées et non modifiées (plagiat) ; 3/ sources citées et modifiées ; 4/ sources non citées et modifiées ; 5/ isomorphismes ou correspondances structurales entre thèmes développés respectivement par divers auteurs (2 ou en général plus).

En fait, cette première situation englobe aussi, en ce qui concerne notre sujet, l'ensemble des rapports entre la psychologie de Wallon et certains représentants de la pensée psychanalytique (Spitz, Lacan), dans la perspective d'un lien historique explicitement reconnu par ceux-ci. Le troisième type de situation nous paraissait définir la transmission plus ou moins occulte - mention occasionnelle suivie de transformation - de thèmes entre auteurs (Wallon et Spitz, Wallon et Lacan). Enfin, les quatrième et cinquième types de situation nous semblaient concerner, dans le rapport entre différents auteurs, les correspondances thématiques sans influence historique précise, au moins assignable (Wallon et Winnicott). L'étude de ces divers types de rapports (1, 3, 4) entre Wallon et les héritiers de la pensée freudienne a fait l'objet de plusieurs chapitres de notre ouvrage de 1998 sur les résultats desquels nous ne retiendrons ici que de grands traits, sans pouvoir entrer dans le détail.

Nous prendrons le parti, dans notre récapitulation des points principaux qui caractérisent l'attitude explicite de Wallon à l'égard de Freud, de rassembler, autour des thèmes successifs qui se présenteront, les notations les plus caractéristiques en ce qui concerne les trois autres auteurs dont il vient d'être question (Lacan, Winnicott, Spitz). Ce regroupement synthétique de l'information, autour de l'axe principal Wallon-Freud, repéré par les étapes principales de la psychogenèse, nous a paru à même de fournir évidemment beaucoup d'information complémentaire, et en outre incontournable, par rapport à la simple démarche d'analyse thématique que nous avons adoptée jusqu'ici au cours de notre travail, en suivant la seule dimension de la lecture du corpus freudien par Wallon.

1 - Première période (de la naissance à l an) :

Wallon souligne, à l'instar de Freud, le rôle de l'**impéritie néonatale** sur l'organisation des formations psychiques et sur le destin de leur développement. Cette notion d' « impéritie » (« dépendance ») connote les notions freudiennes d'immaturité (*Unreife*), de **précocité** (*Frühreife*) et de dépendance (*Abhängigkeit*), lesquelles spécifient le concept cardinal d'état de détresse (*Hilflosigkeit*). Lacan, pour sa part, élabore ce corps de notions sous le terme de **prématuration** (1938), en tant que situation résultant d'une « insuffisance vitale », liée à la « discordance ((décalage)), à ce stade chez l'homme, tant des **pulsions** ((sexuelles : *Frühreife*)) que des **fonctions** ((d'auto-conservation : *Unreife*)),[336]. D'ailleurs, Wallon reprend à

[336] Lacan Jacques : 1938, 1984, 43. Voir Jalley Émile : 2006 b, Tableau synoptique, pp. 441-457.

Lacan le terme de prématuration en 1941. De son côté, Spitz reprend à Freud la notion d'*Hilflosigkeit* (fr. : impuissance, eng. : *helplessness*), et apparemment aussi Winnicott (*dependence*). En fait, leur convergence sur ce point avec Wallon s'explique historiquement par le fait, absolument indubitable pour Spitz, qu'ils connaissent tous trois les textes de Freud concernant ce thème précis.

2 - Deuxième période (de 1 à 3 ans) :

Un assez grand nombre de faits décrits par Wallon, en concordance avec Freud, se rattachent à cette période du développement qu'il qualifie comme stade sensori-moteur (1 à 3 ans), et qui correspond au stade sadique-anal dans la conception psychanalytique classique.

a/ Wallon a décrit comme caractéristiques de la période de 2 à 3 ans des **jeux alternatifs**, d'un caractère relativement plus complexe, mais en réalité isomorphe, au jeu de présence-absence, de « disparition-retour », décrit à une période légèrement plus précoce (1,6) par Freud, et désigné comme jeu du **fort-da**. Ce type de conduite a été souvent commenté par Lacan, mais il a été aussi décrit, dans leurs systèmes d'observation respectifs, par Winnicott, par Spitz, et même par Piaget, bien que dans un autre cadre de référence en ce qui concerne ce dernier.

b/ En association avec la conduite des jeux d'alternance, Wallon décrit leur reflet verbal sous la forme de **monologues dialogués**. Or, ce thème affleure de toute évidence dans la description célèbre que Freud donne du commentaire verbal (« **fort** »-« **da** ») qui accompagne l'action à structure bipolaire, où se réalise le jeu de la bobine. Lacan a, à plusieurs reprises, décrit les conséquences du jeu de la bobine sur la structuration de la fonction symbolique. En fait, cette description des formes verbales préludant au monologue intérieur se retrouve aussi chez Spitz, sous la forme des **jeux de rôle** caractéristiques de la deuxième année. Par ailleurs, le phénomène des **compagnons imaginaires**, que Winnicott décrit comme prodrome de l'émergence du **self**, présente aussi une certaine analogie avec le registre de conduites dont il vient d'être question.

c/ Lagache, qui connaissait bien la pensée de Wallon et s'y réfère assez fréquemment, a relevé en plusieurs endroits de son œuvre (1954, 1961) ce thème wallonien des monologues dialogués, et souligné son importance à l'égard d'un enrichissement théorique de la doctrine psychanalytique de l'identification.

d/ Dans le courant de cette même période de 1 à 3 ans, Wallon signale l'intérêt de l'enfant pour ses déchets organiques, ainsi que le développement de l'agressivité, sous la forme particulière de l'intolérance à l'approche d'autrui. Wallon regroupe ces conduites sous la dénomination de **faits d'appartenance**, empruntée à Lévy-Bruhl, et en donne une interprétation, sinon en termes de dynamique pulsionnelle, du moins en tant que processus liés au mécanisme fondamental de la délimitation entre moi et non-moi et, à terme, à la constitution de l'espace mental.

Or, par paradoxe, en évitant ainsi l'interprétation métapsychologique que lui offrait la doctrine freudienne, Wallon (1954, etc.) anticipe sur des notions qui ont conquis depuis une certaine actualité dans la pensée psychanalytique.

En premier lieu, la question de « la limite entre le dedans et le dehors » est reliée, selon les termes mêmes d'Anzieu (1974), qui d'ailleurs cite Wallon à ce sujet, à la fonction de la peau, du « moi-peau »[337].

Par ailleurs, les thèmes walloniens de la différenciation de la frontière moi-corps et de la construction de l'espace mental, se rattachent également à la problématique, formulée par Winnicott, de la « sphère intermédiaire », de la « troisième aire », en tant que registre de l'expérience organisé à partir de l'objet transitionnel, objet dont le statut ambigu consiste à ne venir ni du dedans ni du dehors, à jouer le rôle d'une sorte de maillon fonctionnel entre moi et non-moi.

Cependant, l'origine de cet ensemble de transformations assez parentes pourrait bien être le thème freudien, qui réfère l'origine et les fonctions du moi, de « la conscience, (à) la surface perceptive de l'appareil psychique... non seulement dans le sens de la fonction, mais aussi... du découpage anatomique »[338]. On peut supposer, outre celle de Wallon, l'influence également de Winnicott sur la conception d'Anzieu (10.12, p. 547).

e/ En ce qui concerne le rapport de Wallon à Spitz, le thème wallonien de **l'intolérance à l'égard d'autrui**, apparemment à l'articulation de la première et de la deuxième année, n'est pas sans analogie avec la notion bien connue d'angoisse à l'égard de l'étranger[339].

f/ L'analyse que Wallon développe concernant le sentiment du **dégoût** et son rapport ambigu avec le désir (1925) anticipe aussi de façon, nous semble-t-il, très suggestive, sur l'ensemble conceptuel délimité par les notions de limite entre moi et non-moi, de sphère intermédiaire, de moi-peau. En effet, Wallon envisage le sentiment du dégoût comme l'un des facteurs primitifs, à côté des faits d'appartenance (1954), de l'instauration de la frontière corps-objet et de la « marge de sécurité » qui l'entoure. Cependant, ce thème wallonien se rattache aussi au thème freudien des « digues sexuelles » (dégoût, pudeur, pitié) comme contre-forces dirigées à l'égard des excès de la pulsion (voir pp. 527, 540-541, 545-546)[340].

g/ L'analyse wallonienne des thèmes **d** et **f**, et de leurs rapports avec celui de la frontière corps-objet, nous permet de saisir, sur des exemples précis, le caractère complexe qu'entretient la démarche de Wallon avec la pensée psychanalytique. En l'occurrence, Wallon élabore sur le mode de transformations personnelles des notions qui se rattachent d'une part en amont à des concepts freudiens, d'autre part en aval à des concepts post-freudiens, dont les structures et les points d'application respectifs sont différents. Le contenu de l'analyse développée par Wallon apparaît, sur de tels exemples, comme occupant une situation de structure médiane, de maillon intermédiaire entre des notions psychanalytiques comportant des contenus et des applications fonctionnelles apparemment hétérogènes. Cependant, ce statut médian, cette fonction de relais dont nous parlons, ne comportent,

---

[337] Anzieu Didier et col. : 1974, 149-150.

[338] Freud Sigmund : 1923 a, 230.

[339] Wallon décrit de telles conduites dans un contexte repéré par l'âge de 10 mois : 1954 n° 206, 258 (Spitz vers 8 mois).

[340] Freud Sigmund : 1905 a, 70-72, 86, 89, 128, 146-147.

du moins sur de tels exemples, qu'une signification purement structurale (situations 4 et 5 dans la circulation des « influences »), sans qu'il soit question de lui assigner aucun rôle historique précis. Mais ce n'est pas toujours vrai. Dans certains cas précis, **la pensée wallonienne a joué, sur le plan historique, un rôle d'agent médiateur**, et même de facteur transformationnel entre la pensée de Freud et ses prolongements post-freudiens. C'est le cas, à bien des égards, en ce qui concerne **Spitz et Lacan**. C'est en partie en utilisant comme grille certains concepts neurologiques, et aussi le concept d'émotion, forgés par Wallon que Spitz aborde la métapsychologie freudienne. De même, c'est à partir des analyses de Wallon concernant l'image spéculaire que Lacan élabore et réinterprète les notations de Freud concernant ce même problème qu'avait déjà abordé Freud.

h/ Toujours dans le courant de cette période de 1 à 3 ans, Wallon rapporte d'autres faits très concordants avec ceux décrits par Freud. D'emblée, il est intéressant de souligner que ces faits concernent le registre des **conduites agressives**, d'ordre sadique et masochiste. À notre avis, ce n'est pas un hasard. Freud a parfois mis l'accent sur la relation essentielle qui relierait, d'après lui, le primat originel de la « haine » sur l'amour et le régime de fonctionnement propre aux **pulsions d'auto-conservation**. Or, c'est l'un des points que nous avons déjà défendu dans notre ouvrage antérieur de 1998 : l'originalité de la démarche wallonienne par rapport à la pensée de Freud consiste dans le fait d'avoir développé l'analyse des pulsions d'auto-conservation, dont celui-ci, pour maintes raisons, s'est restreint à ne fournir qu'une ébauche de description. D'un autre côté, et ce n'est pas là le moindre paradoxe, Wallon se montre très hostile à la notion, forgée par la deuxième topique, d'une racine originaire de l'agressivité, sous forme de l'entité mythique d'une pulsion de mort.

i/ A l'instar de Freud, Wallon décrit de façon très suggestive, on l'a vu, la **cruauté** spontanée et innocente, de nature originellement **non sexuelle** du très jeune enfant (voir 10.8., p. 538 ; 10.9., p. 541 ; 10.12., pp. 546-547).

j/ Wallon note dans ses analyses très originales des rapports entre la cruauté et la pitié (1925), et aussi de la jalousie amoureuse (1934) le **rôle identificatoire des conduites sadiques et masochistes** : « C'est en s'identifiant à autrui, écrit en propres termes Wallon, que le tortionnaire se rend témoignage à lui-même » (voir pp. 541-544)[341]. Ces vues, d'un caractère très profond, se situent dans le droit fil des descriptions que Freud a fournies du mécanisme de la double identification sado-masochiste dans *Pulsions et destins des pulsions*, et aussi des diverses figures du délire de jalousie dans *Le Président Schreber*. En ce qui concerne le délire de jalousie, Freud n'évoque pas explicitement le mécanisme d'identification, mais seulement celui de projection, alors que Wallon décrit le premier sans aucune ambiguïté : « confusion entre soi et autrui », « sympathie souffrante et passive » (voir pp. 541-544).

[341] Wallon Henri : 1925 n° 33-34, 277-278. Cette vue d'une grande profondeur n'a été que trop confirmée depuis par le spectacle peu encourageant à cet égard de l'histoire contemporaine.

k/ Wallon reconnaît l'incidence, mais occasionnelle, de la composante sexuelle sur les conduites masochistes. En fait, elles sont régies aussi, chez l'arriéré et chez le jeune enfant, par d'autres mécanismes, notamment par le processus de la **différenciation** entre les sensibilités internes et externes, de la délimitation (à nouveau) entre moi et non-moi (voir 10.10., pp. 542-543).

Cependant, si paradoxal que cela paraisse de prime abord, ce dernier aspect rapproche beaucoup Wallon d'un thème freudien sur lequel on n'insiste guère d'ordinaire. Celui-ci s'exprime dans l'hypothèse que le couple identificatoire sado-masochiste représente l'une des voies, peut-être même la seule, de la dissolution, de la schize, de la monade sujet-objet, de l'organisation narcissique prédifférenciée, ceci en rapport avec le surgissement de la figure hostile de l'objet. Ce thème a été bien perçu par Lagache. Pour sa part, Lacan relie l'émergence de la forme spéculaire de l'autre, comme forme primitive de l'objet, à la forme hégélienne de la rivalité fraternelle, de la lutte pour la reconnaissance (double identification), de la connexion fondamentale entre l'agressivité et le narcissisme. Bien entendu, pour Freud, aussi bien que pour Lagache et Lacan, la composante agressive propre au registre du sado-masochisme primordial n'est jamais indépendante d'une composante libidinale[342].

l/ Conformément à l'analyse freudienne du délire de jalousie dans *Le Président Schreber*, Wallon a clairement suggéré le rapport entre la **jalousie amoureuse** et le choix d'**objet homosexuel** (voir 10.11., pp. 543-544). Nous ne détaillerons pas ici la raison pour laquelle nous mentionnons ce couple fonctionnel, de portée plus générale, dans le cadre de la deuxième phase de la psychogenèse. Signalons seulement que le choix d'objet homosexuel pour Freud, la jalousie pour Wallon, se situent génétiquement dans la phase de dissolution de l'organisation fusionnelle.

3 - Troisième phase (3 à 6 ans) :

a/ Le **stade du personnalisme** décrit par Wallon comme occupant cette période correspond au **stade phallique** d'après la conception psychanalytique classique. Mis à part certaines différences, la description de Wallon présente des caractères assez homologues à ceux de la description psychanalytique.

b/ Wallon reconnaît, dans sa pratique de pédiatre, on l'a vu, les faits de la **sexualité infantile**, mais sans en accepter pour autant le modèle psychanalytique. D'après lui, ces faits se rencontrent à l'occasion, mais ils ne s'organisent pas selon une loi générale de développement. En fait, Wallon a reconnu dès 1925 le caractère fréquent de la masturbation infantile, au moins « chez les enfants rebutés par leur entourage » (voir 10.13., pp. 547-553).

Enfin, en ce qui concerne son attitude à l'égard de la **cure psychanalytique**, Wallon, on l'a vu aussi, s'est montré longtemps plutôt sévère envers sa validité et ses résultats. De toute évidence, Wallon porte un vif intérêt intellectuel à

[342] Cependant, Lagache a écrit dans la *Note autobiographique* qui figure dans l'Introduction au Tome 1 de ses *Œuvres* ce qui suit : « Je ne pense pas que le fond des problèmes humains soit la sexualité, mais bien le débat de l'homme avec l'homme, la lutte pour le pouvoir – *ce qui est très hégélien et marxiste aussi* ; l'amour n'est pas dans la nature, il est un dépassement - *ce qui est moins hégélien* », *Œuvres*, 1, 1977, XXXIV-XXXV.

l'égard de la psychanalyse, cependant qu'un **double préjugé d'ordre neurologique et comportementaliste** l'empêche de reconnaître le registre freudien des psychonévroses aussi bien que la dimension pratique du transfert. Néanmoins à la fin de sa carrière, il manifestait de l'intérêt à l'égard des techniques de la psychothérapie enfantine « sous forme de dessins, de récits à interpréter, à compléter ou à réaliser », dans une mentalité assez proche, à certains égards, de Klein et de Winnicott. En fait, il la concevait aussi comme devant être nécessairement articulée à un aménagement du milieu (voir pp. 554-555), déjà à la façon dont le fera un peu plus tard un Diatkine.

On a jusqu'ici survolé l'ensemble des notions et des faits où se manifestent des correspondances entre les descriptions respectives de Wallon et de Freud. Ces correspondances, situées, disait-on, au plan phénoménologique, concernent à la fois le mode d'approche (hypothèses de « rang 1 ») et le contenu des observables.

En ce qui concerne les faits eux-mêmes dont Wallon se donne une lecture en partie homologue au contenu des faits freudiens, il est selon nous extrêmement difficile, pour beaucoup d'entre eux, d'apprécier si Wallon les a identifiés à partir de sa lecture de Freud, ou bien à partir de sa propre pratique de psychologue et de médecin. Les deux processus ont probablement interféré. Ces faits sont presque toujours décrits par Wallon sans référence explicite à Freud, **comme si lui-même était peu conscient** de sa proximité à l'égard de celui-ci (2 : a, b, d, e, f, h, i, j, k, l ; 3 : a).

Néanmoins, certains des faits décrits par Wallon apparaissent incontestablement comme résultant d'observations personnelles : les jeux alternatifs (2 a) et les monologues dialogués (2 b, ces derniers référés parfois à Elsa Köhler, 1926) ; de même, l'intolérance à l'approche d'autrui (2 e : 1954), thème peut-être en rapport avec l'angoisse du 8e mois de Spitz (1954 !)) ; de même l'analyse du dégoût (2 f), et aussi celle des rapports entre la cruauté et la pitié, par laquelle Wallon aborde de façon *sui generis* le registre des conduites sado-masochistes (2 j).

En ce qui concerne la grille du découpage temporel, absolument isomorphe dans son propre modèle et dans la conception psychanalytique classique, Wallon n'a jamais explicité comme telle cette parenté.

Par contre, on l'a vu et on s'autorise à le redire dans cette synthèse finalisée par les deux nouveaux modèles proposés (Piaget-Pichot, 5 situations d'influence), Wallon rend hommage à Freud, en termes formels, d'avoir combattu la motivation consciente et d'avoir introduit en psychologie les notions d'affectivité, de désir (voir pp. 517-519).

De même, pour le redire aussi, Wallon a évoqué, à maintes reprises, la conception psychanalytique du conflit. Wallon s'accorde avec Freud du moins sur la valeur descriptive de la notion de conflit. Parfois il reconnaît à l'interprétation qu'en donne Freud des aspects réellement « dialectiques », et va jusqu'à lui accorder le mérite d'avoir agencé les fonctions de l'appareil psychique selon le principe des contraires. Cependant, la plupart du temps, Wallon est davantage sensible aux différences, malgré tout fondamentales, qui séparent le modèle freudien du conflit de son propre modèle. Nous allons y revenir un peu plus loin (voir pp. 524-530).

Abordons à présent l'analyse de ce que nous appelions ci-dessus le niveau métapsychologique (**c**). C'est à ce niveau de l'explication proprement causale en termes de modèles généraux (hypothèses de « rang 3 ») que se situe l'ensemble des divergences de Wallon à l'égard de la psychanalyse, et que portent ses critiques. Nous aborderons ensuite l'examen du niveau intermédiaire **b**. Le fait de réorganiser nos résultats en fonction de nos deux modèles, nous oblige ici aussi à nous redire, quitte à ce que ce soit bref.

a/ Tout d'abord, Wallon fait grief à la psychanalyse d'une certaine forme d'**idéalisme psychologique**, formule qui recouvre selon les cas nos types critiques kantiens K 1 (chosification) et K 2 (confusion du possible avec le réel). Les variations sous lesquelles s'exprime ce thème sont nombreuses : recours de la pensée freudienne aux entités et aux « virtualités cosmiques » : libido, principe de plaisir, instinct de mort... (voir pp. 482-485) ; prévalence d'une causalité psychogène aux dépens des facteurs d'ordre organique et social (voir pp. 482-485), foisonnement du symbolisme (voir pp. 485-487).

D'ailleurs, sur ces divers points, le jugement de Wallon, on l'a dit, n'est pas absolument stable. L'attitude critique cède, à l'occasion, le pas à une forme d'assentiment. Ainsi, par exemple, dans *La vie mentale* (1938), Wallon traite la notion de libido de manière plutôt positive (voir p. 522). De même, la psychanalyse est, malgré tout, moins idéaliste que la psychologie de Piaget (voir p. 484).

C'est par rapport à la notion de sexualité infantile, envisagée comme modèle explicatif, que l'attitude de Wallon se montre sous le jour le plus ambivalent. Comme nous l'avons déjà suggéré plus haut (niveau a), partout, sous la plume de Wallon, la reconnaissance explicite des faits vient contrebalancer la dénégation du principe. Cependant, compte tenu de l'époque (1934), les jugements de Wallon sur le thème de la sexualité infantile conservent un ton très modéré, surtout par rapport à la température du milieu universitaire ambiant.

b/ Beaucoup plus insistante, plus incisive, apparaît la critique adressée à la psychanalyse d'une conception régressive de l'évolution mentale. Freud, par une forme de cercle vicieux, projette le présent dans le passé pour dériver du passé le présent. Le procédé régressif propre à sa méthode clinique donne lieu, par transposition abusive, à une interprétation métapsychologique. En tant que système, la psychanalyse a basculé dans une forme de **psychogenèse inversée** - « génétisme à rebours » (Widlöcher) -, formule contradictoire remarquable, où se concentre la perception par Wallon (argument K 3) de la position contradictoire de Freud par rapport au passé : invariance de la forme du schéma phylogénique, opposée à la cumulativité transhistorique de son contenu (voir pp. 487-489).

Sur ce premier thème vient se greffer une critique généralisée du principe de récapitulation onto-phylogénétique, tel que Freud a prétendu l'appliquer à la vie mentale, à partir d'une généralisation indue de la loi biogénétique fondamentale de Haeckel (voir pp. 487-492). Ce qui est en question ici, c'est le thème freudien du « legs phylogénique », de **l'héritage archaïque**, vu comme une sorte de bagage mental, dont Freud a hésité à postuler le mécanisme précis, culturel et/ou organique, de transmission (voir pp. 492-508). Or, d'après Wallon, tel est le nerf de sa critique, seuls sont héréditaires les mécanismes généraux des **fonctions** mentales, et non leurs **contenus**, déterminés eux par le présent social (voir pp. 508-514).

c/ Une troisième critique concerne le modèle particulier, d'après Wallon, que la pensée freudienne se donne du conflit endopsychique. Si Wallon, comme on l'a vu plus haut, concède volontiers à Freud la valeur descriptive d'un tel concept, il en refuse l'interprétation métapsychologique en termes de **dualisme pulsionnel**. Nous avons développé précédemment, pour l'essentiel, la différence entre le modèle psychanalytique du conflit intrapsychique et le modèle particulier, de généalogie hégélo-marxienne, que Wallon s'est formé du conflit interfonctionnel (Jalley, 2006 b).

Nous pouvons à présent et enfin, aborder l'analyse de ce que nous appelions ci-dessus le niveau **b**, déterminé par les mécanismes locaux, et qui intéresse les **concepts** proprement **psychologiques**, ou encore cliniques au sens large (voir p. 531), par opposition aux concepts métapsychologiques. À cet égard, il est caractéristique de voir Wallon intégrer ces catégories dans son propre système explicatif et en faire un assez large usage au niveau de ses descriptions concrètes. Ici encore, nous céderons à un certain nombre de redites, mais à côté d'informations encore inédites.

Wallon s'intéresse donc beaucoup aux « lois du rêve », c'est-à-dire à la **condensation** et au **déplacement**, mécanismes qu'il applique, à l'occasion, à l'étude de la pensée enfantine en y repérant des procédés correspondants de type métaphorique et métonymique, dont la description anticipe de façon assez singulière sur les vues de Lacan. Wallon discerne dans le mécanisme de la **surdétermination** une nouvelle approche de la causalité dans le domaine psychologique. Son concept de **catégorie de l'occulte**, dérivé des conceptions de Lévy-Bruhl, évoque le mode de projection propre à l'animisme, tel que Freud le décrit dans *Totem et tabou* (voir pp. 530-535).

De même encore, Wallon mentionne fréquemment les mécanismes de la **fixation** et de la **régression**, mais il adopte plutôt le premier (voir pp. 535-536).

La notion d'**ambivalence** est mentionnée dans des contextes nombreux : conduites de l'arriéré profond et de l'enfant dit « pervers ». Également dans l'analyse de l'imitation, que Wallon effectue à plusieurs reprises dans le cadre du complexe d'Œdipe, apparemment par assimilation de cette conduite au processus d'identification (voir pp. 522-524, 536-537). Nous avons mentionné aussi le rapprochement singulier qu'opère Wallon entre le mécanisme de l'ambivalence et la « loi d'induction réciproque des contraires » de Marx-Engels (voir p. 524).

La plupart des mécanismes précédents retiennent l'attention de Wallon en ce qu'ils lui offrent un appareil conceptuel approprié à l'étude de la pensée enfantine. Wallon (1954) reconnaît à Freud le mérite essentiel d'avoir permis aux psychologues l'approche de « la pensée analogique, ambivalente (supra), **syncrétique** ou surdéterminée (supra) »[343]. On peut se demander, à ce propos, si la remarquable analyse que Wallon (1945) a effectuée de la **pensée par couples** chez

[343] Wallon Henri in WFP : 1954 n° 208, 515.

l'enfant ne tire pas son origine, en conjonction avec le courant de la pensée dialectique, des considérations de Freud (1900, 1905 a, 1910 b, 1915 a) concernant les **couples d'opposés**. D'ailleurs, on retrouve chez Spitz (1965) ces réflexions sur le caractère binaire des processus primitifs de la pensée. Lacan (1959, 1960, 1964), de façon somme toute assez comparable, s'efforce de concevoir la structure primitive du sujet en termes de « couple de signifiants » (Sl - S2) (voir pp. 533, 538-541).

Wallon reprend aussi à son compte la notion de **narcissisme**, qu'il applique à la description de l'émotion, et qui lui sert aussi à qualifier l'une des étapes du stade du personnalisme (de 4 à 5 ans). Il utilise aussi, rappelons-le, les notions de **complexe**, de **sublimation**, d'**identification** (voir pp. 536-537).

Enfin, Wallon, on l'a vu aussi, reconnaît comme mérite à la psychanalyse d'être tournée principalement vers l'étude du **caractère**, notion qui représente également l'un des centres d'intérêt majeurs de sa propre doctrine psychologique (voir pp. 555).

Si l'on tente à présent de caractériser pour l'essentiel l'attitude d'ensemble de Wallon à l'égard de la psychanalyse, elle nous apparaît, en conclusion des analyses précédentes, marquée par les traits suivants.

Wallon, on l'a vu, s'intéresse essentiellement aux hypothèses descriptives introduites par la psychanalyse, à un certain nombre de faits, de conduites concrètes que celles-ci ont permis d'identifier (« Quoi ? »). Il prend intérêt aussi à l'ensemble des mécanismes psychologiques de portée locale qui permettent d'en interpréter le fonctionnement (« Comment ? »). Par contre, il se tient à distance de toute généralisation en termes de modèle métapsychologique (« Pourquoi ? »).

Il nous semble, *mutatis mutandis*, qu'**une telle attitude est encore assez répandue aujourd'hui chez beaucoup de psychologues, même dits cliniciens**. De façon plus générale, la position épistémique, qui consiste, dans un champ scientifique, à reconnaître les faits, et à la rigueur les mécanismes, mais sans accord sur les modèles, nous paraît assez fréquente, mais probablement plus dans le domaine des sciences humaines que dans celui des sciences de la nature.

Wallon s'efforce de couper les faits et les mécanismes décrits par Freud, sa phénoménologie et sa psychologie, de leur modèle explicatif, de leur base métapsychologique. Mais c'est pour essayer de les greffer sur son propre éventail de modèles, en particulier sa théorie sociobiologique de l'émotion. De façon plus générale, Wallon essaie autant que possible de réaménager selon une double dimension, d'ordre neurologique et sociologique, les données freudiennes qu'il transpose dans son propre système. Ainsi lui apparaissent-elles parfaitement compatibles, en dépit de leur limitation originelle, avec **un système explicatif à la fois plus étendu et moins métaphysique**. Ce phénomène est très apparent dans la discussion qu'il donne du complexe d'Œdipe, dont il reconnaît la fonction en tant que structure microsociale, à condition de l'insérer dans un tissu plus vaste de rapports sociaux[344] (voir pp. 522, 526, 531, 553).

[344] Id., 1941 n° 111, 70-71 ; 1942 n° 113, 162-163.

Ces deux registres de références dont Wallon s'attache à encadrer le corps central de la psychanalyse se dissocieront ultérieurement, dans d'autres types de lecture, selon deux voies différentes. La voie « biologique », nous paraît, à certaines réserves près, assez bien illustrée par la tendance comportementaliste de Spitz. La voie « sociologique » trouve un autre aboutissement dans l'interprétation culturaliste de la psychanalyse (Horney, Sullivan, Fromm), sans qu'il s'impose d'ailleurs d'établir un lien historique précis entre la pensée de Wallon et ce courant de pensée. Il est fréquent dans l'histoire des idées que des convergences puissent à bon droit être repérées sans être pour autant à référer à aucune filiation effective.

Enfin, les trois critiques fondamentales que Wallon formule à l'égard de la psychanalyse : risques d'un idéalisme psychologique, génétisme à rebours, dualisme pulsionnel représentent des index qui conservent un intérêt épistémologique encore très actuel. Ces trois thèmes, ainsi que le remarquait Widlöcher (1979), sont demeurés « **les points chauds de la réflexion psychanalytique** ». Et cela reste très vrai aujourd'hui, même si ces points apparaissent bien sophistiqués dans la guerre qui oppose la psychanalyse française aux partisans du tout-biologique-et tout-chimique.

Le caractère mesuré de la critique de Wallon à l'égard de la psychanalyse, attachée, selon le caractère spontanément et profondément dialectique de son type d'approche dans le champ du psychique, à équilibrer le bilan positif et négatif, transparaît de façon très évidente dans sa toute dernière intervention sur le sujet de la psychanalyse, dans la cadre d'un entretien avec Liliane Lurçat, très peu de temps avant sa disparition (*La nouvelle critique*, juillet-août 1959)[345] :

« La psychanalyse réduit tout à un même processus, à un même complexe : **tout se ramène au passé** de l'individu et aux préludes de la civilisation. Pour Freud, tout se fait par un retour à l'état primitif ; la vie va vers la mort. **Cependant, Freud a ouvert des voies fécondes**. Il a combattu la motivation consciente et par là il a élargi le domaine de la domaine de la psychologie ».

Autrement dit, Freud pratique la prophétie auto-réalisatrice (argument K 2), en réduisant tout au modèle de la régression, du retour en arrière, en inversant selon un mode de contradiction stérile, le cours des choses, dont le bon sens marxiste - selon lui -, consiste à penser au contraire que tout va vers l'avant. Malgré tout, Freud a contribué de manière paradoxale à un progrès essentiel de la psychologie, en inversant le signe ainsi que le contenu de sa valeur dominante, le conscient en inconscient.

[345] Wallon Henri : 1959 n° 247, « Entretien avec Henri Wallon », *La nouvelle critique*, *Numéro spécial Henri Wallon : Écrits et souvenirs »*, *Enfance*, 1-2, janvier-avril 1968, 17-29, 28.

CHAPITRE 11

Le travail réel de Wallon à l'égard de la psychanalyse

11.1. Un approfondissement original d'ébauches inachevées chez Freud

Cependant, si intéressants que demeurent pour le lecteur moderne les motifs critiques et les points de convergence qu'exprime Wallon à l'égard de la psychanalyse, l'aspect le plus important, à notre avis, n'est peut-être pas là.

Nous avons suggéré plusieurs fois l'hypothèse que l'attitude intellectuelle de Wallon à l'égard du texte freudien pouvait se définir par un facteur particulier : **intérêt mêlé de réserve, curiosité infiltrée d'ambivalence**. Nous avons parfaitement conscience de la fragilité que comportent au point de vue épistémologique, de telles formules. Cependant, si approchées qu'elles soient, nous n'en trouvons pas d'autres. Le fait est là : l'attitude de Wallon envers la psychanalyse s'exprime fondamentalement par un intérêt d'ordre **intellectuel** à l'endroit de la pensée freudienne en tant que **texte**. À cet égard, l'article de 1920 manifeste une maîtrise intellectuelle à côté de laquelle les autres rares textes français de l'époque, qu'on lise au hasard quelques passages du livre de Régis et Hesnard, font aujourd'hui figure de documents anachroniques. Cependant, Wallon ne s'engagera jamais dans le mouvement psychanalytique en tant que mise en œuvre d'une pratique. Il y a là un mystère que, faute de mieux, nous qualifierons de personnel.

Au niveau de l'appareil descriptif (niveau a) où se marquent les convergences entre la démarche wallonienne et la pensée freudienne, il est beaucoup d'éléments, rappelons-le, dont Wallon ne semble pas du tout avoir repéré lui-même les correspondances indéniables avec le matériel freudien (homologie de la grille de découpage temporelle, jeux alternatifs, etc.).

Par ailleurs il existe, au niveau descriptif, un certain nombre d'analyses concrètes qui, sans trouver aucun équivalent dans le texte de Freud, ont attiré l'attention de quelques psychanalystes, Lagache et Lacan en particulier. Le statut historique de ces descriptions est composite : le noyau principal en est emprunté à une vaste littérature, d'origine allemande en particulier, mais pas seulement (Wernicke, Preyer, Stern, Elsa Köhler (1926), Charlotte Bühler (1927), Darwin, Baldwin, Janet, Guillaume, etc.). Ces éléments sont intégrés dans l'œuvre de Wallon souvent sous forme de comptes rendus assez fidèles (conduites couplées entre nourrissons : Bühler), mais presque toujours réélaborés, dans son propre cadre de pensée, de façon très originale (jalousie et sympathie : Darwin, Preyer, Stern, Baldwin, Köhler, Bühler, Guillaume ; phénomènes des personnalités interchangeables : Stern, Janet, Köhler ; transitivisme : Wernicke, Köhler). Ces données sont la plupart du temps enrichies d'un lest d'observations personnelles. Enfin, certaines de ces descriptions, c'est le cas à propos de l'image spéculaire, rassemblent et théorisent dans un cadre conceptuel encore beaucoup plus vaste une tradition très continue d'observations (Darwin, Preyer, Stern, Guillaume, mais Freud n'est pas mentionné à ce propos).

Lagache s'est contenté (1938, 1954, 1961), d'ailleurs de façon très suggestive, de souligner l'importance de certaines de ces descriptions walloniennes quant au **perfectionnement possible de la doctrine psychanalytique de l'identification**. Pour sa part, Lacan ne s'est pas satisfait seulement de les mentionner. Il les a abondamment utilisées, sans d'ailleurs toujours rendre justice à Wallon dans le détail, au profit de sa théorie de l'identification imaginaire.

Enfin Wallon semble avoir emprunté à Freud, à son insu pensons-nous, un certain nombre de matrices conceptuelles, de cellules thématiques dont celui-ci s'est empêché, pour des raisons historiques à préciser, de poursuivre l'élaboration et l'intégration conséquentes. Ces esquisses thématiques, tracées puis désinvesties par Freud, probablement devant l'urgence d'autres programmes à poursuivre, Wallon les aurait reprises, travaillées et développées d'une manière qui pourrait aujourd'hui encore beaucoup intéresser la théorie psychanalytique. En particulier, Wallon aurait fusionné dans toutes ses descriptions concrètes, d'une part le modèle de la refente de la dyade narcissique, d'autre part le modèle du couple introjection-projection, dont Freud travaille à produire les schémas, à l'état séparé, dans *Pulsions et destins des pulsions*. Ce point a été clairement suggéré par Lagache (1938, 1954, 1961) quant à l'idée, mais sans référence explicite au contenu même du texte que nous invoquons. De la sorte, le travail réel que Wallon poursuit, dans le corps même de son œuvre, sur le texte psychanalytique présenterait **un visage en tout point différent - comme clivé - de l'attitude officielle**, si l'on peut dire, qu'il affiche dans le corpus surabondant de son discours explicite sur Freud.

La thèse que nous défendrons ici pose un problème historique et épistémologique très délicat. La situation classique dans l'histoire des idées est représentée par un schéma bien connu : un auteur B critique un auteur A et lui emprunte, en fonction même de cette critique, un certain nombre de thèmes conceptuels qu'il retravaille et incorpore de manière transformée dans sa propre démarche (situation 3), Tel est, par exemple, le cas, d'une façon évidente, de Piaget par rapport au concept statique de la structure élaborée par la Gestalttheorie. Les emprunts inconscients à une théorie antérieure sont aussi la règle : ainsi, par exemple encore, la notion piagétienne de schème à l'égard du « schéma dynamique » bergsonien et aussi du « schématisme » kantien, deux traditions d'ailleurs sans rapport évident entre elles, mais qui ont probablement convergé dans l'œuvre de Piaget. Cependant, le cas de Wallon par rapport à Freud nous paraît très différent et, à certains égards, unique. Il faut probablement imputer une telle différence au fait que le discours freudien comporte la propriété d'impliquer (c'est aussi le cas, *mutatis mutandis*, du discours de Marx), du cœur même de sa démarche théorique, une **praxis**[346]. Il est peu de discours, dans l'histoire des idéologies, (en tout cas ils

[346] Brès Yvon : 1985, 13-18.

forment une classe à part, soit à des titres fort divers : ainsi l'Évangile, Marx, la psychanalyse), qui réclament une connexion *ab ovo*, principielle, entre la pensée et l'acte, la théorie et la pratique. Dans le cas de Wallon à l'égard de la psychanalyse, tout se passe comme si celui-ci déniait au niveau de l'attitude consciente, du jugement intellectuel, la psychanalyse en tant que praxis, tout en la mettant en œuvre et en la développant, sous forme d' « art caché dans les profondeurs » (Kant), au niveau de sa pratique théorique, c'est-à-dire **au plan de la dimension inconsciente de son effort de théorisation**. On croit savoir, on sait depuis toujours que, chez les créateurs intellectuels doués, une certaine part de leur créativité idéologico-théorique opère au fond même de leur esprit, dans les replis cachés de leur imagination productive de formes nouvelles, échappant alors à leur perception consciente,

Venons-en au nerf essentiel de notre propos. La doctrine freudienne des identifications secondaires et régressives, représente, en dépit des difficultés et de la lenteur de son élaboration (1900-1923), un corps théorique dès longtemps bien repéré. Cependant, par contraste, les conceptions de Freud concernant les formes primitives du mécanisme de l'identification sont beaucoup plus indécises. Or, il nous semble que le travail théorique qui s'effectue, de manière souterraine, dans l'œuvre de Wallon, pourrait peut-être apporter une contribution importante à l'analyse plus détaillée des formes et des mécanismes de ces types primitifs d'identification indiqués par Freud.

Si cette hypothèse s'avérait exacte, la psychologie développementale de Wallon entretiendrait en son principe, un rapport de complémentarité, une certaine forme d'ajustement, à l'égard d'une **théorie, laissée inachevée par Freud, des formes primitives de l'identification**. Cet aspect la ferait apparaître comme d'une portée et d'une signification réelles très différentes de ce que reflète le discours explicite de Wallon à l'égard de la psychanalyse. En fait, tout se passerait comme si l'attitude explicite d'une part, le travail réel d'autre part de Wallon concernant le texte de Freud suivaient des chemins à peu près parallèles, sans presque aucun point de rencontre. C'est cette situation particulière qui nous paraît justifier la conjecture du caractère très original, et sans beaucoup de précédents repérables dans l'histoire moderne des idées, du rapport de Wallon à la doctrine freudienne.

Assurément, il existe des références de Wallon à Freud en ce qui concerne les processus d'identification, mais il est caractéristique qu'elles sont relativement peu nombreuses par rapport à l'ensemble des autres mécanismes auquel Wallon prend intérêt dans l'œuvre de celui-ci (voir pp. 517, 537).

En face d'une telle conjoncture, il nous importe à présent de résumer les étapes de notre démonstration.

Comme on sait, la description wallonienne du comportement néonatal est centrée par la catégorie d'émotion, conçue comme une conduite de caractère centripète-centrifuge, autoplastique-alloplastique, ou encore proprioplastique (1938), qui a pour conséquences simultanées le procès d'intériorisation formateur de la conscience et l'instauration primitive du lien social. Or, ce régime primaire de l'affectivité nous semble comporter une relation essentielle et commune avec les deux catégories freudiennes de pulsions d'auto-conservation, et d'identification primaire d'une part, et avec la notion moderne d'attachement d'autre part. Nous avions essayé, en particulier dans notre travail de 1998, de relier de manière aussi convaincante que possible cet ensemble de notions.

La lente invention de la psychanalyse culmine incontestablement, en un premier temps fort, dans les *Trois essais*, avec la clarification décisive de la notion de sexualité infantile, liée elle-même à la théorisation des concepts de pulsion et d'auto-érotisme.

Or, bien que ces concepts se laissent annoncer clairement dans la période précédente, ils n'en coexistent pas moins alors avec **d'autres lignes de pensée**, qui convergent implicitement en un seul courant, dont la consistance échappe alors probablement à la pensée de Freud. On peut caractériser, de façon sommaire, ce courant théorique comme le repérage de la forme primitive, et de caractère alloplastique, du lien social. Ce courant représente dans l'œuvre freudienne la première amorce, le linéament primitif du thème de l'identification.

À notre avis, c'est à cette ligne de pensée, centrée sur le rapport primaire à l'autre, que fera obstacle, dès 1905, la découverte, fondatrice pour la théorie psychanalytique, du régime auto-érotique de la pulsion. Le courant dont il est question se laisse repérer à travers quatre thèmes (a, b, c, d) dont il est plausible de considérer aussi bien, toute question d'influence historique mise à part, qu'ils représentent les matrices conceptuelles, où s'annoncent les développements bien ultérieurs de la psychologie de Wallon.

a/ Commençons par le thème de l'**émotion** (*Ausdruck der Gemütsbewegung*). Le premier texte psychologique réellement important de Freud, autrefois daté de 1905, et resitué parmi les derniers à sa date authentique par Laplanche (*Traitement psychique (traitement d'âme)*, 1890), comporte un très long passage qui décrit avec minutie les diverses composantes, viscérale, expressive, et posturale de la conduite émotionnelle[347]. À lire ce texte sans préjugé, on s'aperçoit que Freud débute en psychologie par le thème qui constituera, quelque quarante ans plus tard, l'un des concepts clefs de la théorie wallonienne. En fait, ce thème de l'expression émotionnelle, résurgent à l'occasion (1895 a, 1900, 1905 c, 1911 b), s'éteindra peu à peu dans l'œuvre de Freud, progressivement refoulé par le thème majeur du régime auto-érotique de la pulsion. Cependant, après un assez long purgatoire, comme pour d'autres notions freudiennes - par exemple la scène de séduction (1939) - il fera retour, sous forme quelque peu transformée, en liaison avec le mécanisme de l'identification par « lien de foule » (*Massenbindung*) (1921, 1923). Freud usera alors d'un vocabulaire centré sur le terme *Gefühl* (émotion, sentiment), et il s'efforcera, d'abord non sans peine (1921) de préciser la nature du *Gefühlsbindung* par rapport à celle du lien objectal, de l'amour (*Liebe*) (1933 b)[348] (voir point h infra).

---

[347] Freud Sigmund : 1890, 5-7.

[348] Id., *Gefühlsbindung* : in : *Psychologie des foules et analyse du moi* (1921), et *Pourquoi la guerre ?* (1933 b). La traduction récente par « lien affectif » (Delarbre et Rauzy in RIP 2, 1985, 203-215) dissoudrait complètement, à notre avis, la spécificité de la notion. Strachey, quant à lui, a traduit de manière bien plus fidèle par « emotional tie ».

b/ Le second thème concerne l'**état de détresse** (*Hilflosigkeit*, 1895 a, 1900, 1905 a), que Freud décrit comme un régime primitif de la conduite centré par une finalité d'auto-conservation, et mettant en œuvre dans ce but l'expression émotionnelle, dont la description liminaire a été fournie par le texte de 1890. Ce thème est repris sous une forme particulière dans la psychologie de Wallon : impéritie néonatale, dépendance.

c/ Le troisième thème concerne l'**identification** conçue, de façon très particulière, en tant que mécanisme du lien social. En effet, dans l'*Interprétation des rêves*, l'identification hystérique, la première forme de ce processus à être repérée, est décrite comme ayant trait à « une communauté (*Gemeinsamkeit*) qui persiste dans l'inconscient », ceci en un contexte où sont évoquées par ailleurs les notions de « sympathie », de « contagion mentale », de « compassion »[349]. Il est important de noter que l'on retrouvera cette notion de « communauté affective », en 1921, précisément dans la description des deux formes d'identifications collectives, « par contagion », et par « lien de foule ».

Sans solliciter outre mesure le texte de 1900, la double référence à la notion d'inconscient et de communauté nous semble déjà indiquer, au moins sous forme implicite, une approche du processus primitif d'identification, en tant que mécanisme bipolaire œuvrant à la formation du sujet en même temps que de son rapport à l'autre, autrement dit à la **genèse de l'intrasubjectivité en connexion avec l'intersubjectivité**. Du reste, à la même époque (1895 a, 1900), c'est aussi en fonction de cette polarité entre vecteurs centripète et centrifuge, autoplastique et alloplastique, que Freud s'efforce de décrire l'état de détresse néonatal, selon un schéma où semblent interférer une composante auto-érotique hallucinatoire et une autre composante de nature expressivo-émotionnelle.

En tout état de cause, il paraît significatif que ces divers types de processus (**a**, **b**, **c**), en tant que mécanismes instituant une forme primitive de lien social aient été repérés et décrits par Freud, notamment l'identification, quelques années avant que les concepts de pulsion et d'auto-érotisme trouvent leur formulation décisive dans le cadre théorique de la sexualité infantile (1905 b)[350].

Le thème de l'émotion (**a**), tout d'abord produit de manière indépendante (1890), est ultérieurement absorbé par celui de l'état de détresse (**b**) (1895 a, 1900, 1911 b). En ce qui concerne le rapport entre ce thème de l'*Hilflosigkeit* et le troisième thème, celui de l'identification (**c**) il ne nous paraît pas d'emblée évident, d'autant qu'il s'agit alors (1900) de l'identification hystérique. En fait, ces termes comportent un dénominateur commun. En effet, l'expressivité posturale-émotionnelle qui marque l'état de détresse a pour résultat d'assurer « l'accord avec autrui » (*Verständigung*)[351], autrement dit de produire des effets intersubjectifs tout à fait homologues à cette forme de « communauté » qu'institue l'identification.

---

[349] Id., 1900, 136-137 ; G.W., II-III, 155-156.

[350] Dans l'*Interprétation des rêves*, on trouve parfois *Triebkraft*, mais pas encore *Trieb* en tant que concept isolé. Mais *Trieb* se trouve parfois dans la Correspondance avec Fliess, où s'identifie déjà incontestablement déjà aussi la notion de sexualité infantile.

[351] Freud Sigmund : 1895 a in : NP (1956), 336, 376 ; AP (1950), 402, 445.

Ainsi, il existe, dès l'origine même de la pensée freudienne, un lien implicite entre la notion d'expression émotionnelle et celle d'identification, en tant qu'elles expriment deux mécanismes primitifs du lien social. Cette ligne de pensée représente une tentative pour élaborer le concept d'un régime expressif-social de l'affectivité, lequel serait à distinguer de son régime pulsionnel proprement dit. Cependant, à l'époque où Freud en trace l'esquisse, ce projet ne saurait aboutir, ceci pour certaines raisons sur lesquelles nous nous expliquerons un peu plus loin. En fait, l'ensemble de ces raisons forme une sorte de barrage conceptuel, d'obstacle théorique, dont la consistance empêchera, même ultérieurement, un tel projet de se réaliser en une théorie conséquente. Il reste que cette ligne de pensée court, à travers toute l'œuvre de Freud, comme une sorte de fil rouge, dont il est possible de repérer, de loin en loin, plus d'un motif. Elle s'exprime en particulier sous la formule très suggestive, dans *Pulsions et destins des pulsions* (1915 a) d'un « amour très affaibli ».

d/ D'ailleurs, en 1905 c, c'est-à-dire l'année même où aboutit, dans les *Trois essais*, la formulation décisive du concept de sexualité infantile, ainsi que de ses concepts connexes (pulsion partielle, auto-érotisme, fixation, régression), un remarquable passage du *Mot d'esprit* tente, selon l'autre ligne de pensée, de coordonner tout un ensemble de concepts, qui définit ce que l'on peut appeler une organisation posturo-motrice, en tant que mécanisme génétique du processus représentatif. La description de « l'expression des émotions » y réapparaît, dans la tradition des textes précédents (1890, 1895 a, 1900), mais élargie et enrichie dans le cadre d'une théorie générale de l' « **expression représentative** », elle-même décrite comme un processus utilisant sous forme d'innervations minimales, les procédés divers de l'expression gestuelle en général : impulsion (*Drang*) à l' « imitation » et à la « mimique ». L'ensemble de ce processus de l'expression représentative est, par ailleurs, mis en relation avec les mécanismes de l'interaction sociale et de l'identification. Par rapport aux textes de 1895 a et de 1900, d'aspect beaucoup plus laconique, ce texte renoue par sa richesse avec celui de 1890. Il nous paraît constituer un remarquable effort de théorisation, dans un cadre conceptuel plus vaste, de la phénoménologie très détaillée de l'expression émotionnelle fournie par celui-ci. Il lui reprend, en fait, la notion de posture qui réapparaîtra ultérieurement dans la note de *Psychologie des foules* (*Stellungnahme*). Ce texte de 1905 c nous semble représenter une tentative théorique très aiguë, mais en réalité sans lendemain, pour élaborer une catégorie de fonction équivalente à celle que jouera dans l'œuvre de Wallon la catégorie d'activité propriofective-plastique. Or, c'est l'équivalent d'une telle catégorie qui fera défaut à Freud pour produire une théorie généralisée des identifications primitives.

La période 1920-1923 marque un temps fort dans la réapparition des indices de ce courant marginal par rapport à la métapsychologie des pulsions. Tout se passe comme si Freud cherchait à reprendre, dans le cadre de la deuxième topique, récemment instituée, le développement d'une problématique en quelque manière ensablée depuis les années 1905. A cet égard, *Psychologie des foules et analyse du moi* (1921) représente un texte particulièrement surdéterminé quant à la diversité, dont il y est fait état, des processus d'identification, en tant que formes primaires du lien social. En effet, **trois types différents d'identification primitives**, c'est-à-dire non régressives, *alias* secondaires, y sont décrits, ainsi que leurs modes de régime affectif.

e/ Freud présente tout d'abord une forme non secondaire d'identification qu'il dénomme **identification par contagion ou empathie, ou par le symptôme**. Il la décrit comme une forme de crise émotive qui gagne un petit groupe, par diffusion à partir de l'exemple donné par l'un de ses membres. Il insiste sur le fait que cette propagation des conduites émotionnelles institue une forme de lien affectif-social primaire qui, par principe, ne consiste pas en un lien affectif-libidinal. De plus, cette première forme lui apparaît comme un modèle possible, parmi d'autres, de la forme suivante.

f/ La seconde forme d'identification non régressive est **l'identification par lien de foule** (*Massenbindung*), décrite comme le résultat de la composition de deux liens orthogonaux dont l'un, vertical et de nature libidinale tendre, relie chaque membre de la foule au meneur (*Führer*), cependant que l'autre, de nature proprement identificatoire, unit entre eux les membres de la foule. Freud ne précise guère, du moins en 1921, la qualité du régime affectif qui marquerait ce lien identificatoire, sinon son rapport double et ambigu avec le caractère de nature hypnotique propre au lien vertical, dans lequel il s'imbrique, et la finalité sociale propre au lien homosexuel, auquel il s'apparente.

g/ La troisième forme est **l'identification primaire**, qui apparaît pour la première fois dans un passage célèbre du titre de 1921, lequel d'ailleurs forme diptyque avec un passage non moins célèbre, figurant dans *Le moi et le ça* (1923). Les contenus respectifs de ces deux textes sont, en plus d'un point, incompatibles. Leur économie interne est travaillée par un système dynamique de tensions qui a peu d'autres équivalents dans l'œuvre de Freud, et qui paraît être l'indication de difficultés théoriques majeures, dont l'insistance apparemment ancienne se mobilise alors, et se compose en une forme d'entrelacs, sinon de nœud gordien. En fait, ce thème de l'identification primaire se laisse annoncer dans plusieurs textes, où prennent forme les vecteurs théoriques divergents qui en agencent la structure dans les textes ultérieurs de 1921 et 1923 (mars 1914, oct. 1914 (1918), 1905 éd. 1915, 1915 (1917)).

L'identification primaire, comme on sait, représente l'ébauche d'une éventuelle relation d'objet. C'est un type de lien affectif dont la qualité peut devenir libidinale, sans l'être à l'origine. Quant à la qualité affective spécifique qui l'accompagne, il nous est dit cependant qu'elle exprime « un intérêt particulier » pour l'objet[352].

h/ Dans *Pourquoi la guerre ?* (1933 b) Freud reprend la question, formulée en 1921, de l'autre « type de lien affectif », du « double mode de lien »[353]. Il décrit le lien social comme reposant sur des rapports de violence, en même temps que sur

---

352 Id., 1921, 167.
353 Ibid., 156, 166, 171, 199.

des « liens de sentiment » (*Gefühlsbindung, emotional tie*), dont les uns sont de nature libidinale (*Liebe*), et dont les autres sont des « **sentiments communautaires** » (*Gemeingefühle*), où s'expriment les identifications du groupe. On peut agir à la rigueur sur ces derniers, mais beaucoup plus difficilement sur les autres. Dans ce texte, le concept d'émotion-sentiment (*Gefühl*) à la fois recouvre la notion d'amour (*Liebe*), et s'en distingue aussi, pour désigner expressément le régime de l'affectivité propre aux identifications sociales.

i/ La même année, dans les *Nouvelles Conférences d'introduction à la psychanalyse*, le processus d'identification, en particulier sous ses formes primaires, concernant à la fois le garçon et la fille, est qualifié de façon spécifique comme un attachement (*Bindung* que Strachey (1964) a traduit par *attachment*) (voir p. 521).

j/ L'élaboration des concepts de narcissisme et d'identification primaire entraîne Freud à différencier progressivement (1914-1938) plusieurs variétés de formes primitives du processus d'identification. Nous en avons isolé **neuf formes**. Certaines, bien que de caractère incontestablement non secondaire, sont articulées à une composante libidinale, et ceci selon des mécanismes très différents. La dernière forme historiquement repérée constitue **l'identification de l'enfant au sein** (1938), présentée en propres termes par Freud comme le fondement, le substrat du lien libidinal à l'objet maternel.

Les thèmes ci-dessus étudiés (de **a** à **j**) forment une lignée à peu près continue, régulièrement jalonnée dans le temps. Ils peuvent apparaître à bon droit comme les pierres d'attente, les bases virtuelles, posées dans la perspective d'une métapsychologie de l'autre type de lien, autrement dit de l'attachement, elle-même fondée sur une théorie d'ensemble des formes primitives du processus d'identification. Toutefois, avant de tenter d'en tracer le croquis essentiel, venons-en à préciser les raisons qui auraient empêché Freud de développer cette théorie de l'autre forme de lien jusqu'à ses dernières conséquences.

Comme on l'a déjà développé plus haut, deux courants de pensée, d'ailleurs non dépourvus d'interférences réciproques, nous semblent marquer la première période d'élaboration de la pensée freudienne (1888-1905). L'un, prédominant, insistons-y encore, conduit aux notions cardinales qui s'organiseront dans les *Trois essais* autour du concept de sexualité infantile, en particulier la notion d'auto-érotisme. L'autre courant, jalonné par les notions d'expression émotionnelle (1890, 1895 a, 1900, 1905 c), d'état de détresse néonatal (1895 a, 1900, 1905 a), et d'identification (1897, 1899, 1900)[354], comporte ultérieurement un double destin : d'une part la doctrine des identifications secondaires, d'autre part cette série de points d'appui où s'esquisse une théorie des formes primitives de l'identification.

Si l'on envisage le problème de la construction primitive du sujet, ces deux courants de pensée confrontent Freud à la nécessité, dans la période 1900-1905, de décrire **trois formes primordiales de l'expérience**. Les deux premières concernent le régime libidinal, la troisième le régime non libidinal de l'affectivité. Ce

---

[354] Id., NP : 170, 175, 183, 185, 270 ; 1900 : 136-137, 276-279, 311, 367, 375, 391, à propos de l'identification.

sont : a/ **l'auto-érotisme**, conduite de type centripète-autoplastique, que nous désignons comme solipsisme libidinal ; b/ **la séduction**, expérience de caractère allo-érotique centripète, hétéropathique, que nous appelons intersubjectivité libidinale ; c/ les formes de l'autre type de lien, en particulier l'expression émotionnelle, conduite de caractère allo-affectif centrifuge, auto-alloplastique, et dont nous qualifions le registre sous l'expression d'intersubjectivité non libidinale.

Or, le modèle psychogénétique de Freud, en l'occurrence le modèle de l'état de détresse, est décrit alors comme intégrant les formes **a** et **c** que nous venons de distinguer. Cependant, si ce modèle se réfère à la notion de trace mnésique de l'expérience de satisfaction, il n'intègre pas explicitement dans sa propre dimension le champ effectif d'une telle expérience : le temps allo-érotique de la séduction, lié à l'incorporation, et décrit ci-dessus comme la forme **b**.

Le fonctionnement auto-érotique représente le temps fort, au point de vue structural, du développement primitif de la sexualité infantile. Cependant, du point de vue fonctionnel et génétique, le régime allo-érotique repéré par les notions d'étayage et de séduction comporte sur le premier une forme de prévalence. Or, sa prise en compte dans la pensée freudienne introduit le schème fondamental de **l'incorporation**. Cet événement se produit entre 1912 et 1915.

Le thème de l'absorption alimentaire (*Akt des Verzehrens*) rencontre dans *Totem et tabou* (1912)[355] celui de l'identification, par le truchement de la notion à la fois positive et métaphorique, ethnographique et mythique de cannibalisme. Dans la même période (1914), le matériel cannibalistique apporté par l'analyse de *L'homme aux loups* aurait, d'après Strachey, joué un rôle clinique important dans cette évolution de la pensée freudienne (Freud : 1918, p. 407). Enfin l'édition de 1915 des *Trois essais* introduit, pour la première fois, la notion d'incorporation (*Einverleibung*).

Or, ce concept fondamental d'incorporation va désormais assurer la description de trois types de buts et de processus : **a** / l'absorption alimentaire en tant que **but fonctionnel** (a) étayant le **but sexuel** (**b**) ; et enfin **c** / les **processus d'identification** sous toutes leurs formes.

Par ailleurs, ce concept, sous son acception spécifique (**c**) d'identification-incorporation, prend le relais dans la pensée freudienne du thème de l'émotion, dont il paraît en quelque sorte assumer la fonction de mécanisme propre du lien social non-libidinal. Or, en décrivant l'expression émotionnelle, sur le plan phénoménologique, comme une conduite de type centripète-centrifuge, centrée à la fois sur le sujet propre et sur l'autre sujet, Freud faisait preuve d'une intuition parfaitement juste. Cependant, la catégorie comportementale susceptible d'encadrer au plan théorique une telle description paraît lui faire défaut[356]. Cette situation

---

[355] Soit exactement un an après le texte intitulé *Formulations sur les deux principes du fonctionnement psychique* (1911 b), où se repère la dernière résurgence notable du modèle psychogénétique de l'état de détresse coordonné au thème de l'émotion. Rappelons que *Totem et Tabou* a été rédigé entre janv.-fév. 1912 (ch. 1 et 2 ; ch. 3 en oct.) et mai 1913 (ch. 4) (Jones Ernest : 2, 1961, 375-376).

[356] Effectivement, l'article de Sherrington sur « Le tonus plastique et les réflexes proprioceptifs » date de 1909. Cependant, Freud expose déjà en 1905 c l'essentiel des données physiologiques, dont

expliquerait le fait que Freud se soit détourné, dès les années 1900 et pour une longue période du thème de l'expression émotionnelle. En fait, la description ultérieure (1921, 1923) de l'identification primaire en termes d'incorporation, c'est-à-dire par référence à un modèle de caractère exclusivement centripète, soulève de grosses difficultés, notamment en ce qui concerne l'articulation de cette notion avec celles de narcissisme et de modèle, dont le couple de termes polaires paraît impliquer une double dimension centripète-centrifuge, autoplastique-alloplastique, introjective-projective.

Or, la catégorie originale d'**activité propriofective-plastique**, que Wallon forge apparemment à partir des propres concepts de Sherrington (1906, 1909), de Cannon (1929), et de Ferenczi (1919, 1932), lui permet de décrire, non seulement l'émotion, mais encore tout un ensemble fonctionnel de conduites structurées selon ces deux vecteurs centripète et centrifuge, dont le jeu contradictoire construit dans un même mouvement l'intra- et l'intersubjectivité, l'intériorité du sujet et la relation à l'autre. Cette catégorie d'activité proprioplastique intègre, selon une dimension proprement dialectique, le paradoxe d'un ensemble de conduites dont le dénominateur commun est le caractère centripète-centrifuge, auto-alloplastique, intéro-extérofective. Apparemment, c'est cette matrice conceptuelle que Freud n'est pas parvenu à maîtriser sur le plan théorique, bien qu'il l'ait approché de fort près, dans la période 1890-1905, sur le plan de la description purement phénoménologique[357].

Une autre raison, d'ailleurs peut-être liée à la première, pour laquelle Freud abandonne progressivement la ligne de pensée liée au thème de l'**expressivité sociale**, réside probablement dans le relatif désintérêt qu'il a toujours affiché à l'égard d'une théorie conséquente des pulsions d'auto-conservation. Ce point est bien souligné par Laplanche et Pontalis. Or le thème de l'état de détresse, qui fournit à Freud son premier modèle psychogénétique, s'inscrit sans aucune ambiguïté dans cette problématique de l'auto-conservation. Par ailleurs, comme on l'a déjà souligné, l'axe principal de la démarche wallonienne s'ordonne par rapport à cette dimension, d'ordre relativement marginal pour Freud, des fonctions d'auto-conservation. Or, la description adéquate de ce dernier registre fonctionnel implique une catégorie structurée selon le couple bipolaire intéro-extérofectivité, à la

---

Sherrington décrit le modèle en 1909. Il existe aussi d'autres titres de synthèse importants de Sherrington : « Le Système nerveux central », *Traité de physiologie*, III, XVI (en coll. avec Forster), London, Macmillan, 1897 ; et *The Integrative action of the nervous system*, London, Constable, 1906.

[357] Wallon introduit la catégorie d'activité proprioplastique dans *La vie mentale* (1938 n° 103). Il l'utilise une fois, comme titre de section pour rassembler son propre chapitre sur « les émotions », celui de Dumas sur « la mimique », celui de Guillaume sur « l'imitation », et celui de Logre sur « les troubles de l'activité proprioplastique ». Aucun autre des collaborateurs de *La vie mentale* apparemment n'utilise cette expression. Wallon, qui, de toute évidence, a conçu le plan d'ensemble et l'appareil des titres de tout le volume, dont il était le directeur, en est très certainement l'auteur. Cependant, il ne reprendra pas cette notion dans son œuvre ultérieure, du moins à notre connaissance. Ce fait pose un problème embarrassant au point de vue historique et épistémologique. Cependant, Piéron avait bien vu l'importance essentielle de cette notion, puisqu'il la définit, dans le *Vocabulaire de la Psychologie*, de façon très conforme à son usage dans *La vie mentale*.

différence, comme cela est clair, du régime initial de fonctionnement auto-érotique propre à la pulsion. C'est ce primat du **temps « auto » ou selbst** (Laplanche) dans le régime primaire de la pulsion, qui bloque, d'ailleurs pour d'excellentes raisons, tout import d'une catégorie dialectique, à certaines réserves près, dans la description freudienne de la psychogenèse. Quant au mobile profond d'un tel désintérêt de la part de Freud, on peut l'expliquer très plausiblement aussi par le fait que le développement conséquent d'une théorie des pulsions d'auto-conservation eût rabattu sa démarche sur le terrain de la neurologie, dont il s'était efforcé dès l'origine de détacher la psychanalyse.

Dans son application descriptive, la catégorie d'activité proprioplastique recouvre tout un ensemble de conduites dont le contenu matériel intéresse par lui-même l'approche psychanalytique du très jeune enfant. À cet égard, **Spitz et Lacan** qui, dans des perspectives diverses, en ont bien apprécié l'importance, sont **parfois très proches de Wallon. Lagache aussi** a signalé l'intérêt de ces conduites pour l'enrichissement de la doctrine psychanalytique.

Cependant, en dehors des analyses concrètes, l'intérêt des conceptions walloniennes n'est pas moindre en ce qui concerne les types généraux de mécanismes mis en œuvre, et qui paraissent communs à l'ensemble de la série génétique de ces conduites particulières. On peut faire plusieurs remarques à cet égard.

Il existe, comme on y a déjà fait allusion (1998), deux paradigmes fondamentaux concernant les mécanismes propres aux identifications primitives. L'un est celui du dédoublement, de la refente de l'unité-dyade (paradigme « hégélien »), que Freud a décrit à propos des couples d'identifications perverses (1915 a). Le second est celui du mécanisme d'**introjection-projection** (paradigme « fichtéen »), décrit par Freud, dans le même texte, à propos de la formation du moi-plaisir purifié, et que Mélanie Klein a utilisé, de façon préférentielle mais non exclusive, dans sa description des identifications précoces[358].

L'originalité de la démarche de Wallon est d'intégrer, au niveau de toutes les descriptions concrètes qu'il donne des diverses conduites proprioplastiques, ces deux mécanismes, comme si chacun avait un rôle spécifique dans le double processus de la formation du moi en rapport avec l'image de l'autre. Lagache, nous l'avons déjà indiqué au passage, a bien entrevu cet aspect épistémologique particulier propre au modèle wallonien d'explication de la psychogenèse.

Apparemment, Wallon insiste de façon plus marquée sur le fonctionnement du premier type de mécanisme (**dédoublement-refente**). Cependant, il a aussi, à l'occasion (1956 b), clairement exposé le second (introjection-projection), qui par ailleurs fonctionne toujours, de manière entrelacée avec le premier, tout au long de son œuvre : « L'œuvre de Freud, écrit-il, met en jeu les rapports avec autrui de semi-confusion (*dédoublement hégélien (Entzweiung)*), d'identification, d'introjection et

[358] Comme nous l'avions indiqué alors, nous n'envisageons ces références à Hegel et à Fichte que sur un mode métaphorique, sans préjuger d'aucune influence historique clairement assignable.

de projection (*jeu fichtéen du moi et du non-moi*) qui concourent chez l'enfant à former sa personnalité »[359].

Le premier mécanisme met en œuvre un processus de « **participation contrastante** », d'union-défusion, de confusion-différenciation opérant sur le couple sujet-autre. Ce processus déploie son mouvement entre deux formes d'identification : l'une de nature fusionnelle, symbiotique, unitive et participative ; l'autre de nature duelle, solidaire, distinctive et corrélative. L'une et l'autre formes sont parfois qualifiées de « subjective » et d' « objective » (voir p. 522). La seconde forme se réalise en tant que structure de la « double identification » (Lagache, 1954), du couple des identifications, dont chacune est à la fois transitive et réflexive : s'identifier soi-même du fait d'identifier autrui. Sur ce point, il nous semble que Wallon aurait repris et perfectionné le premier paradigme dégagé par Freud dans *Pulsions et destins des pulsions*, au niveau de l'analyse des couples sadisme-masochisme, voyeurisme-exhibitionnisme (voir 10.8.).

Or, Spitz, dont les développements présentent un nombre non négligeable de correspondances avec l'œuvre de Wallon, utilise lui-même de façon constante, dans sa description des formes d'identification, ce schème fondamental fusion-défusion indiqué tout d'abord par Freud lui-même dans son texte de 1915, avant d'être repris par Wallon (Freud : voir pp. 540-541, 543-544 ; Wallon : p. 522).

En ce qui concerne Lagache, qui forge, en référence même à Wallon, l'expression de **double identification**, il l'élabore pour son compte au profit d'une conception « triangulaire » de l'identification : qu'elles qu'en soient les formes, ce processus consiste dans l'intériorisation par le sujet (*ego*) d'une relation interpersonnelle, d'une relation entre l'image de l'*« ego »* et celle de l' *« alter ego »*. Assurément, il convient de référer aussi l'origine de cette intéressante notion de double identification, introduite par Lagache, aux deux couples ci-dessus des identifications perverses décrits par Freud en 1915 a.

Pour sa part, Lacan utilise également ce modèle « hégélien » du type de dédoublement, et même avec un privilège exclusif par rapport au couple introjection-projection. En fait, dans sa propre conception aussi, la relation duelle, qu'interprète ce modèle, requiert la médiation d'un troisième terme, qui l'inscrit implicitement, et dès le principe, dans une **relation triangulaire primitive**.

Du reste, chez l'ensemble des auteurs dont l'intérêt est centré par le procès de différenciation primaire entre l'*ego* et l'*alter ego*, en d'autres termes, la genèse de la relation duelle, celle-ci tend à basculer, selon un schème du type **« deux-font-trois »**, dans une structure tripolaire. De fait, tout lien duel est triangulé. Cette formulation contradictoire, qui semble comporter une signification fonctionnelle plus générale que son illustration effective dans la structure œdipienne, se développe, en variantes diverses, dans les conceptions respectives de Lagache et de Lacan, mais aussi bien de Spitz. Au demeurant, on peut à bon droit soutenir que toute l'œuvre de Wallon s'en est également sans aucun doute inspirée, ceci d'une façon particulièrement illustrative dans sa très remarquable théorie de l' « autre ».

---

[359] Wallon Henri in WFP : 1954 n° 208, 515.

Enfin, on retrouve ce thème du « tiers primitif » chez nombre d'auteurs actuels (Laplanche, Dolto).

Une autre remarque s'impose encore à l'égard de ce premier mécanisme, du type dédoublement, que met en œuvre le modèle wallonien. Il nous semble que Wallon effectue de ce mécanisme un traitement particulièrement intéressant, en ce qu'il y intègre la **double acception, transitive (identifier soi et l'autre) et intransitive (s'identifier à l'autre, l'identifier à soi) des processus d'identification.** Certains psychanalystes ont souligné l'intérêt particulier que comporterait, pour la doctrine psychanalytique de l'identification, une articulation mieux explicitée de ces deux aspects (Donnet et Pinel, 1968). En réalité, Freud lui-même a anticipé la solution de ce problème en rapprochant à certains égards, comme le soulignent d'ailleurs ces deux auteurs, l'identification hystérique, de type intransitif, et l'identification onirique[360], de type transitif.

Par ailleurs, les couples d'identifications perverses semblent bien mettre en jeu une double structure d'ordre à la fois intransitif et transitif : le sadique s'identifie au masochiste, tandis qu'il s'identifie lui-même comme sadique, en identifiant le masochiste lui-même comme tel (voir pp. 538-541). Lacan (1938) paraît lui aussi suggérer l'imbrication de ces deux modes transitif et intransitif de l'identification.

L'**identification fusionnelle**, dont part le mécanisme de fusion-différenciation est de type intransitif (en tant que « participation » symbiotique **à**) cependant que le mécanisme en question élabore, au cours de la psychogenèse, des formes de plus en plus différenciées d'identification **duelle, de type** simultanément transitif et **réflexif** (identifier soi et l'autre). Or, par cette composante intransitive, ce premier mécanisme fait jonction, vient se souder avec l'autre type de mécanisme, c'est-à-dire le couple introjection-projection, en tant que s'y construisent les deux formes d'identification intransitives : de soi à l'autre (**introjective**) et de l'autre à soi (**projective**). À cet égard, il paraît exister un réseau de correspondances assez serré entre différents auteurs : **Scheler** (identifications hétéropathique et idiopathique, 1923), **Ferenczi** (conduites autoplastiques et alloplastiques, 1919, 1932), Mélanie **Klein** (identifications introjective et projective, 1946). Or **Lagache** (1954) unifie ces courants : il distingue entre une forme d'identification introjective-autoplastique, hétéropathique, et une autre forme dite projective-alloplastique, idiopathique. **Wallon** (1956) introduit la distinction entre les formes centripète et centrifuge d'identification. En fait, il en utilise, comme nous avions essayé de le montrer (1998) les deux mécanismes en question depuis fort longtemps (1934) dans son œuvre. Enfin, **Hesnard** (1957) reprend la double distinction de Lagache et Wallon.

Il n'est pas inconcevable qu'une théorie cohérente des formes primitives des processus d'identification ait à recourir, par une exigence structurale interne, à ce procédé d'intégration réciproque des deux mécanismes de fusion-défusion et

---

[360] Type particulier de condensation qui produit le phénomène de la « personne de couverture » ou du « personnage composite » dans le travail du rêve.

d'introjection-projection, telle que l'a réalisée Wallon dans son œuvre. De plus, les deux mécanismes pourraient comporter des **fonctions différentes et complémentaires** dans l'organisation primitive de l'expérience. Le premier concernerait la relation sujet-sujet, la formation de l'image du double, en tant qu'autre sujet. Le second s'appliquerait à la relation sujet-objet, à la genèse de la relation à l'autre, en tant que forme d'objet. Nous entendons évidemment ici le terme objet au sens de la relation objectale. Le premier aspect renverrait à la conception de Lacan, le second plutôt à celle de Mélanie Klein. Cependant, de telles propositions nous paraissent, dans l'état, imprécises et demanderaient une élaboration plus poussée.

La théorie psychanalytique n'a jamais, jusqu'à présent, réalisé l'intégration des deux modèles isomorphes décrits par Freud en 1915, et que lui-même a abandonnés comme des schémas sans destin ultérieur notable pour ses propres conceptions cliniques et métapsychologiques. Or le succès du procédé intégratif mis en œuvre par la psychologie de Wallon nous paraît tenir à une conjoncture théorique précise. Il s'agirait de la **richesse des propriétés structurales et fonctionnelles** de la catégorie d'activité proprioplastique. En premier lieu, l'activité proprioplastique se trouve être la source de toute une série de processus de dédoublement, dont l'imitation par exemple - mais il en est d'autres - est la forme la mieux connue. En second lieu, du fait même de son type de fonctionnement bipolaire selon les vecteurs autoplastique-centripète et alloplastique-centrifuge, la fonction proprioplastique peut apparaître, de façon assez naturelle, comme un substrat comportemental possible pour les mécanismes d'introjection/projection.

En plusieurs endroits de l'œuvre de Freud, comme nous avons essayé de le montrer (points a, b, c, d ci-dessus), on perçoit les marques d'un intérêt évident à l'égard d'un ensemble fonctionnel de conduites qui comprendrait, outre les manifestations végétatives et expressives propres à l'émotion, les mécanismes d'ordre plus général mettant en jeu la fonction des attitudes et des postures, et certaines formes comportementales où s'investit celle-ci, en particulier la mimique et l'imitation. En outre, **l'ensemble de cette organisation posturo-motrice aurait rapport avec l'identification et ses effets sociaux** : coopération et inhibition de l'agression. En dépit de la relative rareté des indications de Freud à ce sujet, cette suggestion paraît tout à fait fondée, si l'on prend soin de rassembler et de confronter l'ensemble des textes où se formule, sous ces aspects divers, cette question : non seulement les textes déjà bien connus concernant l'expression des émotions (*Ausdruck der Gemütsbewegung* : 1895 a, 1900, 1911 b), mais aussi le texte de 1890 sur le « traitement d'âme », le long passage du *Mot d'esprit* (1905 c), et enfin la note de *Psychologie des foules* (1921) (voir points e, f, g, h, i, j ci-dessus).

D'après nous, cet archipel théorique entretiendrait un rapport implicite, jusqu'ici peu souligné, avec le concept de **pulsions du moi ou d'auto-conservation**, dont il est convenu de considérer que Freud ne s'est pas attaché à pleinement le développer, au point même, à partir de 1920, d'en dissoudre la spécificité à l'égard des pulsions sexuelles, en résorbant les deux catégories « dans le cadre de l'Éros »[361]. Remarque d'autant plus digne d'intérêt que le registre de l'auto-conservation semble bien proche, ce qui n'a guère été remarqué jusqu'ici, du concept courant d'adaptation tel qu'il fonctionne en psychologie, par exemple dans l'appareil notionnel de la psychologie développementale d'un Piaget.

Il nous semble que la catégorie wallonienne d'activité propriofective-plastique opère de façon conséquente dans ce registre de l'auto-conservation, dont Freud s'est empêché de poursuivre l'investigation, quitte à rencontrer ultérieurement de sérieuses difficultés spéculatives dans l'approche du problème des formes primitives de l'identification. La psychologie de Wallon est partie de ces ébauches d'un secteur théorique délaissé par Freud, pour le développer et l'enrichir, de manière à lui permettre en quelque sorte de pouvoir faire retour aujourd'hui au profit d'une extension éventuelle des acquis de la pensée psychanalytique. La psychologie de Wallon est fondamentalement **une psychologie de l'attachement**, qui développerait les conséquences - laissées en chantier par Freud -, liées à la catégorie de pulsions d'auto-conservation. Bien entendu, les données walloniennes ne sauraient aujourd'hui être utilisées telles quelles : elles nous paraissent mériter une réélaboration propre à les dégager de cette forme de gangue neurophysiologique et comportementale qui, de l'avis justifié de bien des psychanalystes, porte malgré tout la marque de l'époque. D'ailleurs, cette réélaboration a déjà été entreprise par les principaux représentants de l'école de Wallon (Malrieu). En outre, certains psychanalystes ont déjà souligné l'importance de la fonction de la posture, de l'organisation gestuelle, à l'égard du développement psychique[362]. Cependant, les considérations précédentes appellent encore quelque éclaircissement.

En fait, les esquisses de ce thème théorique complexe et marginal tracées par Freud laissent entrevoir le point suivant. C'est que le registre de l'auto-conservation, en fait l'ensemble des fonctions vitales, ne comprend pas seulement la fonction nutritive, sur laquelle Freud a mis l'accent à peu près exclusif, mais aussi la fonction primaire du lien, les conduites de l'ordre de l'attachement, en tant que mécanismes préposés à la conservation de l'individu en même temps que de l'espèce. De ce point de vue, il nous paraîtrait légitime, et tout le travail scientifique de Wallon semble en faire la suggestion, de rattacher la notion moderne d'attachement au concept freudien de fonctions d'auto-conservation. Ceci dit, un tel rapprochement semble aussitôt comporter des conséquences importantes.

En premier lieu, l'identification primaire en même temps que les autres formes primitives d'identification, y compris leurs formes collectives, peuvent apparaître comme autant de variétés de conduites illustrant le mécanisme général de l'attachement. Or, le fait de relier, par le biais de la notion d'attachement, cet en-

---

[361] Freud Sigmund : 1938, 8.

[362] Malrieu, *passim* ; Anzieu et col., 1974 ; Ribble, 1944 ; Klein, 1952 ; Hesnard, 1957 ; Doron, 1971 ; Laplanche, 1970 (11.2., 11.4.). Bowlby souligne, à propos de l'attachement, « sa fonction biologique… une fonction de protection… contre les prédateurs ». Dans un autre contexte, il avoue avoir été « beaucoup influencé par la façon de voir de Mélanie Klein », dont les formulations cependant ne le contentaient pas. En fait, il nous semble qu'on peut entrevoir les rudiments de la notion d'attachement chez Mélanie Klein dès 1937, 1952.

semble très riche de variétés d'identification à une conception élargie des fonctions d'auto-conservation, permettrait de les situer dans une perspective d'une cohérence toute nouvelle. Cette cohérence, Freud ne pouvait l'exprimer ni la développer en une véritable **métapsychologie de l'attachement**, venant prendre place à côté de la métapsychologie des pulsions, en raison même du fait qu'en 1920, date à partir de laquelle il repère la plupart de ces variétés primitives d'identification, il a précisément dissout la catégorie de pulsions d'auto-conservation « dans le cadre de l'Éros », dans l'ensemble des pulsions de vie.

En second lieu, à situer l'identification primaire dans le même cadre théorique que les formes collectives d'identification, en tant que rameaux variés du genre attachement, on comprendrait beaucoup mieux le rapport entre les **deux formes primaires de procès**, de la constitution de la monade narcissique, de l' « être du sujet » d'une part, et de l'instauration du lien social, sous sa double forme libidinale (« avoir ») et non libidinale (« être comme ») d'autre part[363]. Or, une telle situation, nous semble-t-il, introduirait un amendement non négligeable à l'égard de ce « risque d'idéalisme » (Widlöcher, 1979) que Wallon détecte, sous diverses formes d'arguments, comme l'un des « points chauds » de la pensée psychanalytique.

En troisième lieu, le rattachement des formes primitives de l'identification, en tant qu'espèces du genre attachement, à un régime élargi de l'auto-conservation permettrait d'envisager la généralisation du mécanisme de l'étayage à d'autres contextes fonctionnels que le phénomène de la nutrition, en particulier à ce que l'on peut appeler la « **fonction du lien** ». Les espèces diverses du genre attachement seraient susceptibles, au même titre que la fonction nutritive, de se prêter au mécanisme d'étayage de la pulsion sexuelle. D'ailleurs, Freud a entrevu lui-même l'extension du mécanisme d'étayage en dehors du strict contexte de la fonction nutritive : en premier lieu : double étayage, dans le sado-masochisme, de la satisfaction sexuelle sur le sadisme non sexuel, c'est-à-dire sur la pulsion d'emprise, en même temps que sur la douleur (1915 a, voir le point de vue de Laplanche note 264). En second lieu : diversité des mécanismes décrivant le rapport entre certains types d'identifications primitives et une composante libidinale. Par ailleurs, on comprendrait sous un jour assez nouveau l'identification primaire, en tant que lien non libidinal susceptible de recevoir la « greffe » d'une relation d'objet, ce qui est justement la définition de l'étayage. De toute évidence, l'identification primaire ne peut comporter cette propriété, constamment avouée par Freud, d'admettre un greffon libidinal éventuel, que si on la rattache en quelque manière au régime d'ensemble de l'auto-conservation.

Certes, on peut soutenir que la notion d'un double régime de l'affectivité, dont les formes de manifestations relèvent respectivement des pulsions sexuelles et des pulsions d'auto-conservation, ne soulève en définitive qu'une question aca-

---

[363] À propos des termes entre guillemets, voir Freud : 1921, EP, 167-168 ; GW 13, 115-116 : « *sein wie...* , *haben...* , *sein... am Subjekt* ».

démique qui, en tout état de cause, n'aurait plus aucune signification dans la deuxième topique, puisque justement la distinction antérieure entre ces deux formes de pulsions y devient caduque.

Effectivement, un auteur comme Mélanie Klein paraît bien avoir tiré la leçon de cet état de choses, dans la mesure où son propre système de pensée aboutit pratiquement à fondre la notion d'identification précoce avec celle de relation d'objet. C'est ce qu'exprime tout à fait clairement et, à maintes reprises, le commentaire de Petot : « la première relation d'objet authentique, écrit-il, se confond avec la première identification… Amour et identification sont indiscernables »[364].

Certes, une telle perspective peut se justifier, en grande partie, dans le domaine de la clinique et de la psychanalyse infantiles, et elle peut même se prévaloir d'antécédents incontestables dans la pensée freudienne (1923, 1933, 1938).

En réalité, Freud n'a jamais consenti à réduire sa propre conception de la psychanalyse au strict champ de la psychogenèse, mais il a toujours tenu, et de plus en plus dans le développement de sa pensée, à partir de *Totem et tabou*, à l'étendre à l'analyse des formations sociales (1921, 1923 a, 1927, 1930, 1933 b, 1939). En outre, il est hautement caractéristique, et presque contradictoire, que ce soit avec le tournant de 1920, où se dissout la spécificité du régime de l'auto-conservation, que Freud ait explicitement introduit, pour la première fois dans son œuvre, le **thème du « double lien »**.

En particulier, cette tension entre l'appareil conceptuel nouveau introduit par la deuxième topique (vie/mort) et l'analyse des formes du sentiment social, des formes sociales de l'affectivité, apparaît de façon assez claire, référons-nous y encore, dans le titre *Pourquoi la guerre ?* (1933 b). Freud y expose à Einstein, en termes où se rejoignent curieusement le ton de l'exposé populaire et celui de la spéculation philosophique, la nouvelle conception des pulsions : « Ce n'est, en fait, explique-t-il, que la transmutation théorique de l'opposition universellement connue entre l'amour et la haine, qui entretient peut-être une relation originaire avec le couple attraction-répulsion, lequel joue un rôle dans votre domaine… nos théories sont une sorte de mythologie… Mais **toute science de la nature n'aboutit-elle pas à une telle sorte de mythologie** ?… En est-il autrement pour vous dans la physique contemporaine ? ».

Or, l'analyse des « **liens de sentiment communautaires** » (*Gefühlsbindungen*, *Gemeingefühle*), en tant que formes d'expression des identifications sociales, échoue pratiquement, sous la plume de Freud, à se rattacher à son exposé du dualisme pulsionnel. Ces sentiments, on l'a vu, ne sont **pas de l'ordre de l'amour**. Freud suggère qu'ils expriment « la cohésion d'une vaste unité », où se reflète effectivement le passage de la violence individuelle au droit. Mais le droit est toujours une forme de « violence… celle de la communauté », une forme de contre-violence exercée à l'égard de la « violence d'un seul ». En outre, il existe, développe-t-il, une forme de balance, de principe de compensation, entre les deux sortes de facteurs qui maintiennent la cohésion sociale, à savoir « la contrainte de la

[364] Petot Jean-Marie : 1982, 40-41, 273-275.

violence » et « les identifications ». Tout dépendrait des formes historiques de sociétés. Enfin, il est assez curieux de voir ce texte réintroduire, dans les parages de tels propos, l'opposition propre à la première topique entre « la pulsion d'auto-conservation » et « la pulsion amoureuse », comme si cet **usage réglé de la violence contre la violence primaire, d'où surgit l'affectivité sociale**, c'est-à-dire ce *Gefühlsbindung* qui n'est en rien de l'ordre du *Liebe*, avait quelque rapport avec les pulsions d'auto-conservation, mais comme si, par paradoxe, celles-ci chevauchaient en même temps sur la « pulsion de destruction »[365]. De toute évidence, l'analyse des sentiments sociaux ne paraît pas s'insérer aisément pour Freud, dans le simple cadre du nouveau dualisme pulsionnel, sauf à y introduire des aménagements qui réintégreraient en partie les données de la première topique.

Avançons une formule triviale, et reconnue à peu près, nous semble-t-il, de tout un chacun : **la vie sociale, ce n'est pas toujours la guerre, mais ce n'est jamais l'amour**. D'ailleurs, l'antinomie existant entre la satisfaction sexuelle et l'énergie requise par le travail de la civilisation représente l'un des présupposés constants de la pensée sociologique de Freud. Assurément le lien libidinal, fût-il originellement auto-érotique, est fondamentalement un lien social, mais la réciproque n'est pas vraie : le lien social excède le lien libidinal. Il est nécessaire de distinguer le lien affectif-social du lien affectif-libidinal.

Assurément, au double point de vue phénoménologique et clinique, l'alliance, en proportions variables, des « pulsions érotiques » et de la « pulsion de mort, de haine », ainsi que, par déplacement des espèces à l'intérieur du cadre générique de l'Éros, de la « pulsion d'auto-conservation » et de la « pulsion d'agression », de la « pulsion amoureuse » et de la « pulsion d'appropriation », cette alliance ne fait pas difficulté[366].

Cependant, il n'en est pas de même au point de vue métapsychologique, c'est-à-dire dans une perspective structurale, et non plus simplement fonctionnelle. De ce point de vue structural, le chevauchement de la pulsion d'auto-conservation, en tant qu'espèce de l'Éros, sur la pulsion d'agression, repérant peut-être l'écart où se situe **cette marge d'excès du lien social** par rapport au lien libidinal, nous paraît constituer l'une des apories fécondes, et toujours urgente, qui marque dès les origines le progrès de la pensée psychanalytique. Ce n'est pas le moindre paradoxe qu'un grand psychologue, ni psychanalysé ni psychanalyste, puisse apporter encore à ce jour, c'est du moins notre avis, une contribution non négligeable sinon à la solution d'une telle aporie, du moins à son aménagement.

Pour finir, nous aimerions proposer un modèle, de portée restreinte aussi bien que provisoire, de ce chevauchement inter-topiques dont nous venons de faire état, et qui nous semble constituer une voie d'accès, pour le moment assez

---

[365] Id., 1933 b, 205-206, 208, 210.

[366] Nous utilisons, à dessein, les différents couples de termes dont use lui-même Freud dans 1933 b : *erotischen Triebe*, *Todestrieb Trieb zum Hasse und Vernichten*, *Selbsterhaltungstrieb*, *Aggressionstrieb*, *Liebestrieb*, *Bemachtigungstrieb*, G W 16, 20-21 ; voir schéma ci-dessous. Voir RIP 2, 1985, 209-211.

étroite, vers une appréciation plus adéquate de cet écart entre les deux espèces de cette embarrassante et précieuse catégorie du « double lien ».

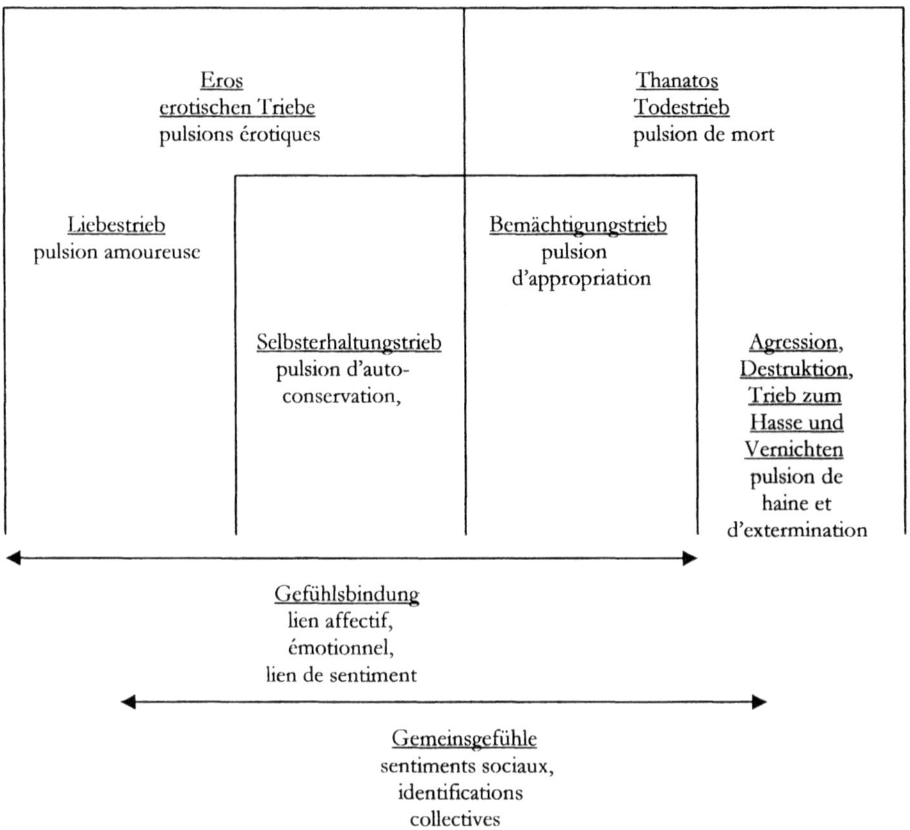

11.2. Les jugements de psychanalystes et de psychologues sur Wallon

L'essai de mise en ordre et en perspective, sur un thème d'étude déterminé, d'une bibliographie étalée sur plusieurs décennies n'est pas un exercice au goût de la mode actuelle dans la recherche en psychologie. Comme partout dans les disciplines scientifiques, celles de la nature, de même que dans celles des sciences humaines qui tentent de s'ajuster tant bien que mal au modèle dur de celles-ci, le savoir acquis est considéré comme caduc, et la littérature le concernant jeté dans les oubliettes au bout d'une dizaine d'années à peu près. Dans une discipline aussi difficile à maîtriser que la psychologie, une telle attitude a conduit, dans un pays comme la France, à une ruine à peu près totale de la culture scientifique, ce dont nous avons établi, au cours d'une enquête établie sur des années, le diagnostic irréfragable, bilan qui ne fait assurément pas plaisir à l'*establishment* concerné, mais à propos duquel les esprits perspicaces ne peuvent plus accepter de s'en laisser compter.

Au cours d'une espèce de colloque tenu à Paris en septembre par l'*establishment* de la psychanalyse universitaire pour établir le bilan provisoire de sa misère, avant qu'elle n'empire encore un peu plus, un professeur responsable d'un laboratoire de recherche en psychopathologie à l'université de Lyon gémissait publiquement de n'être pas enfin reconnu par les évaluations officielles (celles notamment du CNU à majorité objectiviste), en dépit du fait que son équipe ait produit en moyenne 100 articles par an, quelque 500 disait-il en 5 ans ! un genre d'aveu qui ne peut provoquer que la stupéfaction, si ce n'est même l'effroi, et en fin de compte le rire - *risum movent ac fastidium*, ils ébranlent le rire et le dégoût, disait Spinoza de la concierge ou de l'ivrogne qui bavardent en se prétendant libres (ainsi que nos concitoyens par exemple de leurs choix électoraux). Car enfin **que faire d'un pareil savoir en miettes** : des photographies cliniques d'une dizaine de pages ne peuvent avoir en soi aucun intérêt, leur valeur de véracité pourra toujours être mise en doute, la preuve en ce domaine ne peut être administrée de cette manière raccourcie et la bouche à demi cousue, chacun y racontant n'importe quoi sur « ses cas cliniques » - quand il ne plagie pas - sans possibilité aucune d'avérer le bien-fondé de ses observations, sauf le crédit de confiance postulé par sa bonne figure, enfin aussi bonne que possible. Demandez donc au directeur de ce laboratoire de faire un rapport de 50 pages qui tiennent debout sur le bilan scientifique de son laboratoire depuis 5 ans, il ne vous produira qu'un chapelet de borborygmes ou alors un château de cartes mensonger, selon son talent, et d'ailleurs il... s'en fout. L'important pour lui est de **faire chiffre**. Une telle déclaration publique m'a personnellement consterné sans m'étonner outre mesure. Cela fait des années que mes investigations me font anticiper un pareil désastre, et nous ne sommes pas encore au fond. Non, mesdames, non, messieurs, vous n'êtes plus crédibles, on ne peut plus vous prendre au sérieux, pas plus que vos adversaires.

Que faire pour un « jeune chercheur » confronté à ce bilan de 500 articles ? Des sachets bruissants de boutons de mercerie dépareillés. Et que vaut l'aune de ces textes comportant en général moins de 10 pages ? Lisez-en une vingtaine au hasard. De la « recherche », cela ! Des ateliers d'écriture pour assistés mentaux. La psychologie est la plus difficile de toutes les sciences ; ne parlons pas de la psychanalyse. Un des moyens de simplifier est de raccourcir, de produire des nourrissons sans bras ni jambes. En psychologie, **tout ce qui est simple est faux** ; ce qui est simplifié, raccourci est caricatural, aberrant, erroné. En Franche-Comté, jadis, on disait « raccourcir » pour guillotiner. Simplifier, **raccourcir, c'est aussi le moyen de faire taire**, de discipliner, de formater, de briser les résistances. Quant à la capacité d'évaluation des comités de lecture, on sait aussi ce qu'en vaut l'aune ! Qu'ils ne fonctionnent qu'à la « pression ». Pas la bière ! Non, la pression morale et politique de surcroît, politiquement correcte.

Dans de telles conditions, nous pensons donc que le type de bilan que nous proposons ici pourrait être extrêmement utile à la recherche en psychologie clinique et en psychanalyse, s'il s'agissait du moins de ramasser ses capacités et ses énergies, de resserrer son courage aussi dans la lutte contre un adversaire, certes armé de méthodologies plus ou moins efficientes, mais dépourvu d'orientation critique pertinente, sans boussole non plus pour définir sa véritable finalité scientifique et culturelle, sauf un scientisme inculte. Il s'agit pour commencer de savoir d'où l'on vient, comment on se relie au passé, faute de quoi on reste **sans patrie, sans racine ni tradition ni culture, ni projet** tendu vers un avenir enviable.

Nous présentons ces matériaux de manière claire et ordonnée, parfois en développant la critique, souvent aussi en la taisant et en la réservant au lecteur qui s'en jugera capable, afin de ne pas encore allonger notre propos. D'ailleurs nos développements antérieurs recoupent en quelques cas certains des propos que l'on va rencontrer ici, à ceci près que nous nous accordons le mérite d'avoir été plus au fond des choses et plus complet aussi. Certains auteurs sont aussi beaucoup plus intéressants que d'autres dans ce qui va suivre (Doron, Malrieu).

Lebovici et Soulé, dans *La connaissance de l'enfant par la psychanalyse* (1970), font état des tentatives de rapprochement entre les données psychanalytiques et la psychologie génétique de Piaget (Saussure, 1933 ; Rambert, 1945 ; Mauco, 1948 ; Odier, 1950 ; Cobliner, 1965), dont on aura l'occasion de reparler plus loin. Ils citent également, à ce sujet, nombre d'autres auteurs, « tous psychanalystes » (Anthony, Leith, Escalona, Erikson, Kris, Rapaport, Wolff)[367].

Or, à ce propos, Lebovici et Soulé font la remarque suivante : « Bien qu'elle ait trouvé un écho dans les travaux de Ajuriaguerra (1956), la confrontation entre Freud et Wallon a été beaucoup moins souvent tentée »[368]. Ils renvoient également à Bergeron.

Lebovici et Soulé signalent eux-mêmes, à propos du jeu de la bobine, l'intérêt des vues de Wallon concernant le « jeu fonctionnel »[369]. En se référant d'ailleurs à Ajuriaguerra, ils mentionnent aussi les analyses de Wallon concernant l'image spéculaire, et leurs répercussions dans l'œuvre de Lacan[370].

Bergeron (*Psychologie du premier âge. De la naissance à 3 ans*, 1951, 1966) fait mention de l'attitude problématique de Wallon à propos de la nature sexuelle des « jouissances infantiles »[371].

Il se réfère à la correspondance, établie par Koupernik, entre le système cœnesthésique de Spitz (1945) et le stade émotif de Wallon (1925)[372]. Il reproche aussi à Spitz, d'une façon un peu obscure, un usage non critique de « la notion d'émotion, dont H. Wallon a fourni une analyse si pénétrante, et qui méritait une étude plus approfondie »[373].

Il évoque la critique, souvent adressée à la pensée freudienne, d'une « doctrine séparée des structures sociales », à la différence de celle de Wallon[374]. À ce propos, il déclare préférables aux explications de l'école pavlovienne les vues de

---

[367] Lebovici Serge, Soulé Michel : 1970, 194-195.

[368] Ibid., 198.

[369] Ibid., 140.

[370] Ibid., 233-234.

[371] Bergeron Marcel : 1951, 181. Voir ici 10.13., 547-553.

[372] Ibid., 191.

[373] Ibid., 204.

[374] Ibid., 198. Voir ici 9.3., 484.

Wallon concernant « le passage de la non-différenciation originelle à la différenciation qui s'opère entre l'enfant, le monde extérieur, l'entourage… L'être en situation est continuellement envisagé dans ses rapports indissociables avec l'organisme et avec ses milieux (familial, social, culturel) » (ibid., 206-207).

Le travail collectif d'**Ajuriaguerra, Diatkine, et Badaracco** (*Psychanalyse et neurobiologie*, 1956) fait de fréquentes références à Wallon[375].

Wallon a correctement décrit le fonctionnement des principaux réflexes extéroceptifs chez le nouveau-né (aux variations lumineuses, aux mouvements et déplacements d'objets). Il a mis en lumière la notion d'espace buccal « que d'ailleurs il reprend à Stern ». Il a insisté sur « le rôle de la marche » dans l'unification de l'espace proche. Il a critiqué les théories associationnistes, y compris leurs formes nouvelles qui invoquent le conditionnement, et soutenu l'idée que l'acte est toujours « une structure », qui s'adresse à « un ensemble » et comporte « une signification intrinsèque »[376].

À propos de l'analyse wallonienne de l'image spéculaire, et de son influence sur Lacan, Ajuriaguerra et col. invoquent la notion d' « identification », en rapport avec « le développement du comportement gestuel et la socialisation des conduites qui va de pair avec l'intégration du schéma corporel ». Or, à ce propos, « comme le dit Wallon, on peut assister à une véritable imprégnation posturale du corps de l'enfant par la conduite d'autrui dont il est témoin ». En particulier, toujours d'après Wallon, « le développement de la somatognosie implique la connaissance du corps de l'autre »[377]. Nous avons nous-même précédemment évoqué ce propos, en nous référant à la notion, plus extensive mais homologue, de « double identification », formulée par Lagache.

Les auteurs insistent aussi sur le fait que « le passage du « tu » au « je » et son inversion dans le dialogue (Guillaume, Wallon) « crise d'opposition des 3 ans » nécessitent une certaine aisance dans le jeu des identifications » (Lagache, 1938).

Comme on le voit, Ajuriaguerra et col. ont bien entrevu l'intérêt de certaines des analyses de Wallon en vue d'une approche des mécanismes de l'identification, en rapport avec le concept d'image du corps corrélée à l'image de l'autre.

Antérieurement, Lagache avait déjà, pour sa part, insisté à plusieurs reprises sur l'importance de certaines descriptions walloniennes par rapport à l'approfondissement de la doctrine psychanalytique des formes primitives de l'identification. Ces vues sont développées principalement dans trois articles importants que nous avons consultés et lus mais sans en rapporter ici le détail (*Note sur le langage et la personne*, 1938 ; *Quelques aspects de l'identification*, 1954 ; *La psychanalyse et la structure de la personnalité*, 1961).

De tels propos nous font saisir le type de riche dialogue qui s'est développé à une certaine époque en France entre psychiatrie, psychanalyse et psychologie.

375Ajuriaguerra Julian de, Diatkine René, Badaracco J. Garcia : 1956, *Psychanalyse et neurobiologie*, 337, 341, 345, 348-349, 355, 367.

376 Ibid., 337, 341, 348, 367.

377 Ibid., 345, 355.

Angelo **Hesnard** (*Psychanalyse du lien interhumain*, 1954) a établi la relation entre la notion wallonienne de fonction tonico-posturale et celle de « préidentification projective », en tant que forme du « lien primaire de l'intersubjectivité ».

Roland **Doron** s'est référé, dans plusieurs de ses écrits, aux thèmes principaux de l'œuvre de Wallon.

L'une des ambitions de Wallon, selon lui (1961)[378], a consisté à édifier une typologie des caractères au moyen d'une démarche inductive, fondée sur un usage particulier de la méthode de comparaison pathologique. L'intérêt pour la notion de caractère et pour une typologie basée sur l'analyse pathologique se rencontre également, sous une forme spécifique, dans certains textes de Freud (*Des types libidinaux*, 1931 ; *Nouvelles Conférences*, 1933)[379]). Or Doron souligne la marge de risque que comporte une pareille méthode dans la démarche de Wallon : « Si nous considérons seulement le cas, pourtant, privilégié de la « mentalité épileptique » que décrivit Henri Wallon, nous constatons que ce concept, dégagé d'abord en pathologie, s'est ensuite étendu à la typologie. Mais comme cela se produit souvent dans des circonstances analogues, il perd alors de sa précision, et ses rapports avec un type de fonctionnement bioélectrique cortical deviennent de plus en plus lâches ».

Dans le chapitre sur « La croissance » du *Traité de psychologie sociale* de Roger Daval et col. (tome 2, 1964)[380], Doron invoque Wallon à propos de la conduite du miroir[381], du mimétisme affectif[382], du dédoublement introjectif-projectif entre moi et l'autre[383], des correspondances entre données visuelles et kinesthésiques dans la différenciation de la conscience du corps propre[384].

À propos de ce processus de dédoublement introjectif-projectif, Doron cite un texte de Wallon qui montre très clairement l'intrication des deux formes de mécanismes encore séparés par Freud en 1915 : « C'est d'abord simple **dédoublement** de deux personnages encore mal différenciés, bien que parfois en opposition. C'est alors que l'enfant commence à se voir en autrui, et il s'y retrouve d'autant plus facilement qu'il y **projette** quelque chose de lui-même ((*identification projective-centrifuge*)). **Similaire au contraire à la sienne** ((*relation dialectique*)), l'action d'autrui lui semble faite plus ou moins suivant le même modèle. L'**assimilation succède à la participation primitive** ». La conjonction de ces deux mécanismes représente le facteur qui conditionne le « devenir homme par le double reflet de soi en autrui et d'autrui dans sa propre personne »[385]. Doron parle à ce propos, de façon très pertinente et dont il convient de ressaisir à point nommé le

---

[378] Doron Roland : 1961, « Contribution de la psychopathologie infantile à la caractérologie », *La caractérologie*, 4, 28 ; voir aussi Wallon : *La vie mentale*, 157-158.
[379] Freud Sigmund : 1931 b, « Des types libidinaux », VS, 156-159 ; 1933 a, 137-138.
[380] Doron Roland : 1964, tome 2, 16-30.
[381] Ibid., 27 ; Wallon : 1954 n° 206, 255.
[382] Doron Roland : ibid., 29 ; Wallon : 1954 n° 206, 260.
[383] Doron Roland : ibid., 29 ; Wallon : 1954 n° 206, 261.
[384] Doron Roland : ibid., 30 ; Wallon 1954 n° 206, 256.
[385] Id., 1954 n° 206, 261.

prétexte, du jeu de « l'objectivation sociale intentionnelle » et de « la subjectivation sociale intentionnelle »[386]. Il est de fait assez ingénieux, et c'est aussi ce que fait parfois Piaget (contrainte/coopération), d'identifier une forme de tension dialectique, de polarité constitutive, dans le tissu même du lien social.

Dans le chapitre sur « La communication »[387], Doron évoque la thèse wallonienne fondamentale concernant le caractère « génétiquement social de l'homme »[388], comme dépendant de « l'extrême lenteur du développement de l'enfant »[389]. Par ailleurs, il rappelle le parti qu'a tiré Lacan de la description faite par C. Bühler et Wallon des conduites couplées entre nourrissons : « narcissisme à deux, mais sans Narcisse », commente-t-il, en paraphrasant la célèbre formule de Piaget, dont on sait qu'elle fait fi de cet essentiel « à deux » (p. 40-42, à propos de la notion piagétienne de « narcissisme sans Narcisse »).

Par ailleurs, Doron rapproche l'ensemble des données de **Bühler-Köhler-Wallon-Lacan (-Saint Augustin)** concernant les conduites couplées ainsi que la jalousie, de certaines observations d' A. Freud et Burlingham en nursery, jardin d'enfants, école maternelle. « L'introduction d'une troisième personne, qui rend la situation triangulaire, modifie les rapports du moi à son image, à laquelle il s'identifiait en autrui : il y a maintenant concurrence, un intérêt vital est en jeu, les rôles perdent toute ambiguïté, et le choix *s'impose dans une action.* On n'en est plus à se demander si celui des deux qui est sur les genoux de la nurse est *aussi* le despote ou le séducteur ; il est *là*, et cela suffit à l'autre pour l'attaquer, trouvant ainsi « à la fois l'autrui et l'objet socialisé » »[390].

En fait, ce type de situations manifeste toujours, à une certaine période, « l'importance de la situation sensori-motrice... L'écart d'âge peut à lui seul transformer le sens de la situation pour deux partenaires en croissance rapide. Tous les auteurs s'accordent à reconnaître qu'à cet âge la maturation des fonctions de relation suffit le plus souvent à incliner dans tel ou tel sens, le « choix » d'un rôle actif ou passif »[391].

Par ailleurs, toujours à propos du même thème, Doron mentionne la contribution, d'ordre sociométrique, de **Moreno**. Dans des groupes d'une dizaine de bébés du même âge (40 à 42 semaines), l'ambiguïté du jeu dialectique à deux fait place à des relations « verticales » où se définissent aussitôt « suivant la différence de force physique, des « leaders », des satellites et des isolés »[392].

À vrai dire, dans la lecture que Wallon effectue de ces relations duelles, les rôles apparaissent comme assez étroitement définis, malgré le caractère syncrétique de la relation, par une condition matérielle précise, justement la différence d'âge. Il nous semble que, par rapport à Wallon - qui lui-même semble suivre les

---

386 Doron Roland : ibid., 29.
387 Ibid., 31-47.
388 Ibid., 31 ; avec référence à Wallon : 1946 n° 124, 284.
389 Doron Roland : ibid. ; avec référence à Wallon : 1946 n° 124, 281.
390 Doron Roland : ibid., 42-44.
391 Ibid., 44.
392 Ibid., 40.

indications de Charlotte Bühler -, Lacan a tendance à insister plus que celui-ci sur le rôle de l'alternance, de la mouvance des rôles entre les deux partenaires - en conformité avec l'esprit même de la pensée freudienne, ainsi dans la dialectique des couples de pulsions perverses (1915 a).

Nous aurons à analyser le contenu de l'ouvrage de Doron sur *La conscience gestuelle* (1971) dans la perspective particulière où nous introduira plus loin l'étude de la réponse kinesthésique dans le test de Rorschach. Effectivement, la notion de conscience gestuelle nous est apparue comme susceptible de repérer le lieu fonctionnel où s'articulent la motricité expressive et sa projection sous forme représentative. L'un des aspects de ce fonctionnement nous a semblé impliqué dans le phénomène caractéristique de la loi de balancement entre le mouvement effectué et le mouvement représenté, phénomène sur lequel on reviendra (ch. 15). Cependant, nous n'abordons pas à cet endroit un certain nombre d'aspects d'ordre historique et théorique sur lesquels nous insisterons tout d'abord ici. Ces aspects sont développés également, en dehors de l'ouvrage de 1971, dans un article de 1968 (*Sens clinique et psychologie clinique, vues prospectives*).

Le concept de conscience gestuelle, dont Doron réfère la formulation à Gabriel **Madinier**, philosophe français (1895-1958) lui apparaît comme l'aboutissement d'une tradition psychologique française, dont les représentants variés se sont efforcés d'élaborer une **théorie motrice de la conscience**. De ce point de vue, **Maine de Biran** (1766-1824), **Ribot** (1839-1916) et **Bergson** (1859-1941) « ne doivent pas être artificiellement séparés, mais réunis ». L' « effort » de Biran, l' « organisation motrice » de Ribot, le « schème moteur » de Bergson inaugurent un style d'analyse du mouvement corporel, qui s'écarte aussi bien de la démarche réflexive que de la pensée causale. En particulier, une analyse purement causale laisse échapper l'opacité des expériences corporelles, le fait que l'action motrice est avant tout un acte du sujet, et qu'à ce titre elle n'est pas représentable en termes de variables objectives. Le geste est autre chose qu'un simple mouvement physiologique. Mais il est autre chose aussi qu'un processus matériel prolongeant une conscience pure, ainsi que le conçoit l'analyse réflexive (1968, pp. 1153-1157).

Doron produit également à ce propos les références suivantes, qui nous semblent d'un grand intérêt :

Albert **Burloud** (1888-1954) s'efforce de dégager les rapports entre la pensée, l'attitude mentale, l'attitude motrice et l'ajustement cérébral requis par cette dernière.

Paul **Guillaume** (1878-1962) définit un structuralisme visant à établir les correspondances entre l'état de conscience, le comportement et le processus cérébral (p. 1152).

D'après Pierre **Janet** (1859-1947), un même mouvement peut participer soit de l'action soit de l'expression (p. 1155).

Dans un langage différent, les préoccupations de Kurt **Goldstein** (1878-1965) vont aussi dans ce sens (*Zeigen und greifen*) (p. 1154).

Inspiré de Biran et de Bergson, **Mourgue** élabore la notion de schème postural, qu'il conçoit en tant que « combinaison de variations de tonus » (p. 1152).

Henri Wallon (1879-1962), Jean **Piaget** (1896-1980) et **Rey** (1906-1965) envisagent tous trois la formation de la conscience à partir de l'action motrice - selon du reste le fil d'une tradition bien antérieure, réactivée avec insistance au cours du 19ème siècle : mais Anaxagore disait déjà que l'homme pense parce qu'il a une main (p. 1153).

Wallon ((*ne se réfère pas, à notre connaissance, à Maine de Biran, et il était très critique vis-à-vis de la philosophie de Bergson. Cependant, il s'est beaucoup inspiré de Mourgue*)). En fait, « il aboutit à des formules de résonance biranienne » (p. 1152). Wallon a accordé un intérêt particulier à la notion de « corps propre », qu'avait déjà entrevue Biran. Il a ressenti la nécessité de décrire le schème corporel en action. De plus, Wallon décrit l'origine de la conscience « dans une sorte de réalité mentale commune » (p. 1156). Par ailleurs, il a décrit le caractère projectif de la figuration motrice, du simulacre, du geste expressif (pp. 1153, 1155).

À titres divers et à partir de champs différents, **Buytendijk** (1887-1974), **Minkowski** (1885), Gabriel Madinier, Maurice **Merleau-Ponty** (1908-1961), se rattachent à l'ensemble de ce courant de pensée. Sont mentionnés également les philosophes **Nogue** et **Ricœur**[393].

D'après nous, dans une tradition philosophique tout à fait différente, on trouve aussi chez **Fichte** l'idée suivante : le sujet est d'abord un acte qui se projette et qui, à la faveur d'un « choc », à la fois rencontre le non-moi et accède à sa propre intériorisation. Dans certains textes, Fichte fait aussi état du corps. Malgré des différences essentielles d'esprit et de contenu, les schèmes philosophiques de Fichte et de Maine de Biran ne semblent pas dépourvus d'une certaine forme de parenté. On ne saurait supposer aucune influence historique réelle de Fichte (1762-1814) sur Maine de Biran (1766-1824). Cependant, il est assez intéressant de noter qu'ils sont exactement contemporains. L'abbé Louis **Bautain** (1796-1867), récemment découvert par Serge Nicolas, qui a enseigné longtemps à Strasbourg, et chez qui se présentent aussi certaines parentés curieuses avec Fichte (opposition du moi et du non-moi) a pu faire le lien entre Fichte et Maine de Biran (1766-1824). En tout cas les lieux et les dates conviennent assez bien.

Buytendijk qui se réfère à Biran et à Madinier, a clairement reconnu l'origine du moi dans sa connexion au corps propre. Il élabore une systématique des mouvements vitaux comportant quatre niveaux : a/ le « processus », ou simple événement naturel ; / l'action, que son caractère transitif relie à un but ; c/ l'expression, dont le sens est apparent, la signification immanente : mimique, attitude, regard ; d/ le geste, spécifiquement humain, et qui a une fonction représentative. D'après Buytendijk, qui reprend ici une distinction bergsonienne, « l'action se situe dans le temps-espace et l'expression dans le temps-durée » (pp. 1152-1156).

D'après Merleau-Ponty, la motricité corporelle se déploie dans « une spatialité de *situation* plutôt que de *position* » ; « je suis à l'espace et au temps ».

Le problème de la conscience gestuelle consiste à saisir le procès par lequel « le sujet se constitue une intériorité » tout en se projetant dans les choses par la

---

393 Nogue : 1936, *L'activité primitive du moi* ; Ricœur Paul : 1949, 1962, *Philosophie de la volonté.*

médiation de la motricité corporelle. Élaboré au point de convergence de la psycho-physiologie, de la neuro- et de la psychopathologie, de la psychologie génétique et comparée, le concept de conscience gestuelle vient à la rencontre des concepts psychanalytiques de projection et d'identification (pp. 1153-1155, 1157).

À notre avis, la notion de conscience gestuelle d'une certaine manière pose le problème de la constitution du sujet par les mécanismes de dédoublement et d'introjection-projection, dont l'étude nous a occupé un peu plus haut.

L'ensemble des acceptions du terme projection, telles que les analyse le *Vocabulaire de la psychanalyse* se laisse en définitive, si l'on excepte le sens géométrique, ramener à un élément commun : « la direction de l'intérieur vers l'extérieur de l'organisme ou de la personnalité ; c'est ce qui marque les rapports étroits de la projection et du symbolisme ».

Les descriptions de Piaget et de Wallon concernant le caractère projectif de la mentalité enfantine s'accordent tout à fait avec les descriptions freudiennes de l'animisme primitif.

Certes, Doron a raison de soutenir que Wallon et Piaget s'accordent à construire l'intériorité de la conscience à partir de l'action motrice. Mais il existe, à notre avis, une différence fondamentale entre eux à cet égard. Nous dirions que Piaget s'efforce de dériver la conscience à partir des niveaux a et b de Buytendijk (processus, action), Wallon au contraire à partir des niveaux c et d (expression, geste).

René **Zazzo** (*Du corps à l'âme : les réponses de Wallon et de Freud*, 1971) est le premier auteur à avoir tenté une étude comparative portant sur l'ensemble des conceptions respectives de Freud et de Wallon. Cette étude ne porte pas sur le large éventail des faits locaux susceptibles d'offrir matière à un rapprochement entre les deux auteurs. Elle s'attache plutôt à mettre en relief, dans une perspective épistémologique générale, les thèmes essentiels qui les rapprochent et les différencient.

Selon Zazzo, le principe d'une comparaison possible entre Freud et Wallon résiderait dans « la façon dont chacun a formulé l'antique question des rapports du corps et de l'âme ».

On trouve chez l'un et l'autre un refus à la fois de la métaphysique et du positivisme ; et aussi la conviction que le passage de l'organique au psychique s'explique par une véritable genèse. Wallon et Freud sont tous deux héritiers de la révolution darwinienne. Au sens non péjoratif du mot, ce sont des scientistes. La démarche de Wallon présente un aspect laborieux, contradictoire, déroutant, avec une perpétuelle impression de risque. Il y a chez Freud le goût du système, allié d'ailleurs à une recherche d'images jamais achevée.

Ce système est dynamique, mais les conflits se jouent entre des instances facilement imaginables, en quelque sorte spatialisées. Or « la dynamique chez Wallon est comme à l'état pur. Toute son analyse porte sur des processus ». Quatre notions sont pour lui étroitement solidaires l'émotion, la motricité, l'imitation, le *socius*. L'émotion a pour Wallon une importance (sinon une fonction) comparable à celle de la libido pour Freud.

R. Zazzo souligne que la théorie du *socius*, qui est d'ailleurs aussi la théorie explicite du moi, est tardive dans l'œuvre de Wallon venant couronner seulement en 1946 l'analyse préalable des processus fondamentaux (émotion, mouvement, imitation). Évolution analogue, dit-il, chez Freud : le tournant de 1920 consiste à passer de l'analyse de tels processus (pulsions, conflits entre pulsions) aux parties prenantes de ces conflits, en particulier à la théorie du moi, comme axe de la deuxième topique. À cette différence près, entre Freud et Wallon, que pour celui-ci la théorie du moi, n'a pas eu à restructurer une construction antérieure.

Apparemment, R. Zazzo entend dire que la théorie du moi était déjà contenue à l'état implicite dans celle de l'émotion, laquelle est en même temps prélude du langage, de la conscience et du caractère. Alors que l'analyse des fonctions du moi serait explicitement inaugurée, dans la pensée freudienne, par le tournant de 1920.

Wallon et Freud, pense Zazzo, considèrent que le psychisme comporte un substrat organique, émerge de processus biologiques. Tous deux sont évolutionnistes, précisément généticiens. Ils décrivent la genèse comme une différenciation à partir des sources organiques, marquée par des ambivalences, des contradictions, des conflits. Tous deux font intervenir dans la dialectique du développement le social, simultanément au biologique. Mais ici une divergence.

Pour les deux auteurs, l'intervention du facteur social s'explique par le dénuement, l'état de détresse du jeune enfant humain. « Mais pour Freud le facteur social est exogène, le social est extérieur au biologique, le rôle de la société est de policer et de réprimer. Pour Wallon, le social est, chez l'homme, consubstantiel à l'organisme ».

Freud demeurerait attaché à l'opposition individu-société, antithèse métaphysique où se reflète la tonalité pessimiste propre à l'idéologie individualiste.

Wallon insiste avec force sur la complémentarité du biologique et du social, sur le rôle conjugué de la maturation et de l'exercice dans la psychogenèse. Cette infiltration du social dans l'organisme est la novation propre à l'espèce humaine.

Freud invoque la récapitulation de l'histoire de l'espèce (phylogenèse) dans le développement de l'individu (ontogenèse). Cette réédition du passé dans la construction de l'organisme constitue un destin. Pour Freud, le cours du développement est prédéterminé par tout le passé biologique et « le destin c'est le corps ».

Mais, pas de destin pour Wallon. « Le biologique et le social sont des conditions nécessaires, mais des conditions seulement ». Le besoin absolu d'autrui qu'éprouve l'enfant à la naissance le rend susceptible de progrès indéfinis. D'ailleurs, le petit d'homme n'a pas à récapituler le passé, car il entre de plain-pied dans un milieu disposant de techniques, c'est-à-dire dans sa civilisation. « L'avenir en train de se construire, l'explique au moins autant que le passé ». Optimisme fondamental de Wallon ; refus aussi chez lui de toute fixité, de toutes les entités : la notion d'inconscient en est une, mais aussi bien la notion de conscience. Wallon étudie les dynamismes secrets des manifestations de la vie mentale, sans avoir jamais besoin d'utiliser le substantif d'Inconscient. Enfin, pour lui, existent des plans de réalité irréductibles, des stades de développement distincts, mais reliés. De la sorte, l'ancien peut subsister sous le nouveau, et la fluctuation est la règle.

Par ailleurs, l'article de Zazzo fait aussi état, au cours de son développement, des objections, les plus importantes et les plus fréquentes, que Wallon a formulées à l'égard de Freud. L'une concerne son goût du système, sa propension à réaliser le dynamisme mental en entités. Une seconde objection se rapporte à l'usage fait par Freud du concept de récapitulation et, de façon générale, à la prévalence du passé dans sa conception du développement. Un troisième thème constituerait un point à la fois d'accord et de désaccord entre Freud et Wallon. Chez tous deux, la notion de conflit est centrale ; mais le conflit freudien se joue entre des instances spatialisées, où s'opposent l'individu et la société.

D'autres points sont mentionnés par ailleurs, qui réunissent de la même manière convergences et divergences. Ainsi, la notion de genèse et l'importance par rapport à celle-ci des considérations biologiques, mais assurément selon des perspectives très différentes chez Freud et Wallon[394].

Dans le colloque sur *L'attachement* (1974), Wallon est assez souvent mentionné par rapport à la perspective psychanalytique.

Zazzo envisage Wallon comme le psychologue de la nature biologique et sociale de l'homme, dont la doctrine, à ce titre, s'oppose à la psychanalyse en tant que *one-body psychology*, psychologie de l'homme seul. Ce serait Spitz qui aurait, le premier, fait le trait d'union entre la psychanalyse et la tradition du *socius* (Marx, Baldwin, Janet, Wallon)[395].

Spitz mentionne l'influence de Wallon sur ses propres conceptions[396].

Dans ce même colloque, **Anzieu** cite Wallon à propos du rapport entre plaisir et douleur, et à propos de la fonction de la peau comme limite : « Henri Wallon avait déjà décrit le passage du plaisir à la douleur chez le bébé dont on surstimule la décharge tonique. Ainsi on peut décrire, par rapport à l'attachement, un continuum qui va de la sexualisation de la peau à l'insécurité foncière dans sa propre peau » ; « La peau… c'est la surface qui établit une limite entre le dedans et le dehors… la peau dont H. Wallon faisait à juste titre une pièce maîtresse de sa théorie de la socialisation, est, en même temps que la bouche et au moins autant qu'elle, le premier lien d'échanges avec autrui »[397].

Le psychanalyste et psychologue **Duyckaerts** estime qu' « il faut rétablir le contact entre des auteurs comme Freud et Wallon, comme entre le psychanalyste et le psychologue, le terrain d'entente ou d'intersection se faisant en un lieu également proche et distant des recherches expérimentales et des actions thérapeutiques »[398].

Daniel **Widlöcher** (*Wallon et Freud*, 1979) s'est attaché, dans sa communication au Congrès de Psychologie de l'Enfant, tenu à Paris en juillet 1979, à

---

394 Zazzo René : 1971, 31, 34, 48, 50.

395 Anzieu et col. : 1974, 44-48, 51.

396 Ibid., 74.

397 Ibid., 150-151.

398 Ibid., 182.

reprendre l'analyse des grands points de convergence et de divergence entre Freud et Wallon. Si rapides que soient ses indications, elles n'avaient guère jusqu'à cette date de précédent bien repérable, il faut bien en convenir, en dehors de Zazzo (1971). Nous-même avions en cours notre ouvrage sur *Wallon lecteur de Freud et Piaget* (1981). Tout d'abord, d'après Widlöcher, trois points de convergence.

En premier lieu, Wallon s'accorde à reconnaître avec Freud l'importance du conflit dans le développement (voir 10.2.). Dans cette perspective, il s'intéresse beaucoup aux mécanismes de fixation et de régression (voir 10.5.)[399].

Ensuite, Wallon est sensible à l'intérêt de Freud pour « le mode de pensée infantile et ses formes d'expression », en particulier dans le jeu. Freud a le premier dégagé « les bases de la pensée symbolique »[400].

Enfin, un autre terrain d'accord, qui ne s'exprime d'ailleurs qu'après la deuxième guerre, concerne « les possibilités pratiques de l'action thérapeutique »[401].

Cependant, Wallon comprend mal l'investigation psychanalytique qu'il réduit à une forme d'introspection. Il ne comprend guère non plus la personnologie psychanalytique et la différenciation de la personne entre le ça, le moi et le surmoi[402].

Wallon formule trois critiques de fond à l'égard de la pensée freudienne.

Premièrement, il lui reproche l'interprétation du conflit psychique en termes de dualisme pulsionnel, qu'il s'agisse de l'opposition entre libido et pulsions du moi, et *a fortiori* de celle entre Éros et Thanatos (voir 10.3.).

Cependant, Widlöcher pointe à ce sujet les points de correspondance possibles entre Freud et Wallon, concernant les mécanismes de l'attachement et de l'étayage[403].

Deuxièmement, Wallon fait grief à Freud de son génétisme à rebours, consistant même à la limite à « reporter dans une phylogenèse hypothétique les avatars de l'ontogenèse ». A cet égard, Wallon n'a pas connu le renversement introduit par l'application de la psychanalyse au développement de l'enfant. « Cependant il cite Suzanne Isaacs 1941, p. 71 »[404].

Troisièmement, Wallon impute à la pensée freudienne une forme d' « idéalisme psychologique ». Cette critique est exagérée, mais il reste que « Wallon fait justement reproche à Freud de sans cesse faire référence au biologique et au social tout en continuant de raisonner comme si l'appareil psychique existait indépendamment »[405].

D'après Widlöcher, « les principales critiques de Wallon portent juste... elles désignent les nœuds de la théorie qui méritent réflexion. Le dualisme pulsionnel, le génétisme à rebours et les risques d'un idéalisme psychologique sont de-

---

399 Widlöcher Daniel : 1979, 336-337.
400 Ibid., 337.
401 Ibid., 338.
402 Ibid., 339.
403 Ibid., 339-340.
404 Ibid., 340-341.
405 Ibid., 341-343.

meurés les points chauds de la réflexion psychanalytique »[406]. Ajoutons que ce sont d'ailleurs ceux-ci qui sont encore dirigés contre la psychanalyse, de manière du reste plus implicite que clairement argumentée, dans les critiques toutes récentes contre celle-ci, si c'est du moins le mot critique qui convient, à propos de ce torrent d'invectives primaires surgi avec *Le livre noir de la psychanalyse.*

L'intérêt pour l'étude comparative de Freud et de Wallon, soutient Widlöcher, s'est porté d'abord sur la confrontation entre les stades de développement, y compris ceux formulés par d'autres auteurs, au cours des colloques de 1953, 1955, et 1956. Or, « la discussion semble désormais dépassée... c'est la notion même de stade général de développement qui se trouve ainsi laissée de côté », du moins en ce qui concerne la perspective psychanalytique[407].

Cependant, deux convergences pourraient se développer en aspects féconds dans un avenir proche : « le rôle de la perspective génétique en psychopathologie et le caractère dialectique du développement... L'avenir de la psychanalyse est dans la contribution à une théorie ontogénétique de la maladie mentale... c'est cette perspective ontogénétique qui rapproche la psychanalyse de Wallon. L'œuvre de Wallon illustre bien le double rapport de la psychopathologie et de la psychogenèse... Deuxième conclusion... doit-on opposer une conception dialectique du développement à une perspective fixiste ? C'est, à mon sens, l'ultime question que semble poser Wallon à la théorie freudienne. Pour ma part, je ne m'y résoudrai pas » [408].

Nous avions déjà beaucoup utilisé les remarques de Zazzo et de Widlöcher concernant les principaux points d'accord et de désaccord entre Wallon et Freud, dans le chapitre IV de notre ouvrage de 1981 (*Wallon lecteur de Freud et Piaget*), dont l'objet consiste à présenter d'un point de vue historique le corpus des textes de Wallon sur la psychanalyse[409].

Nous avons, dans notre travail actuel, repris l'ensemble des quatre premiers chapitres de cet ouvrage, en les transformant beaucoup, dans les chapitres 9 à 11.

D'après Jean-Marie **Petot** (*Mélanie Klein, Le moi et le bon objet, 1932-1960*, 1982), « sous les deux formes qu'elle a prises entre 1934 et 1960, la psychanalyse kleinienne coïncide, pour l'essentiel, avec les résultats de la psychologie génétique : convergence du système de la position dépressive avec les travaux de Piaget sur la notion d'objet, convergence des dernières conceptions de la relation archaïque avec des travaux expérimentaux plus récents mais aussi, contre toute attente, avec le concept freudien du narcissisme primaire comme avec la notion wallonienne du rôle de la relation avec autrui dans la formation de la représentation de soi »[410].

A propos de l'identification comme substrat de la relation d'amour, Petot note le point suivant : « On voit en 1935 Mélanie Klein sur le point de revenir à une ancienne et profonde conception de Freud et de Ferenczi qu'elle avait déjà

[406] Ibid., 343.
[407] Ibid., 343-344.
[408] Ibid., 344-345.
[409] Jalley Émile : 1981, 171-257.
[410] Petot Jean-Marie : 1982, XV-XVI.

soutenue en 1927 : le moi ne peut aimer l'objet qu'à son image. À cela elle semble bien près d'ajouter ce que savaient déjà James Baldwin et Henri Wallon : il ne peut y avoir de représentation de soi que d'après l'image d'autrui. On en retiendra que pour elle, à ce niveau, le premier objet d'amour est un objet d'identification »[411].

Philippe **Malrieu**, à notre connaissance, n'a guère porté de jugements sur le problème précis des rapports de Wallon et de la psychanalyse. Cependant, lui-même a fort souvent situé sa propre démarche et ses résultats par rapport à la conception psychanalytique. C'est pourquoi, dans la mesure même où son œuvre est « fidèle à l'héritage de Wallon » (Artemenko, 1979)[412], il importe de marquer les traits caractéristiques de son attitude à l'égard de la pensée freudienne. Le fait que Malrieu soit le principal disciple de Wallon se perçoit à sa manière d'insister tout particulièrement, comme on va le voir, sur le facteur social de la psychogenèse. Sa façon aussi, dans la tradition hégélo-marxienne, de dépasser en intégrant.

Dans sa préface à *La vie affective de l'enfant* de Malrieu (1963), Debesse a défini en ces termes l'attitude de celui-ci : « Tout en utilisant certaines données de la psychanalyse, l'auteur s'écarte nettement de l'ensemble de l'interprétation psychanalytique »[413].

De fait, Malrieu s'est, à plusieurs reprises, référé à la description classique du complexe d'Œdipe, qui lui paraît devoir être élargie à un ensemble plus vaste de motivations et de rapports sociaux.

« La description classique du complexe d'Œdipe ne rend pas compte des combinaisons multiples qui interviennent dans les sentiments de l'enfant : il correspond aux cas où la sévérité du père rejette le fils vers la mère, où l'indifférence de la mère incline la fille vers le père.

« Ces attitudes n'ont-elles pas des conditions sociales ? Le père œdipien est un type assez répandu chez les hommes rigides et exigeants de la bourgeoisie classique. L'indifférence maternelle peut se produire chez des femmes préoccupées par la vie extra-familiale. Non seulement le complexe d'Œdipe n'est pas universel, comme l'ont prouvé les ethnologues Malinowski et M. Mead, mais encore il n'est pas général en Occident. C'est l'attitude des parents qui décide de celle des enfants.

« La psychanalyse a insisté sur les angoisses relatives aux rapports entre les parents. Ce ne sont pas seulement, peut-on remarquer, les rapports sexuels qui peuvent préoccuper l'enfant : le père et la mère parlent de problèmes qu'il ne comprend pas ; il ne sait pas ce qu'ils font quand ils sont loin de lui. Il y a un monde d'où il est exclu, qui est bien plus vaste que le monde sexuel. Cette exclusion lui est pénible. S'il y a en lui quelque fixation à la mère, la tendresse du mari peut aggraver ce sentiment, aviver le complexe d'infériorité et par là provoquer l'angoisse, les peurs nocturnes et, parfois, faire naître la conception sadique des rapports sexuels. C'est une pluralité de troubles qui généralement sont à l'ori-

---

[411] Ibid., 41.
[412] Artemenko Pierre : 1979, 216.
[413] Malrieu Philippe : 1963, 6.

gine des déséquilibres affectifs de l'enfant, et c'est la maladresse des parents qui les engendre.

« On ferait une remarque analogue à propos des angoisses relatives à la naissance ; elles dépendent d'une pluralité d'échecs : refus des parents de fournir une explication, incapacité à comprendre les allusions ou les explications, inquiétudes relatives au rôle sexuel du sujet lorsqu'il sera devenu grand, à la mort, aux habitudes onanistes réprimées, à la croissance et aux responsabilités qu'elle impose… L'angoisse ne se développe pas à cause de l'ignorance ou du savoir, mais par suite de l'écartèlement du sujet entre deux tendances. Par exemple entre le désir de dominer les choses et celui de ne pas déplaire aux parents, le désir de jouir de l'appui maternel et celui d'être autonome, ou encore le désir de satisfaire aux exigences contradictoires des deux parents. Ce sont de telles divisions qui peuvent fixer l'angoisse à un problème particulier : à celui de la naissance, ou à celui des problèmes sexuels, ou à celui de la mort »[414].

Or, cette conception du complexe d'Œdipe, que nous nous permettrions de qualifier comme « extensive », est reprise et développée, dans le cadre d'une argumentation plus générale, quelques années plus tard (*Les émotions et la personnalité de l'enfant*, 1967 a) :

« Nous pensons que l'Œdipe a ses conditions, non seulement dans les structures familiales et éducatives, mais encore dans les échanges entre les diverses formes de la socialité.

« L'**attachement** de l'enfant, quel que soit son sexe, à la mère, est l'expression avant tout, du premier type de socialité : dispensatrice du réconfort physique, nourricière, elle le rassure et le contente avec un besoin inévitable de l'avoir pour elle, comme il tend à l'avoir pour lui. Le père présente parfois cette attitude, et notamment pour la fille, par une assimilation inconsciente de celle-ci et de la femme. Mais les stéréotypes culturels de notre société veulent que, plus engagé dans la vie productive et sociale, il se montre en moyenne plus soucieux d'assurer à l'enfant (et surtout au garçon) le dépassement de l'impuissance infantile, de la dépendance, car il projette sur lui sa visée personnelle d'autonomie ; désireux par ailleurs, de garder la tendresse de sa femme, il peut arriver qu'il trouve en son fils un rival…

« Les réactions notées chez l'enfant par la psychanalyse ne sont pas le résultat de la fixation de la libido sur un parent, mais de la composition entre les aspects émotionnels et les aspects culturels de ses conduites… [415].

« Le conflit œdipien, c'est, chez le garçon par exemple, le conflit entre la socialité émotionnelle (davantage vécue dans les rapports avec la mère) et la socialité culturelle (davantage vécue avec le père, en de nombreuses familles, en raison des institutions globales)…

« Quant à la liquidation de l' « Œdipe », elle est le résultat du désir de l'enfant de parvenir à l'autonomie par la maîtrise des instruments que lui fournit le

---

[414] Ibid., 94-95.

[415] Id., 1967 a, 312, souligné par nous.

milieu. On pourrait parler d'un complexe de Prométhée, pour désigner cet ensemble d'attitudes, fait à la fois du besoin d'imiter, du désir de lutter contre la sujétion où il se trouve maintenu par la famille, du sentiment de responsabilité...[416].

« C'est donc l'articulation des facteurs organiques et des facteurs sociaux qu'il faut d'abord considérer pour définir la structure des comportements d'un âge donné...

« La personnalité dès lors ne peut pas apparaître comme un système d'instances, mais comme une refonte incessante de structures. Elle n'est pas un être, mais un faire : un type de comportements originaux, ceux qui commandent les changements d'attitudes...

« Les travaux des psychanalystes, et notamment de Spitz, A. Freud, Lebovici... en montrant que la différenciation de l'appareil psychique est relative à la construction de l'« objet », ont repris à leur compte un principe essentiel de la vie psychologique, que les historiens de la philosophie ont pour leur part souvent formulé, lorsqu'ils montrent que la représentation du sujet est en relation avec celle du monde. Il n'est pas inutile d'en marquer la vérité dès les premières années de la vie : la grandeur de l'œuvre de Freud est d'avoir tenté cette mise en relation en découvrant dans le complexe d'Œdipe la vision dialectique de l'objet, qui doit se refléter dans la personnalité du sujet.

« Mais le monde de l'enfant nous paraît plus riche et plus complexe que les psychanalystes ne se le représentent. Car il ne se relie pas seulement à des objets personnels, mais aussi à un monde de choses, choses fabriquées, et à un monde d'institutions, où se reflète une civilisation, qu'il doit intégrer en même temps que les attitudes sociales et le langage »[417].

Dans *La construction de l'imaginaire* (1967 b), Malrieu adresse à la psychanalyse en tant que système deux critiques d'ordre épistémologique, tout en reconnaissant sa valeur en tant que méthode d'approche des conduites. Une telle distinction entre deux niveaux, l'un contestable, l'autre admissible, d'identification du contenu idéologico-scientifique, se retrouve dans les critiques de Wallon - on l'a vu, comme celles de Piaget - on le verra, adressées à la psychanalyse :

« L'idéologie sous-jacente à la psychanalyse peut en effet paraître opposée à l'édification d'une psychologie scientifique :

1) parce qu'elle a, par son trinitarisme (ça, surmoi, moi), substantialisé des fonctions ou des niveaux de comportements, qui n'existent en fait qu'en tant que mise en relation de divers domaines des engagements du sujet - envers son corps, envers les autres, envers son passé et son avenir ; (*argument K 1*).

2) parce qu'elle est dominée par un naturalisme, qui par exemple fait « du moi le fidèle serviteur du ça », sous-estime la complexité de la vie interpersonnelle, et la conçoit trop au travers du modèle déformant d'une vie familiale dominée par la recherche de la satisfaction des instincts (*argument K 2*). Mais ces réserves ne

---

[416] Ibid., 313.
[417] Ibid., 288.

doivent pas nous faire négliger la valeur méthodologique de l'investigation psychanalytique »[418].

Au niveau des analyses concrètes de conduites, Malrieu s'accorde parfois avec les données psychanalytiques, mais il formule aussi des critiques. Ainsi, Lebovici a raison de souligner que les progrès du moi se traduisent en particulier dans la participation aux jeux sociaux, dans la compréhension des ordres, dans l'imitation[419]. De même, bien des conduites, bien des attitudes de l'enfant font reconnaître des aspects de « ce que les psychanalystes ont nommé le surmoi ». De même, « le rôle du conflit œdipien n'est pas nul » dans le processus de dissolution des premières formes d'identification[420]. Mais, à côté de cela, la répartition binaire des émotions primitives, proposée par les psychanalystes (Spitz), selon le couple : tension-quiétude, est trop imprécise[421]. À la différence de Spitz, on peut admettre la reconnaissance du pré-objet à 0, 2. Mais, contrairement à l'opinion de Lebovici, il faut repousser l'apparition des images à 0, 6. Les vues psychanalytiques sous-estiment les exercices sensori-moteurs, les réactions aux objets, en même temps que le rôle des « quasi-institutions éducatives »[422].

Dans la discussion sur l'attachement (1974), Malrieu exprime que « cette notion doit aider les psychanalystes à se délivrer de ce qui reste de métaphysique dans leur approche de la psychologie de l'enfant ». Selon lui, l'attachement du nourrisson, au cours des trois premiers mois, est d'abord asexuel. Sous l'effet de l'affection sexualisée des adultes, ce lien pourra se colorer de sensualité. Cependant, « cette sexualisation de l'attachement chez les jeunes enfants peut se comprendre comme un phénomène de culture, tout comme l'apprentissage de l'instrument ou celui des signes ». De plus, Malrieu voit dans ce lien primitif l'ébauche d'un processus d'identification, mécanisme dont Freud a reconnu que l'apparition pouvait être « indépendante de la libido »[423]. D'ailleurs, Malrieu a utilisé le terme et en fait la notion d'attachement, en rapport même avec celle d'identification, dès son ouvrage de 1967 sur *Les émotions*[424].

L'analyse des formes variées d'identification chez l'enfant tient une place importante dans l'œuvre de Malrieu : « identifications passionnelles » entre 1 et 3 ans[425] ; formes complexes d'identifications, en rapport avec « la projection et le dédoublement », dans les jeux de poupée primaires et secondaires, les jeux de construction, les jeux de rôles (après 5 ans)[426].

Un ouvrage de caractère particulier est à mentionner du point de vue de l'approche comparée de Wallon et de Freud.

---

[418] Id., 1967 b, 45.

[419] Id., 1967 a, 298.

[420] Ibid., 311.

[421] Id., 1963, 17.

[422] Id., 1967 a, 294, 299.

[423] Anzieu Didier et col. : 1974, 112-116 ; Freud : 1921, EP, 170.

[424] Malrieu Philippe : 1967 a, 305, 310.

[425] Id., 1967 a, 307, 310, 311.

[426] Id., 1967 b, 199-202.

Nguyên Thi Thanh Huong (*La Formation des attitudes affectives. Essai de synthèse de Freud et de Wallon*, 1976) n'étudie pas de manière historique les rapports entre les deux auteurs, mais elle se propose, comme l'indique le titre de son ouvrage, de construire une sorte de modèle intermédiaire entre leurs conceptions respectives.

Ce n'est pas le parti que nous ayons jamais entrepris de suivre dans nos recherches. À notre avis, l'œuvre de Wallon présente un double intérêt par rapport à la pensée psychanalytique. Premièrement, elle a, du point de vue critique, repéré, dans la pensée de Freud, les nœuds qui méritent réflexion (voir supra Widlöcher). Mais, de façon plus constructive, elle fournit également des matériaux ainsi peut-être que des formes de modèles (Ajuriaguerra et col., Lagache, Hesnard) pour une doctrine des formes primitives de l'identification. Deuxièmement, la psychologie génétique de Wallon a élaboré tout un ensemble de notions dont on retrouve des variantes, qu'il s'agisse d'une influence directe (Spitz, Lacan) ou d'une simple convergence (Winnicott), dans plusieurs courants de la pensée psychanalytique moderne.

Enfin, **Dolle** (*De Freud à Piaget*, 1979) ne parle pas explicitement de Wallon, mais, préoccupé d'un modèle intégrant les apports respectifs de Piaget et de Freud, il élabore une forme de compromis qui ressemble, à s'y méprendre, au schéma général de la psychogenèse wallonienne.

11.3. Les conceptions psychanalytiques de l'émotion

La mise en valeur de la fonction du désir, en rapport avec l'accentuation de la vie affective, la reconnaissance du rôle de l'affectivité représentent l'un des points de rencontre importants de la psychologie de l'attachement et de la personnalité promue par Wallon et la psychanalyse. À la condition toutefois de ne pas perdre de vue que la fonction affective ne revêt pas exactement la même couleur dans l'une et l'autre perspective, s'agissant plutôt d'un modèle de l'affectivité libidinale, centrée par le concept de pulsion, dans le cas de la psychanalyse, et d'un modèle de l'affectivité de caractère plus social, précisé par les concepts de communication émotionnelle et d'assomption identificatoire dans le cas de la théorie wallonienne.

Il reste entendu que les deux **voies de l'affectivité pulsionnelle-libidinale et de l'affectivité sociale-identificatoire** ont été ouvertes et esquissées dès la prime origine par Freud, même si en définitive le travail psychanalytique devait surtout privilégier la première.

Il reste aussi que la notion d'identification est demeurée l'un des pôles d'intérêt majeurs de l'investigation freudienne, et que le concept d'émotion, d'expression émotionnelle qui relève de ce registre est marqué par un certain nombre d'interventions, dont on a déjà plus haut indiqué les principaux textes caractéristiques.

Cette question des deux régimes de l'affectivité reconnus dans la psychanalyse, avec privilège accordé par celle-ci au premier régime : pulsionnel-libidinal, et par la théorie wallonienne au second : social-émotionnel-identificatoire gagnerait beaucoup d'éclaircissement à se confronter à certains problèmes de traduction, qui, au-delà de leur caractère strictement technique, ont chance de nous permettre de relancer le débat proprement théorique.

On a rendu par « émotion » en français différents termes allemands : *Regung* et certains de ses composés, *Gemütsbewegung*, et parfois même *Affekt*, ceci d'ailleurs avec la caution de Freud lui-même, ce qui ne crée pas une situation très facile.

Dans l'*Introduction à la psychanalyse*, on trouve *sexuellen Regungen*, *Sexualregungen* (GW 10, 15, 16 ; fr., 12, 13), *Ausdruck der Gemütsbewegung* (GW 15, 55 ; fr., 49), cette dernière locution reprenant toute une tradition antérieure (1890, 5 ; 1895 a, 336 ; 1900, 481 ; 1905 c, 297 ; 1911 b, 138 ; 1887-1902 (1950), 402 ; GW 2-3, 570-571 ; 7, 220 ; 8, 232-233), et aussi *Affekt* (GW 11, 87 ; fr., 76), dont il va être question à l'instant. Tous ces termes ont été rendus par le traducteur français inaugural Jankélévitch par « émotion ». En d'autres passages, Jankélévitch rend *Affekt* par « état affectif » (GW 11, 410-411 ; fr., 373).

Or, il faut noter que Freud lui-même, dans *Obsessions et phobies* (1895 c), article rédigé en français, et dont un passage significatif se réfère à un article précédent intitulé *Les Psychonévroses de défense* (1894), a rendu l'allemand *Affekt* de ce dernier texte par la tournure française « état émotif » - utilisé même avec insistance 4 fois dans la même page. En outre, Freud reprend la même expression dans son compte rendu rédigé lui aussi en français de cet article (Freud : 1894, 6 ; 1895 c, 40). Strachey n'a pas manqué d'en faire la remarque : « it may be remarked that throughout this paper (1895 c) Freud uses the french « état émotif » as a rendering of the German « Affekt » (1894). Compare the last paragraph on p. 75 with the first paragraph on p. 52. See also his own abstract of the French paper, p. 250 below ». (SE 3, 52, 73, 250). De son côté, Strachey utilise « affect » (1894, 52), puis « emotional state » (1895, 75), de façon fidèle au sentiment linguistique de Freud, puis « affective state » (250), de manière inconséquente cette fois par rapport à sa décision antérieure pour le même terme français de Freud (« état émotif »).

Même s'il ne s'agit ci-dessus et qu'en apparence d'une simple querelle de mot, nous pensons qu'il est intéressant de bien identifier un certain nombre de conceptions psychanalytiques de l'émotion.

Mais auparavant, il est intéressant de noter que le thème de l'émotion proprement dit est mis en relation chez Freud avec d'autres notions de manière à organiser un réseau qui anticipe déjà en quelque manière de plusieurs décennies les propres descriptions de Wallon.

Deux passages de l'*Esquisse pour une psychologie* scientifique, bien connus de puis longtemps (1895 a et a') mettent l'expression émotionnelle en rapport avec l'état de détresse. Cependant, la description comme telle des mécanismes et des **composantes viscérale, mimique et posturale** de l'émotion se trouve déjà dans l'un des tout premiers écrits de Freud (« Traitement psychique (traitement d'âme) », 1890), un texte étonnant qui n'a été bien identifié que lors de sa première traduction française dans le volume *Résultats, idées, problèmes*, au cours de l'année 1984. Ce texte très surprenant figurait jusqu'alors, daté par erreur de 1905, dans le volume 5 des GW (289-315), où personne ne l'avait bien repéré, bien que l'Index y renvoie, au mot *Gemütsbewegung*. Chacun sait que ce qui est refoulé, le plus souvent, n'est pas caché par-dessous, dans une espèce de cave obscure, mais qu'on l'a bel et bien sous les yeux, sans le voir.

Les textes ultérieurs, tout d'abord comme nous venons de l'indiquer ceux de 1895 a et a', relient, directement ou indirectement, l'analyse de l'émotion à la notion de l'état de détresse, de l'*Hilflosigkeit*[427]. Mais aucun ne fournit une description aussi riche que ce premier texte de 1890 des concomitants physiologiques de l'émotion. De façon curieuse, ces textes postérieurs retiennent la composante des « modifications internes », de nature secrétoire, vaso-dilatatrice (*Innere Veränderung*), ainsi que la composante expressive, décrite en termes de « cris »[428], voire de « mimique »[429], et celle-ci d'ailleurs, parfois quasiment assimilée à la première (ibid.), parfois distinguée comme telle en termes d'*Ausdruck*[430]. Cependant, ces textes ne mentionnent plus la composante musculaire posturale (« les positions des membres »). Cette notion d'une organisation tonico-posturale du geste réapparaîtra dans un passage important du *Mot d'esprit*[431].

On retrouvera aussi dans ce passage du *Mot d'esprit* la mention d'excitations, de manifestations physiologiques accompagnant le processus de pensée, déjà présente en 1890.

L'analyse de l'émotion en termes de « signes sûrs » (infra), constituant comme une sorte de prélangage, anticipe d'une quarantaine d'années, on l'a dit plus haut, les propres conceptions de Wallon (1925, 1934).

Nous ne reproduisons pas ici un assez long passage de ce texte de 1890 concernant les effets durables des « affects » sur l'organisation somatique. Ce passage, qui n'intéresse pas directement notre sujet, semble anticiper directement les développements ultérieurs de la médecine psychosomatique (Halliday, 1943 ; Alexander, 1950 ; Stern, 1952 ; Delay, 1961 ; Marty, 1963 ; Kreisler, 1976).

Freud écrit alors ce qui suit :

« Ce n'est qu'en étudiant le pathologique qu'on peut comprendre le normal. Maints aspects de l'influence de l'âme sur le corps étaient connus depuis toujours qui n'apparaissent que maintenant sous un juste éclairage. L'exemple le plus quotidien, régulièrement observable chez tout un chacun, de l'action de l'âme sur le corps nous est fourni par ce qu'on appelle l' « expression des émotions » (*Ausdruck der Gemütsbewegungen*). Presque tous les états d'âme d'un être humain s'extériorisent **par les tensions et les relâchements des muscles faciaux, par le regard, par l'afflux de sang au niveau de la peau, par le ton de la voix et par les positions des membres**, en particulier des mains. Ces modifications corporelles concomitantes ne sont la plupart du temps d'aucune utilité à l'intéressé, au contraire elles sont bien souvent une entrave à ses desseins lorsqu'il veut dissimuler ses processus psychiques aux autres ; par contre, elles sont **pour les autres des signes**

---

[427] Freud Sigmund : 1895 a et a', NP, 336, 376 ; 1900 a et b, 481, 495 ; 1911 b, 137-138 ; 1912, 99 ; 1915 a, 37 ; 1915 c, 85.

[428] Id., 1895 a, NP, 336.

[429] Id., 1911 b, 138.

[430] Id., 1900, 481.

[431] Id., 1905 c, 294-298.

sûrs qui permettent d'inférer les processus psychiques et **auxquels on se fie davantage qu'aux expressions verbales intentionnelles** qui les accompagnent. A-t-on l'occasion de soumettre quelqu'un à un examen plus minutieux lors de certaines activités psychiques, on leur découvre encore d'autres conséquences corporelles dans les modifications de l'activité cardiaque, dans les variations de la distribution du sang dans le corps, etc.

« Dans certains états psychiques, nommés « **affects** », la participation du corps est si frappante et si importante **que bon nombre de psychologues ont été jusqu'à penser que l'essence des affects consiste seulement dans leurs manifestations corporelles.** Tout le monde connaît **les modifications extraordinaires de l'expression du visage, de la circulation sanguine, des sécrétions, de l'état d'excitation des muscles volontaires**, qui se manifestent sous l'influence de la crainte, par exemple, ou de la colère, de la souffrance psychique, de l'extase sexuelle. Moins bien connus quoique parfaitement établis, sont d'autres effets corporels des affects qui ne servent plus à exprimer ces derniers...

« Les affects au sens restreint se caractérisent par un rapport tout à fait particulier aux processus corporels ; mais en toute rigueur, tous les états psychiques, y compris ceux que nous avons l'habitude de considérer comme **des « processus de pensée », sont dans une certaine mesure « affectifs »** et on n'en trouve aucun qui ne soit **accompagné de manifestations corporelles** et qui n'ait la faculté de modifier les processus corporels. Même dans le cas d'une sereine pensée par « représentations », **des excitations correspondant au contenu de ces représentations sont continuellement transmises aux muscles lisses et striés** »[432]. Souligné par nous.

Revenons à présent aux conceptions psychanalytiques relativement récentes sur la question de l'émotion, auxquelles sont attachés les noms de Daniel Lagache (1958) et de Pedro Luzès (1985).

L'article déjà ancien de Daniel **Lagache** (*Vues psychanalytiques sur les émotions*, 1958) est intéressant par les remarques d'ordre théorique et clinique dont il fait état.

Lagache identifie la notion d'émotion à celle d'affect qui, dit-il, a finalement prévalu dans l'usage.

Le terme *emotion*, et ses dérivés, remarquons-le, est fréquent, comme nous le verrons plus loin, chez certains auteurs anglais : Spitz, Mélanie Klein et surtout Bion.

Lagache expose le « modèle métapsychologique » de Rapaport (1953, 1954) concernant l'affect. « Le nœud de la théorie est qu'au cours du développement de la vie émotionnelle, la régulation des émotions tend à passer de l'inconscient (ou du ça) au moi »[433].

Le rôle des affects dans la communication appartient aux propriétés héréditaires de l'espèce humaine. Le fonctionnement primitif des émotions est carac-

---

[432] Freud Sigmund : 1890, 5-7. Souligné par nous.
[433] Lagache Daniel : 1958, 113.

térisé par la dominance de l'intéroceptif et du proprioceptif (*Wallon*). La décharge autoplastique massive a pour fonction d'alléger la pulsion d'une partie de son quantum d'affect. Avec l'émergence du moi, l'absence de décharge active favorise le développement de l'expression affective (*Wallon, 1934*), de la fonction de signalisation des affects (*Freud, 1926*). Rapaport a trop tendance, critique Lagache, à mettre l'accent sur le seul point de vue économique, sur les effets de tension et les processus de décharge[434].

Il est trop simple, nous dit-on encore, comme on le fait souvent, d'opposer l'affect à l'action comme la tension à la détente. L'affect ne motive pas seulement des actions autoplastiques. La décharge pulsionnelle active est toujours mêlée de décharge émotionnelle, affective, tout en apparaissant souvent aussi comme un remède contre la tension affective[435].

La théorie psychanalytique est entrée dans une période « interpsychologique ». L'affect ne peut plus être considéré comme un événement purement intérieur à la personne. L'expérience émotionnelle est une façon de répondre à une situation, de l'intentionner et même de s'y ajuster. En particulier, les émotions ont un sens dans la communication du sujet avec les autres et avec lui-même. Cet aspect n'est pas assez mis en évidence par les modèles du type tension-détente, tel que celui de Rapaport[436].

Au point de vue clinique, « la psychanalyse a montré les rapports des émotions avec la résistance (défense contre les émotions et émotions comme défenses), avec le transfert (retour ecmnésique des émotions passées) »[437].

Dans le cadre psychothérapique, bien que l'on parle souvent de la défense contre les pulsions, toute opération de défensive est dirigée contre des affects, contre des émotions pénibles : angoisse, culpabilité, honte, dégoût. Le processus de défense met lui-même en jeu des attitudes émotionnelles, qui jouent le rôle d' « écran affectif ». L'évolution favorable de la cure entraîne une « modification normative du régime émotionnel du sujet »[438].

L'article de Pedro **Luzès**, paru en 1985, sous le titre français *Vers une nouvelle théorie psychanalytique des émotions*[439], nous paraît concerner de près la question qui nous intéresse en particulier en ce moment, celle de la mise en parallèle des conceptions de Freud et de Wallon touchant l'affectivité, à propos justement de ce problème de l'articulation entre deux régimes, pulsionnel et identificatoire, de l'affectivité.

Or, cet article de Luzès présuppose, notons-le tout d'abord, la traduction par le français « émotion » des deux mots allemands *Affekt* et *Gefühl*. En ce qui concerne ce dernier mot, le dictionnaire de Grappin et col. donne plutôt l'équi-

---

434 Id., 111-113.
435 Id., 115.
436 Id., 114-117.
437 Id., 117.
438 Id., 108-111.
439 Luzès Pedro : 1985, « Vers une nouvelle théorie psychanalytique des émotions », *Revue française de psychanalyse*, 49, 1, janv.-févr. 1985, 327-353.

valent « sentiment », qui apparaît d'ailleurs régulièrement dans la plupart des traductions françaises de Freud. Résumons les principaux points de cet article qui intéressent notre sujet.

Luzès s'attache tout d'abord à repérer les jalons d'une théorie de l'affect, de l'émotion, dans l'œuvre de Freud. Il cite Green (1977) : « Nous aimerions avoir à notre disposition une théorie suffisante de l'affect, mais tel n'est pas le cas... L'affect représente toujours un défi pour la pensée »[440].

D'après Luzès, « tout au long de son œuvre, Freud va montrer les affects comme des phénomènes secondaires, dans la dépendance des pulsions »[441]. Ceci dit, il existerait aussi chez Freud les traces d'une autre ligne de pensée.

Dans les *Études sur l'hystérie* (1893-1895), la théorie traumatique des névroses est, selon Luzès, une théorie de l'émotion. [442] : peur, angoisse, honte, douleur.

Dans l'*Esquisse* (1895 a), Freud distingue clairement entre « affects et états de désir » (*Affekte und Wunschszustande*)[443].

La « théorie pulsionnelle des névroses », poursuit Luzès, n'aboutit que dans les *Trois essais* (1905 a).

Dans *Délire et rêves dans la « Gradiva » de Jensen* (1907), Freud utilise des termes dérivés du mot *Gefühl* (« émotion » d'après Luzès). Il parle d' « émotions érotiques », et de « décharges émotionnelles » (*Gefühlsentbindungen*)[444].

Dans *L'inconscient* (1915 c), on peut observer un certain « épiphénoménisme des affects par rapport aux pulsions »[445]. Freud y distingue les « motions pulsionnelles » (T*riebregungen*) et les « motions affectives ou émotionnelles » (*Affekt-oder Gefühlsregungen*), qui expriment le destin particulier du quantum d'affect (*Affektbetrag*). Celles-ci sont susceptibles de se traduire par des décharges au niveau des appareils sécrétoire et circulatoire, moins bien contrôlés par le système Cs et le mécanisme du refoulement, que l'appareil de la motilité volontaire[446].

Dans l'*Introduction à la psychanalyse* (1916-1917), Freud envisage l'affect comme une forme d'accès hystérique « devenue héréditaire » - en particulier, ajouterons-nous, l'angoisse, liée à l'évènement de la naissance. Cette conception, remarquons-le encore, est reprise dans *Inhibition, symptôme et angoisse* (1926 b)[447].

Freud, toujours en 1916-1917, poursuit Luzès, envisage les états, les processus émotionnels (*Affekzustande*, *Gefühlsvorgange*), dans une relative indépendance

---

[440] Ibid., 332.

[441] Ibid., 329.

[442] Ibid., 329. En fait, nous avons noté pour notre part que le mot *Affek*t y est rendu en français par la traductrice Anne Berman soit par *affect* soit par *émotion* (*Études sur l'hystérie*, P.U.F., 1956, 1978, 2, 3, 4, 7, 8 ; GW 1, 83, 84, 90).

[443] Luzès Pedro : 332 ; Freud Sigmund : 1895 a, in NP (1956), 339-340 ; AP (1950) : 405-406 ; « Dans le cas des affects, dit Freud, il y a libération soudaine ; dans le cas des désirs, accumulation de tension quantitative ».

[444] Luzès Pedro : 1985, 329-330 ; Freud Sigmund : 1907, 182. Marie Bonaparte, elle, traduit par « sentiment ».

[445] Id., 331.

[446] Id., 330-331 ; Freud Sigmund : 1915 c, 81-86 ; GW 10, 275-279.

[447] Luzès Pedro : 1985, 332 ; Freud Sigmund : 1916-1917, 372-374 ; GW 11, 410-412.

à l'égard des pulsions[448]. Jusqu'ici, la psychanalyse, note alors Freud, a apporté « peu de contributions » à l'étude de ces processus : l'angoisse, la dépression, la douleur. « Les émotions sont alors présentées, en 1926 b, comme dépendant du moi et non pas comme des précurseurs des énergies du ça. Elles représentent des réponses ou réactions ((*à des situations*))»[449].

En particulier, commenterons-nous, malgré son désordre fonctionnel apparent, l'angoisse, par exemple, comporte une finalité biologique en tant que signal de danger : « impropre... cette réponse peut redevenir appropriée, si la situation, reconnue au moment où elle approche, est signalée par l'accès d'angoisse » (1926 b, 58). À notre avis, la conception de Wallon concernant l'émotion en général est assez peu différente (1938)[450], mis à part la référence de celle-ci au feed-back proprioceptif, la catégorie qui manque à Freud, encore que ce dernier signale avec un certain luxe de détail (ibid.) les concomitants végétatifs de l'état d'angoisse.

Les observations cliniques de M. **Klein** et de P. **Heimann** ont apporté depuis Freud, poursuit l'auteur, une contribution à la question des « émotions » et des « affects ». Luzès cite aussi les travaux de **Glover, Brierley, Jacobson, Rapaport**[451].

L'élucidation des vues de Freud relatives à l'émotion est rendue compliquée, dit Luzès, par l'évolution de ses idées concernant la fonction du plaisir-déplaisir.

Plaisir et déplaisir, notons-le pour notre compte, donnent leur « tonalité fondamentale » aux « innervations, décharges et sensations de deux sortes : perceptions des actions motrices et sensations directes de plaisir et de déplaisir », qui constituent l'affect, l'état émotif[452].

Le plaisir peut être associé au contrôle acquis sur une situation angoissante (*fort-da*) ; la diminution des tensions pulsionnelles, comme expression du principe de Nirvâna, a rapport aussi avec la pulsion de mort (1924 a) ; « le plaisir et le déplaisir ne dépendent probablement pas du degré absolu des tensions mais plutôt du rythme de variations de ces dernières » (1938 a)[453].

L'auteur aborde ensuite l'analyse de données cliniques. D'après lui, le développement psychologique du nouveau-né ne saurait se décrire ni en termes de narcissisme primaire (Freud), ni non plus en termes de relations objectales constituées dès la naissance (M. Klein) : « les émotions sont les faits les plus importants du développement néonatal »[454]. En particulier, les psychoses précoces de l'enfant : syndrome autistique de Tustin, psychose symbiotique de **Mahler**, dépression anaclitique de Spitz, sont fondées sur « **un trouble des émotions primitives** » (ibid.) : « objets autistiques » et « objets confusionnels » (**Tustin**), « objets bizarres » (**Bion**), toutes ces formations ont un lien avec l'absence de

---

[448] Luzès Pedro : 1985, 331-332.
[449] Id., 331.
[450] Wallon Henri : 1938 n° 103, 205-223.
[451] Id., 332.
[452] *Affekt, Affektzustand* : Freud : 1916-1917, 373 ; GW 11, 410.
[453] Freud Sigmund : 1924 a, 288 ; 1938, 4 ; GW 13, 372-373 ; GW 18, 68.
[454] Luzès Pedro : 1985, 337

distinction claire entre le vivant et l'inanimé, une déficience de cette base des relations interpersonnelles fournie par l'émotion[455].

À partir de là, l'auteur formule un certain nombre de propositions, à titre de contribution au développement d'une théorie psychanalytique des émotions. En dehors des auteurs déjà cités, dont il invoque les résultats cliniques, il se réfère, au titre de précédents théoriques, à **Darwin, Jackson, James et Ribot**. Apparemment, Luzès n'a aucune connaissance de l'œuvre de Wallon. Il est d'autant plus étonnant de constater à quel point ses principales assertions présentent **un accord presque littéral avec les conceptions de Wallon**, formulées depuis quelque cinquante ans (1925, 1934, 1938)[456].

a/ L'émotion n'est pas simplement une conduite désorganisée, elle a une fonction adaptative fondamentale[457]. Or, c'est là l'une des idées-forces de la psychologie de Wallon. Cette fonction adaptative, suggère l'auteur, a un rapport avec le mécanisme de l'attachement[458]. Or, la théorie wallonienne de l'émotion anticipe la notion moderne d'attachement.

b/ Il y a « continuité entre les expressions et l'évolution des émotions chez l'homme et chez l'animal » (Darwin). Or ce point a été souligné aussi par Wallon (1934)[459].

c/ Les émotions constituent le facteur primitif des relations interpersonnelles. Or, c'est à peu près textuellement ce qu'a formulé Wallon : « elles impliquent des rapports interindividuels »[460] .

d/ Les émotions représentent une forme de communication entre partenaires, antérieure au langage. Or Wallon a précisément conçu l'émotion comme le « langage primitif de l'enfant », « sa première forme de sociabilité »[461].

e/ Les émotions n'apparaissent pas encore dans la « phase d'autisme normal » (00 - 0,1), mais seulement dans la « phase symbiotique » de Mahler (0,1 - 0,6), et se développent pendant la première année de la vie. Or, pour Wallon, la « symbiose émotive... affective » débute à 0,3, pour atteindre son apogée à 0,6, et se poursuivre jusqu'à environ 1 an[462].

f/ La maturation cognitive présente un décalage par rapport à la maturité affective[463]. Or, c'est justement là l'une des idées cardinales de Wallon. Sans parler du fait que ce mécanisme du décalage fonctionnel a subi d'autres interprétations de contenu et de significations très différents chez Piaget, tout comme du reste chez Lacan, en des termes sensiblement très diversifiés et qui n'ont pas à nous retenir ici. Les premiers processus cognitifs, poursuit donc Luzès, apparaissent à la

---

455 Ibid., 334-338.
456 Ibid., 341-344, 349.
457 Ibid., 342, 352.
458 Ibid., 341.
459 Wallon Henri : 1938 n° 103, 264.
460 Ibid., 217 ; 1941 n° 111, 123-124.
461 Zazzo René : 1962, 68.
462 Wallon Henri : 1938 n° 103, 282 ; 1947 n° 129, 2 ; 1956 n° 224, 75.
463 Luzès Pedro : 1985, 341.

fin de la période symbiotique de Mahler (0,5). Or Wallon situe également à peu près à cette date l'activité circulaire, en tant que première réalisation des processus cognitifs[464].

g/ Se référant à certains auteurs (Tomkins, Izard), Luzès distingue entre émotions primaires et émotions secondaires[465]. C'est en fait aussi le cas de Wallon, pour qui les émotions primitives donnent lieu, par mécanisme de conditionnement, à des réactions expressivo-émotionnelles de plus en plus différenciées. Par ailleurs, le mimétisme affectif, puis les sentiments sociaux (jalousie, sympathie) différencient la sociabilité syncrétique propre à l'émotion primitive[466].

h/ Les émotions emploient un feed-back dépendant de réactions viscérales et musculaires (James ?, Tomkins, Izard). Or c'est là le thème, absolument central chez Wallon, du caractère circulaire du fonctionnement tonico-postural, proprioceptif-plastique : « l'effet ne cesse de se multiplier par lui-même »[467]. Ce feed-back, soutient Luzès, peut étayer le régime sexuel[468]. Or, c'est aussi l'avis de Wallon (voir ici p. 543).

i/ L'émotion est à l'origine de la représentation, elle constitue un « premier système cognitif ». L'auteur se réfère à la conception du pré-objet chez Spitz. Or, ce destin représentatif de l'émotion (« une première forme de représentation ») est une idée partout présente sous la plume de Wallon[469].

j/ Dans la liste des émotions primitives que fournit l'auteur, on relève, entre autres, la joie, la colère, l'angoisse, ceci en concordance absolument parfaite avec la typologie wallonienne des émotions.

Enfin l'auteur s'efforce de regrouper, par rapport au cadre notionnel que forment les propositions précédentes, un certain nombre des données théoriques et cliniques connues en matière de psychanalyse du jeune enfant : Mélanie Klein, Margaret Mahler, **Fairbairn** (1962), **Grotstein.**

La concordance absolument étonnante entre les propositions de Luzès et les points principaux de la théorie wallonienne des émotions nous paraît constituer un excellent exemple de ce phénomène des correspondances thématiques « inconscientes » entre auteurs, que l'on rencontre assez fréquemment en histoire des sciences, et dont nous avons précédemment indiqué les diverses situations de base à partir de la citation explicite (situations 4 et 5).

11.4. Les correspondances thématiques chez Wallon, Mélanie Klein et Bion

Il semble que Wallon ait eu connaissance des idées développées par l'école de Mélanie Klein. Outre une indication assez précise en ce sens de Lagache (11.6.), cette supposition peut tirer argument de deux autres indices.

---

464 Tran-Thong : 1971, 161, 164.
465 Luzès Pedro : 1985, 343.
466 Wallon Henri : 1934 n° 79, 268-277 ; 1941 n° 111, 204.
467 Id., 1938 n° 103, 208, 217.
468 Luzès Pedro : 1985, 347.
469 Wallon Henri : 1938 n° 103, 215-216, 220-221 ; 1941 n° 111, 127 ; 1956 n° 221, 236.

Le premier (1941) consiste dans la référence expresse à Suzan Isaacs à propos de l'intérêt de l'enfant pour les jeux scatologiques (voir p. 552). Nous n'avons pas identifié le texte auquel Wallon a pu se référer à ce sujet[470].

Le second indice (1942), moins certain bien que très suggestif, est constitué par l'évocation assez singulière, au niveau, il est vrai, d'une description du réel comportemental, du fantasme d'une mère dévoratrice, que Wallon introduit dans son analyse du caractère ambivalent et cannibale de l'imitation (voir p. 523).

De toute évidence, la description que Mélanie Klein donne de l'expérience néonatale est, par son esprit et son contenu, en principe peu concordante, pour ne pas dire sans aucun rapport, avec celle qu'en fournit Wallon : frustration, envie destructive à l'égard du sein, fantasmes d'attaques sadiques contre le corps maternel, culpabilité, lutte incertaine des pulsions de vie et de la pulsion de mort, intrication des modalités persécutive et dépressive de l'angoisse, sentiment de la perte, besoin compulsionnel de réparation. Wallon, au contraire, insiste sur les facteurs de communication expressive et d'ajustement comportemental, qui imbriquent l'impéritie infantile dans l'entourage tutélaire des personnes proches. Toutefois, il nous semble que ces descriptions se situent à des niveaux différents de préoccupation théorique et d'approche, sans être pour autant incompatibles. Mélanie Klein explore, dans la perspective propre à la psychanalyse, le domaine du fantasme. Wallon se préoccupe, en psychologue de la réalité concrète, de décrire le tissu social de la psychogenèse. De ce point de vue, on a parfois remarqué que Mélanie Klein tend à dissoudre le corps de la vie sociale dans le détail des relations interpersonnelles[471] (Bléandonu, 1985), ce qui d'ailleurs est concevable dans une perspective dont l'objet privilégié est le fantasme. Cependant, il est non moins vrai que l'embrayage de la dépendance néonatale sur le milieu providentiel, tel que l'envisage Wallon, ne comporte pas que le seul registre d'expériences complétives et gratifiantes. Il importe de souligner, à cet égard, dans la typologie wallonienne des émotions, la balance pour le moins inégale des émotions négatives (colère, angoisse, peur, timidité) par rapport aux émotions positives (plaisir et joie)[472].

En dépit d'une discordance indéniable quant au contenu descriptif et aux hypothèses interprétatives, un fait est assez frappant : il s'agit de la concordance à peu près parfaite, dans les conceptions respectives de Mélanie Klein et de Wallon, des **grilles de découpage temporel**. La séquence kleinienne des positions schizo-paranoïde (de 00 à 0,3 ou 0,4) et dépressive (de 0,3 ou 0,4 à 1 an) recouvre exactement la séquence wallonienne des stades impulsif et émotionnel. Par ailleurs, Mélanie Klein situe la formation du « complexe d'Œdipe sexué et différencié » au culmen de la position dépressive (0,6). Or, ce repérage se trouve correspondre à la période que Wallon décrit comme l'apogée des conduites émotionnelles[473].

---

470 Isaacs Suzanne : 1929, 1930, 1933 in Klein Mélanie et col. : 1952, 319.

471 Bléandonu : *L'École de Mélanie Klein*, 1985, 327.

472 Wallon Henri : 1938 n° 103, 209-213.

473 Wallon Henri : 1947 n° 129, 2 ; Tran-Thong : 1971, 153 ; Klein Mélanie : 1952, 221, 265, 275, 289 ; 1957, 40, 105, 107 ; Petot Jean-Marie: 1982, 34, 78, 79, 83, 85.

D'ailleurs, le découpage kleinien, en raison de cette concordance avec la propre grille de Wallon, s'avère dans le fait rejoindre la série commune des moments cruciaux (0,3 ; 0,6 ; 1), où s'intègrent, de façon partielle mais néanmoins homologue, les conceptions respectives de **Spitz** (0,3 : premier organisateur ; 0,6 : synthèse des pulsions, stade de l'identification secondaire) et de Winnicott (00 - 0,6 : dépendance absolue ; 0,6 - 1 : dépendance relative)[474].

Signalons également la concordance, avec cette série commune, du découpage effectué par **Margaret Mahler**. L'approximation en apparaît assez satisfaisante, à un détail d'importance près : Mahler fait place à une phase normale d'autisme (00 - 0,1 env.), qui précède une phase symbiotique (0,1 - 0,5 ou 0,6), elle-même suivie d'une période où se prépare le processus d'individuation-séparation (0,6 - 1,6), et qui correspond au « stade de l'identification secondaire » d'après Spitz[475].

À côté du système des stades bien connu de Spitz (00 - 0,3 ; 0,3 - 0,8 ; 0,8 - 1,3), il en existe un autre qu'il emprunte, semble-t-il en partie à Mahler (0,6 ; 1,6), et qui paraît concerner les processus d'identification (00 - 0,3 ; 0,3 - 0,6 ; 0,6 - 1,6). La superposition de ce second système au système principal des stades de Spitz pose un problème de cohérence[476].

Certaines homologies existent entre **le découpage de Mahler et celui de Piaget**. Le processus d'individuation-séparation est situé par Mahler à 1,6, c'est-à-dire à la date indiquée par Piaget pour l'apparition de l'objet identique et permanent. Par ailleurs, la phase d'autisme normale de Mahler correspond évidemment au stade des exercices réflexes de Piaget. Malgré la différence indiscutable de perspectives et de contenu, il convient de noter le point suivant. Piaget décrit ces exercices réflexes comme dominés par un principe d'assimilation reproductrice, de répétition circulaire et d'abord fermée sur soi, forme de fonctionnement égocentrique, à propos duquel il a dans un premier temps (1920-1930) invoqué « l'autisme » de Bleuler[477].

Après cette digression sur Mahler, et avant d'en venir à d'autres aspects concernant les homologies possible entre Mélanie Klein et Wallon, soulignons brièvement quelques aspects :

a/ Mélanie Klein ne parle d' « identification primaire » qu'en en un seul passage (1926) où l'expression est employée[478].

b/ Cependant qu'Anna Freud se donne une phase liminaire de différenciation du dedans et du dehors, du moi et de l'objet, Mélanie Klein fait intervenir *ab initio* le double mécanisme d'introjection-projection. Il en résulte des conséquences et des difficultés qu'ont notées Lagache (1952) et Laplanche (1970). Mélanie Klein se donne dès l'origine de la psychogenèse l'objet, de nature aussi bien

---

474 Spitz René : 1954, 178.

475 Ibid., 76, 178, 203, 227 ; Luzès Pedro : 1985, 338, 341, 348.

476 Spitz René : 1954, 178.

477 Tran-Thong : 1971, 27-28, 52, 299 ; Danset Alain : 1983, 106-107 ; Maury Liliane : 1984, 45-50.

478 Klein Mélanie : 1968 a, 171.

fantasmatique que réelle à la limite[479]. Mais cette assomption l'amène *ipso facto* à postuler un moi préconstitué et fonctionnant dès la naissance[480].

De ce point de vue, l'intégration qu'effectue Wallon des deux formes de mécanismes (dédoublement, introjection-projection) dans sa démarche descriptive, pourrait fournir un modèle susceptible de permettre l'approche et le traitement de ces difficultés métapsychologiques.

Cependant, Mélanie Klein fait également intervenir, de façon conjointe avec le mécanisme d'introjection-projection, un autre mécanisme fondamental, lui du type dédoublement, et qui est précisément le clivage. Nous reviendrons plus loin sur cet aspect que nous n'avons pas encore évoqué jusqu'ici.

c/ Il faut évidemment rattacher à la distinction kleinienne entre identification introjective et identification projective (1946) la propre distinction de Lagache (1954) entre identification autoplastique et alloplastique, distinctions auxquelles se rattache sans ambiguïté celle de Wallon (1956) entre identification centripète et identification centrifuge. Sur ce point encore, on retrouve le problème, que nous avons déjà évoqué, d'avoir à trancher entre l'influence historique assignable et la correspondance thématique inconsciente. S'il y a influence historique en l'occurrence, Wallon se rattache-t-il directement sur ce point à Mélanie Klein, ou bien seulement par l'intermédiaire de Lagache ?

Abordons un point particulier, concernant le rapport de Mélanie Klein avec la problématique freudienne des identifications précoces, pour user d'une expression simplement commode. Cette problématique a progressé laborieusement chez Freud depuis 1921. Si Freud admet en 1933 a le principe d'une identification primitive de la fille à la mère, puis en 1938 celui d'une identification de l'enfant en général (*das Kind*) au sein maternel, il est non moins troublant qu'il n'acceptera jamais clairement le principe d'une identification de la fille à l'objet paternel. C'est par rapport à une telle situation qu'il convient d'apprécier l'indépendance d'esprit et le génie clinique de Mélanie Klein, qui se prononce, sans aucune équivoque à propos des mécanismes d'identification primitive de la petite fille aux deux parents, au père aussi bien qu'à la mère, ceci dès 1926, puis en 1928 et en 1932[481]. À cet égard, il est significatif que Freud, dans l'article sur la *Sexualité féminine* (1931 a) puis dans la conférence sur *La féminité* (1933 a) fait preuve d'une **attitude nettement en retrait par rapport aux suggestions de Mélanie Klein**, dont par ailleurs il a certainement connaissance.

Spitz et aussi Winnicott manifestent beaucoup d'intérêt pour le vocable *emotion* et les formulations qui en dérivent.

Probablement sous l'influence de Wallon, Spitz utilise assez fréquemment les notions de « manifestations expressives », d' « expressions émotionnelles », d' « attitudes émotionnelles ».

Ce trait de retrouve également chez Winnicott et Bion.

---

479 Id., 1968 b, 98-99.

480 Ibid., 66-100.

481 Ibid., 1968 a, 168, 170 (1926), 236, 237, 239, 415, 418 (1928) ; 69, 75, 99, 123, 227-229 (1932).

De fait, chez **Winnicott,** à côté de la notion de « développement affectif », on trouve les termes « émotion », « expérience émotionnelle »[482], mais surtout, avec une inflation remarquable dans *Jeu et réalité*, l'expression « développement émotionnel », et accessoirement « croissance émotionnelle »[483] (*emotional development*). Apparemment, il ne s'agit pas que d'une question de vocabulaire, mais plutôt de l'adoption d'une véritable catégorie conceptuelle.

Or, ce problème de l'usage du terme *emotion* est également assez intéressant à suivre d'abord dans l'œuvre de Mélanie Klein, qui a joué un rôle non négligeable dans la formation de Winnicott, sans pourtant l'avoir jamais reconnu connue un « kleinien »[484]. Avant 1932, Mélanie Klein écrit plus volontiers en allemand qu'en anglais (11 articles sur 17). *La Psychanalyse des enfants* (1932) est le dernier ouvrage, à l'exception d'un article de 1937, que Mélanie Klein ait écrit en allemand. Dans cet ouvrage, elle utilise régulièrement le mot *Affekt*, que Strachey, qui a traduit le livre la même année, rend la plupart du temps par *emotion* (5 fois sur 8), et plus rarement par *affect.* La traduction française, à l'inverse, utilise plus souvent le terme « affect » que le terme « émotion »[485].

Dans la période qui suit (1933-1946), Mélanie Klein écrit 5 articles, qui ont été regroupés dans *Essais de psychanalyse*, de la p. 296 à la p. 424. Dans le texte anglais, nous avons relevé 8 occurrences du terme *emotion* et 1 seule du mot *affect.*

Pour la période ultérieure (1946-1952), 4 articles importants sont regroupés dans *Developments of psycho-analysis* (1952), dont l'un porte un titre qui, de toute évidence, semble promouvoir le terme d'*emotion* au rang d'une véritable catégorie clinique et psychologique : *Some theoretical conclusions regarding the emotional life of the infant* (1952). Or, dans ces quelques 90 pages de textes, on trouve cette fois 49 occurrences des termes *emotion*, *emotional*, différence hautement significative, on en conviendra, par rapport aux tranches antérieures, et qui paraît correspondre incontestablement à une évolution dans l'ordre des préoccupations cliniques et théoriques de l'auteur.

Enfin, dans les quelques 150 pages que représentent les 5 derniers grands essais de Mélanie Klein : *On identification* (1955), *Envy and gratitude* (1957), *Our adult world and its roots in infancy* (1959), *Some reflections on the Oresteia* (1963), et *On the sense of loneliness* (1963), regroupés dans *Envie et gratitude et autres essais* (1968), on trouve aussi 49 occurrences des mêmes termes.

Des locutions assez fréquentes dans ces occurrences sont *emotional experience*, *emotions and phantasies*[486], dont la connotation clinique est incontestable, mais dont la signification métapsychologique est moins claire. En tout cas, le problème ne nous paraît pas avoir été signalé jusqu'ici par les commentaires.

---

482 Winnicott Donald : 1958, 81, 194, 278.

483 Id., 1971 : 12, 19, 75, 126, 153, 154, 178, 179, 190, 191, 199.

484 Bléandonu Gérard : 1985, 293-295.

485 Klein Mélanie : 1932 deutsch. : 36, 64, 64, 65, 65, 65, 111, 114 ; 1932 english : II, 24, 54, 54, 54, 55, 55, 102, 111 ; 1959 français. : 36, 66, 66, 67, 67, 67,115, 115.

486 Id., english : III, 141, 163, 175, 180, 302.

Dans les 24 volumes de la *Standard edition*, Strachey semble avoir constamment rendu, au moins d'après les sondages limités que nous avons faits, l'allemand *Affekt* par l'équivalent anglais *affect* (voir l'Index des matières où *emotion* n'est pour ainsi dire pas représenté). Or, dans sa traduction de *La Psychanalyse des enfants*, Strachey, comme on l'a indiqué, rend en général l'allemand *Affekt* par l'anglais *emotion*, probablement d'ailleurs avec l'assentiment de l'auteur, qui a pu relire la traduction (?). L'aspect singulier, dans tout cela, est que Mélanie Klein, de culture allemande et lectrice du texte original de Freud, connaissait la pratique, d'usage plutôt banal en langue allemande, du terme *Affekt*, qui, nettement moins fréquent dans l'usage traditionnel du français et de l'anglais, a été pratiquement naturalisé dans ces deux langues par la traduction du texte de Freud.

Or, la tendance dont nous venons de faire état, prend une consistance encore accrue dans les écrits de **Bion**, le principal disciple de Mélanie Klein. Dans les 4 ouvrages de cet auteur, dont nous avons jusqu'ici pris connaissance, nous n'avons jamais relevé une seule fois le terme *affect* (dans la traduction française du moins, car nous n'avons pu nous procurer le texte anglais), et avons trouvé une occurrence unique de la locution « relation d'objet ». En revanche, nous avons constaté une inflation digne d'intérêt des vocables « émotion », et surtout « expérience émotionnelle » (environ 150 occurrences). Bion écrit : « Les problèmes de la pulsion et de l'émotion (*concepts qu'il distingue apparemment*) font partie intégrante du corpus central de la théorie psychanalytique»[487]. Cependant, en conjonction avec ce concept d'*emotion*, Bion fait parfois intervenir d'autres concepts, en particulier ceux de « passion » et de « raison », dont l'usage, peu familier dans la littérature psychanalytique, appartient par contre au registre des catégories psychologiques et morales de la philosophie du 17e et du 18e siècles. Or, de culture anglaise, intéressé de surcroît par l'épistémologie et l'histoire de la logique, Bion se réfère assez souvent au philosophe Hume, ainsi d'ailleurs qu'aux thèses conventionnalistes, d'un esprit finalement assez proche, du mathématicien épistémologue Poincaré. À notre avis, c'est cette confluence, d'un caractère insolite et apparemment syncrétique, entre cette référence humienne et l'influence de Mélanie Klein qui paraît rendre compte de cette constellation « bizarre » qui réunit à l'occasion dans sa pensée les concepts de passion, d'émotion et de raison[488].

Effectivement, dans le *Traité de la nature humaine* (1740), Hume envisage l'usage social de la raison comme une instance régulatrice susceptible de modérer et de convertir la violence des « passions directes » (*processus primaire*), ne dépendant que de « la douleur ou du plaisir » (*principe de plaisir-déplaisir*), en « passions indirectes » (processus secondaire), reliées à des représentations d'« objet » et canalisées en « émotions plus douces ». Cette régulation s'effectue en fonction d'un système de balance en quelque sorte réversible entre les deux paliers[489]. Mais ne

[487] Bion Wilfred : 1979 b, 1963, 73.

[488] Id., 1979 b, 12, 14, 18, 20, 40, 46, 101 ; 1982, 85-86.

[489] Hume David : 1740 : 374-375, 529-534, 548-551 ; Malherbe Michel : 1984, 168, 175-176, 208-210, 213-214.

citons qu'un seul passage de Hume : « Ce que nous entendons couramment par passion est une émotion violente... propre à exciter un appétit... née d'une impulsion naturelle ou d'un instinct primitif (*natural impulse or original instinct*) parfaitement inexplicables. Par raison, nous entendons des affections tout à fait du même genre que les précédentes, mais telles qu'elles opèrent avec plus de calme et qu'elles ne causent pas de désordre dans notre caractère... La raison est, et ne doit qu'être l'esclave des passions »[490].

Parmi les passions indirectes, canalisées déjà par le processus imaginaire, par la fantaisie (*imagination*, *fancy*), nous dirions peut-être aujourd'hui par le fantasme (*fantasy*), notre philosophe invoque l'amour, la haine, et à titre plus médiat, la curiosité et l'amour de la vérité[491].

Mélanie Klein doit à Karl **Abraham** la notion d'envie (*Neid*, *envy*), qui prend une telle importance dans son œuvre à partir de 1952[492]. Bion, le disciple le plus marquant de Mélanie Klein, lui reprend cette notion, qu'il mentionne souvent dans son œuvre. Or, il est assez étrange que Hume, l'une des références philosophiques favorites de Bion, ait lui-même consacré un développement important à l'envie[493] (1740, de même que Descartes dans le *Traité des passions*, 1649).

Quant aux trois autres formes de passions régulées selon Hume par la *fancy* (amour, haine, curiosité-vérité) elles nous paraissent indiscutablement recouvrir, en une concordance parfaite, la distinction des trois formes de liens, formulée à plusieurs reprises par Bion (A : amour, H : haine, C : connaissance), en tant qu' « émotions fondamentales » assurant la liaison entre deux objets[494].

Mélanie Klein a pressenti l'importance de la fonction tonico-posturale pour le développement de la personnalité. Dans *Développements* (1952), elle cite un assez long passage de Margaret Ribble, où celle-ci se réfère à la fonction des attitudes, en même temps qu'aux deux mécanismes de l'émotion et de l'attachement. On a parfois mentionné à juste titre Wallon comme l'un des précurseurs importants de la notion d'attachement[495]. C'est pourquoi il nous paraît intéressant de citer ce texte daté de 1944 :

« Une grande partie de la qualité et de la cohésion de la personnalité d'un enfant dépend de son **attachement émotionnel** à la mère. Cet attachement, ou, pour utiliser un terme psychanalytique, cet investissement sur la mère croît en proportion de la satisfaction qu'il obtient d'elle. Nous avons étudié la nature de cet attachement progressif, si difficile à saisir et pourtant si essentiel pour de très importants détails. Trois types d'expérience sensorielle - concrètement l'expérience tactile, **l'expérience kinesthésique, ou le sens de la position du corps**, et **l'expérience du son** (*le sourire à la voix humaine, Wallon 1934*) contribuent d'abord à sa formation. Le développement de ces capacités sensorielles a été mentionné

---

490 Hume David : ibid., 524, 548, 550-551.

491 Ibid., 375, 431, 476, 560.

492 Petot Jean-Marie : 1982, 236.

493 Hume David : op. cit., 476-486 ; Descartes René : *Œuvres et lettres*, 781-783.

494 Grinberg Léon et col. : 1976, 94-98 ; Bion Wilfred : 1962, 60, 64 ; 1963, 11-12 ; 1965, 60, 73, 80.

495 Zazzo René in : Anzieu Didier et col. : 1974, 47.

par presque tous les observateurs du comportement infantile... mais on n'a pas mis l'accent sur leur importance particulière pour la relation personnelle entre la mère et l'enfant ». Un peu plus loin, Mélanie Klein commente : « Les conclusions du Dr Ribble coïncident avec les miennes... Ces changements qui, dans sa description, se produisent à peu près au troisième mois... peuvent être considérés comme la **contrepartie physiologique** des traits de la vie émotionnelle que je décris comme début de la position dépressive ». Plus loin encore, elle écrit : « Ce lien primitif avec la mère... sous-tend la capacité de constituer tout attachement (*attachment*) profond et puissant envers une personne »[496].

Il est assez intéressant de préciser à ce sujet que Mélanie Klein a déjà parlé dans *L'Amour et la haine* (1937) de l' « attachement et de la dépendance à l'égard des premiers objets d'amour » (*the attachment to and dependence on the first people he loves*)[497].

D'ailleurs, au point de vue du contenu descriptif, bien des passages de *Développements* semblent anticiper de façon curieuse la notion d'attachement, par l'illustration saisissante qu'ils donnent de l'idée que « dès la naissance, l'amour ne s'alimente pas essentiellement de lait » (voir pp. 519, 635). Mélanie Klein écrit textuellement : « La gratification tient autant à l'objet qui donne la nourriture qu'à la nourriture elle-même... la relation avec le premier objet (le sein) a été dès le début aussi importante que la gratification tirée de la tétée et de la nourriture ». Une petite fille « interrompait parfois son repas, dès l'âge de quelques semaines, pour regarder le visage de sa mère ou son sein, et, un peu après, pour faire attention à sa famille de façon amicale pendant son repas... c'était comme une conversation tendre entre la mère et le bébé... les pleurs du bébé étaient provoqués par le manque de jeu avec la mère... de très jeunes bébés répondent au sourire de leur mère, au contact de ses mains, à sa voix, au fait d'être pris dans les bras, à ses soins »[498].

Mélanie Klein met parfois l'accent sur la fonction relationnelle de l'émotion en des termes assez comparables à ceux de Wallon : « Les émotions du jeune enfant sont d'une nature extrême et puissante... pendant le second quart de la première année... son pouvoir d'exprimer ses émotions et de communiquer avec les gens s'accentue... l'expression faciale change considérablement... le visage est plus capable d'exprimer des émotions de nature plus profonde et de nuances plus variées »[499]. Ce genre de texte inaugure un ton particulier qui marquera **une certaine clinique de couleur proprement britannique** (Winnicott), malgré la formation germanique initiale très marquée de l'auteur, et que l'on pourrait sans surprise attribuer, dans le cadre du jeu de cache-cache[500], à la plume même de Wallon.

---

[496] Klein Mélanie : 1952, 218-219, 229 ; *english* : III, 89-90, 99, souligné par nous.

[497] Id., 1968 c, 118 ; *english* : I, 327, souligné par nous.

[498] Id., 1952, 190, 226, 231, 236.

[499] Id., 1952, 191, 199, 237.

[500] Il existait, dans le cadre de l'agrégation de philosophie vers les années 60, une épreuve orale consistant à commenter à l'aveugle un texte dont l'auteur n'était pas connu du candidat.

On a pu à l'occasion reprocher à Mélanie Klein de succomber au poids d'une « véritable idéologie constitutionnaliste »[501]. En fait, il nous semble qu'elle insiste assez fréquemment sur l'interaction des facteurs internes et des facteurs externes, des deux composantes constitutionnelle et environnementale[502]. Des références très nombreuses mettent l'accent fort sur le rôle des « expériences réelles », des « circonstances extérieures », sur « l'impact du milieu »[503]. Cet aspect aussi fait songer d'une certaine manière à Wallon, pour qui l'interaction des conditions internes et externes résulte en un déterminisme à double composante, où interfèrent nature et culture[504].

D'autres thèmes kleiniens ne sont pas sans évoquer certaines idées de Wallon.

Mélanie Klein insiste en plusieurs occasions sur le phénomène des « **oscillations** entre les différents stades », entre « buts et objets », entre « objets et situations internes et externes »[505]. Or, ceci rappelle en un sens le principe wallonien d'alternance et ses diverses modalités de fonctionnement, interstades et intrastades[506].

Wallon est le premier auteur, à notre connaissance, qui ait décrit l'expérience archaïque du **corps morcelé** (1934), et qui paraît en avoir transmis la notion et la description à Lacan (1938). Or, ce thème du morcellement de l'organisation primitive représente l'un des caractères les plus marquants des conceptions kleiniennes. Où il revêt d'ailleurs des formes très diverses : « Le premier moi manque beaucoup de cohésion et une tendance vers l'intégration alterne avec une tendance à la désintégration, une tendance à tomber en morceaux »[507].

Mélanie Klein fait un usage très fréquent d'une catégorie dialectique particulière : il s'agit de la notion d'**interaction**. Cette catégorie est d'une occurrence assez fréquente aussi chez Spitz. Chez Mélanie Klein, elle relie des couples de concepts très variés : interaction, nous l'avons vu., des facteurs internes et des facteurs externes, et en général de tous les facteurs du développement[508], interaction aussi des pulsions de vie et de la pulsion de mort[509], de la conscience et de l'inconscient[510], de l'introjection et de la projection[511], des positions schizo-paranoïde et dépressive[512], des relations objectales et de la formation du surmoi[513], interaction

---

501 Petot Jean-Marie : 1982, 257-258.
502 Klein Mélanie : 1948, 372 ; 1952, 241, 248, 251 ; 1957, 101, 116, 135.
503 Id., 1948, 309, 336, 402, 411 ; 1952, 193, 225, 249, 284, 290, 292.
504 Jalley Émile : 1981, 293.
505 Klein Mélanie : 1948, 388, 411, 413, 423 ; 1952, 241, 278.
506 Jalley Émile : 1981, 287-289 ; Wallon : 1938 n° 103, Index des matières : alternance, oscillation.
507 Klein Mélanie : 1952, 278.
508 Id., 1952, 209.
509 Id., 1932, 164, 288 ; 1952, 188, 273.
510 Id., 1952, 193.
511 Id., 1932, 190, 193, 234 ; 1952, 285.
512 Id., 1952, 298.
513 Id., 1932, 190.

du monde intérieur et extérieur[514], des expériences réelles et de la vie fantasmatique[515], de la crainte du danger interne et de celle du danger externe[516], de l'angoisse et des facteurs physiques[517], de l'angoisse névrotique et de l'angoisse objective[518]. À notre connaissance, l'usage de cette catégorie d'interaction, à titre de mécanisme de couplage entre processus et aspects fonctionnels, ne se rencontre guère dans le texte de Freud, ni d'ailleurs dans le reste de la littérature psychanalytique. Cet aspect n'a guère attiré l'attention jusqu'ici dans les commentaires. Ce concept d'interaction, absent du texte de Freud (voir GW, Index : *Wechselwirkung*) semble trouver son origine dans la culture classique de l'Allemagne[519], en particulier dans la *Critique de la raison pure* de Kant et aussi dans la *Logique de Hegel*, avec une source ancienne bien connue de ces auteurs, passant par l'Antiquité grecque (stoïciens) et la Renaissance (pensée alchimique).

Revenons brièvement sur la question du **clivage** en tant que mécanisme distinct du couple introjection-projection, avec lequel cependant il fonctionne de façon conjointe. Le clivage est incontestablement un mécanisme dont la structure formelle relève du même type que celle du mécanisme de dédoublement de l'unité-dyade mis en œuvre par la psychogenèse wallonienne. Cependant, il est évident que le contenu et le point d'application en sont tout à fait différents. Le mécanisme de dédoublement wallonien contribue à la construction du couple des deux sujets. Le clivage kleinien opère sur un objet déjà différencié du sujet, et dont il produit la « bipartition primaire »[520], la déconstruction nécessaire à l'intégration ultérieure.

Il reste que le clivage, en tant que mécanisme primitif de traitement de l'objet, rentre dans la catégorie des processus binaires, dont diverses formes ont été décrites en plusieurs domaines (anthropologie, linguistique), en tant que procédés primitifs du fonctionnement psychique. La pensée par couples décrite par Wallon est incontestablement l'une des formes de ces processus.

L'une des idées fondamentales de Wallon est que l'expérience émotionnelle représente la matrice du processus cognitif, qui d'ailleurs dépend aussi d'autres facteurs.

Or, c'est aussi l'une des conceptions essentielles de **Bion que toute connaissance tire son origine d'un vécu de caractère émotionnel**[521].

---

514 Id., 1957, 136.

515 Id., 1952, 228.

516 Ibid., 210, 269.

517 Ibid., 208.

518 Ibid., 270, 271.

519 Kant Immanuel : 1782, *Kritik der reinen Vernunft*, éd. Adickes, 1889, 123 ; Tremesaygues-Pacaud, 94 ; Hegel Georg Wilhelm Friedrich : 1811, *Logique*, II, éd. Labarrière, 1981, Index, 403 ; Wallon Henri : 1938 n° 103, Index, 391, 403.

520 Klein Mélanie : 1957, 1968 b, 33.

521 Grinberg Léon et col. : 1976, 93-96 ; Bion Wilfred : 1962, 64, 84, 86, 113-115 ; 1963, 32, 36, 38-39, 41, 46, 73-74, 83-84 ; 1967, 90, 93-94, 105, 116, 122, 127-128.

Nous donnons pour finir la liste des occurrences du terme *emotion* et de ses dérivés dans l'œuvre anglaise de Mélanie Klein. Nous pensons qu'elle peut servir à des études ultérieures plus fines[522].

On notera la considérable augmentation des occurrences dans la phase ultime de l'œuvre de Mélanie Klein[523]. Plusieurs occurrences interviennent parfois dans la même page.

11.5. Les précédents du concept de prématuration au XVIIIe et au XIXe siècles

Les notions d'inachèvement néonatal, de prématuration, ont une histoire assez ancienne qui remonte au XVIIIe siècle. Georges Lapassade (*L'entrée dans la vie*, 1963)[524] a reconstitué, depuis cette époque, la filière des auteurs qui aboutit à Bolk. Roland Doron dans son étude sur la prématuration (Daval et col. : *Traité de psychologie sociale*, 1964)[525], cite également un texte de Rousseau, d'un accent remarquablement moderne, comme nous le montrerons un peu plus loin.

Ce concept de **prématuration**, très en vogue jusqu'à la disparition de Lacan, pour qui il avait eu une importance essentielle, a été contrebattu depuis, au moins d'une certaine manière, par le paradigme remis au goût du jour d'un innéisme plus ou moins marqué, parfois intégral, dans le double domaine des neurosciences et de la psychologie développementale, innéisme mettant en valeur de façon plus ou moins exclusive le concept d'une **programmation** intégrale de toute espèce de développement bio-psycho-sociologique. Le couplage de ces deux concepts est intéressant à bien identifier, car il forme **l'une des antinomies qui paralysent les sciences modernes du psychisme**, incapables de la traiter, ce qui supposerait qu'elle soit d'abord clairement identifiée au pays des aveugles, où les borgnes ne sont même plus rois.

Lapassade oppose avec énergie la tradition antérieure à la perspective, radicalement nouvelle selon lui, de **Bolk** : « L'enfant ne sert ici qu'à préparer l'adulte. Mais on peut soutenir le contraire et dire que l'adulte précède l'enfant »[526]. D'après lui, la thèse de Bolk s'inscrit dans la perspective d'une critique radicale du principe de récapitulation onto-phylogénétique (loi biogénétique fondamentale de Haeckel), ce que d'ailleurs Bolk confirme lui-même dans son texte. Cependant que, toujours selon Lapassade, la tradition antécédente aurait partie liée, sous des formes diverses à travers le temps, avec le concept, propre aux « Lumières », de

[522] Klein Mélanie : I, 14, 50, 270, 285, 353, 367, 368, 369, 413, 419 ; II, 54, 55, 102, 133 ; III, 2, 3, 13, 18, 19, 20, 21, 22, 35, 37, 38, 41, 61, 62, 64, 69, 70, 71, 74, 78, 79, 80, 83, 90, 93, 94, 95, 100, 106, 108, 110, 111, 113, 114, 115, 116, 117, 118, 121, 141, 143, 144, 155, 163, 166, 168, 175, 180, 184, 187, 190, 206, 217, 222, 232, 234, 247, 249, 250, 252, 255, 262, 277, 280, 298, 299, 301.

[523] Id., Tome III : 1946-1963.

[524] Lapassade Georges : 1963, *L'entrée dans la vie*, Paris, Éditions de Minuit, 17-26.

[525] Doron Roland : 1964, « La prématuration », in : Daval Roger et col. : *Traité de psychologie sociale*, tome 2, 5-15.

[526] Lapassade Georges : 1963, 24.

perfectibilité et d'éducabilité de l'espèce humaine, et viendrait se souder plus ou moins, par ce biais, avec le principe haeckélien de récapitulation.

Ce n'est pas notre avis. En fait, Bolk se rattache aussi à la filière précédente par l'accent mis, dans un passage, très court il est vrai[527], sur l'incapacité d' « autonomie » néonatale et la longueur de l'enfance humaine, où il faut voir, selon lui, « la cause essentielle de la formation de la famille, le fondement biologique de la société », formulation pour le moins approximative où transparaît néanmoins la notion de nécessité des apprentissages, équivalent moderne des concepts dix-huitièmistes de perfectibilité et d'éducabilité (Wallon, 1938, 1941)[528]. Cependant, l'interprétation évolutive (retardement « conservatif » du développement, fœtalisation, analogie avec la néoténie des batraciens) que donne Bolk de ces constats phénoménologiques incontestables, est tout autre chose, et n'est aucunement nécessaire à leur prise en compte.

Sur le plan des données récentes de la paléontologie humaine, la thèse de Bolk apparaît pleine de faiblesses. Tous les préhistoriens depuis Leroi-Gourhan (1964)[529] s'accordent à considérer l'apparition, très ancienne (peut-être 14 millions d'années), de la bipédie, comme un facteur cardinal de l'évolution, alors que Bolk la considère comme un «phénomène dérivé » [530] ! À côté de cela, il reste les considérations, d'un intérêt remarquable, de Bolk concernant les phases d'interruption et les décalages propres à certains types humains de développement (voir in : Jalley, 1998).

Nous citons les textes invoqués par Lapassade et par Doron, en raison de leur intérêt historique, et aussi parce que ceux de Buffon et de Rousseau en particulier, concernent un aspect spécialement moderne de la notion d'attachement, récemment mis en valeur par les observations de Brazelton.

En effet, Terry B. **Brazelton** a centré l'intérêt, vers les années 80, sur la formation des conduites d'attachement chez les parents à l'égard des enfants, alors que « John Bowlby, écrit-il, le grand pionnier de l'étude de l'attachement, centre son travail sur le comportement d'attachement, ceci plus chez le nouveau-né que chez les parents » (*La Naissance d'une famille*, 1981)[531]. Or, c'est cet aspect que nous allons voir mis en évidence, à la lettre, dans les textes de Buffon et de Rousseau.

Le premier texte, celui de Georges-Louis Leclerc, comte de **Buffon** (*Histoire naturelle*, 1749)[532], met très clairement en rapport l'impuissance néonatale du petit d'homme (« état de faiblesse ») avec le caractère inachevé (« moins formé ») de l'organisme, d'où résultent à la fois, la nécessité des apprentissages, la longueur de l'enfance, et l'attachement parental.

« Un jeune animal, tant par l'incitation que par l'exemple, **apprend en** quelques semaines d'âge à faire tout ce que ses père et mère font ; il faut **des années** à

[527] Bolk Louis : 1926, « La genèse de l'homme », 8.
[528] Wallon Henri : 1938 n° 103, 203-204 ; 1941 n° 111, 42-43.
[529] Leroi-Gourhan André : 1964, *Le geste et la parole*.
[530] Bolk Louis : 1926, 4.
[531] Brazelton Terry B. : 1981, 16.
[532] Buffon Georges-Louis de : 1749, 140.

l'enfant, parce qu'en naissant il est sans comparaison beaucoup **moins avancé, moins fort et moins formé** que ne le sont les petits des animaux... **L'enfant** est donc **beaucoup plus lent que l'animal** à recevoir l'éducation individuelle ; mais pour cette raison il devient susceptible de celle de l'espèce. Les secours multipliés, les soins continuels qu'exige pendant longtemps son **état de faiblesse** entretiennent, augmentent **l'attachement des père et mère** et, soignant le corps, ils cultivent l'esprit. Le temps qu'il faut au premier pour se fortifier tourne au profit du second » (souligné par nous, de même que pour les textes suivants).

Le texte suivant, de Jean-Jacques **Rousseau** (*L'Émile*, 1762)[533], réunit en une constellation assez étonnante, les notions d'état de **faiblesse**, de **dépendance**, d'**attachement**, en rapport avec l'émergence de la dimension du **désir** et de la **fantaisie**, « du fantasme ». Les termes de « faiblesse » (*Schwäche*) et de « dépendance » (*Abhängigkeit*) sont ceux-là mêmes qu'utilise Freud pour caractériser l'*Hilflosigkeit*, l'état de détresse. Notons enfin la **dépendance réciproque** entre parents et enfants, notion qui fait songer au mécanisme circulaire de l'identification réciproque parents-enfants décrit par Spitz[534], et qui comporte pour Rousseau des effets aliénants d'un type particulier : ce sont les parents qui développent et multiplient la fonction du désir chez l'enfant. Il conviendrait de commenter plus longuement, dans une perspective psychanalytique, un pareil texte, notamment en ce qui concerne ces « désirs », liés aux « fantaisies » (*fantasmes*) et qui ne sont pas de vrais besoins (*pulsions d'auto-conservation*) :

« La société a fait l'homme plus faible, non seulement en lui ôtant le droit qu'il avait sur ses propres forces, mais surtout en les lui rendant insuffisantes. Voilà pourquoi **ses désirs se multiplient avec sa faiblesse**, et voilà ce qui fait **celle de l'enfance**, comparée à l'âge d'homme. Si l'homme est un être fort, et si l'enfant est un être faible, ce n'est pas parce que le premier a plus de force absolue que le second, mais c'est parce que le premier peut naturellement se suffire à lui-même et que l'autre ne le peut. L'homme doit donc avoir plus de volontés, et l'enfant plus de **fantaisies ; mot par lequel j'entends tous les désirs qui ne sont pas de vrais besoins**, et qu'on ne peut contenter qu'avec le secours d'autrui.

J'ai dit la raison de **cet état de faiblesse. La nature y pourvoit par l'attachement des pères et des mères** : mais cet attachement peut avoir son excès, son défaut, ses abus. Des parents qui vivent dans l'état civil y transportent leur enfant avant l'âge. En lui donnant plus de besoins qu'il n'en a, ils ne soulagent pas sa faiblesse, ils l'augmentent. Ils l'augmentent encore en exigeant de lui ce que la nature n'exigeait pas, en soumettant à leurs volontés le peu de forces qu'il a pour servir les siennes, en changeant de part ou d'autre en esclavage la dépendance réciproque où le tient sa faiblesse et où les tient leur attachement[535].

Ce genre de textes fait de Rousseau un philosophe français important.

---

[533] Rousseau Jean-Jacques : 1762, *Émile*, 69.

[534] Spitz René : 1957, 32-34, 91, 96 ; 1965, 79, 84, 86, 134.

[535] Rousseau Jean-Jacques : suite du même texte citée par Doron Roland in : Daval Roger et col. : *Traité de psychologie sociale*, tome 2, 1964, 11-12. Souligné par nous.

Cependant, Rousseau décrit aussi, en sens inverse, dans un texte prémonitoire, également cité par Doron[536], la structure comportementale typique de l'attachement infantile, énoncée par Zazzo (1974) comme le fait que « l'amour ne s'alimente pas essentiellement de lait ». Rousseau écrit en effet : « Mais la question doit-elle s'envisager seulement par le côté physique ? Et l'enfant a-t-il moins besoin des soins d'une mère que de sa mamelle ? D'autres femmes, des bêtes mêmes (*enfants-loups*), pourront lui donner le lait qu'elle lui refuse : la sollicitude maternelle ne se supplée point ».

Dans *La destinée de l'homme* (1884, fr., 1904), l'essayiste américain John **Fiske** (1842-1901) retrouve, mais en l'insérant dans une perspective évolutionniste, le thème esquissé par Buffon, de l'inachèvement néonatal, et de l'allongement de l'enfance humaine, en proportion de la multiplicité des savoir-faire, des « habitudes » à maîtriser :

« La vie psychologique des animaux les plus inférieurs, écrit-il, consiste en quelques actes simples tendant à se procurer la nourriture et à éviter le danger ; ces **actes**, nous avons coutume de les classer comme **instinctifs**. Si nous montons **l'échelle animale** jusqu'à ce que nous arrivions aux oiseaux et aux mammifères supérieurs, nous voyons commencer un changement très remarquable... Les actes que l'animal accomplit au cours de sa vie deviennent beaucoup plus nombreux, beaucoup plus variés et beaucoup plus complexes. Ils sont donc répétés avec moins de fréquence dans le cours de la vie de chaque individu. En conséquence, la **disposition à les accomplir n'est pas complètement organisée dans le système nerveux du rejeton avant la naissance**. La courte période d'existence prénatale ne donne pas un temps suffisant pour l'organisation d'habitudes aussi variées et aussi complexes. Le processus qui, dans les animaux inférieurs, est achevé avant la naissance, voit cet **achèvement prorogé** dans les animaux supérieurs jusqu'à l'époque suivant la naissance ».

Dans la même période, le philosophe allemand Eduard von **Hartmann** (1842-1906), l'auteur de la célèbre *Philosophie de l'inconscient* (1869), cité par Preyer dont nous allons parler dans un instant, insiste tout particulièrement sur le contraste entre le caractère achevé de l'équipement néo-natal chez l'animal et le caractère, seulement virtuel chez le nouveau-né, des « dispositions », des capacités :

« Chez l'homme, **le nouveau-né semble** ne rien apporter avec lui et **devoir tout apprendre ; en fait**, au contraire, **il apporte** tout, ou du moins infiniment **plus que** n'apporte **l'animal équipé et prêt à sa sortie de l'œuf**, mais il l'apporte **à l'état imparfait**, car ce qu'il y a à développer chez lui est si considérable qu'au bout de neuf mois de vie embryonnaire, il n'en peut exister que les germes. **Ces germes, ces dispositions** se développent et mûrissent à mesure que le cerveau de l'enfant se développe par l'expérience ».

Parmi les psychologues enfin, Lapassade cite Preyer, Wallon et Gesell.

---

[536] Doron Roland : 1964, 11-12.

Dans *L'âme de l'enfant* (1882, fr., 1887) **Preyer** reprend, dans le langage associationniste de l'époque, l'idée de la proportion entre la longueur de l'enfance et la richesse à développer des conduites possibles :

« Chez l'homme, le nombre des associations possibles entre la vue et les mouvements oculaires coordonnés est si grand, comparé au nombre des associations **possibles** chez l'animal au moment de la naissance, **qu'il ne leur est loisible de se développer qu'au cours d'une longue enfance**, d'une longue période après la naissance »[537]. Preyer est l'un des fondateurs de la psychologie de l'enfant bien connu et assez souvent cité par Wallon, et connu aussi de Freud.

Dans *L'évolution psychologique de l'enfant* (1941), **Wallon** écrit ce qui suit : « L'enfant reste **beaucoup plus longtemps désarmé** devant les nécessités les plus élémentaires de la vie, et les **occasions d'apprentissage** qu'il doit trouver dans le milieu externe prennent alors une importance décisive. Il y a ainsi **relation inverse entre la richesse de l'équipement et l'achèvement de ses parties**.

Plus grand est le nombre des **possibilités**, plus grande leur **indétermination**. Plus grande aussi l'indétermination et plus grande la **marge des progrès**. Une fonction qui n'a pas à chercher sa formule ne sait pas non plus s'adapter à des circonstances diverses»[538].

Ce texte paraît condenser, dans l'expression sobre du langage scientifique enfin conquis par la psychologie, l'ensemble des thèmes produits par la tradition dont on a ci-dessus présenté les repères depuis le XVIIIe siècle, sauf toutefois le thème particulier de l'attachement, tel que le développent Buffon et Rousseau. Le livre de Preyer était parfaitement connu de Wallon, qui le cite fréquemment. Wallon connaissait bien aussi l'œuvre de Rousseau, dont il a parlé assez souvent, sous l'aspect de la théorie psychologique en même temps que des applications pédagogiques[539]. Wallon a même écrit une *Introduction à l'Émile* (1958)[540]. Cependant, il n'a jamais fait mention particulière de Buffon.

Malheureusement, Lapassade interrompt bien trop tôt, à notre avis, cette citation de Wallon. En effet, le texte précédent est suivi d'un paragraphe d'une grande importance (Jalley, 1998), et qui fait intervenir 2 fois en 7 lignes, ni plus ni moins, le mot « prématuration ». Nous trouvons cette omission d'autant plus regrettable qu'il s'agit de l'une des toutes premières occurrences de ce terme dans la littérature psychologique de langue française. Apparemment, Lapassade semble soucieux de regreffer, sur l'hypothèse bolkienne de la néoténie, le concept de prématuration, alors que Bolk, s'il est vrai qu'il tourne autour de la chose, ne l'a jamais cristallisée en un terme précis, comme cela est vérifiable si on lit attentivement son texte. « L'homme-néotène, écrit Lapassade, n'est pas seulement immaturé, il est prématuré... dans la perspective de la néoténie, la prématuration...

---

537 Preyer Wilhelm : 1882-1887, 56.

538 Wallon Henri : 1941 n° 111, 42.

539 Id., 1947 n° 127, *Enfance, n° spécial 1959-1963*, 306 ; Tran-Thong : 1969, *La pensée pédagogique d'Henri Wallon*, 63-64.

540 Id., 1958 n° 237, « Introduction à l'Émile », *Enfance, n° spécial 1968*, 53-69.

concerne la vie entière »[541] (p. 29). Or, soulignons le encore, l'hypothèse spéculative de la néoténie n'est en rien indispensable pour justifier et valider l'important concept de prématuration.

Il reste que les développements de Bolk sur les mécanismes de décalage, qui ne requièrent pas non plus nécessairement l'hypothèse de la fœtalisation, et qui ont pu (1926) lui être inspirés par des réflexions bien antérieures de Freud (dès 1896)[542], justifient par leur contenu, sinon à la lettre même, la distinction, à notre avis très importante, qui vient sous la plume de Lapassade, entre les concepts d'immaturité et de prématuration. Mais citons nous-même la suite du texte de Wallon :

« Le fait qu'à sa naissance un être soit **impuissant à subsister** par lui-même, faute d'une maturation suffisante de ses organes, a été assimilé à un cas de **prématuration**. Nul exemple n'est plus saisissant que celui du kangourou, dont le petit ne quitte l'utérus de sa mère que pour réintégrer sa poche ventrale, où il attendra de pouvoir enfin supporter les rudes contacts du monde extérieur. La prématuration est normale chez plusieurs espèces de mammifères. Sa **précocité** paraît augmenter en même temps que s'élève le **niveau évolutif de l'espèce**.

Elle atteint de beaucoup son plus haut degré chez l'homme et s'accompagne d'un **renversement dans l'ordre des moyens** à sa portée, qui prépare l'orientation toute nouvelle de son existence »[543].

Lapassade cite enfin Gesell, mais cette fois à propos des phases de repos dans les processus de développement, problème déjà évoqué par Bolk, qui est à bien distinguer de celui de l'immaturité, de l'inachèvement mis en valeur par la série des textes précédents.

Au contraire, le problème de ces phases de repos dans les développements fonctionnels complexes (le développement diphasé de la sexualité décrit par Bolk et Freud) a bien plutôt rapport avec les concepts connexes de développement anticipé, de précocité.

Gesell souligne, cité par Lapassade, que l'enfant de 5 ans atteint un palier d'équilibre tel qu'il paraît avoir accompli « le premier tour de piste de la longue course vers la maturité »[544]. Ce propos de Gesell évoque en un sens la notion wallonienne de développement spiral, mais en un autre sens aussi la conception psychanalytique d'une première apogée du développement sexuel, culminant dans cette période.

---

541 Lapassade Georges : 1963, 29.

542 Freud Sigmund : 1895 a, NP, 366 ; 1896 a, NP, 130 ; 1896 b, 55 ; 1896 c, 65 ; 1896 d, 94-95 ; lettre n° 52 du 6/12/1996, NP, 157 ; lettre n° 66 du 7/7/1897, NP, 188 ; lettre n° 125 du 9/12/1899, NP, 270 ; 1905 a, 89, 133, 150, 159-160, 177-178 ; 1905 b, 40 ; 1908, 44 ; 1909 a, 195 ; 1911 b, 140 ; 1916-1917, 334-336 ; 1919 a, 221-222, 227, 231 ; 1926 a, 137 ; 1926 b, 82-83 ; 1933 a, 165 ; 1938, 13, 54-57, 59, 61, 75-76, 84 ; GW 1, 384, 417, 438-439 ; GW 5, 94, 100, 135, 216-217 ; GW 7, 165, 372-373 ; GW 12, 200-201, 207, 212 ; GW 14, 186, 244 ; GW 17, 75.

543 Wallon Henri : 1941 n° 111, 42.

544 Lapassade Georges : 1963, 19 ; Gesell Arnold : 1957, *Le jeune enfant dans la civilisation moderne*, 362.

Dans son étude sur la prématuration, Roland **Doron** se réfère principalement (en même temps d'ailleurs qu'à Spitz) à la perspective gésellienne d'une « embryologie du comportement ». Il décrit alors l'analyse effectuée par Gesell des « conditions biologiques des réactions sociales dans l'état de prématuration » : dès l'existence prénatale, antériorité de l'innervation motrice sur la sensitive, autonomie partielle des territoires musculaires et sensitifs[545], caractère naturellement « ouvert » du développement, répertoire très varié de types moteurs élémentaires. Dès les premières semaines, installation progressive d'une certaine vigilance cérébrale, construction du rythme nycthéméral, première rencontre entre les besoins et une tradition sociale, rôle à cet égard de l'affinement du tonus musculaire, entrelacement des facteurs de maturation et d'environnement, modelage social comme matrice de la conscience de soi.

Doron propose de rapprocher les données d'ordre purement psychobiologiques de Gesell de celles, d'ordre comparable, mais focalisées par la perspective psychanalytique, de Spitz. S'il est vrai que « Gesell nous a appris que le nouveau-né disposait d'un appareil sensori-moteur déjà capable de fonctionner physiquement », les travaux de Spitz montrent que l'apprentissage psychologique de ce fonctionnement s'effectue dans un cadre de « rapports dialectiques vécus par le couple mère-enfant », lequel forme une sorte de « matrice socio-émotionnelle »[546].

Doron insiste sur la relation, d'apparence paradoxale, entre l'impuissance, le parasitisme, et l'extrême plasticité du petit d'homme. En fait, son système de valeurs vitales est différent du nôtre. Apparemment peu sensible à certaines conditions du milieu physique, il apparaît psychologiquement beaucoup plus fragile. L'enfant, « s'il consomme peu physiquement… est, de plus en plus, un affamé de présence humaine ». S'il est vrai que « le développement affectif précède tous les autres », il faut ajouter aussi que « les premières relations objectales sont socia les »[547]. Apparemment, c'est ce point essentiel qui marque, **dans l'œuvre d'un Spitz, la rencontre de Wallon et de la psychanalyse**. Cependant, la pensée de Wallon aura toujours le mérite de mettre l'accent, à titre d'infrastructure par rapport à la dimension du conflit intrapsychique, sur « les modalités de cette rencontre de l'état civil et de la condition biologique »[548].

Signalons enfin que Lapassade présente aussi un texte de Charles **Darwin** (*L'origine des espèces*, 1859)[549], qui constitue la première description de la néoténie, et où il faudrait voir la source probable de l'hypothèse bolkienne de la fœtalisation :
« On sait actuellement, écrit Darwin, que quelques animaux sont aptes à se reproduire à un âge très précoce, avant même d'avoir acquis leurs caractères adultes complets ; si cette faculté venait à prendre chez une espèce un développement considérable, il est probable que l'état adulte de ces animaux se perdrait tôt ou

545 Doron Roland : 1964, 6-7.
546 Ibid., 11-12.
547 Ibid., 13-15.
548 Ibid., 15.
549 Lapassade Georges : 1963, 25.

tard ; en ce cas, le caractère de l'espèce tendrait à se modifier et à se dégrader considérablement, surtout si la larve différait beaucoup de la forme adulte ».

L'ouvrage américain de Frank **Sulloway**[550] (*Freud biologiste de l'esprit*, 1979, fr. 1981) apporte des compléments historiques intéressants à l'ensemble des considérations précédentes.

Tout d'abord, parmi l'ensemble des auteurs cités par Lapassade et Doron, Sulloway a bien identifié, ce qui paraît naturel, son compatriote John Fiske, dont il mentionne deux autres ouvrages que celui cité par Lapassade[551].

D'après Sulloway, « à l'allongement de l'enfance, on devait, pour Fiske, l'intelligence supérieure, la plasticité dans l'acquisition des savoirs, l'organisation stable de la famille humaine, les structures du clan primitif et les fondements de la moralité ».

Cependant, Sulloway mentionne également James J. **Atkinson**[552] (*Primal law*, 1903, 230-231), l'auteur même auquel Freud emprunte, conjointement à Darwin, l'hypothèse de la horde primitive, et qu'il mentionne assez longuement en deux passages de *Totem et tabou* (1912 a)[553], à propos de l'instauration de l'exogamie, du parricide originel, et de l' aménagement de la violence primitive sous l'effet de l'amour maternel.

Or Sulloway relève par ailleurs chez Atkinson un thème qui intéresse directement nos considérations antérieures : selon celui-ci, « de l'allongement de l'enfance chez l'homme découlait cette donnée psychologique d'une force extraordinaire par rapport à ce qu'elle est chez les bêtes - l'amour maternel humain ». On retrouve ici la notion d'attachement parental, comme facteur propre à l'enfance humaine (Buffon, Rousseau, Brazelton).

Sulloway parle aussi de Bolk, en termes d'ailleurs très sévères : « À l'époque où Ferenczi écrivait sur ce sujet (*nous verrons lequel un peu plus loin*), l'anatomiste hollandais Louis Bolk (1926) tentait d'expliquer l'évolution humaine par une « fœtalisation » progressive, ou un retard physiologique, des fonctions de développement. Au moins deux psychanalystes, Heinz Hartmann (1939)[554] et Hans Lampl (1953) essayèrent de concilier la notion freudienne de latence sexuelle avec la fœtalisation de Bolk[555]. Les idées de Bolk, qui reposaient sur une théorie vitaliste et lamarckienne de l'évolution, sont depuis longtemps rejetées par les biologistes[556]. Yazmajian résume cette incursion néo-freudienne dans la biologie en disant qu'elle « est un condensé des faussetés biologiques et des élucubrations théoriques

550 Sulloway Frank : 1979-1981, 361 n.9 et 362 n.10.

551 Fiske John : 1874, *Outlines of cosmic philosophy, based on the doctrine of evolution, with criticisms on the positive philosophy*, 1874, 2 ; 1884, *Excursions of an evolutionist*, in Sulloway Frank : 1979-1981, 306-319, 344-345, 360-363.

552 Atkinson James J. : 1903, *Primal law*, in Sulloway Frank : 1979-1981, 230-231.

553 Freud Sigmund : 1912 a, *Totem et tabou*, 146, 163-164.

554 Hartmann Heinz : 1939, 82.

555 Sulloway Frank : 1979-1981, 524, 531.

556 voir Gould Stephen Jay : 1977, *Ontogeny and Phylogeny*, Cambridge and London, Harvard University Press, 356-362 ; Yasmajian : 1967, 222.

et métaphysiques qui ponctuent régulièrement la littérature psychanalytique... sur cette question, depuis des années »[557].

L'avis sévère de Sulloway sur Bolk mérite examen. Nous avons exprimé notre désaccord avec l'opinion de Lapassade, qui tend à présenter la thèse de Bolk dans un rapport de rupture, de type quasi bachelardien, à l'égard de toute la tradition antérieure, où s'élaborent les notions d' inachèvement, de prématuration. Il est vrai que le long et confus préambule épistémologique du texte de Bolk est susceptible de donner lieu à une telle interprétation. En fait, nous ne sommes pas non plus d'avis que l'hypothèse de Bolk concernant « le retardement du développement »[558] doive être rejetée comme sans valeur. Il arrive, dans l'histoire des idées, qu'une intuition valable cherche appui sur de mauvais arguments de fait.

L'hypothèse du « retardement » n'a aucun besoin de l'hypothèse subsidiaire que l'homme est un « fœtus de primate », un singe dont le développement s'est arrêté à mi-chemin. D'autre part, l'analogie avec les batraciens néoténiques supporte l'hypothèque de l'immense abîme qui sépare l'organisation des sauriens de celle des primates.

D'après Bolk : « l'origine de l'homme n'est pas dans le redressement du corps, mais c'est parce que le corps prenait un aspect humain que l'homme s'est tenu droit ». La verticalisation serait une « caractéristique consécutive ». Parmi les « caractéristiques primaires qui ont déterminé l'origine de la forme humaine », il faut compter, selon lui, « l'orthognatie, l'absence de poils, la perte de pigment de la peau, des cheveux et des yeux (*dans la race blanche !*), la forme des pavillons des oreilles, le pli mongolien, la position centrale du foramen magnum, le poids élevé du cerveau, la persistance de la fontanelle, les grandes lèvres chez la femme, la structure de la main et du pied, la forme du bassin, la position dans le plan ventral de l'orifice génital chez la femme, certaines variations de la dentition et des sutures crâniennes »[559].

Il nous semble qu'aucun des savants actuellement reconnus dans le champ de la préhistoire humaine (Coppens, Johanson, White, Leakey, etc.) ne consentirait à donner sa caution à de pareils propos, ce qui n'empêche pas certains d'entre eux de se livrer, à l'occasion, à des hypothèses elles-mêmes fantastiques sur les origines de la famille humaine.

Cependant, l'idée remarquable de Bolk consiste à relier le processus de retardement du développement à un phénomène de décalage entre le développement de l'organisation sexuelle (*germen*) et celui de l'organisation somatique, autrement dit le substrat de ce que Freud appelle les pulsion d'auto-conservation.

Nous avions étudié dans un autre travail (Jalley, 1998) les considérations de Freud sur les processus d'immaturité-inachèvement et de précocité-prématuration, ainsi que sur le décalage entre le développement des pulsions sexuelles et celui des pulsions d'auto-conservation.

---

[557] Sulloway Frank : 1979-1981, 553.
[558] Bolk Louis, 1926, 5.
[559] Id., 4.

La double notion de décalage inter- et intrafonctionnel comporte, à titre d'aspects particuliers, les concepts bien connus et complémentaires d'instauration diphasique de la sexualité et de période de latence. Bolk décrit lui-même ces processus sans utiliser les expressions précises de Freud, il parle de « phases de repos » concernant le développement sexuel et la croissance dentaire chez l'homme[560].

Nous avions discuté, dans le même ouvrage de 1998, la notion freudienne d'instauration diphasique du développement sexuel par rapport aux idées de Bolk. Outre les références que nous donnions alors, Sulloway en cite quelques autres encore[561], une dizaine même dont nous avons à faire amende honorable qu'elles nous ait d'abord échappé, même si certaines se trouvent dans des contextes moins attendus.

En ce qui concerne la notion de « période de latence », Freud admet dans les *Trois essais* qu'il la doit en fait à **Fliess**. D'après Sulloway[562], **Krafft-Ebing** (1899, 1904) « utilise l'expression « période latente » pour décrire la phase de la vie sexuelle qui précède le plein développement des organes sexuels ». Havelock **Ellis** (1900) invoque la notion de « latence de la fonction sexuelle » pour désigner « la phase sexuelle inactive qui alterne avec la manifestation périodique de la fonction sexuelle chez les animaux inférieurs ».

L'expression précise de « période de latence sexuelle » n'apparaît dans aucun des écrits publiés de Fliess. Celui-ci l'aurait sans doute suggéré à Freud au cours d'un de leurs nombreux colloques.

Sulloway[563] mentionne également les vues de Fritz **Wittels** et de **Ferenczi** concernant l'origine de l'instauration diphasique de la sexualité et de la période de latence au cours de « l'époque glaciaire ». Wittels aurait développé ses vues devant les membres de la Société de psychanalyse de Vienne dès 1908[564], puis dans son *Alles um Liebe* (*Tout sur l'amour*, 1912). Ferenczi aurait alors repris cette idée en 1913, puis en 1924[565], en précisant que le phénomène se serait produit au cours de la dernière période glaciaire (celle que l'on appelle aujourd'hui Würm). Wittels devait plus tard revendiquer (1924) l'antériorité de son hypothèse sur les développements de Ferenczi.

Freud a bien connu les idées de Bolk, comme on le comprend d'après l'*Abrégé de psychanalyse* (1938) et aussi d'après un passage de *Moïse* (1939) : « L'homme descend d'une espèce animale dont la maturité sexuelle devrait se produire vers la cinquième année »[566].

---

560 Id., 7.

561 Freud Sigmund : 1912 c, 64 ; 1923 a, 247-248 ; 1923 b, 63 ; *Petit Abrégé de psychanalyse*, 1924 b, 116 ; 1925, 46 ; 1926 a, 131 ; 1926 b, 83 ; 1938, 13 ; 1939, 113.

562 Sulloway Frank : 1979-1981, 166.

563 Id., 362.

564 *Minutes de la Société psychanalytique de Vienne*, 1, 347-350 ; réunion du 11 mars 1908.

565 Ferenczi Sandor : 1913 in : *First Contributions to psycho-analysis*, 1952, 237 ; 1924, *Versuch einer Genitaltheorie, Essai d'une théorie génitale*.

566 Freud Sigmund : 1938, 13, 76 ; 1939, 13.

Il est difficile de trancher la question de savoir si Bolk a connu les idées de Freud, ou bien s'il a tiré de son propre fonds sa théorie du décalage entre le développement du germen et celui du soma.

En fait, le problème de la prématuration a partie liée avec celui de l'attachement. D'ailleurs, c'est dans son étude sur « la prématuration » (1964) que Roland Doron cite de façon pertinente les deux textes prémonitoires de Rousseau concernant l'**attachement** »[567].

À propos de cette dernière notion, avançons encore une remarque d'ordre historique concernant le destin du terme *attachment* dans la pensée psychanalytique de langue anglaise. Le mot apparaît chez Mélanie **Klein**, en 1937, puis en 1952, repris alors de **Ribble** (1944).

C'est en 1959 que **Bowlby** utilise lui-même pour la première fois le terme, dans l'acception qui ont rendu célèbres depuis ses travaux (*L'éthologie et l'évolution des relations objectales*, 1959).

Dans les *Nouvelles Conférences* (1933 a), **Freud** utilise à de nombreuses reprises (11 fois à notre connaissance) le mot *Bindung* pour désigner : a) l'identification primaire du garçon au père[568] ; b) mais surtout, l'attachement préœdipien de la fille à la mère, dans la conférence sur *La féminité* [569]; c) et moins souvent, l'attachement œdipien proprement dit, de la fille au père[570], du garçon à l'objet maternel[571].

Or, en 1964, dans sa traduction du volume 22 de la Standard Edition, **Strachey** a régulièrement rendu ce *Bindung* freudien par l'anglais *attachment.*

La traduction française des *Nouvelles Conférences* par Anne Berman (1936) hésite, selon les passages entre « attachement » et « fixation », qui est injustifiable (il ne s'agit pas ici de *Fixierung*) et aboutit à dissoudre en partie ce concept de *Bindung*[572]. Depuis, la traduction nouvelle de Rose-Marie Zeitlin adopte partout le terme « attachement » (1984)[573], sauf et malheureusement dans le passage célèbre, où la traduction de Berman aurait due être maintenue : « L'identification est une forme très importante de la liaison (1936 : attachement) à l'autre »[574].

Signalons enfin qu'il existe encore, dans l'*Émile* de **Rousseau**, d'autres passages que ceux dont il a été précédemment question concernant l'attachement. Il y est question, cette fois, de l' « attachement » de l'enfant à l'objet maternel et en général à l'être humain. Cet attachement à la « nourrice est d'abord purement machinal… n'est qu'habitude ». Il a rapport avec « l'amour de soi » (*narcissisme*) et « ce qui nous conserve » (*pulsions du moi*). Cet attachement tire sa source de « l'état de faiblesse », de l' « insuffisance », de l'« infirmité », de la « dépendance » ; il se trans-

---

567 Doron Roland, in : Daval Roger et col. : 1964, 2, 11-12, 15.

568 Freud Sigmund : G W 15, 69 ; S E 22, 63.

569 Id., *Mutterbindung*, *zärtliche präödipale Mutterbindung* ; G W 15, 127-129, 143-144 ; S E 22, 119-121, 134.

570 Id., 2 fois *Vaterbindung*, 1 fois *zärtliche Abhängigkeit* ; G W 15, 127, 129 ; S E 22, 119, 121).

571 Id., G W 15, 144 ; S E 22, 143.

572 Id., 1933 a, trad. 1936, 90, 163-164, 166, 183.

573 Id., 1933 a, trad. 1984, 160-163, 179.

574 Ibid., 88.

forme progressivement « en amour » (*étayage*). L'attachement à nos semblables est mû aussi par **la pitié**, « premier sentiment relatif », qui **nous « identifie avec »** l'autre, mais « **pas dans nous... dans lui** », par le fait, pour chacun, de « le transporter hors de lui », (*identification projective-alloplastique-centrifuge* de Klein, Lagache et Wallon ; voir ici pp. 541-542 sur la fonction identificatoire de la pitié-cruauté chez Wallon)[575]. Il existe en outre un intéressant chapitre de Jean **Château** sur l'intérêt de Jean-Jacques Rousseau pour la psychologie et la psychanalyse modernes[576].

11.6. L'éloge posthume d'Henri Wallon par Daniel Lagache (1965)

Le texte de quelques pages que nous allons publier ici intégralement, sans être inaccessible, est tout de même assez rare, s'agissant de la « Notice nécrologique » d'Henri Wallon publiée dans l'Annuaire de l'*Association amicale des anciens élèves de l'École normale supérieure* par son condisciple et cadet (promotions 1899 et 1924), son collègue et ami aussi, Daniel Lagache.

En premier lieu, ce texte démontre, de manière péremptoire, le **caractère franchement abusif de la thèse discontinuiste et sommairement conflictualiste de l'installation de la psychanalyse en France**, chanson soutenue et colportée à l'enseigne des thèmes évoqués précédemment de la « bataille de cent ans » et surtout de l' « impossible rencontre » entre la psychologie de tradition française et la psychanalyse de couleur germanique.

Il se trouve tout de même que Lagache, l'un des très grands psychanalystes français - sans parler ici de Lacan qui a plus que beaucoup emprunté à Wallon -, a non seulement entretenu des relations personnelles, de caractère amical et même quasi familial, mais en outre, de son propre aveu et très insistant, développé un dialogue intellectuel aussi profond que prolongé et fructueux, avec Wallon, assurément de son côté le plus grand psychologue français - sans parler non plus à ce propos du francophone mais en réalité suisse Jean Piaget. Cette vérité historique véritablement massive ne pouvait qu'échapper à des auteurs pressés au point de négliger des sources incontournables, même si de caractère local, en tout cas de signification pathognomonique décisive, auteurs marqués au surplus par le préjugé « lacanophile » et antipsychologiste ambiant de tenir pour du pipeau tout ce qui de près ou de loin fleure l'abjection du discours universitaire, quitte du reste à en récupérer sans surprise toutes les paillettes au terme du voyage. Ceci dit, **tout n'est pas faux dans cette doctrine incomplète qui boîte seulement par défaut d'articulation dialectique entre la thèse et l'antithèse**, mésaventure d'ailleurs reste très ordinaire en pareil champ de phénomènes. Après tout la Vénus de Milo se montre aujourd'hui telle que les malheurs de l'histoire l'ont défigurée.

En outre ce texte fera apparaître d'autres aspects assez surprenants, et jusqu'ici passés plutôt inaperçus. Donc commençons :

---

575 Rousseau Jean-Jacques : 1762, 247-249, 259-260, 276, 462, éd. Garnier, 1957.

576 Château et col. : 1977, 113-139.

« WALLON (Henri), né à Paris le 15 juin 1879, décédé à Paris le 1er décembre 1962 - Promotion de 1899.

« Henri Wallon naquit à Paris le 15 juin 1879. Entré à l'École en 1899, il fut agrégé de philosophie en 1902, pensionnaire de la Fondation Thiers de 1903 à 1906, docteur en médecine en 1908, docteur ès lettres en 1925; chargé de cours à la Sorbonne depuis 1920, il devint en 1927 directeur à l'Ecole pratique des Hautes études (3e Section) où il fonda le Laboratoire de psychobiologie de l'enfant, après quoi il fut professeur au Collège de France de 1937 à 1949. L'énumération des charges universitaires, scientifiques, sociales qu'il assuma serait interminable ; n'en mentionnons que les plus significatives : secrétaire général à l'Éducation nationale à la Libération (1944), délégué du Front national à l'Assemblée constitutive provisoire (1945), député de Paris à la première Assemblée constituante, membre puis président de la commission de la réforme de l'enseignement après la mort de Langevin (1946 - 1947). Les seuls honneurs qu'il accepta furent le doctorat *honoris causa* de nombreuses universités étrangères[577]. Il mourut en 1962, âgé de quatre-vingt-trois ans.

« Par sa vie et par son caractère, Henri Wallon réalisa une rare synthèse entre le passé et l'avenir.

« Plusieurs traditions s'inscrivent dans cette vie. Je ne crois pas qu'il soit une dynastie normalienne plus longue et plus fournie que celle des Wallon. Je ne l'ai pas connu habitant ailleurs qu'un petit hôtel particulier de la rue de la Tour, sobrement et même modestement meublé, bien qu'il tenait, m'a-t-on dit, de sa famille. Philosophe et médecin, il relève ainsi d'une autre lignée normalienne, fondée en fait par Théodule Ribot, lequel n'était cependant pas médecin, à laquelle appartinrent Pierre Janet, Georges Dumas, Charles Blondel, André Ombredane, pour ne citer que les plus illustres de ceux qui ont disparu, lignée que continuent aujourd'hui des débutants ou des hommes encore jeunes mais qui ont dépassé le stade des promesses[578]. Il n'est pas tout à fait fortuit et en tout cas pas dépourvu de sens que j'écrive ces lignes dans un hameau de Haute-Normandie ; de longue date, la famille Wallon y avait installé sa résidence d'été, sur la falaise d'aval, faisant front à la mer, dominant une plage qui n'était ni populaire ni mondaine, non sans élégance mais sans faste et que des gens fort célèbres fréquentèrent, je n'en citerai que Lucien Lévy-Bruhl. Ma famille était installée sur la falaise d'amont d'une plage voisine de quelques kilomètres ; je n'y passais pas l'été sans être convié chez les Wallon à un déjeuner familial ; Wallon venait à son tour nous voir, accompagné de Germaine Wallon ; bien qu'il eut une voiture, c'était toujours à pied, par le chemin de la douane qui longe le bord de nos falaises, les plus hautes de France, sous un ciel où les alouettes ne cessent de chanter que lorsque planent les plus sauvages

577 On croyait Wallon très mal connu à l'étranger, à son époque encore bien plus que par la suite, ce que semble démentir en bonne partie cette proposition. Il avait en réalité voyagé en Russie, en Espagne, en Grande-Bretagne, en Pologne enfin.

578 Lagache semble vouloir parler ici de Jean Laplanche, normalien (1944) agrégé et médecin, à la différence de Didier Anzieu, lui aussi normalien (1944) agrégé mais non médecin, et même soucieux dès l'origine de dégager la psychologie clinique de toute sujétion au pouvoir médical.

oiseaux de mer ; il s'intéressait beaucoup à observer les aînées de mes enfants, qui étaient des jumelles ; et c'est des Petites Dalles qu'il nous dédicaça, à ma femme et à moi, *Les origines du caractère chez l'enfant*, où il rassemblait trois articles dont je reparlerai, parus dans le *Journal de psychologie* et que j'avais analysés pour les *Annales médico-psychologiques*. Les malheurs de la guerre firent de notre maison de Saint-Pierre-en-Port une coque vide ; j'émigrai aux Petites Dalles, sur la falaise d'aval dans une maison qu'un ami commun m'avait cédée, tandis que Henri et Germaine Wallon, sans doute pour des raisons de commodité et d'indépendance, étaient passés sur la falaise d'amont. À partir de 1949, nous nous rencontrâmes plus souvent. Bien qu'il eut passé soixante-dix ans, Wallon se baignait encore ; sur cette plage assez ouverte sur le large et de pente rude, la mer est souvent méchante ; Wallon était un maître dans l'art délicat d'entrer dans l'eau et surtout d'en sortir sans se faire « rouler » par les vagues ; sa réputation de hardi nageur vit encore.

« Il fut aussi penseur hardi et des moins conformistes. Fort engagé dans la Résistance, tout en poursuivant ses activités médicales et scientifiques (bien que strictement scientifique, son cours au Collège de France avait été interdit par le Gouvernement de Vichy), Wallon adhéra en 1942 au Parti communiste français, dont il fut un membre à la fois audacieux et discipliné, et, je crois, très écouté. La chronologie de ses articles est édifiante ; jusque vers 1925, et c'est là chose commune chez les psychopathologistes, la plupart portent sur des cas ou des problèmes concernant les adultes ; mais les deux tout premiers, en 1908 et 1910, sont déjà consacrés à la psychopathologie de l'enfant. Jean Nageotte de qui il fut longtemps l'élève puis le collaborateur, était histologiste du système nerveux mais il avait aussi à la Salpêtrière un service d'enfants anormaux, dans lequel je rencontrai parfois Wallon à l'époque où, vers 1931 à 1932, je fréquentais moi-même la consultation de Théodore Alajouanine ; Wallon s'intéressa donc de très bonne heure à la Psychopathologie de l'enfant ; seuls son souci de rigueur, l'approfondissement de sa pensée retardèrent jusqu'en 1925 la soutenance de sa thèse de lettres, *L'enfant turbulent*, où il combine de façon très nouvelle l'observation clinique la plus rigoureuse et l'interprétation neurophysiologique des syndromes qu'il décrit. Au même rang que Georges Heuyer, Wallon a été en France un pionnier de la psychiatrie infantile et tellement un précurseur que lorsqu'en 1930, avec Henri Baruk que je commençai par seconder, nous fondâmes à l'Hôpital Trousseau, dans le service du grand pédiatre que fut Edmond Laisné, une consultation de neuropsychiatrie infantile, laquelle existe toujours, cette consultation se trouva la troisième de ce genre dans Paris. Si depuis les choses ont bien changé, Wallon n'y a pas été pour rien. Et il n'a pas dépendu de lui que le programme de rénovation de l'enseignement en France qu'il avait commencé d'élaborer avec Langevin n'eût des suites plus étoffées.

« « Wallon » par son nom, il avait figure d'homme des Flandres. Il était de grande taille, non pas corpulent mais charpenté. Il avait les cheveux d'un roux modéré qu'atténua la grisaille de l'âge, coupés courts et pourtant assez légers pour qu'un souffle les vît bouffer, sans nul souci qu'un peigne en rétablit l'ordonnance. Son visage aux larges traits, au grand nez, était coloré, animé par des yeux clairs point trop grands, au regard attentif mais non appuyé. Nullement recherchée mais toujours très soignée, sa tenue ne trahissait rien de l'universitaire ou du médecin ni à vrai dire de quelque profession que ce fût. Son abord était cordial ; j'ai souvenir de notre première rencontre, à Sainte-Anne, en 1925, dans le petit cénacle privilégié que formaient alors autour de Georges Dumas, outre moi-même, Raymond Aron, Paul-Yves Nizan, Jean-Paul Sartre, et de ce qu'il y eut de joyeux dans la poignée de mains que cet archicube déjà illustre donna à chacun de ses jeunes camarades[579]. Wallon aimait la jeunesse ; dans l'intimité particulière que développent un laboratoire et une consultation, patron réputé et très écouté, plein de sollicitude pour la formation de ses élèves - et ce fut là vraiment qu'il enseigna, non pas seulement parce que sa voix quelque peu fragile ne faisait pas de lui un orateur, mais parce que c'est bien dans ces petits groupes que l'on forme des élèves -, il a laissé un nombre incroyable de fidélités et d'admirations passionnés et des plus vivantes. Ce n'est pas qu'il fût tout bonté ; il ne détestait pas la raillerie, et il me taquina un jour sur ce que ma maison s'appelait « Les Ronces », ce qu'il rapprochait gentiment de quelques aspérités de mon caractère. Lui aussi n'était pas sans aspérités, et en tout cas, ferme comme un roc et incapable de concession lorsqu'il était convaincu. Mais il était homme d'honneur ; une fois seulement, un différend nous sépara, non point du fait de l'un de nous mais bien de la maladresse plutôt que de la malice d'un tiers ; les choses s'arrangèrent courtoisement par lettre, à notre satisfaction respective, et n'eurent d'autre suite qu'un rêve où je buvais un « pot » avec lui sous la figure paternelle de Henri IV (= Henri W). Sa réserve, sa retenue ne parvenaient pas toujours à cacher ses bouffées émotionnelles, comme il advint le jour que son chien se glissa dans la salle du Collège de France où il professait, incident que René Zazzo dénoua fort adroitement. Il est possible que quelque chose du corps et du caractère de l'homme de science se glisse dans l'orientation de ses intérêts et de ses vues ; si Georges Dumas, homme plein de charme, s'attacha à l'étude des mimiques émotionnelles, Henri Wallon a été, pas exclusivement mais très largement, l'homme du tonus et de l'hypertonie : la place qu'il a faite aux syndromes extrapyramidaux dans la psychopathologie des enfants, ses travaux sur l'émotion et l'épilepsie en témoignent.

« Henri Wallon n'a jamais renié ce penchant pour la neurophysiologie : une de ses idées directrices est restée d'articuler le biologique et le social. Pourtant, la tendance majeure de **son œuvre, après 1930, fut de se tourner vers les conditions sociales du développement de l'enfance**, le rôle de la relation avec l'autre, la philosophie sociale de l'éducation et de l'enseignement. On en trouve la marque dans ses fameux articles du début des années 30, sur les émotions, la formation de la conscience de soi, la formation de la représentation du corps propre et l'évolution de l'image spéculaire ; sans qu'il y méconnaisse les facteurs de

[579] La présence à Sainte-Anne, dans les années 1925, de ce cercle de normaliens, regroupant les noms cités et visité alors par Wallon - de tendance alors socialiste radicale en politique - est un fait qui n'a jamais jusqu'ici attiré l'attention, fort intéressant compte tenu aussi des opinions politiques ultérieures très divergentes entre le communiste Nizan et le réformiste Aron.

maturation, ce qui prévaut dans sa pensée c'est bien la dialectique de l'*Ego* et de l'*Alter Ego* et les progrès de l'identification différentielle ; ni à l'étranger ni même en France, ces œuvres n'ont eu le retentissement qu'elles méritaient ; au moins me plais-je à reconnaître **l'influence qu'elles ont eue sur mes contributions à la personnologie ; travaux profonds, difficiles, que j'ai lus, relus, annotés, et ce jusque dans les toutes récentes années, sans jamais manquer d'y trouver profit**[580] ; Wallon inaugurait ainsi tout un mouvement de recherche, devenu fort à la mode, sur l'image du corps propre et sur l'image spéculaire, sans que les emprunteurs aient toujours signalé, sinon fort ou trop discrètement, ce qu'ils devaient à la pensée de Wallon[581] : ce n'est pas qu'il y rapporte tant de découvertes factuelles ; il était excellent clinicien, mais ses observations personnelles occupent peu de place dans ces travaux ; il était admirablement informé, **lisant l'allemand** (un peu laborieusement, m'a-t-il confié), se faisant traduire l'anglais, au courant des travaux russes, mais ne faisant état que des faits vraiment importants et révélateurs : c'est surtout le grand théoricien qui parle, et de façon décisive sinon complète, sur quelques-uns des plus difficiles problèmes de la psychologie et de l'égologie.

« Bien que collective, *La vie mentale*, septième volume de l'*Encyclopédie française permanente*, fut véritablement son œuvre[582]. Je me souviens de mon étonnement admiratif lorsqu'il m'en communiqua le plan détaillé ; aucun ouvrage français ou étranger ne témoigne d'une rupture aussi radicale avec la « psychologie des facultés », laquelle sévit encore dans des manuels ou traités bien plus récents ; l'ouvrage s'organise selon les lignes d'une psychologie vraiment générale, c'est-à-dire génétique et comparative ; sans artifice aucun, autour de chaque étape du développement mental, se groupent les apports de la psychologie animale, de l'ethnologie, de la psychopathologie. Wallon lut de très près les contributions de ses collaborateurs, non pas en censeur inquiétant, mais avec la plus large ouverture d'esprit, **ne repoussant pas les apports de la psychanalyse que l'on commençait à balbutier** : bien plus tard, s'il continua de souhaiter son articulation aux autres sciences psychologiques, ses allégeances politiques ne l'empêchèrent

---

580 Il est impossible d'être plus clair concernant les rapports de coopération profonds entre psychologie et psychanalyse en France autour du thème intéressant mais oublié par tous d'une personnologie, n'en déplaise aux chantres de la mélopée du « sujet » (cartésien et/ou kantien et/ou hégélien… à votre bonne santé !).

581 Lagache fait allusion aux emprunts de Lacan à Wallon. Mais peut-être pas seulement : certains développements de Sartre - d'où l'intérêt de sa présence à Sainte-Anne en 1925 - sur les émotions (*Esquisse d'une théorie phénoménologique des émotions*, 1938), sur la conscience corporelle aussi (*L'être et le néant*, 1941), et ce dernier aspect également présent chez Merleau-Ponty, successeur de Wallon au Collège de France (*Phénoménologie de la perception*, 1945), pourraient lui devoir beaucoup. Les rapports entre Wallon et Merleau-Ponty ont préoccupé ces années dernières le japonais Tadayoshi Sakamoto, alors que ces questions n'intéressent plus personne en France, un pays où on ne sait qui s'intéresse à quoi, ceci dit pour la psychologie.

582 C'est incontestablement l'un des ouvrages très importants de Wallon, qui méritait d'être republié à part, et détaché des autres contributions où il est initialement inséré dans sa forme originelle (Paris, Éditions sociales, 1982).

nullement de faire bon **accueil à une psychanalyse plus informée et plus rigoureuse, laquelle est après tout une forme indépendante et spécifique de la pensée dialectique**[583].

« D'autres ouvrages, *De l'acte à la pensée* par exemple (1942), font davantage apparaître l'originalité de sa pensée et de son style. Le titre même reflète la plus personnelle peut-être de ses intentions, la prééminence génétique et dynamique de la motilité clonique et tonique, sans que cependant soit sacrifiée la spécificité de ce qui est proprement pensée. C'est l'ouvrage certes d'un homme de science, des mieux informés et des plus rigoureux, mais plus encore d'un penseur et d'un philosophe. Le style en est travaillé et sobre, jamais obscur mais toujours serré, illuminé d'images choisies, cherchant à cerner les tours et les détours du développement mental et des processus psychiques, si difficiles à fixer, même et peut-être surtout lorsque l'on ne s'attache qu'au conscient. Si Wallon n'a pas été un orateur, il a été un écrivain.

« Il était par goût chercheur et penseur et, bien qu'il en eût les capacités, non point organisateur et administrateur. Il consacrait cependant à ces tâches parfois fastidieuses toute l'attention et tout le temps que réclame la science moderne. Pendant des années, il présida au CNRS la section de psychologie et de sociologie, laquelle s'est depuis scindée. Là aussi fort aimé et écouté, sa patience était inlassable, même au cours de séances commencées le matin et que des programmes trop chargés faisaient parfois durer jusqu'à dix heures du soir. Aucun autoritarisme ; en dehors de la conduite des débats, il n'intervenait personnellement que pour essayer de clore des questions trop longtemps débattues, d'une manière décisive parce que pertinente, modérée et juste, non sans laisser percer de temps en temps la gaieté de son esprit et son penchant à l'humour.

« Des épreuves ont marqué les dernières années de sa vie : la mort prématurée de Germaine Wallon, sa compagne et sa collaboratrice, elle-même auteur d'un livre fort estimable sur le caractère chez l'enfant ; une maladie neurologique qui frappa, par une singulière coïncidence, le système extrapyramidal, mais n'entama ni sa lucidité ni son courage ; un grave accident. Aussi longtemps que ce fut possible, il assura en personne sa consultation du laboratoire de Psychobiologie de l'enfant, au 41 de la rue Gay-Lussac, tout près de l'École. Quand la chose devint difficile, ses collaborateurs et ses élèves allèrent le consulter chez lui, trouvant toujours la même cordialité de l'accueil et la même attention de l'écoute. En 1962, l'*Évolution psychiatrique* publia un numéro d'hommage à Henri Wallon, numéro que Marcel Bergeron, fidèle entre les fidèles, avait organisé ; j'y contribuai **moi-même par un court article sur *Pouvoir et personne* qui, dans le prolongement des travaux de Wallon**, s'efforçait de dégager le rôle des relations de pouvoir et des conflits de demandes dans la différenciation dialectique de l'*Ego* et de l'*Alter Ego* ;

583 Cette notation d'une pertinence remarquable rattache à juste titre la psychanalyse au noyau de la pensée critique et romantique *Von Kant bis Hegel*, dont dépend aussi Marx, un autre découvreur de l'inconscient - dans sa dimension sociale -, et ce qu'a parfaitement compris aussi pour son compte Lacan, initié par Kojève. Le propos un peu vague de Lagache semble vouloir dire que Wallon était bien informé, dès après 1945, sur la psychanalyse de source anglophone (Spitz ? Mélanie Klein ?).

je reçus de Wallon, d'une écriture à peine altérée, la lettre la plus pertinente et la plus délicatement affectueuse. C'était quelques mois avant sa mort. Ses funérailles au cimetière Montparnasse, son inhumation dans une tombe qu'un de ses frères, l'architecte, avait dessinée, amenèrent une foule immense et recueillie ; mis à part les grands discours, si le silence fut parfois rompu, ce ne fut que pour chuchoter de lui ; ce furent funérailles dignes de ce qu'il reste : un grand psychologue, un grand homme.

Daniel Lagache ».

Pour clore ce chapitre qui tend déjà vers sa fin sur la prise en compte d'informations de tonalité plutôt biographique, je me permettrai seulement de livrer au lecteur deux correspondances d'un assez grand intérêt, selon moi, que j'ai jadis reçues à propos de Wallon. Celles-ci ont pour auteurs deux « archicubes » - terme dont ont coutume d'user entre eux les normaliens pour se désigner les uns aux autres - à propos donc en l'occurrence de l'archicube majeur Henri Wallon.

La première de ces lettres est de Philippe Malrieu, le principal disciple de Wallon, longtemps Professeur de psychologie à Toulouse :

« Toulouse, le 24 mars 1982,

Cher collègue,

Je vous remercie de m'avoir adressé votre « Wallon lecteur de Freud et Piaget » (1981), œuvre importante dont j'ai apprécié les profondeurs de vues et les jaillissements continuels d'idées.

Je viens d'en faire la recension pour le « Journal de psychologie » : je la conclus en souhaitant que que vous puissiez prolonger vos études par une analyse critique - « génétique », historique… - de la construction de ces trois théories, par l'examen de leurs sources idéologiques, de leurs références scientifiques. Ce serait il me semble très éclairant, notamment pour Freud - et tel de ses continuateurs comme Lacan.

Wallon est lentement venu à une conception historique du psychisme ; par le transfert - il me semble - d'attitudes humaines personnelles - vibration intense et contenue - dans l'observation des hommes – et par exemple de « ses fous », par une fécondation réciproque de la neurologie, de la clinique, du marxisme, dans une opposition véhémente et tolérante à la fois aux conceptions spiritualistes, par lui liées au conservatisme abhorré…

Je vous adresse trois tirés à part, que vous ne connaissez sans doute pas, extraits d'un « Hommage à Wallon » publié par l'Université de Toulouse. Avec mes sentiments les meilleurs.

P. Malrieu ».

La seconde lettre est de la main de Pierre Grappin, germaniste distingué, qui s'est trouvé être en charge la fonction de Doyen de la Faculté de Nanterre pendant la période de Mai 1968.

« Université de Metz, le 26 Janvier 1993,

Mon cher Émile,

Belle édition (Wallon : *La Vie mentale*), très précieuse par l'introduction et les annexes que vous avez données au texte d'Henri Wallon, que vous avez bien raison de de faire connaître mieux, car il me semble qu'on l'avait oublié. Pour moi, je le revois dans un bureau de l'administration française d'occupation, attentif, amical, soucieux de savoir et plus encore soucieux de justice, en toutes choses. Il était alors dans une Commission parlementaire, devant laquelle j'ai fait un exposé sur quelques aspects de la politique d'occupation. Il répondit par un véritable éloge et m'a même dit ensuite, à table, « entrez dans la vie publique, pour y rendre service et je vous soutiendrai ». Pardonnez-moi de parler de moi. C'était plutôt pour parler de lui.

Votre P. Grappin ».

Dans l'une de nos conversations assez fréquentes, P. Grappin m'avait raconté qu'il s'était trouvé un jour aux côtés de Wallon dans une Commission - peut-être est-ce celle dont il s'agit dans la lettre précédente - chargée notamment d'enquêter sur les attitudes politiques de certains universitaires allemands au cours de la période nazie. Un jour que c'était le tour de Martin Heidegger de répondre devant l'organisme en question, quelqu'un lui demanda s'il était vrai et pourquoi il avait porté un certain temps un uniforme de caractère militaire pour le moins très engagé. Et celui-ci de répondre, avec rouerie, et non sans une certain humour : « Mais pas du tout, il s'agissait tout simplement d'une culotte cycliste à la française ».

Dans une autre lettre bien antérieure, du 23 février 1981, que j'ai retrouvée après avoir rédigé ce qui précède, et dont je rajoute ici un extrait, le même correspondant me parle, en termes très intéressants et à certains égards assez surprenants, de « Wallon, qui était établi autrefois rue Gay-Lussac, tout près de la rue d'Ulm, avec Zazzo pour co-adjuteur, et qui était le grand maître, on disait même le fondateur, de la psychologie de l'enfant.

Je le revois aussi en 1945, mal adapté à la vérité, aux affaires politiques, où je crois bien qu'il n'était pas heureux. En 1946, à Baden-Baden, à l'occasion si je me souviens bien, d'une délégation parlementaire, il me disait de me méfier du monde politique, de ses batailles sans foi ni loi. Il avait les yeux clairs, la parole douce et mesurée et j'ai gardé de lui un souvenir tout à fait ému ».

Je signale aussi, à titre certes quelque peu anecdotique, une correspondance ancienne (9/7/1982) du Docteur Denis Wallon, neveu d'Henri Wallon, me signalant que celui-ci, fils de Paul Wallon, architecte et frère du normalien Étienne (*et Paul-Henri ?*), faisait partie d'une fratrie de sept enfants : Charles, Louise, Henri, Paul, André (tué en 1914-1948), et deux jumeaux Émile et Georges.

Cette information soulève le fait de savoir si Henri Wallon s'appelait vraiment Paul Hyacinthe, comme le soutient Serge Nicolas, ou s'il était bien le troisième enfant de sa fratrie, répondant réellement au prénom d'Henri, comme semble le prétendre son neveu. Mon correspondant ajoute pour finir :

« Je suis heureux que vous parveniez à faire éditer la contribution de mon oncle à *La vie mentale*. Ce sont des textes importants et j'avais fait des démarches auprès de deux éditeurs qui se sont l'un et l'autre récusés... « publication difficilement concevable en raison de la disparité et de l'absence de cohérence architectonique de l'ensemble ». Ce n'était pas du tout mon avis, et j'en avais été fort déçu ».

CHAPITRE 12

Piaget et la psychanalyse

12.1. La psychanalyse dans ses rapports avec la psychologie de l'enfant (1919)

On a parlé plus haut du fait que la psychologie génétique de Piaget avait suscité des rapprochements avec la psychanalyse au moins pendant une certaine période aujourd'hui lointaine, déjà à partir **de 1935 jusqu'aux années 1970** environ. Ces rapprochements sont venus d'une douzaine d'auteurs appartenant à divers courants de la psychanalyse classique. À cette époque, on s'intéressait surtout à la perspective que la notion d'objet identique et permanent semblât pouvoir apporter quelque contribution à l'étude du concept de relation d'objet.

À la même époque, l'intérêt des psychanalystes à l'égard de Wallon n'a pas été absent non plus, même si autrement centré, de manière moins monocorde, plus riche, mais plus complexe aussi et plus diffuse[584].

En apparence, les conceptions psychologiques de Wallon paraissent sensiblement plus proches de la psychanalyse que l'esprit général de la psychologie génétique de Piaget. Il y a toutefois là un piège : l'examen des faits montre, de façon assez surprenante, que, malgré sa prise de distance à l'égard des phénomènes de la sphère affective, la psychologie de l'intelligence de Piaget a entretenu avec la pensée freudienne un dialogue long, complexe et riche, sous forme même d'une sorte de basse continue, sans lequel la pensée piagétienne n'aurait probablement jamais pu éclore, se développer et se parachever, au moins de la même manière.

C'est ce que va tenter de montrer, sur documents précis, l'étude que nous allons mener ici. Une telle analyse suivie des propos explicites et des attitudes fondamentales de Piaget concernant la psychanalyse, couvrant une période de plus de cinquante années (1919 - 1972) manquait totalement jusqu'ici, sauf quelques remarques locales mais bienvenues de Tran-Thong dont on aura d'ailleurs à parler. On a pris le parti de suivre les uns après les autres, de manière purement historique, les textes de Piaget, où il est question de la psychanalyse. On avait déjà mentionné un certain nombre de propos importants de Piaget sur les conceptions de Freud dans un ouvrage précédent sur *Wallon et Piaget. Pour une critique de la psychologie contemporaine* (2006 b). On en mentionnera l'occurrence le moment venu mais sans en reprendre le contenu, pour lequel on renvoie simplement à ce titre. En gros, on peut dire, pour lancer le débat, que l'attitude de Piaget à l'égard de la

[584] On a cité plus haut Anzieu, Lagache, Bergeron, Ajuriaguerra, Diatkine, Badaracco, Hesnard, Doron.

psychanalyse ne se présente pas du tout de la même manière que celle de Wallon sur laquelle on ne reviendra pas : elle comprend **trois phases**, toutes colorées de critique, mais orientées de façon très différente, une première phase d'intérêt très positif, une seconde marquée par une incontestable prise de distance même si temporaire, et une troisième sous le signe d'une réévaluation à la fois critique et positive de la pensée freudienne pour la psychologie développementale.

Ce que l'on n'a jamais observé ni chez Wallon ni chez Piaget, c'est ce rejet massif de la psychanalyse, tel qu'il se perçoit en France déjà dès les années 1980 (année du décès de Piaget et de Lacan) jusqu'à l'épisode paroxystique qu'offre *Le livre noir de la psychanalyse.* Alors commençons.

Il est fort intéressant de prendre acte du fait que l'un des tout premiers textes publiés par Piaget ait pour titre « La psychanalyse dans ses rapports avec la psychologie de l'enfant »[585], texte d'une conférence prononcée le 18 décembre **1919** devant l'Assemblée générale de l'Association Alfred-Binet et paru en deux parties dans deux numéros successifs du Bulletin de celle-ci (n° 132-133 de l'année 1920). Piaget, âgé de 23 ans, séjourne alors à Paris, où il est l'étudiant de Janet, Dumas, Piéron, Delacroix et aussi, à l'Institut de Psychologie nouvellement créé, de Wallon et de Meyerson.

Dans ce double article d'une longueur de 32 pages, courante à l'époque pour ce genre littéraire, Piaget avoue d'abord, ce qui nous intéresse pour la suite, qu'il n'est pas pédagogue, et que par ailleurs il en est aux premiers éléments de la psychanalyse. Après quoi, il présente d'abord la psychanalyse, **tour à tour et pêle-mêle**, comme « une sorte d'histoire individuelle, une embryologie de la personnalité, une théorie de l'inconscient, une science proprement dite ». Il avoue également, avec quelque ingénuité que « les mécanismes spéciaux que la psychanalyse a découverts dans l'étude des sentiments ont leur importance dans le développement de la raison ». Un peu plus loin : « le rêve est un récit symbolique... un système cohérent d'associations d'idées... expression de la personnalité du sujet », et en rapport avec ses « passions, désirs, craintes, conflits psychiques inconscients ». Mais, en plus du rêve, toutes les formes de conscience, de « pensée non strictement logiques et objectives », donc de caractère non « scientifique », soit « la vie psychique dans sa complexité... l'activité générale de l'esprit », organisent « un réseau inextricable d'associations-symboles dont la seule logique est celle des sentiments. C'est la pensée de l'enfant, du névropathe, du rêvasseur, de l'artiste, du mystique ». C'est aussi la « pensée prélogique » de Lévy-Bruhl, en union chez les primitifs avec la magie, la « pensée autistique » de Bleuler, qui est, au rebours de la pensée scientifique, strictement personnelle et incommunicable. On perçoit la densité du fond comme de la forme, qui avertit le lecteur d'avoir à prêter attention au phénomène d'une **pensée riche et complexe, de type comparatif**, dont on a perdu l'habitude aujourd'hui.

---

585 Piaget Jean : « La psychanalyse dans ses rapports avec la psychologie de l'enfant », *Bulletin de l'Association Alfred Binet*, 1920, n° 130, 18-34, et n° 132-133, 42-58 ; 18-19, 22-23, 26-34 ; 47-58.

L'auteur fait surgir alors de « l'unité foncière de la **pensée autistique** », « l'imago maternelle, l'image maternelle inconsciente », pour reconnaître enfin le complexe d'Œdipe, mais avec une certaine ambivalence, comme ne résultant pas de « l'instinct sexuel lui-même », tout en nouant « tôt ou tard, un rapport avec la sexualité proprement dite »[586]. Comprenne qui pourra. En tout cas, c'est ce dont l'ont convaincu « les cinq derniers sujets qu'il a analysés » - ce qui est tout de même un scoop qui n'a jamais été rapporté par aucune biographie de Piaget : **Piaget psychanalyste à Paris en 1919 à 23 ans** !

En tout cas, « l'attirance qui se porte sur le père » devrait être appelée complexe d'Elektra chez la fille, « bien que ce fait même ne laisse pas d'être équivoque au point de vue de vue sexuel, comme Adler nous le fera comprendre ».

Piaget décrit ensuite avec un sentiment assez juste les « stades » qui précèdent et suivent ce complexe d'Œdipe, donc avant celui-ci l' « autoérotisme », puis le « *narcissisme* » ou « narcisme », qui subsistent d'ailleurs même après le « *refoulement* » pendant la « phase de latence » et jusqu'au « réveil de la puberté ». Ce « narcisme surtout vivant dans l'imagination, produit, à peu près chez tous les enfants, ce qu'on on a appelé le *roman familial*... des fantaisies qui sont pour beaucoup dans l'orientation du caractère ». Très soumis à ce narcisme sont les « psychasthéniques » - le cours de Janet à Paris ! - qui « n'échappent jamais à un **égocentrisme** excessif » - première apparition sous sa plume de ce terme fétiche dans la pensée de Piaget -, beaucoup « d'artistes, de philosophes, de mystiques », sans parler de ce « narcisme éloquent propre à l'exhibitionnisme psychique » de Rousseau.

Piaget semble avoir bien repéré la fameuse dialectique des couples de pulsions perverses, en particulier du voyeurisme et de l'exhibitionnisme, dans *Pulsions et destins des pulsions*, paru à peu de là (1915), et alors accessible seulement en allemand. En effet, nous dit-il, « une telle tendance, suivant une loi intéressante et très générale, entraîne la présence de son contraire. Presque tous les narcistes (donc exhibitionnistes), et en particulier les enfants, sont des voyeurs... Ils veulent voir pour la même raison profonde qu'ils aiment à être vus ». Par ailleurs, il est fréquent d'observer, au moment de l'adolescence, « un stade d'inversion, bien connu et étudié dans les amitiés passionnées » homophiles de cet âge.

D'ailleurs « l'éducation joue un rôle capital », comme y insiste à plusieurs reprises l'auteur, **soucieux des applications pédagogiques de la psychanalyse**, même si lui-même ne se présente pas comme compétent en ce domaine. Le refoulement « est un mécanisme compliqué », surtout à le mettre en rapport avec la notion de « censure », et qui aboutit souvent à un « refoulement raté », produisant des complexes qui aboutissent dans les cas graves aux psychonévroses et dans les cas bénins à ces inadaptations que nous présentons tous ».

Le tout jeune Piaget saisit très bien, on le voit ici, le principe freudien fondamental de la **continuité du normal et du pathologique**.

---

[586] Quatre pages plus loin, Piaget parle de la sexualité infantile comme d'une notion reconnue.

Pour soigner ces troubles, « il suffit de permettre au refoulement réel de se faire (*interprétation quelque peu étrange au moins exprimée sous cette forme*). Pour cela, il est nécessaire de rétablir les rapports normaux entre la conscience et l'inconscient. Il faut ramener à la conscience le complexe et celle-ci se chargera d'elle-même du nettoyage. C'est là ce qu'on appelle le procédé cathartique. L'analyse des rêves est son plus sûr auxiliaire. Le refoulement réel conduit à la sublimation... la déviation de l'énergie d'une tendance vers des directions nouvelles... C'est donc une vieille expérience ». Et d'en prendre pour exemples Socrate et Alcibiade, Dante et Béatrice, Pétrarque et Laure, Auguste Comte et Clotilde de Vaux.

Piaget semble vouloir dire qu'à la différence du refoulement raté et pathologique, le refoulement réussi et bien conduit dans le réel amène à la sublimation, qui se présenterait comme la fin normale et logique d'une cure correctement menée, ce qui est un point de vue assez **original, sinon entièrement orthodoxe**. Et d'ajouter que « la sublimation prend pour objet un produit même de la pensée autistique, un produit poétique ou mystique, tout imprégné de valeur humaine », propos qui ne peut se comprendre que si cette pensée autistique est investie, en complément de son côté régressif, d'un caractère positif, créatif, culturel, ceci en rapport avec ce que sera la dimension d'introversivité dans l'école suisse de Jung et de Rorschach. Pour ces auteurs, la créativité mentale est du côté de la réflexivité, de l'intériorisation, de l'introversion, alors que l'extraversion ne fait que pousser à l'action. C'est le maître Aristote contre son élève Alexandre.

Piaget rend hommage au **caractère spontanément interdisciplinaire de la psychanalyse**, « qu'elle soit médicale ou pédagogique - il y insiste encore - ou qu'elle se fasse psychologie de l'art ou de la religion ». Il conclut que cette doctrine est « d'un grand intérêt... d'une richesse considérable... une méthode d'investigation qui a ce qu'il faut pour vivre », en « rapport avec le tout de la personnalité », même si son pansexualisme « a quelque chose d'un peu maniaque », non sans être non plus dépourvu de mérite - alors il faut savoir !

On ressent que le **pansexualisme freudien effarouche assez peu** le robuste gaillard qu'était de notoriété publique Piaget, plutôt soucieux en l'occurrence de ménager les pudeurs de son public de pédagogues.

Quant à entendre dire Piaget que « la révolte d'un fils contre le père est souvent faite de simple instinct de conservation », plutôt que d' « instinct sexuel », c'est à peu près exactement ce que dira Wallon s'exprimant sur le même sujet, beaucoup plus tard (1941), Wallon dont il est peu près certain qu'il suivait dans le public l'exposé - remarquablement informé pour l'époque - de son étudiant d'alors, le jeune et déjà si brillant Jean Piaget.

Dans la livraison suivante de l'article (n° 133 de la même revue), Piaget, qui poursuit sa conférence, commence par un exposé sur « Adler et l'école zurichoise ». Il dit d'abord, de façon assez intéressante, qu'Adler aurait renoncé au pansexualisme pour échapper à « **un cercle** » : c'est que, si tout est sexuel (ce que n'a jamais réellement dit Freud), la civilisation vient de la censure, et la censure de la civilisation. Propos très intéressant, même s'il risque de paraître de nos jours **très philosophique** - il suffit de si peu de chose !

Les idées d'Adler sont trop connues pour qu'on les reprenne ici, sauf certains détails pittoresques. Les surcompensations, expose Piaget, « orientent l'individu vers des tendances exactement contraires aux tendances primitives… C'est là, comme dit Adler, une dialectique hégélienne des caractères ». On note aussi qu' « une conséquence intéressante du remords enfantin est l'orientation religieuse », remarque où se perçoivent les préoccupations de l'école suisse, de tendance calviniste latente, pour les questions d'ordre religieux (Jung) en même temps que pédagogique (Pfister), celles-ci au moins manifestes dès le début de l'article.

Piaget conclut avec une certaine audace que « tout compte fait, il y a accord intime entre les idées d'Adler et ce qui est juste dans Freud ». La doctrine nécessaire pour concilier ces deux courants est fournie par l'école zurichoise, avec Jung son chef, Pfister qui reste un freudien convaincu, et Bleuler, qui a, de concert avec Jung, fait de la démence précoce « le stade ultime et morbide de l'introversion ». Pour cette école zurichoise, « l'inconscient ne peut se ramener au seul instinct sexuel ». Mais **ce n'est pas à dire non plus**, objecte Piaget, que « la libido est une énergie neutre qui peut prendre l'une ou l'autre forme ». Jung s'est servi du temps de réaction pour détecter les associations chargées d'affectivité rencontrées dans l'autisme. La doctrine zurichoise du complexe assouplit le freudisme : il s'agit d'un « second moi », séparé par la censure du moi, et lui-même un complexe. Jung a proposé un inconscient collectif, chargé des symboles présents dans les mythologies, les folklores, les rêves d'introvertis. Somme toute, cette école zurichoise « n'a pas encore donné tout ce qu'elle promet, et ses créations actuelles sont très aventureuses, ce qui n'est pas un mal… Attendons ce qui sortira de ce travail ». Notons que Piaget expose la doctrine de l'école zurichoise avec intérêt, mais sans déclarer qu'il s'y rallie. Il semble aussi **plus partisan que Jung du facteur sexuel**, comme la suite le suggère.

Piaget passe alors aux « applications à la pédagogie », en précisant que la psychanalyse fournit de telles applications chez l'enfant par le canal aussi bien de la « psychologie affective » (en particulier du caractère) que de l'étude de l'intelligence. Par ailleurs, « pour tout ce qui a trait aux troubles nerveux et sexuels de l'enfance, la psychanalyse donne à la fois une méthode d'investigation et une thérapeutique » : onanisme, cruauté, timidité, kleptomanie, mensonge systématique, bégaiement, tics et phobies.

En tout cas, « un facteur essentiel est la compréhension du milieu où vit l'enfant. L'adulte se crée un milieu intérieur en se repliant sur lui-même, ou bien il arrive à dominer son milieu extérieur. L'enfant au contraire ne réagit qu'en union étroite avec le milieu, et l'on ne peut dissocier sans erreur l'analyse de l'enfant et l'étude de ce milieu… à condition surtout de penser à toutes les classes sociales, à tous les temps de l'histoire ». Il sera plutôt rare par la suite que Piaget insiste à ce point sur l'importance et la spécificité du milieu enfantin. **C'est presque du Wallon**.

L'auteur souligne que le caractère enfantin comporte deux pôles : « l'amour et la haine, l'obéissance ou la révolte », couple dont l'on retrouvera plus tard une variation essentielle sous forme de l' « opposition… l'antagonisme » entre la coopération (collaboration, autonomie, agent et facteur de personnalité) et la contrainte (soumission, hétéronomie, coercition) (1933, 1951, 1963)[587]. On voit très bien sur un tel exemple, et ce sera loin d'être le seul, **comment avec du Freud a pu par dérivation latente se fabriquer du Piaget**. Ce genre de dérivation paradoxale n'a jamais été bien entrevu jusqu'ici par les commentateurs.

On nous dit, et ce n'est pas tout à fait du Freud - plutôt du Bleuler-Jung ?, que « l'enfant, et en cela il ressemble à tous les névropathes et à presque tous les adultes sains, raisonne comme il rêve, dans le domaine de ses sentiments », sur la base d' « associations les plus lointaines qui deviennent les symboles les unes des autres », que « les sentiments primitifs résultant des complexes sont susceptibles de transfert », et que « c'est ainsi que l'instituteur devient souvent paternel ». Dans ces conditions, il s'agira donc de « transformer la pédagogie. Il ne sera plus question de punir, mais de faire comprendre ».

Pfister a montré comment la haine évolue vers la réconciliation, le remords vers l'obéissance, avec le risque de l' « introversion dangereuse, qui donnera des timides, des mélancoliques et surtout des stériles », de même que des « paresses morbides » enracinées par « la rigueur des parents », et à long terme également le donjuanisme (Adler).

L'intérêt de la psychanalyse pour **la « pédagogie morale »** n'empêche que s'impose « une critique générale de la psychanalyse », qui maintient une opposition trop brutale... l'antagonisme entre la conscience et l'inconscient conduisant, Adler nous l'a fait voir, à un cercle inéluctable ». Voyons un peu cela.

D'après Piaget, la sublimation (1) se forme à partir de la censure obligeant l'instinct sexuel à « se revêtir d'une enveloppe symbolique constituant la pensée autistique », et en lui retirant son caractère sexuel. Or la sublimation (2) agit sur la volonté morale (3), d'où résulte le refoulement (4), qui produit lui-même la censure (5), qui a d'abord produit la sublimation, d'où, si l'on résume, « le cercle suivant : la sublimation explique la censure par l'intermédiaire du refoulement, mais la censure seule explique la sublimation par l'intermédiaire de l'autisme ».

Patientons. Piaget explique qu'« il peut y avoir bonne censure, mais mauvais refoulement » - déguisement symbolique n'empêchant pas le retour du refoulé - et incapacité corrélative de sublimation, mais par ailleurs aussi une autre issue : refoulement normal - Piaget veut dire : rejet volontaire et conscient, sans besoin de passer par la censure, et ouvrant la porte à la sublimation (venant toujours de la censure ?). Tout cela est un peu sophistique, mais fait bien sentir où tend l'effort de l'auteur : « Il convient de supprimer **l'opposition factice de l'inconscient et de la conscience** », et pour cela par exemple de « considérer la censure - lorsqu'elle existe - comme un produit direct de l'inconscient et indirect de la conscience - *donc à situer plus près de l'ics que du cs* -, et le symbolisme comme un produit

587 Piaget Jean : 1933, « L'individualité en histoire. L'individu et la formation de la raison », *Revue européenne des sciences sociales, Cahiers Vilfredo Pareto*, t. 14, n° 38-39, 1976, 81-123 ; 1951, « Pensée égocentrique et pensée sociocentrique », 148-160 ; 1960, « Problèmes de la psychosociologie de l'enfance », 1960, ibid., 161-197.

direct de la conscience et indirect de l'inconscient - *donc plus proche du cs que de l'ics* ». Piaget veut dire que les symboles, par exemple dans les rêves, présentent des degrés divers de clarté et/ou d'obscurité, et qu' « entre le symbole - clair, univoque - et l'association d'idées - parfois très équivoque - s'échelonnent tous les **degrés intermédiaires** ». L'enjeu est ici pour l'auteur de suggérer que « les rapports entre l'activité inconsciente et l'activité consciente sont de simple **continuité** » : un grand mot est donc ici lâché, caractéristique de la future vision piagétienne du monde. Et d'enchaîner alors dans le même ordre d'idées : « Tout se passe comme si la conscience était une **force assimilatrice** (*première apparition connue de ce terme d'une importance essentielle pour l'avenir*) de l'inconscient, au point de vue intellectuel, et par conséquent régulatrice au point de vue moral... Les mécanismes inconscients, dès lors, seraient les tout premiers stades de l'activité consciente, tout particulièrement la pensée autistique, qui en est l'expression intellectuelle, et la sublimation l'expression morale ». Il reste que « cette activité synthétique - du moi - est inconsciente par certains côtés... mais n'en constitue pas moins la conscience elle-même. Entre l'organisation autistique et l'organisation rationnelle, il n'y a donc différence que de degré : toutes deux sont **inconscientes dans leur mécanismes et conscientes dans leurs produits** (thèse « kantienne » qui reviendra encore beaucoup plus tard) ». La censure est donc à la fois de l'ordre d'une « simple résistance passive » et souvent d'une « sorte de sophisme passionnel », qui fait antagonisme en tout cas avec le vrai refoulement normal entendu comme rejet moral promu par la conscience volontaire.

On retrouve une telle critique à peu près inchangée une **quarantaine d'années plus tard (1961)** : « Rien n'est plus relatif dans le domaine de la pensée, même du niveau le plus élevé (et, croyons-nous dans le domaine affectif également) que la distinction entre le conscient et l'inconscient. L'inconscient n'est que l'expression de l'impuissance de notre introspection. Il n'existe pas deux domaines mentaux séparés par une frontière (note de Piaget : cette **frontière imaginaire** a été dotée par Freud d'une « censure » qui n'est pas autre chose que le refus (intéressé ou tendancieux) de voir clair sur certains aspects de soi-même)[588], mais bien un seul et même travail de l'esprit, dont, même dans les états les plus lucides, nous n'apercevons qu'une très faible partie (centrée sur les résultats obtenus et non pas sur le processus comme tel), et qui nous échappe à peu près totalement lorsque nous ne le contrôlons plus de près... Nous sommes relativement conscients des questions que nous nous posons... nous sommes de plus en plus conscients des phases du contrôle ou de la démonstration, mais la construction de l'hypothèse nous échappe presque totalement... D'où la boutade désabusée d'Alfred **Binet : « La pensée est une activité inconsciente de l'esprit »**... D'après le topologiste Leray... toute répartition entre « conscience » et « inconscient »... le caractère relatif des frontières mobiles entre conscient et inconscient... demeurent relatifs aux défauts de notre introspection... L'inconscient ne joue alors qu'un rôle néga-

588 On dirait la « mauvaise foi » de Sartre, voir plus loin.

tif »[589]. Il est curieux de voir ici Piaget à la fois **s'opposer** - contiguïté du conscient et de l'inconscient - **et s'identifier aussi d'une certaine manière à Freud** - qui a dit plus d'une fois que l'inconscient ne peut être approché et défini qu'en termes négatifs.

Cet **inconscient de qualité très cognitive** ressemble assez à celui de Leibniz, et surtout de Kant. Il y a aussi comme une allusion, probablement involontaire, au thème sartrien de la mauvaise foi. Au vu de telles déclarations, on est tenté de croire que Piaget accepte sans problème la distinction entre le conscient et le préconscient, fût-il d'une très vaste étendue - l'inconscient au sens seulement descriptif (*deskriptiv*, Freud), mais pas celle d'un inconscient dynamique refoulé.

La psychanalyse, poursuit le Piaget de 1919, a révélé « des mécanismes qui tiennent de la morale autant que de l'intelligence... souligné l'identité des activités normatives entre elles (morale et logique) », idée d'un cousinage entre éthique et logique qui restera cardinale chez Piaget.

Piaget s'essaie alors à mieux définir ce « symbolisme obscur », et on va comprendre que cette notion de « **symbole** » tourne autour de celles de processus primaire, de pensées latentes et manifestes du rêve, de hiérarchie de niveaux de fonctionnement situés à la charnière de l'ics-pcs (première censure), comme à celle du pcs-cs (deuxième censure), et que Bleuler aurait repris dans son langage sous l'expression de **pensée autistique**, et Jung pour sa part, semble-t-il, de **pensée symbolique**.

D'après Piaget, « un symbole est une concentration d'idées et de sentiments divers en une seule image qui les résume toutes... Le symbole se construit comme l'idée générale, au moyen d'une généralisation, ici appelée concentration, et d'une abstraction des analogies ici accompagnée de transfert affectif. Le symbole est donc un embryon de concept chargé d'affectivité ».

Le symbole est donc assimilé ici à une représentation inconsciente-préconsciente produite par les mécanismes du processus primaire connus comme ceux de **condensation** (« ici appelée concentration ») et de **déplacement** (dénommé ici transfert affectif), compte tenu du fait qu'à cette époque où Piaget parle, les équivalents français des termes allemands n'ont pas encore été fixés. En outre, « une évolution psychologique... un développement mental », insiste Piaget, mènent du symbole (ici une « demi-image », et bien plus tard encore un « préconcept », on va le voir) au concept, « encore que le premier persiste dans le second, même dans l'intelligence la plus abstraite. L'un est individuel, l'autre est général... Les deux aspects de la même série coexistent toujours ». Et ceci encore : « La pensée autistique... la vie autistique ou inconsciente est formatrice de symboles personnels... Chez l'enfant, l'autisme est tout (*Allmacht der Gedanken*, toute-puissance de la pensée). Plus tard la raison se développe à ses dépens ».

La pensée autistique, ou encore symbolique, équivaut donc à l'activité inconsciente du processus primaire freudien, agie par les mécanismes de condensation et de déplacement. Ce premier degré de la démarche piagétienne va

---

[589] Beth Evert W. et Piaget Jean et col. : *Épistémologie mathématique et psychologie*, EEG, 14, 214-215.

conduire à terme à la notion d'égocentrisme intellectuel. Piaget conservera l'appellation de « **pensée symbolique ou préconceptuelle** », dans sa typologie définitive des stades, comme caractéristique de la psychogenèse mentale entre 2 et 4 ans. Cette pensée symbolique coexiste alors avec ce que Piaget appelle le « jeu symbolique » (et Wallon le simulacre, le jeu de faire-semblant).

On a vu ailleurs (*Wallon et Piaget*, 2006 b) que, dès la première confrontation entre Wallon et Piaget (1928), le premier reproche d'emblée au second d'assimiler son égocentrisme, notion en soi intéressante bien que Wallon préfère le terme syncrétisme, à l'autisme de Bleuler.

Un facteur particulier complique la discussion actuelle, c'est que, dans la tradition psychologique, la pensée symbolique répond à **deux acceptions différentes**, et même, à certains égards, contraires.

Cette locution désigne d'une part couramment la pensée conceptuelle de niveau supérieur, c'est-à-dire accompagnée des signes du langage (qui ne sont justement pas des « symboles » au sens précis et technique) (par exemple déjà chez Spaier).

Cependant, à un niveau génétique inférieur, elle désigne une forme plus élémentaire de la pensée, ordonnée au plan de l'image plutôt qu'à celui du langage, ce que Piaget appellera en divers contextes la « pensée simplement représentative » (vs conceptuelle, logique), puis préopératoire (vs opératoire). Curieusement, l'expression de « pensée symbolique » n'est connue d'aucun dictionnaire de psychologie, alors qu'elle est assez clairement définie, au sens où Piaget l'utilise ici, dans le *Vocabulaire de la philosophie* de Lalande : « pensée qui procède par images et par analogies, par opposition à la pensée logique ». De cette acception se rapproche dans une certaine mesure ce que Leibniz avait appelé « pensée aveugle et symbolique » (vs pensée logique claire et distincte), liée par exemple au calcul entièrement automatique, et à cet égard, d'une qualité de conscience « obscure ou du moins imparfaite ».

Ces deux acceptions sont confondues par Piaget lui-même dans sa conception de la « fonction symbolique », puisque celle-ci comprend aussi bien le jeu symbolique, l'image mentale, le dessin (opérant de manière privilégiée au niveau de la pensée symbolique et préconceptuelle au sens restreint) que le langage.

De son côté, Freud ne parle guère, à ma connaissance, de pensée symbolique, mais bien de « symbolisation » (*Symbolisierung*, 1895), « symbole » (*Symbol*, 1900), « symbolique, symbolisme » (*Symbolik*, 1900, 1915-1917), interprétation symbolique » (*symbolische Tramdeutung*, 1900)[590].

On pourra trouver approximatifs, inadéquats, voire obscurs, et peut-être même dissidents les propos de Piaget sur la psychanalyse dans ce texte de 1919. Mais **on ne serait guère plus réconforté** à cet égard à lire la prose des premiers interprètes et même représentants de la psychanalyse francophone (Régis, Hesnard, Maeder, Baudoin, Saussure).

---

[590] Freud Sigmund : GW 1, 217, 245, 249, 251 ; GW 2-3, 101, 353, 355-399 ; GW 10, 150-172.

Dans l'un de mes ouvrages anciens, j'avais identifié un texte de Wallon daté de 1920 comme l'une des premières présentations correctes en langue française des notions fondamentales de la psychanalyse, mis à part quelques prestations antérieures (Kostyleff, Régis et Hesnard). Certaines autres avaient été identifiées depuis (Bergson, Maeder, Jung, Menzerath, Bovet, Janet, Ribot), mais pas précisément le(s) texte(s) de Piaget que nous venons d'analyser. **L'étudiant Piaget y montre un remarquable talent** en pointant certaines difficultés liées à la première topique de Freud et que celui-ci amendera dans la seconde, tout juste quelques années plus tard : la barrière entre l'inconscient et le préconscient y sera aménagée de manière bien plus fluide, comme le montre la présentation de l'œuf des textes de 1923 et 1932 ; par ailleurs, le moi conscient s'y voit nettement adjoindre un vaste secteur de fonctionnement inconscient, deux traits dont les propos précédents de Piaget marquent l'exigence comme interne à la pensée freudienne.

Piaget a de façon claire et publique relaté les sources de sa formation intellectuelle : Bergson, Kant, Spencer, Comte, Fouillée, Guyau, Lachelier, Boutroux, Lalande, Durkheim, Tarde, Le Dantec, James, Ribot, Janet (Jalley, 2006, p. 431) - ajoutons-y Baldwin, Höffding, Marx - et aussi le fait qu'il avait lu Freud pendant son séjour à Paris entre 1919 et 1921, **sans que ce dernier aspect ait beaucoup jusqu'ici attiré l'attention des historiens**, encore moins le fait qu'il ait pu avoir, au cours même de ce séjour, une activité de psychanalyste, dans la période même où, étudiant à l'Institut de psychologie, il lit Freud. Ce que d'ailleurs nous avons parfois vu faire à nos étudiants de DESS. Mais passons.

On se demande quand a pu avoir lieu la brève analyse personnelle-didactique avec Sabina Spielrein dont Piaget parle à Jean-Claude Bringuier, à Genève en tout cas, avant ou après (plutôt) son séjour à Paris.

On sait aussi (ibid., p. 430) que 3 articles publiés par Piaget au cours de son séjour à Paris, en particulier sur les tests du laboratoire de Binet et Simon, avaient attiré l'attention de Meyerson et surtout de Claparède, et motivé ce dernier à le recruter comme Chef de Travaux à l'Institut Jean-Jacques Rousseau de Genève, d'où le départ de sa prestigieuse carrière. On peut se demander - en fait -, si l'article que l'on vient d'étudier fait partie des 3 titres dont il est question.

12.2. Le langage et la pensée chez l'enfant (1923 a)

La psychanalyse reste très présente dans les premiers ouvrages bien connus de Piaget.

On éprouve l'impression assez fréquente que les notions d'égocentrisme et de syncrétisme, présentes, dès le premier ouvrage de Piaget (1923)[591], dans l'étude d'enfants âgés de 2 à 8 ans environ, connotent implicitement dans l'esprit de l'auteur, celles de fonctionnement et de processus primaires. On donne ici un schéma très résumé d'analyses qui sont en réalité très riches, par exemple en direction de

[591] Piaget Jean : 1923, *Le langage et la pensée chez l'enfant*, Neuchâtel, Delachaux-Niestlé, 126-127, 151-152, 203-204.

la fabulation[592], de l'imagination, de l'invention, qui ont disparu par la suite de l'œuvre de Piaget, et qui seraient bien utiles en psychologie pédagogique et même judiciaire de nos jours, justement concernant la fiabilité des témoignages d'enfants.

La **pensée syncrétique**, nous dit-on, présente « un mécanisme intermédiaire entre celui de la pensée logique et celui que les psychanalystes ont appelé d'un mot hardi « le symbolisme » des rêves… l'imagination autistique dans les rêves ». De plus, comme cela a déjà été suggéré en 1919, « entre les deux fonctions de condensation et de déplacement et celles de la généralisation (qui est une sorte de condensation) et de l'abstraction (qui est une sorte de déplacement)[593] il doit y avoir **tous les chaînons intermédiaires**. Le syncrétisme justement le plus essentiel de ces chaînons… (condensation et déplacement… annonçant la comparaison logique elle-même)… forme transition entre les mécanismes prélogiques de la pensée et les mécanismes logiques ».

On se demande si les « schémas d'origine purement verbale », que Piaget discerne alors comme caractéristiques du « syncrétisme verbal de l'enfant » (de 2 à 8 ans), qui y sont connotés avec les notions de condensation et de déplacement - en guise d'abstraction et de généralisation - et qu'il dit aussi liés à « la pensée autistique et du rêve », - celui-ci remaniement inconscient de pensées préconscientes, dira Freud - ne sont pas à rapprocher justement des modes de fonctionnement, en termes de processus primaires, de l'inconscient freudien. Une telle analyse des structures du langage en termes de mécanismes inconscients – on a vu Wallon plus haut faire la même chose - conduirait par des voies impénétrables quelques décennies plus tard aux idées de Lacan dans le même domaine. On n'a aucunement parlé ici d' « influences »…

Vers la fin de l'ouvrage de 1923, à propos de l'apparition des questions d'enfants, vers 3 ans, dans un premier temps « le réel est simplement ce qui est désiré » ; puis, « comme tantôt les intentions des gens ou des choses sont conformes aux désirs de l'enfant, tantôt pas, se produit la distinction entre l'imaginé ou le désiré et le réel ». Cet aperçu est incontestablement très proche du thème freudien touchant le désir comme satisfaction hallucinatoire substituée à l'absence de l'objet, et dont l'échec finit par engendrer la distinction entre principe de plaisir et principe de réalité, processus primaire et processus secondaire. Autrement dit, c'est l'expérience contrariée du désir qui finit par engendrer la pensée. Ce que, pour sa part, le maître de Piaget, Claparède, inspiré probablement par Maine de Biran, exprimait à sa manière, en disant que la conscience naît de l'obstacle.

12.3. La pensée symbolique et la pensée de l'enfant (1923 b)

Ce texte, jusqu'ici peu connu, est classé, dans les bibliographies autorisées, entre les deux ouvrages de 1923 et 1924[594]. Il correspond à une intervention de

---

592 Les praticiens du test de Rorschach chez l'enfant connaissent bien aussi la notion de fabulation.

593 Ce que Wallon traduira dans son propre langage par les termes de contamination et de diffluence.

594 Piaget Jean : 1923 b, « La pensée symbolique et la pensée de l'enfant », *Archives de psychologie*, tome 18 , n° 7, mai 1923, 273-304.

Piaget au Congrès international de psychanalyse tenu à Berlin en septembre 1922. Daté d'avril 1923, il semble que le texte en ait été réécrit entre les parutions précédentes. Il est possible et même probable que Freud ait lu et ait même apprécié le contenu de la prestation originelle, puisque toutes les communications lui étaient en principe adressées avant les Congrès.

Piaget se propose d'y approfondir « quelques analogies entre la pensée de l'enfant et cette forme de pensée, dont c'est le mérite de la psychanalyse d'avoir montré l'identité dans les rêves, les rêvasseries, l'imagination artistique, mystique et mythologique, les délires, etc., et qu'on est convenu d'appeler avec Freud (*Jung ?*) la pensée « symbolique » ou avec Bleuler la pensée « autistique » ou « non dirigée ». Cette forme de pensée présenterait « trois caractères distinctifs : absence de suite logique, prédominance de l'image sur le concept, inconscience des connexions qui relient les images successives entre elles ».

Il en existerait, soutient Piaget, **deux conceptions différentes**. La première, qui envisage le symbole comme le produit du refoulement et de la censure (c'est le type de formulation provisoire propre aux *Études sur l'hystérie, Symbolisierung*, 1895)[595], se situe clairement « aux antipodes de la pensée logique ».

Cependant, « dans une seconde conception, que Jung a soutenue brillamment, mais que Freud a admise aussi de tout temps et défendu de plus en plus (*Piaget s'efforce en fait ici de déplacer Freud sur les positions de Jung*), la pensée symbolique est une manière primitive ou du moins économique de penser. Avant de penser par mots et par concepts on pense par images, et par images qui ont le décousu d'une pensée préconceptuelle... Le rêve est une histoire sans paroles... en vertu de principes d'économie ».

L'expression de pensée symbolique et préconceptuelle, on l'a dit mais rappelons-le, désignera dans le système définitif des stades de Piaget la période comprise entre 2 et 4 ans.

D'un tel point de vue donc, « la pensée symbolique n'est pas le contraire, mais un début, une forme primitive, de la pensée logique. Il n'y a pas différence de nature mais de degré, de complication entre ces deux manières de penser... On peut considérer la pensée symbolique comme l'une des formes primitives de la pensée logique ». On voit bien ici à quel point la pensée de Piaget tend à éliminer autant que possible les sources de contradiction, de conflit.

Piaget soutient que Freud tend à faire de la pensée symbolique une fonction en soi indépendante : « C'est en droit la solution qu'admet Freud aujourd'hui : « Le symbolisme, écrit-il, est un facteur de déformation des rêves, indépendant de la censure. Mais nous pouvons supposer qu'il est commode pour la censure de se servir du symbolisme qui concourt au même but : rendre le rêve bizarre et incompréhensible » ».

---

595 Dans les *Études sur l'hystérie* (1895 b) Freud écrit, à propos de Mlle Élisabeth von R... : « C'était tantôt la sensation qui suggérait l'idée, tantôt l'idée qui, par symbolisation, avait créé la sensation... Dans certains états d'altération psychique profonde, il se produit une imprégnation symbolique des expressions verbales plus artificielles par image sensorielle et sensation », Paris, PUF, 1956, 144-145.

Par ailleurs, « si la pensée symbolique est prélogique, et non paralogique, on doit trouver entre elles (elle et la pensée logique) **toutes les formes intermédiaires**... La pensée de l'enfant participe encore des lois de la pensée symbolique, tout en annonçant déjà les lois de la pensée logique... il existe des points de contact entre le symbolisme et la logique infantile, entre 3 et 7 ans » (étendue approximative de ce que Piaget appellera plus tard période préopératoire).

Piaget indique alors qu'il ne s'intéresse sur ce point de la « logique du symbolisme », qu'à la « structure de l'intelligence enfantine », dans sa visée adaptative au monde extérieur, sans prendre en compte l'existence par ailleurs indéniable de la « logique affective de l'enfant ».

C'est par « la **méthode de l'examen clinique**... un procédé clinique d'examen analogue à celui que les psychiatres ont adopté comme moyen diagnostic », et mis en pratique « voici quelques années » (apparemment 1921-1923) que se sont révélées « les analogies qui existent entre les procédés de la pensée de l'enfant et ceux de la pensée du rêve ou de la rêvasserie. L'enfant parle presque à la manière dont pense à haute voix un adulte qui s'abandonne à ses associations d'idées spontanées et à sa rêverie, par exemple au cours des séances de psychanalyse », dont Piaget aurait l'expérience, sait-on par sa biographie, comme patient et thérapeute.

Or, « ces analogies entre la pensée de l'enfant et **la pensée symbolique ou autistique**... la pensée **préconsciente** (*celle donc propre au Pcs, sic*) sont de deux sortes, des analogies de contenu... et surtout des analogies de structure ou de fonctionnement... fonctionnelles... C'est une même structure de la conscience, une même forme de la synthèse (*Kant*) encore élémentaire et chaotique, qui donne naissance à ces procédés identiques de penser », sans qu'il soit question de voir une « filiation directe », donc autre chose que **« convergence, ou parallélisme »** entre « la structure du subconscient adulte et celle de la conscience enfantine ».

Certains « mythes enfantins sur les origines de l'humanité » se retrouvent dans « quantité de rêves d'adultes... fait que nous avons d'ailleurs souvent contrôlé nous-même... **Un jeune homme m'a raconté au cours d'une psychanalyse** avoir pensé comme enfant qu'il était issu du phallus paternel... Un fait bien connu des psychanalystes : j'ai constaté moi-même sur des hommes ayant dépassé 25 ans des rêves où l'orifice anal, l'urine, les fèces, etc., étaient manifestement liés à l'idée de naissance ».

En ce qui concerne maintenant « les analogies de structure entre la pensée de l'enfant et la pensée symbolique... le symbolisme (rêve, imagination, délire, etc.) », interviennent tout d'abord « une absence de suite logique, une certaine inconscience de la pensée », qui font de celle-ci « un intermédiaire **entre la pensée symbolique et la pensée logique**... entre la pensée non dirigée et la pensée **dirigée**... la pensée non dirigée de la rêvasserie, du monologue intérieur ou même du rêve et la pensée consciemment dirigée de l'intelligence adaptée »[596].

---

[596] On retrouvera cette opposition entre pensée dirigée et pensée non dirigée, dans un tout autre contexte, chez le factorialiste Guilford qui a proposé (1966) la distinction entre pensée convergente et pensée divergente, évoquant la distinction commune entre logique et imagination.

Or, on retrouve « cette absence de direction dans la pensée spontanée de l'enfant jusque vers 7-8 ans », donc où commence ce que Piaget appellera plus tard la période opératoire concrète. Cette pensée non dirigée, quitte à parler de « direction affective », est « en général inconsciente ». Avant cet âge limite, « la direction suivie est celle de l'imagination et non de la recherche. **Après 7-8 ans, la fixation** est au contraire beaucoup plus aisée », indication remarquable quant aux applications pédagogiques, aujourd'hui beaucoup trop pressées en France.

Quant à la seconde question, celle de la conscience, « le rêve ou le délire, ou même la pensée par associations libres » sont orientés par « des problèmes affectifs, mais le problème et la direction de la recherche sont inconscients ». Il en est de même du « sujet qui pense passivement à haute voix, au cours d'une psychanalyse », à qui échappe « le lien cependant prouvé par la constance des associations ».

De ce point de vue de la conscience encore, ils semble que la pensée de l'enfant soit intermédiaire entre la pensée symbolique et la pensée logique, comme le montrent « trois faits... : l'amnésie infantile... la difficulté à donner n'importe quelle définition logique... enfin, l'incapacité des enfants d'un certain âge à suivre, par introspection, leur propre raisonnement... L'enfant raisonne comme on marche ».

Piaget va alors élaborer l'idée que l'égocentrisme, déjà présenté dans l'ouvrage de 1923, serait **une sorte de semi-autisme**, et non assimilable comme tel à l'autisme de Bleuler, comme le lui reprochera Wallon en 1928.

L'autisme est lié nécessairement aux caractères précédents de l'absence de direction et de l'inconscience de la pensée, ceci, suggère Piaget, par manque de socialisation de la pensée, du fait donc que « la pensée symbolique est plus ou moins strictement individuelle, incommunicable, indépendante de la vie sociale et impropre à exprimer ce qui est commun à tous... Il y a en chacun de nous une part énorme de pensée individuelle, difficilement communicable, et dès lors difficilement exprimable, demandant à être plutôt sentie ».

L'autisme n'est pas lié au seul nom de Bleuler, mais aussi d'après Piaget, à celui de Charles Blondel, qui a rattaché la conscience morbide au fait de ne pouvoir « faire entrer tout le contenu intime et personnel de la pensée dans les cadres et les concepts du langage socialisé ».

De fait, « la pensée symbolique est autistique dans presque toutes ses manifestations... le rêve, la rêvasserie, le délire, l'imagination... semi-autistique dans les autres... comme l'imagination artistique... les constructions mystiques, mythologiques et métaphysiques ».

On peut alors désigner sous le nom d' « égocentrisme de la pensée de l'enfant ce caractère intermédiaire entre l'autisme intégral de la pensée symbolique, d'une rêverie incommunicable... et le caractère social, socialisé de l'intelligence logique de l'adulte ».

Dans le langage égocentrique par exemple (1923 a), « **l'enfant ne parle que de lui**, ne pense qu'à lui et croit que tout converge autour de lui... Ils parlent certes tout le temps... mais ce qu'ils disent ne s'adresse en réalité pas aux autres : leur conversation n'est guère qu'un soliloque égocentrique... nous avons relevé pendant un mois le langage intégral de quelques sujets et avons introduit dans leur langage spontané (tout ce qui n'est pas réponse) la distinction suivante, d'une part le langage socialisé... d'autre part le langage égocentrique... dont le « monologue collectif », avec pour résultat un coefficient d'égocentrisme d'environ 60 % à 3-4 ans et encore environ 50 % à 6 ans ».

De fait, Piaget semble introduire **un biais sérieux** en analysant selon une grille de catégories (non mentionnée ici) le seul corpus du langage spontané, sans tenir compte du langage émis par l'enfant en réponse à celui de l'adulte, ce qui semble induire le préjugé, lequel paraît tordre le cou au bon sens, que **l'enfant parle d'abord à soi-même avant de parler à autrui**.

Par ailleurs, quand « on fait raconter par un enfant à un autre... les enfants n'arrivent pas à se comprendre entre eux... ne s'écoutent pas... parlent pour eux-mêmes et non pour l'interlocuteur », bref « les enfants ne pensent pas encore socialement, leur pensée reste imprégnée d'égocentrisme ».

On en vient à étudier « la confusion du moi et du non-moi » en rapport avec le « narcisme ». L'autisme dans le rêve et la pensée symbolique, et **sa forme atténuée dans l'égocentrisme de la pensée enfantine** sont en relation avec le phénomène capital de « l'absence de limites précises entre le moi et le non-moi », ce qui donne la clef de bien des particularités telles que « la magie et l'animisme enfantins ».

Ainsi par exemple, « dans le rêve... le moi n'existe presque plus... mon moi étant donc ici à la fois sujet et objet... d'autres fois une sensation subjective est projetée en autrui... Les limites du subjectif sont singulièrement estompées dans la pensée onirique... Le moi fusionne avec le monde et le façonne à sa manière » ; Mais en dehors du rêve, « dans la rêvasserie, le jeu, dans l'imagination artistique et surtout dans la pensée mystique : dans chacune de ces formes de pensée symbolique, **le moi s'identifie et se projette**... projette son moi ou s'identifie... estompe ses propres contours ».

On notera, à une époque encore très précoce de la diffusion de la psychanalyse, l'usage à propos et comme familier, des concepts de projection et d'identification, de projection identificatoire, bien plus tardif chez Mélanie Klein, Lagache et Wallon.

Or, « c'est faute d'avoir pris conscience de l'existence des autres que la pensée symbolique n'a pas conscience des limites du moi. Autisme et absence de conscience du moi sont deux phénomènes concomitants », étant entendu que « le moi, en un certain sens, est un phénomène social ».

De ce point de vue encore, « la pensée infantile est exactement **intermédiaire entre la pensée onirique et la pensée logique** ». D'ailleurs, les travaux de Baldwin aussi ont montré que « l'acquisition est beaucoup plus lente et laborieuse que l'on ne croit, de la distinction entre le moi et le monde extérieur ». Sa « définition du stade projectif » est marquée par « l'emploi de la troisième personne chez le petit enfant lorsqu'il parle de lui-même ».

Mais, de façon bien plus générale, « l'enfant est porté à confondre... sa pensée elle-même, avec les choses auxquelles il pense... jusque vers 7-8 ans, et sans doute bien après, l'enfant ignore le phénomène de la pensée en tant que subjectif... on pense avec la bouche (*cf Wallon supra*)... les pensées ou les mots sont les choses elles-mêmes ou participent des choses... c'est le « **réalisme nominal** »... c'est surtout l'incapacité à attribuer au moi les phénomènes de la pensée... le rêve est devant les yeux... le rêve reste dans la chambre pendant qu'on rêve ». Dans ce réalisme enfantin, « là encore il y a donc une situation nettement intermédiaire entre la pensée autistique, dans laquelle le moi n'existe pour ainsi dire pas, et la pensée logique, qui distingue dans les grandes lignes le moi et le non-moi ».

En fait, ce réalisme absolu, où le moi n'existe pas, est aussi bien - par renversement dialectique - un idéalisme absolu, où seul le moi existe. On retrouve « l'équivalent dans la pensée de l'enfant de ce que Freud a appelé le « narcisme » (*Narzismus*) du rêveur » ; dans la « pensée onirique », comme dans les autres formes de pensée autistique, « non seulement la pensée est strictement individuelle et incommunicable, mais elle ne connaît qu'un seul point de vue, celui du moi ».

Le « **narcisme intellectuel** » se relie à l'égocentrisme, comme le « narcisme du rêveur » à l'autisme (sur le mode : A et à B ce que C est à D).

Jusqu'à 9 ans, si l'enfant a un frère, son frère n'en a pas (item du Binet-Simon), la droite et la gauche ne sont pas encore relatives, faits qui soulignent bien « l'importance de l'action du moi, ou de la perspective égocentrique », de cette « habitude que prend le moi de tout considérer à son unique point de vue ».

On en vient à étudier à présent, dans le symbolisme et la pensée de l'enfant, « le rôle des images, la condensation et le déplacement »,

Piaget note au passage, en usant du langage freudien, que les véritables « symboles » sont des images qui ont un contenu latent différent du contenu manifeste, et qu'il existe tous les intermédiaires entre celles-ci et les images qui n'ont pas de contenu latent.

Ceci dit, « dans toute pensée autistique (rêve, délire, imagination mystique et mythologique, etc.) **l'image prédomine sur le concept** ».

Les mécanismes de condensation et de déplacement (cf 1919), qui semblent « l'envers » l'un de l'autre, sont « comme les premiers rudiments de la généralisation et de l'abstraction... mais sans éliminations ni synthèses ». Or, « « le syncrétisme » se présente comme un mécanisme qui est intermédiaire **entre la condensation et la généralisation** ».

De ce point de vue, « les enfants « imaginent » (au sens propre) des correspondances avec une facilité déconcertante. Ils ont la faculté de tout lier à tout, de rapprocher les choses les plus éloignées... L'enfant raisonne comme le rêve ou comme l'« imagination » autistique... il condense et déplace... se livre à un travail d'élaboration des images qui est tout à fait intermédiaire entre le travail de la « condensation » et du « déplacement » qui syncrétisent sans éliminer et celui de la généralisation et de l'abstraction logiques, qui seules synthétisent réellement ».

Il existe par ailleurs deux **variétés de surdétermination**, qui proviennent de la même tendance de l'esprit de lier tout à tout (*c'est la force de l'association dont* *parlait déjà Hume*), celle des images donnée dans la condensation du rêve lui-même et celle liée à la condensation plus lâche des autres formes de la pensée autistique. En tout cas, toutes les deux, mais surtout la première, conduisent la pensée autistique à des « contradictions continuelles ». Le rêve « avec son exigence de condensation, est *a priori* un tissu de contradictions incessantes et flagrantes ». Mais « les enfants aussi se contredisent incessamment jusque vers 7-8 ans », et ceci selon **« deux formes » principales de contradictions**.

Tantôt, « c'est un seul et même concept qui se présente sous une forme manifestement contradictoire », dans la « contradiction par surdétermination... L'esprit débute dans le chaos... L'explication d'un phénomène physique... juxtaposant un grand nombre d'hypothèses... Ces explications sont agglomérées, juxtaposées pêle-mêle, syncrétisées... en une sorte de « surdétermination » de l'explication... qui entraîne nécessairement la contradiction... La contradiction **par surdétermination** est bien comparable chez l'enfant à ce qu'elle est dans la pensée onirique : elle est en somme due à une absence de freinage et de choix ».

Quant à « l'autre forme de la contradiction chez l'enfant... c'est la contradiction **par amnésie**... extrêmement fréquente et importante, et qui prouve, elle aussi, une faible force de synthèse mentale (*Janet*) ».

De ce point de vue encore, « on peut conclure que la pensée de l'enfant occupe une position intermédiaire entre l'autisme pur, dont l'insensibilité à la contradiction est presque complète, et la pensée logique, qui cherche à atteindre le maximum de cohérence et de simplicité ».

Il n'est pas inutile de rappeler que ce discours a été prononcé devant Freud, dont l'une des thèses est que l'inconscient ne connaît pas la négation, donc que la contradiction n'existe pas dans l'inconscient, du fait même, peut-on dire, de la « contradiction » brute que représente la coexistence dans celui-ci des contraires - un peu comme pour le *Geist* hégélien, dont le dispositif de dépassement de la négation est cependant le ressort actif de sa « négativité ». En fait, on se trouve ici devant l'un des problèmes les plus difficiles de la philosophie occidentale depuis l'Antiquité grecque. Comme le suggère le *Parménide* de Platon, les contraires coexistent, parce que la contradiction est partout (Hegel), ou parce qu'il n'y en a pas, au moins dans l'inconscient (Freud).

Il reste à évoquer « l'absence de liaisons causales et l'absence de liaisons de tout à parties. En ce qui concerne le premier de ces phénomènes, Freud l'a signalé dans les rêves d'une manière tout à fait nette... Or cette juxtaposition d'images, accompagnée d'un simple « **sentiment de liaison** », est un phénomène extrêmement fréquent et important dans la pensée de l'enfant. Il a sa racine dans ce que M. Luquet a appelé, à propos du dessin des enfants, « **l'incapacité synthétique** » ». Quand il s'agit de donner « l'explication quelconque d'un mécanisme d'un enfant à un autre », du fait d'une telle juxtaposition, « la compréhension des rapports de causalité, entre enfants de même âge (6-7 ans et 7-8 ans), reste très faible ». Donc, « pour tout ce qui concerne l'expression des liaisons logiques ou causales, la pensée de l'enfant est intermédiaire entre la pensée symbolique, dont l'incapacité synthétique est complète, et la pensée logique ».

Pour ce qui est de la liaison de tout à parties, on connaît « la facilité du rêve, soit à représenter une partie d'un objet quelconque isolée de son tout, soit à figurer **le tout par la partie** elle-même (*métonymie*) », propriétés que mettent en œuvre - passons sur les exemples - l'une la production des symboles, l'autre la condensation elle-même[597]. Or « tous ces phénomènes se retrouvent dans l'imagination, dans la plastique du langage (la figure *pars pro toto*), etc., et résultent à l'origine d'un simple besoin d'économie », requis par « la tendance de toute pensée descendant à un niveau inférieur de tension psychologique (*Janet*) ».

Or, sur ce point encore, « la pensée de l'enfant en reste à un stade intermédiaire entre la pensée autistique, purement imagée et alogique, et la pensée conceptuelle ou logique ».

En conclusion, « les psychanalystes » ayant eux-mêmes montré une grande parenté fonctionnelle entre le rêve, la rêvasserie, l'imagination artistique, la pensée mystique, mythologique, les délires, etc., l'auteur, s'autorisant du fait du « relâchement de la conscience sociale et logique » propre à l' « autisme », a cru bon d'indiquer « des analogies de fonctionnement, de structure », à « grouper sous le nom de pensée symbolique, croyant être **fidèle, d'ailleurs, à l'esprit de psychanalystes nombreux »** (*bis*), étant entendu que « la question de filiation - posant celle de l'hérédité des formes successives - semble insoluble pour le moment ». D'ailleurs, « mieux vaut expliquer l'inconnu par le connu, ou du moins le moins connaissable par le plus connaissable, c'est-à-dire la pensée symbolique par la pensée de l'enfant », plutôt que l'inverse - l'ontogenèse par la phylogenèse – reproche que l'on a entendu, si l'on s'en souvient, Wallon faire à Freud.

On en vient à se demander si cette notion de pensée symbolique, forgée incontestablement à partir de matériaux consistants de la pensée freudienne, sans qu'elle s'y trouve nommément, ne serait pas tout **autant une invention de Piaget que de Jung**.

En tout cas, la pensée symbolique et la pensée de l'enfant possèdent deux « facteurs essentiels » en commun : l'un « fonctionnel est le caractère ludique… l'autre structural, pour parler la langue de Janet, la faible tension de ces deux formes de pensée ».

En ce qui concerne le premier aspect, Baldwin et aussi K. Groos, ont montré que la pensée cherche d'abord dans le jeu et l'imagination une satisfaction plus immédiate et étrangère à la question de vérité. Avant de s'adapter aux choses, l'enfant adapte donc les choses à soi et à ses désirs ».

Or « ce **caractère ludique** de la pensée primitive… ce besoin de satisfaction est naturellement en connexion étroite avec l'égocentrisme » par lequel « l'enfant est éloigné de s'adapter spontanément, d'une part, à la logique socialisée des adultes, d'autre part aux choses elles-mêmes et à l'observation objective ».

Claparède, invoque Piaget, a insisté depuis longtemps sur les analogies du rêve et du jeu (1905). Or **Freud**, dit-il encore, qui distingue entre le *Lustprinzip* et

---

[597] On voit Piaget ici rapprocher la condensation (généralisation) plutôt de la métonymie, alors que Lacan l'assimile à la métaphore, et le déplacement à la métonymie, ce qui peut largement se discuter.

le *Realitätsprinzip*, décrit la tendance à la satisfaction immédiate et hallucinatoire, la conformité des lois du rêve, de l'imagination, de la rêvasserie, de la pensée morbide, etc., bref de toute la pensée autistique et symbolique, à la prédominance de la « loi du plaisir » sur celle de l'adaptation à la réalité (« comme **Baldwin** et bien d'autres »), affirmant de ce fait clairement le caractère ludique de la pensée symbolique et de l'autisme, d'où peuvent se retrouver des analogies fonctionnelles entres ces formes de pensée et la pensée de l'enfant. Il est très intéressant de voir ici **Freud explicitement requis**, au titre de la psychologie comparée, générale et pathologique, **comme l'un des patrons de la psychologie de l'enfant** que Piaget cherche alors à fonder sous les auspices de son maître Claparède, qui vient de l'introniser comme Chef de Travaux (1921) à l'Institut Jean-Jacques Rousseau.

De son côté, « P. Janet a montré que l'on peut sérier les opérations mentales en une hiérarchie correspondant à leur complication croissante ». Par ailleurs « toute la logique de l'enfant est régie par des **facteurs d'économie**, ou d'étroitesse du champ de l'attention », dont « la fonction ludique ne suffirait pas à rendre compte », autre propriété conforme également aux vues de Janet, tout aussi bien qu'à celles que « Freud soutient de plus en plus, dans ses travaux récents sur l'économie de la pensée ».

Piaget semble faire allusion ici au fait que le principe de plaisir chez Freud est lui-même sous-tendu par un **principe de constance** qui vise au degré de tension la plus modéré de l'appareil psychique (*Au-delà du principe de plaisir*, 1920), compatible avec les exigences de l'auto-conservation, soit encore ce que d'autres qualifient de finalité adaptative.

En conclusion, la présence plus ou moins explicite, plus ou moins latente aussi, de **la pensée freudienne, est absolument massive dans ce texte de Piaget** : identification, projection, condensation, déplacement. Piaget prend entièrement à son compte l'aspect solipsiste (ce n'est pas le seul chez Freud) du tableau freudien de la psychogenèse : indifférenciation, adualisme, caractère anobjectal, centration sur le corps propre, tendance exclusive à la satisfaction.

On ne rappellera pas l'importance pour Freud du rêve comme modèle d'investigation de la pensée normale et pathologique, ce qui est une banalité depuis longtemps. Or il semble bien que ce modèle freudien du rêve, comme prototype privilégié de la pensée autistique-symbolique (Bleuler-Jung) ait joué un rôle tout aussi important **dans le démarrage de la pensée piagétienne**, avec la conséquence évidente d'une « individualisation » initiale de l'ensemble du procès de la psychogenèse, à partir de laquelle il faudra laborieusement redécouvrir la vie sociale. Wallon partira d'un modèle initial différent de la psychogenèse, toujours emprunté à Freud - qui en dispose de plusieurs -, celui de la symbiose mère-enfant.

12.4. Le jugement et le raisonnement chez l'enfant (1924)

Cet ouvrage forme avec celui de 1923, sur le langage et la pensée - jugement et raisonnement sont des produits et des articulations de la pensée -, un binôme, où la tutelle offerte par la démarche freudienne s'avère encore avec évidence dans nombre de passages, à condition de savoir en lire les transpositions fréquentes.

On nous décrit d'abord les « concepts-conglomérats »[598], propres à la « pensée non dirigée et autistique », toujours chez l'enfant de 7 à 8 ans environ, comme résultant d'une « union nécessaire - *d'ailleurs contradictoire* - de la juxtaposition et du syncrétisme »[599], en ajoutant que ce mécanisme et ses résultats peuvent se comparer « à ce que, dans un tout autre domaine - *évidemment en psychanalyse* -, on a appelé la « surdétermination » des images ». Or, la surdétermination est propre à « toute pensée primitive et peu dirigée... il n'y a aucune hiérarchie ni aucune composition réelle entre les facteurs du concept... La surdétermination est, faute de prise de conscience globale, un système en équilibre instable... un faux équilibre... Il y a **surdétermination chaotique**... L'enfant n'est capable ni d'additions ni de multiplications logiques systématiques... ce qui fait que les concepts adultes sont en état d'équilibre ».

Il est frappant ici de voir certains des concepts explicatifs majeurs du futur système piagétien (équilibre, groupements additifs et multiplicatifs) se formuler dans une sorte de dialogue transpositif, comme indiqué ci-dessus, avec la pensée freudienne. En même temps, on voit l'auteur utiliser ces emprunts d'une manière créative, en leur faisant produire des propriétés nouvelles, non encore formulées dans le modèle.

Le mode de fonctionnement qui vient d'être décrit comporte la conséquence que « jusqu'à une certain âge (7-8 ans au minimum), l'enfant restera insensible à la contradiction », un problème déjà abordé en 1923 b, de même que ce qui suit, mais sous un forme un peu différente, comme souvent dans la généalogie d'un concept chez Piaget.

Parmi les différents types de contradiction, il y a lieu de distinguer, on l'a vu aussi, à côté de la « contradiction par amnésie », justement la « contradiction par condensation (ou par surdétermination, la condensation étant le produit de la surdétermination) ». Ce genre de contradiction est dû à « une absence de choix et de hiérarchie... une incapacité de freinage et d'élimination... La « condensation », c'est donc le résultat de la surdétermination : un même concept sera ainsi non un « système » mais un conglomérat hétérogène et contradictoire, le résultat d'une « participation » entre plusieurs réalités à la fois ». Étant à noter au passage que cette dernière notion de **participation**, utilisée aussi par Wallon dans sa description de la pensée enfantine, est emprunté à Lévy-Bruhl qui en fait l'un des caractères essentiels de la mentalité prélogique, qui serait insensible au principe d'identité, avec la conséquence que tout est dans tout. Notons que cette thèse de Lévy-Bruhl rejoint celle de Freud concernant l'absence de négation dans l'inconscient, et les redoutables problèmes évoqués plus haut comme nés dans le giron du *Parménide* de Platon.

Piaget parle parfois de façon suggestive de « condensation syncrétique » : la condensation (Freud), c'est le syncrétisme (Renan), et vice versa.

---

598 Piaget Jean : 1924, *Le jugement et le raisonnement chez l'enfant*, Neuchâtel, Delachaux-Niestlé, 130-132, 136, 139, 141, 157, 192-193, 202.

599 Le syncrétisme fusionne les représentations plutôt qu'il ne les juxtapose.

Chez l'enfant coexistent « plusieurs réalités hétérogènes, le jeu, le réel observable, le monde des choses entendues et racontées, etc. », description qui évoque de façon pertinente les mécanismes cliniques de l'**isolation** et aussi du **clivage**.

Piaget ne se fait faute non plus, tout à fait à l'instar de Freud, de mentionner encore « la généralité de l'amnésie infantile », dont il a déjà été question en 1923 b, comme l'une des clefs des diverses formes de la contradiction chez l'enfant, dont celle justement par amnésie.

Certaines descriptions en outre paraissent évoquer le type de circulation fluide et mobile des représentations dont Freud caractérise parfois le **processus primaire** :

La « pensée non dirigée... cherche à satisfaire un besoin qui n'est pas ou pas entièrement conscient, elle est par essence **irréversible**... Une série d'associations d'idées est irréversible : la raison en est que les associations d'idées en sont dirigées presque toujours **par** une tendance affective... une simple succession d'images, sans autre direction que celle que lui imprime **un désir inconscient** ».

On nous répète avec insistance, en produisant la variation de propos antérieur (1923 a, 1923 b), que « le syncrétisme » serait « précisément intermédiaire entre la « condensation » de la pensée non dirigée et la généralisation de la pensée dirigée ». Quant à « la « surdétermination » des concepts... c'est aussi un cas particulier de syncrétisme et, par conséquent, d'assimilation déformante », à la manière, si l'on veut, d'un processus de digestion réciproque des éléments.

Ici encore on voit une notion piagétienne d'importance cardinale pour le futur, celle d'irréversibilité/réversibilité (on y reviendra dans un instant) se greffer sur une certaine lecture de la pensée freudienne relative à la circulation des représentations inconscientes, de même que tout juste après, le concept d'assimilation.

Plus loin, Piaget introduit, pour la première fois semble-t-il dans son œuvre, la notion explicite de **réversibilité**, en comparant, au plan éthique et intellectuel, « la réciprocité des points de vue et la réversibilité intégrale dans la pensée ». Ne pas se contredire, c'est rester fidèle à soi-même, en même temps que pouvoir revenir au point de départ d'un trajet accompli dans un certain sens. Et il y a là comme un usage normal, dans le registre de la pensée quotidienne, du mécanisme freudien de l'**annulation**, propre en particulier à la méticulosité obsessionnelle.

Plus loin encore se présentent un commentaire et une transposition de caractère très singulier des notions psychanalytiques de principe de plaisir, de tendance à la décharge, de besoin (*Bedürfnis*), de satisfaction et aussi de déformation (*Entstellung*) : « Pour une pensée égocentrique le jeu tient en somme de loi suprême. C'est **l'un des mérites de la psychanalyse d'avoir montré** que l'autisme ne connaît pas l'adaptation au réel, parce que, pour le moi, le plaisir est le seul ressort. La pensée autistique a ainsi pour unique fonction de donner aux besoins et aux intérêts une satisfaction immédiate et sans contrôle, en déformant le réel pour l'adapter au moi ». On saisit bien ici le lien entre la notion provisoire d'autisme, et celle d'égocentrisme, d'une bien plus grande longévité ultérieure.

On notera encore un usage très suggestif de la notion de projection, en lien avec celle d'immédiateté et de modèle subjectif (fantasme), ainsi que d'activité inconsciente : « L'enfant a une représentation du monde toujours moulée par le point de vue immédiat, fragmentaire, personnel… L'enfant ne dessine des choses que ce qu'il en sait et ne regarde qu'un « **modèle interne** » (*expression de Luquet*). Telle est aussi l'observation enfantine. L'enfant ne voit souvent que ce qu'il sait. Il **projette** dans les choses toute sa pensée verbale. Il voit les montagnes construites par l'homme, les rivières creusées à coups de bêche, le soleil et la lune nous suivant dans nos promenades… L'enfant, avant 7-8 ans, ignore donc sa pensée et la projette tout entière dans les choses. Il est donc « réaliste » (*retournement dialectique*) au sens dont on parle des illusions réalistes de la pensée ».

Enfin, il est question de « la pensée autistique et symbolique décrite par M. Freud et par ses disciples ». Or, si la notion de pensée autistique est clairement due à Bleuler, celle de pensée symbolique (toutes deux conduisant à celle d'égocentrisme, et la seconde conservée ultérieurement dans le système des stades de Piaget) semble bien due à **Jung**, peut-être aussi à **Jones**, comme paraît le suggérer assez nettement un passage de celui-ci : « Lors de l'organisation du second Congrès international de psychanalyse, qui eut lieu à Nuremberg les 30 et 31 mars 1910… j'avais auparavant écrit à Freud pour lui suggérer d'organiser une étude collective du symbolisme. Cette idée lui plut, et il promit d'inciter Stekel à soumettre ce projet au Congrès, ce que celui-ci fit. Un comité composé d'Abraham, de Maeder et de Stekel fut constitué. Il n'en sortit pas grand-chose, mais je continue à penser qu'une semblable étude comparative de toutes les sources, rêves, bons mots, mythes, etc., pouvait nous aider à préciser certains points de ressemblance à partir desquels se forment les symboles »[600]

À quelques années de là, dans ***La causalité physique chez l'enfant*** **(1927)** [601], on retrouvera la mise en valeur des notions précédentes selon des variations en général très intéressantes : la surdétermination y est toujours reliée à la pensée autistique, cependant que l'autisme y est redéfini avec une netteté particulière à l'égard des thèmes freudiens du rêve et du désir (*Begierde*, *Wunsch*) :

« L'autisme pur est une pensée proche de celle du rêve ou de la rêverie : c'est la pensée dans laquelle la vérité se confond avec le désir ».

On y retrouve l'usage implicite de la notion de déplacement, de transfert projectifs, qui peut avoir aussi un rapport avec les notions d'introjection et d'éjection telles qu'elles sont utilisées par James Mark Baldwin, à qui Piaget doit également beaucoup, et qui semble devoir lui-même incontestablement à la philosophie germanique : « L'idée de force est d'origine interne et c'est par un transfert interne que nous prêtons des forces aux choses… Il y a simplement assimilation du monde au moi et prise de conscience du produit de cette assimilation, avant d'y avoir prise de conscience du moi en tant que siège de la force. Ce n'est que par un processus dérivé que l'esprit dissocie le moi du monde extérieur ».

---

600 Jones Ernest : 1955, 1961, *La vie et l'œuvre de Sigmund Freud. Les années de maturité (1901-1919)*, t 2, Paris, PUF, 71-72.

601 Piaget Jean : 1927, *La causalité physique chez l'enfant*, Paris, Alcan, 64-65, 72, 146, 177, 339.

L'idée que la causalité est déplacée, projetée, des activités du sujet dans les propriétés des choses - et qui diffère assez peu de celle de Hume, puis de Kant, à quelques nuances et transformations près, se retrouvera encore bien plus avant dans la carrière de Piaget. Celle aussi que la conscience du sujet est plus obscure, latente, et seconde par rapport à celle du produit de son activité.

Cette notion du mécanisme attributif de la causalité, donc par « projection des opérations du sujet dans la réalité » - un thème de l'idéalisme transcendantal kantien qui donne tout de même aujourd'hui un peu le vertige - est reprise tout d'abord dans l'*Introduction à l'épistémologie génétique* (1950), avant d'être évoquée à nouveau, tout à la fin de la carrière de Piaget, dans les conversations avec Jean-Claude Bringuier[602].

À noter aussi que ce déplacement projectif de l'activité du sujet se confond, de façon assez apparente ici, avec le caractère centrifuge de l'assimilation déformante, et probablement aussi à terme avec l'autocorrection de celle-ci, assistée du processus opposé d'accommodation centripète, leur jeu aboutissant à la mise à distance du milieu en raison des activités de décentration. Il existe un **chemin vraisemblable allant du concept freudien** (et baldwinien) de projection aux notions piagétiennes d'assimilation et de décentration.

En outre, la causalité fait partie des opérations spatiotemporelles ou infralogiques du sujet épistémique, dont le mécanisme général de construction sera défini, bien après la date où nous en sommes (progressivement dès 1950) par l'édification d'une hiérarchie en palier d'abstractions dites réfléchissantes : cette procédure - qui évoque incontestablement l'**expérience spéculaire** -, sera alors décrite comme consistant dans une double « réflexion », qui tend tout d'abord à « transposer sur un nouveau plan (donc à réfléchir au sens quasi physique du terme) » des informations tirées du jeu et des résultats des propres actions du sujet, puis à réfléchir à nouveau, cette fois au sens psychologique (*introjection*), cette première « projection ou réflexion en une reconstruction ou nouvelle structuration », l'ensemble de ce processus complexe nous étant décrit comme le passage d' « une coordination pratique et inconsciente vers un nouvel objet de prise de conscience et de pensée » (1967)[603].

La chose, à vrai dire laborieuse à penser à son début (1950 - 1970), est reformulée de façon plus nette et plus claire quelques années plus tard (1975) : « L'abstraction réfléchissante comporte deux moments indissociables : un « réfléchissement » au sens d'une projection sur un palier supérieur de ce qui est emprunté au palier précédent et une « réflexion » au sens d'une reconstruction ou réorganisation cognitives (plus ou moins consciente ou non) »[604].

On saisit bien ici, dans le cadre d'une métaphore spéculaire - à plusieurs miroirs[605], le double mouvement projectif-introjectif, centifuge-centripète (assimi-

---

602 Piaget Jean : 1950, *Introduction à l'épistémologie génétique*, Paris, PUF, 3 vol., 2, 267, 330.

603 Piaget Jean et col. : 1967, *Logique et connaissance scientifique*, Paris, Gallimard, 386.

604 Piaget Jean : 1975, *L'équilibration des structures cognitives*, Paris, PUF, 41. Cette notion d'abstraction réfléchissante recoupe aussi en partie celle de décalage vertical.

605 Comme dans l'illusion de Bouasse présentée par Jacques Lacan.

lation-accommodation) issu de la grande philosophie postkantienne (Fichte-Schelling-Hegel) et au terme adopté en particulier par la psychanalyse, avant d'aboutir à l'épistémologie génétique de Piaget.

On n'en est pas encore là dans l'ouvrage de 1927, où on nous dit également, à propos de l'artificialisme enfantin, que celui-ci « est transféré sur les choses, et que les choses agissent alors les unes sur les autre comme des personnes vivantes ». Ce qui est déjà en réalité, dans un langage beaucoup plus naturaliste et moins technique, la même idée que ce qui se reformule en un langage plus logiciste 25 années plus tard.

Le même ouvrage évoque aussi, de façon pittoresque, « les idées des psychanalystes en ce qui concerne les origines de la notion d'âme. Pour Jones, dont Larguier des Bancels a très finement discuté la thèse, l'assimilation antique de l'âme à un souffle proviendrait uniquement des idées des enfants sur les flatuosités intestinales... Quant à l'hypothèse relative à la fécondation, M. Larguier remarque avec un bon sens indiscutable, que l'on ne peut demander aux enfants d'avoir des idées sur la fécondation alors que les primitifs n'en ont point de précises ! Que les flatuosités entrent en jeu dans la représentation que les enfants se font de la naissance, cela est bien probable, étant donné que les enfants conçoivent souvent les bébés comme issus de l'anus ou des fèces, etc. ».

12.5. La psychanalyse et le développement intellectuel (1933)

Ce texte, paru dans la *Revue française de psychanalyse*[606], s'y présente comme « un résumé du second rapport présenté par M. J. Piaget ». Le texte même de ce second rapport ne nous est pas connu dans son intégralité, pas plus d'ailleurs que « le premier », puisqu'il semble y en avoir eu un.

Piaget a été membre de la Société suisse de psychanalyse (SSP), à partir de 1921, et il dit en 1957 « s'honorer d'avoir été démissionné, il y a une vingtaine d'années de la Société internationale de psychanalyse » (?) alors qu'il en était devenu membre à une époque où cela était plutôt mal porté dans la psychologie officielle »[607]. Ce serait apparemment comme membre invité de la Société suisse qu'il interviendrait ici dans la revue de la Société française de psychanalyse.

Ce texte d'environ 3 pages est d'une grande densité, et nous n'avons pu faire autrement que de le publier dans son intégralité, en y ménageant de brèves coupures de commentaires indispensables pour la clarté.

« I. - Introduction. - Il y a un parallélisme entre le développement affectif et l'évolution de la pensée parce que les sentiments et les opérations intellectuelles ne constituent pas deux réalités extérieures l'une à l'autre, mais les aspects complémentaires de toute activité psychique ».

Ce **modèle paralléliste** des rapports entre le cadre structural offert par les activités intellectuelles et leur composante énergétique faite de motivations affecti-

---

606 Piaget Jean : 1933, « La psychanalyse et le développement intellectuel de l'enfant », *Revue française de psychanalyse*, Paris, 6, 405-408.

607 Piaget Jean : 1957, *Les liaisons analytiques et synthétiques dans les comportements du sujet*, EEG 4, 135.

ves est absolument caractéristique de la conception de Piaget, l'opposant aussi bien aux vues respectives sur les mêmes sujets de Freud comme de Wallon. Ce modèle, repris en 1940, puis surtout dans le *Cours* de 1954 (Jalley, 2006 b) semble apparaître pour la première fois ici, ce que personne ne semblait savoir. Chez Piaget comme chez Freud, des thèmes d'une grande importance apparaissent **très tôt**, presque dès le début de leur carrière.

« On dit en général que la pensée est tantôt pure, tantôt gouvernée par les sentiments. Ce sont là des expressions impropres, car **le sentiment accompagne toujours la pensée**. Mais, tantôt les sentiments, comme la pensée, s'attachent à des règles (à la fois morales et logiques) d'objectivité et de cohérence, et alors la pensée est rationnelle, tantôt les sentiments comme l'intellect demeurent égocentriques, c'est-à-dire préfèrent la satisfaction du moi à la vérité, et alors la pensée est pré- ou illogique ».

La ligne de partage tracée ici est celle qui séparera ultérieurement d'une part l'intelligence sensori-motrice (1 à 2 ans), puis représentative ou préopératoire, (de 2 à 7 ans), d'autre part l'intelligence opératoire concrète (7 à 12 ans), puis formelle (au-delà). La **corrélation entre logique et morale** est en fait très précoce chez Piaget (ci-dessus dès 1919).

« II. - Étant donné les relations constantes qui unissent l'intelligence aux sentiments, il va de soi que les développements respectifs de ces deux fonctions présentent d'étroites analogies, d'ensemble et de détail. Dans l'ensemble, on peut noter les traits suivants : ».

Piaget n'insiste pas encore, comme il le fera bien plus tard (1954), sur le rapport de prévalence-subordination entre structure intellectuelle d'une part, et énergétique affective d'autre part des deux groupes de fonctions mentales.

« 1. La pensée comme l'affectivité a une histoire, c'est-à-dire qu'elle évolue en sa structure et pas seulement en son contenu. Les étapes de cette évolution peuvent être caractérisées au moyen d'un **système de « stades »**, étant entendu qu'une classification est toujours artificielle et que, en vertu des divers décalages, elle s'applique d'autant moins à l'ensemble des caractères du sujet que l'on s'éloigne des stades primitifs ».

L'existence de stades représenterait à l'époque, aux yeux de Piaget, un trait de rapprochement entre sa propre psychologie développementale et la psychanalyse. En revanche, il semble vouloir dire ici, de façon à vrai dire comme masquée, qu'à mesure que progresse le développement intellectuel, cet aspect au moins s'éloignerait de plus en plus de l'histoire d'un sujet personnel vers la perspective de la **psychogenèse d'un sujet épistémique impersonnel** commun à tous les sujets individuels.

« Deux exemples : il existe un stade antérieur à la constitution d'un univers permanent et durant lequel le moi et le monde ne font qu'un (les 10-12 premiers mois environ), un stade égocentrique durant lequel le monde est centré sur le moi, etc. ».

Piaget fait allusion ici à une période sensori-motrice (autistique, 1923 ; intelligence motrice, 1928), suivie par une période égocentrique, déjà simplement représentative (dès 2-3 ans en 1928), qu'il s'efforce ici de calquer, d'ailleurs avec plus ou moins de bonheur à l'égard de sa propre conception stadiale (en réalité de 00 à 2 ans, puis de 2 à 4, et 4 à 7 ans dans le modèle définitif), sur le découpage des deux stades oral (anobjectal - *objektlos* -, narcissique primaire : 00 à 1 an) et sadique-anal de la psychanalyse. La clef ne va très bien avec la serrure.

« 2. Le développement de la pensée manifeste l'existence de certains systèmes isolables ou « **schèmes** », dont on peut reconstituer la genèse et l'histoire et qui correspondent aux « **complexes** » affectifs.

Exemple : les schèmes magico-phénoménistes, finalistes, artificialistes.

3. La pensée comme les sentiments peuvent être anarchiques ou disciplinés par des systèmes de règles. Il existe à cet égard un parallèle entre la logique et la morale, comme entre la pensée « non dirigée » et les sentiments spontanés ».

La notion de **schème**, peut-être venue de Kant comme de Bergson, est introduite dans la conférence de 1928 (schémas, 1923-1924, 1927 ; schèmes moteurs, 1928), et semble pour la première fois **généralisée ici à l'ensemble de l'activité intellectuelle**. Les notions de finalisme, d'artificialisme et de causalité magico-phénoméniste ont été étudiées dans les ouvrages sur *La représentation du monde chez l'enfant* (1926) et *La causalité physique chez l'enfant* (1927). La redite sur le parallélisme entre logique et morale (cf supra) manifeste l'importance de ce thème éthico-intellectuel pour Piaget. À rappeler, concernant le magico-phénoménisme, l'importance aussi pour Freud de la pensée magique (*Totem et tabou*, et passim).

« III. - La pensée conceptuelle et la pensée symbolique ; - Dans la mesure où la pensée est disciplinée par la vie sociale, elle est modifiée à deux points de vue. En ce qui concerne les signes qui lui servent d'instrument, elle entre dans le monde du langage ; quant aux significations corrélatives, elles sont réglées par la logique - condition d'existence de la pensée commune - et acquièrent une structure conceptuelle, le concept constituant le schème collectif lié au signe verbal ».

Il est intéressant, à cette époque de la carrière de Piaget où **le langage** a encore une grande importance, de le voir **ici mentionné avant même la pensée**, alors que rapidement, très peu d'années après (1936), ce sera l'étude du processus de pensée qui se subordonnera celle du langage, ceci pour toutes sortes de raisons - centration de la recherche sur la pensée initiale sans langage (1936, 1937), privilège progressif de la pensée scientifique sur la pensée verbale.

« Dans la mesure, au contraire, où la pensée demeure individuelle (au sens strict par opposition à la pensée sociale intériorisée), le symbole fait fonction de signe : le signifiant en est l'image, mimée (comme dans le jeu enfantin ou diverses manifestations morbides) ou mentale, et le signifié l'expérience intime du sujet. C'est cette **« pensée symbolique » que la psychanalyse a découverte et étudiée, et dont la pensée de l'enfant est imprégnée** ».

On assiste à une mise en place de la notion de fonction symbolique, dite encore sémiotique, étudiée surtout dans l'ouvrage de 1945, et dont feront partie, d'emblée et de manière basique, le jeu symbolique et l'image mentale, puis le dessin, avec enfin la représentation et le langage comme étage supérieur.

« IV. - la pensée de l'enfant. - On trouve **chez l'enfant toute une série de structures mentales intermédiaires** entre le pur symbolisme, qui caractérise la pensée du jeu et de l'imagination individuels et la pensée rationnelle ou socialisée, la pensée égocentrique, qui flotte à mi-chemin de l'individuel pur et du social, présente à cet égard une structure spécialement intéressante par ses attaches avec le symbolisme ».

La pensée égocentrique se présente, dès 1923 b, comme **un entre-deux, mais situé entre des extrêmes variables**, soit entre la pensée du rêve (de l'adulte) et du jeu et la pensée logique (1923 b, et derechef ici en 1933), soit entre l'intelligence motrice et la pensée rationnelle (1928). Et il semble **malaisé pour Piaget** de se dégager totalement de la première perspective pour s'installer définitivement dans la seconde. C'est Baldwin qui semble permettre à Piaget de s'éloigner de l'emprise exclusive de Freud, encore qu'il existe chez ce dernier une doctrine de l'appareil moteur réflexe comme régime de fonctionnement initial, mais plutôt centré sur l'expression émotionnelle (ce qui conduit à Wallon) que dirigé vers le milieu externe.

« On peut noter deux sortes d'analogies entre la pensée égocentrique et la pensée symbolique :

1. Des analogies de contenu, comme celles dont parle M. de Saussure (*psychiatre et psychanalyste suisse*) en son rapport ou celles dont témoignent par exemple les mythes d'origine.

2. Les analogies de structure, comme celles du syncrétisme avec la condensation symbolique, etc. ».

Piaget rappelle un développement de 1923 b (non cité supra) sur ce thème des deux sortes d'analogies, y compris son intérêt marqué pour la seconde voie plus féconde pour lui que la première. Ce qui suit est également un rappel du texte de 1923 b, doctrine à laquelle Piaget reste fixé, tout en ayant déjà poursuivi d'autres voies dans l'étude de la pensée de l'enfant entre 2 et 9 ans (1926 - 1928).

« V. - Le genèse du symbolisme. - Mais, si l'on admet ce parallélisme entre les mécanismes intellectuels et les mécanismes affectifs, il faut choisir entre les deux conceptions du symbolisme entre lesquelles ont oscillé les travaux de Freud.

Selon la première, le symbole est un déguisement conscient des tendances refoulées et la genèse du symbolisme dépend étroitement de la censure et du refoulement. La pensée serait donc à considérer comme antilogique ».

Piaget va alors tenter de se dégager de cette première voie marquée par la méthode psychopathologique pour s'orienter vers la seconde, privilégiant l'étude de la pensée normale, étant entendu que Freud les a, à partir de l'étude du rêve - processus pathologique-normal, indiquées et suivies toutes les deux, par exemple cette dernière dans *Le mot d'esprit* ou *La psychopathologie de la vie quotidienne.*

« Selon la seconde conception, au contraire, **le symbole est une forme élémentaire de la pensée**, indépendante en droit des processus affectifs qui peuvent le doubler, et prélogique plus qu'opposé à la pensée conceptuelle.

C'est dans cette seconde direction qu'il faudra semble-t-il s'orienter pour résoudre la question de la genèse des symboles ».

En s'écartant de la voie d'une approche psychopathologique, Piaget fait d'une pierre deux coups en opérant du même coup un dégagement de sa **perspective d'orientation logiciste délibérée** à l'égard de la composante affective, ce que ne visait ni ne faisait évidemment pas Freud dans l'étude de la psycho(patho)logie de la vie quotidienne.

« VI. - La mémoire et l'association. - Or, à la première interprétation du symbolisme sont liées certaines conceptions de la mémoire et de l'association, qui dominaient la pensée freudienne au moment de la *Traumdeutung* et dont elle ne paraît pas s'être entièrement affranchie ».

Piaget s'engage résolument ici dans la **critique explicite de la psychanalyse**, en reprochant à la voie psychopathologique de la pensée freudienne son caractère **trop associationniste, comportant une valorisation exagérée des processus de mémoire**. Dans un tout autre ordre d'idées, cette critique ingénieuse vaudrait aujourd'hui à l'égard de la psychologie cognitive, pourtant résolument hostile à la psychanalyse.

« Dans la *Traumdeutung*, en effet, la mémoire apparaît comme un enregistrement automatique et comme un réservoir (*mot utilisé en français par Freud lui-même* : *Reservoir*) intégral des souvenirs, son activité demeurant étrangère à la conscience, laquelle, en tant qu' « organe interne des sens » se borne à éclairer ou à laisser dans l'ombre les images ainsi accumulées dans l'inconscient. De plus, les perceptions actuelles s'associent d'elles-mêmes à l'ensemble des souvenirs correspondants et c'est le jeu de ces associations qui, lorsqu'il est libre, produit la reviviscence du passé et, lorsqu'il est contrecarré par la censure, explique la production des symboles, par condensations et déplacements successifs ».

La conception associationniste soutenue par Freud d'une mémoire inconsciente ne laisse pas assez de place, selon Piaget, à l'activité logique structurante du processus secondaire.

« Mais à la suite de nombreux travaux, les psychologues contemporains sont de plus en plus portés à nier l'existence d'associations vraies et à considérer comme des relations intentionnelles les associations apparentes (*école de Wurzbourg*, *Gesstalttheorie*). De plus, la mémoire apparaît toujours davantage comme une reconstitution active du passé (*conduite du récit de Janet*), sans que l'on puisse affirmer que les matériaux de cette reconstitution consistent en souvenirs doués de permanence ».

Cette **critique actualiste de la dimension du passé** soi-disant nécessaire à l'appareil mental est aujourd'hui encore très en vogue dans la contestation cognitiviste de la psychanalyse, malgré le paradoxe - et même la contradiction, d'une valorisation presque exclusive d'une architecture de la mémoire dans la mécanique, calquée sur celle de l'ordinateur, des opérations cognitives.

« Dès lors, l'inconscient apparaît comme un système d'opérations et de schèmes actifs, dont il s'agit de reconstituer la genèse et la filiation, plus que comme un réservoir que l'on peut espérer retrouver et invoquer pour l'explication du présent ».

Dans la perspective de Piaget, c'est la dynamique du présent qui rend compte du passé plutôt que l'inverse, encore que se conserve, à titre de soubassement nécessaire, et à travers des remaniements successifs, tout l'appareil des structures cognitives antérieurement construites. On a vu que cette critique d'un modèle marqué d'un préjugé en faveur du passé au nom d'une dynamique actualiste centrée sur le présent de l'organisation mentale existe aussi chez Wallon (argument de type K 2).

« VII. - Conclusion. - Les schèmes affectifs et les schèmes intellectuels. - La différence entre les deux conceptions de la mémoire et du symbolisme se marque en particulier dans l'interprétation des schèmes.

« Selon la première conception, ce sont les souvenirs inconscients et les sentiments qui leur sont attachés qui déterminent la conduite actuelle de l'individu. Les schèmes affectifs ou complexes reposent ainsi eux-mêmes sur la mémoire et c'est par une série de transferts et d'identifications que s'explique l'adaptation au présent ».

Piaget entend subordonner la direction de la conduite à **l'activité présente d'une dynamique de la raison** plutôt qu'à la mécanique passive d'une affectivité fixée dans la mémoire. Ce qui est **aussi l'attitude de Wallon, et un souci contemporain** également, auquel on a dit que les psychanalystes tendaient à répondre par des adaptations du cadre de la cure. C'est au moins ce que tend à signifier, déjà à son époque, le propos de l'auteur aussi concentré que retenu, étant donné le public de la *Revue française de psychanalyse* :

« Selon la seconde conception, au contraire, les expériences vécues et les réactions passées se condensent en schèmes qui déterminent la conduite actuelle. Ces schèmes sont essentiellement actifs et, loin de reposer sur des souvenirs inconscients, c'est sur eux que s'appuie la mémoire pour reconstituer le passé ».

12.6. La naissance de l'intelligence chez l'enfant (1936)

On présentera les remarques susceptibles d'intéresser la psychanalyse au fur et à mesure de la progression de l'ouvrage, en suivant l'ordre des stades conformes à la typologie piagétienne[608]. On suivra la même méthode pour l'ensemble des ouvrages de Piaget envisagés eux-mêmes dans l'ordre chronologique, ce qui est d'ailleurs le parti que nous avons suivi depuis le début de cette étude, et qui nous paraît à la fois le plus conforme à l'ordre des choses, et le plus clair aussi.

À propos du premier stade, celui des exercices réflexes (00 - 0,1), et qui concernent un certain nombre de « montages héréditaires » (succion, préhension, phonation), Piaget aborde la question des besoins, en nous disant que « les premiers besoins n'existent pas antérieurement aux cycles moteurs qui permettent de les assouvir. Ils apparaissent au contraire durant le fonctionnement lui-même. On ne saurait donc dire qu'ils précèdent la répétition : ils en résultent aussi bien, en un cercle sans fin ».

---

608 Piaget Jean : 1936, *La naissance de l'intelligence chez l'enfant*, Neuchâtel, Delachaux-Niestlé, 45, 45-47, 158, 162, 182, 184, 275.

Il y a quelque chose de **paradoxal** à soutenir que le besoin alimentaire ne soit pas antérieur au réflexe de succion, que c'est celui-ci qui le développe, à moins qu'un besoin de succion ne se développe que par l'exercice qui l'entraîne et le renforce, en survolant le besoin alimentaire lui-même. Tout cela est contraire au bon sens aussi bien biologique que psychologique. On sent assez bien que Piaget est en possession d'un système qui l'incite à forcer l'observation et l'interprétation des faits élémentaires (argument K 2). On tourne évidemment ici autour de la question freudienne du gain de plaisir érotique se développant en étayage sur le besoin alimentaire, que Piaget évite adroitement, avec son vade-mecum de l'assimilation reproductrice-généralisatrice-recognitive. Par-dessus le besoin organique, Piaget greffe un exercice réflexe qui se renforce en tournant comme tout seul, de façon machinale. Il y a là comme un retour à l'associationnisme classique, que lui a d'ailleurs reproché Wallon (Jalley, 2006 b). Cette pente à la récupération de modèles dépassés est un tropisme qui remplit l'histoire de la psychologie, y compris contemporaine (Jalley, 2006 b, 2007 b).

Piaget soutient donc de façon absolument paradoxale ici que le besoin n'existe pas à l'état naturel, mais qu'il résulte de l'exercice - par exemple le besoin alimentaire ? Le besoin sexuel ? C'est vraiment bouffon ! C'est là assurément une vision d'homme dont tous les besoins ont été satisfaits avant d'avoir été jamais ressentis - ou le contraire, ce qui évoque une circonstance éventuelle d'ordre biographique. À moins qu'il ne s'agisse d'un subterfuge théorique pour éliminer la question d'une affectivité fondamentale, comme premier moteur des conduites, ce qui soulève la même remarque. Le premier moteur de l'activité, c'est l'activité elle-même, c'est là un **argument d'ordre quasi-théologique**, qui d'ailleurs est fort intéressant en tant que tel, en tant que résurgence d'une vision religieuse du monde, ce qui intéresse encore une fois la biographie personnelle de Piaget (Jalley, 2006 b)[609].

En un sens également, Piaget, dans un passage situé à peine plus loin que celui qui vient d'être cité, s'approche beaucoup de la psychanalyse, tout en l'évitant juste au moment où il pourrait la rencontrer, puisqu'il évoque aussi bien un besoin de répétition (et non plus seulement créé par la répétition ?) - *compulsion de répétition ?* - et qui dépasserait le plan de la satisfaction organique - *le mécanisme freudien de l'étayage (Anlehnung) de la pulsion sur le besoin* ? - Freud est à la fois comme convoqué et aussitôt écarté, dans un double mouvement très ambigu d'approche suivi d'évitement, disons même d'annulation :

« Chez le jeune enfant, les besoins principaux sont d'ordre fonctionnel : le fonctionnement des organes engendre donc, par son existence même, un besoin psychique *sui generis - l'étayage de la satisfaction érotique sur le besoin alimentaire ne dit fondamentalement rien d'autre que cela* - ou plutôt une série de besoins vicariants, dont la complexité déborde, dès le principe, la simple satisfaction organique (*même*

[609] Depuis la rédaction de mon ouvrage de 2006 sur Wallon et Piaget, j'ai appris par hasard, ce dont Piaget ne parle pas dans ses propos biographiques, que le théologien Zundel a déclaré avoir eu Piaget comme condisciple dans un collège protestant, apparemment donc calviniste. Celui-ci insiste plutôt sur l'éducation catéchistique que lui aurait imposée sa mère et qu'il déclare avoir très vite rejeté.

remarque)... le moteur principal de l'activité intellectuelle devenant ainsi le **besoin d'incorporer** (*incorporation* : *Einverleibung*) les choses aux schèmes du sujet. Cette vicariance des besoins, qui se transcendent sans cesse pour dépasser le plan purement organique (*dépassement dialectique*, *sublimation*), nous semble montrer que le fait premier n'est pas le besoin comme tel, mais bien l'acte d'assimilation qui englobe en un tout le besoin fonctionnel, la répétition et cette coordination entre le sujet et l'objet, laquelle annonce l'implication et le jugement (*la source du jugement dans la pulsion*, Freud : *La négation*, 1925).

Dans cette toute dernière page du livre, on se trouve donc là comme devant un fait premier, d'ordre philosophique.

Avec ce genre d'incorporation située à l'articulation de l'organique et du psychique, on est devant, Piaget nous le dit lui-même, « la description d'un fait premier sans pouvoir l'expliquer lui-même... une donnée élémentaire susceptible d'un traitement biologique en même que d'une analyse psychologique ». Ce statut **entre-deux-niveaux** est également celui que Freud accorde à la « pulsion » dans le fameux texte de la *Métapsychologie* intitulé *Pulsions et destins des pulsions*, et si connu qu'on ne le citera pas.

Avec ce besoin de répétition né de la répétition, on a le sentiment de tourner en rond, en **spirale** - ça tourne tout seul, de la même manière d'ailleurs que chez Freud, la pulsion - force de poussée constante -, « ça pousse » toujours. Mais la végétation au printemps aussi, et peut-on dire autre chose ? En dehors du Dieu de la théologie chrétienne qui maintient sa propre existence par autocréation.

Il y a également dans ce besoin de répétition fonctionnelle comme une auto-excitation, un intérêt pour la réaction plus que pour l'objet, et qui évoque une sorte de narcissisme primaire, ce que d'ailleurs reprendra plus tard Piaget, lorsqu'il parlera de narcissisme sans Narcisse.

Au niveau de la coordination des schèmes secondaires (0,8 ou 0,9 - 0,11 ou 1 an), l'enfant devient capable d'appliquer des moyens connus aux situations nouvelles, par exemple dans la fameuse conduite de recherche de l'objet disparu sous la couverture, au moins si on le garde au même endroit sans ruses particulières.

Piaget nous dit, à ce propos, que même dans l'innovation, « la conduite de l'enfant demeure en son principe assimilatrice et conservatrice », assignée à une **répétition circulaire amplifiante** et de plus en plus en familière. Même si « l'intérêt est centré sur le résultat extérieur intéressant », notamment par sa nouveauté, « cela n'est pas contradictoire avec le caractère conservateur de ce fonctionnement ».

On est confronté par une telle description avec la célèbre conduite du jeu répétitif de la **bobine**, accompagné de l'émission des sonorités *fort-da* (en fait o - a), que Freud observe par hasard un jour sur son petit-fils, à vrai dire à peine plus tard (18 mois et plus), sans parler de la question connexe de la compulsion de répétition, et qui est bien pour une bonne part impliquée dans ce qui intéresse Piaget au niveau de l'observation précoce des conduites, avec son concept d'assimilation reproductrice, soit encore de tendance active à la répétition, et qui se distingue fondamentalement des doctrines associationnistes de l'apprentissage par répétition, en raison d'un accent beaucoup plus dynamique que leur conception implicite de la *tabula rasa.*

Effectivement, Piaget nous parle à nouveau plus loin d'« un besoin de répétition », avec la circonstance que « dans un acte vrai d'intelligence, le besoin qui sert de moteur ne consiste pas seulement à répéter, mais à adapter ». À remarquer que c'est bien la signification de la double conduite de répétition active de l'émission sonore du *fort-da* conjointe au jeu de la bobine, sauf que l'ensemble en est « adapté », si l'on veut, mais à l'absence du partenaire humain privilégié, en l'occurrence le personnage maternel.

Plus loin, Piaget insiste encore sur la conduite de l'enfant consistant à reproduire les spectacles intéressants dont il a l'initiative par son activité corporelle (se cambrer, remuer les mains, secouer la tête, souffler de la bouche, gratter la couverture, etc.) : « L'enfant vient d'assister à un spectacle intéressant et aimerait avoir prise sur lui pour le faire durer ». On saisit bien une motivation affective, un intérêt d'ordre cognitif pour la nouveauté, pour une sorte de rencontre. Mais **où est donc l'autre** dans la description produite par Piaget de son bébé-machine, même si celle-ci n'est pas dépourvue d'une certaine dynamique inventive ?

Au niveau des réactions circulaires tertiaires (0,11 ou 1 - 1,6), l'enfant nous est décrit comme intéressé par « la combinaison expérimentale et la modulation de schèmes connus ». La recherche de l'objet sous la couverture se complique et l'enfant devient capable de résoudre les problèmes posés par Köhler aux chimpanzés (avec bâton, ficelles).

Piaget dont les observations sont variées et très ingénieuses nous parle en particulier des « actes relatifs aux **rapports de contenant à contenu** », et dont la dénomination même ne saurait manquer d'intéresser les psychanalystes depuis les considérations de Winnicott et de Bion sur les rapports de contenant à contenu. Piaget nous décrit des conduites consistant dans les jeux de cubes emboîtés (caractéristiques de cet âge), soit encore à faire passer une chaîne de montre dans un orifice étroit, à mettre une bague dans un étui à lunettes, en un mot toutes ces conduites passionnantes consistant à... mettre quelque chose dans le trou, entre bien d'autres.

12.7. La construction du réel chez l'enfant (1937)

Cet ouvrage a été conçu de manière jumelée avec le précédent, et suit donc la même nomenclature de stades, mais dans une perspective ordonnée à l'investigation de la genèse des catégories d'objet, d'espace, de temps, de causalité, et de temps[610].

Ce qui suit se trouve concerner tout d'abord la question de la construction de l'espace.

---

[610] Piaget Jean : 1937, *La construction du réel chez l'enfant*, Neuchâtel, Delachaux-Niestlé, 89, 129, 161-162, 168, 177, 207.

Dans ce champ particulier, le même problème que celui déjà soulevé dans le précédent ouvrage se retrouve dans celui-ci, touchant la tendance à la répétition au cours des deux premières années de la psychogenèse, et son rapport avec le même genre de registre comportemental qui se manifeste dans le *fort-da* freudien.

À propos de ce qu'il appelle les « groupes pratiques », Piaget nous dit que le groupe est « l'expression de **processus d'identification** (pa, idn) **et de réversibilité (annulation)** propres aux phénomènes fondamentaux de l'assimilation reproductrice dans la réaction circulaire ». On peut appeler groupe (pratique d'actions), par analogie avec le groupe mathématique (du nombre par exemple) « tout système d'opérations (et d'abord d'actions) susceptible de permettre un retour au point de départ... On peut parler du caractère *a priori* de cette notion : il atteste simplement ce fait que toute organisation de ce genre constitue un système fermé sur lui-même ».

À 8-9 mois (stade 3 des « premiers apprentissages »), lorsque l'enfant perçoit simultanément sa main et l'objet vers lequel elle s'avance, « l'enfant ne connaît encore de lui-même que cette main et il **s'ignore à titre de sujet** visuel » (ics).

Ce caractère encore fragmentaire de l'expérience du corps fait évidemment songer à ce que la psychanalyse décrit sous la locution de « **corps morcelé** ».

Vers 18 mois (stade 5 des « réactions circulaires et schèmes tertiaires », avec apparition des « groupes objectifs » : 0,11 ou 1 - 1,6), « le comportement si intéressant consistant à jeter un objet en dehors du champ visuel et à le retrouver par un chemin différent de celui qui a été suivi pour le cacher » évoque directement et de la façon la plus claire la conduite freudienne du jeu de la bobine, mais aussi celle qui a été décrite par **Winnicott** consistant pour l'enfant assis sur les genoux de sa mère en consultation à jeter de manière répétitive le même objet par terre.

Plus loin, toujours à ce stade, il est encore question de l'exploration de « la relation de contenu à contenant », illustrée par le fait d'« emboîter les objets pleins dans les objets creux et à vider ces derniers pour retrouver les premiers », dont il a déjà donc été traité dans l'ouvrage précédent, et on peut ajouter à ce qui été dit à ce propos que l'on est à la fois très près et très loin aussi de la perspective propre à la psychanalyse : tout ceci n'a que peu de rapport, peut-on soutenir, avec le stade sadique-anal ; de tels comportements ne satisfont qu'à l'élaboration progressive du rapport d'un **sujet transcendantal** (Kant, Husserl, Piaget) à l'objet physique inanimé, et l'ensemble dans le contexte d'une auto-équilibration progressive.

C'est très vrai, à condition de ne pas oublier qu'il s'agit d'un registre de faits vraisemblablement très proches des propres observations de Freud et de Winnicott, même s'il est observé **avec des lunettes différentes. Ce problème méthodologique est essentiel en psychologie**, en épistémologie et même en philosophie de la connaissance, et en partie insoluble : s'agit-il de la même chose ou d'autre chose, lorsqu'elle est perçue par des yeux différents ?

Plus tard, au stade 6 (« invention de moyens nouveaux par combinaisons mentales de schèmes », avec apparition des « groupes représentatifs » : 1,6 - 2 ans), Piaget nous dit que « l'enfant a alors besoin de se représenter lui-même et d'imaginer ses propres déplacements comme s'il les voyait de l'extérieur », description qui évoque de façon très singulière le registre des conduites pathologiques regroupées chez l'adulte sous le nom d' « **héautoscopie** », et où le sujet s'aperçoit lui-même comme vu du dehors par un autre.

On en vient au registre de la causalité.

Au stade 2 (« premières habitudes » : 0,1 - 0,4;15), Piaget nous dit de manière très ingénieuse que « la cause de l'action n'est toujours pas conçue comme émanant d'un moi », puisque, précisément parce qu'il se sent tout puissant, l'enfant ne saurait encore établir d'opposition entre son moi et le monde extérieur », propos qui nous met en présence de l'adualisme initial aussi bien que de la **toute-puissance de la pensée** (l'*Allgemacht der Gedanken* évoqué par le jeune Piaget en 1919), notions familières à la démarche freudienne.

12.8. La formation du symbole chez l'enfant (1945)

L'ouvrage nous annonce d'emblée que l'on s'y intéressera beaucoup à la question du jeu symbolique (1,6 - 11 ou 12 ans) et que l'on sera même obligé d'y « étendre la discussion jusqu'à la question du « symbolisme inconscient » et de la « pensée symbolique » en général, au sens des psychanalystes, de Freud à Silberer, à Adler et à Jung ». Propos qui, touchant la question de la « pensée symbolique », nous mettrait en présence d'autres sources (Silberer, Adler) que celles que nous supposions déjà (Jung, Jones)[611].

On y parle beaucoup de l'imitation et du jeu symbolique, conduites qui, sans se confondre, sont pourtant assez proches parentes chez l'enfant à partir de 2 ans. L'imitation comporte souvent un registre assez ludique, cependant que le jeu symbolique avoisine souvent de son côté le sérieux propre à l'imitation véritable.

On a déjà parlé plusieurs fois, au cours de ce double trajet consacré à Wallon et à Piaget juges de la psychanalyse (Jalley, 2006 b), du célèbre jeu de la bobine accompagné du non moins notoire commentaire verbal *fort-da* (en fait à peu près : oooooh... ah !), dont il y a lieu de dire, bien que tout le monde croit au vrai savoir ce dont il s'agit, que Freud en a tout de même donné une **interprétation très surdéterminée**, quand on prend encore la peine d'examiner le texte de près : gain de plaisir, lié à la répétition assurant l'emprise progressive sur une situation en soi décevante, maîtrise de celle-ci par la fonction symbolique, liée à un dédommagement touchant le renoncement pulsionnel subi, en même temps qu'à la satisfaction d'une pulsion de rétorsion hostile à l'égard de la mère trop souvent absente, en somme bonne à jeter, liée aussi à l'imitation de soi. Or, on sera amené à évoquer plusieurs fois encore ce prototype célèbre dans le rapport que nous allons faire des propos de Piaget sur l'imitation, puis le jeu symbolique. On le verra assez souvent reprendre sinon toujours l'ensemble de cet éventail de qualifications, au moins certains aspects variables, selon les cas, de celui-ci.

---

[611] Piaget Jean : 1945, *La formation du symbole chez l'enfant. Imitation, jeu et rêve, image et représentation*, Neuchâtel, Delachaux-Niestlé, 7, 27, 54, 65-67, 86, 101, 119, 121, 124, 127, 129, 133, 137, 139-140, 142, 156, 176, 179, 225.

On parle d'abord de l'imitation, et à propos du troisième stade de celle-ci (« imitation systématique des sons appartenant déjà à la phonation de l'enfant et des mouvements exécutés antérieurement par le sujet de manière visible pour lui » : 0,4;15 - 0,8 ou 0,9), Piaget observe l'enfant qui émet des sons, puis à nouveau les mêmes ou déjà d'autres plus ou moins voisins, lorsqu'il est relancé en ce sens par l'adulte, et il note que « l'intérêt pour la répétition est évident, et pour la **répétition de phonèmes qui n'ont rien de significatifs** comme tels », ce qui nous place à nouveau, dans l'espace de la pensée freudienne, en face de la compulsion de répétition, de la conduite du *fort-da* justement où se produit de façon évidente une sorte d'imitation de soi[612], et aussi en face de certaines remarques moins souvent citées mais tout aussi intéressantes de Freud concernant les jeux sur le matériau du langage et hors de tout traitement signifiant chez les petits enfants : « Nous nous rappellerons le plaisir avec lequel les enfants jouent au renversement du son des mots, la fréquence avec laquelle l'élaboration du rêve se sert du renversement du matériel représentatif à diverses fins. Ce ne sont plus, dans ce cas, des lettres mais des images dont l'ordre se trouve interverti. Nous serions donc plutôt disposés à rapporter le renversement des sons à une profondeur plus grande » (*Des sens opposés dans les mots primitifs*, 1910)[613].

Plus tard dans le développement, aux stades 4 et 5 (« imitation des mouvements non visibles sur le corps propre et des modèles nouveaux » : 0,8 ou 0,9 - 1,6), il est question de l'imitation de gestes, mais la référence à la conduite du *fort-da* s'impose toujours du fait de la remarque de Piaget à ce propos : l'enfant s'intéresse à la reproduction par imitation d'une similitude-différence, à savoir de ce qui est identique à ce qu'il sait déjà faire tout en en différant dans certaines limites : « Tout se passe donc comme si l'intérêt, aspect affectif de l'assimilation, résultait alors d'une sorte de malaise ou de conflit entre la ressemblance partielle, qui pousse le sujet à l'assimilation, et la différence partielle, qui attire autant l'attention qu'elle fait obstacle à la reproduction immédiate ». Or Freud note très bien que, dans l'émission répétée des deux sons « o-a », l'enfant s'imite en quelque manière lui-même, mais en produisant des variations autour de son prototype de base.

Le stade 6 marque l'apparition de « l'imitation différée » (1,6 - 2 ans), ceci donc dans la même tranche d'âge notée par Freud pour le jeu de la bobine : l'une des filles de Piaget, Jacqueline reproduit « divers mouvements compliqués des bras et des mains... Tout se passe comme si, pour comprendre les images qu'elle voit sur un livre, elle avait besoin de les mimer plastiquement... elle cherche à se construire une sorte de représentation active de l'événement qui vient de se produire et qu'elle comprend mal... Précédemment, Lucienne a essayé de se représenter la solution en imitant avec la bouche l'ouverture d'une boîte d'allumettes... l'essen-

[612] Freud note que les vocalises en question servent aussi à symboliser un jeu alternatif par lequel l'enfant lui-même se fait apparaître puis disparaître devant un miroir posé par terre, et qu'elles subissent à cette occasion, ainsi qu'à d'autres circonstances dans le temps, certaines variations. Cela n'apparaît qu'à lire avec soin ce texte assez court mais complexe.
[613] Freud Sigmund : 1910 b, 66-67.

tiel pour elle est de penser la situation, et, pour ce faire, de se la représenter activement... Laurent, à 1, 4, réagit comme Lucienne, c'est-à-dire qu'il ouvre et ferme la bouche ».

Freud a bien noté que l'une des motivations essentielles de la conduite complexe du « *fort-da*-jeu de la bobine » - imitation aussi de la conduite de l'autre avec le va-et-vient de la bobine -, était la **maîtrise par l'imitation, par la mise en jeu d'une représentation** plastique, d'une situation que le sujet ne domine pas encore par la figuration. Or, c'est bien en présence d'un tel registre de conduites, orientées par une finalité tout à fait comparable, que nous mettent les observations ci-dessus de Piaget. Dans les deux cas, le sujet reproduit en acte la situation afin de la comprendre et de la maîtriser par un cadre représentatif. L'imitation porte sur un scénario, une image d'abord subie, et même passivement fantasmée, avant de former l'objet d'une représentation active.

On notera aussi que le cadre de l'observation piagétienne est bien celui d'une observation clinique de l'enfant, mis en présence de situations naïves et simples, et offrant parfois des **objets-à-réagir un peu déjà à la manière de Winnicott**, même si ce cadre expérimental, de facture naturaliste aussi, donne aujourd'hui à sourire aux expérimentateurs beaucoup plus sophistiqués dans le style de l'*american way*.

Il est tout aussi clair aussi qu'en dehors de cette fonction de maîtrise propre à la répétition dans l'imitation, il existe pour Piaget un intérêt lié à la répétition en tant que telle, **un plaisir issu de la** tendance à répéter - disons, sans hésiter, de la compulsion de **répétition** : « C'est la possibilité de reproduction qui intéresse le sujet, c'est-à-dire que l'intérêt n'est pas extérieur, mais immanent au fonctionnement ».

Après l'imitation, venons-en à présent au jeu symbolique, à propos duquel on retrouvera la même proximité que précédemment à l'égard de l'entité fonctionnelle « *fort-da*-jeu de bobine », et même d'un espace thématique plus vaste dans la pensée freudienne. Cela va de soi lorsque Piaget indique les différentes fonctions du jeu symbolique : « **la compensation, la réalisation des désirs, la liquidation des conflits**, etc., s'ajoutent sans cesse au simple plaisir de soumettre la réalité, lequel seul prolonge **le plaisir d'être cause**... ou sentiment de puissance ».

Il est assez clair, sans parler des autres thèmes - ainsi la réalisation de désir comme fonction principale du rêve selon Freud -, que ces notions de plaisir de soumettre la réalité, d'être cause, lié à un sentiment de puissance connotent la fonction de maîtrise reconnue de manière classique au jeu de la bobine.

On est toujours dans le même climat, un peu plus loin dans l'ouvrage, lorsqu'il nous est dit que les premiers jeu « permettent au sujet de consolider ses pouvoirs sensori-moteurs (utilisation des choses) ou intellectuels (questions, imagination, etc.), lui fournissent les moyens d'assimiler le réel à ses désirs ou à ses intérêts », avant de lui donner libre champ encore par la suite, « d'utiliser librement ses pouvoirs individuels, de reproduire ses actions pour le **plaisir de se les donner en spectacle**, à lui-même et aux autres, bref de déployer son moi sans limitation ». D'ailleurs, le jeu initialement « effectué pour le plaisir » peut aussi à l'occasion « tourner en destruction », **ce qu'a bien vu également par la suite Winnicott**, à côté d'autres « paradoxes » de la pensée du très jeune enfant, qui offrent les assises de la pensée paradoxale, à titre de fonds de la dimension du comportement pervers aussi bien d'ailleurs que de la pensée dialectique.

Un aspect intéressant des jeux symboliques est « ce que l'on appelle ordinairement, dit Piaget, le « jeu d'imitation » », fréquent entre 2 et 4 ans, « qui consiste en une assimilation du corps propre à autrui ou à des objets quelconques », processus qui est bien ce que la psychanalyse appelle une **identification**. Ainsi, Jacqueline « fait semblant de repasser comme la blanchisseuse, mais après un moment, elle est elle-même cette blanchisseuse ».

Une autre variété, nous dit-on encore, est « le jeu d'imagination, qui reproduit tout le vécu, mais par représentations symboliques, reproduction qui est avant tout une **affirmation du moi** par plaisir d'exercer ses pouvoirs (*pulsion d'emprise*) et de revivre l'expérience fugitive ».

Donc là encore plaisir de maîtrise, de même que dans « les combinaisons compensatrices, partout où le réel est à corriger plutôt qu'à reproduire pour le plaisir », nuance qui les fait participer plutôt de la réalisation de désir, dont on sait bien que l'éprouvé de plaisir n'y est pas toujours au premier plan.

Par ailleurs, dans certains des cas rapportés par Piaget, certaines expériences, même peu agréables à évoquer, n'ont jamais été vécues et sont purement fictives (« son papa est mort »), ce qui les apparente à la limite à la nature et au statut des fantasmes, telle que les envisage la psychanalyse.

D'autres formes du jeu symbolique relèvent plutôt de la catégorie des « combinaisons liquidatrices. En présence de situations pénibles ou désagréables, l'enfant peut donc ou bien les compenser, comme il vient d'être dit, ou bien les accepter, mais en ce dernier cas, il cherche à les revivre en les transposant symboliquement ». On accordera facilement que cette dernière description surtout nous met quasiment en présence de la situation relatée par le récit même du jeu de la bobine.

Après la classification, Piaget en vient à l'explication des jeux symboliques de la petite enfance. Il insiste encore sur le fait déjà évoqué que **le plaisir n'y est pas toujours** au rendez-vous, et que le jeu peut consister à « reproduire symboliquement des événements manifestement pénibles ».

Il promet alors de mieux montrer plus loin dans son propos la parenté de ces jeux symboliques avec « la pensée symbolique non dirigée, au sens du **symbolisme inconscient freudien** », s'agissant d'« un vaste réseau de dispositifs permettant au moi d'assimiler la réalité tout entière, c'est-à-dire de se l'incorporer (*incorporation*, *introjection*, *identification*) pour la revivre, la dominer ou la compenser », ce dont les propos antérieurs nous ont déjà du reste bien convaincus.

On nous dit aussi que le jeu enfantin « tend à la **satisfaction du moi** plus qu'à la soumission au réel », ce qui s'entend évidemment au sens où il se conforme davantage au principe de plaisir qu'au principe de réalité.

Plus loin et pour finir on aborde la question du rêve enfantin et du « symbolisme inconscient » qui s'y manifeste.

Le symbole relève du « langage affectif », touchant « les sentiments et les expériences vécues et concrètes ». La pensée symbolique désigne, selon « Freud, Jung, et bien d'autres, ... une forme de pensée indépendante des signes verbaux... de nature individuelle et même intime ».

Ceci dit, « pourquoi l'enfant qui ne tète plus depuis longtemps prend-il plaisir à imiter la tétée et à redevenir bébé ? Les freudiens qui prêtent souvent une mémoire d'adulte au nourrisson (quand ce n'est pas au fœtus) répondent que **l'enfant reste fixé au souvenir du sein maternel**, surtout s'il en a été séparé brutalement par un sevrage maladroit. Mémoire à part, il y a quelque chose de juste dans cette idée étant donnée l'importance longtemps centrale du schème de la succion ».

Piaget, qui est un excellent observateur, rapporte à plusieurs endroits des rêves de très jeunes enfants (3 ans, 6 ans) relatant de manière fictive, comme ci-dessus, la mort du père.

Piaget montre enfin les procédés de syntaxe utilisés par le symbolisme inconscient, dans la langue particulière mise en œuvre par la pensée symbolique, et témoignant d'une activité prélogique : projections, identifications - deux formes de participations -, images figurant la partie pour le tout ou le contraire par son contraire, doublets, indifférence à la contradiction logique et aux « lacunes ». Tout cela nous était déjà décrit par Freud dans sa *Traumdeutung*, et on voit que Piaget, qui revient aussi sur des considérations antérieures pour les enrichir (1919, 1923 b, 1924), **accepte de le prendre entièrement à son compte**, mais en en produisant de nombreux exemples dans le cadre de l'observation longitudinale de ses trois propres enfants, ce qui représente une contribution nouvelle et particulièrement originale autant à la psychologie de l'enfant qu'à la psychanalyse en général.

12.9. Le Cours sur les relations entre l'affectivité et l'intelligence (1954)

On a déjà parlé ailleurs (Jalley, 2006 b) du Cours de l'année 1954 à la Sorbonne sur *Les relations entre l'affectivité et l'intelligence dans le développement mental de l'enfant*, dont on a dit qu'il marquait un retour, sinon un retournement, des préoccupations de Piaget touchant le thème de l'affectivité[614].

La première mention de la psychanalyse tout au début du Cours donne lieu à un résumé tout à fait surprenant où l'on peine à découvrir le modèle bien connu des trois stades freudiens successifs : oral, sadique-anal, phallique, et qui contraste de façon singulière avec l'assez bonne connaissance de la doctrine freudienne dont les tout premiers textes de Piaget donnent l'impression incontestable :

« Première phase : la libido ne porte que sur le corps propre : stade digestif ; puis apparaissent assez tôt des différenciations périphériques : stade oral - stade anal. Deuxième phase : elle se porte sur l'activité du corps propre en général : narcissisme primaire. Troisième phase : transfert de l'affectivité sur des objectifs extérieurs (personnes et notamment la mère, conflits divers) : sentiments interindi-

---

614 Piaget Jean : 1954, *Les relations entre l'affectivité et l'intelligence dans le développement mental de l'enfant*, Paris, Centre de documentation universitaire, 34, 40-41, 55-61, 65-66, 84, 93, 98, 165, 193.

viduels, complexes, etc. ». On se frotte les yeux, en se demandant si les notes du professeur Piaget ou celles de l'étudiant qui a pris le cours sont bien fidèles à l'intention normale de l'orateur.

Un peu plus loin, à l'occasion d'un résumé de Janet, lui est prêtée la doctrine, que semble approuver Piaget, selon laquelle « l'enfant est intéressé par un problème difficile, il veut vaincre une difficulté... Il existe une valorisation sous la forme d'un **besoin de vaincre** », ce qui fait songer aussi bien à Claparède (la conscience naît de l'obstacle) qu'à Freud lui-même et, redisons-le, à sa pulsion d'emprise, très tôt mentionnée sous sa plume et qui apparaît encore, dans *Au-delà du principe de plaisir*, dans le passage bien connu sur le jeu de la bobine - encore lui (*Bemächtigungstrieb*). C'est le genre de situations où semble apparaître un jeu d'influences inconscientes-conscientes en écheveau entre auteurs, qu'il est souvent à peu près impossible de démêler, et dont j'ai traité dans un assez long propos sur « Le problème de l'influence dans l'histoire des idées »[615], avant d'en reparler à plusieurs reprises au cours des chapitres précédents sur Wallon.

Encore un peu plus loin, l'auteur réitère son exposé quelque peu surprenant du modèle freudien des stades de la psychogenèse : « Au cours de ces stades... l'instinct se déplace d'un objet à un autre. Son premier objectif est le corps propre, l'activité propre sous ses formes les plus périphériques (le stade oral, le stade anal, etc.). En une phase ultérieure, l'objet de l'affectivité est l'activité propre en général, c'est ce que l'on souvent appelé la phase du narcissisme du bébé... Nous pouvons parler ici d'un narcissisme primaire par opposition à ces phases narcissiques qu'on a décrites d'autre part vers 2 ou 3 ans ».

Compte tenu de la remarquable qualité de l'information dans l'exposé de 1919, la seule hypothèse plausible est celle d'une coquille résultant de notes d'étudiants, et/ou d'un passage non relu par Piaget avant l'impression du Cours par le service de polycopie du Centre de Documentation Universitaire. Que vient donc faire cette phase de narcissisme postérieure au stade sadique-anal ? Cela ne peut venir de Piaget. Pourtant Wallon, de son côté, parle d'une phase de narcissisme très tardive, de 4 à 5 ans, mais dans un tout autre contexte.

Envisageons une autre hypothèse. Piaget s'est beaucoup éloigné depuis les années 1935 de ses intérêts initiaux plutôt très marqués pour Freud, et il semble manifestement avoir beaucoup de mal à en retrouver la trace. Plus tard, par exemple dans le *Que sais-je ?* sur *La psychologie de l'enfant* (1966), on retrouve des exposés très corrects et très bien informés et maîtrisés, même si parfois critiques, sur la pensée freudienne, ce qui est assez curieux, comme si Piaget s'était à nouveau convenablement **recyclé en freudisme**, après un longue période d'oubli de caractère exclusivement logiciste.

Ceci dit, le propos qui suit cet exposé décevant est tout de même d'un grand intérêt pour son appréciation certes critique, mais néanmoins assez positive de la psychanalyse, ce qui nous intéresse beaucoup de la part d'un auteur aussi important, par rapport au style sommaire et pour ne pas dire grotesque des cri-

---

[615] Jalley Émile : 1998, *Freud, Wallon, Lacan. L'enfant au miroir*, Paris, EPEL, chapitre 25, 353-378.

tiques de la psychanalyse qui peuvent se lire aujourd'hui dans ce que l'on ose encore appeler la littérature. C'est même un éloge très positif de Freud qu'entreprend ici le Cours de 1954, à l'occasion des retrouvailles du Professeur Piaget avec ce grand homme.

« Dans les notions introduites par Freud, il y en a qui ont d'emblée conquis **l'unanimité des psychologues** (! ?) parce que ces notions correspondaient à des faits qu'on n'avait pas suffisamment observés et dont Freud a donné une description simple et claire qui l'a emporté d'emblée. Telle est la notion de refoulement. Cette notion est aujourd'hui admise par tout le monde, qu'on soit freudien ou non, et les psychologues les plus anti-freudiens reconnaissent la vérité de ce processus que l'on retrouve à tous les niveaux ». Étant à noter tout de même que la notion de refoulement est moins observée directement qu'induite à partir de certains observables.

Dans les années 1919 à 1923, on a vu que Piaget approuvait moins chaudement la notion de refoulement, et que s'il acceptait la notion d'un inconscient latent de fait, en fait le préconscient de Freud, le concept d'un inconscient dynamique refoulé lui faisait davantage difficulté.

Mais suit une anecdote assez amusante empruntée à la psychologie animale :

« Le psychanalyste Pfister a comparé le refoulement à la réaction du brochet de Moebius ; il y a là plus qu'une image mais une comparaison profonde. Moebius avait élevé dans un aquarium un brochet en compagnie de carpes mais en introduisant entre elles et le brochet une lame de verre ; et chaque fois que le brochet sautait sur les carpes, il s'y cognait jusqu'au moment où il renonça à poursuivre les poissons qui l'entouraient. Puis, Moebius enleva la lame de verre et pendant un temps appréciable, le brochet vécut au milieu des carpes sans plus y toucher ».

Le psychanalyste Pfister a été l'un des très rares disciples de Freud, avec sa fille Anna, à avoir tenté l'application des thèses cardinales de la psychanalyse à l'éducation, ce qui fait fort défaut dans le contexte français actuel, au moins public. En tout cas :

« Pfister dit que le brochet a refoulé ses tendances ; ayant été bloquées par des obstacles extérieurs, elles sont momentanément inhibées. Et effectivement, on peut faire remonter **le refoulement jusqu'à l'inhibition réflexe** ».

C'est ce qu'a d'ailleurs suggéré explicitement Freud dans certains textes, ainsi dans un passage du *Mot d'esprit*, mais déjà dans l'*Esquisse pour une psychologie scientifique.*

« Il y a dans Freud une série d'autres découvertes précieuses et, au niveau que nous considérons maintenant, je pense même que **l'essentiel des découvertes freudiennes est à retenir**. Mais tout en reconnaissant le bien-fondé des données nouvelles que Freud a mises en évidence, on peut admettre que les **interprétations freudiennes ne sont pas à la hauteur des observations**. La théorie, autrement dit, n'est pas suffisamment poussée par rapport au caractère fondamental des faits. En particulier, dans le problème qui va nous occuper du narcissisme et du choix de l'objet, je ne pense pas que la théorie ait atteint le niveau des observations mêmes ».

Cette distinction épistémologique très subtile échappe aujourd'hui où le moindre fait récolté sur quelques sujets peut suffire à faire théorie diffusée aussitôt dans tous les médias, ce dont les exemples sont légion en psychologie de l'enfant.

Mais on se souvient que c'est **ce que disait plus haut Wallon** de la psychanalyse, qu'il en admettait les observations, mais pas les interprétations. Le problème est tout de même de savoir, au moins en bien des cas, **ce que sont les observations en dehors des interprétations**.

« On peut penser, contrairement à l'avis de la plupart des freudiens (*allusion possible à Lacan dont l'enseignement vient de commencer en 1953*), que **Freud est resté trop peu génétique** ; il a été un des premiers à avoir introduit la notion des stades de l'affectivité, et la notion que l'affectivité de l'adulte dépend ainsi des niveaux antérieurs. Cela certes est profondément génétique. Mais il n'est pas allé jusqu'au bout et dans sa conception de l'enfant, et en particulier des niveaux antérieurs au langage, Freud est resté un peu dominé par les illusions courantes et a un peu trop attribué au bébé des aptitudes, des fonctions mentales qui ne se développent que dans la suite ».

Ainsi Freud **prête trop à la mémoire** précoce de l'enfant, critique déjà très ancienne de la part de Piaget, qui se défie par ailleurs des doctrines associationnistes et empiristes qui fondent pratiquement tout sur la seule fonction de la mémoire, de même d'ailleurs que leur adversaire Bergson, que Piaget a beaucoup lu.

« Pour donner un seul exemple, il y a le fameux problème de la mémoire : Freud attribue généralement une mémoire de fixation et d'évocation à tous les niveaux du développement, mémoire qui est nécessaire pour l'enregistrement dans l'inconscient de l'ensemble des complexes et des traumatismes, dès la naissance et parfois dès en deçà. Il se demande ensuite comment il se fait que les expériences affectives de la première année, qui sont fondamentales et restent intéressantes pour notre vie entière, soient complètement sorties de notre mémoire ».

Notez aussi que Piaget vient d'admettre plus haut le **bien-fondé de la notion de refoulement, qu'il va pourtant mettre en cause** dans ce qui suit :

« Freud invoque alors des phénomènes de répression et de refoulement. Mais il y a une explication plus simple : si nous n'avons aucun souvenir de notre première année, c'est probablement qu'il n'y avait pas de mémoire d'évocation, ni aucun instrument d'enregistrement des souvenirs-images. Il faut distinguer dans la mémoire la fonction de recognition qui est primitive, et la fonction d'évocation qui, elle, suppose une certaine représentation, une fonction symbolique, la construction d'un souvenir en tant que souvenir-image ou en tant que symbole verbal ».

Il s'agit donc ici de la distinction classique en psychologie générale traditionnelle entre reconnaissance (recognition) et rappel (évocation).

« Or, cette mémoire d'évocation ne peut apparaître avant la fonction symbolique, qui débute approximativement au moment de l'acquisition du langage. Faute de mémoire d'évocation, nous n'avons évidemment aucun moyen de reconstituer ce qui n'a pas pu être fixé pendant les premiers mois.

« Ce n'est qu'un exemple des conflits qui peuvent se produire entre la psychologie générale ou génétique, d'un côté, et certaines thèses freudiennes de l'autre ».

Or, la question est de savoir si la préservation de l'image suppose le langage, auquel Piaget, **contrairement à son habitude**, accorde ici un rôle important, en conformité, semble-t-il avec la doctrine janétienne de la conduite du récit comme support de la mémoire.

« J'en reviens à notre problème, celui du narcissisme. Je suis convaincu que les écrits de Freud correspondent ici à quelque chose d'essentiel ; il est effectif que l'affectivité relative à la mère, aux personnes, évolue grandement au cours de la première année et qu'elle n'est pas du tout la même à la fin de la première année et pendant toutes ces phases antérieures où il y a indissociation entre l'activité propre et les réactions aux objets et à autrui. On peut donc appeler narcissisme (*primaire*) cette phase d'indissociation, au cours de laquelle l'affectivité reste attachée à l'activité propre[616] ».

L'absence de limite entre extérieur et intérieur exclut alors toute forme de conscience de soi :

« Ce narcissisme consiste en une indifférenciation entre l'activité propre et le milieu, personnes et objets, qui va jusqu'à l'absence totale de conscience de soi... C'est l'état adualistique de Baldwin, c'est la symbiose affective dont parle Wallon et ainsi de suite... On peut parler de narcissisme si l'on veut, pour exprimer le fait que l'enfant ne peut s'intéresser à rien d'autre sinon à travers son activité propre, même en ce qui concerne la personne des autres, mais c'est un **narcissisme sans Narcisse** ».

Formule frappante que Piaget reprendra encore par la suite, par exemple dans le *Que sais-je ?* sur *La psychologie de l'enfant.*

« Ce narcissisme, nous dit Freud, produit toutes sortes d'effets, et il lui a rattaché avec ingéniosité ces manifestations de « toute-puissance de la pensée » (thème déjà mentionné en 1919) qu'il a d'abord décrites dans des cas pathologiques d'adultes caractérisés par un narcissisme secondaire et régressif et qu'il a ensuite retrouvées dans des stades infantiles.

« Il y a aussi quelque chose de vrai au niveau de cette **indifférenciation** du nourrisson. On peut observer à cet âge une causalité particulière, sans contact spatial, ni contact physique : l'enfant croit souvent pouvoir agir à distance par des gestes sur des objets qu'il ne peut pas toucher. Rappelez-vous l'histoire du cordon pendant du toit du berceau... le fait de se cambrer sur les épaules et les talons, puis de se laisser retomber... pour faire durer des spectacles intéressants à distance... Un de mes amis a observé un bébé qui, en face d'un cordon permettant d'allumer ou d'éteindre l'électricité, la nuit, se mettait à ouvrir ou à fermer les yeux, comme si ce geste allait agir sur l'allumage de la lampe, etc. ».

Ces faits se produisent à partir du stade 5, entre 1 an et 18 mois environ.

---

[616] Piaget a l'air de coller ici assez correctement le narcissisme sur le stade oral primitif, alors que plus haut il le positionne après le stade anal, on ne comprend plus très bien.

« Or plusieurs freudiens ont rapproché de tels faits de la « toute-puissance de la pensée ». Et effectivement, ils proviennent de la même cause que le narcissisme... Il y a indifférenciation entre l'activité propre et les liaisons objectives... La seule causalité connue est alors celle des gestes du corps propre... Cette causalité ni spatialisée ni objectivée va de pair avec l'indifférenciation... La toute-puissance de la pensée se manifeste également avant l'apparition de la pensée ».

Piaget ne situe pas encore très tôt à cette époque la nette différenciation des personnes, avant de la concéder plus précoce par la suite :

« Le nourrisson va alors passer de ce narcissisme primaire au **choix de l'objet** vers la fin de la première année vis-à-vis des personnes qu'il aime, de sa mère, en premier lieu avec des réactions de sourires, d'échanges de mimiques de toutes sortes, dans l'imitation en particulier, échanges dans le jeu, dans toutes les occupations quotidiennes ».

Le sourire plus précoce ne peut pas encore correspondre à une vraie reconnaissance des personnes, il y aurait sourire et sourire, ce qui devient tout de même un peu acrobatique :

« Le sourire qui commence dès 5 ou 6 semaines vis-à-vis de la mère permet la recognition qui est très primitive... Qu'il n'y ait pas de mémoire d'évocation n'exclut pas la mémoire de recognition. Par exemple, l'enfant reconnaît le sein... La recognition n'implique donc pas l'évocation tandis que bien des psychologues pensaient jadis - et j'ai un peu peur que ce soit le cas de Freud - qu'une **mémoire de recognition** entraîne la mémoire d'évocation ».

Un peu plus loin, Piaget se refuse encore à faire de l'objet humain quelque chose de réellement différent de l'objet physique inanimé - l'objet est l'objet - bien que sa position ait bougé par la suite sur cette question :

« S'il y a construction de l'objet... le choix de l'objet affectif est contemporain de la construction de l'objet cognitif... Le choix de l'objet n'est qu'un aspect de l'élaboration de l'univers pratique dans son ensemble... Les personnes deviennent des objets au sens de l'objet permanent... des sources autonomes de causalité ».

Cependant, on ne lit déjà plus tout à fait la même chose 2 pages plus loin :

« Le déplacement de l'affectivité de l'activité propre sur autrui, dont nous parle Freud, et qui va libérer l'enfant de son narcissisme pour reporter l'affectivité sur la personne d'autrui est en réalité beaucoup plus qu'un déplacement... parce qu'il s'accompagne d'une restructuration de tout l'univers proche... Tant que les personnes ne sont pas des objets... des sources autonomes de causalité... elles ne sont pas des *alter ego*... elles sont simplement des sources de plaisir momentané... Les freudiens sont portés à penser que **l'objet affectif précède** et détermine l'objet cognitif... ainsi, dans ses ouvrages récents, d'un grand intérêt, le Dr Odier ».

Plus loin, Piaget s'ingénie à suggérer que l'affectivité n'épuise pas tout ce que la psychanalyse envisage sous forme de lien libidinal au sens strict de l'investissement érotique des personnes :

« À côté de l'affection ou de l'amour dont un enfant ou un adulte peut être l'objet, il y a les succès ou les échecs sociaux dans l'action poursuivie en tous les domaines... **L'amour n'explique pas tout ; les échecs et les réussites** professionnels, en ce qui concerne l'adulte, ou bien l'échec et la réussite dans tous les domaines de l'activité en ce qui concerne l'enfant, peuvent être des raisons des sentiments d'infériorité ou de supériorité, autant que l'amour lui-même ».

Plus loin, Piaget fait dire au sociologue Pareto que « le besoin d'approbation est probablement un des besoins les plus profonds de l'homme », puis souligne que « chez le bébé les succès et les échecs dans l'action par exemple dans l'apprentissage de la marche ou autre... font intervenir déjà à ce niveau une sorte d'auto-évaluation ».

Disons que certains psychanalystes français, comme Francis Pasche, ont beaucoup insisté sur ce besoin de valorisation tirant sa source de la relation de la personne avec son **idéal du moi** (Jalley, Vuibert 2006 a). Des perspectives de ce genre représentent ce qui assure la profondeur de la psychanalyse française, et son ancrage dans la riche tradition des moralistes de notre culture nationale.

Piaget vient à parler alors des mécanismes psychanalytiques de l'identification et de la projection, en concédant, comme précédemment, que « les **faits freudiens existent** », même si se pose, comme en d'autres cas, « le problème de leur interprétation ».

Plus loin, il parle encore du surmoi, dont il reconnaît aussi l'existence, mais en le réduisant à l'un des « schèmes de réaction » de son propre système, « l'une des sources de cette morale de l'obéissance qui est sans doute la première morale de l'enfant », et qui se relie au « moi idéal » de Baldwin, « un modèle qui s'impose comme devant être imité ».

À propos des jeux, par exemple « le jeu de la poupée », on nous dit qu'il intervient souvent « lorsque l'enfant a eu des difficultés avec ses parents », ce qui nous rapproche encore beaucoup de la perspective freudienne du jeu de la bobine comme mécanisme de « dédommagement » (*Entschädigung*).

À propos du symbolisme du rêve en général, Piaget nous dit, encore beaucoup plus loin, d'une manière un peu bizarre que, dans une première étape, apparemment dans la *Traumdeutung* (1900), Freud l'expliquait surtout par un « déguisement », à l'évidence comme une tentative de *déformation* (*Entstellung*) - pour user du mot de la traduction française de Jankélévitch -, usant de la condensation et du déplacement, alors qu'il admettrait plus récemment que la condensation symbolique serait « le produit des lois d'économie de la pensée », ce qui est effectivement la thèse soutenue par Freud un peu plus tard dans *Le mot d'esprit* (1905), et à propos de quoi on ne voit pas bien pourquoi l'usage de « raccourcis » dans le processus de pensée propre au mot d'esprit pourrait être incompatible avec la finalité de « déformation », bien au contraire. À moins que la loi d'économie visée ici par Piaget concerne encore tout autre chose, soit le principe de constance par maintien du plus bas degré de tension possible, mis en valeur dans *Au-delà du principe de plaisir* en 1920, mais dont on ne voit pas non plus encore très bien en quoi il vient contrarier le modèle antérieur de la formation du rêve. *Non liquet.*

Un autre reproche formulé par Piaget à l'égard de Freud est de construire le cadre des phénomènes sociaux, la sociologie, à partir de la psychobiologie, de bâtir la société à partir de l'individu - même saisi en famille, **comme si ce travers de rattraper le social à partir du pur psychologique ne le concernait pas lui-même** (!) : « Freud et ses disciples ont fourni un tableau, d'ailleurs plein d'intérêt, de l'évolution des sentiments familiaux, à partir des réactions orales puis du « narcissisme » primitif, jusqu'à la constitution du « surmoi » en passant par les phases œdipiennes, comme s'il s'agissait là d'une série de métamorphoses internes de l'instinct et par conséquent de mécanismes psychobiologiques universels destinés à influencer les phénomènes sociaux (cf. *Totem et tabou* de Freud), mais ne dépendant pas d'eux »[617].

Il existe, parus entre 1954 et 1972, plusieurs titres de Piaget où il est question de la psychanalyse de façon ouverte ou plus latente : le chapitre de livre *Problèmes de psychosociologie de l'enfance* (1960), l'article *Éducation et instruction depuis 1935* (1965), et surtout le *Que-sais-je ?* rédigé en collaboration avec Bärbel Inhelder et intitulé *La psychologie de l'enfant*, supprimé pour être remplacé par un autre portant le même titre d'Olivier Houdé (2000), ce qui représente un symbole exact de ce que sont le niveau de la culture sociale, la qualité du jugement historique et l'état des mœurs intellectuelles dans la France contemporaine, à figure de plus en plus illettrée autant qu'autoritaire. C'est comme si on avait remplacé la statue de Victor Hugo par celle de Jean Nohain, au lieu de les placer l'une auprès de l'autre, et pourquoi pas ? De même, l'éditeur aurait pu très bien juxtaposer les deux ouvrages, dont le second, pour donner matière à discussion en confrontation avec le premier, n'est pas inintéressant. Mais surtout pas ! Il faut chasser un clou pour mieux vendre l'autre, ce qui n'est pas forcément en l'occurrence une stratégie commerciale très adroite.

Après 1972, il s'agira de l'important ouvrage de Jean-Claude Bringuier intitulé *Conversations libres avec Jean-Piaget* (1977).

Comme nous avons présenté et discuté tous ces titres dans notre ouvrage sur *Wallon et Piaget. Pour une critique de la psychologie contemporaine* (2006 b), et que nous avons pour principe de ne pas nous répéter dans nos écrits, même si on peut les trouver longs, nous n'avons pas repris la question ici et nous renvoyons le lecteur intéressé par le problème à notre ouvrage cité.

12.10. Inconscient cognitif et inconscient affectif (1972)

Il s'agit d'une conférence donnée en séance plénière de la Société américaine de psychanalyse, dans la dernière décennie de la vie de Piaget[618].

La thèse selon laquelle les mécanismes cognitifs sont inconscients est en fait extrêmement ancienne dans l'œuvre de Piaget, puisqu'on la voit clairement exprimée déjà dans le texte de 1919. C'est surtout à partir du tournant de 1950, date qui marque l'orientation plus résolue encore de la démarche de Piaget vers le

---

[617] Piaget Jean : 1951, « Pensée égocentrique et pensée sociocentrique », *Cahiers Vilfredo Pareto, Revue européenne des sciences sociales*, 14, 1976, n° 38-39, 173.

[618] Id. : 1971, « Inconscient affectif et inconscient cognitif », Raison présente, n° 19, Paris, Éditions rationalistes, *Problèmes de psychologie génétique*, Paris, Denoël, 1972, 36-53, 36-48, 50-52.

grand chantier de l'épistémologie génétique que cette doctrine prend davantage encore consistance. En même temps d'ailleurs que se développe un intérêt accru pour le thème épistémologique explicite de la dialectique.

Ainsi, lit-on par exemple en 1967 : « malgré tout ce qu'a découvert Freud de l'inconscient affectif, le **passé intellectuel d'un individu lui est encore bien plus inconnu** que son passé sentimental, car les sources du premier sont à chercher dans une coordination des actions qui échappent en son principe à toute vision directe. C'est pourquoi les seuls services que la psychologie peut rendre à l'épistémologie sont fondés sur la psychogenèse »[619].

Cette thèse est à l'origine certainement due à **Kant** - lu jadis par Piaget - qui parle, à propos de l'imagination transcendantale, laquelle relie l'intellect à la sensibilité, d' « un art caché dans les profondeurs de l'âme humaine », et qui formule la nécessité d'une méthode régressive (« apagogique », soit remontante à la manière de la dialectique platonicienne ascendante) à partir des résultats de la connaissance scientifique vers l'ensemble de ses conditions de possibilité dans l'appareil *a priori* des facultés cognitives. C'est probablement à partir de cette source initiale que **Claparède** a d'abord reformulé sa fameuse loi de prise de conscience : « la conscience procède de la périphérie dans la direction du centre ».

Piaget commence son intervention de 1972 en déclarant « être persuadé qu'il viendra un jour où la psychologie des fonctions cognitives et la psychanalyse seront obligées de se fusionner en une théorie générale qui les améliorera toutes deux en les corrigeant l'une l'autre ». Or ce jour n'est pas venu depuis et **ce n'est pas demain la veille**.

Il reconnaît aussi pleinement le droit de la psychanalyse dont le rôle est de chercher à dégager « le fonctionnement intime et caché des compositions énergétiques » propres à l'affectivité, étant entendu que « ce qui caractérise au contraire l'aspect cognitif des conduites est leur structure ». Il semble indiscutable pour Piaget que la psychanalyse n'a rien à formuler sur la cognition. Mais alors pourquoi la psychologie de l'intelligence de Piaget a t-elle pris le risque de formuler une doctrine de l'affectivité, en particulier sous forme d'un modèle du parallélisme cognitif-affectif ? Ne serait-il pas courtois de reconnaître à la psychanalyse, de manière symétrique, le droit de parler de cognition à partir de l'étude des mécanismes affectifs, ce que d'ailleurs elle a toujours fait ? Doit-elle **n'avoir qu'une jambe, alors que son contradicteur s'en donnerait deux** ?

En tout cas, avance l'auteur, seuls les résultats produits par les structures cognitives sont plus ou moins conscients - au contraire de leurs « mécanismes intimes, en particulier dans la mesure où on parvient à les formuler verbalement ».

Le **langage**, dont l'importance fonctionnelle passe pour traditionnellement subordonnée dans la doctrine de Piaget à celle des structures de la pensée, semble jouer soudain un rôle cardinal dans la démarche piagétienne, exactement, et c'est fort surprenant, le même, *mutatis mutandis*, que chez Freud, celui de véhicule actif de la transformation de la représentation (de chose) en soi inconsciente en repré-

---

[619] Piaget Jean et col. : 1967, *Logique et connaissance scientifique*, Paris, Gallimard, 120.

sentation consciente par le biais d'une représentation de mot. Un paradoxe de plus dans une démarche épistémologique toujours attachée à suivre une troisième voie très étroite, une ligne de crête tendue entre des pôles extrêmes.

En fait, « la pensée du sujet est dirigée par des structures dont il ignore l'existence... La structure cognitive est le système des connexions que l'individu peut et doit utiliser et ne se réduit nullement au contenu de sa pensée consciente... Un ensemble de structures et de fonctionnements ignorés du sujet sauf en leurs résultats... Si le moi est conscient de sa pensée, il ne sait rien des raisons structurales et fonctionnelles qui le contraignent à penser ».

Le fait que **la structure et sa fonction soient cachées**, alors que seuls ne se dévoilent que le contenu, le résultat de la démarche cognitive, « cela n'est nullement spécial à la pensée de l'enfant et se retrouve, non seulement chez tout adulte mais encore au cours du développement de la pensée scientifique... on retrouvera donc cette inconscience au niveau de la pensée scientifique... comme bien plus systématiquement dans toutes les autres formes de pensée : dans le cas de la pensée naturelle de l'adulte normal mais non spécialisé en sciences et *a fortiori* dans le cas de la pensée spontanée et toujours créatrice qui caractérise la pensée de l'enfant aux différents niveaux de son développement ».

Piaget a en commun avec Freud, comme avec Wallon d'ailleurs, un style de pensée fondée sur la **méthode comparative**, au sens large, consistant à établir des ensembles d'analogies-différences entres diverses séries de faits censés comporter des structures plus ou moins similaires. Il est clair que ces ensembles ne sont pas du tout les mêmes dans les trois cas. Ce type de pensée comparative n'a évidemment pas disparu de nos jours, mais il semble avoir pris des formes beaucoup plus tranchantes si ce n'est sommaires, et même complètement arbitraires, comme celle consistant à assimiler le fonctionnement de l'esprit à celui du cerveau et/ou à celui de l'ordinateur, ou encore celui de l'individu à celui de la machine économique, ou encore les lois de l'économie à celles de la nature (la tarte à la crème de la mondialisation).

Somme toute, le fait que « les structures de la pensée demeurent inconscientes en tant que structures » permet de « désigner un fonctionnement que nous appellerons globalement **l'inconscient cognitif** ».

Cependant, le lecteur a tout de même de quoi déjà s'inquiéter, supposé qu'il soit candidat à une psychothérapie, en se demandant si « l'inconscient affectif » peut être connu, si c'est même un objet définissable, vu qu'il ne consisterait pas en structures, toujours cognitives, mais en processus ou « compositions » énergétiques, et si par ailleurs il est vrai que la connaissance ne peut se rapporter qu'à des structures.

Piaget se propose alors d'analyser « la prise de conscience et les refoulements cognitifs ». Or, « si la prise de conscience est en général facile, il existe par contre des cas où elle est contrecarrée par un mécanisme inhibiteur que nous pourrions comparer au « refoulement » affectif, notion qui est une grande découverte de la psychanalyse ».

On revient à une expérience réalisée sur l'enfant : il s'agira par exemple de lancer dans une boîte à une certaine distance une boule attachée à une ficelle, selon un dispositif de fronde primitive.

Dans de tels cas, « l'enfant sait exécuter très tôt l'action qui réussit, mais il faut des années avant qu'il en prenne conscience comme si quelque facteur s'y opposait et maintenait dans l'inconscient certains mouvements ou même certaines parties intentionnelles de la conduite pourtant couronnée de succès. Or le facteur d'inhibition est facile à découvrir », consistant dans la **représentation erronée de l'action**, faire tourner puis lancer selon une ligne droite - ce qui est inexact :

« Lorsqu'on lui demande de décrire son action, l'enfant la reconstitue donc logiquement en fonction de cette idée préconçue et ne veut donc pas voir qu'en réalité il a procédé autrement. Il déforme ainsi ou écarte même un observable en fonction de l'idée qu'il s'en donne et qui lui paraît seule correcte ».

Or, « pour expliquer ces lacunes ou les déformations de la prise de conscience », il ne suffit pas de dire que « l'enfant ne « comprend » simplement pas ce qu'il a fait... Il n'est pas vrai que l'enfant n'a rien compris à ses actions réussies... Il en a compris l'essentiel mais en *action* et non par la pensée, donc par des schèmes sensori-moteurs et non pas représentatifs... et ils le savent en fonction d'un certain apprentissage sensori-moteur (et non pas du tout de façon innée) ».

Dans de telles conditions, il convient de considérer qu'un **facteur de blocage** - une idée préconçue formulée dans un « langage » erroné - vient contrecarrer la notion correcte du processus mis en acte :

« Si certains schèmes sensori-moteurs deviennent conscients (par une traduction en mécanismes représentatifs et même verbaux), tandis que d'autres demeurent inconscients, c'est parce que ces derniers sont contradictoires avec certaines idées conscientes antérieures (*erronées*)... et que le schème sensori-moteur utilisé et l'idée préalable antérieure sont donc incompatibles. En ce cas, le schème ne peut naturellement pas être intégré dans le système des concepts conscients et il en est donc éliminé, puisque ces concepts, en tant que déjà conscients et reçus depuis longtemps sont d'un rang supérieur - *c'est justement le problème sur lequel on reviendra plus loin* - au schème d'action ».

Il convient ici de laisser se poursuivre la mise en place de cette analogie délicate à saisir, où l'on retiendra encore une fois le rôle inhibiteur particulier de la formule toute faite reflétée dans un certain « langage »[620] :

« Nous nous trouvons ainsi devant une situation très comparable à celle du refoulement affectif : lorsqu'un sentiment ou une pulsion se trouve être en contradiction avec des sentiments ou tendances d'ordre supérieur (émanant du surmoi, etc.), ils sont alors éliminés grâce à deux sortes de processus : une répression consciente ou un refoulement inconscient... auquel il s'agit ici aussi de songer : en effet, l'enfant n'a pas fait d'abord une hypothèse consciente pour l'écarter ».

620 L'application au domaine du slogan politique semblerait évidente, ainsi « travailler plus pour gagner plus », formule de prise de conscience d'un certain niveau d'élaboration, qui refoule toute autre perspective.

Tout à l'opposé, il maintient la justification consciente comme formule mentale d'un certain niveau d'évolution pratique dépassé par un autre plus perfectionné - formule inadéquate au degré de complexité supérieur de ce dernier :

« Il a au contraire écarté la prise de conscience du schème, c'est-à-dire qu'il a refoulé le schème du champ de la conscience avant qu'il y pénètre sous une forme conceptualisée (et il n'y en a pas d'autre possible, car même une image mentale se réfère à un concept).

« Ce mécanisme de refoulement cognitif est d'ailleurs sans doute plus général que sur le terrain de la prise de conscience de l'action (donc des schèmes sensori-moteurs) ».

Et Piaget de suggérer qu'il pourrait y en avoir un **équivalent neurologique**, ce que l'état actuel des travaux de Lionel Naccache, que l'on a rapportés plus haut, est encore bien loin de laisser espérer :

« Au niveau neurologique, Pribram (Congrès de Moscou, 1966) a par exemple montré qu'au contact de plusieurs *inputs*, un mécanisme de régulation corticale retient les uns qui deviennent des stimuli, et « écarte » les autres qui ne peuvent alors agir ».

D'ailleurs, il ne conviendrait pas de se représenter « le mécanisme de la prise de conscience... comme une sorte d'éclairage... Sinon il n'y aurait pas de problème et le passage serait aisé, ce qui n'est pas le cas. La prise de conscience constitue donc une reconstruction sur le plan supérieur de ce qui est déjà organisé, mais d'une autre manière, sur le plan inférieur ».

On se demande alors si cet inconscient cognitif existe réellement de la même manière que son cousin germain l'inconscient affectif :

« Quant à la procédure structurale, la reconstruction qui constitue la prise de conscience consiste en une conceptualisation. L'inconscient cognitif ne comporte, en effet, pas de concepts en tant que représentation et l'idée même de « représentations inconscientes » me paraît contradictoire bien qu'elle soit courante : l'inconscient est meublé de schèmes sensori-moteurs ou opératoires déjà organisés en structures mais exprimant ce que le sujet peut « faire » et non pas ce qu'il pense. Du point de vue affectif, il est pourvu de même de tendances, de charges énergétiques, donc de schèmes affectifs ou caractériels, etc. ».

On se demande, dans cet exposé destiné au public états-unien, **ce qui peut bien alors rester de l'inconscient de la psychanalyse**, s'il doit être réduit à un réservoir de charges énergétiques non reliées en tant que telles à des représentations. Et que peut être alors un schème affectif en dehors d'un certain mode de réaction lié à un corrélat nerveux ?

« Cela dit, la reconstruction conceptualisée qui caractérise la prise de conscience peut être d'emblée suffisante lorsqu'elle n'est inhibée par aucune contradiction. Sinon elle est déformante et lacunaire, puis se complète peu à peu grâce à de nouveaux systèmes conceptuels permettant de dépasser les contradictions par intégration des données en de nouveaux systèmes ».

Il est certain, s'il s'agit à présent de revenir à la psychanalyse, et d'établir un pont entre les deux formes d'inconscient, que « ce processus de la prise de conscience cognitive rappelle celui que les psychanalystes ont décrit sous le nom de catharsis », étant entendu que « la prise de conscience y est toujours en partie une réorganisation et non pas seulement une traduction ou une évocation », ainsi que l'a montré par exemple Erikson.

En ce qui concerne le développement de la mémoire chez l'enfant, « le souvenir-image constitue simplement un symbole représentant un schème » - **formule très évasive** et peu compromettante -, on sait aussi que le souvenir donne lieu en majorité des cas à dégradation, parfois à schématisation, donc qu'il y a lieu d'être « prudent dans l'utilisation des souvenirs d'enfance, car si déjà dans le domaine cognitif la mémoire est une reconstruction plus ou moins adéquate, il va de soi qu'avec l'intervention de processus affectifs de toute nature, conflits, etc., la reconstitution en sera d'autant plus complexe ».

Enfin Piaget évoque les travaux de la canadienne Thérèse Gouin-Décarie, ayant cherché à rapprocher les vues du psychanalyste René Spitz des siens propres (Jalley, 2006 b), pour énoncer un point de vue sensiblement modifié par rapport aux propos tenus à cet égard dans le Cours de 1954 : « J'avais montré que le premier objet doué de permanence (cognitive) était la personne d'autrui et non pas un objet inanimé quelconque et Th. Gouin-Décarie a vérifié cette hypothèse (qui ne reposait que sur l'observation d'un seul sujet) », propos étonnant qui semble montrer que c'est seulement sur le déclin de sa carrière, après 1954, qu'une observation unique a pu enfin lui donner l'idée que le personnage maternel était représenté par l'enfant bien plus tôt que la grande potiche du salon.

Plus tard encore, en 1977, Piaget confirme le bien-fondé selon lui du parallèle esquissé par lui en 1972 entre le refoulement freudien et le refoulement cognitif :

« Le fait qu'un observable ayant été négligé tende à s'imposer et à pénétrer tôt ou tard dans la conscience est un des seuls mécanismes où j'aie pu trouver un parallèle avec le freudisme - *dénégation vraiment très étrange à tenir compte de l'ensemble de ses propos depuis 1919* -, et je l'ai décrit un peu en détail à la Société américaine de psychanalyse. Il s'agit du parallèle entre le refoulement freudien et ce que j'appelle le refoulement cognitif » [621]. Jadis, au contraire, Piaget trouvait beaucoup plus d'analogies entre la psychanalyse et sa psychologie de l'intelligence, tout en se méfiant bien davantage de la notion de refoulement, qu'il tripotait même de manière parfois bizarre - refoulement raté ou réussi selon son rapport avec la censure !

Quelque chose demeure obscur dans les propos précédents de Piaget sur la représentation refoulante à l'égard du schème sensori-moteur : celle-ci nous est décrite à la fois comme d'un niveau retardataire, puisque erronée et schématique par rapport à la complexité interne du schème sensori-moteur utilisé, et comme « d'un rang supérieur » - c'est ce qu'il écrit - au même schème d'action, puisque représentative (?). On ne comprend plus très bien si c'est le schème d'action qui est en avance sur le niveau de la représentation - ce qui paraît plus vraisemblable, ou si c'est l'inverse, ce qui en un sens se justifie aussi - pourtant, dans la manière

[621] Piaget Jean et col. : 1977, *Épistémologie génétique et équilibration*, Neuchâtel-Paris, 120-121.

de raisonner de l'auteur : c'est l'un ou l'autre. On dirait que l'on se trouve ici devant une espèce d'antinomie, ou au moins de paradoxe. Mais on en a l'habitude en pareil domaine, quitte à distinguer la contradiction féconde - au niveau du réel, de celle stérile, dans le champ de la seule pensée.

À moins de considérer que la représentation refoulante soit d'un niveau génétique supérieur en tant que forme cognitive de matière idéative, mais de contenu cognitivement insuffisant à l'égard de la complexité d'agencement interne du schème moteur utilisé. Supposez un bon skieur qui s'imagine faire ses virages en tournant simplement la tête à droite puis à gauche. Comme si le corps connaissait déjà d'avance un dispositif d'action plus compliqué que ce qu'en peut saisir l'esprit, qui cependant le surplombe, bien que restant attaché à la représentation d'un contenu simplifié à l'égard du contenu réel plus opaque et plus riche.

12.11. Jugements divers et perspectives finales sur l'œuvre de Piaget

Le fonds conceptuel exploité en commun, bien que dans leurs perspectives propres, par Freud et Piaget est extrêmement vaste, et on peut en donner l'idée sommaire en en citant les notions principales par ordre alphabétique, dans la seule intention d'un simple repérage : affectivité, annulation, autisme, autrui, besoin, conflit, corps, déformation, désir, histoire, immédiateté, inconscient, indifférenciation, intérêt, jeu, loi du primat des positifs, magie, métonymie, moi, narcissisme, personnalité, plaisir, préhension-succion, refoulement, régression, répétition, rêve, sentiment, stade, sujet, surdétermination, symbiose, symbolisme, sympathie, vision-succion.

Il ne s'agit là que d'indications. On pourrait consacrer un grand nombre de pages à montrer, sur des textes précis, comment Piaget utilise à l'occasion des concepts de source en partie freudienne, soit nommément, soit souvent aussi en en modifiant le vocable, comme on y reviendra plus loin, et ceci tout en en conservant-transformant plus ou moins le contenu pour l'adapter à sa perspective propre.

Un certain nombre d'auteurs ont déjà souligné, de manière épisodique et rapide, des analogies intéressantes entre les vues respectives de Freud et de Piaget, malgré l'éloignement considérable, et qu'il ne sera jamais question de dénier, de leurs systèmes définitifs, aussi différents que le jour et le nuit, ce qui n'empêche pas Piaget d'avoir beaucoup tiré de Freud, dont il connaissait très bien l'œuvre.

Le sociologue marxiste Lucien **Goldmann** (1913 - 1970), dans ses *Recherches dialectiques*, dédicacées à « Jean Piaget, le maître, l'ami », trouvait intéressant (1957) d'identifier le concept de structure dans « la psychanalyse, la psychologie de la forme, les écrits de Piaget et la pensée marxiste »[622]. C'est entendu, mais on a fait mieux depuis.

La suisse Berthe **Reymond-Rivier** (1966) rapproche, comme c'était la mode à l'époque dans la foulée du travail de Thérèse Gouin-Décarie sur *Intelligence et affectivité chez le jeune enfant* (1962) « les observations de Piaget sur la construction de

[622] Goldmann Lucien : 1959, *Recherches dialectiques*, Paris, Gallimard, 269.

l'objet de celles de Spitz (*psychanalyste expérimentaliste*) sur l'évolution de la relation objectale… pour l'essentiel exactement superposables… La psychanalyse tend à accorder une place de plus en plus importante à la perspective génétique : l'intérêt croissant porté à la psychologie du moi, à sa structure et à son fonctionnement face aux exigences du Ça et du surmoi d'une part, de l'adaptation au monde extérieur d'autre part devait nécessairement y conduire… Un terrain d'entente semblait donc trouvé entre psychanalystes et psychologues… Cette mise en commun des données fournies par la psychologie de l'enfant et par la psychanalyse est indispensable pour rendre compte de la socialisation de l'être, laquelle se confond avec la construction, la mise en place progressive de la personnalité ». L'auteur prend acte du fait, alors identifié par le travail de T. Gouin-Décarie et approuvé rapidement par Piaget, que « les conduites du nourrisson à l'égard des personnes marquent régulièrement **une avance (de deux mois environ)** sur son comportement vis-à-vis des choses ». Elle conclut qu'« il existe par la suite un rapport évident entre la pensée égocentrique et prélogique de l'enfant de 7 ans et la morale archaïque du surmoi »[623].

Tran-Thong (1971) aborde la question des rapports entre Piaget et la psychanalyse dans son ouvrage classique intitulé *Stades et concept de stades de développement de l'enfant dans la psychologie contemporaine*[624]. On n'en évoquera ici que les aspects nouveaux à l'égard de ce qui a déjà été dit plus haut.

Le fait déjà mentionné plus haut que Piaget estime les interprétations de Freud déficientes à l'égard de la qualité indiscutable de ses observations tiendrait selon celui-là au caractère peu génétique de son approche, lié au fait que Freud en reste encore attaché aux cadres généraux d'une psychologie traditionnelle de caractère associationniste, que sa théorie représente « en psychologie, le modèle d'une science de l'identité, rétablissant sans cesse sous l'identité de l'instinct ou des éléments inconscients, cette substance causale qui constitue le mythe principal et sans cesse renaissant des psychologies non critiques (1950) ». Si bien que, comme le dit encore Piaget « malgré les apparences, Freud est beaucoup moins génétique qu'on ne dit, et sacrifie trop souvent la construction à la permanence (1945) ».

C'est, formulé par Piaget contre Freud, l'argument critique de type « kantien » touchant la « **chosification** » (K 1), et que Wallon, pour sa part aussi, on l'a vu, a dirigé contre les « entités » de la psychanalyse.

Le fait est aussi, notons-le, que l'appareil psychique freudien se laisse plutôt représenter comme constitué de strates que comme agencé selon la métaphore plus dynamique de la spirale, celle-ci convenant bien davantage aux vues respectives de Wallon comme de Piaget, chacun du reste dans sa version particulière.

Dans ces conditions, la confrontation que Piaget veut mener avec la psychanalyse, se proposerait comme un « réajustement », dit-il, des concepts utilisés ou

623 Reymond-Rivier B. : 1966, « Intelligence, affectivité et sociabilité », *Psychologie et épistémologie génétiques. Thèmes piagétiens*, Paris, Dunod, 169-172, 175.

624 Tran-Thong : 1971, *Stades et concept de stades de développement de l'enfant dans la psychologie contemporaine*, Paris, Vrin, 29-30, 125-127.

introduits par Freud, et « une traduction génétique du freudisme en éliminant de lui ce qui en fait encore trop une science de l'identique (1945) », entreprise qui, selon lui encore, permettrait d'intégrer les faits affectifs fondamentaux découverts valablement par Freud dans le système des stades piagétiens.

Selon Piaget encore, exposé par Tran-Thong, la notion freudienne de l'instinct reste ambiguë et mal déterminée : « L'instinct freudien est une sorte de force substantielle ou d'énergie, se conservant telle quelle tout en se transférant d'un objet à l'autre (1950) ». À partir de ce « langage **substantialiste** plus gênant que fécond (1945) » - argument K 1 - Freud en vient à méconnaître « les mouvements et l'intelligence, comme instruments ou technique de la conduite (1950) ».

La notion de censure aussi soulève des difficultés insurmontables, puisqu'elle aboutit à un résultat inconscient, tout en étant une opération de la conscience, avec l'inconvénient supplémentaire de compartimenter la continuité de l'appareil mental en lieux séparés, alors que Piaget préfère toujours systématiquement **repérer les continuités** plutôt que les coupures, les solidarités plutôt que les frontières tranchées.

Selon Piaget, tel que le résume encore Tran-Thong d'après ses propos de 1945, 1954, et 1950, les principales notions freudiennes : refoulement, imago, symbole inconscient - nul besoin d'un inconscient comme magasin de souvenirs-images -, surmoi également, se laissent **sans difficulté réinterpréter** en termes de schème, d'assimilation et d'accommodation (on s'en serait douté) : « Il suffit pour rendre compte de l'ensemble des faits, d'admettre des « schèmes affectifs » qui constituent l'aspect affectif des schèmes de réactions ou qui consisteraient en schèmes de réactions relatifs aux personnes, comme il en existe de relatifs à des objets quelconques (1950) »[625].

C'est là une position, ajouterions-nous aux propos de Tran-Thong, qui sent un peu sa **rhétorique**, à fonction de réponse à tout, et qui n'est pas exempte de difficultés : comment peut-il y avoir des schèmes affectifs, si les faits de structures sont du côté de la cognition, tandis que l'affectivité n'est alors invoquée qu' à titre de composante énergétique, sans traits structuraux particuliers, donc espèce de substance vague et « molle », ce qui est reproché précisément à Freud. La **technique de Piaget** a toujours consisté à enrober la position de l'autre dans son système, sans jamais la rejeter d'emblée, ce qui est aussi le procédé œcuménique de Hegel : l'autre a toujours raison, mais remis à sa place par une raison supérieure.

Philippe **Malrieu**, psychologue généticien français, disciple de Wallon, indique de façon nuancée, dans un ouvrage collectif intitulé *Perspectives piagétiennes*, (1983)[626], que certes Piaget est « contre les conceptions (sociologiques ou psychanalytiques) qui confèrent à la vie sociale les fonctions de censure, de contrôle, d'incitation des activités humaines… que l'importance des processus de l'intelli-

---

625 Piaget Jean : 1945, 196-197, 200, 219 ; 1950, 3 : *La pensée biologique, la pensée psychologique et la pensée sociologique*, 154-155 ; 1954, 97-98.

626 Malrieu Philippe : 1983, « Personnalisation et prise de conscience chez Jean Piaget », in : Not Louis et col. : 1983, *Perspectives piagétiennes*, Toulouse, Privat, 15-45 (18, 22-27, 34, 42).

gence sensori-motrice au sein des relations interpersonnelles est l'une des origines de sa résistance aux théories psychanalytiques », mais aussi que ses propos sur les symboles, les schèmes affectifs profonds, les intérêts pour le corps propre (succion et excrétion), les sentiments familiaux (amour, jalousie, agressivité), les préoccupations relatives à la naissance « reprennent beaucoup des découvertes freudiennes ; que Piaget admet une structure de subjectivité inconsciente organisée en fonction de ce qu'il appelle des « intérêts » ; que « l'interaction des schèmes affectifs dont les racines échappent à la prise de conscience[627]», c'est « précisément le refoulement ».

Certes « il y a, entre le continuisme de Piaget (du symbolisme conscient au symbolisme inconscient notamment), expression de son rationalisme fondamental, et l'insistance de Freud à souligner le conflit entre processus primaires et secondaires, une opposition qui se traduit par des **divergences profondes** dans leurs conceptions du moi et de la personnalité ».

Malrieu note encore que les représentations de la période préopératoire, l'artificialisme et l'animisme, représentent « une ébauche de pensée dominée par un processus de projection ».

Outre le refoulement et la projection, Piaget accepte également dans la psychanalyse les notions de condensation, de déplacement, d'identification, encore que l'on puisse se demander, avance l'auteur, s'il a accordé sa juste place à ce dernier mécanisme dans le processus de personnalisation des conduites

Plus loin, Malrieu s'intéresse aussi à la piquante question du refoulement cognitif, et note, à propos de l'exemple ci-dessus de la fronde, que « la prise de conscience implique la négation de représentations inadéquates suscitées par la prédominance de schèmes inhabituels », autrement dit revient à lever, à dénouer, à nier un refoulement antérieur : « le sujet commence par déformer les observables : il y a refoulement » par un « schème » inadéquat « d'une action que le sujet sait accomplir, mais sans pouvoir l'objectiver. Ce refoulement est une négation implicite, dont le sujet doit se délivrer par une contre-négation explicite » à la faveur du progrès développemental. Par parenthèses, la remarque de l'hégélo-marxien Malrieu met en rapport de manière ingénieuse la **levée du refoulement dans la cure avec le mécanisme hégélien de la négation de la négation** comme mécanisme du progrès par dépassement des figures de la culture spirituelle.

Pierre **Tap**[628] note de son côté, dans le même volume consacré à Piaget (1983) que, « contrairement à ce que l'on croit encore… Piaget analyse les travaux de Freud, mais également ceux de Jung, Adler et Silberer (1945) Il s'est aussi particulièrement intéressé à la psychanalyse des enfants telle qu'elle était pratiquée en particulier par l'école anglaise (Anna Freud, Mélanie Klein, Margaret Lowenfeld) (1960)… Piaget a bien mis en évidence les fonctions compensatrices, liquidatrices et anticipatrices du jeu de fiction ».

---

[627] Piaget Jean : 1945, 218.

[628] Tap Pierre : 1983, « Affectivité et socialisation de l'enfant selon Piaget », in : Not Louis et col., op. cit., 47-64 (58-64).

Certes « Freud a sacrifié la genèse à la permanence (cf. ci-dessus le rapport par Tran-Thong des critiques de Piaget sur Freud)... On ne peut parler ni de fantasmes ni d'hallucinations au cours de la première année... Piaget ne nie pas l'existence de l'inconscient, mais il montre que celui-ci n'est pas un pur produit de l'affectivité... L'inconscient est partout, écrit Piaget... mais intellectuel autant qu'affectif... Et la différence entre la conscience et l'inconscient n'est affaire que de gradation ou de degré de réflexion ». Le refoulement intervient bien au niveau de l'affectivité, mais tout autant au niveau de l'intelligence, surtout dans la période préopératoire, et en général au niveau des « difficultés de la prise de conscience ». Par ailleurs, et de façon générale, « Piaget reproche à Freud de refuser à l'activité consciente ce qui en fait son caractère essentiel : constituer la pensée, c'est-à-dire une activité constructrice réelle ». C'est juste mais un peu rapide.

De leur côté, toujours selon Tap, « les psychanalystes ont reproché à Piaget de faire la part trop belle au principe de simultanéité, de complémentarité, de correspondance des processus évolutifs d'ordre intellectuel et d'ordre affectif (Odier, 1966)... sans doute la divergence la plus fondamentale entre Piaget et Freud, le premier plus optimiste », encore que Piaget ait reconnu qu'« il existe des décalages, des disjonctions entre le cognitif et l'affectif... mais qu'ils existent tout aussi bien au sein même du niveau cognitif (contradictions) que du niveau affectif (conflits) ».

Cependant, du côté de la psychanalyse encore, et bien antérieurement, R. de **Saussure** (1933), cité par Tap, avait « montré que le narcissisme et l'identification primaire correspondaient à la phase d'indifférenciation du moi et du non-moi, la phase du narcissisme sans Narcisse... de même le conflit œdipien, les identifications secondaires et l'avènement du surmoi correspondent à la morale de la contrainte, du respect unilatéral et de l'avènement du réalisme moral (*Le jugement moral chez l'enfant*, 1932). Enfin la neutralisation de l'agressivité, les identifications tertiaires et l'avènement de l'idéal du moi peuvent être directement associées à la morale de la coopération, du respect mutuel, et à l'avènement des échanges égalitaires (ibid.) »[629].

Pour compléter ces remarques très pertinentes, et mieux marquer encore certains des rapprochements proposés ici par Saussure, il est incontestable, selon nous, que la description piagétienne des premiers mois de la psychogenèse évoque de façon très suggestive les **traits archaïques du processus primaire** - installé dès le stade oral - tel que nous le représente déjà le modèle freudien : circuits morcelés de la sensori-motricité primaire (succion, phonation, audition, vision, saisie, attitudes et réactions posturales), aucune conscience d'objet, un kaléidoscope de tableaux sensoriels disparates, pas d'espace commun, un sentiment diffus d'efficace, un temps primitif non perçu mais simplement senti, solipsisme intégral et inconscient, vagues impressions d'attente et d'effort, poussées instinctives élémentaires liées à la nutrition, émotions primaires (peur, colère, réaction aux caresses), affects perceptifs ou sentiments élémentaires liés aux modalités de

---

629 Ibid., 61.

l'activité propre : l'agréable et le désagréable, le plaisir et la douleur, puis sentiments plus différenciés : joies et tristesses liés au succès ou à l'échec des premiers actes intentionnels, efforts et intérêts ou fatigues et désintérêts, préludant au « choix affectif de l'objet que la psychanalyse oppose au narcissisme » (1940)[630].

Vers la fin de sa carrière (1975, 1977)[631], Piaget a reformulé l'ensemble de son système selon un sous-modèle partiel connu sous le nom de modèle « alpha-bêta-gamma », concernant les différents modes de traitement des déséquilibres et conflits cognitifs, et dont les trois temps correspondent approximativement aux trois grandes périodes dites sensori-motrices et préopératoires (00 - 7 ans), opératoire concrète (7 - 12 ans), et opératoire formel (au-delà de 12 ans).

Or, il se trouve qu'il existe des rapports de correspondance concevables entre la série des niveaux de ces conduites alpha-bêta-gamma[632] (1977) et certains concepts psychanalytiques.

Le mécanisme **alpha** correspond, au niveau le plus élémentaire du développement, à l' « annulation » d'une perturbation[633] - « négation » motrice ou pratique, équilibration entre le sujet et l'objet, soit encore entre l'assimilation et l'accommodation -, et évoque d'une certaine manière les mécanismes de « rejet » et de « refoulement », connus aussi de la psychanalyse et également réutilisés alors dans sa propre perspective cognitive par Piaget. Une telle annulation vise, dans la première grande phase de la psychogenèse (00 - 7 ans) la simple rééquilibration d'un déséquilibre subi par le système, ce qui correspond aussi d'une certaine manière à ce que Freud décrit comme l'action du principe de constance tendant à maintenir au plus bas degré de tension possible l'état interne de l'appareil psychique. Il s'agit dans les deux cas de maintenir une sorte d'homéostasie de l'ensemble du système mental.

Au lieu d' « annulation » (par inversion), à propos de ce premier mécanisme alpha, Piaget dit parfois aussi « négation par le moyen du rejet », « retournement » (par réciprocité), également « compensation ».

Il semble que la notion de compensation (« dédommagement », *Entschädigung*, écrit Freud à propos du jeu de la bobine) soit ici celle dont l'extension est la plus vaste, englobant - en plus de celle bien antérieure de réversibilité[634] - celles d'annulation et de retournement, de rejet et de refoulement, de négation enfin - toutes utilisées à ce propos du mécanisme « alpha » par Piaget - et dont, pour les cinq dernières, la formule, sinon tout à fait le contenu, évoque directement les

---

[630] Piaget Jean : 1940, « Le développement mental de l'enfant », in : *Six études de psychologie*, Paris, Gonthier, 1964, 11, 23-24.

[631] Piaget Jean : 1975, 40, 71, 74-75, 85, 90, 95, 146.

[632] Piaget Jean et col. : 1977, 28 ; 1975, 41.

[633] Par exemple sucer le pouce par compensation, dédommagement, de l'absence du sein. Piaget dit aussi que la conduite consistant à enlever la couverture pour atteindre l'objet caché dessous (stade 4 : de 0,8 à 1 an) représente une forme de négation pratique, offrant la base de celles ultérieurement construites par le sujet ; 1975, 94-95.

[634] Cette notion est également liée à celle de symétrie, familière à la *Gestalttheorie*, doctrine dont s'est beaucoup inspiré Piaget, tout en la critiquant aussi pour son absence de dynamique.

termes familiers à la pensée freudienne (*Ungeschehenmachen*, *Wendung*, *Verwerfung*, *Verdrängung*, *Verneinung*). C'est bien Freud, et pas tout à fait non plus celui de la phase initiale, qui fait retour dans la période finale de la pensée de Piaget.

Piaget dit aussi explicitement, en 1975 soit peu après le texte de 1972 sur « inconscient cognitif et inconscient affectif », que ces mécanismes de compensation destinés à rétablir l'équilibre du système dès les origines de la psychogenèse exercent « une pression comparable à une sorte de refoulement dû, non pas à des contradictions entre sentiments comme le refoulement affectif, mais à des formes cognitives de contradiction ou d'incompatibilités »[635].

Le mécanisme **bêta** (7 - 12 ans) correspond à un début d'intégration de la perturbation sous forme de variation à l'intérieur d'un système organisé[636] - négation constative, équilibration entre les sous-systèmes d'un système total -, évoquant de son côté les notions de moyen terme, de structuration intermédiaire, de proche en proche aussi celle de formation de compromis, et évidemment celle attenante de symptôme.

Le mécanisme **gamma** (après 12 ans) consiste dans l'anticipation des variations possibles[637], dès lors prévisibles et déductibles, par coordination systématique des affirmations avec les négations, et ne nous intéresse pas spécialement ici, sauf à mentionner que le perfectionnement du système représentatif permet dès lors une application généralisée et une maîtrise extensive du principe de réalité - par « équilibre mobile et stable », dans le langage équivalent de Piaget.

Malgré l'intérêt de ce genre de rapprochements, il est indéniable qu'il existe une **considérable différence de « climat » intellectuel** entre les démarches épistémologiques respectives de Freud et de Piaget.

L'une des plus intéressantes et les plus significatives à considérer serait, à notre avis, la manière dont l'un et l'autre envisagent la construction de l'appareil mental à l'égard des concepts d'importance cardinale que représentent **la négation et l'affirmation**. Leur attitude de ce point de vue est même complètement opposée.

À l'égard de la question logique et épistémologique de la négation, l'appareil psychique freudien apparaît comme construit par la **hiérarchie de trois couches de négativité**, couronnée par l'émergence d'une strate finale de positivité : à la base, le refoulement originaire est une négation primaire d'où se forme comme le fond de l'appareil, organisé autour de signifiants fondamentaux qui s'isolent en expulsant tous les autres. C'est à partir de ce refoulement originaire que se spécifie le refoulement secondaire, deuxième couche de négation, qui parachève le champ des processus primaires de l'inconscient. En troisième strate apparaît le jugement négatif, la dénégation (le célèbre « ce n'est pas ma mère » du texte de 1925), qui

[635] Piaget Jean : 1975, 140-141 ; dans le même contexte, il est question de « la tendance d'un élément d'abord « refoulé » à pénétrer dans le champ des observables ».

[636] Mettre son imperméable quand il s'apprête à pleuvoir, savoir faire correspondre à chaque addition isolée la soustraction correspondante (ce qui est du niveau du Cours élémentaire).

[637] Consulter le baromètre, prendre la météo avant de sortir, puis regarder la girouette sur le toit de la maison une fois sorti.

marque à la fois une levée relative mais encore incomplète du refoulement et l'entrée dans le processus secondaire. Enfin survient le jugement affirmatif, par négation du jugement négatif.

Dans la conception de Piaget, la dynamique du développement implique un **primat de la positivité**, qui aboutit à l'excès de déformations, lequel doit être corrigé et compensé par l'importation d'une composante négative. D'où une conception particulière du processus décrit par lui comme celui d'une « **dialectique positive** », coordonnant la négation à l'affirmation, à l'inverse de celle de Hegel qui part de la négation - ce que fait également Freud à sa manière -, pour n'atteindre l'affirmation dans un troisième temps que par la négation de la négation. La préoccupation de Piaget pour ce qu'il a appelé la « loi générale du primat des éléments positifs »[638] date en fait de l'origine de sa carrière, mais elle a revêtu une importance particulière dans les travaux de la période finale de sa carrière concernant *Les recherches sur la contradiction* (1974) et *Les formes élémentaires de la dialectique* (1980). On n'insistera pas davantage ici sur ces aspects plutôt techniques et difficiles, bien que passionnants, des derniers travaux de Piaget, dont on a parlé dans un ouvrage précédent auquel nous renvoyons (Jalley, 2006 b).

Cependant, touchant cette question de la négation, l'inconscient pulsionnel freudien, le **Ça, comporte un caractère hautement paradoxal** en ce que, bien qu'il soit encadré entre deux formes primaires de négation - le refoulement originaire et son surgeon le refoulement secondaire - il n'en est pas moins représenté comme « ce qui ne connaît pas la négation ». Et c'est bien ce que Lacan a compris lorsqu'il fait du refoulement originaire - sa forclusion - une opération d'expulsion (*Ausstossung*) sur le fond de laquelle vient s'appuyer le temps fondateur pour l'inconscient d'une proto-affirmation, d'une affirmation primaire fondamentale, organisée autour de signifiants clés (*Bejahung*).

Or, on en vient à se demander si ce primat de l'affirmation excessive qui marque déjà pour Piaget le stade initial de la psychogenèse (la conduite alpha, projectrice de significations pratiques, est la marque du stade sensori-moteur) ne renvoie pas d'une certaine manière à ce caractère lui-même affirmatif de l'inconscient originaire, délimité par en haut et par en bas par ses deux frontières négatives.

Dans son introduction aux *Recherches sur la contradiction*[639], Piaget insiste avec force sur le fait que « percevoir consiste à saisir des propriétés positives données... Se représenter ou juger comporte l'affirmation ou l'attribution de prédicats positifs », et que le progrès du développement consistera dans « un éloignement par rapport à ces points de départ et une négation de ces états initiaux »[640]. Le « dépassement » de l'état initial, positif à l'excès, car impliquant des effets de décentration déformante produisant des déséquilibres, consiste en « compensations

---

[638] Piaget Jean : 1975, 117.

[639] Piaget Jean et col. : 1974, *Recherches sur la contradiction*, 2 vol., Paris, PUF, t. 1, 12 ; t. 2, 162-163 ; voir aussi : Jalley Émile : *Wallon et Piaget. Pour une critique de la psychologie contemporaine*, Paris, L'Harmattan, 2006, 299-313.

[640] Piaget Jean et col. : 1974, t. 1, 12 ; t. 2, 161-162.

par un recours à des négations, construites à cet effet ». Et c'est cette coordination secondaire de la négation à l'affirmation qui permettra au sujet cognitif la prise de conscience de contradictions éventuelles, qui demeurent inconscientes, tant qu'il n'a pas entrepris de les reconstruire.

Piaget se réfère explicitement à Hegel, pour marquer sa différence avec lui, touchant l'approche du rapport de la négation avec l'affirmation dans leurs modèles respectifs de la dialectique (1980 ; Jalley, 2006 b). Il est clair aussi que la grande ombre de Hegel et de la pensée romantique (Goethe, Schelling, Schubert), comme l'a bien vu en partie Lacan (Hegel) plane aussi sur Freud. Disons alors pour résumer :

Chez Hegel, on part de la négation de la simple et vide affirmation de l'être (l'ennui de Dieu avant la création) pour poser d'abord la nature, pour passer ensuite à la négation de la négation, dans l'histoire de l' « esprit », nouvelle affirmation seule réelle et concrète.

Par rapport à cela, la démarche de Freud est absolument nouvelle et d'une entière originalité, encore qu'elle soit **inconcevable en dehors de la sphère de la culture germanique-hassidique** : une négation primaire, aménagée ensuite dans une négation secondaire, elle-même levée en partie - dans le passage du processus primaire au processus secondaire proprement dit, par la dénégation du jugement, avec son inversion finale dans le jugement affirmatif.

Chez Piaget, primat originel de divers modes de l'affirmation, pratique puis conceptuelle, compensés ultérieurement par une triple hiérarchie (alpha-bêta-gamma), de plus en plus équilibrée, de négations en vue rééquilibrer le déséquilibre comme source de conflits entre parties du système.

Il semble bien que le modèle tardif alpha-bêta-gamma (1975, 1977) représente la mise en place d'une **doctrine du refoulement cognitif, sous forme d'une hiérarchie à triple étage** des formes successives de la négation, doctrine dont l'exigence est simplement entrevue et posée par le texte précurseur à cet égard sur l'inconscient cognitif (1972). Ces formes de plus en plus complexes du refoulement, comme procès d'annulation pratique-cognitive, manifestent bien l'activité effective d'un sujet opératif. En même temps semble subsister une autre conception du refoulement, comme dimension d'obscurité plus passive liée à l'opacité naturelle de la mécanique interne du sujet cognitif, dont la prise de conscience (sur le modèle de Kant-Claparède) ne saurait procéder que de la périphérie vers le centre.

Ces diverses conceptions ne se recoupent en aucune manière, sauf le fait qu'elles ne consonnent pas du tout **ni avec la tradition du rationalisme français (Descartes, etc.) ni avec celle de l'empirisme anglo-américain**.

La relation de la démarche piagétienne, pour étranger que soit le climat d'une psychogenèse de l'intelligence aux intérêts de la pensée psychanalytique, bien davantage centrée sur la vie affective, est en réalité, par rapport à la pensée freudienne, extrêmement complexe.

Après une période initiale d'intérêt manifeste, avouée si même d'emblée critique, au cours des années 1920-1930, Piaget se détourne manifestement de la psychanalyse pendant environ 25 ans, pour y faire progressivement et de façon croissante retour à partir du Cours de 1954, en partie semble-t-il sous la pression de la critique de Wallon qui lui reproche un intellectualisme totalement désinvesti à l'égard de la double question du lien affectif et social.

On a déjà abondamment parlé dans *Wallon et Piaget* (2006 b) de l'attitude de Piaget à l'égard de la psychanalyse en des termes, à propos de textes et de circonstances biographiques particulières aussi, sur lesquels nous ne sommes pas revenu dans le présent propos, intentionnellement et afin d'éviter les redites. Nous sommes une fois de plus, obligé d'y renvoyer le lecteur, s'il souhaite compléter de manière utile, et même indispensable, ce que nous avons dit ici.

La période finale des quelques années qui précèdent la disparition de Piaget est riche en propos témoignant de sa dette et de sa préoccupation encore constante à l'égard de la grande image et du personnage de Freud. Sans revenir encore sur tout ce que nous en avons dit à propos des *Conversations libres avec Jean-Claude Bringuier* (1977), on mentionnera seulement encore un curieux passage de 1975, où Piaget déclare que l'ensemble de sa « conception représente une **synthèse possible du structuralisme génétique**, dont tous nos travaux antérieurs sont l'expression, et du fonctionnalisme dans l'œuvre de J. Dewey, dans celle de E. Claparède **et à bien des égards de la psychanalyse freudienne** »[641].

Une dernière et importante analogie entre la psychologie piagétienne de l'intelligence et la psychanalyse est la correspondance fonctionnelle entre la notion d'adaptation comme équilibre entre le sujet et ses objets et celle de pulsions d'auto-conservation tendant à la réduction des tensions. C'est bien **la même idée sous des vocables différents, ce qui arrive souvent en psychologie** comme dans le reste des sciences humaines, sans que personne y voie goutte, probablement en raison d'un... refoulement cognitif. Personne n'a jamais remarqué une telle analogie, et une fois de plus, les choses vont bien mieux en les disant, même si tous les dires ne révolutionnent pas la face du monde.

12.12. Les propos de René Zazzo sur Piaget et la psychanalyse

Il nous a semblé qu'il convenait de faire un sort à part aux propos tenus par R. Zazzo, principal disciple de Wallon, sur Piaget dans un article intitulé « Un Piaget méconnu », paru dans *L'évolution psychiatrique* en hommage à celui-ci tout juste après sa disparition le 16 septembre 1980[642]. Le texte de Zazzo contient un assez long paragraphe intitulé tout exprès : « Piaget, la psychanalyse et les psychanalystes ».

R. Zazzo se montre en général bien plus acide à l'égard de la psychanalyse que Wallon aussi bien que Piaget. Rebelle aussi à toute espèce de théorisation : le moindre cadre d'idées le hérisse, ce qui est un signe très intéressant du **déclin de la psychologie française amorcé bien avant les années 80**, et de la formidable

641 Piaget Jean : 1975, 85.

642 Zazzo René : 1980, « Un Piaget méconnu », *L'évolution psychiatrique*, tome 45, fasc. 4, in : 1983, *Où en est la psychologie de l'enfant ?* Denoël-Gonthier, 261-268, 265-268.

platitude de l'époque, à la comparer à la qualité « philosophique » particulière des deux géants de la psychologie francophone. Quoi qu'il en soit, ces propos sont très intéressants :

« On sait que Piaget, « à titre d'instruction » dit-il, s'est fait analyser alors qu'il avait vingt-deux ou vingt-trois ans. Un certain nombre de faits sont moins bien connus. Piaget fut le premier à avoir présenté en France un exposé non médical sur la psychanalyse. C'était en 1919 à la société Binet. Sous la présidence de Freud, dont il avait fait la connaissance personnelle, il a présenté une conférence au Congrès international de Berlin en 1921. Par surcroît, et c'est là une expérience dont on ne parle jamais, il a pratiqué pendant quelque temps lui-même l'analyse, entre autres sur un jeune autiste. Voilà pour le jeune Piaget des années 20 ».

Cependant, les choses vont se gâter très vite, à en croire Zazzo :

« Mais Piaget, l'homme des discussions et des remises en question permanentes (*oui et non*), ne pouvait s'accommoder d'un esprit d'orthodoxie qui allait se révéler brutalement à lui en 1921 ; c'est l'année où, sur les injonctions de Freud, les « hérétiques » étaient exclus du groupe genevois de psychanalyse. Mais plus encore il fut atterré par le refus de Freud de recevoir Pierre Janet qui avait fait le voyage de Vienne pour discuter avec lui ».

Ce récit comporte quelque incertitude : Piaget dit avoir été exclu de l'IPA bien plus tard vers 1935.

« Dès lors, ce qu'il reprochera aux univers multiples de la psychanalyse, c'est le manque d'ouverture et donc d'information et de compréhension envers la psychologie expérimentale ».

Cela, c'est du Zazzo tout pur, mais n'est nulle part formulé de cette manière par Piaget. C'est ainsi qu'on fait l'histoire.

« Et pourtant, a-t-il dit un jour, « je pense que mes travaux sont conciliables (dans les grandes lignes) avec le freudisme… mais il y a toujours un moment où la psychanalyse continue à vous raconter des choses avec assurance alors qu'on se demande quelles en sont les preuves » ».

Mais cela est vrai aussi d'une certaine manière des idées de Piaget en matière de biologie, de logique et d'épistémologie.

« Sa boutade est cruelle, mais elle est révélatrice de l'opinion de Piaget sur la pratique psychanalytique, et sans doute aussi sur toute pratique (?), lorsqu'il déclare à un journaliste « pour un homme normal, c'est très utile, mais dans les cas pathologiques, ça peut être dangereux » ».

Nul ne l'a jamais nié, et ce point de vue est très étroit d'esprit, quant au rejet de toute espèce de psychothérapie, si c'est ce que cela veut dire.

Cependant, « il a attaché une grande importance au travail de David Rapaport sur la notion de charge effective, travail qui conduit son auteur à établir une analogie entre la catharsis freudienne et les idées de Piaget sur l'assimilation. Et toujours à propos de catharsis, il considère avec intérêt la thèse d'Erikson selon laquelle le passé est sans cesse réorganisé par le présent, faute de quoi on ne comprendrait pas l'action thérapeutique qui est une levée des conflits grâce à une nouvelle organisation ».

Piaget a toujours entretenu un riche réseau d'amitiés dans la psychanalyse : « Rapaport et Erikson, mais aussi bien sûr ses amis de Genève, Odier, de Saussure, Henry Flournoy, mais encore Bowlby, Mélanie Klein, Erich Fromm, et j'en oublie dans cette énumération désordonnée ».

Ces liens paraissent avoir été bien plus nombreux, plus familiers et plus importants pour Piaget qu'avec ses collègues de renom en d'autres spécialités de la psychologie, mis à part Wallon et aussi Jérôme Bruner sur le tard. Laissons de côté le parisien et stérile Fraisse.

« Mais le plus important, c'est sans doute la contribution directe ou indirecte que Piaget a apportée à ce qu'on pourrait appeler la psychanalyse d'observation et d'expérimentation. Il faudrait pouvoir faire aujourd'hui la liste de tous ceux et celles qui, psychanalystes d'origine, sont devenus piagétiens en travaillant à Genève sans rien renier de leur première formation, et qui ont entrepris de mener de mener de front, en toute rigueur, la double observation du développement affectif et du développement cognitif ».

La thèse de « l'impossible rencontre », développée par A. Ohayon (1999), n'a pour la froncophonie suisse en tout cas, aucune espèce de consistance.

« Je citerai au premier plan de ma mémoire, Madeleine Rambert et son ouvrage sur *La vie affective et morale de l'enfant*, publié en 1949 avec une préface de Piaget où il parle du complexe de castration et du « choix de l'objet » affectif ; Käthe Wolff que René Spitz a appelée auprès de lui pour l'aider dans ses expériences après une longue période de formation à Genève ».

Ces liens avec des chercheurs de sexe féminin investis dans le champ de la psychanalyse doivent être pris en considération pour expliquer le grand retour de Piaget sur le thème de l'affectivité amorcé par le Cours de 1954 :

« Et surtout Gouin-Décarie, professeur aujourd'hui à l'université de Montréal, qui fut la première dans les années 60 à étudier expérimentalement sur une même population d'enfants les genèses de la notion d'objet et de la relation objectale, la première comme le souligne Piaget lui-même, à dégager nettement enfin les points d'accord et de désaccord entre le courant freudien et le courant piagétien, dans l'espoir d'une synthèse future ».

Les propos de Zazzo qui suivent sont d'un grand intérêt du fait d'aller contre sa propre pente d'esprit hostile à toute forme de mise en ordre systématique :

« Cette synthèse, il semble que Piaget en ait toujours rêvé. C'est elle qu'il présente comme un vœu, qu'il tente d'ébaucher dans la conférence qu'il donne en décembre 1970 dans la séance plénière du Congrès de l'Association américaine de psychanalyse.

« Avant le départ pour les États-Unis, il m'avait dit comme une bonne blague : « Je vais leur faire un topo sur l'inconscient chez Freud et l'inconscient chez Piaget .

« Malheureusement, déjà la vaniteuse et creuse Amérique fermait ses oreilles à l'Europe dont elle n'avait plus rien à apprendre :

« Il est allé là-bas, chez les Américains, chez les psychanalystes, avec tout le plaisir, l'enjouement quelque peu ému d'un jeune homme s'embarquant pour un monde inconnu.

« Il en est revenu déçu. L'étincelle qu'il espérait n'a pas jailli.

« Sauf pour Cobliner et quelques autres, devait-il écrire au retour de ce Congrès, j'ai malheureusement constaté chez ces psychanalystes le faible degré de compréhension des problèmes généraux ».

Et Zazzo de tenter d'ouvrir une porte qui depuis semble bien s'être fermée pour toujours :

« Le jour arrivera peut-être, comme le prévoit Piaget, où « la psychologie des fonctions cognitives et la psychanalyse fonctionneront en une théorie générale qui les améliorera toutes deux en les corrigeant l'une par l'autre » ».

Tu rêves et tu causes, tu causes en rêvant, Zazie, pardon, Zazzo...

12.13. Le thème caché de l'affect dans la critique de Freud et de Wallon par Piaget

Dans le même texte écrit en hommage funèbre à Piaget, dont est extrait le si intéressant passage ci-dessus sur la psychanalyse, Zazzo note tout juste avant que « selon lui (Piaget), l'affectivité ne crée rien intellectuellement ».

Or, une chose est très frappante dans les textes critiques très nombreux qui nouent le très riche dialogue entretenu par Piaget à l'égard aussi bien de Freud que de Wallon, c'est que la question de l'affectivité n'y est quasiment jamais engagée, tellement peu que l'on en vient à se demander si elle n'en représente pas le thème sous-jacent essentiel.

À Freud, Piaget reproche sa notion substantialiste de l'inconscient, et qui parle d'inconscient mobilise évidemment la question de l'affectivité.

À Wallon, Piaget reproche le rôle trop exclusif accordé à la maturation psychobiologique, au facteur social, au langage, et à la discontinuité. Facteurs derrière lesquels on se demande si ce n'est pas non plus la question de l'affectivité qui se dissimule aussi, disons d'une autre manière encore. C'est plutôt à Malrieu, le disciple de Wallon que Piaget s'autorise à lui faire reproche (1954) d'accorder un rôle excessif à l'affectivité. C'est Wallon aussi qui reproche à l'occasion à la perspective logiciste de Piaget de ne tenir aucun compte de l'affectivité.

Aussi bien est-ce comme si Freud et Wallon se retrouvaient sur le même banc des prévenus à subir la même accusation de Piaget, à propos du rôle de l'affect dans la psyché. Et on peut trouver intéressant de suivre cette hypothèse nouvelle pour mieux interpréter l'histoire de la psychologie européenne entre les années 20 et 80, avec les grands jalons significatifs qu'en représentent d'abord les deux Grandes Guerres mondiales, puis la Guerre froide.

Dans un texte écrit en 1980 et repris dans l'ouvrage cité de 1983, texte intitulé « Piaget et Wallon : un dialogue difficile », Zazzo, après avoir noté, comme pour jalonner son propos, que Piaget « s'inscrit dans la grande tradition évolutionniste où l'on trouve Freud et Wallon » et disait que « si on pense à l'application on retreint aussitôt les problèmes » - Wallon pensait de la même manière que « le premier devoir est d'imaginer » -, Zazzo répond comme suit à la question du journaliste sur « Quels étaient les rapports de Piaget avec cet autre géant de la psychologie de ce siècle, Henri Wallon ? » : « Il y avait une estime réciproque, mais l'un et l'autre n'étaient pas sur la même longueur d'ondes. Piaget était le psychologue de l'intelligence, Wallon celui de l'affectivité. Pour Wallon, l'émotion est créatrice et structurante pour l'enfant (*ce dont, insistons-y, Piaget ne lui a jamais fait le reproche explicite*). Piaget au contraire a fait porter ses recherches sur tous les domaines de la logique. Je crois qu'entre le primat de la logique chère à Piaget et celui de l'émotion pour Wallon, il y a en fait une très féconde complémentarité. Piaget était un formalisateur de génie ; Wallon un admirable clinicien qui avait horreur des mises en formules. Piaget, qui n'était pas partisan d'effacer les conflits scientifiques (*il était plus conciliant que Wallon*) a tenté à la fin de sa vie une fort émouvante réconciliation avec Wallon... Je suis persuadé - *espoir que le décès de la psychologie francophone depuis 1980 a totalement déçu* - que les travaux issus des écoles de Piaget et de Wallon, dans la mesure où ils apportent des faits, vont faire progresser la marche vers l'unité de la psychologie dont on parle tant ».

Dans un texte postérieur de 1983, intitulé « Entretien avec Anita Kechickian » (ibid.), Zazzo, sur cette opposition entre intelligence et affectivité comme leitmotiv de la confrontation entre Wallon et Piaget, dit ceci : « Piaget est le théoricien du développement cognitif. Il s'est donc intéressé non pas à l'enfant, mais au « sujet épistémique », à ce qu'il y a de commun à tous les sujets du point de vue intellectuel. Alors que Wallon est l'homme qui a dessiné avec le plus de force le projet d'une psychologie de l'enfant. Ce qui me paraît central dans son œuvre est la théorie des émotions. On s'imaginait jusqu'à lui que l'émotion était un brouillard, une perturbation de la pensée (*pas Rousseau ni les romantiques allemands !*) : quand on est ému, on n'a pas les idées claires. Il y a effectivement cet aspect mais l'émotion telle qu'elle se manifeste vers 3 - 4 mois est le premier moyen pour l'individu qui ne parle pas encore, d'établir un contact avec le milieu, d'exprimer ce que le corps éprouve. C'est à partir de là que Wallon a illustré sa dialectique, sa logique des contradictions : toute conduite a des aspects positifs et négatifs (*une doctrine du conflit psychique entre motifs mentaux contraires, qui le rapproche du modèle du conflit freudien entre instances*) ».

À partir de là, l'intervieweuse enchaîne avec beaucoup d'intelligence et tout naturellement une question sur la psychanalyse : « La psychanalyse a pris une place prépondérante en psychologie de l'enfant. Comment l'expliquez-vous ? ». À quoi Zazzo répond d'une façon extrêmement plate, si ce n'est même banale, et même vulgaire, et qui nous intéresse beaucoup en tant que symptôme de la déchéance de la psychologie française dès les années 80, plus haut évoquée, à l'égard du niveau où l'avait tenue les deux géants francophones de la période précédente :

« Je ne peux pas répondre étant donné la pluralité actuelle des écoles psychanalytiques, dont la gamme des écrits va de la poétique la plus exubérante (*Lacan ?*) jusqu'à l'instauration d'une science authentique de l'inconscient (*Spitz ?*).

« Pour me borner à Freud, je dirais que certaines de ses découvertes sont fondamentales, comme celle de la sexualité infantile (*qui n'intéresse plus en aucune manière la nouvelle psychologie de l'enfant*).

« Maintenant, il faut voir ce que devient la psychanalyse à travers ses vulgarisations, dans les délires des gourous qui se disent ses disciples, et dans l'amalgame qui s'est opéré entre la psychanalyse et un certain existentialisme. Un exemple caractéristique : le terme « vécu » dont on se délecte et qui n'appartient pas à la théorie de Freud (*c'est plutôt du Husserl, Erlebnis... et alors ?*). Nos étudiants prennent pour psychanalyse ce qui n'est qu'un minestrone, et souvent par la faute de leurs professeurs ».

On s'étonne que Zazzo qui a été agrégé de philosophie ait pu tenir dans les années 80 sur la formation des étudiants des propos aussi médiocres que ceux qui vont alors suivre, où il faut voir aussi le symptôme d'un effondrement déjà très ancien de la psychologie française : « Des réformes s'imposent. Je trouve aberrant que, dans toutes les universités, on commence par enseigner les grands systèmes... L'idéal serait donc que pendant les deux premières années du cursus universitaire, les étudiants aillent d'abord sur le terrain, voient des enfants et apprennent à lire des textes scientifiques (*des articles de revues à comité de lecture*), des comptes rendus d'expérience. Après seulement, ils pourraient fréquenter les grands auteurs ».

Eh bien, les réformes sont venues : les étudiants n'apprennent plus les grands systèmes, ni ne vont davantage sur le terrain, mais plutôt à la cafétéria. La plupart des usagers de l'université trouveront normaux les propos précédents, alors qu'on peut les considérer comme insensés, venant surtout de la part du principal disciple du « géant » Wallon. Le père et le fils, le maître et le disciple, c'est le jour et la nuit. On se demande si Wallon s'est un jour rendu compte que son principal héritier dans la discipline pouvait être aussi... inexplicablement sot, comment il a pu se laisser approcher par quelqu'un dont la forme d'esprit était aussi diamétralement opposée à la sienne propre. Lui, Zazzo, assistant de Wallon au Collège de France !

Effectivement, d'autres propos de Zazzo (ibid., 1983) sur ses conceptions intellectuelles et pédagogiques, dès après 1968, sont consternants, au moins pour moi : « un contre-enseignement (*il avait un côté opposant et même colérique, dans le genre d'Anzieu*) : privilégier les faits par rapport aux idées... tenir en méfiance les grandes théories... plutôt des articles que des livres, ceux-ci risquant de prendre le jeune lecteur au piège de leur cohérence, alors que ceux-là laissent voir la trame, les qualités et les défauts, les élans et les remords d'une recherche en train de se faire ». On sait aujourd'hui ce qu'en vaut l'aune - mais c'est l'éclat de rire ! - dans ce désastre du Radeau de la Méduse, cette catastrophe sans nom du Bateau ivre : en tout cas, je puis confirmer avoir vu de mes yeux, entre les années 70 et 85, de pareilles œillères, une telle étroitesse d'esprit, sorte de sottise jaillie du fond abyssal de la Haine (Bion) et de Passion de l'ignorance (Lacan) chez un Fraisse, chez un Reuchlin (pas chez Oléron du moins au même degré, ni chez Juliette Favez, ni chez Brès, ni chez Gagey).

Un autre propos de Zazzo nous intéresse encore dans ce texte, permettant d'une certaine manière d'expliquer ce que nous avons formulé plusieurs fois dans nos ouvrages (2004, 2006a, 2006b, 2007 a, 2007 b) du caractère aujourd'hui extrêmement conservateur, au point de vue idéologique et intellectuel, des psys français. Zazzo nous apprend que le pouvoir politique a tout simplement guillotiné, à un certain moment, la psychologie appliquée sous forme de la psychologie scolaire, parce qu'il la trouvait trop à gauche, pour ne pas dire franchement communiste - en tout état de cause marquée par « le socialisme radical » de Wallon. Propos qui d'ailleurs donne un rebond à ces sorties aussi furieuses qu'incompétentes qui continuent toujours (Robien, etc.) contre une prétendue méthode d'apprentissage global de la lecture, qui n'a jamais existé sous une forme pure, mais dont il se trouve que Wallon considérait qu'il s'agissait d'une approche intéressante dont l'avait informé dès les années 40 le psychologue belge Decroly. Comme j'ai parlé ailleurs de cette question, qui mérite plus de doigté que celui avec lequel elle est habituellement traitée dans les médias, je n'y reviens pas. Laissons parler Zazzo :

« En 1954, d'un trait de plume, le ministre a supprimé la psychologie scolaire. *Que s'est-il passé ?* Diverses choses : des rivalités de personnes au sein de l'inspection académique de Paris, dont dépendait la psychologie scolaire, et l'engagement politique de certains d'entre nous. La psychologie scolaire était suspecte aux gens de droite : on nous accusait Wallon et moi-même de distiller le communisme dans les écoles. Nous étions alors en pleine Guerre froide. Il a fallu attendre De Gaulle et la réforme Berthouin (1959) pour qu'elle réapparaisse. *Apparemment, elle n'a pas réapparu comme vous le souhaitiez.* Non »[643].

---

[643] Zazzo René : 1983, 27, 217, 231, 247, 257-259, 261, 264-268, 271-273, 275.

QUATRIÈME PARTIE : HIER ET AUJOURD'HUI

Sujet et/ou Personnalité ?

CHAPITRE 13

Les modèles de la personnalité en psychologie et en psychanalyse

13.1. Le sujet moderne en quête de personnalité ?

Le terme personnalité (Robert, 1495) désigne une notion aujourd'hui familière, au moins dans l'aire d'ensemble définie par la culture et la mentalité occidentales. Cependant, les champs d'application en sont très variés. En dehors de la psychologie et de la psychanalyse, dont il va être question dans un instant, le concept de personnalité concerne non seulement l'anthropologie culturelle, mais encore le droit et la jurisprudence, la théologie, la métaphysique et l'éthique. Son usage marque aussi la langue courante : forte ou faible personnalité, culte de la personnalité.

En psychologie et en psychanalyse, les perspectives actuelles à propos du concept de personnalité sont loin d'être fort claires, au point même qu'on a l'impression de se promener, comme Diogène avec une lanterne allumée en plein jour dans les rues d'Athènes, à la recherche de ce fantôme.

Rappelons qu'**il existe une doctrine freudienne** concernant la notion de personnalité, puisque c'est sous ce terme que se présente l'exposé de la deuxième topique dans les *Nouvelles conférences sur la psychanalyse* (1933) : « La décomposition de la personnalité psychique » : « *Die Zerlegung der psychischen Personlichkeit* »[644].

Jacques Lacan s'insère de ce fait même dans cette tradition, avec sa thèse parue en 1932 sous le titre *De la psychose paranoïaque dans ses rapports avec la personnalité.* Or la première partie de l'ouvrage comporte un chapitre d'une vingtaine de pages intitulé « Critique de la personnalité psychologique »[645], que nous serons amené à examiner ultérieurement, et qui se présente moins comme une condamnation de la notion de personnalité qu'un examen critique approfondi du sérieux de son contenu.

Ultérieurement, la **doctrine lacanienne** et le courant majoritaire important de la pratique psychanalytique en France qui s'en inspire ont pris distance vis-à-vis de cette bannière initiale pour mette en valeur et lui opposer, comme tout le monde le sait la notion de « sujet ». Dans ce nouveau cadre, la personnalité est assimilée plutôt au moi spéculaire et à ses colifichets, quand elle n'est pas rejetée comme le drapeau de l'autre psychanalyse, celle qui complote avec l'Egopsychology, et la

---

644 Freud Sigmund : 1933 a, G W 15, 62.

645 Lacan Jacques : 1932, *De la psychose paranoïaque dans ses rapports avec la personnalité*, Paris, Seuil, 1975, 31-53.

cousine germaine en somme de la psychologie officielle et de son discours universitaire.

Pour ce qui est de la psychologie, on ne peut guère dire que ses grands courants fondateurs se soient beaucoup intéressés au concept de personnalité, pas plus le béhaviorisme, centré sur le comportement, que la Gestalttheorie, préoccupée par l'étude des divers niveaux de formes psychologiques, principalement la perception et l'intelligence.

La **cognitivisation progressive** de toutes les branches de la psychologie à partir de 1956, mais qui ne s'est imposée qu'assez lentement dans certains pays, guère avant 1990 en France, a abouti à la mise en valeur par et pour la psychologie cognitive et ses filiales d'un objet tautologique défini justement par la « cognition », dans un champ où l'on ne voit plus guère d'intérêt pour la notion de personnalité.

En France, un ouvrage longtemps mis au pinacle, comme le *Manuel de psychologie expérimentale de Fraisse et Piaget* (1963-1965), présente un ordre des questions plutôt hétéroclite, pour ne pas dire sans queue ni tête, où l'on voit bizarrement apparaître le thème de la personnalité pris en sandwich dans un volume 5, suivi par la perception (? !) à peu près au milieu de la série qui en comprend 9[646].

Le thème de la personnalité reste un « objet noble », dans le volume *Psychologie* du *Manuel de philosophie* d'Armand Cuvillier (1947)[647], dans la *Psychologie* d'Albert Burloud (1948)[648], dans l'*Abrégé de psychologie à l'usage de l'étudiant* de Jean Delay et Paul Pichot (1964)[649], occupant sans conteste le sommet de la hiérarchie des fonctions psychologiques.

Il reste que l'« objet personnalité » semble avoir un moment, déjà sensiblement avant, mais pendant une trentaine d'années encore après, la Deuxième Guerre mondiale joué le rôle d'un agent fédérateur entre des disciplines très diverses de la psychologie, qui l'ont approché chacune selon des perspectives très diverses et en ont produit des modèles très variés. Ces recherches ont occupé, sans exclusive, des auteurs de nationalité allemande, suisse, belge, rarement française, anglaise et américaine.

Dans le champ de la psychologie proprement dit, le concept de personnalité organisait alors une **sorte de continent transnational** de la recherche et de la pratique, représentant l'un des organisateurs théoriques principaux de la coordination et de la systématisation théoriques, de l'approche pratique aussi, des faits de la vie mentale. L'auteur suisse Richard Meili pouvait écrire en 1963 : « La personnalité est l'objet dernier et partant le plus complexe de la psychologie. Il englobe en quelque sorte toute la psychologie et il n'y a aucune expérience en

---

646 I. Histoire et méthode ; II. Sensation et motricité ; III. Psychophysiologie du comportement ; IV. Apprentissage et mémoire ; V. Motivation, émotion et **personnalité** ; VI. La perception ; VII. L'intelligence ; VIII. Langage, communication et décision ; IX. Psychologie sociale.

647 XXI. Conscience, inconscience, personnalité.

648 XXIV. La personnalité ; XXV. Le caractère ; XXVI. La Conscience et l'Inconscient.

649 XIV. La personnalité (description, facteurs biologiques et facteurs sociaux). Tempérament et caractère ; XVI. Les méthodes d'exploration de la personnalité. Les théories de la personnalité.

psychologie qui n'apporte sa contribution à la connaissance de la personnalité ». Effectivement, la notion de personnalité trouve, dans cette période d'environ un quart de siècle (**1950 - 1975**), parfois avec des racines bien antérieures (Freud, Rorschach, Jung), application en psychologie sous la forme de modèles et de types d'approche très variés, élaborés dans des domaines hétérogènes : psychologie différentielle, psychologie sociale, psychologie du développement, psychologie clinique et pathologique, psychanalyse.

La diversité de ces contextes théoriques explique la **multiplicité des conceptions** et encore plus, des définitions de la personnalité, qui ont été proposées alors par les psychologues. En 1937, Allport relevait déjà cinquante définitions. Plus récemment, en 1972, Rapaport en a aussi recensé d'autres, en général d'un caractère technique encore plus marqué que les précédentes. Dans une perspective très comportementale, Cattell (1950) envisage la personnalité comme « ce qui permet de prédire ce que fera un individu dans une situation déterminée ». D'un point de vue plus marqué par des connotations d'ordre humaniste, Allport (1970) la définit comme « la manière unique qu'a l'individu de percevoir son environnement, y compris lui-même ». Dans une approche de type psychanalytique, Lagache prétend que « la personnalité comme telle n'existe pas : ce qui existe ce sont les réseaux de relation ».

L'une des définitions les plus connues de la notion de personnalité, et qui présente le mérite d'intégrer l'ensemble de ses composantes envisageables aura été celle proposée par Sheldon (1951) : il s'agit de « l'organisation dynamique des aspects cognitifs, affectifs, tendanciels, physiologiques et morphologiques de l'individu ». Malgré son caractère éclectique, voire même hétéroclite, cette définition très englobante s'offre comme un patron commun susceptible de recouvrir l'ensemble des différents modèles de la personnalité, selon la variété des registres de processus qui y reçoivent un accent spécifique.

Reprenant et développant une analyse du psychopathologiste allemand Jaspers (1913), le psychiatre et psychanalyste français Jacques Corraze (1985) propose, d'un point de vue épistémologique général, d'envisager le contenu du concept de personnalité selon quatre caractères essentiels.

Le premier consiste dans l'**individualité**, liée à l'unité. La notion d'individu psychologique trouve elle-même appui sur l'unité d'ailleurs relative de l'individu biologique, de l'organisation du vivant en système.

Le second consiste dans l'**autonomie**, ou encore l'indépendance, mais relative elle aussi, à l'égard de l'environnement, du monde extérieur. Une situation n'est jamais déterminante que si elle est, au préalable, intégrée à la structure de la personnalité.

Le troisième caractère est défini par la consistance, la stabilité, ou encore l'**identité**. La personnalité d'un individu présente « une structure qui demeure la même à travers le changement » (Lagache), et qui permet, à un degré également relatif, la prévisibilité de ses conduites. Ce caractère de consistance assure l'attente réciproque entre partenaires, sans laquelle la vie sociale ne serait pas possible. Cependant, il n'est pas admis par tous les psychologues, notamment certains béhavioristes, pour qui - et c'est là un trait commun curieux avec la pensée marxiste matérialiste-dialectique, inspirée par l'historicisme radical hégélien -, tout dépend bien plus du dehors que du dedans, de l'environnement que de la constitution, de l'acquis que de l'inné.

Le quatrième caractère enfin concerne les **motivations**, en tant que principe énergétique de l'activité. Sur ce point aussi, les psychologues sont partagés concernant la spécificité des motivations humaines par rapport aux motivations animales, et aussi la nature des déterminismes de forme culturelle susceptibles de moduler le jeu des motivations primaires.

L'ensemble formé par la réunion de ces quatre caractères permettrait en définitive d'envisager la personnalité comme le type de « totalité psychologique qui caractérise un homme particulier » (Meili, 1963).

13.2. La grande vérité commune mais cachée sur le dedans et le dehors

Les difficultés que pose le problème d'une définition cohérente de la personnalité tiennent en partie à la diversité des types d'approche et des modèles adoptés dans les différents domaines de la psychologie scientifique. Mais elles résultent aussi du fait, d'ailleurs en rapport avec une telle situation, que la notion de personnalité appartient à un ensemble de termes de signification plus ou moins parente, qu'elle rencontre à l'occasion, à moins parfois qu'ils ne s'y substituent entièrement, dans ces divers secteurs de modèles. Ces notions sont non seulement celle de personne (Lewin), mais encore celles de tempérament (Galien, Cabanis, Heymans et Wiersma, Kretschmer), et de caractère (Freud, Kretschmer, Wallon, Le Senne, Berger, Bergeret).

Dans cette constellation de vocables d'acceptions connexes, le terme personnalité représente le concept le plus extensif, désignant un type individualisé de structuration de l'ensemble de la vie mentale, une forme d'intégration spécifique et dynamique de la conduite globale. La structure de la personnalité résulte de l'interférence de trois ordres de facteurs : biologiques, psychologiques, et sociaux. Ces trois niveaux de facteurs sont en constante interaction selon une forme de causalité surdéterminée, de nature bio-psycho-sociologique. Les facteurs biologiques et les facteurs psychologiques sont, les uns et les autres, en partie héréditaires, en partie acquis.

Le terme **tempérament** (Robert, 1478) dénote l'ensemble des facteurs biologiques, héréditaires surtout mais aussi acquis, de la personnalité. Cet ensemble comporte des aspects statiques, c'est-à-dire morphologiques, et des aspects dynamiques, c'est-à-dire physiologiques.

Le terme **constitution** (id., 1546) met plutôt l'accent sur la composante héréditaire des aspects morphologiques, physiologiques, et aussi psychologiques, de la personnalité.

Le terme **caractère** (id., 1665) concerne, sur le plan psychologique, l'ensemble des dispositions stables de l'individu (Burloud), la manière habituelle et constante de réagir propre à chaque individu (Wallon). Le caractère se définit par la composante affective et conative, c'est-à-dire pulsionnelle et volitionnelle, de la personnalité. Il trouve la base de ses conditions biologiques dans le tempérament et la constitution. Un modèle concevable des interférence de ces diverses appellations est représenté par la figure 1 à la fin de l'ouvrage (p. 921).

La **personne** (Robert, 1180) désigne l'individu humain concret en interaction dynamique avec un cadre de situations concrètes, qui le spécifie selon des identifications, des rôles et des statuts. Cette notion diffère du concept plus abstrait de personnalité, comme structure organisant l'ensemble des conduites. Elle renferme celle de **conscience corporelle**, aussi bien que celle de **conscience de soi**,[650] c'est à dire d'un **moi individuel** (*self*) (id., 1583). La formation de la personne définit le processus de **personnalisation**, qui s'effectue dans un contexte à la fois intersubjectif et historique (Wallon, Malrieu, Winnicott).

Ces termes dont les significations réfèrent les unes aux autres sans pourtant se recouvrir, ont été mis en valeur avec des différences d'accent par les divers modèles de la personnalité.

Par ailleurs, la psychologie, dont la formulation scientifique s'établit progressivement à la jointure du XIXe et du XXe siècles, a alors commencé à adapter à son propre champ le concept de personnalité, dont elle recevait l'héritage au terme d'une longue histoire de la culture occidentale, qui en avait élaboré dans d'autres contextes des acceptions différentes, principalement **d'ordre juridique, religieux, et moral**. Or, en dehors du facteur précédemment évoqué de la diversité des modèles, ce facteur d'ordre historique pèse aujourd'hui encore sur la signification du concept psychologique de personnalité, contribuant à en surdéterminer la complexité.

Ce qui est intéressant, dans ce champ d'investigation fédéré par le thème de la personnalité, c'est que l'on y voit, que l'on y a vu intervenir des psychologues de spécialités très différentes, en même temps aussi que des psychopathogistes et/ou psychanalystes, comme on l'a déjà ressenti dès le début de cette étude (Lagache, Corraze). Cela ne signifie qu'il ait jamais été à un moment question d'une quelconque synthèse de la psychologie et de la psychanalyse. Malgré tout, c'est peut-être dans cet espace d'un ensemble d'approches diversifiées du thème de la personnalité qu'**aurait pu s'enraciner le projet lagachien** d'une unité de la psychologie dont la psychologie clinique eût été - au moins dans son esprit, le noyau dense.

Ce qui reste, malgré cet échec historique, c'est tout de même une rencontre surprenante : malgré leur énorme diversité, presque tous les modèles se sont accordés - sans d'ailleurs s'en être jamais rendu compte, puisque aussi bien la plupart du temps ils se sont ignorés historiquement, en se développant en pleine indépendance les uns de autres -, sur le même dénominateur commun de vérité, à savoir qu'il existe deux modes fondamentaux de fonctionnement psychique, opposés de façon polaire (y compris les organisations mixtes) : ceux tournés vers le dehors (**extraversion**), et ceux tournés vers le dedans (**introversion**). C'est ce point d'importance cardinale qui, de tous les horizons de la psychologie, vient à la

---

[650] Conscience date de la fin du 12ème siècle.

rencontre de la psychanalyse, plutôt centrée il est vrai, sur les notions de projection et d'introjection, qui lui sont spécifiques, mais qui par ailleurs n'expriment rien de fondamentalement différent. Cette rencontre étonnante, dont on a pointé plus de haut d'extraordinaires **anticipations** (Al Ghazali, Shaftesbury, Hegel) n'a jamais poussé ses protagonistes venus de lieux si divers à se jeter dans les bras les uns des autres, tant il a toujours mieux valu que chacun se tienne à sa place, sans que ce soit une raison d'ignorer, quand ce n'est pas de grenader, de mitrailler, de bombarder les autres, comme c'est devenu la mode aujourd'hui.

13.3. Histoire ancienne et moderne du concept de personnalité

L'histoire du concept de personnalité est intimement liée, dans la culture occidentale, à celle de la notion de personne. La première étape en est représentée, selon une grande complexité de formes, par la civilisation romaine.

Le terme **persona** désigne en latin le masque des acteurs, et par suite le rôle, le caractère, le personnage symbolisé par celui-ci. Il en existait soixante-seize correspondant à des caractères fixes, qui induisaient chez le spectateur l'attente de comportements et d'attitudes déterminés.

Par ailleurs, la *persona* est aussi l'attribut du citoyen (*civis*) comme ayant droit à un prénom (*praenomen*), un nom (*nomen*) et un surnom (*cognomen*). Le surnom a rapport avec l'image (*imago*), c'est-à-dire le masque de cire moulé sur la face de l'ancêtre mort, et conservé à la maison.

À partir de cette notion de la personne civile, représentée dans le système complexe de la nomination, le **droit romain** élabore, entre le 1er et le 3ème siècles, la notion moderne de personne juridique. L'être humain y est conçu comme une personne physique, définie par l'aptitude à être sujet des droits et devoirs déterminés par la loi. Sujet de droit en particulier par rapport à d'autres personnes collectives qualifiées de personnes ou personnalités morales : il peut s'agir d'entités administratives, d'associations, de fondations.

Dans la longue histoire de la **philosophie stoïcienne** (4ème siècle av. J.-C. - 4ème siècle ap. J.-C.), le terme *persona* et son équivalent grec *prosopon* intègrent en premier lieu les significations précédentes : tout d'abord masque, image superposée, jusqu'au sens de l'artifice, avec les connotations de caractère et de personnage. S'y ajoute la notion de personne juridique définie par les légistes romains. Cependant, les stoïciens de l'époque impériale (Sénèque, Épictète, Marc-Aurèle) y superposent à partir du 1er siècle ap. J.-C. d'autres acceptions : celle de conscience morale et psychologique à la fois (*conscientia, suneidésis*), au sens d'être conscient, indépendant, autonome, libre, responsable. Celle aussi de personnalité, conçue comme de nature humaine et divine à la fois. La *persona* y conserve le sens de rôle, mais compris de manière élargie comme la fonction assignée par la Providence à chaque homme dans sa vie.

À côté de ce double contenu juridique et moral, de source gréco-latine, le concept moderne de personne comporte aussi une racine religieuse, dont le terrain est la **tradition judéo-chrétienne**, d'abord à peu près contemporaine du courant précédent. Déjà l'Ancien testament, mais surtout les Évangiles prescrivent l'amour de tous les hommes, l'amour du prochain identifié à l'amour de Dieu, « mise à part toute acception de personne » (Jean). La langue française au moins rend de manière très caractéristique ce trait de la philosophie chrétienne - le personnalisme élaboré dès l'articulation des philosophies antique et médiévale, consistant à ne dénier à « personne » la notion même de *personne.*

De fait, le développement ultérieur de la doctrine chrétienne, à partir déjà du 2ème siècle ap. J.-C., a contribué à transformer la personne morale de la dernière philosophie antique en entité métaphysique. Les premiers débats théologiques ont concerné les problèmes connexes de l'unité de la personne et de celle de l'Église, par rapport à l'unité de Dieu. À la suite des conflits entre Ariens et Pélagiens, les conciles de Nicée (325) et d'Éphèse (433) élaborent le dogme de l'unité des trois personnes divines d'une part, des deux natures humaine et divine du Christ, d'autre part. Ce **schème trinitaire** représente l'origine historique du modèle dialectique, dont les variations successives complexes seront bien plus tard produites par les grands représentants de la philosophie critique, romantique et matérialiste allemande (Kant, Fichte, Schelling, Hegel, Marx). Un peu plus tard, les théologiens Boèce et Cassiodore (6ème siècle) définissent la personne comme « la substance individuelle d'un être raisonnable ». Cette conception théologique trouve son aboutissement dans la philosophie morale de Kant, qui envisage l'être raisonnable de la personne comme une fin en soi, dotée de valeur absolue et de dignité, en tant que sujet d'une loi morale autonome. Il l'oppose à la chose, qui n'est que moyen, investi d'une valeur relative, et n'a seulement qu'un prix.

Dans le **courant du 17ème et du 18ème** siècles, se développe la notion de la personne comme connaissance de soi, conscience individuelle, être psychologique, en rapport avec la formation de la catégorie du moi. Ce courant nouveau passe par Luther (1483 - 1546), Montaigne (1533 - 1592), Descartes (1596 - 1650), Pascal (1623 - 1662) et le courant janséniste, La Rochefoucauld (1613 - 1680), Spinoza (1632 - 1677), Leibniz (1646 - 1716), Vauvenargues (1715 - 1747), Hume (1711 - 1776), l'Encyclopédie (Diderot, d'Holbach, Helvétius), Rousseau (1712 - 1778), Chamfort (1741 - 1794), en partie par la *Déclaration des Droits de l'Homme* (1789), sur laquelle on va revenir un peu plus loin. Enfin la catégorie du moi, comme condition à la fois de la conscience et de la science, prend forme précise (*das Ich*) dans les philosophies de Kant (1781) et de Fichte (1797). Ce thème du moi est élaboré également en rapport avec sa composante organique, son substrat corporel, par les Idéologues, médecins et philosophes français du début du 19ème siècle : Destutt de Tracy (1801), Cabanis (1802), Broussais (1816), Maine de Biran (1813).

Cet écheveau de références peut se démêler et se répartir en **cinq traditions principales** : celle de la spiritualité protestante (Luther et Calvin), celle des moralistes français (Montaigne, Pascal, La Rochefoucauld, Vauvenargues, Chamfort), celle de la philosophie classique (Descartes, Spinoza, Leibniz, Hume), celle de la philosophie politique française du 18ème siècle (Encyclopédie, Rousseau, Déclaration de 89), celle de la philosophie médicale du début du 19ème siècle (Destutt de Tracy, Cabanis, Broussais, Maine de Biran). Ces différentes traditions convergent et font nœud dans la grande période de la philosophie critique et romantique allemande de 1780 à 1830 environ : Kant, Fichte, Schelling, Hegel. C'est de cette période que sont sorties toutes les idéologies modernes concernant l'individu et la société, la Personne et l'État.

Au terme de ce trajet culturel complexe, le concept de personnalité est pour la première fois introduit dans le domaine de la psychologie pathologique par Ribot (1885), à propos des phénomènes alors en vogue de dédoublement de la personnalité, dont la frontière est parfois mince, dans les descriptions de l'époque, avec la notion freudienne ultérieure de conflit entre instances psychiques.

La **philosophie juridique** des textes législatifs de grande notoriété historique semblerait *a priori* aussi ouvrir un chantier important pour l'investigation des notions de personne et de personnalité. On s'attendrait évidemment à voir évoquer de telles notions en particulier dans les textes de Constitutions, Déclarations, Conventions, et Pactes en vigueur dans le champ éthico-juridique, idéologico-philosophique de ce qu'on appelle d'ordinaire les **« Droits de l'Homme »**. Cependant, on est très surpris de constater qu'elles n'y sont pas très fréquentes, ou du moins pas tout à fait sous la forme attendue.

Il existe un petit recueil comportant l'ensemble essentiel des textes de ce type, une trentaine, promulgués entre 1215 et 1998. Jean-Jacques Gandini, l'auteur de cet ouvrage sur *Les droits de l'homme*,[651] qui intéresse beaucoup notre sujet, à réparti ces textes en 5 rubriques : (1) France ; (2) Pays anglo-saxons avant les Nations Unies (ONU) ; (3) Nations Unies (ONU, 1948) ; (4) Pays Européens (1950-1975) ; (5) Pays en voie de développement.

Nous avons fait sur ces 150 pages de textes environ une statistique portant sur l'ensemble des termes susceptibles de dénoter ou au moins de connoter de plus ou moins près la notion de personnalité, dont voici les résultats sommaires donnés en occurrences de chacun des termes. Ces résultats sont aussi surprenants qu'intéressants, même si décevants par rapport à notre hypothèse initiale.

État (260), personne (179), homme (139), enfant (137), peuple (118), citoyen (63), femme (61), individu (39), société (30), famille (22), personne humaine (16), travailleurs (15), être humain (11), nation (8), paysans, soldats, ouvriers (8), humanité (7), sujets (5), classe (3), exploiteur (3), personnalité juridique (3), civilisation (2), droit des gens (2), masse (2), patrie (2), paysans, ouvriers, soldats (2), communauté internationale (1), famille humainc (1), paysans (1), paysans, ouvriers (1), personnalité de l'enfant (1), personnalité de la femme (1), personnalité humaine (1) ; total : 1144.

La ventilation des termes utilisés dans ces textes est donc fort intéressante, même si donc elle doit décevoir beaucoup, comme on en a prévenu, à propos du concept de personnalité (5 occurrences sur 1144, 0,0044 % !), ce qui semble signifier qu'un tel concept relèverait des champs de la psychologie (depuis Ribot) et de la philosophie (depuis des siècles), plutôt que de la sphère éthico-juridique, formulation qui en elle-même n'est ni claire ni simple - plutôt même problématique. Il est vrai que d'autres notions se substituent à celle de personnalité dans de tels

[651] Gandini Jean-Jacques : 1998, *Les droits de l'homme*, Paris, EJL.

textes, et en tiennent le rôle, la remplaçant en quelque sorte par défaut : être humain (11), homme (139) très souvent écrit surtout à l'époque moderne avec une majuscule, mais aussi et surtout, personne (179), personne humaine (16), étant entendu, comme on va le voir un peu plus loin, que le corps particulier des textes qui mettent en valeur cette notion de personne la mentionnent la plupart du temps dans le sens ordinaire de personne physique plutôt que de personne morale au sens psychologique et philosophique. Si en cumule l'ensemble de ces dernières occurrences avec les 6 précédentes du terme de personnalité proprement dit, on aboutit à un panorama un peu différent (351, donc environ 32,5 %, c'est-à-dire le tiers des des occurrences).

Il est donc clair qu'un certain décalage existe entre l'usage de la notion de personnalité, au sens éthique et religieux, de même que psychologique et philosophique, et l'usage des notions de personne, d'homme, d'être humain, au sens juridique et politique, dont la raison échappe mais serait intéressante à mieux élucider à l'égard de la question moderne si insistante des « droits de l'homme ».

Les textes français (1789 - 1958) (127), à partir des très célèbres *Déclaration des Droits de l'Homme et du Citoyen* (1789, 1793) sont centrés par trois termes majeurs : homme (34), citoyen (23), peuple 23), individu (7), nation (7).

Les textes anglais et nord-américains anciens (1215 - 1787) (55) mettent donc en avant essentiellement le terme de personne, employé de manière isolée dans son sens physique courant par exemple « toute personne » - qui a rapport avec la très vieille notion du droit anglais d'*habeas corpus*, cependant que « homme » est très peu représenté (4), à côté d'ailleurs de « sujets » (5, de la monarchie anglaise), ce qui exprime une philosophie complètement différente de celle de la France, s'il était besoin d'insister sur ce sujet.

Les textes onusiens (ONU, 1948 - 1990) (575) mettent en présence d'une révélation très étonnante : les plus représentés sont État (190), ce qui a un rapport peu surprenant avec la notion jusqu'alors sans précédent d'État membre de l'Organisation, et ensuite dans l'ordre : enfant (129), personne (84), homme (58), femme (51), famille (16), peuple (8), le reste étant à peu près négligeable (26).

Les textes récents des pays européens (Rome 1950, Helsinki 1975) (79) mettent en valeur surtout trois notions : personne (26), État (25), homme (12), avec aussi peuple (6), individu (3), société (3).

Les textes des pays en voie de développement (198) valorisent surtout les notions de peuple (73), personne (30), homme (29), État (21), individu (11).

Nous avons isolé, dans le classement de l'auteur une sixième rubrique (110), comportant les deux grands pays socialistes, la Russie (1918) et la Chine (1982), parce qu'elle nous a paru par elle-même comporter une physionomie très intéressante, avec trois notions essentielles : citoyen (36) - surtout en Chine comme dans la France Révolutionnaire, ce qui est très surprenant -, État (19), travailleurs (12), ouvriers-paysans (-soldats seulement en Russie) (8), avec aussi, de façon significativement intéressante, enfant (3), classe (3), exploiteur (3), masse (2).

Pour en venir à la notion de personnalité elle-même, elle apparaît, non pas isolée, mais dans 4 locutions différentes : personnalité juridique (2) - pour la première fois dans la *Déclaration universelle des Droits de l'Homme* (ONU, 1948, puis 1966), personnalité humaine (1) - (une seule fois dans ONU, 1966), personnalité de l'enfant (1) - (ONU, 1990), et enfin personnalité de la femme (1) - reconnue *last but non least* dans la *Constitution de la République islamique de l'Iran* (1980).

Il apparaît qu'**Anglais et Américains** ont joué un rôle idéologico-politique très important dans l'inauguration de certains de ces concepts : homme (hommes libres, Angleterre 1215), individu (Angleterre, 1689), peuple (Angleterre, 1689), homme (USA, 1776), humanité (USA, 1776), citoyen (USA, 1787), État (USA, 1787), personne aussi, on l'a souligné (Angleterre, 1215), pour subir ensuite, certaines, un renforcement considérable dans les textes français ultérieurs (homme, citoyen, peuple surtout en 1789 et 1793, personne et individu sensiblement moins), cependant que la **France aussi proposait d'autres innovations** : société en 1789 et 1793, avec, en outre, en 1936, ce qui a rarement été remarqué : être humain, personne humaine, femme, civilisation, travailleur (repris de Russie 1918), communauté internationale, dont certaines se répandaient du reste avec moins de succès hors de la France elle-même : nation (1936, 1946), civilisation (1936).

13.4. L'anthropologie culturelle

Cette discipline, qui englobe l'ethnographie et l'ethnologie, a pour objet l'étude comparée des diverses cultures, en particulier celles qualifiées traditionnellement de primitives. Dans ce cadre, elle s'est attachée à définir la problématique essentielle des rapports entre personnalité et culture. Les recherches sur le terrain (Malinowski, Benedict, Mead) ont contribué à préciser le concept psychologique moderne de personnalité, en le confrontant à d'autres formes de représentations de l'individualité humaine. Ces recherches ont même abouti, chez Kardiner et Linton, à l'ambition théorique plus vaste d'un modèle général de la personnalité, qui présente l'intérêt de se situer au carrefour de la psychologie, de la sociologie, de l'ethnologie, et de la psychanalyse. L'anthropologie culturelle a fourni également la source des développements plus récents de la psychologie dite interculturelle (Stork, Nathan).

D'après Marcel **Mauss** (1938), les Indiens d'Amérique du Sud et du Nord, les Australiens aussi, se représentent le clan comme constitué par un certain nombre de personnes, ou plutôt de personnages, dont la fonction sociale est désignée par un nom. Hérité d'une lignée d'ancêtres, le nom représente, pour celui qui le porte, le droit à un personnage, à l'exercice d'une fonction. Aux divers types de personnages sont associés des masques, des rituels, des danses.

Bronislaw **Malinowski** (1922, 1927, 1932) a été amené, par ses observations sur les indigènes des îles Trobriand, à mettre en doute **l'universalité du complexe d'Œdipe**, auquel la doctrine freudienne attribue un rôle fondamental dans la structuration de la personnalité. Toutefois, au terme d'enquêtes menées aussi en Mélanésie, l'anthropologue et psychanalyste Geza **Róheim**, s'est opposé aux conclusions de Malinowski.

Ruth **Benedict** (1934) envisage les diverses cultures comme des configurations définies par des patrons (*patterns*), auxquels se conforment les conduites des individus. La culture est une matrice au sein de laquelle s'organisent les personnalités particulières. Cependant, elle se caractérise elle-même, à une échelle plus vaste, par une personnalité propre. Il existe des **personnalités culturelles** de type apollinien (Pueblo), dyonisiaque (Indiens nord-américains), paranoïde (Dobu), mégalomane (Kwakiutl). Toutes métaphoriques qu'elles soient, ces appellations correspondant à des descriptions pittoresques, parfois spectaculaires, et en tout cas restées depuis très suggestives.

Margaret **Mead** (1928, 1930, 1935) s'intéresse moins à la culture en elle-même qu'à l'individu, en tant qu'il est modelé par celle-ci. À cet égard, les formes de la vie familiale, l'organisation des activités de l'enfance et de l'adolescence, jouent un rôle déterminant. La crise d'adolescence n'existe pas dans certaines sociétés. La culture représente un modèle fondamental d'identification pour l'enfant, en particulier mais pas toujours à l'image du père. Le système éducatif engendre trois formes de tempéraments ou personnalités : les chefs et les saints qui reproduisent le type traditionnel de personnalité privilégié par le modèle ; la masse sociale qui en présente seulement les traits dominants ; et enfin les individus doués, les marginaux, qui constituent un facteur de changement, et que la culture peut par ailleurs se soumettre en les annihilant. L'observation des diverses sociétés primitives permet de les caractériser chacune par un tempérament culturel, marqué selon les cas par la douceur, l'agressivité, voire l'appétit sexuel. La culture américaine contemporaine serait marquée par la dégénérescence du rôle du père et la difficulté pour les garçons de s'identifier à l'image de celui-ci. À cet égard, l'intensive féminisation de l'éducation favoriserait plutôt le développement des enfants de sexe féminin.

Le psychanalyste **Kardiner** et l'ethnologue **Linton** (1936, 1939, 1945) ont élaboré, en association étroite et durable, l'importante notion de **personnalité de base**, envisagée comme le dénominateur commun, dans une culture donnée, des personnalités individuelles.

La culture se définit d'après eux comme la configuration totale des institutions, c'est-à-dire en termes plus concrets, comme la totalité des comportements appris et partagés par les membres d'une société (fig. 2, p. 921).

La personnalité de base représente une forme moyenne, modale, de personnalité. Elle constitue une configuration stable et intégrée de modèles culturels et de valeurs communes, qui permet la socialisation de l'individu, en préservant la congruence sociale. Dans l'édifice culturel, la personnalité de base forme une strate intermédiaire entre deux niveaux d'institutions. Les institutions primaires, définies par le système éducatif, sont le déterminant sous-jacent qui modèle la personnalité de base. À l'autre extrême, les institutions secondaires constituent un système projectif, qui reflète la personnalité de base en exprimant sa réaction à l'action des institutions primaires. Le contenu des institutions secondaires est représenté par la religion, les rituels, les tabous, les folklores, les mythes.

Saisie entre ces deux strates, la personnalité de base apparaît à la fois comme le **produit et le facteur productif de la culture**. Elle comporte quatre dimensions principales : les techniques de pensée, les systèmes de sécurité contre l'anxiété, le système du surmoi, et l'attitude à l'égard des êtres surnaturels. Cette notion présente certains rapports avec celle de **caractère national** proposée à peu près à la même époque par Fromm.

En dehors des institutions secondaires, le mécanisme projectif de la personnalité de base s'exprime également par une échelle de formes de comportement, dont les degrés vont d'un caractère implicite et généralisé à un caractère explicite et spécifique. Ces deux extrémités de l'échelle se définissent respectivement par les termes d'attitude et d'habitude.

Sur le substrat de la personnalité de base, des systèmes valeur-attitude déterminent divers types de personnalités statutaires. Le statut est la place qu'un individu occupe dans un système particulier d'attitudes : homme-femme, enfant-adolescent-adulte, noble-bourgeois-esclave. Le statut est spécifié par un rôle, qui en représente l'aspect dynamique. Un individu a plusieurs statuts, dont un seul est actuel dans un contexte donné, les autres restant provisoirement latents. La cœxistence pour un même individu de statuts dont les rôles sont incompatibles, donne lieu à des conflits. Enfin les statuts et les rôles offrent la base sur laquelle se spécifient les réponses explicites, sous la forme d'habitudes adaptées à des contextes de situations plus restreints.

Le continuum des normes et des modèles culturels, étalé du pôle implicite vers le pôle explicite, canalise en types de conduites habituelles et de réponses affectives l'ensemble des motivations, c'est-à-dire des besoins physiologiques et psychiques de l'individu. À cet égard, le système de Kardiner et Linton n'accorde qu'un **rôle limité au facteur physiologique**, pour mettre l'accent principal sur le facteur psychologique, tout en réduisant le rôle **de sa composante héréditaire**. Dans la tradition du béhaviorisme, dont ils amendent cependant l'élémentarisme atomistique par l'idée de totalité, Kardiner et Linton mettent en valeur le rôle décisif de l'éducation. En raison de la plasticité, de l'indétermination initiale de l'être humain, on ne peut **guère parler d'une nature humaine universelle**. Ce privilège de l'éducation par rapport à ce que le marxisme appelle l'infrastructure a été reproché à Kardiner et à Linton, encore que le marxisme ait en commun avec le béhaviorisme le fait de **« croire en l'éducation »**. Cependant, tous deux avaient conscience que leur appareil conceptuel ne pouvait pas être élargi sans problème à partir de l'étude des sociétés primitives vers celle des sociétés développées. Et ils ont fini par inscrire les conditions matérielles de vie dans la base primaire des institutions.

Comme Margaret Mead, Kardiner et Linton se représentent aussi l'individu, bien que sa fonction consiste à perpétuer la cohésion de l'ordre culturel, comme un facteur éventuel de novation sociale.

Les conceptions psychanalytiques de Kardiner et de Linton prennent des **libertés avec la pensée freudienne orthodoxe** en l'orientant vers une perspective comportementaliste et adaptative, qui rappelle les vues, à peu près contemporaines, de la tendance américaine en psychanalyse appelée Psychologie du moi (*E-gopsychology*).

La revue précédente fait apparaître à quel point les vues de l'anthropologie culturelle en matière de personnalité ont été marquées pendant des décennies déjà par la mentalité particulière liée à l'idéologie états-unienne : celle-ci, malgré les différences entre systèmes, est marquée par un **psychologisme naïf** qui met en avant un individu en général désinséré du cadre macro-économique, social et historique de ses déterminants, pour le rattacher à des cercles de déterminismes plus petits, de densité moindre et de pression plus contingente. Cette façon de raisonner est très apparente dans le type de discours idéologico-politique très américanophile tenu par un Nicolas Sarkozy, tendant à majorer le poids exclusif de l'initiative individuelle, du capital des qualités personnelles natives, dans la maîtrise des ressources et du contrôle social. Outre cela, le nouveau système politique français tend à fonctionner d'une manière de plus en plus clanique, en traitant les citoyens comme les membres de sociétés primitives, au moyen de discours à composante fortement mythologique, de jeux de rôles à finalités identificatoires, et de manipulations sociales fondées sur des affects très primaires.

On dira ici quelques mots de la **civilisation égyptienne** qu'il pourra sembler très surprenant de voir mentionner dans le cadre de l'anthropologie culturelle des populations primitives. De fait, l'Égypte ancienne présente le paradoxe d'une mentalité morale très évoluée, beaucoup plus proche de la sagesse grecque que de la brutalité romaine, et parfois même déjà peu éloignée d'un certain humanisme chrétien - fait très apparent dans certains passages de la confession des morts[652] - et de conceptions qui nous sont totalement étrangères quant à la nature du principe spirituel et de l'être personnel : il existe en fait plusieurs principes spirituels, une pluralité d'âmes, libérées par la mort tout en gardant des liens avec le cadavre qui continue à vivre dans le monde souterrain. En plus de son corps matériel (*djet*), l'individu possède un *akh*, principe immortel et force divine, représenté par un ibis, esprit ou fantôme après la mort ; un *ba*, principe spirituel aussi, libéré après la mort et symbolisé par un oiseau à tête humaine ; un *ka* qui a besoin d'être nourri après la mort et ne peut se perpétuer que sur le support du cadavre rendu impérissable après la momification ; et en plus, un *shouyt*, une ombre. Enfin, le nom de l'individu est vivant, il suffit de le prononcer même après la mort pour perpétuer l'existence de celui qui le porte. Ces conceptions se perpétuent en partie chez les anciens grecs, chez Platon et chez Aristote, qui admettent l'existence de trois âmes, et même un certain temps encore, sous certaines formes au moins, chez les docteurs chrétiens.

13.5. Les typologies morpho-physio-psychologiques

Ces modèles, développés principalement par Kretschmer et Sheldon, peuvent être qualifiés de morpho-physio-psychologiques, dans la mesure où la

[652] Grimal Nicolas : 1988, *Histoire de l'Égypte ancienne*, « Je n'ai pas maltraité les gens ; je n'ai pas fait le mal ; je n'ai pas appauvri un homme dans ses biens ; je n'ai pas affligé ; je n'ai pas affamé ; je n'ai pas fait pleurer ; je n'ai pas tué ; je n'ai pas ordonné de tuer ; je n'ai fait de peine à personne ; je n'ai pas ôté le lait de la bouche des petits enfants », Paris, Fayard, 187-188.

description des traits morphologiques y offre étayage à celle de traits physiologiques d'une part, psychologiques d'autre part, ce dernier aspect distinguant par ailleurs deux sous-étages, l'un normal (voire paranormal), l'autre pathologique.

La notion de **type**, qui signifie étymologiquement caractère (grec *tupos*), comporte des connotations d'ordre historique avec la *persona* latine, au sens de masque, rôle, personnage. Quant à elle, la notion de **trait** trouve son origine dans la langue commune, au sens par exemple de disposition psychologique. Elle réfère aux caractéristiques de stabilité et de consistance des conduites, dont il a été question plus haut dans le modèle des descripteurs fondamentaux de la personnalité proposé par Jacques Corraze.

Les types représentent habituellement des liaisons de traits, propriétés ou qualités, dans un sens comparable à la notion de syndrome en médecine, ou à celle d'espèce en systématique animale. Dans certains cas où l'on considère un trait unique présentant une distribution gaussienne continue, par exemple le trait de personnalité introversion-extraversion, les types correspondent aux sujets isolés aux deux extrémités de la distribution, ainsi les types introverti et extraverti, alors que la majorité des sujets occupe la zone intermédiaire.

Les diverses typologies se sont appuyées sur l'observation **tantôt d'individus sains, tantôt de sujets pathologiques**. Dans le second cas, on a invoqué l'hypothèse que la maladie se développerait sur un continuum comme un fonctionnement **en excès, ou parfois en défaut**, par rapport à l'état normal (Comte, Broussais, Bernard, Ribot, Freud, Kretschmer). Par ailleurs, ces typologies issues de l'observation de cas pathologiques, peuvent être aussi bien purement psychologiques que morpho-physio-psychologiques.

La typologie constitutionnelle du psychiatre et psychologue allemand Ernst **Kretschmer** (1921, 1927) est dérivée de l'observation de cas pathologiques, corroborée ultérieurement par celle de sujets normaux. Dans le cadre fourni par le diagnostic psychiatrique courant, sa méthode, fondée sur le coup d'œil exercé du clinicien, consiste dans l'appréciation visuelle des proportions corporelles. Celle-ci est précisée par le recours à des index anthropométriques et à la photographie. L'inspection des caractères somatiques est suivie d'une enquête psychologique. Enfin, les élèves de Kretschmer ont complété ses propres conclusions par de nombreuses données de type expérimental (Rohracher, 1961).

Kretschmer distingue trois types constitutionnels principaux et un type accessoire. Il y ajoute une famille de personnalités psychopathiques de type plus réactionnel que constitutionnel. D'après lui, le type constitutionnel représente une structure dépendant d'une hérédité multifactorielle. Il comprend un aspect somatique, ou type biologique, et un aspect psychologique. Ce dernier se définit par la prédisposition à une espèce particulière de psychose, conçue comme une forme extrême de manifestation, en continuité avec deux formes de tempérament, l'une normale, l'autre psychopathique ou prépsychotique. L'analyse de l'aspect psychologique se relie à celle de l'aspect somatique par la présupposition d'un élément humoral commun (Hippocrate), qui fournirait le substrat de types différentiels de processus tels que la psychomotilité, ou le rythme psychique, et enfin la psychesthésie ou tonalité affective (fig. 3, p. 921). La résistance à travers les âges de ce modèle hippocratique, de l'époque grecque classique jusqu'à l'époque contemporaine, représente d'ailleurs un phénomène idéologique étonnant.

Le type **pycnique** est caractérisé par une morphologie d'aspect large, court et gras. Il est prédisposé sur le plan pathologique à la psychose maniaco-dépressive. Les deux formes normale et prépsychotique du tempérament sont appelées cyclothyme et cycloïde. Du point de vue psychologique, les cyclothymes sont tous sociables, aimables, ont une adaptation facile et le sens de la réalité concrète. Mais il en existe deux groupes, l'un au tempérament gai, plein d'humour, vif et emporté, l'autre au tempérament tranquille, calme, doux et plutôt triste. Il existe aussi, entre ces deux pôles marqués par l'excitation et la dépression, une série continue de tempéraments intermédiaires.

Le type **leptosome** présente une morphologie d'aspect étroit, mince, élancé. Il est prédisposé sur le plan pathologique à la schizophrénie. Les deux formes, normale et prépsychotique, du tempérament sont appelées schizothyme et schizoïde. Du point de vue psychologique, les schizothymes sont généralement peu sociables, tranquilles et taciturnes, réservés, graves. Il en existe aussi deux groupes contrastés : l'un, marqué par l'hypersensibilité, est de caractère timide, craintif, susceptible, parfois instable ; l'autre, marqué par l'insensibilité, présente une personnalité docile, douce, à l'occasion obtuse et bornée. Il existe aussi des proportions variables de ces deux composantes.

Le type **athlétique** associe une morphologie avec robustesse des tissus musculaires et osseux, et un caractère défini comme visqueux, où se mêlent en proportions variables une composante flegmatique et la possibilité de réactions explosives. Ces sujets sont prédisposés sur le plan pathologique à l'épilepsie dite essentielle et, de façon secondaire, à la schizophrénie de forme catatonique. Ce type paraît occuper une position intermédiaire entre les types pycnique et leptosome.

Le type dysplasique rassemble de nombreuses variétés dysmorphiques, présentant un développement soit exagéré (hyperplasie), soit insuffisant (hypoplasie) d'une zone déterminée du corps. Moins bien individualisés sous l'angle du tempérament, ces sujets sont essentiellement prédisposés, sur le plan pathologique, à l'épilepsie.

Il existe enfin des types mixtes, par exemple leptosome-athlétique, pycnique-athlétique, leptosome-pycnique, etc.

Les leptosomes constituent le groupe de loin le plus représenté dans la population générale. Les différences de proportions entre les trois types ne séparent pas de façon significative les races humaines. Enfin, en dehors de l'aspect psychiatrique, les trois morphotypes seraient en rapport avec diverses espèces de maladies somatiques. Ainsi la constitution pycnique est particulièrement sensible au diabète, la constitution leptosome à la tuberculose, etc.

Par ailleurs, Kretschmer a aussi décrit trois variétés de **personnalités paranoïaques**, mais sans les rapporter à un morphotype, c'est-à-dire à un type particulier de structure corporelle. Ces descriptions ont été connues de Lacan et l'ont même beaucoup inspiré dans sa thèse originale sur la paranoïa sensitive.

Les paranoïaques de combat sont des caractères de nature active, sthénique, expansive (redresseurs de tort). Les paranoïaques de souhait ou de désir sont plus ternes, moins agressifs, plus autistiques, mais tout aussi assurés d'eux-mêmes et faux d'esprit (adeptes des sectes). Les paranoïaques sensitifs sont doux, timides, portés à l'introspection et à l'autocritique. Ils ont une vie psychique nuancée et d'un niveau éthique élevé ; ils montrent un certain degré d'ambition et de ténacité, une conscience de soi fière et susceptible.

Il s'agit de formes normales de caractères, mais se présentant toutefois selon une échelle de degrés, une **série continue de variations quantitatives.** Ces caractères sont sujets, en réaction à l'expérience vécue, à des élaborations délirantes plus ou moins aiguës mais d'évolution bénigne et non chronique. Kretschmer a décrit en particulier le **délire de relation des sensitifs**, en termes d'une douloureuse lutte intérieure, dans un contexte dépressif et anxieux. Ces accidents paranoïaques seraient de nature plus réactionnelle que constitutionnelle, à la différence du régime des tempéraments schizoïde et cycloïde.

On ne s'intéresse plus guère aux vues de Kretschmer, particulièrement à sa subtile typologie des formes de paranoïa. Pourtant, on ne comprend guère en quoi le portrait misérable de la personnalité paranoïaque dans le DSM 4 (F60.0 ; 310.1) les a jamais réfutées, ni même leur serait venu jusqu'à la cheville.

A l'inverse de Kretschmer, le médecin et psychologue américain William Herbert **Sheldon** (1951) s'appuie sur l'observation de sujets normaux, pour y annexer dans un second temps des données d'ordre pathologique. Du point de vue de la composante somatique, sa méthode consiste dans une double technique de classement progressif et de mesure anthropométrique, portant sur un vaste ensemble de photographies. Cependant, l'approche intuitive, le coup d'œil exercé compte pour lui autant que pour Kretschmer. En ce qui concerne l'aspect psychologique, Sheldon est parti d'une liste de 650 traits de tempérament empruntés à la littérature, et qu'il a progressivement réduits à 60 en les testant, au moyen d'interviews et de l'observation des comportements, sur plusieurs échantillons de sujets.

Partant d'une hypothèse embryologique, la typologie de Sheldon définit un double système de somatotypes et de tempéraments d'après trois dimensions de variations, trois composantes de base ou primaires, qui correspondent au degré de développement des tissus dérivés des trois feuillets embryonnaires : endo-, méso- et ectoderme (fig. 4, p. 922).

Les trois composantes endomorphe, mésomorphe et ectomorphe sont caractérisées par la prédominance respective du système digestif, du système osseux et musculaire, du système nerveux et des organes récepteurs. Elles permettent de définir trois somatotypes endo-, méso- et ectomorphe qui correspondent à peu près aux trois types pycnique, athlétique et leptosome de Kretschmer.

Aux trois dimensions morphologiques correspondent trois dimensions psychologiques, la viscérotonie reliée à l'endomorphisme, la somatotonie au mésomorphisme, et la cérébrotonie à l'ectomorphisme. Il existe un degré de corrélation important, avoisinant 0.80, entre les ensembles parallèles de termes de ces trois couples de dimensions morphologiques et psychologiques.

Les trois dimensions psychologiques, ou **dimensions primaires du tempérament**, sont représentées par Sheldon comme occupant chacune le sommet d'un triangle équilatéral. Chacune entretient un rapport d'opposition polaire aux deux autres. Enfin chacune se définit par un groupe de 20 traits secondaires de tempérament, entre lesquels existent des intercorrélations positives, alors qu'ils présentent des corrélations négatives avec les traits caractérisant les deux autres groupes. L'échelle des tempéraments comporte ainsi 60 traits. Parmi ces traits, les uns ne présentent pas d'antithèse polaire, par exemple « plaisir à digérer » (V) ; d'autres sont des traits binaires à une antithèse polaire, par exemple sociophilie (V) - sociophobie (C) ; d'autres enfin sont des traits ternaires à deux antithèses polaires, par exemple besoin d'autrui (V) - besoin d'action (S) - besoin de solitude (C).

Du point de vue du contenu psychologique, les composantes du tempérament définies par Sheldon rejoignent en grande partie les types caractériels de Kretschmer. Ainsi, la viscérotonie, le cyclotyme de Kretschmer, se caractérise, entre autres traits, par l'attitude générale de détente et le besoin d'autrui ; la somatotonie, c'est-à-dire le tempérament visqueux, par l'affirmation vigoureuse de soi et le besoin d'action ; la cérébrotonie, autrement dit le leptosome, par l'inhibition et le besoin de solitude.

Bien qu'il admette des types intermédiaires, Kretschmer définit ses types principaux par l'alternative oui ou non. De façon différente, Sheldon considère ses trois composantes morphologiques comme des dimensions de variations graduées selon une échelle à 7 points. Ainsi, un individu 426 sera moyennement endomorphe (4), faiblement mésomorphe (2), et fortement ectomorphe (6). En outre, les 60 traits qui constituent l'échelle générale des tempéraments sont également cotés au moyen de la même échelle en 7 points.

Malgré certaines divergences de détail, Sheldon a retrouvé, dans le domaine de la prédisposition aux psychoses, des résultats voisins de ceux de Kretschmer. Tous deux s'accordent aussi à relier la **délinquance** plutôt au type mésomorphe athlétique.

Tout comme Kretschmer, Sheldon accorde une importance privilégiée au **facteur constitutionnel**, à certains détails près pour le premier, dans la formation du tempérament et l'explication de la pathologie mentale. Leur orientation de pensée s'oppose à une psychiatrie qualifiée de dynamique et d'inspiration plutôt psychanalytique, qui met l'accent particulier sur les mécanismes expérientiels.

Kretschmer reste beaucoup plus proche d'une expérience clinique authentique que Sheldon dont la démarche, toute médicale qu'en soit la couleur d'origine, sacrifie bien davantage à un **esprit de spéculation biophysiologique**, dont la validation est loin d'être garantie.

Les biotypologies constitutionnalistes ont donné lieu à de nombreuses autres tentatives : en Italie (Pende, 1922), en Allemagne (Conrad, 1941), plus récemment encore en Suède (Lindegärd et Nyman, Sjöbring). Leur influence demeure encore notable dans les pays de langue allemande et les pays nordiques. En revanche, la nouvelle biopsychiatrie états-unienne, DSM-TCC-Psychotropes, entièrement centrée sur la **métonymie du cerveau**, ne s'y intéresse plus guère, comme à rien d'autre d'ailleurs que son propre point de vue, consistant à tout écraser sur la métaphore du *mind-brain*, à la manière de celle des bosses du crâne de la phrénologie de Frantz Gall, dont Hegel se moquait en déclarant que pour lui « l'existence de l'homme est son os crânien » (*Dasein des Menschen ist sein Schädelknochen*, 1807)[653].

Bien que Sheldon ait poussé beaucoup plus loin que Kretschmer ses tentatives métrologiques, ses bricolages d'un niveau mathématique encore élémentaire apparaissent aujourd'hui dépassés par les méthodes plus récentes et bien plus sophistiquées mises au point dans le cadre de l'analyse factorielle.

13.6. Les typologies psycho-physiologiques

Elles ne s'intéressent qu'à la corrélation entre types de fonctionnement du système nerveux et types psychologiques, ce qui rend cette perspective un peu abstraite, tout en en faisant l'ancêtre de l'approche caractéristique des neurosciences en ce domaine. La plus connue de ces typologies est celle d'Ivan Petrovitch **Pavlov** (1923), dont les idées ont été reprises en partie par les travaux du factorialiste Eysenck.

Pavlov et ses successeurs distinguent deux niveaux typologiques. Le premier se définit au plan du système inférieur de signalisation, celui des signaux externes, commun à l'animal et à l'homme. Pavlov y envisage trois propriétés fondamentales du système nerveux : l'intensité des processus d'excitation et d'inhibition, la prépondérance des uns par rapport aux autres, et leur mobilité. Ce premier niveau permet de distinguer quatre types psychophysiologiques, correspondant, au niveau humain, à autant de formes de tempéraments. Par ailleurs, Pavlov en établit les correspondances avec la doctrine traditionnelle du médecin grec Galien (2ème siècle ap. J-C.) qui distingue quatre types : colérique, mélancolique, flegmatique et sanguin (fig. 5 et 6, pp. 922-923).

Le type excitable, ou déséquilibré fort, à excitation forte et inhibition faible, est l'agressif, l'impulsif, le **colérique**. Il est marqué par l'alternance de l'activité et de l'inactivité. Il est prédisposé à la neurasthénie (irritabilité), aux états hypomaniaques, et à la psychose maniaco-dépressive.

Le type inhibé, ou déséquilibré faible, à excitation faible et inhibition forte, est timide, agité, instable. Il s'agit du **mélancolique**, prédisposé selon les cas à la psychasthénie, à la neurasthénie, à l'hystérie, et aussi à la schizophrénie. Il existe un type encore plus faible, ou inerte, à excitation et à inhibition également faibles.

Le type central ou équilibré, à excitation et inhibition également fortes, comprend deux sous-types : l'un fort équilibré et peu mobile, est le type calme ou **flegmatique** ; l'autre fort équilibré et mobile, est le type vif ou **sanguin**.

Dans les expériences sur les névroses expérimentales, les animaux les plus vulnérables sont représentés par le type excitable et le type inhibé.

---

[653] Hegel Georg Wilhelm Friedrich : 1807, *Phänomenologie des Geistes*, Bamberg und Würzburg, bey Joseph Anton Goebhardt, Philipp Reclam Jun. Stuttgart, 1987, 240.

Un deuxième niveau typologique concerne exclusivement l'homme. Il distingue deux types suivant la prédominance relative du premier ou du deuxième système de signalisation. Ce deuxième système est celui des signaux issus du langage, principe de la pensée abstraite. L'hystérie et la schizophrénie seraient marquées par la faiblesse relative du deuxième système de signalisation, la psychasthénie au contraire par celle du premier système.

Bien que Pavlov passe pour avoir été en grande partie le maître de Watson, son deuxième système de signalisation et son approche de type dialectique fondé sur l'usage des couples d'opposés confèrent à sa théorie un degré de sophistication sensiblement supérieur au réductionnisme watsonien intégral de type SR.

On ne s'est jamais posé la question de savoir dans quelle mesure la psychopathologie watsonienne était compatible ou non avec la propre typologie des syndromes mentaux vue par la psychanalyse, notamment en ce qui concerne les rapports de la mélancolie avec la psychasthénie et la neurasthénie, qu'il est arrivé parfois à Freud de rapprocher (Lettres à Fliess).

Les successeurs soviétiques de Pavlov ont développé une théorie des propriétés du système nerveux, en tant que caractéristiques de la personnalité (Teplov). En tout état de cause, ce courant de pensée tend à réduire le rôle du facteur constitutionnel par rapport à celui de l'environnement, en homologie paradoxale d'ailleurs avec le béhaviorisme américain.

Le psychologue factorialiste anglais **Eysenck** (1957) explique l'hystérie par le même couple de processus nerveux que Pavlov : excitation faible et inhibition forte. Par ailleurs, l'école d'Eysenck a beaucoup utilisé les mécanismes du conditionnement, décrits par la tradition pavlovienne et néopavlovienne, pour instituer et développer les formes modernes de la psychothérapie par le comportement (*behavior therapy*). S'y rattachent aussi les cures de désintoxication par l'aversion, et les techniques de l'accouchement sans douleur, qui ont connu un grand succès, et sont des applications louangeables d'une doctrine plutôt limitée sur le plan théorique, même si très supérieure au béhaviorisme strict.

13.7. Les typologies psychologiques : l'approche caractérologique

La typologie des psychologues néerlandais Gérard **Heymans** et E. D. **Wiersma** (1925) se présente essentiellement comme une typologie psychologique des caractères, bien qu'elle repose en partie sur une hypothèse neurophysiologique, due au psychiatre allemand **Gross**. Cette hypothèse établit une distinction, aux deux plans de l'activité du neurone et de celle des processus psychiques, entre deux fonctions. La fonction primaire se définirait par la décharge énergétique rapide - une réactivité large et superficielle (c'est là le point original), la fonction secondaire par la lenteur de restitution de l'énergie - une activité mentale étroite et profonde (même remarque). Ces considérations qui paraissent de nos jours étranges, parce que nées dans le giron de la dialectique allemande, méritent d'être regardées à deux fois, pas plus singulières en réalité que les spéculations nébuleuses de l'états-unien Sheldon sur les feuillets de l'embryon.

Heymans et Wiersma proposent de décrire la personnalité en utilisant trois dimensions bipolaires : l'émotionnalité et la non-émotionnalité (E/nE), l'activité et la non-activité (A/nA), la primarité et la secondarité (P/S). Pour eux, la troisième dimension désigne le degré de retentissement des représentations, soit bref et superficiel au niveau de la conscience actuelle, soit durable et profond au niveau de la conscience périphérique. L'ensemble des combinaisons possibles de ces trois dimensions permet de définir **huit tempéraments ou types psychologiques**, parmi lesquels se retrouvent trois des tempéraments définis par le système typologique de Galien : nerveux (EnAP), sentimental (EnAS), sanguin (nEAP), flegmatique (nEAS), colérique (EAP), passionné (EAS), amorphe (nEnAP), apathique (nEnAS).

De façon différente de la typologie de Kretschmer, qui définit chaque type par deux composantes morphologique et psychologique, et de celle de Sheldon qui les décrit au moyen de trois composantes somato-psychiques graduées en sept points, la typologie de Heymans et Wiersma construit chacun de ses huit types idéaux par la combinaison de trois composantes psychologiques à un degré extrême. C'est un autre modèle primitif de classification des traits de la personnalité, au moins à le comparer à la grande machine factorialiste.

La méthode de Heymans et Wiersma repose sur une enquête menée au moyen de questionnaires remplis par des médecins (échelles d'estimation), et portant sur 90 traits. Le contenu psychologique des huit tempéraments est défini, à partir de ce matériel, par la mise en évidence de groupes de corrélations entre certains traits.

Les trois composantes sont représentées par ailleurs comme les **trois dimensions d'un cube**, dont les types psychologiques occupent les huit sommets. Les types qui ne diffèrent que par une seule dimension se trouvent aux extrémités d'un même côté (sanguin/colérique). Ceux qui diffèrent par deux dimensions sont situés aux extrémités de l'une des diagonales d'un même plan (sanguin/passionné). Enfin, ceux qui diffèrent par les trois dimensions occupent les extrémités d'une des diagonales du cube (sanguin/sentimental) (fig. 7, p. 923). Ce modèle semble présider aux observations empiriques plutôt qu'il n'en résulte, ce dont on se demande si ce ne pourrait pas être le cas également de celui de Sheldon. Tandis que celui du psychiatre Kretschmer a l'air d'être beaucoup plus ajusté à la réalité clinique.

Comme Kretschmer, Heymans et Wiersma ont fourni pour leurs types des exemples de personnalités historiques. Par exemple Mirabeau était un pycnique (K.) et aussi un colérique (H. et W.)

En France, René **Le Senne** (1945) et son disciple Gaston **Berger** ont assuré une large diffusion éditoriale et scolaire, et journalistique à la typologie de Heymans et Wiersma. Dans les années 50-60, en Terminales, on ne parlait au Troisième trimestre que de cela. En plus des trois dimensions originelles de celle-ci, ils en ajoutent six autres qui permettent de décrire un grand nombre de types particuliers. Ce sont : la largeur du champ de conscience, la polarité, l'avidité, les intérêts sensoriels, la tendresse et la passion intellectuelle. On ne sait pas trop de quels bricolages intellectuels tout cela procède. En tout cas, cela a passionné à une époque tout un milieu bienséant, et qui craignait un peu les découvertes scatologiques dont la psychanalyse ouvrait alors la porte étroite.

Les recherches de Carl Gustav **Jung** (1921), le grand disciple dissident de Freud, celui dont la dissidence l'a le plus meurtri - bien plus que celle d'Adler - s'appuient à l'origine sur des données psychopathologiques. Elles mobilisent également des considérations d'ordre biologique et des préoccupations concernant le domaine des processus culturels.

Le système de Jung porte sur les différents types d'attitudes et de fonctions psychiques.

À un premier niveau, la typologie de Jung envisage deux types d'attitude générale ou d'orientation par rapport aux deux pôles de la conduite : le monde et le moi, l'objet et le sujet. Il les qualifie respectivement par les termes extraversion et introversion.

Le **type introverti**, dont la libido, c'est-à-dire l'intérêt affectif, est orientée vers le pôle du sujet, se caractérise par une attitude de retrait à l'égard du monde extérieur. Les processus psychiques, à la fois d'une grande intensité et d'un retentissement prolongé (fonction secondaire de H. W.), sont marqués par une forte énergie affective. Ce type est prédisposé, dans le domaine des névroses, à la psychasthénie (la version janétienne de la névrose obsessionnelle), et dans celui des psychoses, à la schizophrénie. Ces articulations aujourd'hui moins crédibles mériteraient tout de même d'être repensées.

Le **type extraverti** présente des caractères opposés : orienté vers le pôle de l'objet, il accorde de la valeur au monde extérieur, recherche l'approbation sociale, et se montre en général plus mobile, plus actif. L'affectivité est plus superficielle : les processus mentaux sont à la fois peu intenses et de courte durée (fonction primaire de H. W.). Ce type est prédisposé, dans le registre névrotique, à l'hystérie.

Les types introverti et extraverti correspondent, dans une certaine mesure aux types schizothyme et cyclothyme de Kretschmer. Cependant, il y a lieu à ce propos, comme a pu le faire remarquer Pichot, de distinguer entre l'extraversion de l'hystérique et celle du cyclothyme, plus chaleureuse.

Par ailleurs, les deux types représentés par l'introversion et l'extraversion entretiennent un rapport dynamique où le **refoulement et la compensation** jouent un rôle essentiel. Une attitude prédominante au niveau de la vie consciente est contrebalancée, au plan refoulé de la vie inconsciente, par une attitude d'orientation inverse. Ce mécanisme de compensation peut comporter soit un relatif équilibre, soit un déséquilibre, qui constitue la source de divers troubles psychiques.

L'extraversion et l'introversion reflètent deux modes foncièrement différents, mais également efficients, de l'adaptation biologique. L'un s'exprime par la fécondité accrue de l'espèce, l'autre par l'équipement de l'individu en moyens nombreux de conservation personnelle. Dans la tradition de **Gœthe**, Jung compare aussi les deux processus d'orientation vers l'objet ou de concentration sur soi-même aux deux temps d'expansion diastolique et de contraction systolique du rythme cardiaque. On a vu que cette idée avait gagné la philosophie de la nature à partir d'une tradition présocratique puis stoïcienne très ancienne, où se trouve encore l'anticipation d'autres notions modernes telles celle d'interaction, reprise pour la première fois à l'époque classique par Kant (*Wechselwirkung*, 1782), probablement à partir de l'ancienne notion stoïcienne d'influence à distance universelle.

À un deuxième niveau, Jung décrit également quatre types de fonctions psychiques qui, en combinaison avec les deux types précédents d'attitudes, permettent d'envisager de nombreux sous-types. Ces quatre fonctions sont la pensée et le sentiment, de caractère rationnel, l'intuition et la sensation, de caractère irrationnel. En chaque individu, l'une de ces fonctions, et éventuellement une deuxième, s'est particulièrement développée, en reléguant les autres au niveau de l'inconscient. Comme exemples de ces sous-types, on peut citer le type « sentiment extraverti » prédisposé à l'hystérie, le type « sentiment introverti » prédisposé à la neurasthénie, ou encore le type « sensation extravertie » prédisposé aux symptômes phobiques et obsessionnels.

On voit **encore des « formateurs » contemporains** utiliser des « tests » basés sur une telle typologie de caractère complètement « philosophique ».

Les typologies psychologiques de Heymans et Wiersma, et de Jung insistent, à l'instar des typologies morphologiques de Kretschmer et Sheldon, sur le caractère de **prédisposition innée à fondement biologique** - un présupposé sans preuves convaincantes - des types qu'elles décrivent.

Dans son *Psychodiagnostic*, le psychiatre suisse Hermann **Rorschach** (1921) transforme la distinction de Jung en proposant les concepts d'introversivité et d'extratensivité. Le **type introversif**, défini par la prédominance des réponses-mouvement sur les réponses-couleur, se caractérise par l'intérêt pour la vie intrapsychique. Il s'adapte par l'intermédiaire de la pensée et de l'imagination, fait preuve d'une capacité de création intérieure, est apte à différer l'action et la gratification. D'un caractère réservé, il a un contact affectif d'une qualité intensive, réfléchie. Sa vie intérieure est intense, mais ses réactions affectives sont équilibrées. Ses relations avec autrui sont plus profondes que nombreuses. Il possède la conscience de sa nature propre. L'introversivité représente, sur le plan de l'activité générale, un principe de contrôle, de stabilisation de la motricité, de nature calme, flegmatique, souvent maladroite. Le **type extratensif**, défini par la prédominance inverse des réponses-couleur sur les réponses-mouvement, se caractérise par la poussée vers la vie extérieure, un certain relâchement des fonctions cognitives et du contrôle mental. Il possède une intelligence reproductrice. Il est plus adaptable, et plus agissant. L'affectivité immédiate prédomine chez l'extratensif : soumis aux affects, il est spontané, émotif, instable, se laisse envahir facilement par l'objet, manque de recul dans l'appréciation de la réalité objective. L'affectivité est de nature plus extensive qu'intensive, marquée par la réactivité, l'excitabilité. Prédisposé à la sympathie, il peut aussi se montrer suggestible, et parfois égocentrique. Enfin la motricité est de type excité, souvent adroite et rapide, mais à l'extrême impulsive et labile.

Ces deux orientations vers l'extérieur et vers l'intérieur ne sont pas des types fixés de constitutions, mais des fonctions psychiques, des moments dynamiques, présents chez les deux types de sujets, dont ils organisent le « type de résonance intime » (*Erlebnistypus*), c'est-à-dire la balance interne du fonctionnement psychique sous sa double forme centrifuge et centripète, impulsive-affective et réflexive. La prédominance de l'une des deux fonctions présente, selon la diversité des sujets, un caractère **plus ou moins dilaté**.

A côté de ces deux types fondamentaux, Rorschach en a décrit deux autres. L'un dit **ambiéqual**, et caractérisé par l'équilibre harmonieux des deux orientations, se trouve chez les gens doués, larges d'esprit. L'autre dit **coarté**, c'est-à-dire rétracté ou, à un degré moindre, coartatif, indique le rétrécissement de la personnalité, l'inaptitude à manier les symboles et la pauvreté des intérêts vitaux.

Au plan psychopathologique, d'après Rorschach, le type extratensif se présente dans l'hystérie, le type introversif dans la névrose d'angoisse et aussi l'épilepsie, le type ambiéqual dans la névrose obsessionnelle, le type coartatif dans les états d'angoisse pathologique, dans les états dépressifs, et souvent dans la schizophrénie.

Dans le domaine de la psychopathologie ont été décrits de nombreux types, que la typologie clinique du psychiatre allemand Kurt **Schneider** (1937) a rassemblés dans une **liste de dix**. Celle-ci envisage le type hyperthymique ou hypomaniaque, d'humeur euphorique ; le type dépressif ; le type inquiet avec deux variétés : sensitive ou hypersensible, obsessionnelle ou compulsive ; le type fanatique ou paranoïaque ; le type hystéroïde, histrionique, ou mythomaniaque ; le type instable, tendant à la délinquance mineure ; le type explosif (≈ athlétique, mésomorphisme, somatotonie), à réactions émotionnelles violentes ; le type apathique (≈ nEnAS), marqué par l'insensibilité et la froideur affectives ; le type aboulique (≈ amorphe, nEAP), de volonté malléable ; et le type asthénique, correspondant à la psychasthénie au sens de Janet.

a/ Il s'agit de types normaux et, à la limite, anormaux de personnalité, présentant **a minima** les traits de certaines organisations pathologiques. Cependant, ces **personnalités anormales ne sont pas pour autant morbides**, ce sont des variations fonctionnelles, comprises dans une marge d'écart par rapport à la moyenne, sans différence fondamentale avec l'état normal.

b/ Par ailleurs, dans ce registre des variations anormales de la vie psychique normale interviennent également les **réactions anormales à l'événement vécu**, extérieur ou intérieur : tristesse, peur, angoisse, jalousie.

c/ En outre, il **n'y a pas de transition continue** entre ces variations anormales de la vie psychique normale et les deux grandes psychoses schizophrénique et cyclothymique. Kretschmer rejoint Schneider sur les deux points précédents, mais pas sur ce dernier point.

d/ Enfin, Schneider se prononce pour une **typologie purement descriptive**, et non systématique.

L'ensemble des points a, b, d a été repris et remis en valeur dans la classification moderne des personnalités pathologiques figurant dans le **DSM 4** et ses versions antérieures.

L'étude de la personnalité a été également envisagée, selon des perspectives particulières, dans le cadre de modèles concernant les **styles moteurs** et aussi les styles **perceptifs**, en tant que base de styles **cognitifs** et plus généralement de styles **de personnalité**.

Les recherches sur les styles moteurs ont été inaugurées par le psychologue français Henri **Wallon** (1926, 1932, 1955, 1956). Cet auteur a décrit chez certains enfants arriérés six syndromes psychomoteurs déterminés par des lésions affectant différents étages de la hiérarchie des centres sous-corticaux et corticaux du système nerveux. À ces divers syndromes correspondraient, à l'état atténué chez les individus normaux, autant de **types psychomoteurs**. Cette ligne de recherches inaugurée par Wallon se poursuit aujourd'hui dans la problématique des troubles neurologiques mineurs appelés encore signes de soft (Touwen). Ceux-ci concerneraient une catégorie particulière d'enfants instables et maladroits, présentant des troubles moteurs légers associés à une difficulté cognitivo-relationnelle. En dehors de ce cadre précis, des recherches sur la notion de styles moteurs comme substrats de styles cognitifs et de styles de personnalité, ont été conduites, encore assez récemment, par de nombreux auteurs (Brazelton, Sokolow, Kregan, Bruner).

À côté de son modèle psychopathologique des types psychomoteurs, Wallon a également présenté une typologie des caractères, dont certaines dénominations sont reprises de celles de Heymans et Wiersma. Le type émotif comporte deux variétés, suivant que l'emporte la tendance au spasme organique, à l'impulsivité, ou celle à l'auto-contemplation, au narcissisme. À l'opposé de l'émotif (≈ EnAS) est le sentimental (≈ EAS) chez qui l'idéation l'emporte sur l'émotivité. Le passionné se caractérise par la maîtrise habituelle des réactions affectives au moyen du raisonnement. Wallon se représente le caractère comme le mode habituel des conduites, en tant qu'il exprime la totalité de la personne. Par ailleurs, ses conceptions caractérologiques entrent dans le cadre beaucoup plus vaste de sa psychologie du développement de la personnalité. Celui-ci s'effectue comme un processus d'intégration de l'affectivité et de l'intelligence, selon une loi d'alternance entre étapes centripètes à dominance affective, et étapes centrifuges à dominance intellectuelle. Les typologies perceptives proprement dites représentent un courant ancien qui a été repris et a connu des prolongements récents, inaugurés par les recherches de **Witkin**, dans le champ de la problématique, qui vient d'être évoquée, des styles cognitifs.

La typologie de **Rorschach** mérite d'être rangée dans la catégorie des **typologies perceptives**, bien qu'elle la dépasse aussi, dans la mesure où elle fait reposer la distinction entre le type introversif et le type extratensif sur deux modes différents de perception, l'un privilégiant le mouvement, l'autre la couleur. Rorschach distingue aussi deux types fondamentaux d'**intelligence, théorique ou pratique**, en rapport avec le caractère **synthétique** - analyse conduisant à une synthèse supérieure procédant de l'analyse -, ou au contraire **analytique** - analyse procédant d'une synthèse inférieure -, de l'interprétation perceptive.

De son côté, **Kretschmer** opposait le type perceptif et cognitif analytique, fondé sur la tendance à dissocier, propre au schizothyme, et le type synthétique propre au cyclothyme.

Le psychologue allemand Erich R. **Jaensch** (1927, 1938) distingue deux types fondamentaux de personnalité, fondés sur deux niveaux d'intégration perceptive : un type intégré (≈ syncrétique ?) dont la perception est subjective et synthétique, avec prédominance du sentiment (extraversion de Jung), et un type désintégré, à perception objective et analytique, avec prédominance de la pensée (introversion de Jung).

Les recherches du psychologue américain H. A. **Witkin** (1959, 1962, 1978), concernant les conflits perceptifs entre informations visuelles et informations proprioceptives ont contribué directement à introduire la notion moderne de styles cognitifs, comme caractéristiques générales de la personnalité. On a parlé des vues de cet auteur et de leurs applications à propos des modèles cognitifs de la personnalité (Jalley, 2006 a).

13.8. Les modèles psychologiques : l'approche psychosociologique

Le philosophe et sociologue américain George Herbert **Mead** (1934), père de Margaret Mead, envisage la personne individuelle comme simple élément à l'intérieur d'un groupe social donné, qui lui préexiste nécessairement à titre de structure collective de communication. Le groupe social est un système d'échanges entre personnes mutuellement orientées les unes vers les autres. Ce système se construit à travers un processus dynamique d'**actes sociaux communicatifs**.

Le geste et l'expression mimique représentent, avant même l'apparition de la conscience, le mécanisme inaugural des actes sociaux de communication. Les gestes significatifs caractérisent les rapports humains, à la différence des gestes non significatifs propres au monde animal. Ces gestes ont pour effet de provoquer chez autrui une réplique, qui les modifie en retour. Ce processus circulaire permet l'intégration par chacun des attitudes et des rôles des différents partenaires, dans un contexte d'ajustement mutuel. Le comportement de chacun complète ce que l'autre vient de faire et le lui renvoie sous une forme enrichie.

Le geste significatif devient progressivement un signe du langage, permettant de comprendre l'ensemble des échanges, de se mettre en idée à la place d'autrui, et de prévoir en images mentales son comportement. La conscience de soi se développe à partir du discours de l'individu social, et selon un mouvement « **de l'extérieur à l'intérieur** ». Lorsque le système des échanges s'est ainsi perfectionné, chaque individu devient capable de s'en former une représentation globale, et de prendre alors le rôle d'un « **autrui généralisé** ».

Mead distingue dans la personnalité individuelle ou **le Soi** deux niveaux distincts. Les rôles et les attitudes empruntés à l'entourage constituent autant **de Moi différents**. L'ensemble de ces Moi représente un personnage conventionnel, la conformité à la communauté. À l'opposé, **le Je** exprime un aspect plus profond, qui donne « un sentiment de liberté et d'initiative », et fournit la source du changement individuel et social.

Le jeu enfantin est d'une grande importance quant au développement du système des échanges et de l'apprentissage des rôles. Progressivement, l'enfant passe de la pratique des **jeux libres (*play*)** à celle des jeux **organisés (*game*)**, distinction qui se retrouve chez Winnicott.

Les vues de G. H. Mead sont parfois rangées du côté d'un béhaviorisme dit social, mais elles dépassent aussi de beaucoup cette perspective, proches qu'elles sont parfois de thèmes hégéliens et aussi, bizarrement, lacaniens

Le psychologue américain d'origine allemande Kurt **Lewin** (1936) a proposé un **modèle topologique et dynamique** de la personnalité, qui a eu une grande influence dans le cadre de la psychologie sociale expérimentale. Plus largement, au plan de la *research-action* et des pratiques, les conceptions de Lewin sont à l'origine des diverses formes actuelles de la dynamique de groupe (1945), technique qui entretient aussi des rapports avec le psychodrame de Moreno et ses diverses applications dérivées, avec qui il ne convient pas non plus de les confondre.

La relation de l'individu concret à son monde, selon Lewin, peut se figurer graphiquement comme un emboîtement de régions concentriques. La surface intérieure d'une ellipse définit l'espace de vie (V). Cette surface se subdivise elle-même en deux parties : un cercle intérieur représente **la personne** (Pe), tandis que le reste de l'espace correspond au **milieu psychologique** (M) de la personne. Par ailleurs, l'enveloppe étrangère à l'**espace vital** (E) comprend tout l'espace extérieur à l'ellipse (fig. 8, p. 924).

La personne comprend elle-même trois zones distinctes mais interdépendantes, représentées par la subdivision du premier cercle en trois cercles concentriques.

Le cercle le plus intérieur représente la région interne centrale (C) ; l'anneau compris entre celui-ci et le cercle intermédiaire est la région interne périphérique (P). Les deux régions réunies forment la région personnelle intérieure (PI). Enfin l'anneau compris entre le cercle intermédiaire et le troisième cercle représente la région perceptivo-motrice de la personne (PM). Cette zone constitue la région intermédiaire de l'espace de vie, située entre la région interne de celui-ci (C+P = PI) et sa région externe, correspondant au milieu psychologique (M).

La région personnelle interne (C+P = PI) est composée de sous-systèmes, sortes de cellules dont le nombre est variable, suivant le niveau de développement, et aussi l'état normal ou pathologique de l'individu. La région interne centrale (C) représente **le self**.

Le milieu psychologique entourant la personne n'est pas non plus homogène. Il est nécessaire aussi de le différencier en plusieurs secteurs.

Les quatre régions C, P, PM et M sont séparées par trois **frontières** plus ou moins perméables, entre C et P, P et PM, PM et M.

L'ensemble de tout ce qui est contenu dans l'espace vital constitue un système de régions interconnectées. On dit que deux régions sont interconnectées lorsqu'un fait dans une région est en relation avec un fait dans une autre région. La facilité des liaisons entre deux régions dépend de trois facteurs. Il s'agit tout d'abord de la distance variable, plus ou moins grande, entre deux régions, par exemple entre C et P, ou C et M. Elle dépend aussi de la résistance de la frontière séparant deux régions voisines. En fait, cette résistance n'est pas forcément la même dans les deux sens. Enfin intervient la fluidité ou la rigidité de la substance qui constitue les régions intermédiaires.

L'élément dynamique de la conduite est le **besoin**, qui peut être un état physiologique (faim, soif, etc.), ou le **désir** d'un objet, ou encore l'intention d'exécuter une action. Le besoin apparaît dans la région personnelle intérieure (PI) et y provoque une augmentation de la tension, par rapport à celle des autres régions. Le besoin sous tension interagit avec une **valence** donnée dans telle région du milieu, de qualité positive ou négative. La valence de l'objet exerce alors une force, ou vecteur, exercée sur la personne et correspondant à la tension développée par le besoin. L'inégalité des tensions dans l'ensemble de l'espace de vie se traduit par un déséquilibre, une polarisation différentielle de ses différentes régions. Il en résulte une libération centrifuge d'énergie, qui tend à s'écouler à travers les zones de moindre résistance de manière à établir l'égalisation, la rééquilibration entre les diverses régions du système tensionnel. La diffusion de l'énergie à travers les régions interconnectées est un processus de déplacement que Lewin appelle **locomotion**. La résolution d'un problème est une locomotion intellectuelle. La locomotion peut être adéquate ou seulement substitutive, ainsi dans la rêverie ou encore dans la décharge émotionnelle. Le processus de locomotion s'effectue d'abord comme une liaison des régions à l'intérieur de la personne (C, P, PM), qui est appelée **communication**. Les processus de communication à l'intérieur de la personne et, de façon plus extensive, de locomotion à travers l'espace de vie, sont définis comme des « **événements** ». La réduction du déséquilibre entre tensions, et la modification du système des forces qui en résulte, entraînent un remaniement, une restructuration de l'ensemble de l'espace de vie.

Le milieu psychologique comprend non seulement des objets physiques, mais aussi des personnes, les diverses **sphères de vie** : famille, profession, et enfin les faits sociaux, y compris les représentations conscientes et inconscientes du groupe social.

À l'aide de ce modèle général, Lewin se propose d'étudier les situations psychologiques concrètes qui se jouent, à un moment déterminé, dans l'espace vital. Une **situation psychologique concrète** se définit par le système global des interactions entre les régions de la personne et celles de son milieu psychologique. À cet égard, Lewin utilise plusieurs formes de schémas pour représenter, par exemple, une situation facile, ou bien une situation de stress mais contrôlée par le moi, ou encore une situation provoquant la régression.

La psychologie dynamique de la personne de Lewin est centrée par le concept essentiel de champs de forces, dont les déterminants sont actuels. Cependant, elle admet aussi que les processus de locomotion comportent l'intégration de niveaux différents de réalité et d'activité. A l'égard de la réalité, le niveau d'irréalité est représenté par le jeu, l'imaginaire, le rêve, le langage et la pensée. De plus, le niveau d'activité défini par l'instant présent enferme la représentation du passé et du futur. La différenciation des niveaux progresse avec le développement des fonctions psychiques. On se demande si on ne se trouve pas, avec de pareils propos, en face de transposition en termes d'idéologie scientifique d'intuitions propres à la **pensée courante** et même de caractère franchement populaire, ce dont il existe nombre d'exemples en psychologie scientifique

La psychologie topologique des systèmes tensionnels ouvre des perspectives également aux différents champs de la psychologie génétique, pathologique, et différentielle. Chez l'enfant normal, la fluidité de la substance de l'espace de vie est plus grande. Il en résulte une différenciation moins marquée des régions : les frontières qui les séparent sont moins fortes, le moi est mal distinct encore du milieu, le nombre des sous-systèmes aussi en est plus faible. Du fait de ce caractère syncrétique, l'unité de la personne enfantine est, de manière paradoxale, plus forte que celle de l'adulte. Le développement progressif entraîne une ségrégation et une stratification de plus en plus nettes entre régions. Chez le débile, qu'il s'agisse de l'enfant ou de l'adulte, la rigidité structurale est anormale : les barrières sont fortes, et le nombre des sous-systèmes de la région personnelle plus faible que chez l'adulte. Enfin, les différences individuelles tiennent à la fois au degré d'élasticité de la matière psychique et à l'incidence de facteurs historiques.

On a parfois soutenu, avec quelque injustice, que l'utilisation des principes du gestaltisme (Köhler, Koffka), et aussi de la psychanalyse, par la psychologie dynamique de Lewin ne dépassait guère le niveau du sens commun. Cependant celle-ci a développé, au plan de l'analyse expérimentale, des **conceptions qui ont été incorporées par la psychologie classique** : celle de substitution, de déplacement des processus, celle aussi de rigidité variable du comportement. On lui doit aussi les notions de niveau d'aspiration, d'effet Zeigarnik dû à l'action positive sur la mémoire de l'interruption d'une tâche, de régression des niveaux d'activité. Enfin, la notion de dynamique de groupe procède historiquement de l'application de la théorie des champs à la psychologie sociale.

On peut reprocher aussi au « modèle » de Lewin et à ses transformations un **caractère largement métaphorique, à capacité chosifiante** - même à activer celles-ci par des processus en boucles à l'époque très *new look* -, engendrant en tout cas toutes sortes d'épisodes dont la force de persuasion dépend beaucoup de l'illustration par l'image spatiale, et dont il n'est pas exclu qu'il ait pu générer nombre d'expériences convaincantes susceptibles de justifier *a posteriori* le modèle dont elles procèdent *a priori*, selon le mécanisme circulaire bien connu de la *self-filfulling prophecy* (arguments de type K 1 et K 2).

Il existe d'autres modèles psychosociologiques fondés sur le mécanisme de l'apprentissage social, tels que ceux d'Albert **Bandura** (1976), Mischel, Dollard et Miller qui, dans la tradition de Lewin, considèrent les processus d'interaction comme fondamentaux, et que l'on range sous la qualification ordinaire de **béhaviorisme social**.

Le **préjugé actualiste** est très répandu en psychologie sur un horizon investi d'une fonction idéologico-politique très évidente : si tout se passe dans le présent, personne n'est responsable du passé, ni d'ailleurs des erreurs qui se préparent aussi pour l'avenir. Le traitement des foules par les professionnels de la politique suit un tel principe avec un instinct en général très sûr, souvent renforcé par les méthodes de *coaching*, dont il y aurait à parler dans le cadre de ce développement. Ce sont surtout les mêmes, Marx et Freud, qui sont implicitement supposés faire des histoires avec l'histoire. D'ailleurs, les foules actuelles dans le fonctionnement des démocraties modernes sont très oublieuses, à condition de savoir les traiter avec des techniques informationnelles adéquates. Il est évident que certaines doctrines psychologiques sont impliquées dans ce traitement. Avec leur appoint, renforcé aussi par d'autres méthodes, le **traitement des foules potentiellement dangereuses** est beaucoup moins coûteux à la classe politique moderne qu'il a pu l'être par exemple pour l'aristocratie romaine, qui leur fournissait à longueur d'années la nourriture et le divertissement, « du pain et des jeux » (*panem et circenses*), ou même à l'Église à l'époque classique, dont les biens immenses lui permettait d'assumer l'état civil, la formation scolaire et universitaire, sans compter la prise en charge, dans le cadre de l'institution hospitalière, des malades, des fous, des chômeurs, des prostituées et autres marginaux.

13.9. Les modèles psychologiques : l'analyse factorielle

Ces modèles, développés dans le cadre de la psychologie différentielle (Cattell, Guilford) et de la psychopathologie (Eysenck) reposent sur l'analyse factorielle. Il s'agit d'une technique d'analyse mathématique, inventée d'abord par Charles Edward **Spearman** (1904), puis perfectionnée par les Anglais Cyril Ludowic **Burt** (1917, 1938)[654] et K. J. **Holzinger** (1935), ainsi que par l'Américain Louis Leon Thurstone (1935). À partir d'une matrice carrée de couples de coefficients de corrélation établis entre des traits ou des formes de conduites, son principe consiste à fournir de cette matrice une présentation plus claire et plus économique, en en extrayant un nombre plus petit de facteurs. Ces facteurs représentent des dimensions de covariations entre variables. Ils se distribuent selon une échelle comportant des degrés différents de généralité.

Les méthodes de l'analyse factorielle ont d'abord été appliquées à l'étude des aptitudes de base (*primary abilities*) par Thurstone (1935 - 1938) aux États-Unis, puis par Burt (1947) et Ph. E. **Vernon** (1950) en Angleterre. C'est à une époque un peu plus récente qu'elles ont été utilisées dans le cadre plus large et plus ambitieux de la psychologie de la personnalité.

Ces méthodes aboutissent à une représentation d'ensemble de la personnalité selon un modèle de structure hiérarchique à forme pyramidale. Ce modèle général se présente comme un système échelonné selon un principe de covariation. À la base de la pyramide, la multiplicité des traits particuliers s'organise en certaines régions de condensation, qui permettent de définir des entités fonctionnelles ou facteurs, d'un niveau de généralité d'abord restreint. Ces facteurs eux-

---

[654] Burt a été l'auteur d'une falsification scientifique célèbre, découverte bien après sa disparition par l'examen de ses archives. Souhaiteux de démontrer la prévalence du facteur constitutionnel sur celui d'environnement, il avait incliné en ce sens de façon plus ou moins discrète certaines valeurs de ses calculs mathématiques.

mêmes corrélés s'ordonnent selon une structure en gradation de strates comportant un degré croissant de généralité et aussi d'indépendance. On peut, à certains égards, envisager ce type de modèle hiérarchique défini par l'analyse factorielle comme une version moderne, dans le domaine de la psychologie, des traditionnelles classifications botaniques et zoologiques en espèces, genres, familles, ordres, classes, embranchements, divisions, règnes (Carl von Linné (1707 - 1778), 1753).

Du point de vue des procédés de l'analyse mathématique, les modèles de structure hiérarchique sont déterminés par la structure dite de facteurs obliques, où des facteurs présentent un degré variable de corrélation. À l'opposé, la structure dite de facteurs orthogonaux représente les facteurs comme non corrélés, c'est-à-dire indépendants, de même rang, et non hiérarchisables. Cette deuxième solution est la plus satisfaisante du point de vue mathématique, mais la plus pauvre du point de vue de l'approche psychologique, du moins aux premiers niveaux de l'analyse du contenu concret des conduites. En réalité, il convient de souligner que ces deux types divergents de modèles mathématiques ne sont pas incompatibles dans le champ de la psychologie de la personnalité : ils sont utilisés tous les deux par exemple par Eysenck, mais à des niveaux différents de sa démarche théorique. Du reste, l'opposition entre les deux formes d'analyse n'est que relative, du point de vue du mathématicien. Elle dépend en grande partie, dans une perspective opérationnelle, de la technique dite des **rotations**. Celle-ci consiste à orienter le système des angles différents déterminé par l'ensemble des axes-facteurs, de manière à faire recouvrir à chacun d'eux la densité maximale des zones de condensation définies par les groupes de corrélations entre traits.

Par ailleurs, le modèle général de structure hiérarchique, des aptitudes aussi bien que de la personnalité, est interprété et construit selon deux orientations différentes par les écoles anglaise et américaine.

L'**école anglaise** (Vernon, 1950 ; Eysenck, 1947) descend du général au particulier en recherchant des principes d'explication. Dans l'analyse des aptitudes, Vernon part d'un facteur général (facteur g de Spearman) (1), qu'il subdivise en deux grands facteurs de groupes (2) (a : activités verbales, numériques et scolaires / b : performances pratiques, mécaniques, spatiales et physiques), puis en petits facteurs de groupes (3), enfin en facteurs spécifiques (4). Dans le domaine des variables de personnalité, Eysenck part des types (2) (introversion/extraversion), qu' il analyse en traits (3) (introversion : persistance, rigidité, etc.), puis en réponses habituelles (4), enfin en réponses spécifiques (5) (fig. 9, 10, 11, 12, pp. 924-925).

À l'encontre, l'**école américaine** (Thurstone, 1938 ; Cattell, 1946 ; Guilford, 1959) s'élève du particulier au général en recherchant plutôt des principes de description. Dans le domaine des aptitudes cognitives de base, la théorie des facteurs multiples de Thurstone (3) dégage sept facteurs : compréhension verbale (V), numérique (N), induction ou raisonnement général (I ou R), mémoire associative (M), spatial (S), fluidité verbale ou richesse de vocabulaire (W), rapidité dans la perception (P). Dans le champ de la personnalité, Cattell part des traits spécifiques (5), pour s'élever ensuite aux traits de surface (4), puis au traits-sources ou facteurs de premier ordre (3) (cyclothymie/schizothymie, etc.), puis aux facteurs de second ordre (2) (introversion/extraversion, etc.), et aboutir aux facteurs de troisième ordre (1). Malgré la différence d'orientation des deux écoles anglaise et américaine, on se trouve toujours peu ou prou en face de représentations de **forme pyramydale**, présentant d'ailleurs toute une variété de faciès (figure 8 p. 925 à la fin de l'ouvrage).

En contraste avec la généralité même du modèle de structure hiérarchique de la personnalité, les résultats de la recherche empirique sont d'une grande hétérogénéité. À lui seul, dans le cadre de nombreuses et volumineuses analyses factorielles, Cattell (1959) a étudié quelque dix mille variables et trois cents facteurs, ordonnés et interprétés en fonction de trois ou quatre dizaines de facteurs primaires et de plusieurs facteurs d'ordre supérieur.

Cette diversité tient à ce que la définition des facteurs dépend fortement des variables utilisées dans les recherches. Une seule recherche ne peut guère englober plus de quarante à cinquante variables. Beaucoup d'investigations sont menées sur des échantillons de variables en partie communs de manière à effectuer des recoupements. Mais l'identification des facteurs obtenus à partir de recherches différentes s'avère très difficile, d'autant que les auteurs n'utilisent pas tous les mêmes méthodes d'analyse, en particulier en ce qui concerne la technique des rotations.

Le psychologue américain Raymond Bernard **Cattell** (1946, 1950, 1961) s'attache à décrire ce qu'il appelle la sphère de la personnalité (*Personality Sphere*), qu'il envisage comme une surface censée contenir toutes les manifestations comportementales de l'individu. Chaque secteur de cette surface représente une variable déterminée correspondant à un trait. Les recherches particulières portent sur des échantillons extraits de cette population totale de variables.

Cattell postule que les variables qui constituent la sphère de la personnalité présentent des équivalents symboliques au niveau du langage courant. D'après lui, le **vocabulaire usuel** recouvre assez fidèlement la surface totale de la sphère des conduites, ce qui est déjà une implication idéologique très risquée[655]. Dans cette perspective, il utilise une liste d'adjectifs de 4 500 termes en langue anglaise, établie par Allport et Odbert (1936). Il la réduit d'abord à 171 traits, exprimés pour beaucoup sous forme polaire, et regroupe finalement ceux-ci en 35 groupes ou *clusters* (grappes) de traits plus étroitement reliés entre eux, et qui définissent des traits de surface (*surface-traits*) (4), ainsi par exemple : assurance/humilité, etc.

Ces traits de surface sont appliqués par deux juges à 208 sujets au moyen d'échelles d'estimation (*rating scale*). Les observations directes recueillies par cette méthode sont appelées données biographiques ou L (*Life record data*). Leur traitement par l'analyse factorielle permet d'extraire tout d'abord 12 traits de source fondamentaux (*source-traits*) (3). En outre, d'autres données dite Q et fournies par l'auto-observation au moyen de questionnaires (*questionnaire data*) permettent de mettre en évidence 4 facteurs supplémentaires. Il en résulte une liste de 16 fac-

---

[655] Telle conduite peut s'exprimer de façon différente dans le langage selon les évaluations positives ou négatives liées à des différences de milieu. Par ailleurs, tout ce qui se fait ne se dit pas, ni ne s'exprime, encore bien moins, dans la littérature.

teurs exploités dans le test-questionnaire, d'utilisation courante, appelé 16 PF (*Sixteen personality factors inventory*), encore utilisé SGDG, le cas échéant, par les bureaux de recrutement modernes.

Les **16** facteurs en question sont appelés **facteurs de tempérament**, ou encore **traits généraux de personnalité** (1er ordre, niveau 3). Bien que Cattell utilise pour les désigner de nombreux néologismes, on peut tenter de les formuler aussi dans un langage plus accessible. Ce sont : 1/ schizothymie-cyclothymie ; 2/ intelligence générale-déficience mentale ; 3/ stabilité émotionnelle ou force du moi-émotivité ou faiblesse du moi ; 4/ modeste-autoritaire ; 5/ posé-insouciant ; 6/ faiblesse du surmoi-force du surmoi ; 7/ timide-audacieux ; 8/ dur-tendre ; 9/ confiant-soupçonneux ; 10/ pratique-imaginatif ; 11/ direct-rusé ; 12/ confiant-anxieux ; 13/ conservateur-innovateur ; 14/ dépendant du groupe-indépendance personnelle ; 15/ faible-forte maîtrise de soi ; 16/ détendu-tendu.

Le niveau hiérarchique supérieur comprend **6 facteurs** de tempérament de deuxième ordre (niveau 2) : 1/ **extraversion-introversion** ; 2/ anxiété-intégration ; 3/ labilité émotionnelle ; 4/ succès constant-maturité par frustration ; 5/ capacité d'adaptation constitutionnelle ; 6/ disposition à la catatonie.

Cattell essaie de valider ces deux niveaux de facteurs de tempérament en les confrontant aux résultats de nombreux tests objectifs T (*Test data*) comportant des épreuves perceptives, motrices, voire des mesures physiologiques.

D'autres facteurs appelés **motivationnels** (1er ordre, niveau 3) sont dégagés à partir d'une méthode d'analyse longitudinale (Technique R), dont le principe diffère de celui de la méthode transversale courante (Technique P).

Les sources de motivation comprennent deux catégories : les ergs et les sentiments ou métanergs. L'erg (*Trieb*) concerne la source pulsionnelle de l'attitude ou de l'intérêt. Le sentiment se définit d'après l'objet désiré (relation objectale) et dépend davantage des modèles sociaux. Les ergs seraient identiques chez tous les humains, tandis que les sentiments varieraient suivant les cultures. Cette proposition est terriblement **arbitraire, purement idéologique**, sans valeur scientifique démontrée par la technique utilisée. C'est du jus supplémentaire, de la sauce d'appoint introduite dans la composition culinaire.

La liste des facteurs ergiques comprend : 1/ la pulsion sexuelle ; 2/ l'instinct grégaire ; 3/ le besoin de protéger ; 4/ le besoin d'exploration, de curiosité ; 5/ le besoin de sécurité ; 6/ le besoin de s'affirmer, d'être reconnu ; 7/ le besoin narcissique.

Tout cela est un peu flottant. Pourquoi pas le besoin de dominer, au lieu de protéger ? On nage **en pleine utopie**. Argument K 2.

Les sentiments ont pour objets : 8/ la profession ; 9/ les sports et les jeux ; 10/ la religion ; 11/ les intérêts techniques et matériels ; 12/ l'estime de soi.

Cette liste également est composée selon des **choix bien arbitraires** : pourquoi pas la culture ? Ou la politique ?

Les recherches plus récentes de Cattell paraissent s'orienter vers ce qu'il appelle une « psychanalyse quantitative ». Une nouvelle analyse factorielle (1957) lui a permis de dégager 5 composantes motivationnelles de deuxième ordre (niveau 2). Ce sont : 1/ la part du ça dans les intérêts ; 2/ le moi réalisé ; 3/ le moi idéal et le surmoi ; 4/ les intérêts subconscients ou physiologiques ; 5/ les complexes réprimés.

Par ailleurs, d'autres facteurs se sont ajoutés à la liste initiale des 16 facteurs de tempérament de premier ordre.

Cela fait un certain temps, on le voit, que l'idéologie états-unienne est préoccupée de récupérer, d'encadrer, d'intégrer, et finalement de **dissoudre la psychanalyse**. L'affaire récente du *Livre noir de la psychanalyse* n'est qu'une résurgence à long terme de tentatives qui ont commencé voici déjà plusieurs décennies, avec d'ailleurs les meilleures intentions - dont l'enfer est toujours pavé, et pas toujours avec un visage d'une hostilité déclarée, ce qui rend de telles entreprises encore plus insidieuses. Argument K 2.

Le psychologue américain Joy Paul **Guilford** (1930, 1946, 1959) distingue également entre facteurs de tempérament et facteurs de motivation. Ses travaux plus anciens que ceux de Cattell et Eysenck, ont pu influencer ces derniers. Dans sa liste de 10 facteurs de tempérament, on peut relever la stabilité émotionnelle, et la polarité maîtrise de soi-impulsivité, qui évoquent directement les facteurs 3 et 15 de la liste de Cattell. Sa liste des facteurs de motivation, qui d'ailleurs recoupe en certains points, de façon répétitive et apparemment inconséquente, celle des facteurs de tempérament (le terme « activité » se trouve dans les deux listes !), évoque aussi, mais dans une présentation plus confuse, celle de Cattell. Il a construit un questionnaire (1946, 1977) qui porte le titre de *Guilford-Zimmerman Temperament Survey* (GZTS, 1946), qu'on a beaucoup utilisé à un moment, par exemple dans la sélection des cadres militaires, au moment de la Guerre d'Algérie, si mon souvenir est bon.

Le psychologue britannique d'origine allemande Hans Jürgen **Eysenck** (1947, 1959, 1967, 1970) utilise à partir de 1947 l'information recueillie pendant la Deuxième Guerre mondiale dans un hôpital psychiatrique sur 700 soldats névrosés. Sa méthode, plus synthétique que celle de l'école américaine, s'attache à dégager d'emblée les superfacteurs (1, 2).

On a décrit plus haut l'organisation du modèle hiérarchique d'Eysenck qui descend des types (2) vers les traits (3), puis vers les réponses habituelles (4), et enfin vers les réponses spécifiques (5).

Le traitement factoriel permet de dégager trois dimensions très générales (1). Bipolaires et indépendantes, c'est-à-dire non corrélées, ces dimensions se disposent dans un espace vectoriel à trois axes orthogonaux, c'est-à-dire perpendiculaires.

La première dimension se définit par le continuum **extraversion-introversion** (1), dont les deux pôles sont qualifiés comme des types (2). Cette polarité est reprise par Eysenck évidemment de Jung (1921), et elle lui est commune aussi avec Cattell, au niveau des 16 facteurs de deuxième ordre de celui-ci.

Le type introversion est caractérisé, au niveau inférieur et subordonné (3), par cinq traits : la persistance, la rigidité, le déséquilibre du système nerveux autonome, l'exactitude, et l'irritabilité.

Le type extraversion se définit aussi par cinq traits (3) : la sociabilité, l'impulsivité, l'activité, la vivacité, l'excitabilité. Tout autant que pour le paragraphe précédent, on est en droit de s'interroger sur le **caractère vraiment flou** de certains de ces vocables.

Le psychologue espagnol **Yela** (1965) propose de rapprocher le type introversion d'Eysenck, Jung et Cattell, du flegmatique et du mélancolique de Galien, de la schizothymie de Kretschmer, de la cérébrotonie de Sheldon, des types à émotivité lente et concentrée, durable et profonde de Rorschach (introversif), à fonction secondaire de Heymans et Wiersma (sentimental : EnAS ; passionné : EAS) (tableau pp. 756 - 757).

De façon complémentaire, le type extraversion d'Eysenck, Jung et Cattell devrait être rapproché du sanguin et du colérique de Galien, de la cyclothymie de Kretschmer, de la viscérotonie de Sheldon, des types à émotivité rapide et facile, brève et superficielle de Rorschach (extratensif), à fonction primaire de Heymans et Wiersma (nerveux : EnAP ; colérique : EAP).

La seconde dimension est dénommée névrosisme ou neuroticisme. Elle représente une dimension générale d'intégration et d'équilibre, de stabilité et de contrôle pulsionnel. Le pôle négatif (W-) condense les manifestations névrotiques, tandis que le pôle positif (W+) exprime la stabilité affective ou émotionnelle. La dénomination W (*will*) désigne le facteur de « consistance dans l'action » qui avait été antérieurement dégagé par Spearman et Webb (1915).

La dimension **névrosisme-stabilité** d'Eysenck est voisine du facteur de deuxième ordre appelé par Cattell anxiété-intégration (n° 2), et aussi de son facteur de premier ordre dit stabilité émotionnelle (n° 3). Guilford, on l'a vu plus haut, mentionne également un facteur de stabilité émotionnelle.

Sur le plan psychopathologique, l'extraversion névrotique définit l'hystérie, alors que l'introversion névrotique détermine la dysthymie. Ce terme un peu vague enveloppe des troubles variés tels que l'anxiété, la dépression, l'apathie, l'irritabilité. Tout cela est **très éclectique, et même franchement incertain**.

La troisième dimension dite **psychoticisme** se définit par l'opposition normalité-anormalité psychotique. L'axe précédent névrosisme-stabilité ne permet pas de distinguer le groupe des psychotiques de celui des normaux et des névrosés. Les psychoses se situent dans une autre direction de covariation que les névroses, et ne représentent pas un degré plus extrême de leur dimension. La dimension psychoticisme a été jusqu'ici la moins étudiée. Il apparaît cependant que la schizophrénie et la psychose maniaco-dépressive peuvent être localisées respectivement sur les versants introversion et extraversion de cette troisième dimension.

Tout individu peut être situé dans l'espace défini par ces trois axes orthogonaux. Arguments K 1 et K 2.

Eysenck a construit un questionnaire de personnalité appelé *Eysenck Personality Inventory* ou EPI (1967, 1971). Par ailleurs, tout comme Cattell, mais avec beaucoup plus de méthode et de rigueur théorique, il s'est efforcé de préciser le contenu psychologique de ses trois dimensions au moyen d'expériences très nombreuses dans l'ensemble du domaine des grandes fonctions (perception, motricité, apprentissage) et celui aussi des variables physiologiques. On peut **s'étonner** à bon droit du caractère pharaonique, de l'économie titanesque, de l'incertitude de leur rapport au but visé surtout - de pareils travaux, dans le cadre d'une perspective théorique d'une évidence phénoménologique et clinique aussi courante (intro-extraversion), quand ce n'est pas bien plus incertaine (névrosisme ?)

Comme on y a déjà fait allusion plus haut à propos des typologies psycho-physiologiques, Eysenck, au plan du fonctionnement nerveux, caractérise l'extraversion à la fois normale et névrotique (hystérie) par une excitation faible et lente, une inhibition forte, rapide à se produire, et lente à se dissiper ; l'introversion normale et névrotique (dysthymie) par une excitation forte et rapide, une inhibition faible, lente à se produire, et rapide à se dissiper.

On pourrait **aussi bien dire le contraire** de façon tout aussi plausible, à l'égard du sentiment clinique que l'on peut avoir de ces deux entités.

Ce processus de force plus ou moins grande de l'inhibition consécutive à l'excitation présente quelque rapport avec les fonctions primaire et secondaire de Heymans et Wiersma. Et aussi avec le trait de personnalité appelé persévération par des auteurs déjà anciens (Müller, 1900), et que Spearman, pour sa part, se représentait comme une caractéristique de rigidité, d'inertie psychique, s'opposant au principe d'énergie mentale propre à son facteur g.

L'ensemble des résultats produits par les modèles factoriels fait apparaître l'importance particulière de la dimension bipolaire introversion-extraversion (Cattell, Eysenck), déjà reconnue dès longtemps dans d'autres contextes théoriques (Jung, Rorschach). Celle-ci est à rapprocher à certains égards, on en a déjà fait la suggestion, du double mécanisme d'introjection et projection décrit dans le cadre de la psychanalyse (Freud, Klein). L'importance également de la dimension névrosisme-stabilité émotionnelle, ou encore faiblesse du moi-force du moi (Guilford, Cattell, Eysenck), qui recoupe aussi, de façon certes assez vague, certaines données de la théorie psychanalytique classique. Argument K 2.

Par sa structure même, le procédé mathématique propre à l'analyse factorielle prescrit une représentation de la personnalité conçue comme un système de traits et de facteurs en covariation hiérarchique. A cet égard, la question de savoir si les facteurs, en tant qu'entités mathématiques, correspondent par ailleurs à des **réalités psychologiques**, est un problème épistémologique qui échappe à la compétence du technicien de l'analyse factorielle. C'est ce que l'on dit toujours, sans que cela ait jamais empêché le « mathématicien » de prendre de tels risques. En fait, il semble que la technique factorielle soit propice, incline d'elle-même, pousse esthétiquement à la mise en évidence des **mécanismes généraux de l'intégration et de la différenciation des conduites**. Ce double processus opérerait selon une hiérarchisation de niveaux, dont les structures seraient, selon certains auteurs (Reuchlin, 1981), localement déterminées par des unités d'organisation fictives qu'ils appellent des **intégrons** (Reuchlin, 1981). Les intégrons sont des « machines organisées et organisantes » - **proposition de teneur et d'esthétique purement verbale -**, censées « produire » (? !) les paliers successifs de la structuration des conduites. Malgré son caractère statique et non dynamique, structural et non génétique, le modèle factoriel en général est alors déclaré, de façon plus ou moins plausible, par un tel cercle d'autorités, comme susceptible d'offrir une représentation relativement pertinente de ce mécanisme intégrateur des strates de la personnalité. Mais pourquoi ? De l' « intégration » comme dimension mathématique à l'intégration dynamique de la conduite, il n'y a que le pont d'une **métaphore**. En tout cas, du point de vue épistémologique, c'est le modèle de ce mécanisme intégrateur qui pèse de manière implicite dans les démarches respectives de Cattell et d'Eysenck.

D'après Reuchlin, Cattell considère l'intégration globale des conduites comme un constat empirique : à partir de là, il tend à repérer l'identité fonctionnelle, l'isomorphisme de mécanismes intégrateurs fonctionnant aux niveaux différents de la conduite, selon un principe de « l'indifférence des moyens ». Pour Eysenck au contraire, dont l'ambition théorique est plus marquée, l'intégration globale résulte d'une hiérarchie de relations de dépendance d'un caractère causal. Tout cela est complètement **idéologique**, et n'a même pas d'autre consistance que celle relevant d'un traitement purement verbal : du possible rigidifié (K 1) et projeté (K 2) en réel.

La très grande **sophistication méthodologique** des conceptions factorialistes n'empêche pas, c'est très apparent par exemple chez Cattell, un **grand arbitraire** au niveau de la collecte et de la mise en ordre des observables, comme aussi dans l'invention des hypothèses locales (les entités nommées en termes grecs de fantaisie), même si la super-dimension introversion-extraversion est relativement incontestable. Depuis que Shafetesbury en avait fait la proposition purement intuitive mais fort sensée au 17ème siècle, on se demande ce que ces méthodes présentées avec assurance comme scientifiques y ont apportées de plus, en dehors d'un grand falbalas d'entités imaginaires (*premsia* !) dont la réalité psychologique et la pseudo-articulation hiérarchique en château de cartes qui s'en proposent ne sont rien moins qu'assurées.

Déjà à la même époque, mais en débordant aussi sur une période plus récente sont apparus des **modèles cognitifs** de la personnalité, de portée plus locale et d'apparence moins ambitieuse, venus en tout cas concurrencer et relayer le déclin des grands modèles factoriels aux États-Unis. On a traité ce sujet ailleurs (Jalley, 2006 a), et on n'y reviendra pas ici.

Le tableau résumant les données essentielles des doctrines précédentes est transféré sur les pages 757 - 758.

13.10. Autres curiosités historiques du paysage de la personnalité

Le tableau ci-après appelle quelques compléments, dont les contenus de prime abord très disparates, s'intègrent plus ou moins dans sa grande dichotomie.

Dans son petit livre sur La *psychophysiologie humaine* (1945), Jean **Delay** parle avec raison de la classification des types d'intelligence reposant sur des critères synthétiques, et retrouvant d'une certaine manière l'opposition introversion-extraversion dont se réclame le présent tableau : « C'est le principe de la distinction **pascal**ienne entre esprits de finesse et esprits de géométrie, de l'opposition entre

	EXTRAVERSION	INTROVERSION
Galien 129-199	sanguin sang, cœur, chaud-humide colérique bile blanche, foie, chaud-sec	flegmatique pituite, phlegme froid-humide lymphatique lymphe, cerveau mélancolique bile noire, rate froid-sec schizophrénie atrabilaire atrabile
Pavlov 1923 Ivanov-Smole nski, 1933	type fort équil. mobile : vif ou sanguin type déséq. fort : excitable, agressif exc+ inh - colérique neurasthénie irritabilité hypomanie psychose m.d.	type fort équil. peu mobile : calme ou flegmatique type déséquilibré faible : inhibé ou mél exc- inh + neurasthénie psychasthénie hystérie schizophrénie
Kretschmer 1921, 1927	cyclothymie cycloïdie psychose m.d.	schizothymie schizoïdie schizophrénie
Sheldon 1951	viscérotonie	cérébrotonie
Jung 1921	extraversion hystérie	introversion psychasthénie schizophrénie
Rorschach 1921 Heymans Wiersma 1925	extratensivité émotivité superficielle nerveux EnAP et brève, colérique EAP primarité	introversité émotivité durable sentimental EnAS et profonde passionné EAS secondarité
Cattell 1946-1961	extraversion	introversion
Eysenck 1957	excitation faible et lente (≠ Pavlov) inhibition forte rapide à se produire (primarité) lente à se dissiper hystérie, psychose m.d.	excitation forte et rapide (≠ Pavlov) inhibition faible lente à se produire (secondari- té) rapide à se dissiper dysthymie irritabilité (P) apathie, dépression anxiété schizophrénie
Witkin 1959-1978	dépendance à l'égard du champ	indépendance à l'égard du champ
Rotter et Phares 1978	lieu de contrôle externe	lieu de contrôle interne
psychanalyse	projection	introjection
Ferenczi 1919 Freud 1924	conduites alloplastiques	autoplastiques
Scheler 1923	identification hétéropathique	idiopathique
Klein 1946 Lagache 1954	identification projective : je suis comme lui	introjective : il est comme moi

Wallon 1956	identification centrifuge	fonction proprioplastique centripète
Piaget	assimilation	accommodation

classiques et romantiques, discursifs et intuitifs, logiciens et magiciens, de celle faite par **Binet** entre le type subjectif et le type objectif : « suivant les moments et les besoins, nous faisons d'une manière plus exclusive de l'introspection ou de l'extrospection (*sic*). Tantôt nous avons besoin de savoir ce qui se passe autour de nous, tantôt nous cherchons à nous replier sur nous-mêmes pour réfléchir ». Delay rattache de lui-même à la distinction de Binet celles de « Gross entre le primaire et le secondaire » et du « psychanalyste suisse Jung entre l'extroverti (*sic*), tourné vers le monde extérieur et l'introverti replié sur son monde intérieur »[656].

Il rappelle aussi que **Charcot** distinguait déjà quatre types psychosensoriels : imaginatif, visuel, auditif, moteur - et mixte, répondant à des différenciations cérébrales prédominantes sur tel ou tel lobe.

Il évoque également les classifications constitutionnalistes établies à partir de la psychopathologie de tradition française (**Dupré**, Delmas, Boll, 1905, 1927). On y propose une classification parallèle des « constitutions psychopathiques » et des caractères normaux correspondants en fonction de cinq tendances fondamentales : avidité, bonté, sociabilité, activité, émotivité, dont les perversions représentant cinq constitutions psychopathiques - assorties parfois de traits caractériels dominants : constitutions paranoïaque (hypertrophie du moi, avidité orgueilleuse, fausseté subjective et affective du jugement débouchant dans le délire d'interprétation), perverse, mythomaniaque (tendance à la fiction et au « mensonge corporel et mental » débouchant dans l'hystérie), cyclothymique, hyperémotive.

Dupré, dans d'autres travaux repris par **Wallon**, **Gourevitch**, **Heuyer**, distingue aussi des « types psychomoteurs » : débilité motrice (associée à la débilité mentale), ralentissement moteur (… mental), instabilité motrice (… mentale), défaut d'initiative motrice (… mentale), liés à certains « désordres cérébraux, corticaux ou sous-corticaux ». Le manuel de psychiatrie d'Henri Ey (1967) aussi bien que celui de J. De Ajuriaguerra (1974) mentionnent encore comme des références non indignes d'intérêt un tel fonds de notions.

Delay mentionne que les allemands H. **Eppinger** et L. **Hess** (1910) distinguent « deux types neurovégétatifs », les sympathicotoniques et les vagotoniques à prédominance respective des systèmes sympathique et parasympathique ou vague.

Un autre allemand, à la même époque que Kretschmer, N **Pende** (1924) définit, selon un modèle pyramidal, des biotypes héréditaires de signification à la fois morphologique, physiologique - avec forte insistance sur la composante

[656] Delay Jean : 1945, *La psychophysiologie humaine*, Paris, PUF, 63-64. Delay suit un ordre un peu capricieux qu'il convient de rétablir : géométrie, classique, discursif, logicien, objectif / finesse, romantique, intuitif, magicien, subjectif ; Ey Henri : 1967, *Manuel de psychiatrie*, Paris Masson ; Ajuriaguerra Julian de : 1974, *Manuel de psychiatrie de l'enfant*, Paris, Masson.

endocrinienne -, caractérielle et intellectuelle, essentiellement le longiligne et le bréviligne, avec pour chacun une variété sthénique et une autre asthénique.

Delay parle encore de l'école morphologique française (**Rostan** 1828, **Sigaud** 1908, **Mac Auliffe** 1926) distinguant, d'après la « prédominance de tel ou tel système », des « tempéraments » musculaire, respiratoire, digestif, cérébral.

Il présente aussi les propositions de l'italien G. **Viola** sur les *costituzione* (1933) fondées sur l'anthropométrie des rapports du tronc et des membres. Celui-ci distingue d'un normotype deux ectypes « antagonistes », le brachytype mégalosplanchnique, hypoévolué à prédominance du tronc et de la vie végétative, plus infantile, et le longitype microsplanchnique, hyperévolué à prédominance des membres et de la vie de relation, plus mature.

Il convient de mentionner également l'article « Caractérologie » dans l'*Encyclopaedia universalis* d'un certain Georges **Torris**, « docteur en médecine et en philosophie », dans la mesure où il tente de rapporter aux deux catégories fondamentales de l'introversion et de l'extraversion, même si c'est parfois de manière très problématique, un certain nombre des doctrines que nous avons jusqu'ici évoquées, les unes sans problème (Hippocrate, Pavlov, Gross, Jung, Heymans et Wiersma, Le Senne), les autres de manière bien plus problématique (Sigaud et Rostan, Kretschmer, Sheldon, Pende).

À côté de cela, l'auteur propose d'autres classifications, dont la mise en rapport avec les deux grandes catégories de base va également plus ou moins de soi.

Tout d'abord, **Aristote** opposerait les *ekstatikoi* - les extatiques, qui se tiennent en dehors d'eux-mêmes, et les *emménétikoi* qui restent en eux-mêmes, opposition d'une grande importance historique, dont les ouvrages classiques aussi bien de philosophie que de psychologie n'ont jamais fait mention, alors qu'elle serait une innovation géniale, et dont la référence éventuelle pourrait expliquer les « prémonitions » remarquables que nous avons mentionnées chez Al Ghazali, Shaftesbury, et Hegel, sans parler de Binet.

Les « médecins du 19ème siècle » se souviendraient des types d'Hippocrate avec leurs genres bilieux (colérique), sanguin (id.), nerveux (mélancolique), et lymphatique (phlegmatique).

Hallé (1797) distingue : musculaire, thoracique (extravertis ?), nerveux ou céphalique, abdominal (introvertis ?).

Carus (1852) distingue : athlétique, asthénique (extravertis ?), cérébral, phlegmatique (introvertis ?).

Pierre **Janet** distingue : hypertonique (extraverti ?) et hypotonique (introverti ?), chacun avec deux variétés sthénique et asthénique.

Bourdel distingue quatre « tempéraments psychobiologiques » : mélodique, complexe (extraverti ?), harmonique, rythmique (introverti ?).

Corman distingue : dilaté (hyperexcitable et hypo-excitable), et rétracté (de base et de front).

Klages croise sentiment et volonté, selon qu'ils sont grand ou petit, et en outre positif ou négatif, ce qui lui donne 8 catégories, comme Heymans et

Wiersma et Le Senne : excitabilité de sentiment grande et positive (avec excitabilité de volonté grande et positive, grande et négative), excitabilité de sentiment grande et négative (avec excitabilité de volonté grande et positive, grande et négative) - extraversion ? ; excitabilité de sentiment petite et positive (avec excitabilité de volonté petite et négative, petite et positive), excitabilité de sentiment petite et négative (avec excitabilité de volonté petite et négative, petite et positive) - introversion ?.

Par ailleurs, l'auteur se risque, à ses périls, à faire entrer sous les rubriques de l'extraversion et de l'introversion les catégories des **alchimistes et astrologues** - dont, avant d'en rire, il est intéressant de savoir que ce sont des vestiges de science populaire dont l'usage date de l'Antiquité alexandrine, couramment mêlé aux doctrines philosophiques et croyances religieuses de l'époque (stoïcisme, néoplatonisme), qu'il s'agisse des planètes (Vannier, 1954, 1976) ou des signes du Zodiaque (Barbault, 1961) : Mars, Mercure, Jupiter, Lune, avec Bélier, Vierge et Gémeaux, Taureau et Sagittaire, Poissons : Extraversion ? ; Apollon, Saturne, Vénus, Terre, avec Cancer et Balance, Lion, Vierge, Capricorne : Introversion ?

L'auteur mentionne aussi, sans référence aux deux métacatégories en question, la typologie de **Malapert** (1897) avec 6 grandes catégories et 18 catégories subordonnées : *apathique* : pur, intelligent - Fontenelle, actif - Louis XI ; *affectif* (sensitif : passif, vif - Diderot ; émotif : mélancolique - Amiel, impulsif - Musset ; passionné - Napoléon) ; *intellectuel* (affectif : dilettante - Renan, passionné - Bordas-Demoulin ; spéculatif - Kant) ; *actif* (médiocre ; agité - Beaumarchais ; grand actif - Cortés) ; *tempéré* : amorphe - Louis XVI, équilibré supérieur - Descartes ; *volontaire* : maître de soi - Mérimée, homme d'action - Washington.

13.11. Personnalité et psychanalyse

L'approche du concept de personnalité par la pensée psychanalytique doit être envisagée, de manière classique, selon deux voies différentes, l'une d'ordre métapsychologique, l'autre d'ordre clinique.

Du point de vue métapsychologique, le terme personnalité désigne un concept équivoque, dans la mesure où la série des présentations effectuées par Freud de ses deux modèles successifs du fonctionnement psychique ne l'utilise qu'à titre exceptionnel (1933). Lagache (1955) a exprimé ce caractère équivoque par le paradoxe suivant : la psychanalyse, soutient-il, est une des rares formes de psychologie qui se soit préoccupée de la structure de la personnalité, bien que les psychanalystes se soient peu intéressés à donner une définition générale de celle-ci. Il est intéressant de voir ici Lagache aménager une double forme de coupure en même temps que de recoupement entre psychologie et psychanalyse.

La **représentation métapsychologique** du fonctionnement psychique réunit un aspect structural et un aspect génétique.

La **perspective structurale** s'inscrit dans le cadre d'une topique, c'est-à-dire d'une description des lieux psychiques. Ceux-ci sont définis comme des systèmes ou instances, correspondant à des fonctions différentes, et disposés dans un certain ordre les uns par rapport aux autres.

La **première topique** (1900), dont les données seront d'ailleurs conservées et intégrées dans la seconde, est centrée de manière privilégiée sur la notion d'appareil psychique, d'un caractère par principe très impersonnel, bien que la notion d'un moi y soit déjà mentionnée sous forme à vrai dire discrète, comme plusieurs autres du reste y anticipent certaines catégories de la seconde topique.

Cet appareil psychique est décrit par référence à deux modèles, celui de l'arc réflexe, et celui d'un appareil optique. Il comprend trois systèmes appelés inconscient (Ics), préconscient (Pcs), et conscient (Cs). Ce dernier système est plus couramment dénommé Perception-conscience (Pc-Cs). L'appareil psychique est conçu comme exerçant un travail qui consiste à transférer l'énergie en la transformant, de manière à maintenir la quantité d'excitation à un niveau aussi bas, ou du moins aussi constant que possible.

Le passage du matériel psychique entre les divers systèmes est réglé par deux dispositifs de contrôle appelés censures : l'une particulièrement sévère entre l'inconscient et le préconscient, l'autre moins rigide entre le préconscient et le conscient. D'ailleurs, les deux derniers systèmes sont souvent présentés comme un système unique opposé à l'inconscient, et qualifié de préconscient-conscient (Pcs-Cs).

Complétant la perspective topique, la **perspective dynamique** envisage les processus psychiques comme résultant d'un conflit, défini par la combinaison de forces exerçant une poussée d'origine pulsionnelle. La composition de ces forces opposées aboutit à diverses espèces de formation de compromis. En outre, la perspective économique prend en compte les modes variables de la circulation et de la répartition de l'énergie pulsionnelle, en tant que celle-ci est considérée comme quantifiable, c'est-à-dire susceptible d'augmentation, de diminution, et d'équivalences. Ces variations de la quantité d'énergie s'expriment dans les notions d'investissement, de désinvestissement, de contre-investissement, de surinvestissement.

La **deuxième topique** (1920 - 1923) est, comme la première, une trilogie, mais qui fait intervenir une répartition nouvelle des instances, en termes de ça, moi et surmoi. Le second modèle de l'appareil mental utilise l'analogie biologique de l'œuf, de la vésicule protoplasmique (1923, 1932). L'accent porte moins sur l'aspect topographique, plus marqué dans la première topique, que sur un aspect en quelque sorte anthropomorphique. La description de l'appareil psychique y est présentée comme une « **décomposition de la personnalité** » en instances, dont les relations à l'intérieur du champ psychique sont elles-mêmes un peu conçues sur le modèle des relations interpersonnelles (fig. 13, p. 926). Ce caractère a été mentionné à titre de reproche en particulier par Wallon, même si Freud reconnaît déjà très tôt le caractère « démonique » de son appareil psychique.

Le ça représente le premier réservoir de l'énergie psychique, le **pôle pulsionnel de la personnalité**, qui entre en conflit avec le moi et le surmoi. Le moi constitue un facteur de liaison des processus psychiques, le pôle **défensif** de la personnalité. Le surmoi est présenté comme la fonction critique, le pôle juridictionnel, **normatif** de la personnalité.

Dans le cadre de la deuxième topique, le terme inconscient n'est plus employé sous sa forme substantive, mais sous sa forme adjective, et dans une double perspective, **descriptive et dynamique**. L'inconscient en un sens uniquement descriptif est seulement latent, et normalement susceptible de redevenir conscient. L'inconscient, dans un sens à la fois descriptif et dynamique, est ce dont la traduction en termes de conscience rencontre une résistance.

Le ça correspond à peu près exactement avec l'inconscient de la première topique, à une importante réserve près : une partie de l'ancien Ics ne se retrouve pas dans le ça, mais est déplacée dans la région profonde du moi, et aussi du surmoi.

Le moi correspond en partie au système préconscient-conscient (Pcs-Cs) de la première topique. Le préconscient comporte la qualité de l'inconscient latent, c'est-à-dire de l'inconscient au point de vue descriptif, mais non au point de vue dynamique. Cependant le moi est, pour une grande part, inconscient dans la seconde acception, à la fois descriptive et dynamique, du terme. Cette zone profonde du moi comprend l'organisation formée par l'ensemble de ses mécanismes de défense.

La qualité de l'inconscient au double point de vue descriptif et dynamique concerne donc aussi bien l'organisation défensive du moi que les contenus refoulés du ça. Elle intéresse aussi, mis à part sa région préconsciente et consciente, une vaste zone du surmoi en communication profonde avec le ça.

Dans le modèle de la deuxième topique, la limite entre le ça et le moi se définit de façon moins stricte que, dans la première topique, la frontière de la censure entre l'Ics et le Pcs-Cs. Cependant, de façon paradoxale, la conception des processus de conflit y apparaît beaucoup plus complexe et plus diversifiée. Dans la première topique, chaque système se présente surtout comme un contenant, et le travail lié au processus conflictuel semble s'effectuer, en quelque sorte, aux frontières entre instances. De façon différente, dans la deuxième topique, les **conflits** sont d'ordre non plus seulement intersystémique, mais **encore intrasystémique**. Tout d'abord, ils organisent un jeu plus complexe dans les rapports entre les instances : entre le ça et la fonction défensive du moi d'une part, entre le moi et la fonction interdictrice du surmoi d'autre part. Par ailleurs, ils présentent diverses formes au sein même des instances : « tendance au conflit » à l'intérieur du ça entre les pulsions de vie et la pulsion de mort, comme aussi entre les deux versants de la bisexualité, enfin mécanisme de clivage à l'intérieur du moi.

Le moi dispose de la fonction de conscience, et de l'usage des traces mnésiques, en particulier des traces verbales ou représentations de mot, et aussi des processus cogitatifs, dont le siège est le préconscient. Par leur moyen, il ajourne la décharge et exerce le contrôle sur la motilité, en vue de l'auto-conservation. Le moi se construit comme une unité et comme l'instance qui assure la stabilité et l'identité de la personne. Cependant son unité et la cohérence de son action sont toujours menacées. « **Pauvre créature** » divisée par les exigences contradictoires du monde extérieur, du ça et du surmoi, sorte de « monarque constitutionnel » voué à la « fausseté diplomatique » envers ces « trois despotes », le moi se présente comme un simple médiateur chargé des intérêts de la totalité du sujet.

L'aspect génétique est plus marqué dans la deuxième topique que dans la première. De ce point de vue, le moi y est présenté comme une première différenciation de l'appareil psychique à partir du ça, le surmoi comme une différenciation ultérieure du moi.

La différenciation du moi par rapport au ça correspond à l'opposition fonctionnelle de deux séries de processus. D'une part, au niveau du ça : processus primaire, énergie libre, principe de plaisir, identité de perception. D'autre part, au niveau du moi : processus secondaire, énergie liée, principe de réalité, identité de pensée.

La genèse du moi est un processus progressif qui opère autour d'une sorte de noyau originel représenté par le système perception-conscience. D'une part, le moi s'approprie des portions de plus en plus grandes de l'énergie pulsionnelle incluse dans le ça. D'autre part, le moi se forme et se structure aussi à partir d'identifications successives à des objets extérieurs, qu'il intériorise et incorpore. Des portions croissantes d'énergie pulsionnelle sont annexées et modelées par le processus d'identification.

De son côté, le surmoi, un nouveau « stade dans le moi », se structure lui-même à partir d'un processus particulier d'identification aux deux parents, en tant qu'objets du conflit œdipien. En ce sens, le surmoi apparaît comme « l'héritier du complexe d'Œdipe ». Il assume trois fonctions : une fonction d'auto-observation, une fonction de conscience morale, de censure, et enfin une fonction d'idéal, à laquelle s'applique aujourd'hui le terme d'Idéal du moi (*Ichideal*). Certains auteurs (Lagache) considèrent le Moi idéal (*Idealich*) comme une formation archaïque, correspondant à l'idéal de toute-puissance du narcissisme infantile, et formant un précurseur du surmoi. Divers types de conflits peuvent également se développer entre ces trois instances.

Ainsi donc, du point de vue de la psychanalyse, la formation de la personnalité apparaît comme une socialisation progressive résultant de la différenciation de l'appareil pulsionnel (ça) en strates d'instances (moi, surmoi). Ce processus complexe est déterminé par un jeu d'identifications successives et multiples. L'identification en général représente une forme particulière d'imitation inconsciente. Mais toute imitation n'est pas une identification. L'identification suit un choix libidinal qui la fonde et la justifie : « **le caractère du moi**, écrit Freud, résulterait d'abandons successifs d'objets sexuels ».

La structuration de la personnalité comporte l'ancrage dans la dimension temporelle. Le moi représente le monde extérieur, l'accidentel, l'actuel, la puissance du présent. Le ça exprime le passé organique des tendances héréditaires. Cependant, il comporte aussi des contenus acquis au cours de l'évolution du moi. Dans la phase actuelle et individuelle de celle-ci, il s'agit des contenus refoulés du ça. Dans sa phase transgénérationnelle et culturelle, il s'agit de traces d'événements marquants de l'expérience historique. Le surmoi, dans la mesure paradoxale où ce « nouveau venu » plonge dans le ça plus profondément que le moi, figure avant tout ce passé de la civilisation, que par ailleurs il relie à l'expérience actuelle. Aussi peut-on dire qu'il « réunit en lui les influences du passé et du présent ». De ce point de vue, il convient de souligner que le surmoi ne procède pas d'une identification au moi des parents, mais bien plutôt à leur surmoi, ce processus remontant de génération en génération.

La représentation métapsychologique du concept de personnalité comprend, en plus de l'aspect structural, **un aspect génétique**. Celui-ci comporte une description des stades de l'évolution psycho-sexuelle, en correspondance avec une description des niveaux de construction de la relation d'objet. La relation d'objet représente le mode de relation du sujet avec son monde, défini par une certaine organisation de la personnalité, en rapport avec une forme privilégiée d'organisation défensive et d'appréhension imaginaire et réelle des objets. Les types de relation d'objet se réfèrent soit à des moments évolutifs (relation d'objet orale), soit à la psychopathologie (relation d'objet mélancolique).

L'approche psychanalytique de la notion de personnalité présente une différence profonde à l'égard des différents modèles de la personnalité, tels qu'ils se formulent dans les différents champs de la psychologie. Dans la tradition de la philosophie classique (Descartes, Kant), les modèles psychologiques adoptent en commun, malgré leur variété et leur hétérogénéité, le présupposé d'une représentation unitaire du sujet. Celle-ci détermine invariablement le sujet en termes de faisceau de qualités, d'intégration de traits ou de dimensions, d'organisation focale de l'expérience. Ces modèles confortent toujours peu ou prou la conception idéologique d'un sujet bien lié, intégré, compact, possesseur de soi et centre de décision autonome. A l'opposé, la pensée psychanalytique a mis en valeur une **conception plurale, multipolaire, décentrée du sujet**. Ce sujet pluriel comporte une structure fragmentée, une organisation marquée par l'ubiquité et la fragilité dynamique. Le moi, dans son rôle de médiateur au service des intérêts du sujet total y apparaît défini tout autant par sa dimension imaginaire, illusoire, que par sa fonction adaptative, intégrative. De façon paradoxale, la représentation métapsychologique du concept de personnalité aboutit à en dissoudre le contenu, dans la mesure même où elle introduit la notion d'une certaine forme de dépersonnalisation du sujet.

En dehors de ce premier type d'approche, théorique et métapsychologique, de la notion de personnalité, la psychanalyse a également ouvert une deuxième perspective, de nature concrète et **clinique**. Alors que la première perspective se définit comme une description à la fois structurale et génétique des niveaux ou instances de la personnalité, la seconde s'est développée sous la forme d'une typologie des caractères. De ce point de vue, bien qu'elle ait mis en question au plan métapsychologique le concept classique de personnalité, la psychanalyse n'en demeure pas moins le principal levier conceptuel d'une étude concrète de la personnalité.

Les études psychanalytiques concernant la **caractérologie** sont innombrables. Elles remontent aux origines mêmes de la psychanalyse (1892, 1905) et forment un courant sans cesse complété et révisé jusqu'aujourd'hui. Les travaux les plus classiques et les plus importants demeurent ceux d'**Abraham** entre 1920 et 1925 sur le caractère oral, le caractère anal, le caractère urétral, le caractère phallique, et le caractère génital.

Le **caractère oral** est marqué par la nécessité de dépendre excessivement des autres pour maintenir le respect de soi. Cette attitude fondamentalement passive et dépendante s'accompagne de traits qui peuvent être opposés, mais qui se rapportent au couple des actes donner-recevoir. Ainsi la générosité et l'avarice, la volubilité et la tendance à conserver un silence obstiné.

Le **caractère anal** s'exprime par trois traits principaux bien connus en termes des « trois P » : parcimonie, irritabilité (en anglais *petulance*), pédanterie (*pedantry*) ou en termes plus courants, l'économie, l'entêtement et l'ordre.

Le **caractère urétral** a lui, pour traits essentiels, l'ambition et le désir de la compétition, qui seraient des réactions contre la honte.

Le **caractère phallique** se comporte d'une manière téméraire, résolue et assurée, qui représente en grande partie une réalisation de désir, en réaction contre l'angoisse de castration. Il fait preuve de vanité et d'exhibitionnisme, se montre agressif et provocateur.

Le **type génital** correspond à la normalité idéale de la personnalité.

À une période plus récente, le psychiatre et psychanalyste français Jean **Bergeret** (1974) a proposé un modèle général intégrant à la fois les **notions de personnalité et de caractère**. Il envisage ce modèle comme situé au carrefour de la caractérologie, de la psychologie clinique et de la psychiatrie, ceci dans le cadre d'une double approche dynamique et génétique définie par la psychanalyse.

L'auteur illustre son modèle par la représentation d'un triangle isocèle délimitant ce qu'il appelle l'aire relationnelle du sujet (fig. 14, p. 926).

Le sommet supérieur de ce triangle est occupé par ce qu'il dénomme la **structure de base, latente et profonde, de la personnalité**. Il s'agit d'un élément organisateur, qui se définit par la solidité, la permanence, et la relative fixité des mécanismes mentaux essentiels, tels que les envisage la clinique psychanalytique : mode de constitution du moi, type de relation d'objet, forme d'angoisse profonde, etc.

Cette organisation structurelle de la personnalité se réalise, au niveau manifeste, en une base relationnelle représentée par le côté inférieur du triangle. Cette base relationnelle comprend deux pôles : l'un est le **caractère**, dans l'état normal d'adaptation, occupant le sommet inférieur gauche ; l'autre, comprenant les **symptômes et syndromes** en cas de désadaptation, occupe le sommet inférieur droit.

La structure de base de la personnalité s'exprime, selon les cas individuels, par deux grandes lignées : la **lignée psychotique** avec les variétés schizophrénique, paranoïaque et maniaco-dépressive, et la lignée **névrotique** avec les variétés névrose obsessionnelle et hystérie (de conversion).

Les comportements phobiques (névrose phobique ou hystérie d'angoisse) peuvent se rencontrer au sein de n'importe quelle des **cinq organisations structurelles de base**.

Les grandes structures de base psychotique ou névrotique sont compatibles avec une certaine forme de normalité. L'état normal ne saurait se définir ni au moyen d'un critère statistique, ni en termes d'une norme idéale. Le **sujet normal** est celui qui n'a pas rencontré de difficultés internes ou externes supérieures à son équipement affectif héréditaire ou acquis, et qui reste capable, sur les plans personnel et social, d'un jeu assez souple de ses mécanismes psychiques. Les évolutions pathologiques se produisent en cas de **décompensation**, en particulier sous l'effet d'une agression externe trop forte pour les défenses habituelles du sujet. Des paliers de passage existent entre l'état de normalité relative et l'entité nosologique de la structure de base correspondante. Une personnalité réputée normale peut, à tout moment de son existence, entrer dans la pathologie mentale, y compris la psychose. Inversement, un malade mental, même psychotique, bien et précocement traité, conserve toutes ses **chances de revenir** à une situation de normalité.

Entre les deux lignées structurelles de base psychotique et névrotique, il convient d'envisager une organisation intermédiaire. Il s'agit des structures à économie narcissique et anaclitique appelées « borderlines » ou « **états limites** », et qui présentent une grande fluctuabilité. A l'état normal, elles peuvent donner l'apparence d'une « **hypernormalité** », et souvent aussi se présenter sous forme d'aménagements **pervers** ou encore **caractériels**. En cas de défaillance, ce type d'organisation peut évoluer vers une pathologie dépressive, parfois psychosomatique, ou même rejoindre l'une des deux lignées névrotique ou psychotique.

Par ailleurs, les deux lignées névrotique et psychotique peuvent aussi communiquer entre elles au moment de la grande crise d'adolescence.

Les personnalités nettement structurées sont plutôt rares. On peut envisager qu'elles se forment dans un contexte génétique limité, à des moments précis de l'ontogenèse. Beaucoup de personnalités expriment des **essais de structuration imparfaits ou inachevés**. La structure de base peut, dans certains cas, comporter des **possibilités de changement**, à partir d'un arrêt apparent de son évolution, dont la durée est variable d'un sujet à l'autre.

Dans les structures de base de la lignée névrotique, on peut envisager que l'angle du sommet supérieur est plus ouvert, en correspondance avec une base relationnelle plus grande. À l'encontre, dans les organisations structurelles de type psychotique, l'angle au sommet s'avérerait plus aigu et la base relationnelle plus étroite. La marge de sécurité fonctionnelle, créée par la séparation entre les deux pôles de la conduite manifeste diminue. Les symptômes apparaîtront comme beaucoup plus proches du caractère.

Sur la base de ce modèle général, la typologie de Bergeret présente un grand nombre de variétés de **caractères, plus d'une trentaine**. Il s'agit d'entités caractérielles représentées dans l'état « normal » d'adaptation et qui, comme telles, sont à distinguer des entités nosologiques correspondantes, situées à l'autre pôle de la base relationnelle. Le caractère en général se présente comme le niveau de fonctionnement manifeste et non morbide, dans la vie relationnelle, de la structure de base latente de la personnalité.

La typologie de Bergeret présente trois niveaux d'organisation différents.

Premièrement, les **caractères proprement dits** : névrotiques, avec les types hystérique de conversion, hystéro-phobique, obsessionnel, et narcissique ; psychotiques, avec les types schizophrénique et paranoïaque ; narcissiques, avec les types abandonnique, de destinée, narcissique-phobique, phallique, dépressif, hypocondriaque, psychasthénique, psychopathique, et hypomaniaque ; psychosomatiques ; enfin pervers.

Deuxièmement, les **traits de caractère.** Ceux-ci peuvent être structurels : névrotiques, de type hystérique ou obsessionnel ; psychotiques, de type schizophrénique ou paranoïaque ; narcissiques. Ces traits peuvent être aussi pulsionnels : soit de type libidinal, avec les variétés orale, anale, urétrale, phallique, génitale ; soit de type agressif, avec les variétés sadique, masochique, et autopunitive. Certains de ces traits pulsionnels dépendent aussi des pulsions du moi.

Le troisième niveau concerne la **pathologie du caractère**. De ce point de vue, sont envisagées la « névrose » de caractère (Bouvard et Pécuchet); la « psychose » de caractère (Robespierre) ; et la « perversion » de caractère (Iago de Shakespeare).

Enfin, dans une perspective très différente, mais non étrangère à la psychanalyse, les recherches récentes de **Brazelton** et de son école (1981), relayées du reste par le point de vue personnel de Françoise Dolto, ont introduit le thème : le nourrisson est une personne. Le nouveau-né présente des compétences sensorielles et motrices qui le rendent capable d'interactions émotionnelles et communicatives avec l'entourage. Les expériences précoces, y compris fœtales, déterminent des styles de motricité et de tempérament, qui apparaissent comme les précurseurs à la fois de types cognitifs et de types de personnalité.

13.12. Les propositions de J. Lacan sur le thème de la personnalité (1932)

Au titre de l'approche psychanalytique de la notion de personnalité, on rapportera enfin ici, comme on l'avait annoncé, certains propos de Lacan dans sa thèse intitulée *De la psychose paranoïaque dans ses rapports avec la personnalité* (1932).

D'après lui, tout d'abord, « la personnalité selon l'expérience commune » se caractérise par les « trois attributs » de synthèse (1), d'intentionnalité (2), de responsabilité (3)[657].

Dans la métaphysique traditionnelle, nous dit-il, opposée d'une certaine manière à l' « individu », la « personne » comporte la marque de l'existence et de l'unité substantielles. Cette « entité universelle » se spécifie, selon les auteurs comme *nous* aristotélicien, raison ou nature stoïciennes, âme thomiste, impératif catégorique kantien. Elle investit aussi la fonction d' « arbitre moral ». Cette revue historique à bride abattue peut apparaître avec le recul justement un peu cavalière à l'historien un peu sourcilleux.

Lacan relève aussi pêle-mêle au passage les notions de « personne juridique », l'analyse faite par Max Scheler de la personne en termes « d'identification affective, et enfin d'amour ».

---

[657] Lacan Jacques : 1932, 32-34.

Telle qu'il la perçoit, à un niveau d'élaboration conceptuelle un peu plus poussé[658], la « définition objective des phénomènes de personnalité » implique trois traits principaux : « un développement biographique » (1) accessible à des « relations de compréhension » (*Dilthey, Scheler, Jaspers*), une conception de soi-même lisible selon un « progrès dialectique » (2 et 3), une certaine « tension des relations sociales » illustrée par des « liens de participation éthique » (3).

Plus loin dans son ouvrage, Lacan essaie de préciser ce qu'il appelle « notre conception fonctionnelle et sociale de la personnalité »[659].

Les « phénomènes de personnalité » se donnent sous forme d'une « essence humainement compréhensible » en fonction d'un certain « caractère social ». Ils ont aussi une « valeur de structures », en tant que « moments typiques d'un développement historique et d'une dialectique des intentions ». Ils expriment aussi une « spécificité individuelle », en tant que « moments uniques d'une histoire et d'une intention individuelles »[660].

Soit encore : « les trois pôles de l'individuel (1), du structural (2) et du social (3), sont les trois points d'ou l'on peut voir le phénomène de la personnalité ». D'après lui, l'individuel s'impose à l'intuition, prévaut dans l'usage de la langue, le structural renvoie au niveau de l'essence métaphysique, cependant que le social s'impose au plan de l'existence scientifique (ibid.).

Il écrit encore : « La personnalité n'est pas « parallèle » aux processus névraxiques, ni même au seul ensemble des processus somatiques de l'individu ; elle l'est à la totalité constituée par l'individu et par son milieu propre »[661].

La personnalité, poursuit-il, se spécifie comme « une zone de phénomènes où se fait le joint du plan vital individuel (1) et du plan social personnel (3) »[662], elle met en jeu des « relations de compréhension, qui définissent le développement, les structures conceptuelles et les tensions sociales de la personnalité normale »[663].

C'est par rapport à cet ensemble de considérations relevant de la philosophie et de l'épistémologie générales, avec des accents où se repèrent des influences venues de la philosophie dialectique de l'histoire (Hegel, Marx), du structuralisme phénoménologique (Husserl) et aussi de l'éthique existentialiste (Scheler) que Lacan va s'efforcer de définir, dans une rhétorique ambitieuse même si d'apparence un peu démodée aujourd'hui, une **approche psychopathologique de la personnalité**, s'agissant de la personnalité **paranoïaque**, selon un modèle alors pas très éloigné de celui de la paranoïa sensitive de Kretschmer.

Le point important est que Lacan, alors tout au début de sa carrière, considère que l'éventuel mais indispensable apport de la psychologie à la psychanalyse puisse consister pour l'essentiel en une approche psychodynamique de la person-

---

658 Ibid., 42.
659 Ibid., 286.
660 Ibid., 313.
661 Ibid., 337.
662 Ibid., 340.
663 Ibid., 343.

nalité, sous le jour de l'individu rapporté à un double système d'axes, d'esprit déjà saussurien, l'un synchronique-statique - référence à la structure -, l'autre diachronique-dynamique, référé lui au cadre social. Il s'agit alors plus précisément pour lui, comme il l'indique lui-même, d' « une étude génétique et structurale de la psychose »[664]. Dans les propos précédents, on a, pour clarifier, indexé ces trois notions (individu, structure, cadre social) et leurs diverses connotations par les chiffres (1, 2, 3).

13.13. Les classifications modernes des personnalités pathologiques

La méthode adoptée ici consistera à suivre une lecture critique de l'article de C. Lansier et de R. Olivier-Martin sur « les personnalités pathologiques » dans *l'Encyclopédie médico-chirurgicale* (1993). Les auteurs disent prendre le parti de suivre l'exposé de la CIM 10, qui ne rejoint pas celui de la DSM 3 R (1987), repris dans le DSM 4 (1994). Nous ne reprendrons donc pas l'exposé suivi et non critique des « Troubles de la personnalité » dans le DSM 4, auquel on pourra se référer à part[665]. Pour notre part, nous ne retiendrons ici de l'article cité que les points qui nous paraissent personnellement significatifs à l'égard du débat contemporain. Nous nous écarterons donc d'un exposé complet sur la question, de toute manière impossible dans le cadre de ce chapitre. Ce qui nous retiendra principalement sur ce sujet, c'est d'identifier un certain nombre d'approximations, et même de contradictions, qui ne sont pas rares.

Les descriptions actuelles se trouvent en général au bout d'une longue histoire, parsemée de tentatives diverses, parfois complémentaires, offrant à l'occasion des interférences, parfois aussi opposées, occupant par ailleurs fréquemment diverses lignées d'influences, quand celles-ci ne se mélangent pas, affublées souvent enfin de dénominations différentes. Parfois aussi les mêmes dénominations recouvrent des portraits quelque peu différents, à consulter les diverses sources. L'ensemble de ces facteurs requiert donc de la part de l'explorateur potentiel beaucoup **de flair, de culture et d'expérience**. On ne peut faire que rapidement allusion à l'ensemble des problèmes qui viennent d'être évoqués.

Les difficultés méthodologiques et théoriques propres à ce champ difficile sont bien connues, sans pour autant avoir jamais été résolues.

Le terme de personnalité pathologique est d'abord dû historiquement à Kurt Schneider (1923). Cependant, le modèle descriptif général n'est pas en fait le même pour toutes les personnalités pathologiques.

En effet, certaines de ces personnalités pathologiques sont interprétées comme des **déviations quantitatives de la normale**, d'autres apparaissant plutôt comme des **aspects mineurs de la maladie**.

Kretschmer considère que le passage normal à la maladie se fait à travers une variation continue d'intensité, ce qui revient à comprendre la maladie comme un « développement » et non un « processus », opinion qui se retrouve aussi chez

---

664 Ibid., 342.

665 *Mini DSM-IV : Critères diagnostics*, Paris, Masson, 1994, 1996, 279-290.

Classification Inserm 1968	CIM 9 OSM 1979	CIM 10 OSM Provis. 1991	DSM 3 R APA 1987
paranoïaque	paranoïaque	paranoïaque	paranoïaque
sensitive			
schizoïde	schizoïde	schizoïde	schizoïde
			schizotypique
déséquilibre mental	sociopathique	dyssociale	antisociale
cycloïde	dysthymique		
dépressive			
hypomaniaque			
épileptoïde	épileptoïde	p. labiles : impulsive	
		borderline	limite (borderline)
			narcissique
hystérique	hystérique	histrionique	histrionique
	asthénique (dép.)	dépendante	dépendante
obsessionnelle	obsessionnelle	anankastique	obsess.-compul.
psychasthénique			
		anxieuse (évitante)	évitante
			passive-agressive

Bleuler pour une part (1911, 1926), puis Meyer (1922), Claude (1924), Minkowski (1927)[666]. À l'inverse, Kurt Schneider considère que les transitions entre personnalités pathologiques et psychoses n'existent pas (de même chez Clérambault, 1920), opinion qui tendrait à prévaloir aujourd'hui (*dixerunt* Lansier, Olivier-Martin), mais pas pour tous (Bergeret). Mais les mêmes approches « discontinuistes » peuvent se contredire - et c'est le cas d'ailleurs à bien y regarder dans l'espace du DSM - en admettant à l'occasion l'idée de dimensions vues sur la base de variations continues. Il existe enfin des auteurs (Kraepelin 1883 - 1915) qui, dans une position intermédiaire, considèrent que ces transitions, selon les entités pathologiques, existent (pour la schizophrénie) ou non (pour la paranoïa - ici contre Kretschmer). Cette position intermédiaire, et même contradictoire, est aussi, dans un autre cas de figure, celle de Bleuler, qui rapproche et coupe à la fois la schizophrénie de la schizoïdie.

Le postulat de la transition continue coexiste chez Kretschmer et d'autres avec une hypothèse constitutionnaliste. Celle-ci du reste n'exclut pas un caractère psychogène indépendant en droit des aspects somato-physiologiques, ni non plus, en certains cas au moins le mécanisme de la réaction événementielle (Friedmann 1905, Janet 1894 - 1932, Gaupp 1947). Certains auteurs admettent le caractère

[666] Cette opinion est dans la tradition de Gibert Ballet 1892, Seglas 1884, Arnaud 1903, Krafft-Ebing 1888, Tanzi 1894, Dide 1913.

aussi bien acquis qu'héréditaire de certains traits dispositionnels (la constitution émotive de Dupré, 1912-1925)

Les auteurs de l'article indiquent de façon très floue et sans convaincre que l'appellation de névrose de caractère - relevant, notons-le pour nous, des états limites - correspondrait à celle de personnalité pathologique. On en vient alors à de demander en fait si cette longue parenthèse des classification récentes concernant les « personnalités pathologiques » et aussi bien « les troubles de la personnalité » n'a pas pour fonction de suppléer à un développement sur les états limites dont la catégorie n'est pas reconnue comme telle, quitte à y englober tout de même la sous-catégorie de la « personnalité borderline ».

Un autre problème tient à ce que la notion de type de caractère semble recouvrir à la fois les personnalités normales et aussi pathologiques (Laplanche 1967), ces dernières, paranormales, restant distinctes des entités proprement pathologiques. De fait, il y a à cet égard une certaine difficulté à concevoir des personnalités morbides qui ne soient pas pour autant de syndromes pathologiques.

On souligne aussi le fait d'une correspondance seulement partielle entre niveaux ou modèles de descriptions.

Les auteurs disent que le DSM 3 R (1989) a réintroduit la distinction entre névroses et psychoses, après que celle-ci ait un moment été récusée (!).

Il est admis enfin que les « types » décrits se chevauchent et un même sujet peut en « mélanger » plusieurs.

Les **personnalités paranoïaques**

Par certains aspects, ces personnalités ne se distinguent pas toujours très bien des schizophrènes. Certains paranoïaques dits sensitifs se rapprochent aussi des psychasthéniques et des obsessionnels. Il existe également des personnalités hystéro-paranoïaques qui ont par ailleurs des liens avec les organisations borderlines.

M. Klein considérait que le point de fixation était le même dans la schizophrénie et la paranoïa, au niveau de la « position schizoparanoïde ». Alors que J. Bergeret considère que ces points de fixation se situent au stade oral précoce de (00 à 0,6 an) et au premier sous-stade anal (de 1 à 2 ans) respectivement pour la schizophrénie et la paranoïa.

La CIM 10 retient sept traits : sensibilité excessive, rancune, tendance au soupçon et à l'interprétation, revendication de son bon droit, jalousie pathologique, orgueil, tendance interprétative.

La notion de prédisposition reste contestée. S'il est admis que les personnalités paranoïaques peuvent présenter des réactions psychotiques transitoires lors de situations difficiles, dans la plupart des cas elles n'évoluent pas vers le délire chronique. La continuité entre personnalité et délire paraît constante dans le délire de relation des sensitifs, fréquente dans le délire de préjudice, et peu probable dans le délire d'interprétation, cas où le délire est le plus évident et le moins discutable.

On se trouve donc face à un pluralisme des modèles explicatifs, qui pose comme toujours la question de savoir, si cela tient à l'objet ou alors à l'interprète.

Les **personnalités schizoïdes**

De manière contradictoire encore, elles ont été et sont comprises tantôt comme un caractère pré-morbide, tantôt comme un type de personnalité indépendant de la maladie.

Ces personnalités présentent certaines continuités de formes avec l'hystérie par les troubles dissociatifs et les accès catatoniques, comme avec la psychasthénie à travers les obsessions.

Le DSM 3 coupe d'emblée tout lien, à la manière de Schneider, entre la personnalité pathologique et la schizophrénie.

Il distingue entre la personnalité schizoïde (retrait social : froideur affective, insensibilité à autrui, pauvreté des relations interpersonnelles) et la personnalité schizotypique, avec des traits supplémentaires évoquant *a minima* la dissociation et le délire (bizarreries de la pensée et du discours, idées de référence, méfiance, pensée persécutoire, illusions perceptives, dépersonnalisation ou déréalisation).

Cependant, avec cette seconde entité, la délimitation entre personnalité pathologique et maladie est presque d'ordre quantitatif, ce qui contredit le postulat initial d'une coupure. On nous fait ici le cadeau d'une forme *a minima* de la schizophrénie.

Les **déséquilibrés ou personnalités dyssociales**

C'est surtout l'école anglo-américaine qui marque l'aspect anti-social de ce type de personnalité, en considérant par ailleurs les troubles des conduites apparus avant l'âge de 15 ans comme des critères majeurs.

Les **personnalités épileptoïdes, explosives et impulsives**

La dimension de l'impulsivité liée à l'instabilité émotionnelle s'est progressivement disjointe de l'analogie originelle avec l'épilepsie (Kretschmer, Minkowska).

Les **personnalités borderlines**

La notion s'en est progressivement imposée depuis une cinquantaine d'années : symptomatologie polymorphe, troubles de l'individuation, mécanismes de défense archaïques, relation à l'objet de type narcissique.

D'après Bergeret, le tronc des états limites, ou modes d'organisation anaclitiques de la personnalité, peut comporter des aménagements stables (caractériels, pervers, psychosomatiques, pseudo-normalités) et des décompensations dominées par des aspects dépressifs bien plus psychotiques.

Le CIM 10 regroupe les personnalités émotionnellement labiles avec le type impulsif sans parler de personnalité borderline. Le DSM 3 en reconnaît une et lui attribue pour traits principaux : instabilité relationnelle, labilité affective, colères, menaces de suicide, impulsivité, troubles de l'identité.

Les **personnalités hystériques et dépendantes**

On tend aujourd'hui à se passer du terme d'hystérie jugé trop polysémique, et à mettre en avant deux types de personnalité, histrionique et dépendante.

Dans la tradition, personnalité hystérique et hystérie restent des notions très intriquées. Avec en outre, tous les intermédiaires entre les organisations œdipiennes bien adaptées, et les hystéries orales passives-dépendantes beaucoup plus proches des états limites. Cette question est liée entre autres également à celle de la délimitation entre l'hystérie et le registre psychosomatique, avec la question connexe de savoir si celui-ci doit être rattaché ou non aux états limites.

La question centrale des hystériques est leur incertitude quant à l'identité sexuelle, requérant l'hyperexpressivité, le théâtralisme, la séduction, l'hyperféminité en symétrie de l'hypervirilité.

La dimension de la suggestibilité est certainement différente de celle de la mythomanie et du mensonge. Les fixations orales tendent à faire de l'image maternelle un moi auxiliaire, beaucoup plus anaclitique que génital. L'histrionisme et la dépendance sont deux aspects extrêmes de la structure hystérique.

Les principaux traits retenus de nos jours sont : l'histrionisme, l' égocentrisme, la provocation sexuelle, auxquels se joint l'agressivité, surtout orale. Par ailleurs, la tendance dépressive aussi, la dépendance, la suggestibilité et la quête affective.

La personnalité hystérique chez la femme comprend, en proportion variables offrant de nombreux types, surtout l'histrionisme, la facticité des affects, la réactivité émotionnelle, le mode de pensée imaginaire, la suggestibilité avec identifications labiles soumises au désir de l'autre, la dépendance affective, les troubles de la sexualité où l'excitation comporte le déplaisir.

La personnalité hystérique masculine offre deux types : l'homme histrionique et l'homme passif-dépendant.

C'est dans cette ligne de pensée « masculine » que la CIM 10 envisage une personnalité histrionique et une personnalité dépendante.

Le DSM 3 propose, en plus de la personnalité histrionique, une personnalité passive-agressive appartenant davantage à la tradition américaine, mais peu familière aux psychiatres français.

Il décrit en outre une personnalité narcissique, située aux confins des personnalités hystériques et des organisations limites.

Il y a peu de rapport réciproque entre névrose de conversion et personnalité hystérique-préexistante. Souvent la névrose de conversion est précédée d'autres types de personnalités que l'histrionique.

Sans symptômes de conversion, ces personnalités comportent plus de troubles caractériels, des traits de rigidité, moins de dépendance et de puérilisme, de meilleures capacités d'investissement. L'évolution peut se faire vers des pathologies anxieuses, hypochondriaques, ou dépressives chroniques (dépressions névrotiques).

Les **personnalités obsessionnelles**

Elles sont le pendant obligé des personnalités hystériques, en correspondance avec celui des entités pathologiques correspondantes.

Les descriptions actuelles des personnalités obsessionnelles résultent de la convergence de trois tableaux classiques : la personnalité psychasthénique de Janet, le caractère anal de Freud et la personnalité anankastique de Schneider, soit qu'elles persistent à distinguer ces trois descriptions, soit que le plus souvent elles les associent.

Le DSM 3 R décrit une personnalité obsessionnelle-compulsive avec perfectionnisme, caractère consciencieux, scupuleux et rigide, manque de générosité et incapacité à se séparer des objets.

La CIM 10 prévoit une personnalité anankastique avec, outre les traits précédents, l'attachement au travail et à la production, ainsi que l'intrusion de pensées inopportunes ou d'impulsions.

C'est dans ce champ que la continuité est la plus apparente entre traits de caractères normaux, personnalités pathologiques et symptômes névrotiques.

La décompensation d'un caractère anal pourrait déboucher, en dehors de la névrose obsessionnelle, sur des états dépressifs, des troubles psychosomatiques, des états anxieux, une schizophrénie ou une paranoïa.

En revanche, la personnalité prémorbide d'une névrose obsessionnelle serait très souvent de type obsessionnel-compulsif.

La **personnalité anxieuse et évitante**

La personnalité évitante du DSM 3 R est centrée sur le retrait des situations sociales, la timidité et l'appréhension, donc marquée surtout par des traits phobiques.

La personnalité anxieuse-évitante de la CIM 10 y ajoute des sentiments de tension, d'appréhension et d'insécurité, formant ainsi une combinaison de traits anxieux et phobiques.

Autres types de personnalité

On peut s'étonner beaucoup de la disparition des personnalités dépressives, de type mélancolique, dans les nomenclatures actuelles.

Cependant que la **personnalité sadique** est proposée dans les catégories additionnelles de la DSM 3 R : elle est centrée sur le besoin de faire souffrir, de dominer et d'humilier, sans être nécessairement liée à une sexualité anormale.

Les personnalités **à conduite d'échec ou masochiques** ne sont retenues que par le DSM 3 R, pas par les CIM 9 et 10.

Cette catégorie est liée historiquement à des notions telles que la névrose d'échec (Laforgue), le caractère masochiste (Nacht, Reich), et la névrose de destinée (Deutsch).

Les présupposés idéologiques présidant à l'élaboration des nouvelles classifications touchant les « personnalités pathologiques », devenues les « troubles de la personnalité » dans le DSM sont assez transparents à considérer les omissions de leur tableau final. On en a éliminé les configurations dépressives et hypomaniaques, somme toute le faciès mélancolique, on a comprimé et démembré l'hystérie, trop polymorphe, évincé aussi autant que possible le large spectre de l'anxiété (hystérie d'angoisse) - confiné dans une personnalité unique en son genre dite évitante -, dissocié également le vaste ensemble des états limites, en en isolant la catégorie particulière socialement indésirable : la personnalité antisociale, jouxtant les deux personnalité borderline et narcissique, et sans prise en considération de catégories traditionnelles bien reconnues et au surplus opératoires, tels les caractériels et les pervers. Cet élagage de la symptomatologie traditionnelle, pourtant d'une grande évidence phénoménologique, paraît assez bien s'encadrer dans une **finalité particulière d'hygiénisme rationnalisé et de contrôle social de masse**. À cet égard, les manifestations dépressives et anxieuses sembleraient les plus accessibles à la pharmacopée ordinaire aujourd'hui accessible au médecin généraliste, sans qu'il soit besoin d'un diagnostic différentiel particulièrement élaboré.

CHAPITRE 14

Psychanalyse appliquée : le test de Rorschach

14.1. Bref avertissement historique, méthodologique et pratique.

On n'entreprendra pas ici un exposé complet sur le test de Rorschach. On se contentera de donner l'ensemble des éléments qui permettront au psychologue clinicien débutant ou déjà chevronné d'en maîtriser aussi rapidement que possible les coordonnées techniques et pratiques.

Le test de Rorschach est incontestablement l'une des applications importantes de la théorie psychanalytique au travail clinique, même si cet aspect est resté longtemps au second plan, pour ne réapparaître sous son jour véritable qu'à la date pas très ancienne où **l'École française de Techniques projectives, inspirée par les Travaux de Daniel Lagache et de Didier Anzieu**, a pris le parti résolu de produire du test de Rorschach, ainsi d'ailleurs que du *Thematic apperception Test* de Murray, une interprétation résolument psychanalytique.

L'avatar dont nous avons parlé est dû au fait qu'Hermann Rorschach, psychiatre suisse qui s'initiait à la psychanalyse et même la pratiquait déjà, dans le cercle de l'École de Zürich et du Burghölzi où il exerçait, a disparu prématurément presque tout de suite après avoir créé et publié son test, et dans la phase où il s'apprêtait probablement à en donner une interprétation psychanalytique plus approfondie que la présentation en termes de phénoménologie et de sémiologie psychiatriques qu'il lui a d'abord donnée et sous laquelle le test a été longtemps plutôt connu.

Par la suite, le test de Rorschach a subi des adjonctions interprétatives diverses, venues de chercheurs de nationalité suisse, américaine, française, plutôt orientés vers la psychologie clinique, mais pas toujours psychanalystes. Ces ajouts de provenance diverse et de source souvent empirique ont été publiés un certain temps, puis ont progressivement disparu dans les publications plus récentes marquées par le nouveau modèle d'interprétation psychanalytique. Nous pensons que c'est une erreur, et que **le praticien a intérêt à garder à l'esprit les acquis des recherches anciennes** ayant précédé le *new look* psychanalytique de l'École française, qui en tout état de cause, représente un progrès important, mais avec le défaut commun à toute la corporation des psychologues en France de ne vouloir travailler que dans le présent en balayant tout du passé, avec les mésaventures variées qui en résultent. Ces acquisitions anciennes, qui d'ailleurs ne sont pas très nombreuses, peuvent s'avérer le cas échéant très utile au psychologue s'il les garde dans un coin de sa mémoire.

Par ailleurs, comme la gestion jumelée d'un test de Rorschach et d'un TAT, selon la pratique de l'administration en batterie recommandée aujourd'hui par l'École, s'avère extrêmement coûteuse en temps, une dizaine d'heures dans certains cas pour les deux tests, cet obstacle de coût prohibitif dans le rapport avec la clientèle, incline les enseignants et les auteurs à s'orienter vers une présentation de plus en plus simplifiée de l'apprentissage des deux tests, ce qui est d'autant plus regrettable qu'ils représentent incontestablement, saisis dans l'éclairage psychanalytique, au moins pour qui les connaît et sait s'en servir, **les deux épreuves les plus riches pour établir un bilan de la personnalité**. L'obstacle dont on a parlé pourra inciter le praticien compétent, surtout dans le cadre de la consultation clinique ou psychanalytique, à ne présenter que quelques planches de chaque test, pour approcher les questions spécifiques qui l'intéressent, en vue de s'en former une compréhension intuitive rapide sinon plus fouillée, comme le permettrait une administration complète de l'épreuve. D'aucuns soutiendront que l'entretien clinique, voire l'écoute analytique, pour ceux qui ne connaissent pas les deux tests ni ne veulent rien en savoir, leur en apprendront toujours bien autant que ces taches d'encre et ces scénarios d'un contenu si banal et conventionnel. Nous ne prétendrons pas le contraire, et nous pensons qu'il y a toujours eu plusieurs chemins pour aller à Rome. À chacun donc celui qui peut l'intéresser le mieux.

On a pris le parti d'adopter un style de présentation très resserré pour ce qui est des connaissances classiques sur le test, quitte à y réintégrer les éléments qui au fil du temps en avaient été évincés. L'essentiel pour nous est la mise en forme des perspectives ouvertes par l'interprétation psychanalytique nouvelle concernant le test de Rorschach et le TAT. De même que la présentation des vues entièrement nouvelles que nous avons développées dans le chapitre suivant (15).

Il est très recommandé, sinon indispensable, de lire ce qui suit en disposant du jeu ordinaire des 10 planches du test de Rorschach.

14.2. L'administration du test

Il est recommandable d'utiliser une consigne impersonnelle et au conditionnel, ainsi : « ce qu'on vous demande, c'est de dire ce qu'*on pourrait* voir dans ces taches ». On précise que la durée est libre, qu'ici toutes les réponses sont bonnes, que chacun peut voir ce qu'il veut. Les planches sont présentées en position droite.

L'examinateur note les réponses du sujet, ses commentaires, son comportement, les temps de latence, la durée de chaque planche. Une fois la passation terminée, l'**enquête** est indispensable : on revient sur chacune des réponses pour faire préciser au sujet où et comment il l'a vue. Il faut éviter de suggérer. On pratique ensuite l'**enquête dite des limites** (Klopfer). Quand un sujet n'a pas vu une réponse habituelle, on l'invite à le faire, afin de savoir s'il s'agit d'une négligence, d'un blocage surmontable, ou d'une incapacité psychique fondamentale. Les réponses nouvelles sont cotées à part du premier protocole. On demande enfin au sujet de choisir parmi les 10 planches les deux qu'il préfère et les deux qui lui plaisent le moins.

La durée d'un Rorschach varie (test plus enquête) d'une demi-heure à deux heures. L'interprétation et la rédaction du rapport peuvent prendre une demi-journée.

14.3. Sa spécificité

Le test de Rorschach, comme les autres épreuves projectives, mobilise à la fois des conduites perceptives et des conduites projectives. Daniel Lagache a illustré ces deux aspects comme **conscience « percevante » et conscience « imageante »**. Le test met à l'épreuve l'aptitude du sujet à relâcher son contrôle conscient et à se laisser aller à une attitude d'imagination. Au cours de la passation, la conduite du sujet manifeste ainsi des **oscillations de contrôle et de détente**.

Dans une perspective psychanalytique, le test de Rorschach pose la question primordiale des rapports entre **dehors et dedans, perception et représentation, objets externes et objets internes**, également au niveau de ces derniers, entre **fantasmes et affects**.

14.4. Productivité

14.4.1. Nombre total de réponses R

20 à 30 dans un protocole normal.

Niveau d'instruction supérieur : parfois 40 à 50.

Plus de la moyenne aussi : « complexe d'intelligence » (Rorschach), désir de se faire bien voir, quantité préférée à la qualité.

Moins de la moyenne : sujet passant le test à contrecœur ; ou blocage émotionnel ; ou dépression ; ou retard intellectuel ; ou trouble psychiatrique.

14.4.2. Temps total, temps par réponse T/R

Encore appelé temps de réaction : égal ou inférieur à 45".

Allongement du temps de réaction : inhibition dont les raisons sont variables (temps de réflexion, dépression, blocage associatif).

En dessous de 20', défaillance dans le contrôle des idées : état hypomaniaque ; ou « conduite imageante » (Lagache) l'emportant sur l'adaptation à la réalité, par exemple à l'adolescence ; ou schizophrène incohérent.

D'après Broman, il convient de prendre les T/R aux planches noires : 1, 4, 5, 6, 7 ; aux planches noires et rouges : 2 et 3 ; aux planches couleur : 8, 9, 10.

14.4.3. Temps de latence moyen

Égal ou inférieur à 20".

14.5. Les localisations

Où ?

Le **type d'appréhension** du sujet concerne sa façon de percevoir, d'entrer en contact avec la réalité, son rapport au monde. Classiquement, il représente la **composante dite « intellectuelle »**.

14.5.1. Globale G

Norme : 20%, c'est à dire 6 pour R = 30.

La réponse concerne la totalité de la tache, sauf à la pl. 3 où l'omission des taches rouges est admise.

Cécile Beizmann propose une classification très détaillée et une analyse très fine des G, que nous reproduisons ici, bien qu'elle ait été, à notre avis, à tort abandonnée dans les ouvrages récents.

14.5.1.1. G simples

Elles résultent d'une lecture directe du matériel, sans différenciation préalable. Ils apparaissent surtout aux planches compactes.

a/ **Configurale ou structurale Gp**

Appréhension immédiate de l'ensemble de l'image : pl. 1, un papillon.

b/ **Combinée Gz**

Souvent bilatérale, résulte de la combinaison *simultanée* de divers éléments de la tache. Une différenciation des détails est ébauchée : pl. 1, danse de Carpeaux.

Ces réponses font transition avec les G secondaires combinés.

Les G simples expriment une adaptation perceptive de base. En nombre suffisant et associés à de bonnes perceptions, elles reflètent la qualité du rapport au réel, garantissent le caractère adaptatif du fonctionnement cognitif.

Plus précisément, elles concernent le repérage d'un objet total, différencié, face à l'identité stable, à l'intégrité d'un *self.* C'est pourquoi leur rareté peut être inquiétante : carences importantes dans l'appréhension de l'image de soi[667].

S'il y a prédominance des G simples : faible investissement du fonctionnement cognitif, curiosité intellectuelle limitée, passivité dans l'approche du monde extérieur, conformisme social stéréotypé.

Les G simples peuvent aussi jouer un rôle de mobilisation défensive : recours à une réalité globale et adaptative contre l'émergence de représentations et/ou d'affects (refoulement, méfiance)[668].

Certains G appelés syncrétiques, associées à des perceptions floues, témoignent souvent d'une absence de discrimination entre l'externe et l'interne.

14.5.1.2. G vagues et impressionnistes

Elles manifestent une sorte de soumission au matériel, une passivité importante sans effort d'organisation.

Les G **vagues** sont associées à F$\pm$: pensée peu ferme, fragile, flou du sujet et de l'objet, insuffisance du contenant, de l'enveloppe. Ex : nuages, peinture non figurative, truc pour voir au microscope[669].

---

667 Chabert Catherine : 1983, *Le Rorschach en clinique adulte. Interprétation psychanalytique*, Paris, Dunod, 101-102.

668 Ibid., 99-100.

669 Ibid., 106

Parfois mécanisme de défense : l'hésitation entre deux images exprime un doute de type obsessionnel ; pl. 6 : je ne sais pas si c'est une tête de chat ou un serpent.

Les G **impressionnistes** sont associées aux déterminants sensoriels E, C', Clob, C : suggestibilité, perméabilité, forte réactivité au stimulus externe. Défense par l'affect contre la représentation : fonctionnement de type labile, hystérique[670].

14.5.1.3. G secondaires

Elles manifestent une activité mentale dynamique, supposant une succession d'opérations mentales dans l'élaboration de la réponse.

14.5.1.3.1. G secondaires élaborées ou combinées (DD) Gz

Combinaison **successive** et de bonne qualité (F+) des différentes parties. Opération mentale originale, condensation opérante des mécanismes perceptifs et projectifs. La réponse s'adapte à la réalité extérieure et en même temps la restructure.

Potentialités créatrices, capacités d'intériorisation et de mentalisation, existence d'un espace psychique.

14.5.1.3.2. G secondaires de type syncrétique

Marquées par l'indifférenciation de l'ensemble et des parties. Normaux seulement chez l'enfant de moins de dix ans.

a/ G par **juxtaposition** de détails (DD)Gz

Plus ou moins adéquate (F-) ; pl. 4 : un éléphant assis sur une branche.

b/ G à retardement par **énumération** de détails DD/Gz ; pl. 10 : vin répandu, gâteaux, serviettes, viande… repas de fête.

c/ **G confabulées** DG DdG DblG

Par élargissement, généralisation d'un seul détail à tout l'ensemble sans tenir compte des autres détails ; pl. 6 : chat (à cause des moustaches).

d/ **G contaminées** GG GD

Elles résultent de la fusion, de la combinaison absurde, par télescopage dans le temps, de deux perceptions partielles en une seule réponse ; pl. 3 : deux oies-servantes (Rorschach) ; pl. 4 : le foie d'un homme d'état bien portant (id.). Signe de schizophrénie chez l'adulte. Mais aussi phénomène de la condensation syncrétique chez l'enfant ; pl. 4 : un bonhomme-papillon.

14.5.2. Grand détail D

Norme : 60%, c'est à dire de 15 à 20 sur 30.

Ce sont les découpes les plus fréquemment interprétées. Ce n'est pas une question de superficie, mais de critère statistique. Il existe une Liste française des D.

---

670 Ibid., 109.

Capacité d'insertion dans le réel et de contrôle des perceptions, approche adaptative et socialisée du réel, participation à un mode de pensée collectif. Indice d'un moi suffisamment fort pour user du principe de réalité.

Plus de 75% de D indique une limitation d'ordre émotionnel ou intellectuel. Les D associés à des déterminants qui manifestent le maintien du contrôle par le recours à la réalité objective (F), comportent essentiellement des significations adaptatives et défensives. Mécanismes de déplacement, d'évitement, d'isolation.

14.5.3. Petit détail Dd

Norme : 10%, c'est-à-dire environ 3 sur 30.

Découpes partielles autres que les D ou le blanc.

D'après Klopfer :

- Dd normaux (péninsulaires et insulaires), les plus nombreux.
- Dde de bordure et Ddi intérieurs, rares mais normaux s'ils sont +.
- Ddr, découpes rares, originales ou autistiques, chez les artistes (F+) et dans l'incohérence schizophrénique (F-).

Signification soit intellectuelle soit affective dont le trait commun est l'esprit de minutie.

Si le contenu est riche : pensée capable d'analyse, esprit d'observation, application, persévérance.

Si le contenu est pauvre : pauvreté culturelle et intellectuelle, infantilisme, faible scolarisation, débilité.

Les Dde surtout, répétés aux planches 4, 5, 6 et 8, 9, 10, représentent un essai d'évasion de la planche. Ce qui indique soit l'angoisse, soit le mécontentement de l'obsessionnel. Le Ddi est un indice d'anxiété, d'essai faible de maîtrise intérieure.

Il faut distinguer :

- Les petits Dd associés à des F+ : démarche cognitive scrupuleuse, méticuleuse, pointilliste, formaliste. Ce sont des mécanismes perceptifs, entrant dans le cadre de défenses rigides, voire obsessionnelles par la recherche minutieuse de précision[671].
- Les Dd arbitraires : ce sont des mécanismes projectifs exprimant une pensée confuse, désocialisée, parfois désintriquée, une pensée illogique, interprétative, ou même délirante, marquée par la perte de contact avec le réel. Souvent des parties de corps humain, des fragments d'une image de soi brisée[672].

14.5.4. Détail dans le blanc Dbl Ddbl

Norme : 10%, c'est à dire 3 sur 30.

Si le blanc est intégré à autre chose, on cote, selon les cas variés, GDbl, DDbl, DdDbl, à totaliser avec G, D, et Dd.

---

671 Ibid., 121-122.

672 Ibid., 123.

Classiquement, le processus d'inversion figure-fond caractéristique du Dbl est interprété comme exprimant une attitude d'opposition. Aujourd'hui, on envisage le Dbl selon plusieurs niveaux métapsychologiques, tous caractérisés par un sentiment de vide, de faille, de manque, un vécu d'impuissance, d'insuffisance, d'incomplétude.

- Carence dans les relations précoces à l'image maternelle, liée à des expériences de défaut dans le *holding* (Winnicott), d'où : remise en cause de l'intégrité corporelle, thèmes de perte d'équilibre, de risque de chute, d'accrochage à l'objet ; parfois culpabilité primaire ou vécu d'ordre persécutif (yeux) ; pl. 7, 9, 10.

Les caractéropathes s'efforcent de remplir le blanc, de combler la béance primaire au moyen de mécanismes de dénégation, parfois de déni, dans une attitude de rage.

- Angoisse de castration, reconnaissance de la différence des sexes, sentiment d'impuissance dans la situation œdipienne (pl. 2).
- Mécanismes phobiques : attraction par le vide, thèmes de gouffre (pl. 2), de chute dans l'espace (pl. 10).

14.5.5. Détail oligophrénique Do

Absent dans un protocole normal.

Perception incomplète ou tronquée. Interprétation partielle (en D ou Dd) d'un animal ou d'un personnage habituellement perçu entier dans une portion spatiale plus étendue, et ici scotomisée.

Pl. 3 : au lieu des deux bonshommes généralement et facilement vus entiers (GH ban) : tête (Ddo), cou (Ddo), jambes (Do) ; pl. 4 : des bottes; pl. 6 : moustaches de chat. Surtout aux pl. 3, 4 et 6.

D'après Rorschach, signe d'arriération mentale, proposition qui n'a pas été retenue. C'est plutôt un signe d'inhibition affective.

14.5.6. Le type d'appréhension TA

Formule exprimant les rapports des catégories de localisation représentées dans le protocole. On se sert d'une table pour souligner ou surligner 1, 2, 3 fois les catégories, en fonction de leur excès ou de leur défaut.

G D Dd Dbl : type d'appréhension riche et bien adapté,

$\underline{G}$ D : intelligence de type théorique,

G $\underline{D}$: intelligence de type pratique.

Prédominance des G :

- Grande capacité d'élaboration et de mentalisation, **ou** paresse cognitive.
- Désir et capacité de maîtrise du matériel, **ou** dépendance extrême par rapport à l'objet.
- Reconnaissance de l'intégrité du sujet, **ou** bien fragilité extrême de l'image de soi.

Prédominance des D

- Capacité d'ancrage dans le réel à valeur défensive, **ou** incapacité d'une appréhension globale de l'objet.

- mécanisme d'isolation nécessaire à la différenciation minimale du réel et de l'imaginaire, **ou** excès d'isolation comportant une rupture néfaste entre affects et représentations (névrose obsessionnelle). D peut aussi être le support d'expressions pulsionnelles brutes (psychoses).

Présence de Dd nombreux

- Pensée originale et subtile, sensibilité perceptive fine et nuancée, **ou** désinsertion par rapport au réel, approche du monde arbitraire, voire délirante.

L'investissement des modes d'appréhension dans l'organisation défensive est fondamental. Le mode d'appréhension est le « pont entre la vie mentale et affective ».

Triade Dd - Dbl - Do

C'est le genre de proposition empirique traditionnelle, dont nous disions plus haut que c'était dommage de les avoir abandonnées. Il y en a d'autres.

Cette triade exprime ce que Loosli-Usteri appelle le syndrome d'incertitude intérieure. Celle-ci résulte de perturbations affectives, et se répercute dans l'approche de la réalité au niveau du type d'appréhension.

Dans la triade Dd - Dbl - Do, deux des trois catégories sont en excès. Le Do en particulier est signe d'inhibition.

Il peut y avoir aussi association de kan, de kob, et de FE, ce dernier indiquant une recherche timide de l'adaptation affective. Chez les adolescents et préadolescents.

L'impulsivité peut être inhibée ou au contraire très intense.

14.5.7. La succession

L'ordre normal des processus cognitifs va du général au particulier, du global au détail : G - D - Dd - Dbl.

Le type de succession est un indicateur de la rigueur de la pensée, de la discipline logique. Il indique à quel degré le moi du sujet contrôle les processus mentaux. La succession peut être :

- **rigide** : systématique à toutes les planches ; grande rigueur intellectuelle, obsessionnels, pédants et formalistes.
- **ordonnée** : systématique pour 7 ou 8 planches ; bonne efficience intellectuelle.
- **relâchée** : systématique pour 3 ou 4 planches ; nerveux, artistes, sujets portés à l'imagination ou à l'euphorie, psychoses déficitaires.
- **incohérente** : systématique seulement pour 1 ou 2 planches ; schizoïdes, schizophrènes, psychoses déficitaires.

14.6. Les déterminants

Pourquoi ?

14.6.1. La forme F

Les réponses formelles sont les plus nombreuses au test de Rorschach. La raison en est incertaine. L'effort pour maîtriser le chaos des taches s'exprime par un acte « formatif » (Furrer). La perception des formes serait le premier mécanisme de défense de l'organisme contre la tension produite par l'accumulation des excitations (Baer).

F : réponse déterminée uniquement par la perception de la forme immobile de la tache (G, D, Dd).

F+ : bonne forme, bien vue et logiquement acceptable.

F- : mauvaise forme, inadéquate, erronée.

Le critère est statistique : fréquence (+) ou rareté (-). Il convient de consulter le *Livret de cotation des formes dans le Rorschach* de C. Beizmann.

F$\pm$: forme indéterminée ; le contenu est par lui-même de forme imprécise : nuages, rochers, côtes géographiques.

F ? : réponses pour lesquelles il est impossible de trancher entre le + et le -.

Le F% concerne le pourcentage des réponses R dont le déterminant est formel :

$$\frac{SF \times 100}{R} = 60 - 65\%$$

Le F+% concerne le pourcentage des F+ par rapport au total des réponses F. Les F$\pm$ et les F ? comptent pour 0,5.

$$\frac{S\,(F+ + (F+ + F?) \times 0{,}5) \times 100}{F} = 70 - 80\%$$

Le F+% élargi se calcule, quand le F+% est trop faible, en ajoutant aux F les FC, FE, FClob et les K.

Le F% indique la capacité du sujet de se diriger dans la vie, de s'adapter à la réalité extérieure grâce à l'activité régulatrice de la raison et de la pensée (Loosli-Usteri).

F% élevé : inhibition de la vie affective et personnelle, carence de contact immédiat et spontané avec le monde ambiant et avec soi-même. Contextes différents :

- Contexte défensif rigide des organisations obsessionnelles. La formalisation excessive exprime souvent l'isolation entre deux représentations, ou entre représentations et affect.
- Contexte défensif rigide de type paranoïaque ou sensitif : souci de vigilance et méfiance.
- Défenses de caractère : la centration sur le descriptif ; le factuel exprime la faiblesse de la mentalisation, la pauvreté de la vie fantasmatique, la prédominance de la pensée opératoire (Marty). Le surinvestissement de la réalité remplace le vide de l'espace psychique.
- Tendances dépressives.

Le F+% mesure l'aptitude à diriger sa pensée avec une attention claire et un jugement exact (force du moi).

Les réponses F représentent un mode de fonctionnement courant, banal, consistant à appréhender la réalité par constat descriptif.

Le caractère adaptatif des réponses F est confirmé par le F+%. Celui-ci représente un double facteur d'adaptation et de socialisation : il renseigne sur la qualité du rapport au réel du sujet. Dans cette perspective, il indique en particulier l'efficacité des réactions de freinage (Beizmann). De ce point de vue, il convient de différencier, de la fonction adaptative du F+, sa fonction éventuellement défensive (contrôle rigide de et par la pensée)[673].

La réponse F implique la différenciation de la figure perceptive par rapport au fond, autrement dit l'aptitude à donner aux choses un contour. Ce processus présuppose l'installation de frontières stables entre le dedans et le dehors, l'interne et l'externe, le moi et le non-moi, l'imaginaire et le réel. En ce sens, la réponse F exprime un double principe de contrôle : objectivation de la réalité externe, réduction corrélative de la réalité interne[674].

Du point de vue métapsychologique, la réponse F correspond à la régulation apportée par le principe de réalité, c'est-à-dire au processus de secondarisation. Celui-ci suppose le développement des fonctions conscientes (système Cs-Pcs) : attention, jugement, mémoire, substitution à la décharge motrice de « l'activité d'épreuve » propre à la pensée. Le F renvoie au « moi-réalité définitif ».

La production de réponses F- est nécessaire. Elles expriment une certaine souplesse, une perméabilité indispensable à l'aménagement du fonctionnement mental[675].

Cependant, nombre de réponses F- sont le symptôme d'un défaut d'ancrage, d'une inadaptation ou désadaptation, d'un désinvestissement de la réalité objective (psychoses infantiles mal cicatrisées, états prépsychotiques)[676].

Dans les organisations de type rigide, on observe des F- « dynamiques » (Rausch de Traubenberg), qui manifestent l'échec de la défense par le contrôle formel, en donnant un certain sens projectif au percept[677].

Les réponses F± peuvent marquer un flou de la pensée : doute, hésitation, précaution, prudence face à l'implication, dans le mode de fonctionnement de type obsessionnel. Il s'agit parfois aussi de troubles plus graves indiquant la mauvaise qualité des frontières dedans-dehors.

14.6.2. Le mouvement

Les réponses mouvement ou kinesthésiques se répartissent en deux catégories, les grandes kinesthésies K (être humain entier) et les petites kinesthésies k (être humain partiel, animaux et objets vus en mouvement).

14.6.2.1. La grande kinesthésie K

Elle concerne un personnage humain complet H, auquel le sujet attribue un mouvement. L'ours et le singe effectuant un mouvement humain sont admis à titre d'exceptions.

---

[673] Ibid., 136, 142-143.
[674] Ibid., 135.
[675] Ibid., 148.
[676] Ibid., 146.
[677] Ibid., 142, 147.

Le mouvement humain n'a pas besoin d'être explicite pour être coté : les personnages perçus aux pl. 1, 2, et surtout 3 sont automatiquement notés K. Les attitudes corporelles le sont aussi : debout, assis, tombé, mort, etc.

Dans les autres cas, on ne note K que si le sujet formule un mouvement qu'il ressent intérieurement. Il s'agit d'un processus d'assimilation, de participation tonico-posturale (Wallon), au moins implicite, de la part du sujet.

La réponse K exprime les tendances introversives du sujet. Les sujets qui ont une importante activité motrice ne donnent pas de K, mais interprètent les couleurs (extratensifs). La réponse mouvement est, de façon paradoxale, en rapport avec le contrôle, voire l'inhibition de la motricité. On distingue entre :

- La K d'extension qui dénote une forte vitalité, une vie intérieure qui débouche sur le monde ; caractère dynamique, ouverture sur l'environnement et sur autrui ; pl. 3 : deux hommes qui dansent.
- La K de flexion qui indique une faible vitalité, une tendance à se retirer du monde, et la complaisance pour les difficultés intérieures ; pl. 3 : deux hommes qui se penchent en avant.

Rorschach a d'abord attribué à la K la double signification d'intelligence et d'intériorisation. On y voit également aujourd'hui l'expression des motivations, des motions pulsionnelles, mais aussi des mécanismes de défense opposés à celles-ci. La K est projection de la vie inconsciente, des désirs profonds et non réalisés du sujet. Elle en représente aussi le déplacement imaginaire, la réalisation déguisée. À cet égard, on a pu rapprocher le processus de la réponse K des mécanismes primaires qui sous-tendent aussi bien le rêve que le jeu : condensation, déplacement, déguisement symbolique, censure. La K conduit au cœur de l'histoire vécue du sujet, de ses conflits profonds et de son éventuelle structure névrotique.

C. Chabert envisage l'interprétation de la réponse K en fonction des trois critères qui la définissent : le critère formel, le critère de projection, le critère de contenu.

- 1. **Le critère formel**

La qualité formelle des réponses K (K+) exprime l'insertion du sujet dans la réalité, sur la base de la distinction effective entre monde interne et monde externe. Elle autorise la libération, sans déformation excessive, des mouvements projectifs requis par toute conduite créatrice. Au contraire, la K- est significative d'un envahissement fantasmatique qui menace la qualité du rapport au réel.

- 2. **Le critère de projection**

La K résulte de la projection d'un mouvement non figuré sur la planche. C'est le sujet qui produit cette dimension dynamique de la perception.

a/ **Apport des K au fonctionnement cognitif**

Les K témoignent d'une activité représentative procédant par opérations complexes pour réorganiser le percept. La réponse K est un indice de mentalisation, un facteur d'intériorisation, le signe d'une activité imaginaire, et de capacités créatives. Elle introduit le sujet dans un système de pensée, une dimension réflexive, permettant le dégagement à l'égard du concret. En ce sens, la K a été envisagée comme « capacité de détour, possibilité de différer l'action ». La décharge est déviée de l'agir, élaborée au moyen d'une image motrice dans un jeu intériorisé. La capacité de jeu propre à la K l'apparente à la fois au *playing* et au *game* de Winnicott. La kinesthésie comporte l'usage du possible, de l'illusion et de la fantaisie[678].

b/ **L'expression des mouvements pulsionnels et leur élaboration à travers les K**

La réponse K véhicule des charges libidinales et/ou agressives encadrées par des aménagements défensifs. Ceux-ci transparaissent dans le discours du sujet : isolation, dénégation, refoulement, formation réactionnelle, clivage, déni. La qualité de fonctionnement du moi s'apprécie, dans la K, par son efficacité à fractionner les charges pulsionnelles en petites quantités[679].

c/ **L'élaboration des conflits à travers les K**

Les K traduisent les capacités du sujet à élaborer les conflits. Dans les cas où les quantités d'énergie mobilisées sont maniables, il peut y avoir trouble, gêne, perturbation, mais pas de désorganisation essentielle ou catastrophique. En ce sens, la K représente l'élément signifiant des fonctionnements « normaux » de type névrotique[680].

d/ **Les significations interprétatives ou délirantes des K**

Lorsque le poids de la projection est trop lourd, les productions basculent du côté de l'arbitraire, du déréel, de l'interprétatif, voire même du délire.

- **le repli dans l'imaginaire**

Il peut s'agir d'un repli sur soi transitoire, comme par exemple à l'adolescence : penchant pour la rêverie, le domaine de l'illusion, de la réflexion solipsiste.

- **les kinesthésies interprétatives**

La conscience d'interpréter est perdue : le subjectif est pris pour l'objectif. Les mécanismes paranoïaques passent à travers les K-, souvent dans un second temps, après une mise en place rigide. Les caractères paranoïaques s'expriment dans la juxtaposition de deux registres de conduites : l'un rigide à l'excès, l'autre projectif avec violence.

- **l'identification projective**

Il s'agit d'une projection fantasmatique, à l'intérieur du corps de la mère, de parties clivées ou de la totalité de la personne du sujet, afin de contrôler ou de nuire de l'intérieur. Ce mécanisme a été surtout mis en valeur par Mélanie Klein et son école, relevant de la constellation clinique anglaise, dont dépend beaucoup le nouveau modèle français. Dans ces K-, sujet et objet sont confondus dans une intrication agressive destructrice. Avec cette perte de distance, thématique d'engloutissement, d'emprisonnement, angoisse d'être aspiré par l'autre.

- **les kinesthésies délirantes**

Les kinesthésies franchement délirantes sont rares. La perte de contact avec le réel est encore plus marquée. Connotations persécutrices, mégalomaniaques ou mélancoliques.

---

[678] Ibid., 153.
[679] Ibid., 162.
[680] Ibid., 164.

- 3. **Le critère de contenu**

Il concerne les processus d'identification à travers les K. Du fait même de son association à un contenu humain entier, la K intéresse les problèmes de l'image générique du corps, de la double représentation de soi et de l'autre, de la construction de la personne dans sa relation à un modèle identificatoire et objectal. Ce cadre de questions se réfère en particulier au contexte théorique défini par le stade du miroir de Lacan, comme point d'attache génétique de l'identification imaginaire.

L'analyse des K doit permettre de dégager les aménagements narcissiques et objectaux, de repérer les caractéristiques des images parentales, d'apprécier ce que le sujet peut vivre et se représenter de lui-même.

a/ **Les processus d'individuation**

Peuvent être clairs, opérants, dépourvus d'ambiguïté. Ou, au contraire, être marqués par une délimitation insuffisante entre le sujet et l'autre. D'où une identité mal différenciée, une absence de continuité dans le sentiment d'exister. Confusion des personnages, relations symbiotiques, références fréquentes aux doubles (*jumeaux*), contenus ambigus, par exemple double appartenance aux règnes animal et humain, celle-ci étant d'ailleurs à envisager dans la perspective de l'analyse des contenus. Dans le cadre de l'école française, les singes, tout en étant identifiés à des humains, n'en doivent pas moins retenir l'attention.

b/ **Les processus d'identification sexuelle**

Peuvent être stables, bien campés, marqués par la référence à la notion de bisexualité psychique, caractérisés aussi par la cohérence entre le sexe des personnages et les conduites projetées sur eux. Ou au contraire conflictuels : évitement ou hésitation dans les choix identificatoires, angoisse face aux planches à symbolisme sexuel (pl. 2 et 6), prises de position rigides, déchirement entre des tendances contradictoires[681].

Certaines K semblent manquer le problème de l'identité sexuelle, avec un mode de relation archaïque, dans une structure narcissique de type miroir.

14.6.2.2. Les petites kinesthésies

Introduites par Klopfer et Piotrowski aux USA (1936-1937), elles ont été acceptées par Loosli-Usteri et aussi par l'école française.

Classiquement, on considère qu'elles représentent les tendances cachées, non développées du sujet. Cependant, elles ont aussi une incidence régressive.

Il arrive que les grandes K témoignent d'un ancrage dans le réel suffisant alors que les kinesthésies mineures en dévoilent les failles.

a/ **La kinesthésie animale kan**

Elle concerne tout animal entier vu en un mouvement qui lui est naturel et qu'il accomplit nettement. On cote aussi les attitudes dont le caractère dynamique est marqué ; pl. 8 : un animal immobile, mais prêt à bondir sur sa proie.

---

681 Ibid., 173.

La kan exprime les tendances restées infantiles, et aussi la spontanéité dans l'expression des désirs, avec une signification spécifique différente à la fois des autres k et aussi de K.

De ce point de vue, les kan reflètent des manifestations pulsionnelles non assumées ou régressives. Elles traduisent le bestiaire et les fantaisies imaginaires de l'enfance. Elles concernent les motions pulsionnelles et les demandes objectales primaires. Fréquence des connotations orales à caractère agressif aussi bien que libidinal.

Mais les kan ont aussi à voir avec la représentation de soi et de l'autre. Le déplacement et l'isolation des images humaines sur des contenus animaux facilite l'expression des conflits. Ce déplacement permet souvent d'éviter des affects dépressifs à valence abandonnique (adolescents en crise aiguë, états limites)[682].

b/ **La kinesthésie d'objet kob**

Il s'agit, en Suisse et en France, d'un mouvement violent allant du centre vers la périphérie de la planche ; pl. 9 : geyser, explosion.

Pour le Suisse Oberholzer, la kob exprime une recherche de libération sexuelle confuse : stade phallique, poussée sexuelle confuse de l'adolescence, inhibition devant la femme chez l'homme, revendication virile chez la femme.

En France, la kob est dotée aujourd'hui d'une signification pulsionnelle, en rapport avec une source d'excitation corporelle. Il s'agit d'une pression pulsionnelle intense, souvent de caractère explosif. La kob exprime une tendance à supprimer la tension sous forme de décharge. Elle concerne la décharge brute plutôt que la recherche de l'objet au sens psychanalytique du terme, le premier mécanisme étant lui-même vu et interprété dans le sens métapsychologique.

Les contenus associés aux kob expriment le dualisme pulsions de vie-pulsions de mort. Il faut être attentif à leur caractère libidinal : pl. 2, le départ d'une fusée. Ou à leur valence destructrice mettant en cause l'intégrité psychique ou corporelle : pl. 2, un bombardement avec du sang qui se répand tout autour. Souvent mais pas toujours, la dimension agressive et destructrice est davantage exploitée, dans un contexte de menace d'éclatement ou de désintégration. Il s'agit de dégager les significations vivantes ou mortifères de la kob selon les cas. Les kob concernent surtout l'émergence de pulsions partielles, au niveau de zones érogènes spécifiques, définies par une thématique anale ou phallique. Elles manifestent parfois aussi la forme d'agressivité primitive propre à la pulsion d'emprise[683].

c/ **La petite kinesthésie kp**

Elle concerne un mouvement humain quand l'être humain n'est pas entier (Hd) ou quand la découpe est minuscule (Dd).

On tend aussi, récemment, à noter kp des projections de mouvements minimes sur des images humaines entières en D ou G : mimiques, expressions de physionomie, mouvements imperceptibles[684].

---

[682] Ibid., 178-181.
[683] Ibid., 183-184.
[684] Ibid., 185.

Les kp sont rares et presque toujours de signification pathologique. Elles révèlent des tendances interprétatives et subdélirantes de type paranoïaque, à mécanismes archaïques : clivage, identification projective. Ces tendances s'expriment fréquemment sous forme de Dd kp, petits détails touchant des parties de personnages humains saisies en mouvement, en activité plus ou moins intentionnelle.

Le mauvais objet est souvent une imago maternelle archaïque persécutante[685]. Il reste entendu que, dans le test de Rorschach comme aussi bien dans le TAT, aucun signe pris à part n'a de signification univoque, mais doit toujours être évalué en fonction d'un contexte et dans le cadre de la dynamique particulière à chaque sujet individuel

14.6.3. La couleur C

Les réponses couleur ou chromesthésiques se notent FC, CF, et C, selon que la forme est un élément prépondérant, secondaire ou absent dans l'élaboration d'une réponse par ailleurs déclenchée par la couleur.

Dans le calcul du SC (total des réponses couleur), on pondère FC = 0,5 ; CF = 1 ; C = 1,5.

Les FC intellectuels, où l'impression de couleur n'est pas intérieurement ressentie sont exclus du SC. Leur caractère purement verbal cherche à créer l'illusion d'une maîtrise des affects.

Les réponses provoquées par les couleurs achromatiques, c'est-à-dire le noir et le blanc, sont cotées, à la suite de Klopfer, FC', C'F, C'. Le noir a une signification dépressive. Le blanc exprime plutôt une froide agressivité.

La nomination de couleur, Cn, n'entre pas dans le SC ; pl. 2 : du rouge. Dans l'épilepsie, la schizophrénie, et aussi chez les très jeunes enfants.

La couleur a la propriété de stimuler l'émotion, l'affect au sens métapsychologique. Les réponses couleur expriment la vie affective, la charge énergétique de la pulsion en tant qu'elle est excitée par le monde extérieur. La sensibilité réactive à la couleur manifeste une double ouverture à la fois centripète, à l'égard des stimulations externes, mais aussi et surtout centrifuge, à l'égard des excitations internes qui leur font écho.

D'après Rorschach, FC signifie l'affectivité socialement adaptée et acceptée par le sujet ; CF représente l'affectivité égocentrique, le narcissisme, l'instabilité ; C dénote l'impulsivité, l'absence de contrôle.

La couleur manifeste le pôle affect de la pulsion inconsciente, alors que le pôle représentation de celle-ci serait exprimé par les kinesthésies (Chabert).

a/ **La dimension perceptivo-sensorielle**

Un certain nombre de réponses couleur renvoient à un simple constat perceptif : le vert et les arbres, le bleu et le ciel, le jaune et le soleil.

Ce sont les FC intellectuels, qui valorisent davantage le contenu formel que l'écho émotionnel, et expriment, plutôt que l'adaptation affective, des aspects de formation réactionnelle, de conformisme, de soumission passive et stéréotypée.

---

685 Ibid., 185-186.

Leurs contenus se réfèrent plus au monde concret et social qu'à la réactivité émotionnelle et fantasmatique[686].

Certaines réponses CF sont du même type, reflétant la soumission passive au stimulus. Cette utilisation de la couleur est commandée par des forces défensives qui visent à minimiser la résonance affective du matériel. Ce registre défensif s'observe dans les fonctionnements de type paranoïaque, de caractère à la fois rigide et sensitif. Dans ce contexte, l'hyper-vigilance se manifeste à la fois par le formalisme (F) et une sensibilité excessive à l'environnement (C). Le second aspect prend naturellement, à partir des planches pastel, le relais du premier.

Même les couleurs C pur ne sont pas toujours synonymes de perte de contrôle ou d'envahissement par l'affect. Bien au contraire, elles peuvent jouer un rôle d'écran défensif ; pl. 9 : du jaune d'œuf, de la lumière.

b/ **L'utilisation labile de la couleur**

Elle consiste dans l'exploitation défensive des affects, au service du refoulement des représentations pénibles ou gênantes. Il s'agit d'un mécanisme de défense particulier lié à la structure hystérique. Le surinvestissement de la couleur est associé à des contenus anodins, naïfs et superficiels, ainsi qu'à la présence de dénégations : je ne sais pas... je ne vois vraiment pas ce que ça peut être. Dans ce type de structure, la couleur ne provoque pas de surgissement pulsionnel véritable, elle est utilisée comme un écran dressé contre le réseau des représentations sexuelles et agressives refoulées. La couleur exprime alors une sensorialité primaire qui fait seulement écho au monde externe, sans résonance fantasmatique vraie[687].

c/ **Les significations pulsionnelles de la couleur**

Elles apparaissent surtout aux planches rouges (2 et 3) très excitantes, concernant la réactivation des mouvements agressifs et/ou libidinaux. Les réponses « sang », très fréquentes à ces planches, évoquent ces deux registres pulsionnels sur un mode brutal et violent, dans un contexte d'angoisse de castration et/ou de destruction. Les réactions au rouge et aux couleurs pastel souvent n'ont pas la même tonalité. Les planches rouges concernent l'émergence de mouvements pulsionnels plus énergiques. Les planches pastel favorisent l'apparition de tendances tendres ou régressives. Il convient d'apprécier l'aptitude du sujet à manier les couleurs dans plusieurs registres, agressif et libidinal, libidinal et tendre, dynamique et régressif[688].

d/ **Les significations affectives de la couleur**

Elles s'expriment par des affects positifs ou négatifs, agréables ou désagréables, distribués selon la polarité primaire du plaisir-déplaisir. Dans ce registre, il s'agit de malléabilité, de suggestibilité, de perméabilité, de labilité.

Cependant, la labilité peut fonctionner, dans la structure hystérique, au service du refoulement. Elle peut concerner aussi l'excitation joviale propre à l'hypomanie, ou même à l'état maniaque.

---

686 Ibid., 191.

687 Ibid., 195-196.

688 Ibid., 199-200.

La sensibilité à la couleur grise et blanche (FC', C'F, C') souligne en général la tristesse, l'humeur dépressive, l'inquiétude, l'anxiété diffuse, parfois un sentiment d'alerte[689].

Plus particulièrement, l'utilisation du blanc comme couleur (Dbl C') rend compte, chez les personnalités carencées, d'une résonance aiguë au vide, au manque, aux lacunes.

Enfin les planches pastel, mais pas toujours, comportent des affects de gaieté, de bonheur et de plaisir dans les contacts avec le monde environnant.

e/ **Les significations pathologiques de la couleur**

Apparaissent dans des contenus spécifiques, intéressant principalement l'image du corps : réponses morbides renvoyant à l'intérieur du corps humain, réponses Anat F-, réponses humaines tronquées. Contextes de type psychotique marqués de fantasmes de morcellement : les frontières entre le moi et le non-moi volent en éclat sous l'effet d'une réalité externe trop excitante qui fait effraction. L'hyperréactivité à la couleur, donc à l'environnement, est liée à l'insuffisance de la fonction de pare-excitations. Il y a absence d'un véritable espace psychique, différencié du monde extérieur. Il en résulte un monde intérieur éclaté et incohérent, habité par une souffrance « inimaginable » (Winnicott, Bion).

14.6.4. L'estompage E

Ce sont des réponses chromatiques atténuées : elles sont déclenchées par la couleur grise et ses nuances. Elles sont par rapport aux réponses C ce que les k sont par rapport aux K.

On les cote FE, EF, E, selon la prédominance respective de la forme et de l'estompage, et avec la même pondération que pour les réponses couleur (FE = 0,5 ; EF = 1 ; E = 1,5).

Les estompages ont d'abord été cotés seulement aux planches sombres. Cependant, on admet aujourd'hui leur cotation aux planches pastel.

D'après Rorschach, l'estompage indique une affectivité timide, la recherche anxieuse de l'adaptation plutôt que l'adaptation réussie.

À la suite de Beck et de Klopfer, l'école française classique (Beizmann, Rausch de Traubenberg), et aujourd'hui C. Chabert, reconnaissent trois types d'estompage.

a/ **L'estompage de texture**

Il mobilise la sensibilité tactile, impliquant la réactivation d'expériences très précoces dans la relation avec le milieu. Le toucher et l'être touché renvoient aux soins du premier âge, aux caresses maternelles, aux manipulations du corps du nourrisson. Leur dimension régressive concerne la notion de Moi-peau introduite par Anzieu. Cette dernière concerne l'établissement de l'enveloppe corporelle d'une part, l'étayage des relations objectales d'autre part ; pl. 4, 6 : fourrure.

Dans certains cas, ces expériences primaires ne connotent pas toujours des réminiscences agréables. Contenus angoissants du genre boue, glu.

---

[689] Ibid., 205.

Dans d'autres contextes, les estompages de texture expriment la quête de soutien, la recherche d'un contenant, d'une enveloppe (Bion). Il s'agit souvent de contextes dépressifs.

Les estompages de texture peuvent se focaliser autour de zones érogènes spécifiques, dans des thématiques de caractère oral, anal, parfois génital (des beignets, de la boue, une couverture duveteuse).

Les estompages de texture intéressent des besoins fondamentaux, dont ils mettent en évidence soit l'insatisfaction, soit au contraire la valeur restauratrice.

b/ **L'estompage de diffusion**

Il concerne des réponses au contour flou (nuages, volutes de fumée). La limitation entre forme et fond, dedans et dehors, est comme diluée, évanescente, éphémère. Ce type de réponse peut prendre une valeur défensive, jouer un rôle d'écran. Mécanismes de refoulement et de dénégation ; pl. 6 : de la fumée... on ne voit rien.

Dans des contextes plus graves, il s'agit de fragilité de l'identité, de l'absence de repères stables dans la délimitation du sujet et de l'objet, de la friabilité des assises narcissiques, de l'absence d'un noyau solide du Moi.

c/ **L'estompage de perspective**

Ou tridimensionnel, concerne le narcissisme. Ce type de réponse exprime le manque d'assurance, les carences de l'estime de soi, le décalage entre l'image de soi idéale et sa décevante réalité.

Cependant, tout en marquant l'insatisfaction narcissique du sujet, l'utilisation tridimensionnelle de l'estompage exprime aussi l'effort pour y remédier par une construction valorisante.

d/ En **conclusion**, les estompages représentent un facteur à double face. D'une part, leur polarité régressive se réfère à l'investissement des zones érogènes et des surfaces de contact, en rapport avec les premières expériences de *holding* et de *handling* (Winnicott). D'autre part, ils amorcent une tentative pour réaménager les insuffisances narcissiques ou objectales qu'ils dénoncent.

14.6.5. Clair-obscur Clob

Ce type de réponse doit remplir deux conditions : 1/ avoir été déclenchée par la masse noire de la tache ; 2/ comporter une tonalité dysphorique explicite.

La tonalité désagréable possède trois nuances : a/ l'angoisse, avec attitude de fuite (pl. 1 : une tête de mort) ; b/ la dépression, avec attitude de paralysie (pl. 4 : un château en ruines désolé) ; c/ l'agression, avec réaction sthénique à la peur (pl. 5 : un vampire affreux). On cote FClob, ClobF, Clob. Ces degrés d'implication décroissante du facteur formel sont parfois difficiles à apprécier, d'ailleurs aussi comme pour les autres déterminants (C, E).

FClob+ : le sujet domine ses réactions à l'angoisse ; FClob- et ClobF : maîtrise insuffisante ; Clob pur : absence complète d'énergie de contrôle. L'angoisse liée à Clob se situe au-delà des sentiments de culpabilité et d'autopunition. C'est l'angoisse-cauchemar, l'angoisse primaire de la mort, telle qu'elle apparaît le plus souvent dans les contextes psychotiques.

14.6.6. Le type de résonance intime TRI

Cette formule, mise au point par Rorschach, établit la proportion des attitudes introversives et extratensives du sujet. Elle indique la façon dont le sujet ressent, et non nécessairement dont il se conduit - résurgence d'une idée de Jung. Elle est formée par la somme des réponses K comparée à la somme pondérée des réponses C (y compris les C' mais par les Cn).

SK > SC : introversif, pur ou dilaté, selon que le SC = 0 ou nettement > 0 ;

SK < SC : extratensif, pur ou dilaté, selon que SK = 0 ou nettement > 0 ;

SK = SC : ambiéqual ;

SK/SC = 1/1 : coartatif ;

SK/SC=0/0 : coarté.

Pour Rorschach, l'introversivité et l'extratensivité ne sont pas, comme l'introversion et l'extraversion chez Jung, deux types de constitutions. Ce sont deux fonctions psychiques coexistant à des degrés divers de dilatation ou de concentration. Le TRI indique la proportion, propre à chaque sujet, de ces deux fonctions. Ce sont des tendances, des processus mobiles, pas des états fixes, rigides.

Par ailleurs, la fonction dominante dans le TRI n'est pas forcément actualisée dans la conduite. C'est une composante dispositionnelle, qui exprime la façon dont le sujet pourrait vivre. C'est toujours la même idée de Jung mentionnée cidessus (voir aussi p. 741).

Par ailleurs, on a déjà caractérisé plus haut, dans le paragraphe 13.7. (pp. 742-743) sur l'approche caractérologique dans les typologies psychologiques les types introversif et extratensif, ambiéqual, coarté. On n'y reviendra pas ici pour compléter ce qui a alors été dit.

L'ambiéqual avait paru à Rorschach le type idéal, bien équilibré. En fait, c'est souvent l'individu bloqué, indécis, ambivalent, en un mot obsessionnel.

Le coartatif et le coarté sont des sujets psychiquement rétractés : rétrécissement de la personnalité, des intérêts vitaux, des investissements psychiques. Normaux fortement refoulés ou passant le test à contrecœur, jeunes enfants ou vieillards, malades psychotiques, organiques ou psychosomatiques.

D'après Rorschach et la plupart de ses successeurs, le TRI est stable pour l'individu adulte. Il serait même caractéristique de la personnalité de base propre à une culture déterminée. On attache aujourd'hui une moindre importance à la formule du TRI et à ses significations manifestes. Par contre, l'analyse détaillée des composantes K et C du TRI reste primordiale. Les notions d'introversivité et d'extratensivité semblent un peu démodées dans le cadre de la psychologie clinique moderne, du moins à beaucoup de praticiens, qui devraient au moins prendre en compte qu'elles tirent leur dynamique des notions psychanalytiques fondamentales d'introjection et de projection.

Les auteurs français (Canivet) ont établi une formule secondaire du TRI, constituée par la somme des k comparée à la somme pondérée des estompages : Sk/SE.

Le RC% désigne le pourcentage des réponses données aux trois dernières planches par rapport au nombre total de réponses R.

$$\frac{Sr\,(8+9+10) \times 100}{R} = 30 - 40\%$$

Il traduit chez certains sujets un sentiment de bien-être favorisant l'expression affective. Chez d'autres une forte angoisse combattue par une surproduction de type maniaque. Chez d'autres encore une excitation débordant les mécanismes de contrôle et un envahissement par des représentations ou des affects massifs.

14.6.7. La signification métapsychologique des déterminants

La situation projective comporte l'injonction paradoxale d'une double sollicitation vers le projectif et le perceptif, l'imaginaire et le réel. D'après C. Chabert, ce trait caractéristique permet de rapprocher la situation projective en général du paradoxe de l'espace potentiel, de l'aire transitionnelle, d'après les conceptions de Winnicott. Il s'agit d'un entre-deux, à mi-chemin entre l'imaginaire et le réel, le moi et le non-moi, où se fonde la possibilité même d'un espace psychique.

Mais, de façon plus spécifique, la réponse K représente, d'après C. Chabert, le prototype même du produit transitionnel. La K, justement du fait de nouer un mouvement imaginaire à un percept réel, est un indice de l'aptitude d'un sujet à se situer dans une aire transitionnelle.

De façon plus précise, la K exprime la fonction médiatrice du moi dans le procès de passage entre le subjectif et l'objectif, l'inconscient et le réel, et en particulier entre les représentations de choses et les représentations de mots.

En ce qui concerne le rapport des deux composantes du TRI, celles-ci exprimeraient les deux versants de la pulsion : la couleur correspondrait à l'affect, et la kinesthésie à la représentation inconsciente. La K et la C trouveraient donc leur source commune au sein de l'inconscient.

Il nous semble que Rorschach lui-même a décrit les rapports entre les catégories F, K, et C en des termes qui justifient tout à fait de telles interprétations.

Nous avons proposé (Jalley, 1983 ; fig. 15 b, p. 927) la représentation d'un triangle dont les trois sommets F, K, C désigneraient respectivement, dans le vocabulaire même du *Psychodiagnostic*, les fonctions : a/ conscience, pensée logique, adaptative, disciplinée ; b/ introversivité, vie intrapsychique, pensée imageante, productive, autistique ; c/ extratensivité, affectivité-motricité, sensibilité-réactivité.

On a fléché les côtés de ce triangle de manière à représenter les divers types d'inhibition exercées les unes sur les autres par les trois fonctions F, K, C. Deux flèches partent de F, l'une vers K, l'autre vers C. Une autre flèche va de K vers C. La flèche qui va de K vers F représente plutôt l'effet dynamique de la fonction productive K sur la fonction logique F.

On peut se représenter les trois sommets du triangle FKC comme les centres de cercles dont les diamètres mobiles engendrent une zone d'interférence centrale. La fonction F occuperait la zone Cs en intersection avec la zone Pcs ; la fonction C la zone Ics, en communication avec le monde extérieur par l'intermédiaire du système Cs - Pcs. Enfin la fonction K occuperait la zone Pcs en jonction avec la zone Ics. On voit qu'il s'agit d'une nouvelle répartition des fonctionnalités psychiques dans le cadre pourtant bien connu et apparemment sans surprise de la première topique.

De cette manière, on pourrait se représenter la K comme exprimant, dans un registre topique assez large compris entre l'Ics et le Pcs, à la fois « le Moi le plus intime, la sphère productive » et « l'inconscient le plus profond »[690]. Dans cette position topique, la K se présente tout naturellement comme la fonction assurant en particulier le transfert entre la représentation de chose et la représentation de mot. On peut, de façon plus large, l'envisager comme l'opération assurant le passage de la pulsion à la représentation consciente, comme le principe dynamique de la liaison entre l'énergie libre du processus primaire et l'énergie liée du processus secondaire.

Dans cette perspective, il serait concevable de rapprocher la signification fonctionnelle de la K de la notion de « **processus tertiaires** », selon la terminologie d'André Green. D'après lui, il s'agirait d'une zone de processus qui régulent les oscillations fonctionnelles entre processus primaires et processus secondaires.

La figure 15 b représente les correspondances entre les catégories F, K, C et les instances de l'appareil psychique Cs, Pcs, Ics. Les lettres R, S, I désignent respectivement le Réel, le Symbolique et l'Imaginaire selon les conceptions de Lacan.

La figure 15 c représente une transformation du réseau des interférences de la fig. 15 b en une bande de Moebius, en tant que modèle du fonctionnement psychique d'après Lacan.

La figure 15 d représente le triangle paradoxal de Penrose (1958), connu en psychologie de la perception, et de structure isomorphe à la bande de Moebius.

La figure 15 a représente, sous une forme intégrée, les deux modèles freudiens de l'appareil psychique (1900, 1920). Le système des flèches indique le trajet des excitations aussi bien pendant l'activité de veille (trajet progrédient P - Pcs – Ics - Pcs - M) que pendant le travail du rêve (trajet régrédient Ics - Pcs - P).

14.7. Les contenus

14.7.1. Les réponses humaines

Sont de trois sortes : a/ H : tout être humain vu en entier ; b/ Hd : une partie du corps humain externe (bras, tête, etc.) ; c/ (H) : tout être para-humain (fantôme, génie, sorcier, nain, ange, diable, fée, lutin, dieu, caricature, portrait, etc.).

Ces trois sortes de réponses entrent dans le calcul du H%. La norme de celui-ci est comprise entre 10 et 20%, c'est-à-dire 3 à 6 pour un protocole de 30 réponses.

Cet indice rend compte de la capacité du sujet à s'identifier à une image humaine, à reconnaître son appartenance à l'espèce humaine. Il exprime l'aptitude du sujet à se représenter sa propre identité subjective dans un réseau d'intersubjec-

---

690 Rorschach Hermann : 1921, 1953, *Psychodiagnostic*, Paris, PUF, 240, 249.

tivité clairement défini. C'est un indice d'empathie, de socialisation, d'ouverture sur un modèle identificatoire. Cet aspect ouvre la question du rapport de la réponse H avec la réponse K, dont on a vu qu'elle a une valeur identificatoire elle aussi.

Les réponses Hd apparaissent dans des contextes variables.

Il peut s'agir d'un abord phobique de la représentation humaine.

Il peut s'agir aussi d'un refoulement des représentations sexuelles. Les parties telles que : nez, pieds, tête, comportent une symbolique sexuelle. Dans un contexte névrotique, l'angoisse de castration ne remet pas en cause l'image unifiée du corps propre.

Il peut s'agir enfin, dans un contexte plus morbide, de l'angoisse de morcellement (membres coupés, corps tronqués, troués). Le sujet n'est plus capable d'appréhender le corps humain dans son intégrité. Les Hd répétitives constituent un signe d'angoisse majeur : préoccupations hypocondriaques.

Les réponses (H) concernent des personnages mythiques ou déréels. En petit nombre, elles expriment une vie imaginaire riche de fantaisie. Sinon, elles font craindre le retrait dans un monde déconnecté du réel. Enfin certains contenus (H), par leur caractère menaçant, destructeur, expriment parfois un vécu persécutif, voire même paranoïde.

14.7.2. Les réponses animales

Comprennent : a/ A : animal entier ou peau de bête ; b/ Ad : partie extérieure d'un animal ; c/ (A) : monstre, animal mythologique, dessin animé, caricature d'animal. Ce sont les réponses les plus nombreuses au test de Rorschach.

$$\text{Le } A\% = \frac{A + Ad + (A) \times 100}{R}$$

Situé en moyenne à 45%, il est considéré comme normal entre 30 et 60%. Il indique la stéréotypie de la pensée, l'indispensable possession de mécanismes mentaux automatisés et non réfléchis. On peut dire aussi : indice de conformisme, de participation à la mentalité collective.

Un A% très bas indique en général un déficit de socialisation, mais pas toujours. Il peut s'agir d'un esprit original et créatif.

Un A% très élevé indique une pensée stéréotypée, mais aussi une carapace sociale défensive : personnalités en faux self, organisations de caractère présentant une adaptation superficielle et rigide.

Les réponses A n'ont pas toujours un caractère socialisant. Certaines expriment une fantasmatique morbide, utilisant un bestiaire archaïque comme support à la projection d'un vécu persécutif (animaux dangereux, menaçants, dévorants, tentaculaires)[691].

14.7.3. Les autres contenus

La liste française des contenus comprend 15 catégories, dans l'ordre suivant, en allant du plus simple au plus complexe : Éléments (Elem), Fragments

[691] Chabert Catherine : ibid., 219-220.

(Frag), Géographie (Géo), Paysage (Pays), Ad, A, Anatomie (Anat : squelette, sq ; sang, sg ; viscères, visc ; radio, rad), Sexe (Sex), Hd, H, Objet (Obj), Symbole (Symb : sign, géom), Divers dont Science (scienc), Art comprenant Architecture (Arch : Mass, Md), Abstraction (Abstr).

Commentaires : Élem (eau, feu), Frag (rochers, etc.), Symb (emblèmes, blasons), sign : lettres de l'alphabet, géom : figures géométriques, scienc. : microscope, cellule, etc., Mass : édifice, Md : partie d'édifice.

Des significations cliniques très intéressantes peuvent évidemment être extraites de l'analyse de certains contenus.

14.7.4. Les contenus symboliques

a/ **Les contenus à valence sexuelle**

Le symbolisme phallique peut apparaître à la pl. 2 (D médian : clocher pointu), à la pl. 4 (un personnage très puissant), à la pl. 6 (une fusée qui s'élève).

Le symbolisme sexuel féminin transparaît dans toutes les références en creux (fleurs, coquillages, vases) données aux planches « réceptives » (2, 7, 9), et concerne aussi évidemment les planches « sexuelles », c'est-à-dire la pl. 4 (D sup. méd.) et la pl. 6 (D inf. méd.).

Les processus d'identification sexuelle doivent être étudiés tout d'abord à partir des planches 4 et 6, et ensuite 2 et 7.

b/ **Les contenus à valence agressive**

Les objets pointus et tranchants expriment des pulsions agressives, parfois avec une connotation phallique (une épée effilée), ou encore anale (thermomètre).

La polarité orale destructrice apparaît dans des réponses comme : mâchoires qui s'ouvrent, crocs pointus, etc.

Les animaux féroces permettent le déplacement et la projection des pulsions agressives (hyènes, loups, mangoustes).

Les tendances destructrices se manifestent dans les réponses feu et sang, mais aussi ruines, fragments, morceaux.

c/ **Les contenus à valence régressive**

Apparaissent surtout aux planches 7, 8, 9, 10. Thèmes de la lumière et de l'eau ; contenus plantes, géographie, paysage ; contenus exprimant l'enveloppe, le contenant, le contact (vêtements, coussins, fourrures). Les affects peuvent être plaisants ou déplaisants (eau calme, eau sale)[692].

Les relations d'objet précoces s'expriment dans les thèmes alimentaires (oralité), les thèmes de saleté, d'explosion, de matières (analité).

14.7.5. Contenus particuliers

a/ **Anatomie** Anat

D'après Rorschach, les Anat traduisent le « complexe d'intelligence », c'est-à-dire le désir de briller intellectuellement. C'est parfois une déformation professionnelle dans le corps médical. Mais elles expriment surtout l'angoisse hypocon-

---

[692] Ibid., 227.

driaque, les sentiments d'infériorité, et quelquefois des préoccupations sexuelles détournées. La présence de 1 ou 2 Anat est normale, et ne fait problème qu'au-delà d'une telle valeur.

b/ **Sang** Sg

Les significations vont du symbolisme sexuel jusqu'à l'agressivité destructrice. Dans chaque cas, c'est l'analyse qualitative menée du point de vue d'une clinique attentive qui permet de fixer une telle signification.

c/ **Nombre et Position** Nb Po

Nombre : pl. 7 (six visages),

Position : pl. 8 (poumons, cœur, ventre).

Ces réponses, qui traduisent une image désagrégée du corps propre, sont typiques de la schizophrénie. Leur intérêt tient à en particulier à leur apparence spectaculaire.

14.8. Les facteurs additionnels

14.8.1. Les banalités Ban

Ce sont les réponses qui apparaissent une fois sur trois selon Rorschach, une fois sur six selon ses successeurs. Elles signifient l'adaptation sociale élémentaire, ou encore, comme le A% aussi, le conformisme social, la participation à la pensée collective. Il en existe une Liste française.

Le nombre de Ban varie de 5 à 7 dans un protocole normal de 30 réponses. Au-delà, le conformisme est excessif ; en deçà, l'insertion sociale est insuffisante. Il s'agit parfois d'une attitude d'anticonformisme, en particulier au moment de l'adolescence.

14.8.2. Originalités Orig

Ce sont les réponses qui reviennent moins d'une fois sur cent. L'Orig+ est signe d'intelligence créatrice. L'Orig- est un signe pathologique.

14.8.3. Chocs

Ce sont des réactions de « stupeur affective » (Rorschach), de perturbation émotionnelle suscitées par les particularités de certaines planches. Il en résulte une désorganisation de la pensée rationnelle et de son contrôle sur la personnalité.

L'identification d'un choc implique la présence d'environ 5 des signes suivants :

- Baisse du rendement quantitatif (R) ou qualitatif (F-) à une planche ;
- Augmentation surcompensatrice du nombre des réponses ;
- Changement dans le mode d'appréhension : au lieu de donner des G ou des D, le sujet fuit dans le Dbl ou dans les Dd de bordure ;
- Irrégularité de la succession ;
- Absence de réponses couleur aux planches couleur ;
- Absence de réponses habituelles à une planche, notamment des Ban ;
- Appauvrissement du contenu ; G primaires ;

- Augmentation du temps de latence ;
- Manipulation agitée de la planche ; hésitation, silence, dénégation, refus ;
- Exclamations émotionnelles de désapprobation ou d'approbation ;
- Remarques critiques ou autocritiques ;
- Réponses bizarres, infantiles ;
- Réponses exprimant symboliquement les problèmes du sujet.

La présence d'un petit nombre de signes, notamment la baisse du rendement, est un **équivalent de choc** (eq. choc).

Les deux principaux chocs sont le choc-couleur (Rorschach) et le choc au noir (Oberholzer).

Le choc-couleur survient, en ordre de fréquence décroissante, aux planches 2, 9, 8, 10. Il est plus spécifiquement lié à la couleur rouge. Le sujet refoule les motions pulsionnelles excitées par celle-ci et source de sentiments de culpabilité. Ce choc est brusque ; il manifeste l'irruption de l'inhibition névrotique.

Le choc au noir, ou choc estompage, ou choc dysphorique, se produit principalement aux pl. 4 et à 6, et aussi 5, 7, 1. Plus diffus et plus durable, il exprime le désarroi intérieur. Le sujet est submergé par l'angoisse devant une menace de danger, intérieur ou extérieur, imaginaire ou réel.

On a décrit d'autres chocs :

- Choc initial (Mohr) à pl. 1 : difficulté de mise en train ; signe de manque d'assurance.

- Choc au vide (Myriam Orr) à pl. 7 et 9 : phobies à noyau prégénital ; perturbations précoces des relations avec l'image maternelle ; névroses d'abandon ; certaines hantises de la mort.

- Choc au blanc (Bohm), ou plutôt choc au trou, à pl. 1 et 2 ; peur de la femme et du contact sexuel chez l'homme ; protestation virile chez la femme.

- Choc kinesthésique (Loosli-Usteri) à pl. 3, et aussi 1, 2, 9 : incapacité de donner une K, défense contre l'angoisse par la rigidité ; obsédés.

- Choc sexuel, à pl. 6 : problèmes sexuels.

- Choc à la symétrie (Orr), à pl. 5 : psychopathie, schizoïdie.

- Choc à la fadeur et à la couleur dégradée (Michèle Grosclaude), dans la fusion de deux couleurs à pl. 2, 8, 9, 10. Chez la femme, culpabilité devant le désir du contact homosexuel interdit avec la mère, dont l'image envahissante et fusionnelle est agressivement dégradée.

14.8.4. Phénomènes d'interférence (Bohm)

Voilà l'un de ces aspects empiriques et sans garantie de validité, mais intéressants à garder dans un coin de sa mémoire, que l'on ne trouve plus dans les présentations récentes.

a/ Phénomène d'interférence 4 : le choc-couleur 3 apparaît à retardement à la planche 4 et domine le choc au noir ; pl. 4 : un ogre sanglant. Le choc au noir se produit à retardement à la planche 5 ou 6 ; pl. 5 : un vampire hideux. Parfois le retardement est plus court, et le choc au noir apparaît au milieu de la planche 4.

L'influence du milieu familial (Bohm), ou le refoulement de l'agressivité seraient à l'origine du trouble. Le pronostic est habituellement considéré comme bon.

b/ Phénomène d'interférence 8 : le choc au noir 7 apparaît à retardement à la planche 8 et domine le choc-couleur ; pl. 8 : un visage de guerrier mort. Le choc-couleur se produit à retardement à la planche 10. Parfois le retardement est plus court, et le choc-couleur apparaît au milieu de la planche 8.

Dans ce cas, la composante constitutionnelle l'emporterait sur l'influence du milieu. Le pronostic est plutôt mauvais. De telles notations sur la qualité du pronostic, bien que sans validité scientifique confirmée, méritent toutefois d'être retenues comme avertisseurs discrets du clinicien expérimenté.

14.8.5. Refus

Le sujet ne donne aucune interprétation pour une planche. Les planches les plus refusées sont dans l'ordre décroissant : 9, 7, 6, 4, et 2. Lors de l'enquête, on invite le sujet à revenir sur son refus. Certains blocages peuvent être surmontés, ceux liés à un conflit psychique. D'autres sont insurmontables : ils tiennent à une structure mentale pathologique. Un refus unique peut se rencontrer chez un sujet normal mais émotif.

14.8.6. Les autres facteurs

Ce sont : **persévération** de la même réponse à plusieurs planches ; descriptions ; impressions ; **critiques objectives, critiques subjectives** ; remarques accessoires, précisions complémentaires, enjolivements et compléments ; réponses « ou » ; conscience ou non d'interpréter ; références personnelles.

14.9. L'interprétation

14.9.1. L'interprétation quantitative ou statistique

Les différentes catégories sont totalisées dans le psychogramme. L'interprétation doit s'appuyer d'abord sur les facteurs numériques. C'est seulement dans un second temps qu'elle peut devenir qualitative.

L'interprétation du psychogramme comprend cinq phases successives : l'intelligence, l'affectivité, l'adaptation sociale, les points vulnérables, la synthèse de la personnalité.

a/ **L'intelligence**

Le test de Rorschach est par certains aspects un test d'intelligence. Il renseigne sur le rendement intellectuel réel du sujet, dans des situations concrètes et émotionnellement difficiles. Il relie l'activité intellectuelle à l'ensemble de la personnalité. Enfin, il détecte les inhibitions de l'efficience intellectuelle et renseigne sur leur origine.

D'après Rorschach, les signes d'une bonne intelligence sont les suivants :

- F+% entre 80 et 90 ;
- Succession ordonnée ;

- G en nombre élevé, de bonne qualité (+) et parfois liés à K ;
- Type d'appréhension riche ;
- Présence de K ;
- A% < 50 ;
- Nombre moyen de Ban ;
- Nombre moyen d'Orig +.

Aujourd'hui, on s'intéresse à l'analyse qualitative de facteurs spécifiques et de leurs interactions. On essaie aussi de savoir comment le sujet se sert de ses capacités intellectuelles. On envisage alors les facteurs suivants :

- Le mode d'appréhension

Ce paramètre concerne l'évaluation du fonctionnement cognitif, mais saisi en relation avec la dynamique pulsionnelle.

Quelques G secondaires élaborés indiquent les capacités d'abstraction et de synthèse de la pensée, sa relative indépendance à l'égard du réel et aussi des affects.

Une forte proportion de D exprime au contraire une centration sur le réel, une bonne insertion dans le monde concret et social, à valeur éventuellement défensive contre la vie pulsionnelle.

- **La qualité du rapport au réel** (F+%)

Exprime l'intégration d'un type de pensée à la fois personnel et socialisé, compréhensible pour autrui.

- **Les kinesthésies** (+)

Indiquent le rôle de l'imaginaire, de l'illusion et du possible dans la vie mentale, la qualité créative aussi du fonctionnement cognitif.

- **La qualité des contenus**

Renseigne sur la capacité de symbolisation, de secondarisation du processus primaire, de liaison et d'intégration par la pensée. Ces mécanismes concernent le passage des représentations inconscientes dans le système préconscient.

b/ **Les facteurs de socialisation**

Apparaissent déjà au niveau des conduites cognitives. Le D%, le A%, le F%, le H%, les Ban permettent de repérer le caractère précaire de la socialisation, ou un conformisme à valeur défensive, ou bien l'équilibre entre la personne et la réalité sociale.

c/ **La dynamique affective**

S'étudie à partir des deux composantes du TRI, introversivité et extratensivité.

L'analyse des pôles K et C renseigne en particulier sur les processus d'identification, les capacités de conflictualisation, les liens entre les représentations et les affects, le maniement des affects, les traits particuliers des modes relationnels.

L'analyse des composantes de la formule complémentaire (Sk/SE) permet de mettre l'accent sur des tendances projectives (k) et une sensibilité (E), non exprimées au niveau de la formule principale.

L'étude thématique des contenus renseigne sur les intérêts fondamentaux du sujet et son type de registre conflictuel.

En définitive, il s'agit d'étudier l'interaction des facteurs, de ne pas isoler le fonctionnement cognitif de la dynamique affective. Tous deux renseignent sur la problématique du sujet, ses conflits, et ses stratégies défensives.

14.9.2. L'interprétation temporelle ou dynamique

On reprend les réponses dans l'ordre où le sujet les a données. On étudie la variation et la succession des diverses catégories, d'abord à l'intérieur de chaque planche, ensuite de planche en planche. De cette façon, on analyse l'enchaînement des réponses à la lumière du **tableau d'ensemble de la personnalité**. Il y faut beaucoup plus d'entraînement que pour l'analyse simplement statique des principales catégories du protocole.

L'interprétation dynamique se situe aujourd'hui dans la perspective psychanalytique introduite dans la théorie et la pratique du test de Rorschach par C. Chabert (1983). Cette perspective consiste en particulier dans une analyse du contenu manifeste et du contenu latent des planches.

Le contenu manifeste concerne les propriétés objectives des planches : compactes (1, 4, 5, 9), bilatérales (2, 3, 7, 8), diversement colorées.

Le contenu latent concerne les sollicitations implicites du matériel en fonction de deux aspects : l'image de soi, et les représentations de relations. Il s'agit de la signification psychologique particulière de chaque planche. On rappellera en particulier pour chacune, et sous réserves, les suggestions déjà anciennes de Loosli-Usteri (1958, 1965 ; L.U.).

14.9.3. Contenu latent des planches

1 - Ce serait, d'après L.U., la planche « **paternelle** ». De façon plus générale, d'après Chabert : expérience du premier contact avec un objet inconnu ; relations précoces au premier objet ; référence aussi au corps humain sur un double mode : narcissique (image du corps, représentation de soi) et objectal (image maternelle).

2 - Planche de « l'**agressivité** » (L.U.).

Le Dbl central est ressenti comme vide interne, faille corporelle fondamentale, échec de la délimitation entre dedans et dehors.

Représentations symbiotiques fusionnelles et/ou destructrices.

À un niveau plus évolué, il s'agit de l'angoisse de castration : le Dbl est vu comme trou, blessure ; le D médian supérieur comme symbole phallique.

Références féminines fréquentes : règles, gestation, naissance, fantasmes sexuels.

Scénarios pulsionnels à valence agressive (combat de deux ours), ou libidinale (deux animaux qui s'embrassent).

3 - Figuration bilatérale, en miroir, de personnages humains : cohérence du schéma corporel, processus d'**identification sexuelle**, conflits liés à la bisexualité (sein, pénis).

Relations intéressant le maniement pulsionnel libidinal ou agressif, mais avec un caractère plus socialisé (Ban).

D'après L.U. : planche de « la virilité dans son aspect moral et/ou sexuel ».

4 - Images de puissance à symbolisme phallique masculin ou féminin. D'après L.U., c'est la « seconde planche **paternelle** ». Mais il peut s'agir aussi d'une imago maternelle phallique et dangereuse.

Attitudes contrastées : identification dynamique à des personnages très actifs (King-Kong), ou alors passivité, réceptivité (descente de lit, FE).

5 - Planche de l'**identité**, de la représentation de soi. Il s'agit de l'identité au sens psychique, **du *self*,** plutôt que du schéma corporel. Divers aspects du narcissisme : mésestime de soi dépressive, toute-puissance mégalomaniaque, exhibitionnisme. Cette notion de narcissisme représente aujourd'hui la catégorie centrale pour l'évaluation de la forte proportion de la population concernée par la dénomination très élastique et d'autant plus difficile à maîtriser des états limites.

Cette planche 5 est aussi celle de « l'évidence » (L.U.), c'est-à-dire de **l'épreuve de réalité**. Interdépendance de la double représentation de soi et de l'objet.

6 - C'est « la planche **sexuelle** par excellence » (L.U.). Elle concerne en fait la bisexualité, avec une dimension masculine dominante (D méd. sup. : stylo, totem, épée), mais aussi une dimension féminine, avec sensibilité passive, réceptive (Dd méd. inf. : fourrure, fleur, sexe de femme).

7 - C'est la « planche **maternelle** » (L.U.). Elle comporte tous les modes possibles de relations à l'image maternelle, des plus archaïques au plus évolués : relations symbiotiques ou fusionnelles, relations d'objets marquées par l'analité ou l'oralité, sentiments de bien-être ou d'insécurité, apaisement, béatitude ou angoisse, dépression liée à la perte, quête éperdue du bon objet.

La planche 7 est un médiateur exceptionnel des relations précoces. Elle favorise aussi les processus d'identification à un modèle féminin : opposition ou soumission, valorisation ou dévalorisation des images féminines.

Le Dbl central est vécu comme « giron maternel » (L.U.).

8, 9, 10 - Les planches pastel favorisent l'apparition des affects et des émotions. Les réactions y sont très diverses. Elles ont en commun de faciliter la régression vers un registre affectif très ancien : sensorialité précoce, vécu préverbal, premières expériences de plaisir et de déplaisir.

La planche 8 est admise comme celle des « contacts avec le monde extérieur ». La planche 9, appelée planche « **utérine** », favorise les références maternelles précoces. La planche 10 concerne le problème de l'individuation et de la séparation (entre autres René Spitz, Margaret Mahler).

14.9.4. Les modalités du discours

Ont été étudiées d'abord par Minkowska (1959), Wachsberger (1968) et aussi Cosnier (1968, 1971). On a dit attendre d'importants développements de l'approche psycholinguistique du test de Rorschach. Mais il reste du travail.

14.9.5. La synthèse des résultats

La plupart des signes au test de Rorschach comportent plusieurs significations, parfois même opposées, en fonction du contexte. Même un signe univoque ne peut conduire qu'à une hypothèse. D'ailleurs l'interprétation d'ensemble du test doit se présenter sous forme d'un cadre d'hypothèses, à confirmer par d'autres données.

L'interprétation d'un protocole de Rorschach est synthétique, dynamique, dialectique. Elle marque l'interrelation des processus psychiques dans le double rapport du sujet à son monde interne et au monde externe. Le cadre théorique considéré comme le plus pertinent pour l'interprétation, est, on l'a dit, le modèle psychanalytique reformulé par l'École française de Techniques projectives (1983).

Le rapport final doit tenir compte de l'identité du destinataire (employeur, juge, parents, psychiatre), et être rédigé dans un langage qui lui soit accessible. Il doit, traditionnellement, comporter un diagnostic de l'état actuel de la personnalité et un pronostic de son évolution.

14.10. Tableaux de signes psychopathologiques

Les tableaux suivants avaient été imposés et confirmés par l'expérience clinique depuis Rorschach. Aucun d'eux n'a jamais eu de valeur indiscutable, comme bien des choses en clinique. En outre, les cas purs sont rares, mais le plus souvent mélangés de traits composites, ce qui est une caractéristique indiquée par les textes classiques de Freud. On ne trouve plus ces tableaux dans les présentations récentes qui ont sacrifié au goût de la simplification réclamé par le siècle, alors que la psychologie est la science la plus difficile.

Les constellations de signes - il en existe encore - concernant la névrose obsessionnelle, les défenses rigides de caractère, l'hystérie, les états maniaques, les phobies, seront présentées plus loin, en un second temps, dans le cadre d'un exposé spécifique concernant la récente approche psychanalytique au test de Rorschach de telles entités sémiologiques (Chabert, 1983).

14.10.1. Angoisse pathologique

1/ Selon **Bohm** :

a) Caractères généraux du protocole :

- Appauvrissement de la production ;
- Coartation ;
- Succession soit trop rigide, soit relâchée, soit incohérente ;
- Éléments interprétatifs.

b) Facteurs spécifiques :

- Modes d'appréhension : diminution des G ; triade d'incertitude intérieure : Dd, Dbl, Do (cf. Loosli-Usteri) ;
- Déterminants : F- (baisse de la qualité des réponses), K peu nombreuses et de mauvaise qualité, FE nombreux et dysphoriques, Clob, C isolées et explosives, Choc C ou noir, Choc vide ;
- Contenus : nombreuses symétries, anatomies nombreuses et de mauvaise qualité, mauvaises originalités, interprétations sexuelles, dépressives, Hd et Ad supérieurs à H et A.

2/ Selon **Violet-Conil** et **Canivet** :

- Clob ;
- Choc au noir ;
- Choc aux C ;
- Choc au vide ;
- E élevés et dysphoriques ;
- F-, C isolées explosives, Hd, Ad, réponses sexuelles, symétrie.

3/ Selon **Zulliger** :

Il faut ajouter aux signes proposés par Bohm :

- Diminution des Ban ;
- Verbalisation particulière (manque d'assurance, inquiétude, anxiété) ;
- Critiques objectives et subjectives ;
- Perplexité.

14.10.2. Schizophrénie

Selon **Rorschach** : G contaminées ; réponses Po, Cn, et nombre ; nombreuses F- ; refus.

Signes supplémentaires :

G syncrétiques ; G- ; DG ; type d'appréhension GDDd ; succession désordonnée ;

Coarté ou coartatif (CF et EF pendant la période d'installation de la maladie) ;

Réponses KC- ;

A% élevé ; Ad>A ; Hd>H ;

Persévération ;

Réponses abstraction, lettres, chiffres, géométrie ;

Contenus bizarres, horribles ; Réponses fœtus, naissance ou destruction en train de se faire, décomposition ;

Orig- ;

Réponses dégradées (perception de départ bonne, sur laquelle se greffent des associations bizarres) ;

Références personnelles ;

Diminution de la conscience de l'attitude interprétative.

Selon Mme **Minkowska** :

Vocabulaire « rationnel » (par opposition à « sensoriel »), abstrait, dévitalisé : ex. : volatile au lieu de chauve-souris ;

Vision de formes coupées, dissociées, fendues, isolées.

14.10.3. Épilepsie

Selon **Rorschach** :

Introversif ; K - ;

Type d'appréhension : G contaminées, D, Dd ;

Nombreuses F - ;

Des C pures ;

Réponses couleur déterminées par le noir et le blanc (C') ;

Persévération sur d'autres contenus que des animaux ;
Pas de conscience d'interpréter les taches.
Liste de **Piotrowski** :
1. T/R > 1 ;
2. K < 2 ;
3. Cn ;
4. F+% < 70 ;
5. Ban < 5 ;
6. Persévération à 3 planches successives ;
7. Description scrupuleuse ;
8. Description plus qu'interprétation ;
9. Réponses symétrie ;
10. 5 < G < 10 ;
11. Le sujet donne son opinion sur l'épreuve ;
12. Long temps de latence ;
13. Choc-Clob à pl. 4 ;
14. Nuance d'agressivité dans les réponses.

Selon Piotrowski, les hystériques donnent 4 signes au plus de sa liste ; les épileptiques 5 signes au moins.

Selon Mme **Minkowska** :

Comportement lent et adhésif (glischroïdie) ; le sujet quitte les planches à regret ; mime les K ;

Réponses couleur surtout aux pl. 2 et 3 ;

Difficulté d'arriver à une vision logique, précise, définie ; ex. : un oiseau mais je ne sais par lequel ;

Vocabulaire « sensoriel » ; ex. : je vois du rouge ;

Vision des formes liées, rattachées ; alternance de K lourdes, passives et de K d'explosion, d'éclatement.

14.10.4. Syndrome organique (traumatisme crânien, etc.)

Liste de **Piotrowski** :
1. R < 15 ;
2. T/R > 1;
3. K < 1 ;
4. F+% < 70 ;
5. Ban 25% ;
6. Cn ;
7. Persévération à 3 planches ;
8. Le sujet fournit une interprétation en la sachant mauvaise ;
9. Besoin d'encouragement ;
10. Présence de phrases automatiques.

Cinq signes au moins constituent une certitude d'organicité ; les signes 2 à 7 inclus sont communs avec l'épilepsie.

Autres signes :

Refus, notamment à la planche 10 ; Do ; G% élevé ; RC% faible ;
Peu ou pas de FC et FE, mais autres réponses couleur et estompage.

14.10.5. États limites

Pas de syndrome stable ; le principal trait typique est la présence d'au moins un signe psychotique parmi des facteurs tantôt hystériques, phobiques, obsessionnels ou dépressifs ;

Juxtaposition d'une pensée imprégnée d'imaginaire et d'une pensée centrée sur la réalité ;

Extratensivité, labilité émotionnelle, impulsivité incontrôlée ;

Immaturité sexuelle, peu de réponses sexuelles, tendances homosexuelles ; par contre, agressivité intense, le sujet se sent menacé et menaçant, ressentiment envers une mère froide et distante ;

Les sujets donnent toujours des réponses humaines et qui sont bien structurées ; l'image paternelle est secondaire ; la relation prévalente à la mère oscille entre le retrait et la fusion, la tendresse et la violence ;

L'angoisse, un peu supérieure à la moyenne, est plus stimulante qu'appauvrissante.

14.11. Le Rorschach chez l'enfant

L'étude du Rorschach chez l'enfant a été entreprise tout d'abord par Cécile Beizmann (1961). Elle a été développée ultérieurement par Nina Rausch de Traubenberg et Marie-France Boizou (1977)[693].

L'intérêt du test de Rorschach chez l'enfant est optimal entre 6 et 10 ans, en particulier pour l'étayage des diagnostics de prépsychose. Mais il est aussi utilisé en psychologie génétique dans une perspective de recherche.

a/ **Productivité** :

Plus faible en moyenne que chez l'adulte ; il y a augmentation régulière de la productivité en fonction de l'âge : de 15 réponses environ à 3 ans jusqu'à 28-30 réponses environ à 10 ans.

La productivité faible, rétractée, exprime une attitude inhibitoire ; la productivité élevée, labile, est souvent en rapport avec une attitude ludique.

b/ **Mode d'appréhension** :

Le G% est d'abord très élevé. Il évolue de 40% environ à 3 ans jusqu'à 20%, c'est à dire la norme adulte (6 sur 30) à 10 ans. Mais il est peu extensible en valeur absolue, compte tenu de la faible productivité initiale.

Le D% présente une augmentation graduelle notable, de 48% à 3 ans jusqu'à 58% à 10 ans (adulte : 60).

Le Dd% présente aussi une élévation sensible, de 7% à 3 ans jusqu'à 13% à 10 ans (adulte : 10).

---

693 Beizmann Cécile : 1961, *Le Rorschach chez l'enfant de 3 à 10 ans*, Delachaux et Niestlé ; Rausch de Traubenberg Nina et Boizou Marie-France : 1977, *Le Rorschach en clinique infantile*, Paris, Dunod.

Tout d'abord, il y a une nette prédominance des Gp syncrétiques de niveau primitif à contenus de forme indéterminée (pl. 1 : rochers, rideau, manteau) : Gp F -.

Les DG confabulés sont d'abord nombreux, et diminuent progressivement de 3 à 10 ans (de 19% à 5% des G). Le mécanisme en est la confusion de la partie et du tout (métonymie).

Entre 5 et 10 ans, on assiste au développement du processus combinatoire, en même temps qu'à une amélioration générale de la qualité formelle des réponses (F+).

Les primaires combinées Gz résultent de la conscience progressive de la bilatéralité, de la réversibilité logique, de 5% à 13% des G entre 3 et 10 ans.

Ces données déjà anciennes sont restées jusqu'à ce jour peu modifiées et d'une valeur classique intéressant aussi la psychologie développementale.

Les G secondaires combinées se développent aussi, tout d'abord ceux par juxtaposition : DD/Gz F - ; pl. 4 : un éléphant assis sur une branche. Ce procédé correspond au réalisme intellectuel décrit par Luquet dans le domaine du dessin.

Les D et les Dd se développent en pourcentage en même temps qu'en qualité formelle (F+). L'augmentation de D signifie le développement de l'esprit pratique, de l'adaptation au réel. L'augmentation de Dd est de signification plus ambiguë : minutie scrupuleuse, ou bien tendance imaginative et fabulatrice.

La **perception enfantine est à la fois globalisante à l'excès, et fragmentaire**. Cependant, il y a primauté génétique du global sur le fragmentaire. Applications pratiques dans l'enseignement.

La succession est le plus souvent relâchée ; elle s'améliore progressivement avec l'âge.

Le problème se pose des phases de transition, des chevauchements, des disparités et des contrastes entre niveaux. Ceci en rapport avec les manifestations cliniques de régression affective, de troubles du caractère et de la conduite. La notion de **dénivellation dysharmonique de la personnalité** est à ne jamais perdre de vue.

c/ **Déterminants**

Le déterminant principal chez l'enfant, encore plus que chez l'adulte, est la forme F. Le F% évolue de 78% à 3 ans à 73% à 10 ans (adulte : 60 à 65%). Le F+% évolue de 46% à 76% entre 3 et 10 ans (adulte : entre 70 et 80%). La **pensée enfantine se montre de plus en plus précise**.

Les enfants donnent moins de K que l'adulte ; il y a augmentation progressive et régulière avec l'âge. Cette relative **carence de la représentation du mouvement** est due au développement, de rapport inverse, des conduites motrices chez l'enfant. Et aussi au développement encore insuffisant du schéma corporel. Cette insuffisance a été de son côté signalée par Piaget.

L'enfant donne un peu plus de réponses couleur que de réponse kinesthésies. Il y a progression graduelle jusqu'à 8 ans, suivie de chute entre 8 et 10 ans. L'attirance pour la couleur se manifeste tout d'abord pour le rouge. Les procédés du **contrôle pulsionnel** se font sentir, de manière plus efficace juste avant la seconde poussée sexuelle de l'adolescence. Développement de la pensée opératoire (Piaget) et catégorielle (Wallon). La chute de 8-10 ans se fait sentir sur les réponses CF, alors qu'il y a élévation continue et régulière des réponses FC jusqu'à 10 ans.

d/ **Type de résonance intime**

Le type extratensif est dominant à tous les âges chez l'enfant, de 61% à 55% entre 3 et 10 ans, contre 43% dans la population adulte. Il est du type plutôt coartatif.

Le type introversif augmente progressivement avec l'âge, de 6% à 22% entre 3 et 10 ans. Mais il est moins représenté que dans la population adulte (39%).

Les tendances introversives sont encore très peu développées chez le jeune enfant. Ses intérêts affectifs sont surtout orientés vers et canalisés par l'adaptation au monde extérieur.

L'enfant est encore beaucoup **plus tourné « vers le dehors »** que l'adulte.

e/ **Contenus**

On observe une augmentation de la variété des contenus avec l'âge.

Les réponses A sont beaucoup plus fréquentes chez l'enfant que chez l'adulte. Elles croissent même avec l'âge, de 44% à 57% entre 3 et 10 ans (adulte : 30 à 60).

L'enfant a tendance à attribuer aux animaux des actions, des attitudes et des sentiments spécifiquement humains. Il est courant d'avoir des réponses intermédiaires entre l'animal et l'homme. En conformité d'ailleurs avec le contenu des contes et des légendes, au moins dans la tradition éducative ancienne.

Les réponses H ne se développent que tardivement ; le H% évolue de 10 à 13% entre 3 et 10 ans (adulte : 10 à 20).

Les très jeunes enfants ne donnent pas de Ban ; leur apparition est tardive. Elles augmentent régulièrement avec l'âge (voir 14.8.1. p. 802). Toutefois, les enfants donnent moins de Ban que l'adolescent et l'adulte.

La **persévération** est très fréquente. On parle parfois de viscosité du thème. Ce phénomène n'a pas la même signification chez l'enfant de 4 ans et celui de 9 ans.

C. Beizmann distingue plusieurs catégories de persévération :

- De remplissage, par inertie mentale ou associative ; ex : une fleur, ou des bébés à quelques planches, ou à toutes ;
- Par analogie formelle, souvent d'ordre géométrique : rondeur, pointe, symétrie ; ex : galette - toit - papillon ;
- Par adhésivité mentale, suspecte d'épileptoïdie ;
- Par prévalence de thèmes particuliers ; ex : arbre de Noël, monstre.

Fréquentes aussi :

- Les qualifications émotionnelles et la mention de repères spatiaux ; ex : petit, grand, gros ; loin, à côté de ;
- La propension à l'activité imageante ou fabulatoire. La **fabulation** est parfois pauvre, parfois très riche. C'est le type de « conduite imageante » décrit par Lagache.

14.12. L'angoisse

On va présenter dans ce qui suit l'ensemble des tableaux constitués pour les principales entités morbides dans le cadre de la nouvelle approche psychanalytique, ce qui a déjà été fait un peu plus haut pour la rubrique des états limites (14.10.5.). On va comprendre tout de suite que la manipulation des tels tableaux dans le cadre du travail clinique est bien plus délicate encore que celle des anciens tableaux empiriques, à qui on a pu reprocher leur caractère de recettes, mais qui au moins permettaient au clinicien de mieux s'accrocher à la mouvance complexe de la réalité psychique. Notre opinion, nous le répétons, est qu'il vaut mieux par commodité tout garder dans l'arsenal des procédures. Chacun fera comme il lui conviendra le mieux.

En tout cas, une telle **clinique, fondée sur une démarche qualitative en profondeur, demande beaucoup de temps et d'art**, et c'est d'elle que notre époque pressée aspire à se débarrasser. Son inspiration particulière aussi, fondée en grande partie sur l'école anglaise, Klein, mais surtout Winnicott et Bion - le moi-peau d'Anzieu aussi, surprendra en général beaucoup les esprits formés dans le paradigme lacanien. En fait, ces deux courants témoignent de manière complémentaire de l'énorme richesse de la psychanalyse française.

La **dernière théorie de l'angoisse chez Freud** (1926-1932) comporte la série suivante de propositions.

1. C'est le moi seul qui éprouve l'angoisse. La source de celle-ci peut être triple : le monde extérieur, le ça, le surmoi.

2. L'angoisse produit le refoulement, et non l'inverse.

3. L'angoisse est la reviviscence dans le moi d'une situation de danger ancienne, face à une exigence pulsionnelle nouvelle.

4. Le déplaisir suscité par l'angoisse provoque au niveau du moi une réaction ou passive ou active.

Dans le premier cas, l'angoisse envahit le sujet, le danger est partout. Il s'agit de l'angoisse automatique-traumatique, due à une motion directe du ça, qui déborde les capacités défensives du moi.

C'est **l'angoisse libre**, flottante, indéterminée, diffuse. Parfois jusqu'à un état de panique, d'impuissance, de désespoir.

Dans le second cas, l'angoisse est circonscrite à un danger localisé. Il s'agit de l'angoisse signal d'alarme, utilisée par le moi pour mettre en œuvre des mécanismes de défense contre les motions pulsionnelles.

C'est **l'angoisse liée**, focalisée, systématisée, inhibée.

5. Au point de vue génétique, le prototype de la situation initiale de danger varie suivant les étapes du développement.

- Le danger réel venant du monde extérieur provoque la détresse motrice, en rapport avec l'état d'inachèvement néonatal.
- Le danger intérieur de nature pulsionnelle provoque la détresse psychique, en rapport avec l'immaturité du moi (stade oral).
- Le danger de perdre l'objet d'amour correspond à la phase de dépendance infantile (stade sadique-anal).

- Le danger de castration concerne la phase phallique.
- La crainte du surmoi concerne la période de latence.

Autant de formes d'angoisse sont annexées à cette **échelle des situations de danger**.

Il existe, on vu l'a ci-dessus (14.10.1. -14.10.4.) des listes classiques de signes d'angoisse. Le propre de la conception psychanalytique est notamment de resituer l'angoisse dans la construction de l'appareil psychique et du jeu des instances.

14.12.1. L'angoisse névrotique

Concerne une menace pesant sur **l'avoir**, et renvoie au prototype de **l'angoisse de castration**.

Dans le protocole **labile**, les affects, y compris l'angoisse, sont fortement exprimés au niveau de la verbalisation pour lutter contre l'émergence des représentations désagréables, refoulées.

Dans le protocole **rigide**, la défense consiste à valoriser la réalité objective contre l'émergence des représentations angoissantes et des affects associés. Le plus souvent, les représentations apparaissent tout de même, cependant que les affects sont exprimés *a minima*, en raison du mécanisme d'isolation.

Le souci de maîtrise se traduit par l'augmentation des G ou alors des découpes, la préoccupation aussi de coller à la réalité (F).

Dans le protocole **phobique** s'observe la même tendance à s'en tenir au concret. Mais les affects peuvent apparaître de façon massive, sous forme de blocage et de sidération (pl. 2 et 3).

L'angoisse doit être étudiée aussi au niveau de la symbolique des planches et du contenu des réponses.

Chez les **hystériques** s'impose le problème de l'identification sexuelle, avec angoisse devant les planches réactivant la menace de castration (2, 4, 6).

Chez l'**obsessionnel** se trouve en cause la difficulté du maniement de l'agressivité, avec angoisse devant les planches réactivant les pulsions agressives (2 et 3) ; angoisse aussi devant l'émergence de fantasmes prégénitaux (7 et 9).

Dans le registre névrotique, le sujet est différencié de l'objet, délimitation nette entre l'intérieur et l'extérieur, position dépressive élaborée, problème de la perte d'avoir, de la perte d'objet.

14.12.2. L'angoisse psychotique

Touche au registre de la **perte d'être**, de la perte **d'identité**.

Il y a désorganisation générale avec émergence de processus primaires dominants. Avec **tout ou rien au niveau des affects**, présence massive ou absence totale.

Il s'agit d'**angoisse de morcellement**, et non de castration, traduite par des contenus fragmentaires, découpés, sans synthèse de l'intégrité corporelle.

La compulsion de répétition se perçoit par le même type de réponses à toutes les planches ; il y a indifférenciation dedans-dehors ; et la projection l'emporte massivement sur la perception.

14.13. Les mécanismes de défense

On a à considérer la souplesse ou la rigidité de l'organisation défensive, la **possibilité ou non d'un dégagement (Lagache)**.

Des mécanismes de défense semblables peuvent intervenir dans des contextes conflictuels différents.

Dans les techniques projectives, on distinguera les **procédés d'élaboration du discours manifeste**, et les **mécanismes de défense**. Ces derniers seront inférés, pour chacun **au niveau latent**, à partir du regroupement de plusieurs procédés. Cette distinction ainsi que les codages en lettres et chiffres qu'elle va mettre en œuvre dans nos propos ci-après renvoient, à partir de maintenant, aux items de la liste française de la Feuille de dépouillement du TAT publiée par le Groupe de recherches en psychologie projective de l'Université René-Descartes Paris V dans le cadre du *Manuel d'utilisation du TAT* (*approche psychanalytique*), par Vica Shentoub et col. (Paris, Dunod, 1990).

Cependant, pour mieux éclairer la proposition de ce nouveau modèle, à notre avis, d'une grande importance tout autant théorique que pratique, il convient d'exposer l'ensemble des notions essentielles développées par l'École française de psychologie projective concernant la nouvelle interprétation, fondée sur le référent psychanalytique, du *Thematic Apperception Test*, d'abord créé par Murray sans référence explicite à celui-ci. Ce nouveau modèle français initialement produit sur le TAT a progressivement par la suite été appliqué en parallèle au test de Rorschach, ce qui ne nous fait pas réellement quitter notre sujet.

À ce propos, et bien que ce soit contraire à notre habitude de ne jamais reprendre de manière répétitive ce que nous avons déjà écrit, nous nous permettrons d'emprunter un passage concernant l'objet qui nous intéresse, à l'un de nos ouvrages précédents intitulé *La psychanalyse et la psychologie aujourd'hui en France* (2006 a), où nous proposions d'envisager ce modèle original parmi les tendances nouvelles de la psychologie clinique et de la psychanalyse d'abord apparues en France et développées entre les années 70 et 90.

14.14. L'École française de techniques projectives

Elle a acquis une notoriété remarquable, voire de portée internationale, du fait d'un modèle d'interprétation psychanalytique du test de Rorschach (**Rausch de Traubenberg**, 1970 ; Chabert, 1983, 1987), et du *Thematic Apperception Test* (**Shentoub, Debray, Brelet**, 1970-1990). L'interprétation psychanalytique des deux tests s'est faite d'abord de manière relativement indépendante pour chacun, compte tenu de leur spécificité. C'est à une époque plus récente (1990) que se sont fait jour la proposition et la tentative d'appliquer rétrospectivement au test de Rorchach les découvertes méthodologiques originales faites sur le TAT.

Jusqu'à l'époque des années 70, ces deux tests projectifs de personnalité très célèbres s'étaient développés dans des perspectives relativement assez éloignées du paradigme de la pensée freudienne. Néanmoins, **Lagache** avait déjà depuis longtemps (1949), et avec une riche intuition clinique, envisagé la fécondité d'un rapprochement éventuel entre les techniques projectives et la psychanalyse. Ce rapprochement ne s'est opéré au plan théorique, sinon en pratique, que très progressivement.

D'autre part, les auteurs qui viennent d'être cités ont emprunté à cet auteur un certain nombre de concepts métapsychologiques originaux. Ceux-ci s'organisent autour du thème d'un passage plus ou moins libre, d'une perméabilité plus ou moins grande, d'une oscillation plus ou moins souple entre conscience imageante et conscience percevante, « **raison et déraison** », laisser-aller et contrôle, « **fantaisie et réalité** », processus primaire et processus secondaire (e : *shift* ; Schafer, Shentoub).

L'articulation entre ces deux directions perceptive-objective et projective-subjective concerne la psychogenèse de la différenciation entre dehors et dedans, non-moi et moi, objets externes et objets internes.

Le nouage de leurs interactions trouve son origine dans une représentation élémentaire de l'intérieur et de l'extérieur, sous forme de clivage du bon et du mauvais objet. Or ce mécanisme trouve lui-même appui sur cette expérience primaire de la surface du corps propre, dont Anzieu, on l'a vu, a produit la notion en termes de moi-peau. D'ailleurs **Anzieu**, qui a rédigé avec la collaboration de son élève C. Chabert, un ouvrage classique sur *Les méthodes projectives* (1961, 1987), a ultérieurement élaboré cette notion de moi-peau dans le cadre d'une réflexion théorique sur ces techniques.

Les innovations théoriques de l'École française de Techniques projectives concernent pour l'essentiel les deux points suivants.

14.15. Perspectives structurale et thématique

Le test de Rorschach est une épreuve **structurale** dont l'intérêt est de fournir une coupe représentative du système de la personnalité, de son équilibre dans une perspective **économique**. C'est une épreuve qui convoque un « imaginer à partir du voir », et qui renseigne plus particulièrement sur la solidité des limites entre dedans et dehors, l'image du corps et la représentation de soi, l'existence d'un espace psychique interne, la problématique **identitaire**.

Une idée importante avancée par l'École française de techniques projectives est celle d'un usage conjoint et d'une interprétation complémentaire du test de Rorschach et du TAT.

Le TAT est, de son côté, une épreuve **thématique** dont le propre est de révéler les contenus significatifs de l'histoire de la personnalité, envisagée au point de vue de sa **dynamique**. C'est une épreuve qui induit le « raconter à partir d'images » (Chabert), occasion d'un « penser-fantasmer » (Brelet), et qui révèle la nature du conflit pulsionnel, ainsi que l'agencement de la relation d'objet, dans le cadre de la problématique **œdipienne**.

En réalité, l'un et l'autre tests sont à même de produire des informations touchant ces deux ordres de problématiques.

Du point de vue fonctionnel aussi, les deux tests offrent des approches différentes mais complémentaires, à composante plus primaire dans le Rorschach, de nature plus secondarisée dans le TAT, concernant l'organisation tant affective qu'intellectuelle, et par ailleurs aussi bien œdipienne (TAT) que plus archaïque (Rorschach).

D'ailleurs, dans un ordre d'idées comparable, Lagache insistait déjà (1949) sur l'opportunité d'une interprétation plus clinique, d'un caractère global et dynamique, des épreuves d'intelligence, en particulier au moyen de l'analyse des *scatters*, c'est-à-dire des profils d'inégalités de performances aux différents subtests. Cette conception interactionniste de la dynamique des processus affectifs et intellectuels dans le cadre d'une **approche globale de la personnalité** est l'une des caractéristiques de l'école clinique française (idée aussi de Wallon).

La tradition inaugurée par Lagache s'est poursuivie à travers son élève Didier Anzieu, lui aussi psychanalyste ouvrant sans conflit la psychanalyse sur la psychologie clinique.

14.16. Modalités de fonctionnement psychique

Le nouveau modèle psychanalytique d'interprétation des méthodes projectives, proposé par l'École française, a trouvé jusqu'ici sa réalisation la plus convaincante dans la **feuille de dépouillement du TAT**.

La méthode d'interprétation préconisée, pour les histoires racontées à partir des planches du TAT, consiste dans le décryptage des procédés d'élaboration du discours. L'analyse de ces procédés, soit formels (syntaxe) soit narratifs (style), permet d'identifier, pour chaque structure individuelle, une constellation particulière de procédés et mécanismes défensifs.

La feuille de dépouillement comprend 4 séries d'items (en tout 80) correspondant pour la plupart à des procédés défensifs, organisant le **niveau manifeste** du discours (par ex. : accent porté sur les conflits intrapersonnels), et pour certains aussi aux mécanismes de défense classiques de la clinique freudienne (par ex. : annulation, dénégation), censés opérer au niveau latent du fonctionnement psychique.

Exemple planche 3 BM : « Un enfant triste en train de pleurer… non, c'est pas un suicide, *plutôt un enfant qui s'est endormi en jouant aux gendarmes et aux voleurs. Il se réveillera,* voilà tout » : **annulation** ; « C'est une personne qui est complètement désespérée… et *elle se demande si elle doit se tuer ou pas… elle ne sait pas ce qu'elle doit faire* » : **accent porté sur les conflits intrapersonnels**.

Ces 4 séries renvoient à des entités psychopathologiques cardinales de la nosographie psychanalytique. À cet égard, le point essentiel à noter est que ces entités fonctionnent comme des paradigmes de référence permettant de situer des organisations individuelles relevant aussi bien de la normalité que de la pathologie mentale.

La série A, dite « **contrôle** » (18 items), est marquée par la conflictualisation intrapersonnelle, le primat de l'activité de pensée, et renvoie au paradigme pathologique de la **névrose obsessionnelle**. La série B, dite « **labilité** » (13 items), caractérisée, elle, par la conflictualisation interpersonnelle, la dramatisation, renvoie à l'**hystérie**.

La quatrième série E, intitulée « **émergence en processus primaires** » (20 items), se réfère au registre des **psychoses** en général (en particulier schizophrénie et paranoïa), mais sans spécifications jusqu'ici d'entités particulières.

La troisième série C, dénommée « **évitement du conflit** », de loin la plus riche (29 items) et aussi la plus novatrice au point de vue clinique, concerne le domaine des **fonctionnements limites** (borderlines). Ces sujets se caractérisent, à des degrés variés par des types de conduites que détaillent des sous-rubriques de cette série C : des traits phobiques (P), des conduites narcissiques à fin de renforcement d'une enveloppe fragile (N), un mode éventuel de fonctionnement maniaque à finalité antidépressive (M), la tendance à l'agir, à l'expansion comportementale faute d'un surmoi cohérent (C), et enfin une forme de pensée accrochée à l'activité quotidienne, au factuel (F).

Les organisations individuelles se définissent par des **modalités de fonctionnement psychique** privilégiées, soit de types d'**économie pulsionnelle**, singularisés par l'interférence, la coexistence de procédés appartenant en général à plusieurs séries. De ce point de vue, l'évaluation clinique doit apprécier la signification ponctuelle, transitoire, ou à l'opposé majoritaire, dominante des diverses catégories de procédés. Prendre en compte également les degrés variables de **lisibilité** du discours propres à chaque forme de **problématique personnelle**.

14.17. Feuille de dépouillement du TAT de l'École française

Elle est organisée selon 4 colonnes correspondant aux séries A, B, C et E.

FEUILLE DE DÉPOUILLEMENT DU TAT DU GROUPE DE RECHERCHE EN TECHNIQUES PROJECTIVES DE L'UNIVERSITÉ PARIS V 1990			
PROCÉDÉS DE LA SÉRIE A (Contrôle)	PROCÉDÉS DE LA SÉRIE B (Labilité)	PROCÉDÉS DE LA SÉRIE C (Évitement du conflit)	PROCÉDÉS DE LA SÉRIE E (Émergence en processus primaire)
A0 Conflictualisation intra-personnelle. A1 *1 - Histoire construite proche du thème banal.* 2 - Recours à des référen ces littéraires, culturelles, au rêve. *3 - Intégration des références sociales et du sens commun.* A2 1 - Description avec attachement aux détails (dont certains rarement évoqués), y compris expressions et postures. 2 - Justification des interprétations par ces dé - tails. 3 - Précautions verbales. 4 - Éloignement temporo spatial.	B0 Conflictualisation interpersonnelle B1 *1 - Histoire construite autour d'une fantaisie personnelle.* *2 - Introduction de personnages non figurant sur l'image.* *3 - Identifications souples et diffusées.* 4 - Expressions verbalisée d'affects nuancés, mo dulés par le stimulus. B2 1 - Entrée directe dans l'e xpression. 2 - Histoire à rebondissements. Fabulation loin de l'image. 3 - Accent porté sur les relations interpersonnelles. Récit en dialogue. 4 - Expression verbalisée	C/P 1 - T li long et/ou silences importants intra-récit. 2 - Tendance générale à la restriction. 3 - Anonymat des personnages. 4 - Motifs des conflits non précisés, récits banalisés à outrance, impersonnels, pla cages. 5 - Nécessité de poser des questions. Tendance refus. Refus. 6 - Évocation d'éléments anxiogènes suivis ou pré cédés d'arrêts dans le dis cours. C/N 1 - Accent porté sur l'é prouvé subjectif (non rela tionnel)	E 1 - Scotomes d'objets manifestes. 2 - Perception de détails rares et/ou bizarres. 3 - Justifications arbitraires à partir de ces détails. 4 - Fausses perceptions. 5 - Perception sensorielle 6 - Perception d'objets morcelés (et/ou d'objets détériorés ou de person nages malades, malfor més). Fabulation hors image. 7 - Inadéquation du thè me au stimulus. Abstraction, symbolisme hermétique. 8 - Expressions « crues » liées à une thématique

5 - Précisions chiffrées. 6 - Hésitations entre inter prétations différentes. 7 - Aller et retour entre l'expression pulsionnelle et la défense. 8 - Remâchage, rumination. 9 - Annulation. 10 - Éléments de type for mation réactionnelle (pro preté, ordre, aide, devoir, économie, etc.). 11 - Dénégation. 12 - Insistance sur le fictif. 13 - Intellectualisation (abstraction, symbolisation, titre donné à l'histoire en rapport avec le contenu manifeste). *14 - Changement brusque de direction dans le cours de l'his toire (accompagné ou non de pause dans le discours).* 15 - Isolement des éléments ou des personnages. 16 - Grand détail et/ou petit détail évoqué et non intégré. 17 - Accent porté sur les conflits intra-personnels. 18 Affects exprimés a minima.	d'affects forts ou exagérés. 5 - Dramatisation. 6 - Représentations contrastées. Alternance entre des états émotionnels op posés. 7 - Aller-retour entre des désirs contradictoires. Fin à valeur de réalisation ma gique du désir. 8 - Exclamations, commentaires, digressions, ré férences/appréciations pe rsonnelles. 9 - Érotisation des relations, prégnance de la thé matique sexuelle et/ ou symbolisme transparent. 10 - Attachement aux dé tails narcissiques à valence relationnelle. 11 - Instabilité dans les i dentifications. Hésitation sur le sexe et /ou l'âge des personnages. 12 - Accent porté sur une thématique du style : aller, courir, dire, fuir, etc. 13 - Présence de thèmes de peur, de catastrophe, de vertige, etc. dans un contexte dramatisé.	2 - Références personnelles ou autobiographiques. 3 – Affect-titre. 4 - Posture signifiante d'af fects. 5 - Accent mis sur les qua lités sensorielles. 6 - Insistance sur le repéra ge des limites et des contours. 7 – Relations spéculaires. 8 - Mise en tableau. 9 - Critiques de Soi. 10 - Détails narcissiques. I déalisation de Soi. C/M 1 - Surinvestissement de la fonction d'étayage de l'objet. 2 - Idéalisation de l'objet (valence positive ou négati ve). 3 - Pirouettes, virevoltes. C/C 1 - Agitation motrice. Mi miques et/ou expressions corporelles. 2 - Demandes faites au clinicien. 3 - Critiques du matériel et /ou de la situation. 4 - Ironie, dérision. 5 - Clin d'oeil au clinicien. C/F 1 - Accrochage au contenu manifeste. 2 - Accent porté sur le quo tidien, le factuel, l'actuel, le concret. 3 - Accent porté sur le faire 4 - Appel à des normes ex térieures. 5 - Affects de circonstance.	sexuelle ou agressive. 9 - Expression d'affects et/ou de représentations massifs liés à toute pro blématique (dont l'incapa cité, le dénuement, la réu ssite mégalomaniaque, la peur, la mort, la destruc tion, la persécution, etc.) 10 - Persévération. 11 - Confusion des identités (télescopage des rô les). 12 - Instabilité des objets. 13 - Désorganisation des séquences temporelles et /ou spatiales. 14 - Perception du mauvais objet, thèmes de persécution. 15 - Clivage de l'objet. 16 - Recherche arbitraire de l'intentionnalité de l'i mage et/ou des physionomies ou attitudes. 17 - Craquées verbales (troubles de la syntaxe). 18 - Associations par con tiguïté, par consonance, coq-à-l'âne. 19 - Associations .courtes. 20 - Vague, indétermination, flou du discours.

Les propos qui suivent renvoient aux lettres munies d'indexations de ce tableau.

14.18. Les procédés rigides et les défenses par recours à la réalité externe : névrose obsessionnelle

Ils utilisent les données perceptives dans un but d'évitement de la réalité interne.

14.18.1. Les procédés rigides

1. Les **précautions verbales** : cela pourrait être… A 2.3.

2. Le **doute,** dans la verbalisation : je ne suis pas sûr ; dans l'hésitation entre deux interprétations : deux hommes ou deux femmes ; dans la crainte d'engagement : élévation du nombre des F±. A 2.6.

3. Les **ruminations**, souvent proches du doute : on pourrait peut-être à la rigueur voir... mais... [694]. A 2.8. Voir aussi A 2.17, et A 2.7.

De la notion de rumination, il y a lieu de rapprocher celle de **remâchage**[695].

4. L'**attachement aux détails, la description** minutieuse des contours et parties, d'où élévation à la fois de D et Dd, et du F% (> 65%), du fait d'une formalisation excessive. Les **précisions chiffrées** sont rares. A 2.1.

5. L'**expression d'affect a minima**. Ce signe est souvent couplé avec le précédent. Peu de réponses couleur, d'où un TRI coarté ou introversif. A 2.18.

6. Le **souci de maîtrise du matériel**, avec augmentation du G%. Le mécanisme consiste dans l'embrigadement de la réalité externe, en vue de la contention des mouvements internes.

7. L'**intellectualisation** : G secondaires combinées, réponses K, contenus artistiques. A 2.13.

Des procédés du texte manifestes on passe à l'induction des mécanismes latents.

14.18.2. Les mécanismes de défense de type obsessionnel

1. L'**isolation** : consiste à disjoindre le rapport soit entre la représentation et l'affect, soit aussi entre les représentations. Signes au Rorschach : F% élevé avec irruptions locales de F - (retour du refoulé). Tendance aussi à la fragmentation avec excès de D et de Dd. Une forme particulière d'isolation est la négation des liens (Bion), qui s'exprime par l'isolation perceptive[696].

Le mécanisme d'isolation renvoie, dans la feuille de dépouillement du TAT, aux deux procédés A 2.15 (isolement) et A 2.16 (détail évoqué et non intégré).

2. L'**annulation rétroactive** : le sujet s'efforce de faire en sorte qu'un contenu psychique ne soit pas advenu, en utilisant un contenu de signification opposée. Au Rorschach, hésitation entre des interprétations opposées, présence de réponses vagues (F $\pm$), remâchages dans la verbalisation, aller et retour entre représentations contrastées[697]. A 2.9, et aussi A 2.6, A 2.7, A 2.8.

Ex. pl. 2 : des taches de sang… plutôt des taches d'encre rouge.

3. La **formation réactionnelle** : est un procédé qu'on peut trouver dans un protocole normal, et qui n'a pas forcément de signification pathologique. Comme mécanisme de défense, son rôle consiste à nier, en acte au niveau d'un mode de conduite, le caractère conflictuel agressif ou libidinal de la réponse. Son économie doit être envisagée, au double plan théorique et pratique, à l'égard de celle des autres mécanismes « négatifs » : négation proprement dite, dénégation, refoulement, annulation, déni, clivage, forclusion. A 2.10.

Elle s'exprime de deux manières principales : réponses K avec représentation de relations centrées sur la politesse ; pl. 3 : deux maîtres d'hôtel qui se font

---

694 Chabert Catherine : 1983, 249-250.

695 Shentoub Vica et col. : 1990, *Manuel d'utilisation du T.A.T. (approche psychanalytique)*, Paris, Dunod, 80.

696 Chabert Catherine : 1983, 251.

697 Ibid., 250, pl. 3, 253.

des courbettes. Deuxièmement multiplication des réponses FC : contrôle du contenu pulsionnel par le facteur formel. Elle s'exprime aussi par les verbalisations : c'est très bien dessiné, très ordonné, très net[698].

4. La **dénégation** : elle apparaît dans la verbalisation : je ne vois pas bien. Aussi dans le contenu de la réponse : pl. 1 : ça n'est quand même pas un rapace,[699] A 2.11.

14.18.3. Les défenses rigides de caractère

Les organisations caractérielles sont considérées couramment comme une variété d'états limites, avec une rigidité de couleur obsessionnelle.

Deux facteurs les distinguent des organisations proprement névrotiques.

Premièrement, il y a absence d'articulation des procédés rigides en une véritable configuration défensive. Les mécanismes sont isolés, érigés en comportements parfois jusqu'à la caricature. Plusieurs types :

Le contrôle de la réalité par le facteur formel peut être maximal : F% entre 80 et 90. C/F1, C/F2.

Ou bien les formations réactionnelles fonctionnent parfaitement sans aucun signe de retour du refoulé.

Ou encore les mécanismes d'isolation sont très rigides, proches du clivage. E 15. Ces mécanismes en principe distincts présentent des zones de transition.

L'annulation rétroactive n'existe pas chez ces sujets, car il n'y a jamais de remise en cause.

En définitive, les conflits ne sont pas représentés. Les procédés défensifs fonctionnent dans la dimension agie. Il n'y a pas d'accès à la symbolisation. C/C.

Deuxièmement, l'efficacité des procédés et des mécanismes de défense est très relative. Il n'y a pas de formation de compromis. Les émergences en processus primaires peuvent être soit absentes, soit massives. Les protocoles sont soit nivelés, soit très contrastés.

Enfin, les mécanismes rigides coexistent avec d'autres, soit de type phobique, soit de type psychotique : clivage, déni, projection paranoïaque. Dans le deuxième cas, le contrôle F est très médiocre. A, C/P, E 15, E 14, E 16.

La présentation de Chabert[700] évoque certaines descriptions de Bergeret : la névrose de caractère[701], rangée par lui dans les aménagements caractériels[702], au sein des organisations intermédiaires[703]. Il s'agirait aussi, de ce que celui-ci appelle, mais dans une forme mineure et plus proche du registre normal-névrotique, caractère obsessionnel[704].

---

698 Ibid., 250.
699 Ibid., 249-250.
700 Ibid., 254.
701 Bergeret Jean : 1974, 1985, *La personnalité normale et pathologique*, Paris, Dunod, 161-162 ; Bergeret Jean et col. : 1979, 1982, *Psychologie pathologique*, Paris, Masson, 144-146, 200-201.
702 Bergeret : 1985, 160.
703 Ibid., 131.
704 Ibid., 189.

La structure obsessionnelle au sens large, névrotique et limite, utilise l'accrochage à la réalité externe en vue d'éviter la réalité interne, celle de l'affect aussi bien que celle de la représentation.

Au contraire, la structure labile utilise le recours à l'affect en vue d'éviter la représentation. Autrement dit, elle utilise un certain mode de la réalité interne, l'affect, comme défense à l'égard d'un autre mode de la réalité interne, la représentation. C'est la défense au moyen de l'affect contre la représentation inconsciente refoulée.

14.19. Les procédés labiles et les défenses par recours à la fantaisie et aux affects : hystérie

14.19.1. Les procédés labiles

1. **commentaires** : réguliers, itératifs, ils expriment une réactivité immédiate aux stimulations. Les références personnelles sont utilisées pour mettre à distance les représentations gênantes. B 2.8.
2. **dramatisation** : caractère exagéré, enflure de la verbalisation : c'est horrible, c'est tellement joli, etc.[705]. B 2.4, B 2.5, C/M 2.
3. **accent porté sur la méconnaissance**, l'absence d'imagination, sous forme de dénégations successives : je n'ai pas d'idée, pas d'imagination[706]. C/N 9, A 2. 11.
4. **manipulation labile du langage** : discours précipité, jeux de mots, associations par consonance. E 18.
5. **érotisation des relations**, dans des mises en scène K : pl. 3, deux personnages qui dansent[707]. B 2.9, B 2.3, A 2.7.
6. **prévalence accordée à la réactivité subjective**, faible intérêt pour la réalité objective (F % bas). B 1.4, B 2.4, B 2.10.
7. **mise en avant de la réactivité émotionnelle** par le privilège accordé aux valeurs chromatiques : TRI extratensif en rapport avec la défense par l'affect contre la représentation.
8. **sensibilité à l'environnement, suggestibilité, vulnérabilité** : grande variété de réponses sensorielles (C, C', E, Clob).
9. **labilité des réactions émotionnelles, contrastées** : dépressives pour les planches noires, positives pour les planches couleur. B 2.6.
10. **souci de se maintenir à distance** : approche globale, vague, impressionniste, absence de pénétration du matériel en rapport avec le refoulement. C/P.
11. **symbolisme transparent**, en particulier sexuel. B 2.9.
12. **affrontement entre des désirs contradictoires** : sensible dans le caractère contrasté des représentations et /ou des affects. B 2.6, B 2.7, B 2.11.
13. **fuite en avant dans l'interprétation** : multiplication des réponses.

---

705 Chabert Catherine : 1983, 256.
706 Ibid., 257.
707 Ibid., 257.

14. **fluctuations très importantes dans la productivité** en fonction des planches.

15. **manifestations émotionnelles très intenses** : TRI extratensif très dilaté. B 2.4.

16. **perte du contrôle sur la réalité objective** : primat du subjectif sur l'adaptation (F +% très bas).

17. **des contenus très crus**, à valence sexuelle et régressive. E 8.

Les procédés 1 à 12 expriment des modes de refoulement efficients, les procédés 13 à 17 reflètent plutôt l'échec de ceux-ci.

14.19.2. Les mécanismes de défense hystériques

1. Le **refoulement** : il porte sur la représentation, et non sur l'affect (Freud, 1915). C'est le mécanisme privilégié de la structure hystérique.

Signes du refoulement au test de Rorschach :

- qualité générale de la production de facture labile : commentaires, dramatisation, théâtralisme. B 2.5, B 2.8.
- TRI extratensif : mise en avant de la réactivité affective.
- Réactions spécifiques aux planches à symbolisme sexuel. B 2.9.
- Épaisseur symbolique des contenus où transparaît le fantasme. B 2.9.
- Oscillation entre défense et retour du refoulé. A 2.7.

Le refoulement contre les représentations utilise la réactivité affective, mais aussi les représentations écrans. Le refoulement n'est pas encore le clivage : le fantasme y transparaît dans des contenus consistants. Un degré d'adaptation suffisant est conservé malgré le retour du refoulé. Les barrières entre monde interne et monde externe conservent une certaine souplesse. A 2.11, A 2.15, A 2.16.

2. La **dénégation** : d'un type particulier, elle tend à éviter la dimension symbolique d'une représentation, souvent au moyen d'un écran du type brouillard, fumée[708]. A 2.11.

14.20. Les états limites

Les procédés de type C peuvent apparaître dans des modalités de fonctionnement très variées, mais c'est à partir de leur insistance et de leur dominance plus cohérentes que s'organise le registre ce que l'on appelle aujourd'hui les états limites ou organisations intermédiaires entre névroses et psychoses.

14.20.1. Les défenses maniaques

Forment aussi l'un des registres propres aux organisations intermédiaire : C/M.

Les procédés labiles (donc de type hystérique) peuvent être subordonnés à la défense maniaque contre l'angoisse de la perte d'objet. Dans la position dépressive, le sadisme du sujet comporte la menace de la perte de l'objet d'amour (M. Klein), avec issue sur les défenses maniaques. Dans celles-ci :

---

[708] Ibid., 257.

- Production importante : logorrhée ; tout vide est comblé, car insupportable ;
- Succession hachée, en dents de scie ;
- Précipitation ;
- Extrême réactivité à l'ambiance ;
- Excitation dominante, impossibilité d'élaborer la perte ;
- Émergences en processus primaires, flux associatif, absence de refoulement.

Dans l'hystérie, le refoulement est organisé autour de l'angoisse de castration (stade phallique). Dans le registre maniaque, il s'agit de l'angoisse de la perte d'objet (deuxième partie du stade oral et stade sadique-anal).

14.20.2. L'inhibition : type phobique

Est aussi l'un des registres propres aux organisations intermédiaires (C/P) à distinguer de la phobie névrotique, dans l'hystérophobie, ou hystérie d'angoisse (Hans).

Le propre d'un large secteur des états intermédiaires est souvent une forme d'exagération durcie, de caricature des principales organisations névrotiques, en interférence variable ou non avec d'autres modes d'organisation.

14.20.3. Procédés marquant l'inhibition

1. **aspect général de restriction** (C/P2), production faible, participation mineure, tendance à l'anonymat (C/P3), commentaires absents, temps de latence longs (C/P1), silences nombreux, refus de planches (C/P5), blocages associatif : c'est tout… je ne vois pas.

En définitive, ces procédés visent à contrarier au maximum l'implication projective ressentie comme dangereuse.

2. **manifestations d'anxiété** très visibles au niveau du comportement : mimiques, rictus, sudation, attitude pétrifiée, sidération, besoin d'encouragements. C/P6.

3. **anonymat des personnages humains**, sans identité sexuelle[709] : deux personnes, des personnages, des bonshommes. C/P3.

4. **imprécision** des actions projetées : K réprimées[710]. Mêmes réponses. C/P4.

5. **minimisation du mouvement projectif** des charges pulsionnelles, en particulier au niveau du vocabulaire : un peu, à peine, verbes de faible intensité.

6. **évitement perceptif** de localisations particulières : du rouge des pl. 2 et 3, des lacunes (Dbl) et des appendices.

7. **banalisation, placage** d'images stéréotypées utilisées comme écrans. C/P4.

---

709 Ibid., 254.

710 Ibid., 264.

8. **approche globale superficielle** en G, ou alors découpage extrême du matériel. Dans les deux cas, il s'agit d'éviter le caractère angoissant de certains aspects de la réalité interne.

9. **difficultés d'implication**, crainte d'engagement, d'où un contrôle formel excessif (F % élevé avec beaucoup de F±) ; TRI principal et secondaire en général coartés. Freinage de l'expression fantasmatique et affective.

10. Cependant émergences de **bouffées d'angoisse** en présence du noir (Clob, C', E) ; et aussi des K isolées à thématique de chute ou de vertige.

11. **trois types de contenus** :

- Contenus **phobiques** avec réponses animales anxiogènes (loups, rapaces, insectes désagréables). C/P6.
- Contenus de nature **hypocondriaque**, révélant des inquiétudes corporelles.
- Contenus banalisés à outrance, **factuels**, concrets ; intérêt pour le quotidien : procédé de réification, pas de dimension imaginaire et fantasmatique, contrairement aux deux types précédents. C/P4, C/F2.

14.20.4. Les mécanismes de défense de type phobique

1. La **projection** dans le réel du danger pulsionnel. Mécanisme typique des phobies, c'est une forme particulière de déplacement. Le moi se comporte comme si le danger à un développement d'angoisse ne venait pas d'une motion pulsionnelle, mais d'une perception. Celle-ci concerne des objets externes ressentis comme dangereux, et entraînant l'inhibition et/ou l'évitement.

Les images anxiogènes appartiennent à un bestiaire relativement typique : animaux puissants et dangereux, insectes inspirant du dégoût. Ces réponses apparaissent dans le contexte très restrictif évoqué plus haut. C/P6.

2. L'**évitement** et la **fuite** se manifestent soit au niveau du comportement : sidération, bouffée d'angoisse, incapacité à associer, soit au niveau des réponses, par les procédés défensifs ci-dessus (8, 9, 10, 11). C/P6.

Les mécanismes phobiques agissent rarement à l'état pur, mais plus souvent accompagnent d'autres configurations défensives, obsessionnelle ou hystérique. D'où des tableaux complexes.

3. Le **déplacement** de l'angoisse sur l'objet phobogène est le mécanisme essentiel de la phobie. Il est repérable au Rorschach par le jeu combiné de la projection et de l'évitement[711].

14.20.5. L'inhibition non névrotique

Il n'y a pas de projection, l'angoisse n'est pas manifeste.

La productivité est pauvre ; la non-implication associative se traduit par des images d'objets concrets, sans lien avec des conduites défensives d'ordre névrotique. L'activité fantasmatique paraît absente. La réalité externe vient se substituer à la réalité interne du sujet inexistante.

---

[711] Ibid., 266.

Les procédés de l'inhibition sont présents, parfois associés à quelques facteurs rigides (élévation des F), souvent accompagnés d'émergences crues. En définitive, manque d'épaisseur symbolique, caractère plaqué, factuel du protocole. C.F1, C.F2. C'est ce registre de conduites qui a parfois été qualifié de névrose de comportement, ou encore de pensée opératoire, à ne pas confondre avec la signification que donne Piaget à une telle expression (Marty).

Le fonctionnement au niveau de la **pensée concrète, factuelle** (≈ opératoire de Marty) est l'un des registres, également, des organisations intermédiaires. C/C, C/F.

14.21. Les émergences en processus primaires et les défenses psychotiques

14.21.1. Émergences en processus primaires

1. **méfiance**, extrême vigilance, réticence sur fond de vécu persécutif.

2. Ou alors **prolixité**, verbalisation abondante, confuse, avec des bizarreries, des discordances. La production peut être importante, sans ordre ; discours flou, vague, précipité.

3. Présence de **localisations arbitraires**, peu cohérentes ; réponses G mal organisées, Dd aux découpes rares et bizarres. E 2, E 13.

4. **qualité médiocre du contrôle formel**, dérapage des perceptions, mauvaise qualité de l'ancrage dans la réalité objective (F +% faible) ; désintérêt pour le concret, le réel (D% faible).

5. Le **TRI** peut être **très dilaté** par : a/ des réponses K à valeur interprétative ou délirante ; b/ et aussi par des réponses C à contenu pulsionnel massif, envahissant, dans des images de caractère morbide. E 8, E 9, E 14, E 16.

6. Mais le TRI peut être **aussi coarté** : les composantes projectives et émotionnelles sont abrasées, apparence de mort psychique.

7. Au niveau des **contenus** :

- **diminution des Ban** : fragilité de l'insertion dans la réalité perceptive socialisée. E1.

- Contenus marquant l'**absence d'intégrité corporelle** ; images partielles du corps, tronquées, morcelées, avec réponses Hd, Anat (squel, visc, sg). Les contenus A ou Objets sont marqués aussi par la fragmentation ; ils n'ont pas plus d'unité que le corps propre. Il y a aussi **confusion des règnes** (réponses H/A, ou H/Obj). E 6, E 11, E 12.

- **réponses H déréelles** (sorcières, diables), à connotation persécutante ; sensitivité paranoïaque ou paranoïde, investissement du regard par le mauvais objet : « yeux ». E 14, E 16.

- Les contenus A peuvent appartenir à un **bestiaire archaïque** marqué par la dangerosité, la toute-puissance, la destructivité.

8. La **compulsion de répétition** se manifeste dans le phénomène de **persévération** : désinvestissement de la réalité extérieure et faillite des processus adaptatifs. E 10.

14.21.2. Les mécanismes de défense psychotiques

Les procédés ci-dessus expriment des mécanismes psychotiques sous-jacents :

1. La **projection** implique une déconnection des processus d'adaptation perceptive, qui permet l'externalisation des pulsions dangereuses du sujet.

- Schizophrénie : confusion entre interne et externe, dedans et dehors ; projection directe d'un vécu corporel morcelé, fragmentaire, comme support des représentations de soi et des préoccupations délirantes. E 13.

- Paranoïa : la distinction entre le dedans et le dehors est maintenue ; c'est l'extérieur qui devient mauvais, persécuteur, menaçant pour le sujet. E 14, E 16.

2. Le **déni**, refus de reconnaître la réalité d'une perception traumatisante ; ainsi de la castration féminine dans le fétichisme. Mais le déni ne permet pas à lui seul de rendre compte de la clinique des psychoses. Il est difficilement repérable au Rorschach.

3. Le **clivage** accompagne régulièrement le déni. Il est plus repérable. Deux attitudes, dont l'une tient compte de la réalité, l'autre en détache le moi et produit une nouvelle réalité délirante. Pas de formation de compromis, coexistence sans relation dialectique[712]. E 15.

Dans les protocoles : maintien d'un système adaptatif minimal, à côté d'émergences en processus primaires (F +% bas, mais rarement en dessous de 30%).

14.22. Conclusion

On recherche une évaluation de l'organisation défensive, de la dynamique conflictuelle dominante, dans des **tableaux la plupart du temps mélangés**, ce qui est même en l'occurrence un principe fondamental. Le style de pratique dont on a essayé de donner la notion le rend incompatible à tout critère relevant d'un cadre formulé en termes d'évaluation objective.

Les névroses sont concernées par l'**angoisse de castration**, les difficultés de l'identification sexuelle et du maniement pulsionnel.

Les états-limites sont touchés par la **perte d'objet**, l'impossibilité d'élaborer la position dépressive. Si le rapport au réel reste suffisant, il y a soit surinvestissement de la réalité extérieure, pour faire écran à des activités fantasmatiques défaillantes, C/C, C/F ; soit inflation narcissique qui gomme la réalité. C/N.

Dans ce second registre, il y a lutte contre la reconnaissance, en raison d'assises narcissiques trop fragiles, de la dépression et de la perte d'objet. Pas d'atteinte majeure de l'identité : la distinction entre le sujet et l'objet est fermement maintenue.

Les psychoses sont confrontées à la **perte d'identité**. Chez les personnalités dissociées (schizophrénie) : angoisse de morcellement et de désintégration. Chez les personnalités interprétatives (paranoïa) : danger de destruction et d'anéantissement par l'objet persécuteur. Effondrées ou menacées d'effraction permanente, les barrières entre dedans et dehors sont d'une extrême fragilité.

---

712 Ibid., 271.

Les différentes formes de psychoses sont encore mal distinguées dans le modèle contemporain formulé par l'école française de techniques projectives, supposé qu'ils puissent l'être un jour au niveau de la feuille de dépouillement du TAT. C'est en ce sens que les anciennes listes de signes mises d'abord au point par les anciens auteurs pour le test de Rorschach peuvent être encore utiles, le cas échéant, avec toute la prudence requise, et sans prendre parti sur leur valeur théorique intrinsèque.

14.23. Éléments de psychopathologie clinique dans la situation projective.

On les a disposés dans un Tableau à deux colonnes des correspondances entre la feuille de dépouillement du TAT et les caractéristiques des réponses au Rorschach.

En effet, Monica Boekholt considère[713] que tous les items de la feuille de dépouillement du TAT sont applicables à l'interprétation du Rorschach, sauf 5 d'entre eux, qui figurent dans la colonne de droite TAT du tableau : A 1.1, A 1.3, A 2.14, B 1.1, B 1.2, B 1.3, et imprimés en italiques sur la Feuille de dépouillement du TAT reproduite ci-dessus (14.17.).

Jusqu'à cette suggestion d'une grande importance, les travaux de l'école française sur le Rorschach et sur le *Thematic Apperception Test* avaient suivi des voies relativement séparées, et ressenties comme complémentaires plus au plan de la pratique qu'à celui de la théorie.

En ce qui concerne cette mise en correspondance des principales entités psychopathologiques, nous avons nous-même utilisé ci-après, en dehors d'une part des ouvrages classiques sur le test de Rorschach, y compris ceux de C. Chabert touchant l'interprétation psychanalytique de celui-ci, d'autre part de l'ouvrage de V. Shentoub et col. sur l'utilisation du TAT, également les ouvrages de J. Bergeret et surtout de R. Roussillon[714], ainsi qu'un corps de considérations empruntées à la clinique anglaise (Winnicott), le tout formant un ensemble approprié pour compléter la caractérisation des névroses et des états-limites.

Dans le tableau comparatif ci-dessous, les colonnes de droite et de gauche correspondent aux procédés et mécanismes impliqués respectivement dans le test de Rorschach et le TAT, tandis que la fusion des colonnes embrasse les procédés et mécanismes communs aux deux tests d'après la nouvelle hypothèse proposée par l'école française dans l'article cité de Monika Boekholt.

---

[713] Boekholt Monika : « Et si c'était un TAT ? Une approche du Rorschach centrée sur les procédés d'élaboration du discours », *Bulletin de psychologie*, 44, 402, 1991-1992, 469-472.

[714] Chabert Catherine : 1983, op. cit. ; 1987, Chabert Catherine : 1987, *La psychopathologie à l'épreuve du Rorschach*, Paris, Dunod ; Roussillon René : 1991, *Paradoxes et situations limites de la psychanalyse*, Paris, PUF.

	RORSCHACH	TAT
Contrôle ; rigidité Névrose obs.	A2.1 : attachement aux détails ; A2.3 : précautions verbales ; A2.6 : hésitation, doute ; A2.8 : remâchage, rumination ; A2.13 : intellectualisation ; A2.18 : affects exprimés a minima ; A2.8 + A2.17 : conflits intra-personnels ; et A2.7 : aller et retour pulsion-défense.	
Procédés défensifs		A1.1 : thème banal ; A1.3 : références sociales ; A2.14 : changement de direction.
Mécanismes de défense	A2.9 : annulation, avec A2.6 : hésitation ; A2.7 : aller-retour ; A2.8 : remâchage, rumination ; A2.10 : formation réactionnelle ; A2.11 : dénégation.	
	Isolation : F% élevé avec F-, excès de D et Dd, voir A2.15 : isolement et A2.16 : détail évoqué et non intégré.	
	Névrose obsessionnelle : 1 - Procédés de la série A (contrôle) + noyau hystérique, indice d'hystérisation : B2.3 : accent sur relations interpersonnelles ; B2.9 : érotisation ; B2.11 : identifications instables. 2 - Régression du moi de l'acte vers la pensée ; surinvestissement et sexualisation de la pensée, pensée magique, toute puissance de la pensée ; double désir de maîtrise par la pensée des objets internes et des objets externes ; C.P : composante d'inhibition, prise de distance du « trop comprendre » (Bouvet) ; C.N : repli schizoïde narcissique, mais aussi un certain ancrage par la pensée dans la réalité externe : D, Dd - Le langage cultive sobriété, modestie, réserve. 3 - Relation d'objet génitale, avec fixations au 2e stade anal (2 - 3ans) ; défusion des pulsions avec prévalence de la destrudo ; érotisme anal, dynamique de rétention et de répulsion ; érotisation de l'agressivité ; intrication de la jouissance et de la mort. 4 - Trauma de type actif, devenir masculin. 5 - Ambivalence à l'égard des objets parentaux, interdiction des deux pulsions agressive concernant le parent de même sexe (plus proche) et sexuelle concernant le parent de sexe opposé (plus éloigné) ; valorisation parentale des contrôles et des inhibitions : scène primitive délicieuse et défendue, agressive et érotisée. « L'obsédé exprime un conflit œdipien en langage prégénital » (Leclaire) ; mère œdipienne infiltrée d'une composante archaïque sadique anale. 6 - Objet affectif situé à mi-distance, ni trop près, ni trop loin : double mouvement de retrait et de contrôle obsédant.	

	7 - Modèle relationnel du type dominance-soumission ; fantasmatique sado-masochiste à coloration homosexuelle ; ambiguïté des K et des planches sexuelles. 8 - Angoisse de castration, incomplètement refoulée, liée à la crainte de la découverte des pensées érotiques et agressives. 9 - Le refoulement porte surtout sur les pulsions agressives ; sa précarité en appelle à d'autres mécanismes : isolation, déplacement, annulation, dénégation, intellectualisation, rationalisation, formation réactionnelle ; au-delà : doutes, obsessions, impulsions, rites compulsifs à caractère conjuratoire ; craquées pulsionnelles brutales : E2 : perceptions inhabituelles, E 17 : dérapages syntaxiques. Traits de caractère normaux : économie, entêtement, ordre (3 P), propreté.	
	<u>Névrose de caractère rigide</u> : procédés A + C.P2 : restriction ; C.P : inhibition et banalisation ; C.C1 : registre sensori-moteur ; C.C3 : critiques malgré dépendance ; hyper-investissement des contours formels (C.N6), et accrochage à la réalité externe, au cadre adaptatif (C.F1, C.F2) ; bouffées de processus primaires, de nature crue : E8, massive et sans transparence symbolique : E9, avec éléments persécutifs interprétatifs : E14, E16, aux pl. 2 et 3 ; B2.9 : érotisation ; B2.11 : instabilité identificatoire ; narcissisme phallique déconflictualisé.	
<u>Inhibition ; phobie</u> Procédés défensifs	C.P1 : temps de latence longs, silences ; C.P2 : restriction ; C.P3 : anonymat ; C.P4 : imprécision des actions, banalisation, placage ; C.P5 : refus ; C.P6 : éléments anxiogènes.	
Mécanismes de défense	<u>Projection, déplacement</u> ; voir C.P6.	
	<u>Hystérophobie</u> 2 - Pas de régression du moi, régression libidinale partielle. 3 - Relation d'objet génitale, avec fixations orales et anales. 5 - L'ambivalence à l'égard des objets parentaux conserve une allure générale incohérente ; séduction duelle et ambivalente : les deux parents suscitent à la fois l'excitation et l'interdiction sexuelles ; d'où un flottement des identifications. 6 - Objet sexuel à distance proximale, de nature souvent à la fois phobogène et contraphobique. Un écran phobique sépare cet objet du sujet, pour à la fois l'éviter et le conserver à portée du regard. 8 - Angoisse de castration non refoulée, liée à la crainte que la pensée se réalise.	

	9 - Le refoulement est incomplet ; son échec active d'autres mécanismes : le déplacement de l'objet intérieur sur un objet extérieur moins évident ; s'y ajoute l'évitement de cet objet extérieur ; d'où l'écran phobique : zoophobie, agoraphobie. La représentation substitutive est pénible mais non coupable. 2 - Discours d'aspect haché, alternatif, souvent contradictoire, d'une agressivité plus apparente que réelle. Voir 2 Hy et NO.	
Labilité ; hystérie Procédés défensifs		B1.1 : fantaisie personnelle ; B1.2 : introduction de personnages ; B1.3 : identifications souples.
Mécanismes de défense	Refoulement : TRI extratensif ; v. aussi ci-dessous A2.7 : aller et retour ; A2.11 : dénégation type écran ; A2.15 ; A2.16 ; B2.5; B2.8 ; B2.9 : symbolisme transparent.	
	Hystérie : 1 - Procédés de la série B (labilité). 2 - Pas de régression du moi, régression libidinale partielle. Cependant inhibition intellectuelle, passivité de la pensée ; A2.11 : dénégation type écran ; CN9 : critiques de soi - Mais emphase et richesse du langage utilisé en vue de la séduction : CC : discours adressé au clinicien. Où le moi est consistant, la pensée se développe ; mais elle achoppe, là où il est défaillant. 3 - Relation d'objet génitale, avec fixations phalliques et orales, masquant un noyau anal de consistance variable : nostalgie de l'obsessionalisation. 4 - Trauma de type passif, destin féminin. 5 - Dans le registre œdipien, perpétuelle alternance de l'approche et du retrait, de la provocation et de la frustration, de l'excitation (par le parent de sexe opposé) et de l'interdiction (par le parent de même sexe). L'inceste est à la fois désiré et redouté. Véritable ambivalence au niveau du corps. Séduction, avidité/fuite, amnésie. - Dans le registre préœdipien, les représentations inconscientes concernent en particulier les carences de la relation d'objet orale ; B2.13 : thèmes de catastrophe ; CM2 : idéalisation de l'objet ; E8 :	

contenus crus ; E18 : associations par consonance. Gloutonnerie affective et sentiment d'abandon, d'impuissance, d'échec.
- Ubiquité sexuelle de la régression orale, condensation de l'oralité et de la génitalité : bouche-vagin, sein-pénis (pis).
6 - Oscillation entre la mise à distance de l'objet (CP ; CM2 idéalisation) et le rapproché maximal pour mieux le maîtriser : B2.6 : représentations contrastées ; B2.7 : aller-retour entre désirs contradictoires ; B2.9 : érotisation.
7 - Importance de la bisexualité ; instabilité des identifications sexuelles : B2.11 ; dédoublement de la personnalité, double vie.
- Revendication phallique chez la femme, narcissisme phallique : B2.9, B2.10 : détails narcissiques, CM2.
8 - Angoisse de castration liée à la réalisation de l'acte, mais confisquée par la conversion : belle indifférence.
9 - Le refoulement réussi suffit dans les cas purs : A2.7 : aller et retour pulsion-défense ; A2.11 : dénégation type écran ; A2.15 et A2.16 : isolation ; B2.9 : symbolisme transparent.
- Le refoulement porte sur la représentation, scindée de l'affect et déplacée sur une conversion somatique à caractère symbolique ; ex : déplacement verge - thorax dans Dora ; mais surinvestissement de l'affect, lui-même converti en énergie corporelle, et mis au service du refoulement de la représentation inconsciente : B1.4 : affects nuancés ; B2.1 : expression directe ; B2.2 : fabulation ; B2.3 : relations interpersonnelles ; B2.4 : affects forts ; B2.5 : dramatisation ; B2.8 : commentaires ; agir : B2.12, CC1, CC2. Également renversement dans le contraire de la représentation, et de l'affect ; formation réactionnelle : désir-dégoût.

Vieillissement de l'hystérie : estompage du conflit ; gestion narcissique : C.N10 ; maintien précaire de l'estime de soi par demande d' étayage : C.M1 ; idéalisation naïve et déconflictualisée de l'objet : C.M2 ; l'illusion de spécularité égalitaire : C.N7, peut devenir télescopage identitaire : E11 ; éprouvé narcissique des données sensorielles : C.N5 ; exagération des réactions labiles à fin antidépressive : C.M2, C.M3 ; déstabilisation de forme persécutive : E14 ; inhibition : C.P ; retrait sur le corps propre : C.N ; accrochage au factuel en lieu d'intériorité : C.F ; réactions motrices : C.C1, et critiques : C.C3, en guise de conflictualité.

<u>Névrose de caractère hystérique</u> : C.C2 : demandes faites au clinicien ; B2.12, C.F3 : vocabulaire d'action, dénué d'affects ; contrastes entre perceptions banales : C.P4, C.F1, et émergences en E ; amorce de conflictualisation : B2.3, B2.9, aplatie dans les registres factuel C.F, et sensori-moteur C.C ; procédés narcissiques pour figer le mouvement pulsionnel : mise en tableau : C.N8 ; accent sur la sensorialité : C.N5 ; le repérage des contours : C.N6 ; l'externe et le concret : C.F1, C.F2 ; la demande d'étayage : C.M1 ; à moins de franche hostilité : E14 ; prothèses d'une extériorité

surinvestie : C.F, C.C.

États limites

1 - Défaut d'élaboration de la position dépressive (M. Klein : 0,3 – 1 an) ; mère indifférente, froide, inatteignable : complexe de la mère morte (A. Green), retrait du regard maternel (M.C. Lambotte) ; vécu de « mauvais destin » (Roussillon) ; situation traumatique de séduction préœdipienne, absence de triangulation œdipienne, pseudo-latence précoce (2 - 3 ans : Bergeret, Homme aux loups) ; double intolérance à la perte d'objet ainsi qu'à la dépendance. Paradoxe du refus de dépendance, du désir d'indépendance, dans la dépendance même.

2 - Relation d'objet anaclitique : angoisse de perte d'objet, de séparation, d'abandon ; angoisse dépressive ou blanche ; la dépression anaclitique est à distinguer de la dépression mélancolique, qui suppose l'investissement génital préalable d'objet.

3 - Identité floue, mal différenciée, maintien de la bisexualité : B2.11, défaut d'identification sexuelle, fragilité des enveloppes psychiques (Chabert) ; blessure narcissique (Bergeret) ; anaclitisme déficient, échec de la constitution du moi plaisir purifié (Roussillon) ; crainte de l'effondrement (Winnicott, 1974) : se tuer pour ne pas être anéanti.

4 - Évitement du conflit intrapsychique, tendance à l'externalisation du conflit ; projection à l'extérieur de l'espace interne et du fonctionnement psychique ; en retour, le vide de l'espace interne est comblé au moyen d'objets réels, de contenus factuels (CF, excès du F+%) ; altération fonctionnelle, mise hors circuit du préconscient ; mécanique concrète démentalisée, ouverte sur l'agir (CC), ou sur la décompensation psychosomatique.

5 - Système défensif : pas de refoulement, pas de souffrance névrotique, colmatage de la faille narcissique par une constellation particulière de procédés rigides A, et/ou de procédés labiles B, accompagnés d'émergences primaires désorganisantes E ; inhibition de type phobique : CP, vis-à-vis des situations susceptibles de provoquer la dépression anaclitique ; en outre, une inhibition non névrotique, de type essentiel : CF ; le déni ou forclusion ne porte pas sur le signifiant paternel (Lacan), ni sur l'ensemble de la réalité (psychose), mais sur la représentation de la castration maternelle (Bergeret), voire même celle d'un traumatisme psychique/pré-psychique, traumatisme perdu : retrait ou rétorsion de la part de l'objet maternel (Roussillon) ; le clivage porte non sur le moi, mais sur l'objet ; idéalisation prédépressive de Kernberg, dite triade narcissique : une partie du moi est organisée autour d'introjections positives, l'autre tournée vers l'extérieur vers un bon objet et un mauvais objet ; à côté de la projection classique, qui commande l'externalisation du conflit, l'identification projective de Mélanie Klein correspond en particulier à des mouvements d'agressivité

orale très violents. Par ailleurs, le registre maniaque CM est souvent mobilisé par la lutte antidépressive ; excitation paradoxale à fonction de pare-excitation.

Les états limites mettent aussi en jeu diverses formes d'une pensée paradoxale ou perverse, dont le ressort est le mécanisme primitif du double retournement dans le contraire (de l'activité à la passivité, a donne non-a) et contre soi (de l'objet contre le sujet, non-a redonne a), selon la formule : si a alors non-a (Roussillon). Lui correspond aussi la défense contre la réalité interne par la réalité externe. La plupart de ces paradoxes ont été décrits par Winnicott dans leurs effets aussi bien positifs que défensifs : paradoxes 1. du sein créé-trouvé (1958), 2. de la capacité d'être seul en présence de la mère (1958), 3. de la culpabilité de l'innocence (1958), 4. de l'objet trouvé-détruit (1971) ; 5. paradoxe enfin du souvenir de ce qui n'a jamais été expérimenté (Roussillon 1991). Commentaires :

1. Le sein semble créé, alors qu'il est seulement trouvé ; 2. Je me sens seul, bien que et parce que je ne suis pas seul ; 3. Se sentir coupable au lieu d'un autre coupable, et se rendre alors coupable, pour ne plus se sentir coupable : « tu paieras pour ce que les autres ont bu » ; 4. Je détruis l'objet pour qu'il ne soit pas détruit, pour le découvrir indestructible ; 5. Se souvenir de ce qui est si ancien que cela ne peut qu'échapper au souvenir.

La pensée paradoxale repose sur la coexistence de deux propositions théoriquement contradictoires, mais vécues dans l'expérience comme vraies toutes deux sans primat. Ce qui n'exclut pas l'intolérance à l'ambiguïté.

La pensée transitionnelle fait aussi le pont entre la réalité interne et la réalité externe. D'où sa capacité au retournement pervers dans le moi-plaisir originel : tout est dans rien et réciproquement ; devenir l'agent de ce à quoi l'on a été assujetti.

6 - Pour ne pas avoir à se dédoubler, le moi se déforme en adoptant un double fonctionnement : un secteur de type concret, factuel, marqué par l'ancrage dans la réalité externe, un contrôle adaptatif formaliste, conformiste ; par ailleurs, un secteur de type narcissique et anaclitique, de caractère plus projectif, désorganisé, désintégré. À ce niveau, une relation d'objet de type sado-masochiste organisée selon la dialectique domination-dépendance, maîtrise-servitude. Ces deux registres, correspondant respectivement à l'inflation adaptative CF, et à l'inflation narcissique du moi CN, ont également, chacun dans leur ordre, une fonction défensive.

7 - Surmoi défaillant : la pensée limite admet la contrariété, la coexistence des contraires, mais ne tolère pas l'incertitude liée à la contradiction ; d'où tendance à l'agir, au passage à l'acte : CC ; tension musculaire liée à une sensibilité à fleur de peau, et à fonction de seconde peau (Esther Bick), de pare-excitation de prothèse ; personnalité organisée autour d'un moi idéal puéril et gigantesque ; imagos parentales archaïques omnipotentes ; haines fraternelles ; conduites addictives et auto-mutilatrices spectaculaires.

	8 - Personnalités narcissiques : CN surtout. - Conduites de réassurance en défense contre la faille narcissique et le risque de dépression anaclitique, par l'investissement de la frontière du moi : accent mis sur les qualités sensorielles : CN5 (Œ, C, C') ; insistance sur le repérage des limites et des contours : CN6. - Déni de la pulsion ; négation, gel, pétrification des mouvements pulsionnels ; négation du désir chez soi et chez l'autre ; dévitalisation (R.) ; mise en tableau à fonction anesthésique : CN8 ; l'affect-titre : CN3 remplace le vécu de l'affect ; ou alors douleur hyperesthésique de l'éprouvé subjectif : CN1, de la référence personnelle : CN2. - Relations spéculaires : CN7, l'autre simple reflet du sujet, relation de mêmeté, privilège de l'apparence : A2.1 ; de la posture corporelle : C.N4 ; neutralité, froideur, mépris, indifférence. - Réassurance narcissique également par le savoir, la domination, la puissance ; privilège des verbes d'action : C.F2, C.F3, à fin de maîtrise de toute situation régressivante. - Refus de la dépendance par dénigrement de l'objet : C.M2, ou de la situation d'examen : C.C3, C.C4.
<u>Inhibition non névrotique</u>	C.F1, C.F2 : accrochage à la réalité externe, au factuel.
<u>Processus primaires</u>	E1 : scotomes d'objets manifestes, absence des banalités ; E2 : détails rares et/ou bizarres ; E6 : images morcelées du corps, d'animaux et d'objets ; E8 : thématique sexuelle ou agressive crue ; E9 : contenus pulsionnels massifs ; E10 : persévération ; E11 : télescopage des rôles, confusion des identités, confusion des règnes ; E12 : instabilité des objets ; E13 : désorganisation temporelle et/ou spatiale ; E14 : mauvais objet, persécution ; E16 : recherche arbitraire de l'intentionnalité.
M. de déf.	E15 : clivage.
	<u>Paranoïa</u> : A2.1, A2.2 : discours justificateur et rationalisé ; C.P4 : banalisation outrancière ; souci de contrôle en contraste clivé : E15 ; avec des représentations massives à teneur destructrice et/ou persécutive : E8, E9, E14, E16 ; l'isolement du détail : A2.15, s'articule avec une logique interne difficile à suivre : E19, E20 ; instabilité identificatoire : B2.11, avec fantasmes spéculaires : C.N7, et idéalisation : C.N10, C.M2 ; troubles identitaires : E11 ; instabilité de la réalité interne : E12 ; menace de désagrégation : E6.

Psychoses (d'après Chabert 1987) :
1 - Les troubles du penser, l'image du corps et les représentations de relations.
11 - L'attention.
111 - La discontinuité : aspect fréquent d'hyperlabilité.
112 - Les difficultés de concentration.
1121 - L'approche perceptive du matériel.
11211 - L'approche globale privilégiée : défaut de séparation nette entre objets, entre sujet et objet.
11212 - Le découpage en Dd : mécanismes d'identification projective de type interprétatif.
1122 - L'indifférenciation figure/fond : gommage des frontières dedans-dehors, au contraire des sujets narcissiques.
1123 - La persévération : déni de la réalité externe et interne.
113 - La dissociation.
1131 - La dissociation du discours.
11311 - Les bizarreries : maniérisme, discordance entre mots et choses.
11312 - Les barrages : sidération de la pensée, « omnipotence inanitaire » (Racamier).
1132 - La dissociation de l'image du corps.
11321 - Le morcellement : démantèlement du self, de l'espace psychique, de la pensée comme contenant.
11322 - Le dédoublement psychotique : se distingue du dédoublement narcissique. La psychose désorganise le narcissisme (177).
12 - Le raisonnement.
121 - Impossibilité d'une bonne distance à l'objet : condition de l'espace psychique ; processus trop projectifs ou trop perceptifs : excès de proximité ou d'éloignement.
122 - Processus primaires et processus secondaires : condensation : confabulation et contamination ; déplacement ; cependant dans la schizophrénie, pas de débordement du processus primaire par-dessus le processus secondaire ; les processus primaires sont aussi endommagés que les processus secondaires ; attaque des liens, morcellement, attaque de la pensée par la pulsion.
13 - La formation de concepts.
131 - Abstractions : symbolisme idiosyncrasique, recherche d'un sens à tout prix.
Conclusion : le Rorschach est un miroir : miroir brisé, éclaté dans la psychose ; miroir en duplication narcissique dans les états limites ; miroir-spectacle, miroir-théâtre dans la névrose.

Remarque finale : Nous sommes bien entendu informé de l'existence du nouveau système de cotation dit intégré proposé par John E. Exner (Cornell University), et introduit assez récemment en France par Anne Andronikof-Sanglade (2001).

Comme un tel système, sans être en soi dépourvu d'intérêt, est indéniablement marqué par la clinique états-unienne de couleur objectiviste, et de ce fait s'écarte assez sensiblement de la perspective marquée par l'école psychanalytique française dans l'interprétation des techniques projectives, nous n'en avons pas tenu compte dans la présentation actuelle, qui est celle à laquelle nous nous sommes conformé nous-même dans **un enseignement mené de manière régulière entre 1968 et 2000, dans les universités René-Descartes Paris V et Paris XIII Villetaneuse, soit pendant près de 30 ans, et où se sont formés des centaines d'étudiants**, de niveau allant de la Licence au DESS.

CHAPITRE 15

L'identification et la kinesthésie dans le test de Rorschach

15.1. Éclaircissements sur la notion de réponse-mouvement (1945-1966)

L'interprétation dite kinesthésique dans le test de Rorschach consiste en une réponse motivée par la représentation imaginée d'un mouvement. Par définition, ce mouvement n'existe pas au sens matériel sur les taches, à la différence des autres qualités et propriétés exprimées par les catégories du psychogramme : forme, couleur, grande ou petite localisation, etc. La réponse kinesthésique ou réponse-mouvement représente donc un **processus intrinsèquement et entièrement projectif**, comparée aux autres types de réponses, qui interprètent un matériau perceptif réellement donné au niveau de la planche.

La réponse dite « grande kinesthésie » cotée K, qui seule nous intéresse ici pour l'essentiel, concerne, rappelons-le, un ou plusieurs personnages humains complets perçus en mouvement effectif, ou à la rigueur dans un mouvement en puissance : intention de mouvement, posture préparant le mouvement, ou même immobilisée en état de tension tonique.

Les significations interprétatives accordées à la réponse K intéressent, en première approximation et au sens large, « la psychologie du moi », à condition d'entendre celui-ci, ainsi que l'exprimait Rorschach, comme « **le moi le plus intérieur** ». Effectivement, elles ne concernent pas directement, dans la sphère du moi, la fonction du réel, en tant que celle-ci se rattache aux processus d'ordre perceptif et logique. Ce dernier aspect est repéré principalement par le déterminant F. Il n'empêche, malgré cette première délimitation, que les significations attribuées à cette catégorie K sont multiples, et rendent difficile de cerner en un modèle clair son rôle fonctionnel.

Ces significations sont essentiellement les suivantes : capacité à différer l'impulsion, indice de mentalisation, anticipation par la pensée, potentialités ludiques et créatrices, recours à l'imaginaire, acte d'intégration, expression de soi, identification à l'autre. Peut-être faut-il rechercher le dénominateur commun de ces fonctions disparates dans le concept de **capacité d'intériorisation**.

Plusieurs auteurs ont souligné le rapport entre la catégorie K et les processus d'identification. Celui qui l'a marqué avec le plus d'insistance et de clarté est probablement Ernest **Schachtel** (1966). D'après cet auteur, la fonction projective de la K serait l'expression d'une tendance à l'interprétation « automorphique » du réel, rendant possible « la compréhension empathique ». Ce mécanisme peut avoir une fonction aussi bien constructive que défensive.

Selon Schachtel, la K est la projection de sensations kinesthésiques réelles, activées dans des ensembles neuromusculaires, en rapport avec « l'expérience interne physique de soi... les attitudes de base... les couches profondes de la personnalité ». Cependant, certaines K expriment des stéréotypes culturels. La réponse K doit être systématiquement étudiée en fonction des processus d'identification et de contre-identification qui constituent l'image de soi.

La conception très réaliste de Schachtel paraît se rattacher, au moins quant à l'esprit, à celle de Cécile **Beizmann** (1961), disciple de Wallon qui a introduit le test de Rorschach dans le laboratoire de celui-ci. On sait que, d'après Rorschach, la réponse-mouvement requiert de la part du sujet « une participation primaire... réellement une impression de mouvement »[715]. Or, C. Beizmann a explicité une telle notion en se référant aux vues mêmes de Wallon, et parle à ce propos d'une « participation proprioceptive mettant en jeu les fonctions tonico-posturales »[716]. C'est bien la référence à l'aspect neurologique de la fonction tonico-posturale, et même à la fonction proprioplastique dans son ensemble, que l'on retrouve dans les vues de Schachtel.

Bruno **Klopfer** (1954) souligne également la dimension d'empathie propre à la réponse K, en rapport avec l'acceptation de soi (*self acceptance*), la réalisation de soi (*self realization*). Elle est aussi un « indicateur de la stabilité intérieure, de la fonction d'intégration émotionnelle du moi », elle exprime la « tolérance de l'ego pour les forces archaïques ». La capacité créative qu'elle implique favorise la tolérance à la frustration. Les vues de Klopfer visent à la construction d'une « *Rorschach prognostic rating scale* » (RPRS), destinée à l'évaluation de la force du moi[717].

David **Rapaport** (1945) développe des vues inspirées de la Gestalttheorie autant que de la psychanalyse. Bien qu'il ne parle pas explicitement d'identification, ses propos concernent néanmoins indirectement une telle notion. Rapaport rapproche la réponse K des expériences de Wertheimer sur le mouvement apparent (phénomène phi). Elle supposerait « une sensibilité perceptive au déséquilibre » et « une flexibilité de l'organisation perceptive », rendant possible un déplacement (*shift*) vers une image interne susceptible de rétablir l'équilibre. Or, l'évocation d'un mouvement humain est le procédé le plus approprié pour compenser le déséquilibre perceptif. En outre, la kinesthésie joue dans un registre intermédiaire (*middle*) entre l'inhibition et l'impulsivité, suppose à la fois le contrôle et une certaine liberté (*freedom*) de l'impulsion[718].

Roy **Schafer** (1954) non plus ne parle pas explicitement d'identification à propos de la kinesthésie. Cependant il y voit une « aptitude à la représentation de soi (*self awareness*), à l'investissement émotionnel égosyntone dans le fantasme (*fantasy*) »[719]. Ces notions formulées naguère dans le cadre de l'*Egopsychology* mériteraient cependant d'être revisitées par la clinique française moderne.

---

[715] Rorschach Hermann : 1953, 13.
[716] Beizmann Cécile : 1961, 72 ; Schachtel Ernest : 1966.
[717] Klopfer Bruno : 1954, 576-578.
[718] Rapaport David : 1945, 211-218 ; Holt R. R. : 1956, 537-542.
[719] Schafer Roy : 1954, 81-82, 341.

15.2. La contradiction entre mouvement réel et mouvement représenté

Après ces généralités, abordons plus directement l'objet qui nous intéresse. La capacité à différer l'impulsion (*delay of impulse*) propre à la réponse-mouvement comporte une conséquence fonctionnelle apparemment paradoxale : il s'agit d'un certain degré d'inhibition du mouvement réel, en rapport direct avec le degré de développement du mouvement représenté. Cette relation très singulière entre le plan de l'organisation motrice et celui de l'organisation mentale est assez souvent mentionnée par Rorschach dans le *Psychodiagnostic*, qui d'ailleurs en fournit des commentaires très nuancés. **Doron** l'a qualifiée comme la « grande **loi de balancement** entre les mouvements réels et les mouvements imaginés »[720]. Elle n'a pas donné lieu à beaucoup de tentatives de vérification jusqu'ici. Nous en citerons certaines un peu plus loin. En tout cas, son interprétation théorique pose encore aujourd'hui un problème délicat à la psychologie génétique et fonctionnelle.

Nous avions entrepris dans les années 80 une expérience sur deux populations de sujets adultes masculins et féminins, en vue de vérifier la grande loi de balancement en question. À l'époque, notre projet s'inspirait, entre autres, de préoccupations relatives à une lecture critique de l'œuvre de Piaget. En effet, il est notoire que **Piaget** envisage le lien génétique entre le mouvement et la représentation en fonction d'un modèle qui privilégie la notion de continuité. Or, supposé que deux types de fonctions, deux niveaux de comportement se trouvent structurés chez l'adulte selon un rapport de performance opposée, alors on concevrait difficilement, du point de vue génétique, qu'ils se soient développés dans le simple prolongement l'un de l'autre, selon le schéma d' « une continuité entre le sensori-moteur et le représentatif »[721]. Par contre, il nous paraissait que le modèle utilisé par **Wallon** pour expliquer le passage, selon **un double rapport de continuité et de rupture**, entre ce qu'il appelle l'espace moteur et « l'espace symbolique », « le champ mental », ce modèle serait beaucoup plus proche des faits concernés par la « loi de balancement », supposé que celle-ci fût vérifiée.

Nous avions publié les résultats de cette expérience dans un article intitulé *Type de résonance intime et motricité*, paru dans le *Bulletin de Psychologie* en 1983. Nous reprendrons ici, dans les développements de cet article, ceux qui sont susceptibles d'intéresser notre objet.

Une partie introductive est consacrée à l'étude la plus précise possible de l'ensemble des propos de **Rorschach** sur la relation de développement inverse entre le mouvement effectué et le mouvement représenté. Ces propos sont plusieurs fois repris dans le *Psychodiagnostic*, en termes très diversifiés et très nuancés selon les occurrences. Ils s'appuient sur des observations tirées des deux registres pathologique et normal.

Une seconde partie est consacrée à la présentation de la procédure et des résultats de l'expérience dont nous venons de parler.

---

[720] Doron Roland : 1971, 140.

[721] Piaget Jean : 1936, 6.

Dans une troisième partie, nous tirions les conclusions de ces résultats par rapport à certaines grandes conceptions de l'histoire de la psychologie, celles en particulier de Piaget, de Wallon, et de Freud. En ce qui concerne la psychanalyse proprement dite, nous accordions un intérêt particulier au texte posthume de Rorschach publié par **Oberholzer** et intitulé *Contribution à l'utilisation du test d'interprétation des formes*. Nous reprendrons ce dernier aspect, en laissant davantage de côté les considérations que nous développions alors sur Piaget, et aussi sur Wallon, du moins, en ce qui concerne ce dernier, telles que nous les exprimions alors.

Sur la base de nos résultats et des premières réflexions qu'ils nous avaient inspirées, nous en sommes venu à développer depuis, des conclusions qui prolongent les précédentes, tout en introduisant des perspectives nouvelles. D'après nous, si distants que puissent apparaître ces deux ordres de faits, il y aurait une relation entre la loi de balancement dont il a été question, et la **fonction identificatrice de la réponse-mouvement**. C'est sur la base de la notion wallonienne de **fonction proprioplastique** que l'on pourrait peut-être envisager à cet égard de regrouper ces aspects de prime abord disparates. Nous envisagerons tout d'abord les implications intéressantes que comportent à cet égard le modèle wallonien proprement dit. Enfin, nous étudierons un texte assez singulier de **Freud** qui, en convergence avec le modèle précédent, permettrait peut-être d'apporter quelque lumière sur les processus réglant l'apparition de la réponse K. L'ensemble de ces considérations nouvelles par rapport à notre article de 1983 est développé plus loin à la fin et en conclusion de ce chapitre.

15.3. Les vues personnelles de Rorschach sur sa proximité avec Freud

Commençons donc par un développement de nature historique concernant les propos de Rorschach lui-même sur les relations de la kinesthésie et du mouvement réel. Or, de façon toute naturelle, ces propos ne prennent leur signification que par rapport aux deux composantes polaires du type de résonance intime.

Le type de résonance intime exprime, selon les termes mêmes de Rorschach, « le rapport mutuel des moments-mouvement et des moments-couleur... le rapport des moments introversifs, tournés vers le travail d'intériorisation, aux moments extratensifs orientés vers le monde extérieur, d'un sujet, d'un état, d'une forme de psychose, etc. »[722]. Ce rapport est censé représenter « la dynamique normale de l'expérience intime », laquelle constitue, du moins chez l'individu sain, « non une propriété fixée mais un pouvoir mobile... un va-et-vient, une oscillation... un jeu alternatif... libre et souple... entre la capacité de se tourner vers l'intérieur et celle de se tourner vers l'extérieur »[723]. Ces moments complémentaires expriment donc respectivement « l'intérêt pour la vie intrapsychique... la capacité de création intérieure », et « la poussée vers la vie extérieure... l'affectivité

[722] Rorschach Hermann : 1953, 201
[723] Ibid., 220-221.

orientée vers le dehors »[724]. Il est important de saisir que ces deux pôles sont des entités dynamiques, à l'intérieur d'une dimension bipolaire elle-même dynamique, loin donc de représenter des types statiques et bloqués.

Ainsi, c'est dans le type de résonance intime que s'exprime la tension constitutive, la différence mobile entre la **variable centripète et la variable centrifuge du fonctionnement psychique sous sa double forme, affective et mentale**.

Rorschach établit une corrélation étroite entre l'affectivité et la motricité, sur un continuum dont le pôle extrême est constitué par la libération impulsive d'affects, sous forme de « décharge motrice soudaine », en passant par des états intermédiaires décrits comme : capacité de sympathie (FC), suggestibilité, labilité égocentrique (CF, C)[725].

En regard, le facteur d'intériorisation est assimilé à la représentation du mouvement, laquelle rend compte, dans la situation de test, de la projection d'images motrices sur le matériel perceptif. D'après Rorschach, ces images ne consistent pas en libres imaginations, mais bien, explique-t-il avec une précision presque positiviste, en « souvenirs de mouvements autrefois vus, représentés ou exécutés »[726].

Dans la conception de Rorschach, le moment introversif, dans la mesure où il constitue le pôle complémentaire du pôle extratensif, affectif-moteur, paraît assumer, de façon tout à fait naturelle, le statut d'un facteur de contrôle, d'inhibition par rapport à la motricité.

Il n'en demeure pas moins **paradoxal**, au moins du point de vue de certaines conceptions couramment admises en psychologie, que le moment-mouvement, la représentation du mouvement, le mouvement imaginé, soient susceptibles d'être institués en rapport de corrélation négative avec la conduite-mouvement, l'activation du mouvement, le mouvement réel.

Parmi les nombreuses hypothèses d'origine empirique formulées par Rorschach, beaucoup ont été confirmées, d'autres infirmées[727]. Il se pourrait aussi que certaines, même si elles sont en fait admises, n'aient jamais fait jusqu'ici l'objet d'interprétations satisfaisantes. À cet égard, il faut garder présent à l'esprit que Rorschach jugeait l'état de ses recherches relativement peu avancé, et qu'il aspirait à les développer en direction à la fois d'une psychologie générale et d'une psychologie différentielle[728].

Rorschach écrit, à propos des rapports de la kinesthésie et du mouvement : « la mesure de la motilité manifestée par un sujet n'est pas la mesure des kinesthésies qui affluent vers lui au cours de ses perceptions. Au contraire, l'homme qui a des kinesthésies est celui qui est stable du point de vue moteur, le sujet vif est pauvre en kinesthésies. Ce sont là des données empiriques qui manquent encore

---

[724] Ibid., 58, 60, 82, 101.
[725] Ibid., 21, 77, 101, 105.
[726] Ibid., 10.
[727] Rausch de Traubenberg Nina : 1982, 11.
[728] Rorschach Hermann : 1953, 140.

beaucoup de base théorique mais qu'on peut vérifier à chaque instant »[729]. On rappellera pour mémoire que Rorschach a travaillé vite et laissé inachevée son œuvre pourtant perspicace et féconde.

Parmi les données empiriques en question, Rorschach invoque deux ordres de faits qui lui paraissent essentiels.

Le premier résulte du procédé de **comparaison pathologique** d'un style particulier qui constitue l'un des principes de sa méthode[730]. L'une des différences entre l'excitation maniaque, fait pathologique, et la bonne humeur, type normal de conduite, consiste en ce que « la manie dont un des symptômes est l'impulsivité motrice a moins de K que la bonne humeur qui ne comporte pas l'impulsivité motrice »[731].

Notons à ce propos que la position de Rorschach sur ce point n'est pas invariable. En effet, il écrit, quelques pages avant, que dans la bonne humeur le nombre des K « est à peu près le même que dans la manie », avec cette différence qu'on en voit « à peine » de mauvaise qualité (K-), contrairement à ce qu'on observe chez les maniaques[732].

Une telle observation « pourrait nous faire admettre que les **facteurs d'intériorisation, avec leur instrument probable, les impressions de mouvement**, doivent être en proportion inverse de la motilité, des mouvements réellement exécutés »[733].

Plutôt que de l'expérience du psychiatre, le second fait relève de celle du psychanalyste, que fut aussi Rorschach[734] : « Le **rêve**, écrit-il, est un travail d'intériorisation, les kinesthésies y jouent un grand rôle. Avec le réveil, commencent les mouvements d'adaptation à des buts, les mouvements en général. Ce sont eux qui chassent les rêves. Il n'y a qu'un moyen de prolonger les rêves : rester immobile au réveil pour que les kinesthésies ne soient pas aussitôt recouvertes par des mouvements récents »[735].

Rorschach tenait pour acquise la conception psychanalytique du rêve[736] : le travail du rêve est un processus régrédient, dont la direction est déterminée par la mise hors jeu de l'épreuve de réalité, la fermeture de l'accès à la motilité. L'originalité de Rorschach consiste dans l'idée que l'inhibition du mouvement réel propre au rêve libère précisément un fonds d'images de mouvement, lequel fournirait le support, le véhicule de l'imagerie visuelle[737].

Aux deux faits d'observation précédents s'en ajoute un autre d'une signification toute différente. C'est que les images de mouvement (K) peuvent elles-

---

[729] Ibid., 13.
[730] Ibid., 21-22.
[731] Ibid., 15, 77.
[732] Ibid., 68.
[733] Ibid., 69.
[734] Anzieu Didier : 1965, 14.
[735] Rorschach Hermann : 1953, 69.
[736] Anzieu Didier : 1965, 20.
[737] Anzieu Didier : 1965, 20 ; Loosli-Usteri Marguerite : 1965, 53

mêmes être inhibées, en même temps que les conduites de mouvement qu'elles inhibent (C), par un autre type d'activité : il s'agit de la fonction logique, de la pensée disciplinée (F).

Ainsi par exemple chez les déprimés, et aussi chez les méticuleux, les obsédés[738]. Cet ensemble de faits, auxquels s'ajoutent des observations sur les normaux, donne lieu à un corps de généralisations qui intéressent tout autant, dans l'esprit de Rorschach, la psychologie générale que la psychopathologie. Ainsi donc, « **plus il y a de kinesthésies, moins il y a de mouvement ; plus il y a de mouvement, moins il y a de kinesthésies**... Les engrammes kinesthésiques inhibent donc les mouvements réels, les mouvements réels inhibent les engrammes kinesthésiques... *Les kinesthésies stabilisent aussi bien la motilité que l'affectivité... La pensée consciemment acquise, la fonction logique habituelle inhibe aussi bien les kinesthésies que l'affectivité et la motilité* »[739].

15.4. Le modèle triangulaire des trois grandes fonctions FKC

On saisira peut-être mieux ce système assez complexe de régulations si l'on se représente, comme on l'a déjà proposé précédemment (fig. 15 b, page 927) un triangle dont les trois sommets F, K, C, désigneraient respectivement les fonctions: a) conscience, pensée logique, adaptative, disciplinée ; b) introversivité, vie intrapsychique, pensée imageante, productive, autistique ; c) extratensivité, motricité-affectivité, réactivité-sensibilité[740].

On peut flécher, comme déjà vu sur la même figure, les côtés de ce triangle de manière à représenter les divers types d'inhibitions exercées les unes sur les autres par les trois fonctions F, K, C. Deux flèches partent de F, l'une vers K, l'autre vers C. Une autre flèche va de K vers C.

Cependant, « la pensée disciplinée n'est pas libre non plus »[741]. C'est pourquoi il convient d'imaginer une autre flèche, de K vers F, représentant un principe de régulation différent, de nature facilitatrice plutôt qu'inhibitrice. Car « il existe en général une proportion directe entre la bonne vision des formes (F+) et le nombre des K », même si un excès de F+ a pour résultat d'inhiber la fonction K. Cette proportion optimale entre K et F+ semble exprimer l'action d'une composante dynamique, plus précisément de « l'énergie affective, plutôt inconsciente que consciente »[742] mise par la fonction K à la disposition de la pensée disciplinée.

Deux faits différents sont à distinguer ici. D'abord, le fait que les réponses K sont données en général dans des formes bien vues (K+). Ensuite, le fait que ces K de bonne qualité sont, dans le cas normal, en rapport avec un niveau satisfaisant, sans être excessif, de l'indice F +%[743].

---

738 Rorschach Hermann : 1953, 20, 50, 276-277.
739 Ibid., 77, 78, 79.
740 Ibid., 15, 60, 77, 81, 92, 114, 126, 127, 228, 235.
741 Ibid., 122.
742 Ibid., 60.
743 Ibid., 60-61.

Cette énergie mise à la disposition (*dispositionnelle Energie*) de la pensée disciplinée a probablement pour source la fonction affective-motrice (C). Mais elle ne peut être utilisée par la fonction intellectuelle (F+, sans oublier son lien aux variables de localisation, G entre autres) qu'à la condition d'être d'abord stabilisée, en quelque sorte liée par la fonction K.

Ce schéma d'un triangle fléché FKC ne prétend en aucune manière refléter la complexité de la pensée de Rorschach concernant les rapports de la structure mentale et de la structure affective. Ces rapports mettent en jeu, nous le savons, outre les catégories de déterminants, les autres types de catégories du psychogramme : localisations (types d'appréhension et de succession), et contenus (A%, Ban). Nous ne proposons ce schéma que dans le cadre d'une délimitation précise de notre problème. De ce point de vue, l'inhibition par la fonction K de la fonction affective-motrice dans son ensemble (vecteur K vers C) représente une perspective encore trop large. La question de l'affectivité étant mise à part, reste celle de la motricité. Rappelons que le problème limité qui nous intéresse ici concerne le rapport conflictuel entre le mouvement représenté et le mouvement réel.

De ce point de vue précis de l'analyse de la motricité, Rorschach propose une théorie des « types moteurs ». Les introversifs sont « les sujets qui se distinguent par une **motilité** mesurée, calme, souvent maladroite et flegmatique, **stabilisée** de quelque manière ». C'est surtout parmi les « non-pratiques », c'est-à-dire les introversifs, que l'on rencontre « les maladroits, les inhabiles ». En revanche, les extratensifs sont « les individus **excités du point de vue moteur**, mais aussi... les adroits... les habiles, les prompts, les rapides, les vifs, les remuants »[744].

Et ceci encore, un peu plus loin : « **Le sujet fortement kinesthésique est le maladroit du point de vue moteur. Le sujet adroit du point de vue moteur n'est que faiblement doué du point de vue kinesthésique** »[745].

Pour résumer, « Là où dominent les K... Motilité mesurée, plus stabilisée. Comportement maladroit, inhabileté... Là où dominent les C... Motilité excitée, labile. Adresse et habileté »[746].

Ces propos sont fort subtils : il n'y s'agit pas d'une corrélation absolument univoque entre adresse et extratensivité, maladresse et introversivité. En fait, Rorschach distingue, à propos des rapports entre le type de résonance intime et la motricité, des phénomènes assez variés.

Selon ses propres termes, la motilité extratensive est par nature inquiète, indisciplinée, labile. C'est pourquoi elle réclame « le développement d'inhibitions » instituées par « l'effort conscient, la fonction logique consciente » (F+). Une fois dominée, mesurée, disciplinée, par « l'auto-contrôle conscient », ce type de motilité donne de l'habileté, de l'adresse, voire de « l'adresse sociale », lorsqu'au contrôle de la motilité se joint celui de l'affectivité[747].

---

[744] Ibid., 75, 89.
[745] Ibid., 110.
[746] Ibid., 76.
[747] Ibid., 75, 76, 78.

Quant à la motilité intratensive, de type calme, flegmatique, elle requiert bien plutôt de la part de la fonction d'autocontrôle un autre effet de type inverse, « l'émancipation des facilitations ». Une fois disciplinée par l'effort conscient, elle « donne de la précision dans le savoir-faire »[748].

Mais tout dépend aussi, en ce qui concerne le type introversif, de la proportion relative des K par rapport aux C. « Plus le résultat se rapproche de la proportion XK/0 C, plus s'accentue le type du sujet intériorisé, maladroit. La progression s'arrête à XK/0 C. Les sujets qui ont beaucoup de K et pas de C sont des hommes très différents en un certain sens, du moins en apparence, de ceux qui ont beaucoup de K et peu de C »[749].

L'habileté motrice est également le propre des « **normaux très doués** », appartenant au type ambiéqual dilaté, où s'équilibrent un nombre élevé de K et un nombre élevé de C[750].

Une autre nuance encore dans la pensée de .Rorschach : l'action inhibitrice de l'introversivité sur la motricité connaît des exceptions. Il arrive que « les kinesthésies n'introduisent pas une stabilisation de l'affectivité et de la motilité ». Ainsi par exemple dans le rêve, « qui conduit souvent à des innervations motrices vives », bien que par ailleurs et de manière contradictoire, les représentations de mouvement qui en constituent le ressort aient pour condition fonctionnelle l'inhibition du mouvement réel. Mais plus encore « dans l'état somnambulique, dans les états crépusculaires... oniriques... et dans les délires ». On voit aussi parfois des sujets kinesthésiques manifester, en donnant leurs réponses, une gestualité très démonstrative[751].

Enfin, Rorschach applique ses conceptions relatives aux types moteurs à la sorte particulière de motricité mise en œuvre par le langage : « Les extravertis peuvent avoir une grande **facilité de parole** et une grande promptitude à la répartie mais en même temps un **sens du langage** extrêmement précaire. Les introversifs peuvent unir un manque de facilité de parole à un sens profond du langage ». Les extratensifs sont du « type verbomoteur... un cas particulier de l'habileté motrice ». Ainsi des gens de l'Appenzell, d'une « motilité plus excitée que les Bernois « réservés », « plus lourds », « plus lents » ». Dans l'ordre du langage écrit et aussi bien de la communication gestuelle, « les écritures les plus individuelles sont celles des introversifs, les plus traditionnelles et les plus abstraites sont celles des extratensifs. La gesticulation la plus individuelle se rencontre chez les introversifs. La gesticulation de l'extratensif est traditionnelle »[752].

De façon plus générale, l'analyse de la motricité du langage est la perspective d'où Rorschach envisage le lien entre sa description des types moteurs et une classification des types perceptifs. Tandis que les introversifs sont surtout des kinesthésiques, parfois des auditifs, les extratensifs se rangent pour la plupart, du

---

748 Ibid., 75.

749 Ibid., 76-77.

750 Ibid., 85, 284.

751 Ibid., 78, 79.

752 Ibid., 100, 110, 114, 115, 118.

fait même de leur appartenance au type verbomoteur, dans le type auditif. « Dans une large zone intermédiaire » entre les deux pôles constitués par le registre kinesthésique et le registre auditif « se groupent les types surtout visuels »[753].

De fait, Rorschach paraît concevoir plusieurs couches d'images dans l'organisation de l'appareil mental (*Apparat*)[754]. Les images kinesthésiques constituent la **couche la plus profonde où sont conservées les images** visuelles et à partir de laquelle elles peuvent être « inconsciemment retraduites »[755] dans le registre visuel, plus périphérique. Le niveau auditif paraîtrait plus excentré encore vers le pôle extratensif, vers la périphérie motrice. Rorschach a intégré la problématique déjà ancienne pour l'époque des types d'images (Galton, Stricker, Stern) dans des vues sur l'activité mentale, qui évoquent certains rapprochements avec le schéma de l'appareil psychique freudien. Rappelons que Freud lui aussi concevait l'imagerie de type auditif, liée aux traces verbales, comme d'un niveau plus périphérique que l'imagerie de type visuel, plus proche des représentations inconscientes[756].

Notons aussi que les recherches récentes sur les styles perceptifs et cognitifs (Bruner, Witkin) renouent de fait, en passant d'ailleurs par les types psychomoteurs de Wallon[757] avec cette tradition ancienne de l'histoire de la psychologie.

Rorschach généralise ses conceptions sur les styles moteurs et perceptifs jusqu'au plan des faits sociaux : « La musique, surtout la musique dont le rythme est impérieux, conduit facilement à des impulsions gestuelles rythmiques et coupe ainsi court aux kinesthésies. Une marche de parade, par exemple, comporte une véritable mobilisation massive des moments extratensifs : les étendards bicolores, l'éclat et le scintillement, la musique militaire, le pas cadencé. Dans le militaire l'introversivité est une chose très embarrassante. Ce n'est pas sans raison que le militaire a si longtemps tenu à l'habit de couleur »[758].

Rorschach rapportait aussi l'extratensivité à la civilisation, mais l'introversivité à la culture[759]. Ces propos, si datés qu'ils paraissent, pourraient encore intéresser la psychologie sociale. Rorschach avouait ne pas se dissimuler que « ces faits ont encore grand besoin de vérification »[760].

On rappellera que la population qui lui a fourni l'ensemble de ses observations comprenait environ 400 sujets, dont un peu plus du quart (29 %) de « sujets normaux cultivés et non cultivés », avec un peu plus de femmes (53 %) que d'hommes dans cette catégorie, alors que la sous-population pathologique comprend une proportion plus élevée d'hommes (61 %) que de femmes.

Certaines observations ont été faites depuis sur ce problème des rapports de corrélation négative entre la kinesthésie et la motricité. N. Rausch de Traubenberg

---

753 Ibid., 110.
754 Ibid., 202.
755 Anzieu Didier : 1965, 20.
756 Laplanche Jean, Pontalis Jean-Bertrand : 1967, 417.
757 Wallon Henri : 1938 n° 103, 65.
758 Rorschach Hermann : 1953, 102.
759 Ibid., 119.
760 Ibid., 110.

souligne que chez les enfants handicapés physiques les K expriment le besoin de représentation de soi, et ceci d'autant plus que l'expression motrice manifeste est impossible[761]. Cet auteur cite également deux expériences[762], l'une de Meltzoff et Levine (1954) d'après laquelle l'inhibition volontaire de l'activité, dans une tâche d'écriture, résulte en une augmentation de K, l'autre de Glass et Meltzoff (1957), selon laquelle les sujets incapables d'inhibition gestuelle (nombre élevé d'erreurs dans l'épreuve de Code du Wechsler-Bellevue) produisent significativement moins de K.

Enfin, C. Beizmann signale que des recherches portant sur des danseuses ou des élèves d'écoles rythmiques (Dvoretzki, 1939) ne confirment pas de manière univoque les conceptions de Rorschach. Certaines danseuses ont donné beaucoup de kinesthésies, d'autres pas du tout[763]. Mais on a vu que Rorschach lui-même concevait des exceptions au rôle inhibiteur de la K.

Suite à cet exposé historique de la question, nous aborderons à présent le second temps de notre démarche, c'est-à-dire la mise en œuvre de l'expérience annoncée.

15.5. L'art de savoir utiliser à propos les armes de l'autre camp

1. **Hypothèse**

Elle est celle d'une corrélation entre d'une part, le niveau de réussite à des épreuves d'habileté motrice, et d'autre part, les deux pôles du type de résonance intime : introversivité, extratensivité. L'échelle des notes mesurant l'habileté motrice corrélerait négativement avec le degré d'introversivité, positivement avec le degré extratensivité.

2. **Matériel**

Nous avons recouru à deux tests dont l'utilisation est classique pour la mesure des aptitudes motrices, bien que ce ne soit probablement pas le même type d'aptitudes qu'ils mettent l'un et l'autre en évidence.

Le **test du tourneur de Lahy** (éts. Dufour) est un test d'efficience motrice proprement dit. Son principe consiste à mouvoir au moyen de deux manivelles un pointeau se déplaçant à l'intérieur d'une figure ajourée. La consigne porte à la fois sur la rapidité et la précision. Un compteur enregistre le temps et les erreurs, signalées par une sonnerie.

D'après son auteur, ce test étudie la coordination et la dissociation des mouvements. Il renseigne en outre sur les habitudes de travail (choix entre vitesse et précision, attention), mais aussi sur « la compréhension, le raisonnement, le caractère (émotivité) ».

Le **test mécanique de Rennes** (C.P.A., 1959) est un test d'aptitudes mécaniques, notion qui ne recouvre pas sans plus celle d'habileté motrice. Il s'agit d'un test papier-crayon, consistant en une série de problèmes mécaniques simples et

---

[761] Rausch de Traubenberg Nina : 1970, 83.

[762] Id., 1960, 36.

[763] Beizmann Cécile : 1961, 180.

concrets, proposés sous forme de dessins. Le sujet doit comprendre et résoudre ces problèmes, la réponse se faisant selon la technique classique du choix multiple.

Ce test est saturé en un facteur mécanique que son auteur présente comme « un facteur d'intelligence pratique, plus particulièrement appliquée à des problèmes mécaniques, s'appuyant sur l'expérience acquise par un contact direct avec l'objet ».

Il est clair que ce type met en jeu une composante importante de représentation du mouvement. À ce titre, et compte tenu des remarques ci-dessus, il ne faut probablement pas en attendre les mêmes résultats que de l'autre test.

Précisons, pour anticiper sur nos résultats, que nous avons même trouvé entre le temps moyen au test de Lahy et la note au test de Rennes une corrélation non significative (r : 0,2014), encore que sa valeur ne soit pas éloignée du seuil .05 (0,217 pour N = 82).

Bien qu'elle ait une signification positive, cette valeur figure sur le tableau IV sous forme négative, en raison du fait que les variables qu'elle relie varient en sens inverse. Les sujets habiles ont une note M élevée au test mécanique, mais un temps T' faible au test du tourneur.

3. **Variables**

a/ Les **variables « invoquées »**, celles dont on recherche l'effet sur les variables dépendantes[764] (Reuchlin, 1981, 30), sont relatives aux différents aspects du type de résonance intime (TRI).

K : nombre de réponses kinesthésiques.

C : nombre de réponses chromesthésiques.

K - C : type de résonance intime transformé en variable discrète (somme algébrique K + (- C)) selon une échelle d'intervalles. L'introversivité y correspond à des valeurs positives, l'extratensivité à des valeurs négatives.

K élargi, somme des kinesthésies majeures et de l'ensemble des kinesthésies mineures (kan, kp, kob).

C + E estompage.

C élargi, somme des réponses-couleur et des réponses-estompage.

(K + k) - (C + E) : type de résonance intime élargi transformé en échelle d'intervalles selon le même principe que K - C.

La signification fonctionnelle et interprétative des k par rapport aux K, des E par rapport aux C est une question très complexe et très discutée. Ces réponses passent d'ordinaire, et pour aller très vite, on l'a vu plus haut, pour des formes potentielles, réduites, non évoluées, des réponses K d'une part, C d'autre part. Les auteurs connus sur ce sujet ne s'engagent vers guère plus de précisions.

Bien que ce ne soit guère orthodoxe au point de vue clinique, il nous a paru profitable au point de vue expérimental de sommer l'ensemble des catégories de la formule principale (K/C) et de la formule complémentaire (k/E) du TRI en un TRI élargi. Il est *a priori* intéressant d'observer dans quel sens se produisent les effets de ce TRI élargi, s'ils confirment ou s'ils infirment ceux du TRI simple.

---

[764] Reuchlin Maurice : 1981, 30.

b/ Les **variables dépendantes** sont ici représentées par les notes aux tests d'aptitudes motrices, dans la mesure où il est loisible dans ce type de situation de les traiter comme le résultat des variables a/.

T' : temps global au test du tourneur (moyenne des temps pour deux essais successifs).

E' : moyenne des erreurs pour ce même test (sur deux essais).

M' : note au test d'aptitudes mécaniques de Rennes.

c/ **Variables neutralisées**

L'âge des sujets : de 20 à 30 ans exclusivement.

Leur niveau culturel : N.C. 7 (études supérieures) exclusivement.

4. **Sujets**

82 sujets, soit 25 hommes (30 %) et 57 femmes (70 %) pris dans une population d'étudiants, d'enseignants, de cadres, en vue de cette expérience, et non dans le contexte d'un entretien clinique.

La répartition de leur type de résonance intime en fonction de trois catégories : introversifs (K - C > 0), ambiéquaux (K - C = 0), extratensifs (K - C < 0) ne montre pas de différence significative entre la sous-population des hommes et celle des femmes (χ 2 : 3,99).

Les chiffres entre parenthèses sont, en %, ceux publiés par Loosli-Usteri en 1954, sur 100 hommes et 120 femmes, et qui font référence à l'époque pour la population européenne (voir tableau 1).

Comme nous l'avons vérifié, il n'y avait pas non plus de différence significative entre hommes et femmes dans la population de Loosli-Usteri (χ 2 : 5,63).

Les chiffres de notre population totale ne présentent pas non plus de différence significative par rapport à ceux de la population totale de Loosli-Usteri (χ 2 : 4,00).

Il n'y a pas non plus de différence significative entre les hommes de notre population totale et ceux de la population de Loosli-Usteri (χ 2 : 1,34).

Par contre, les femmes de notre population ne se répartissent pas du tout de la même manière que celles de la population de Loosli-Usteri (χ 2 : 8,52 S. .02). Il y a nettement moins d'introversives, et nettement plus d'extratensives dans notre population que dans la population de référence.

Il est notable que la proportion du type ambiéqual est à peu près la même dans les deux populations (12-13 % parmi les femmes).

Il serait utile de poursuivre l'enquête afin de déterminer si la proportion du type extratensif tend aujourd'hui à croître dans la population féminine, depuis les chiffres publiés par Loosli-Usteri.

L'application automatique des tests de signification statistique, pour satisfaire à la correction, à l'orthodoxie et à la rigueur méthodologique, n'est jamais pour autant en soi d'une fiabililité absolue, et ne saurait rien prescrire quant à la vérité matérielle des contenus, comme si leurs résultats bruts pouvait jamais dispenser d'une évaluation qualitative de ceux-ci. Cette recommandation s'applique d'autant plus à notre cas que les deux sous populations masculine et féminine de Loosli-Usteri sont relativement plus équilibrées (100 H/120 F) que les nôtres (25

H/57 F), une « incorrection » susceptible d'entraîner des biais méthodologiques imprévus.

Par ailleurs, il n'est pas facile de comparer des populations si exiguës, mais en même temps de provenance si diverse (étudiants parisiens/suisses de catégories sociales et professionnelles non précisées), et au surplus tout aussi éloignées dans le temps que dans l'espace. On sait que, bien qu'elles soient par nature familières à une discipline comme la psychologie développementale, les études longitudinales ont toujours été l'une des grandes difficultés des sciences humaines.

Les tests de signification ont été calculés non sur les pourcentages, mais sur les effectifs réels comme il se doit.

TABLEAU 1
Répartition des types de résonance intime selon le sexe (H, F) dans la population expérimentale (N, %) et dans la population de référence (%)

	H		F		Total	
	N	%	N	%	N	%
K > C	11	44 (32)	14	25 (46)	25	31 (40)
K < C	10	40 (45)	36	63 (41)	46	56 (43)
K = C	4	16 (22)	7	12 (13)	11	13 (17)

5. **Plan d'expérience**

On établira d'abord l'ensemble des moyennes sur toutes les variables pour les deux groupes masculin (H) et féminin (F), et pour la population totale.

On calculera ensuite les corrélations (r de Bravais-Pearson) entre deux ensembles de variables : d'une part l'ensemble formé par K, C, K - C, K + k, C + E, (K + k) - (C + E), d'autre part l'ensemble constitué par M, T', E'.

Les variables K, C, K + k, C + E varient de 0 vers des valeurs positives ; de même pour les variables M, T', E'.

Les variables K - C, et (K + k) - (C + E) varient à partir de valeurs positives en passant par 0 vers des valeurs négatives.

Les variations positives de la variable M d'une part, des valeurs T' et E' d'autre part ont une signification fonctionnelle inverse, comme on l'a déjà souligné plus haut. Les sujets maladroits par exemple obtiennent une note M basse, mais des notes T' et E" élevées.

Pour vérifier l'hypothèse, le sous-ensemble des variables K, K - C, K + k, (K + k) - (C + E) devrait corréler de manière négative avec M d'une part, de manière positive avec T" et E" d'autre part. Inversement, le sous-ensemble des variables C, C + E devrait corréler de manière positive avec M, mais négative avec T' et E'. Il en résulte le plan d'expérience suivant, à variables croisées et appareillées, sur trois ensembles de sujets : deux groupes indépendants d'une part (H, F), leur regroupement d'autre part.

Il va de soi, en effet, que notre intérêt ne porte pas seulement sur le groupe total. L'étude séparée des résultats des groupes masculin et féminin devrait permettre d'affiner l'analyse.

TABLEAU II

	H			F			Total		
	M	T'	E'	M	T'	E'	M	T'	E'
K	-	+	+	-	+	+	-	+	+
C	+	-	-	+	-	-	+	-	-
K - C	-	+	+	-	+	+	-	+	+
K + k	-	+	+	-	+	+	-	+	+
C + E	+	-	-	+	-	-	+	-	-
(K+k) - C+E)	-	+	+	-	+	+	-	+	+

15.6. La méthode expérimentale au bénéfice de la psychologie clinique

6. **Résultats**

Le tableau III présente les moyennes (1ère ligne de chaque case), les écarts-types (2ème ligne), et les t de Student. Le tableau IV présente les coefficients de corrélation.

6. 1 **Moyennes**

a/ On obtient des différences significatives pour toutes les variables sauf pour K, K + k, et C. Mais la valeur du t n'est pas très éloignée du seuil .05 en ce qui concerne C.

Les moyennes et les écarts-types varient dans le même sens (+ +) pour toutes les variables sauf pour TRI élargi et M (+ -). À part ces deux exceptions, pour chaque ligne, la moyenne la plus élevée s'accompagne de la dispersion la plus forte. La signification de ce fait, supposé qu'il en ait une, ne paraît pas de prime abord évidente.

b/ Les hommes ont des résultats nettement plus élevés que les femmes aux tests d'aptitudes motrices. Cela est vrai pour le test papier-crayon de Rennes où ils atteignent la moyenne d'environ 26 points (sur un maximum de 36), alors que la moyenne des femmes est d'environ 5 points inférieure. La différence entre les deux groupes H et F est significative au seuil .001 pour cette variable M. Les hommes sont aussi plus rapides au test du tourneur (S. .02 pour T') et commettent également moins d'erreurs (S. .02 pour E').

La note M de nos sujets masculins situe leur groupe dans la classe 7 de l'étalonnage en 11 classes normalisées, pour tous niveaux de culture, du test de Rennes ($m = 20{,}08$; $\sigma = 6{,}16$). La note moyenne des sujets féminins correspond à la classe 5.

Compte tenu du fait que la population d'étalonnage du test de Lahy (940 conducteurs automobiles possédant les 3 permis) ne correspond pas à la nôtre, il est intéressant néanmoins de préciser que pour le temps et le nombre d'erreurs, les hommes occupent respectivement les 5ème et 7ème interdéciles, les femmes les 7 ème et 10 ème interdéciles.

TABLEAU III

	T(82)	H(25)	F(57)	T de Student
K	2,939 2,811	3,360+ 3,510+	2,754 2,452	0,90
C	3,744 2,579	2,900 2,354	4,114+ 2,669+	-1,96 ≈ S.05
K-C	-0,805 3,369	0,460+ 3,397+	-1,360 3,358	2,25 S.02
K+k	5,549 4,239	6,560+ 4,779+	5,105 3,986	1,43
C+E	5,787 3,422	4,420 3,197	6,386+ 3,154+	-2,40 S.02
(K+k)-(C+E)	-0,238 4, 549	2,140+ 4,487-	-1,281 4,580	3,14 S.001
M	22,341 5,029	25,920+ 4,924-	20,772 5,075	4,27 S.02
T'	322,226 89,640	286,660 72,587	337,825+ 95,984+	-2,38 S.02
E'	32,220 26,623	21,320 18,410	37,000+ 29,455+	-2,46 S.02
Seuils du t de Student pour N = 82 .05 = 1,99 ; .02 = 2,38 ; .01 = 2,64 ; .001 = 3,64				

c/ La population masculine obtient une note d'introversivité plus élevée (0,46) que la population féminine, plus extratensive. La différence est ici significative (S. .02), alors qu'elle ne l'était pas au niveau de la comparaison entre fréquences (tableau 1).

d/ La population masculine allie donc une plus grande introversivité à une plus grande adresse, ce qui paraît aller à l'encontre de l'hypothèse. En réalité, ce double fait résultant de la simple comparaison des moyennes entre H et F ne saurait justifier d'aucune manière l'hypothèse inverse d'une proportionnalité entre introversivité et habileté motrice. Au contraire, l'analyse des coefficients de corrélation nous montrera plus loin que, compte tenu de l'introversivité plus marquée et de l'adresse plus grande de leur population, ce sont les sujets masculins les moins introversifs qui sont les plus adroits.

e/ Si l'on envisage les rapports entre K et K + k d'une part, C et C + E d'autre part, on voit que l'addition des composantes de la formule complémentaire du T.R.I. (k/E) à celles de la formule principale (K/C) produit un effet de sommation qui creuse la différence entre les deux groupes, ce qui se manifeste dans les deux cas par un accroissement de la valeur du t de Student. Cet accroissement n'aboutit pas à la différence significative en ce qui concerne le passage de K à K + k, où les hommes obtiennent des moyennes plus élevées. Mais C + E atteint le seuil .02, au profit des femmes, cependant que C atteignait à peu près la limite du seuil .05.

f/ Même remarque en ce qui concerne le rapport entre le TRI simple (K - C) et le TRI élargi (K + k) - (C + E). Le TRI élargi fait apparaître dans la population masculine un degré d'introversivité encore plus marqué (m = 2,14) par rapport à la population féminine, où le même indice conserve une valeur stationnaire (- 1,28). Le TRI. élargi marque donc une différence plus accentuée entre les deux populations (S. .01) que le TRI simple (S. .05).

Mais l'analyse des coefficients de corrélation nous conduira un peu plus loin à d'autres considérations en ce qui concerne les rapports entre la formule normale et la formule élargie du TRI.

6.2 **Coefficients de corrélation**

Ils figurent sur le tableau IV. Dans les cas où les coefficients r étaient significatifs, nous avons appliqué d'autres épreuves statistiques, dont la justification apparaîtra ci-dessous. La lettre z désigne le test de signification sur un couple de coefficients rH et rF. Enfin, les signes + et - figurant en bas à droite dans chaque case reportent les signes correspondants du tableau II, où figure l'ensemble des prévisions du plan d'expérience.

a/ Les effets les plus intéressants apparaissent dans la colonne réservée à la variable T' (temps au test du tourneur).

Les corrélations sont toutes, à deux exceptions mineures près (K/E'.H, K - C/E'.H), de valeur à peu près nulle dans la colonne E' (erreurs au test de Lahy). Ce fait est curieux, et pose même problème, si l'on considère que le nombre des erreurs au test du tourneur est très corrélé avec la variable temps (T'/E' = 0,296 S. .01).

Bien que peu importants, les effets situés au niveau de la colonne M sont intéressants à analyser en tant que tendances. Notons que la case inférieure atteint une valeur située tout juste à la limite du seuil .05. Mais nous y reviendrons dans un instant.

b/ En ce qui concerne la variable T', des corrélations significatives d'une valeur importante apparaissent dans la population masculine, mais aucune par contre dans la population féminine. Il faut ajouter que, dans cette dernière, certaines tendances proches du seuil .05 (0,261 pour N = 57) manifestent des effets inverses de ceux prescrits par l'hypothèse (K/T' : - 0,241 ; K – C/T' : - 0,243). Le groupe des sujets féminins semble se comporter par rapport à l'hypothèse de façon opposée au groupe des sujets masculins, ce qui nous paraît un fait très intéressant à étudier de plus près.

c/ En ce qui concerne le groupe des hommes, des corrélations apparaissent dans le sens prévu par l'hypothèse entre la variable T' d'une part, et d'autre part les variables K (S. .05), C (S. .05),

K - C (S. .001), C + E (S. .05), TRI élargi (S. .01).

Donc l'hypothèse d'une corrélation entre introversivité et inhabileté, extratensivité et habileté motrice se trouve vérifiée, pour le sous-groupe des sujets masculins, à un seuil de confiance très élevé (K - C : S. .001).

Dans tous les cas cités où, pour la population masculine, une corrélation significative apparaît, nous avons calculé, en plus du coefficient r de Bravais-Pearson, le coefficient ϱ de Spearman-Brown. En effet, compte tenu de l'effectif de cette population (N = 25), nous avons cru devoir par sécurité recourir aux méthodes non paramétriques, dont il est connu qu'elles sont plus exigeantes pour atteindre le seuil du signification, en correspondance avec la perte d'information au niveau de la taille des échantillons.

Il en résulte une perte de la différence significative en ce qui concerne K, un léger abaissement du seuil en ce qui concerne K - C (passage de .001 à .01), mais le même seuil pour le TRI élargi, et enfin un accroissement du degré de signification pour C et C + E.

Ces variations d'apparence discordante entre les résultats du r et ceux du ϱ n'ont rien de surprenant au point de vue statistique.

d/ Les femmes se comportent comme si, du moins à un certain degré, l'introversivité était un facteur de réussite, et l'extratensivité un facteur d'échec dans les tâches motrices.

Or certains des propos de Rorschach cités plus haut sont susceptibles de nous fournir la clé de ce problème. La motilité introversive, une fois disciplinée par l'effort conscient, principe en l'occurrence d'une « émancipation des facilitations », peut donner de la précision. Inversement, la motilité extratensive, si elle n'est pas dominée par « le développement des inhibitions », peut demeurer labile, et tendre à l'impulsivité. De ce point de vue, il y a lieu de distinguer entre l'extratensivité adaptable, stabilisée par la fonction logique (FC) et l'extratensivité plus instable (CF), voire de type égocentrique-impulsif (C).

e/ Il est probable que les sujets du type extratensif CF soient représentés en nombre plus élevé dans la population féminine que dans la population masculine. Rorschach lui-même confirmerait cette hypothèse, en avançant que « les CF... se trouvent chez les femmes en plus grande quantité que chez les hommes. Elles apparaissent comme les indices de la labilité affective, de l'excitabilité et aussi de la suggestibilité ». Un peu plus loin il insiste encore sur « la plus grande labilité de l'affectivité féminine »[765].

f/ Mais ce fait, de portée négative, supposé qu'il explique en partie la corrélation proche du seuil .05 entre T'et K - C (- 0,243), ne saurait par lui-même expliquer la corrélation dont la valeur atteint à peu près le même niveau entre T'et K (- 0,242). Il semble que l'élévation du nombre des K joue un rôle de facteur positif dans l'amélioration de la performance motrice des femmes, compte tenu de leur infériorité moyenne relative par rapport aux hommes dans ce domaine. Il semble que K joue ici une fonction de contrôle, un rôle stabilisateur par rapport à la labilité propre à l'extratensivité de type CF. Or ce rôle positif de la K reçoit lui-même quelque lumière de la remarque de Rorschach concernant l'éventuelle précision de la motilité introversive. Notons aussi que cet aspect recouvrirait assez bien l'une des caractéristiques fonctionnelles de la K, définie par certains auteurs par exemple dans le cadre de l'*Egopsychology*, comme capacité à différer l'impulsion[766], ou encore facteur d'intégration émotionnelle[767].

---

765 Rorschach Hermann : 1953, 22, 24.
766 Rausch de Traubenberg Nina : 1970, 82.
767 Klopfer Bruno : 1954-1, 576.

Il y a donc lieu, à propos des sujets féminins, de distinguer un facteur de maladresse extratensive et un facteur de précision introversive. Il n'en va pas du tout de même, comme on va le voir, avec les sujets masculins

g/ S'il est vrai que les deux sous-groupes masculin et féminin se comportent, pour les raisons ci-dessus, de manière significativement différente, il est naturel que la sommation de ces effets contradictoires résulte au niveau de la population générale (T) en corrélations à peu près nulles, même dans la colonne T'où se produisent les effets intéressants. La population générale est, pour des raisons fonctionnelles liées à la différence de comportement des deux sexes, une population hétérogène.

h/ Pour l'ensemble de la population, la note M au test de Rennes entretient avec la performance au test de tourneur une corrélation (0,201) dont la valeur est proche du seuil .05 (0,217).

Certaines tendances apparaissent, à vrai dire faibles (x) au niveau de la colonne M : a/ chez les hommes dans les 4 premières cases et dans la 6ème (K/M, C/M, K - C/M, K + k/M, (K + k) - (C + E)), b/ chez les femmes dans la 4 ème et la 6 ème ((K + k), (K + k) - (C + E)), pour l'ensemble de la population dans les 1ère, 2 ème et 5 ème cases (K, C, C + E).

Mais on observe un résultat à la limite du seuil .05 (0,217) pour la population générale dans la 6 ème case (TRI élargi : 0,211).

Ces tendances manifestent des effets contradictoires fort complexes. Elles s'orientent dans une direction conforme à celle prévue par l'hypothèse en ce qui concerne les variables K - C, K + k, et TRI pour les hommes, mais dans une direction inverse pour les autres variables : K et C pour les hommes, K + k et TRI élargi pour les femmes, K, C, C + E, et TRI élargi pour la population générale.

Il est à noter que les effets sont de sens contraire pour les hommes et les femmes dans les cases K + k et TRI élargi, de façon analogue à ce qui se passe pour les mêmes cases dans la colonne T'.

Chez les femmes, la réussite à la tâche mobiliserait un certain nombre de kinesthésies (K + k : 0,171), un certain degré d'introversivité (TRI élargi : 0,148), résultat qui irait dans le même sens, mais avec des effets moins nets, que ceux qui apparaissent dans la colonne T' (cases K/T', K - C/T', K + k/T', (K + k) - (C + E)/T').

De plus, la mobilisation des kinesthésies ne s'effectuerait probablement pas de la même manière chez les femmes (K + k) que chez les hommes (K). Chez ceux-ci la présence des k annule l'effet des K (K/M : 0,256 ; K + k/M : - 0,232).

La mesure des aptitudes mécaniques demeure l'une des questions très controversées de la psychologie appliquée. Des analyses factorielles ont montré que le test de Rennes est saturé en un « facteur mécanique » avec une valeur comparable (0,44) aux saturations obtenues par d'autres tests (Lahy : 0,39) (Centre de Psychologie Appliquée : Catalogue 1983).

Mais en même temps, le fait qu'il s'agit d'un test papier-crayon où les problèmes mécaniques sont présentés sous forme de dessins implique *ipso facto* la mobilisation d'images motrices, un facteur de représentation kinesthésique, lequel constitue la définition même de la K.

TABLEAU IV

	M	T'	E'
K	H 0,256 x F 0,026 T 0,156 x -	H 0,419 xxx .05 ϱ : 0,267 F -0,242 xx z 2,74 xxx .05 T -0,050 +	H 0.187 x F 0,000 T 0,021 +
C	H -0,162 x F -0.025 T -0,164 x +	H -0,392 xxx .05 ϱ -0,478 xxx .02 F 0,084 z 1,97 xxx .05 T -0,037 -	H -0,001 F -0,030 T -0,036 -
K-C	H -0,152 x F 0,039 T 0101 -	H 0,705 xxx .001 ϱ 0,556 xxx .01 F -0,243 xx z 4,45 xxx .001 T -0,075 +	H 0,194 F -0,024 T -0,010 -
K+k	H -0,232 x F 0,171 x T 0,112 -	H 0,266 x F -0,212 x T -0,117 +	H 0,082 F -0,085 T 0,016 +
C+E	H -0,063 F 0,100 T -0,180 x +	H -0,435 xxx .05 ϱ -0,503 xxx .01 F 0,000 z 1,84 T -0,027 -	H 0,008 F -0,074 T -0,016 +
(K+k)-(C+E)	H -0,202 x F 0,148 x T -0,211 xxx .05 +	H 0,593 xxx .01 ϱ 0,533 xxx .01 F -0,184 x z 3,44 xxx .001 T -0,089 +	H 0,082 F -0,018 T -0,092 +
M		T -0,201 x	
T'			T 0,296 xxx .01

Seuils de signification de r :

N = 25	N = 57	N = 82
.05 = 0,396	.05 = 0,261	.05 = 0.217
.02 = 0,463	.05 = 0,261	.02 = 0.256
.01 = 0,505		
.001 = 0,618		

xxx : significatif,
xx : tendance forte,
x : tendance faible.

La K joue ici, à côté de la composante extratensive, le rôle d'une composante « image motrice », d'un facteur de représentation du mouvement, dans une tâche d'intelligence pratique, qui n'est pas réellement motrice, mais simplement imaginée.

i/ Nous avons déjà abordé plus haut la question des rapports entre la formule simple du TRI et celle du TRI élargi (6.1 e, f), en annonçant que nous y reviendrions à propos de l'analyse des coefficients de corrélation.

Si on envisage dans la colonne T' le rapport entre k et K, on s'aperçoit que l'addition de k ne renforce pas, diminue au contraire l'effet de K, en abaissant la valeur des corrélations aussi bien pour les hommes que pour les femmes (cases K/T' et K + k/T'). Même, la corrélation K/T' qui était significative pour les hommes au seuil .05 cesse de l'être pour le même groupe dans la case K + k/T'.

Chez les hommes, K seul (0,419) serait plus corrélé avec la maladresse que K + k (0,266). Chez les femmes au contraire, K seul (- 0,242) serait plus corrélé avec une certaine adresse que K + k (- 0,212).

La considération des cases K + k/M et K + k/T' montre bien, au niveau des tendances, que ces variables se comportent de manière opposée chez les hommes et chez les femmes.

Peut-être peut-on voir là une illustration de la complexité, soulignée par beaucoup d'auteurs, des rapports entre K et les diverses variétés de k (kan, kob, kp).

Si l'on envisage au contraire le rapport de C à C + E dans la colonne T', on s'aperçoit au contraire que l'adjonction de la variable « estompage » (- 0,435) renforce l'effet de la variable « couleur » (- 0,392), du moins chez les hommes.

Enfin, dans la colonne T', le TRI élargi présente pour les deux sexes des valeurs plus basses que le TRI. Mais, bien que plus faible, la corrélation entre le TRI élargi et la note T' demeure largement significative pour les hommes (S. .01). Il reste que le TRI simple met bien mieux en évidence dans leur groupe la corrélation positive entre introversivité et maladresse, négative entre adresse et extratensivité.

7. **Résumé**

a/ Notre expérience met en valeur des effets diversifiés, qui paraissent répondre au caractère très nuancé de la pensée de Rorschach sur les rapports de la kinesthésie et du mouvement.

b/ Chez les hommes, l'extratensivité est un facteur de réussite dans les tâches motrices.

c/ Chez les femmes, l'extratensivité serait d'un caractère en général plus labile (CF), voire plus impulsif (C). Elle ne peut concourir à l'habileté motrice que si elle est d'abord stabilisée par la composante introversive.

d/ La notion d'habileté motrice est une notion complexe où interfèrent, à des degrés variables selon les tâches, une composante purement motrice et un facteur représentatif.

e/ Par rapport à la formule principale du TRI, les composantes de la formule secondaire introduisent des effets d'ordre à la fois positif et négatif. Ce fait paraît exprimer la complexité des rapports fonctionnels, reconnue par beaucoup d'auteurs, entre les réponses du type k/E et celles du type K/C.

f/ Il conviendrait d'affiner les analyses en direction des types de réponse FC, CF, C d'une part, kan, kob, kp d'autre part, ce que le cadre et les moyens de la recherche n'ont pas permis de faire.

Nous aborderons à présent le troisième et dernier temps de notre étude, relatif aux **conclusions** générales qui peuvent être tirées d'une telle vérification de la loi de balancement entre le mouvement réel et le mouvement représenté.

Nous commencerons, comme nous l'avions annoncé, par l'analyse du texte posthume de Rorschach publié par Oberholzer. C'est dans ce texte, en effet, que les références de Rorschach aux concepts freudiens sont les plus insistantes et les plus significatives.

À partir de là, nous nous proposons d'envisager certaines conceptions de Freud assez peu connues sur le rôle des espèces du mouvement au double niveau de la genèse et du fonctionnement de la pensée.

Nous verrons alors que ces vues anticipent d'une certaine manière les conceptions de Wallon relatives à l'activité proprioplastique.

Nous essaierons dès lors d'en tirer des conclusions d'ordre plus général quant à la formation et au mécanisme de la réponse kinesthésique.

15.7. L'essence freudienne des vues de Rorschach sur l'appareil mental

Rorschach cherchait à appliquer à l'étude des maladies mentales les concepts psychanalytiques[768]. Sans avoir entrepris d'analyse personnelle (?), chose rare dans les années 1910-1920, il pratiquait des psychanalyses avec ses malades[769]. Il avait une connaissance directe et à jour de l'œuvre de Freud, comme le prouve la référence explicite, dans le *Psychodiagnostic*, au texte de Freud *Pulsions et destins des pulsions* paru, comme on sait, en 1915, alors que Rorschach conçoit son œuvre entre 1910 et 1922[770].

Lorsqu'il rédige le *Psychodiagnostic* (1917-1921), mais plus encore la *Contribution à l'utilisation du test* (1922), Rorschach a certainement présent à l'esprit le schéma de la première topique freudienne, « les concepts de conscient et d'inconscient, comme nous les utilisons dans la psychanalyse »[771]. De ce point de vue, remarque-t-il, « les interprétations K ainsi que les réponses C et CF correspondent de plus près à l'inconscient que les interprétations-forme (F) » (ibid).

C'est pourquoi il ne paraît pas déraisonnable d'esquisser un parallèle entre le schéma freudien de l'appareil psychique et le triangle FKC, que nous commentions ci-dessus.

Telle que Rorschach la décrit, **la fonction F, sans couper ses liens avec les modes d'appréhension, paraîtrait assez bien correspondre au système préconscient-conscient** (Pcs-Cs). En effet F, écrit-il, « représente les fonctions conscientes… l'élaboration consciente des sphères psychiques », y compris « les

768 Rausch de Traubenberg Nina : 1982, 7.
769 Anzieu Didier : 1965, 14.
770 Rorschach Hermann : 1953, 239 (1922).
771 Ibid., 237 (1922).

tendances refoulantes »[772]. Étant entendu que cet appareil du refoulement met en jeu une zone largement inconsciente du Moi, comme Freud le souligne dans la deuxième topique, dont il ne semble cependant pas que Rorschach, disparu en 1921, ait pu bien prendre connaissance.

Par rapport à K et à C, qui « sont des moments donnés, **primaires**... la pensée disciplinée est un facteur acquis », autrement dit **secondaire**[773]. Rorschach la décrit comme une organisation à plusieurs niveaux, « **un processus en échelons** »[774]. La couche supérieure, assimilée à la capacité d'attention, de concentration, l'effort conscient de la volonté, en rapport avec la conduite de tension musculaire[775], assure la discipline de la fonction logique, « capacité automatisée dans sa plus grande partie, entrant en jeu de manière inconsciente »[776]. Cette organisation a rapport avec le « contrôle de la motricité »[777], et investit des énergies affectives[778] qui lui viennent d'une autre source.

Entre la pensée disciplinée et le système KC, « il y a dans une large mesure contradiction »[779]. Ce système est à concevoir comme un appareil (*Apparat*) dont le fonctionnement est doublement déterminé par la **pensée disciplinée** d'une part, par la **pulsion (*Trieb*)** d'autre part[780].

Plutôt que le terme appétit employé par Ombredane, nous préférons utiliser ici le mot pulsion, qui rend de nos jours en français le mot freudien *Trieb*. En effet, la référence citée ci-dessus de la page 239 prouve que Rorschach connaît bien la signification accordée par Freud au terme *Trieb* (note 770 p. 862).

Le système **KC représenterait « les sphères inconscientes »**[781] avec cette précision que chacune de ses composantes y jouerait un rôle différent.

La fonction K exprimerait, par opposition à « la conscience », « le propre Moi intérieur... **le Moi le plus intime**, disons la sphère productive ». Mais, au-delà, les réponses K ont aussi rapport avec « l'inconscient le plus profond... trahissent la tendance inconsciente du sujet, des attitudes expectantes fondamentales, qu'elles soient actives ou passives »[782]. Rorschach écrit aussi, de manière quelque peu elliptique, que la kinesthésie représente « ce qui est vécu... la nécessité, le quoi et le comment de la vie »[783].

Les interprétations-couleur « représentent autre chose dans l'inconscient », à propos duquel Rorschach évoque « les symboles du rêve... le puissant coefficient d'affect que comporte cette autre chose, à savoir le contenu latent... les buts

---

772 Ibid., (1922) 233, 235, 249.

773 Id., 1953, 87.

774 Ibid., 48, 50.

775 Ibid., 48, 79, 82.

776 Ibid., 51, 54, 76, 78, 90, 92, (1922) 248.

777 Id., 1953, 150.

778 Ibid., 56, 60.

779 Ibid., 202.

780 Ibid., 201 ; 1921, 180.

781 Id., 1953, 70.

782 Ibid., (1922) 229, 240, 249.

783 Ibid., (1922) 240.

chargés d'affect de l'inconscient »[784]. Rorschach semble vouloir dire, et il va s'attacher à le préciser, que la couleur aurait affaire, dans la pulsion inconsciente, à sa composante affective plutôt que représentative.

À la différence de K, la fonction C (C et CF) aurait « affaire avec l'affectivité de caractère égocentrique, avec l'affectivité non dégrossie, toute proche de la pulsion (*triebnahen*) »[785].

Ces textes, qui font explicitement référence aux concepts psychanalytiques, sont d'une interprétation très difficile, et mériteraient un commentaire très attentif.

C'est à propos du système KC, mais surtout à propos de la kinesthésie, que les références de Rorschach aux concepts psychanalytiques sont les plus nombreuses et les plus approfondies.

En tant que manifestations de l'inconscient, les moments introversifs et les moments extratensifs sont susceptibles de succomber au « refoulement »[786]. Rorschach formule même une hypothèse plus précise à ce sujet. D'après lui, le **type de résonance intime constituerait, dans les cas pathologiques, un type de réaction qui se serait établi à l'un des points de fixation du développement libidinal.** Cette prégnance « d'anciennes fixations, admises par Freud » se produirait soit par arrêt du développement, soit par régression de la libido sous l'effet du refoulement vers un stade antérieur. Il en résulterait par exemple « un rétrécissement du type de résonance intime »[787].

Cependant, dans la mesure où elle représente « l'intériorité », la composante introversive aurait rapport, plus que sa complémentaire extratensive, avec la « tendance aux régressions »[788].

À propos de la kinesthésie, Rorschach évoque aussi, en une association quelque peu paradoxale, les **notions de « travail » et de « jeu »**. La réponse K s'accompagnerait d'un « travail d'intériorisation... d'ordinaire franchement amusant », mettrait en œuvre « une opération compliquée mais agréable, ressentie comme un jeu »[789]. Ce triple caractère régressif, productif, et souvent ludique de la K l'apparenterait peut-être au **mot d'esprit**, mais surtout au rêve, à propos duquel le *Psychodiagnostic* fait des références nombreuses[790].

Or la référence au rêve est très éclairante, si l'on cherche à mieux comprendre les modalités du statut inconscient propre à la K.

Rorschach soutient que les réponses K, tout comme d'ailleurs les réponses C, doivent être traitées de la même façon que le **contenu manifeste du rêve**, à partir duquel l'analyse s'efforce de découvrir le contenu latent. Ainsi d'un sujet interprétant « deux dieux géants qui s'accrochent (K de flexion)... à l'intérieur de la

---

784 Ibid., (1922) 249.
785 Ibid., (1922) 241 ; 1921, 208.
786 Id., 1953, 83, 84, 85, 135, 164, (1922), 220, 221, 222, 229, 233, 249, etc.
787 Ibid., 135.
788 Ibid., 1953, (1922) 239.
789 Ibid., 1953, 69, 91, 108.
790 Ibid., 1953, 69, 78-79, (1922) 237, 241-243, 249.

terre ». Ce qui peut se traduire : il rêve de reconstruire le monde (c'est un politicien). Mais par-delà cette première couche de signification s'en profile une autre, sous la forme d'un fantasme d'existence intra-utérine : « position fœtale » à l'intérieur du « corps maternel »[791]. Les intuitions de l'auteur nous apparaissent aujourd'hui comme d'un caractère plutôt direct et très audacieux, surtout dans le cadre formaliste et très langagier propre à l'investigation clinique de caractère post-lacanien.

Cependant, la référence au rêve permet aussi, au point de vue théorique, d'assigner à la kinesthésie en général une signification topique très large, allant **de l'inconscient jusqu'au préconscient** (« le Moi le plus intérieur »).

On sait que pour Freud, « l'élaboration du rêve consiste essentiellement en **un remaniement inconscient de pensées préconscientes** »[792]. On peut envisager du point de vue métapsychologique, que le travail du rêve se constitue comme un mouvement en boucle selon le trajet Pcs - Ics - Pcs (fig. 15 a p 927). La première partie du trajet procède des restes diurnes vers les représentations inconscientes, la seconde reflue vers le pôle perceptif de l'appareil psychique, d'où l'hallucination visuelle propre au rêve. Or, le fait apparaît sans difficulté si l'on replie, comme le représente la même figure 15 a, le schéma célèbre de *L'interprétation des rêves*[793], de manière à resituer sur le même plan les 2 extrémités perceptive (P) et motrice (M) du système Pcs-Cs. Il en résulte une figure ovoïde qui présente l'intérêt aussi de pouvoir être rapprochée de la non moins célèbre représentation de l'œuf donnée dans *Le Moi et le Ça* et reprise dans les *Nouvelles Conférences sur la psychanalyse* [794].

Dans *Pulsions et destins des pulsions*, texte cité par Rorschach à la page 239, Freud, comme on sait, analyse le concept de pulsion selon ses diverses composantes : poussée (*Drang*), source (*Quelle*), but (*Ziel*), objet (*Objekt*). L'objet peut être représenté par le sujet propre ou par un objet extérieur. Quant au but de la pulsion, il se définit par rapport à la « polarité passivité-activité ». Le changement de but et le changement d'objet peuvent coïncider, par exemple dans le « retournement sur la personne propre ». Cet ensemble conceptuel intervient, rappelons, dans la dialectique des pulsions perverses, en particulier dans le couple sadisme-masochisme[795]. Or ce couple de pulsions, ainsi que l'appareil conceptuel qu'il met en jeu, sont explicitement invoqués par Rorschach, avec citation du texte même de 1915 a[796].

Rappelons aussi, d'après Laplanche et Pontalis, le statut épistémologique instable de la notion de but pulsionnel, laquelle se trouve comme « écartelée entre les deux notions de source et d'objet de la pulsion »[797].

[791] Ibid., (1922) 238, 241-242.
[792] Freud Sigmund : 1938, 31.
[793] Id., 1900, 456.
[794] Id., 1923 a, 236 ; 1933 a, 108.
[795] Id., 1915 a, 18-20, 26-27, 35 ; voir 10.8.
[796] Rorschach Hermann : 1953, (1922) 239.
[797] Laplanche Jean, Pontalis Jean-Bertrand : 1967, 54.

Dans la *Contribution* (1922), titre où se situe la référence au texte de Freud, Rorschach analyse le psychogramme d'un patient de son collègue psychanalyste Oberholzer. Il s'agit d'un cas de névrose obsessionnelle, en rapport avec une attitude passive à l'égard du père. Soulignons au passage la parenté curieuse avec le cas de ***L'Homme aux loups***, publié par Freud en 1918. Il est fort possible que Rorschach ait pu avoir connaissance de ce texte, qui ait alors orienté son intérêt vers le cas d'un tel patient.

Le protocole du patient comporte des kinesthésies de flexion, données à la périphérie des taches, où se refléteraient « une disposition passive inconsciente... ce qu'il y a de féminin dans sa sexualité... une attitude féminine à l'égard du pè -re »[798].

La distinction faite ici par Rorschach entre kinesthésie passive (flexion) et kinesthésie active (extension) recouvre sans ambiguïté la « **polarité passivité-activité** », par rapport à laquelle Freud définit le but (*Ziel*) de la pulsion.

Or le père, ou plutôt « la force du père que le sujet désire inconsciemment éprouver »[799] s'exprime dans les abstractions ainsi que dans les réponses couleur et estompage, données à partir de la tache, et qui paraîtraient révéler « l'objet » de la pulsion.

Cependant Rorschach n'écrit pas objet (*Objekt*) mais but (*Ziel*), ce qui, réserve faite de la restriction de Laplanche, gêne tout de même notre interprétation. En fait, les réponses-couleur, si elles désignent sous forme de « symboles »[800] l'objet de la pulsion (la force du père), expriment également l'affect attaché à cet objet[801]. Or il n'est pas impossible de reconnaître ici **la « représentation de chose » et le « quantum d'affect »**, lesquels constituent les deux composantes, idéative et énergétique, de la pulsion, telle que l'analyse Freud dans le texte sur *L'inconscient*, daté justement de la même année (1915) que le texte cité par Rorschach.

L'inconscient se répéterait donc, en une sorte de redondance, « dans les abstractions, les séries de K et de C... parallèles », lesquelles « s'adaptent les unes aux autres comme serrure et clé »[802]. Mais cette répétition se produirait à différents niveaux de l'inconscient. L'écart existant entre la fonction C et la fonction K serait peut-être celui qui sépare la pulsion (*Trieb*[803]) et le désir (*Wunsch*, *Sehnsucht*,[804]). La parenté de la fonction K avec le rêve est justement ce qui permet de la rapprocher de la « **réalisation de désir** » (*Wunscherfüllung*[805], et aussi du « fantasme de désir » (*Wunschfantasien*[806] ; « imaginations »... [807]). Soulignons que les termes allemands utilisés par Rorschach sont exactement les mêmes que ceux dont use Freud[808].

---

798 Rorschach Hermann : 1953, (1922) 239, 242.
799 Ibid., (1922) 251.
800 Ibid., (1922) 242, 249, 251.
801 Ibid., (1922) 249, 251.
802 Ibid., (1922) 247.
803 Id., 1921, 83, 105, 106, 108, 110, 180, 208 ; 1953, 88, 116-117, 119, 122, (1922) 202, 241.
804 Id., 1921, 199, 212, 214 ; 1953, (1922) 230, 247.
805 Id., 1921, 199, 212 ; 1953, (1922) 230, 247.
806 Id., 1921, 214.

Par rapport à la pulsion, le désir comporte un facteur imaginaire, historique, personnel. La fonction C et la fonction K expriment deux régimes différents de l'inconscient. L'une, dans la mesure où elle échappe encore au travail de stabilisation effectué par la K n'est simplement que « **la poussée (*Drang*)** vers la vie extérieure »[809], cependant que l'autre illustre « **le désir (*Wunsch*)** qui veut se réaliser dans la vie »[810].

Les indications fort riches du texte de Rorschach nous incitent donc à rapprocher la réponse kinesthésique de deux notions freudiennes d'origine et de fonction apparemment très différentes : d'une part de la notion de but pulsionnel, en rapport avec la polarité activité-passivité, d'autre part la notion de désir. Or **Freud n'a jamais lui-même effectué d'articulation théorique claire entre les deux concepts de pulsion et de désir**. Celui-ci est presque exclusivement utilisé dans *L'interprétation des rêves*, alors que celui-là y fait à peine apparition. Cependant, la notion de désir disparaît quasiment des *Trois essais*, alors que celle de pulsion y prend sa pleine extension. En fait, le but de la pulsion en canalise la dimension de poussée (*Drang*) par une forme de langue inconsciente, une **véritable syntaxe** où s'articulent des temps (voies active/passive/moyenne) et des cas (sujet-nominatif/objet-accusatif). Et on peut se demander si ce n'est pas en ce point, déterminé par les différentes modalités syntaxiques du but pulsionnel, que viendrait s'attacher le sujet spécifié par le désir. Ceci étant, s'il fallait suivre la double suggestion de Rorschach, alors la réponse K serait à envisager comme liée à un registre topique où l'énergie pulsionnelle vient à se formuler en un sujet personnel. Mais reprenons cette idée par une voie différente.

Plus haut, nous avons évoqué la conception de Rorschach selon laquelle l'appareil mental serait constitué de plusieurs couches d'images : kinesthésiques, visuelles, auditives, en allant du niveau profond vers la périphérie. Il semble que Rorschach ait approché l'idée selon laquelle **la kinesthésie constituerait précisément le mouvement par lequel la pulsion s'élabore en représentation consciente**. C'est du moins ce que paraît avoir compris l'un de ses commentateurs les plus autorisés, **Binder**, repris par Loosli-Usteri. Dans la réponse K, « l'impulsion aveugle » devient « voyante », c'est-à-dire devient « la représentation, l'image d'une impulsion (*Antriebsgestalt*)... en s'unissant à des résidus psychomoteurs... en se greffant sur une représentation de mouvement encore faible »[811].

Rappelons que la distinction entre processus primaire et processus secondaire recouvrirait selon Freud deux régimes énergétiques différents : énergie libre, énergie liée. Or Freud situe **l'opérateur de liaison** au niveau même de l'énergie liée, c'est-à-dire au plan du « processus de pensée », que Rorschach identifie en partie à la fonction F. En même temps, comme l'indique le *Vocabulaire de la Psychanalyse*, Freud a recherché en deçà du processus secondaire d'autres modes de

807 Id., 1953, (1922) 249 (trad. Ombredane).
808 Laplanche Jean, Pontalis Jean-Bertrand, 1967, 155, 390, 525.
809 Rorschach Hermann : 1953, 82.
810 Id., 1921, 216.
811 Loosli-Usteri Marguerite : 1965, 53.

liaison, par exemple dans des processus aussi divers que la compulsion de répétition ou l'activité unifiante d'Éros[812]. Il n'est pas impensable d'envisager la kinesthésie comme la fonction assurant, de par sa capacité stabilisatrice, **le passage du processus primaire au processus secondaire**, de la pulsion à la représentation. Un tel processus fonctionnel ne semble pas avoir été explicitement envisagé par Freud, en dehors du rêve dont la dynamique chevauchant les deux espaces de phénomènes est ce qui s'en rapproche le plus.

Cette fonction intermédiaire, ce registre intercalaire pourraient s'envisager aussi dans la perspective d'un rapprochement avec l'instance que Lacan a qualifiée comme **imaginaire**. Il s'agit, comme on sait, non de l'imagination, mais de la fonction de l'image en tant qu'elle institue la relation duelle d'un Moi imaginaire à l'image de son double, à la Gestalt du partenaire. La relation imaginaire est de type à la fois unifiant et aliénant, dans la mesure où elle met en jeu une image ambiguë où interfèrent la forme du Moi et celle de l'autre. Il est assez bien connu que cette relation unifiante-aliénante représente, d'après Lacan, l'axe sur lequel se structure le processus de l'identification imaginaire. Or la kinesthésie représente bien une forme particulière de fonction imageante, en rapport avec « le propre Moi intérieur, le Moi le plus intime » aussi bien, par symétrie projective, qu'avec une espèce de **forme spéculaire du partenaire** humain. À cet égard, il ne paraît pas injustifié d'établir une analogie entre le ludisme de repérage, propre à l'expérience spéculaire, et **la projection de formes humaines en mouvement, qui rendrait compte en définitive de la valeur d'indice d'identification, attribuée à la K.** En outre, cette forme particulière de fonction imageante, propre à la K, comporte un double aspect, à la fois intégrateur et déréalisant, dans la mesure où elle a rapport avec la capacité créative (K +) aussi bien qu'avec le délire (K -).

De même l'instance que **Lacan** appelle Réel aurait rapport avec la décharge tensionnelle sur l'objet perceptif, « la poussée vers la vie extérieure » (C). Enfin, ce qu'il dénomme Symbolique, l'instance de la Loi, se rapporterait au principe de la « pensée disciplinée », à la « fonction logique » (F +).

Mais une discussion beaucoup plus longue serait nécessaire pour mieux justifier les divers types de rapports entre F - K - C, Cs - Pcs - Ics, et R - S - I (ici dans l'ordre S - I - R).

On peut se représenter les trois sommets du triangle FKC comme les centres de cercles dont les diamètres mobiles engendrent une zone d'interférence centrale (fig. 15 b, p. 927). La fonction F occuperait la zone Cs en jonction avec la zone Pcs (Cs union (Cs inter Pcs)), la fonction K la zone Pcs en jonction avec la zone Ics (Pcs union (Pcs inter Ics), la fonction C la zone Ics.

Certes, la référence aux vues lacaniennes est intéressante, à propos de la K, dans la mesure où elle met l'accent sur la fonction spéculaire-identificatoire propre à la projection de l'image humaine en mouvement. En même temps, cette référence permet d'envisager qu'il puisse s'agir d'une forme primitive d'identification, de type imaginaire plutôt que symbolique, reliée à l'image plutôt qu'au langage.

[812] Laplanche Jean, Pontalis Jean-Bertrand : 1967, 223.

Cependant, les indications de Beizmann et Schachtel nous invitent aussi à référer cette composante spéculaire-identificatoire à la fonction proprioplastique, ou encore propriofective, telle que l'a envisagée **Wallon** (1936), à partir de la double suggestion faite par Ferenczi (1919) puis Freud (1923), touchant l'opposition-corrélation entre conduites autoplastiques et conduites alloplastiques, et qu'il conçoit comme un registre de l'activité musculaire connectée aux sensibilités intéro-proprioceptives et centrée sur le modelage, la mise en forme du corps propre (fonction tonico-posturale, sens des attitudes) et comme telle, source de la mimique, de l'expression émotionnelle et des faits d'imitation, et à terme support des diverses formes des processus d'identification (centripète-introjective et centrifuge projective). On approfondira mieux plus loin la fonctionnalité de cette importante notion.

Sur une telle base, l'analyse des rapports de coopération et d'antagonisme entre la fonction proprioplastique et l'organisation sensorimotrice proprement dite pourrait peut-être nous fournir une explication de la « loi de balancement », de la relation de niveau de développement inverse entre le mouvement réel et le mouvement représenté. En même temps, cette propriété de l'organisation psychomotrice aurait un lien avec le développement de la fonction imageante, comme support du processus primitif d'identification. La fonction proprioplastique serait la source même de **la fonction imageante-identificatoire, reposant, entre autres, sur la représentation du mouvement imaginé**. Peut-être peut-on supposer, à cet égard, que la forme primitive du mouvement imaginé se rapporte de façon privilégiée à **la forme de l'être humain**. Par ailleurs, la fonction proprioplastique ne serait la source de la fonction imageante, de la représentation du mouvement imaginé, que dans la mesure où elle exercerait une activité de contrôle à l'égard de la fonction sensori-motrice, un rôle inhibiteur à l'égard de l'exécution du mouvement réel. Mais, pour mieux éclairer ces propos, nous nous référerons tout d'abord à un texte assez peu connu, ou plutôt assez peu commenté, de Freud, auquel nous avons déjà fait allusion plus haut. Nous nous tournerons ensuite à nouveau vers la conception wallonienne de l'activité proprioplastique. Il se peut que nous apparaisse alors un lien essentiel entre la fonction imageante-identificatoire, et le rôle d'inhibition sensori-motrice, en tant que propriétés caractéristiques de l'activité proprioplastique.

15.8. Le modèle freudien des liens de la pensée aux espèces du mouvement

Le texte de Freud que nous allons étudier à présent est un hapax, une occurrence unique dans son œuvre, comme il y en a d'autres. On y reconnaît pourtant un thème métapsychologique assez connu, celui concernant la nature des processus de pensée, comme fondés sur le double processus de liaison de l'énergie et de déplacement de petites quantités mobiles de l'énergie restante. Le « **processus cogitatif** », **d'après Freud, mettrait ainsi en jeu « deux faits d'aspect contradictoire** : un puissant investissement et un faible déplacement… un faible courant

»[813]. Cependant, ce thème est encadré ici dans un ensemble plus vaste de considérations d'ordre génétique et fonctionnel, qui réalisent certaines anticipations saisissantes par rapport aux résultats de la psychologie cognitive ultérieure, (Wallon et Piaget en particulier).

Nous sommes obligé de citer un peu longuement ce texte d'une densité remarquable : « J'ai appris la représentation d'un mouvement d'une certaine amplitude **en exécutant ou en imitant moi-même** ce mouvement, et, à l'occasion de cet acte, j'ai appris à connaître, dans mes **sensations d'innervation**, une mesure de ce mouvement… **L'impulsion à l'imitation** se produit sans aucun doute lors de la perception du mouvement. Mais **je n'imite pas en réalité** ce mouvement, pas plus que je n'épelle quoique ayant appris à lire en épelant. Au lieu d'imiter ce mouvement en contractant mes muscles, **je représente ce mouvement** à l'aide des traces de souvenir laissées en moi par les dépenses que des mouvements analogues ont exigées de moi. Le « représenter » ou le « penser » se distingue de l'« agir » ou de l' « exécuter » surtout en ce qu'il déplace **des énergies d'investissement beaucoup moindres** et qu'il empêche la liquidation de la dépense principale… La physiologie nous montre la voie en nous apprenant que, même au cours de la représentation, des influx nerveux s'écoulent vers les muscles, influx qui, il est vrai, ne correspondent qu'à une dépense modique… Les hommes ont coutume d'exprimer par une sorte de mimique représentative, le grand et le petit impliqués dans leurs représentations… L'enfant, l'homme du peuple… ne se contente pas dans ses récits… de mots clairs et explicites pour communiquer sa représentation ; il en traduit le contenu par une mimique expressive, il associe le **langage mimique** au langage verbal … **L'impulsion à la mimique**… bien que **moins active**, existe, abstraction faite de toute communication, elle **se réalise encore si le sujet « représente »** pour lui seul, s'il pense à quelque chose **d'une façon figurative**… À « l'**expression des émotions** » (*Ausdruck der Gemütsbewegung*), reconnue comme effet accessoire de certains processus psychiques, il faudrait joindre cette « expression du contenu des représentations » (*Ausdruck des Vorstellungsinhalts*)… **phénomènes de tension** par lesquels une personne indique physiquement la concentration de son attention et le degré d'abstraction actuel de sa pensée… La perception d'un mouvement donné s'accompagne de l'**impulsion à le représenter par une certaine dépense**, un certain effort. Donc, lorsque j'éprouve la « volonté de comprendre » ce mouvement, lorsque j'en réalise l'aperception, **j'engage une certaine dépense**, et, à ce stade du processus psychique, je me comporte **exactement comme si je me mettais à la place de la personne observée.** Je saisis probablement en même temps le but de ce mouvement »[814].

Ce long passage, figurant dans *Le mot d'esprit* (1905c) comporte plusieurs aspects intéressant directement notre objet actuel.

Tout d'abord, la représentation est décrite dans son mode de formation comme dérivant d'un processus initial d'exécution ou d'imitation (deux sources

---

813 Freud Sigmund : NP, 378-379. Laplanche Jean, Pontalis Jean-Bertrand : 1967, 135-136.

814 Freud Sigmund : 1905 c, 294-298. Souligné par nous ; GW 6, 218-221.

d'ailleurs différentes) d'un mouvement. Cette conception apparaît, de façon anticipée, comme tout à fait conforme à la théorie de Piaget selon laquelle la représentation, soit le concept soit l'image mentale, dérive de l'intériorisation d'un mouvement, soit respectivement un schème sensori-moteur produit par le sujet, ou alors l'imitation d'un modèle. Mais, sur ce point en tout cas, les analogies avec Piaget s'arrêtent là, car cet auteur n'accorde en définitive à l'imitation qu'un rôle de second plan dans la formation de la pensée représentative. Quoi qu'il en soit, **l'idée** piagétienne d'une **dérivation génétique de la pensée par rapport au mouvement, à l'action**, est déjà incontestablement présente sous la plume de Freud. D'ailleurs, ce n'est pas le lieu de poursuivre, sur ce point précis, une discussion, qui pourrait être longue, de l'insuffisance de la théorie piagétienne par rapport à ce qu'avance déjà schématiquement ici Freud.

A partir de là, et c'est un point tout à fait remarquable, Freud invoque trois types de conduites : l'expression des émotions, la mimique, et l'imitation, soit précisément les trois composantes majeures de l'activité proprioplastique *stricto sensu*, c'est-à-dire telles qu'elles dessinent le plan du chapitre de *La vie mentale* consacré à cette dernière[815]. Passons très rapidement sur ce point historique : nous avons plus haut développé l'idée que Wallon aurait tiré de l'œuvre de Freud des inspirations bien plus essentielles que ce qu'en laissent apparaître ses considérations d'ordre critique, d'ailleurs toujours fort intéressantes, sur la pensée freudienne. Mais peut-être de telles convergences ne sont-elles que l'effet d'une simple rencontre sans influence historique réelle. Ce point ne pourra jamais être véritablement tranché. Nous pensons, du simple point de vue éthique, que Wallon est un auteur qui a toujours cité les sources dont il a pu s'inspirer. D'ailleurs, dans l'histoire des idées, de telles rencontres fortuites, ne sont pas exceptionnelles (par exemple **Newton et Leibniz**). Aussi bien Lacan, et du reste aussi Lagache, ont-ils su chacun pour leur propre compte identifier ce dialogue implicite et profond de Wallon avec Freud, retirer alors les « intérêts » des emprunts du premier au second, et les réutiliser au profit de la psychanalyse.

Revenons à notre objet précis. Freud semble se représenter ici le processus de pensée comme une sorte de mouvement reproduit, d'une « façon figurative », à partir du mouvement réel, mais sans que celui-ci soit désormais exécuté ou imité. La perception du mouvement donne lieu à une « impulsion » (*Drang*) à l'imitation ; cependant, celle-ci est inhibée et, au lieu de la contraction musculaire effective, survient la représentation. Autrement dit, l'organisation motrice clonique est relayée par un équivalent postural, qui tient le mouvement réel en suspens, simple impulsion à l'imitation, voire même « impulsion à la mimique », activité retenue sous forme d'attitude qui ouvrirait alors le champ à la représentation. Précisément, la représentation se caractérise par le double fait d'inhiber « la liquidation de la dépense principale » et de mettre en jeu des « énergies d'investissement beaucoup moindres ». Tout se passe comme si le mouvement réel était transposé, converti

[815] Wallon Henri : 1938 n° 103, 201-223.

en mouvement représentatif atténué, symbolique, du fait de la médiation suspensive introduite par la fonction tonico-posturale, l'activité proprioplastique.

Effectivement, Freud nous décrit déjà dans des textes antérieurs (1895 a, 1900), le processus secondaire comme consistant à produire « des pensées avec des petites quantités d'investissement ». Ce processus a pour effet d'inhiber, de contrôler, « par le moyen ((à partir)) de l'expérience motrice », le libre écoulement de l'excitation caractéristique du processus primaire, dont la forme la plus archaïque s'exprimerait dans le fonctionnement de l'arc réflexe. Mais l'innovation de ce texte de 1905 c consiste, à notre avis, dans cette **impulsion au mouvement suspensive, qui convertit le mouvement réel d'énergie normale en mouvement pensé d'énergie minimale**, c'est-à-dire en expression (*Ausdruck*) représentative. Tout consisterait dans cette impulsion (*Drang*) retenue, dont le mécanisme psychophysiologique réside dans la fonction des attitudes, des postures. Celle-ci se comporterait comme un organe transformateur du mouvement effectif en mouvement représentatif. Au demeurant, la pensée, comme effet de conversion né de l'impulsion suspendue, implique encore, de façon quasi matérielle, l'engagement d' « une certaine dépense, bien que moins active »[816].

Les « sensations d'innervation » qui accompagnent l'exécution ou l'imitation première du mouvement sont appelées de nos jours **sensations proprioceptives ou encore kinesthésiques**. Elles appartiennent au registre sensoriel dominant dont dépend la fonction tonico-posturale. Dans une note annexée au présent texte, et que nous n'avons pas citée, Freud envisage ces sensations kinesthésiques comme susceptibles d'être « remplacées par d'autres, par exemple par les **représentations visuelles** du but du mouvement ou par la **représentation verbale** ». Il nous semble que ce propos se rapproche beaucoup des conceptions ci-dessus envisagées de Rorschach et de Binder concernant la hiérarchie des diverses catégories d'images sensorielles dans l'appareil mental. En ce qui concerne les « influx nerveux » centrifuges de faible intensité accompagnant la représentation, ils sont aujourd'hui couramment observables par les techniques électromyographiques. Une légère pointe de l'activité électrique se manifeste sur l'électromyogramme en liaison avec le comportement dit « implicite » (mouvement pensé mais non effectué).

Apparemment, Freud paraît songer dans tout ce texte de 1905 à une forme de « balance » économique entre le mouvement réel et le mouvement représenté. À vrai dire, ce n'est pas une idée tout à fait nouvelle sous sa plume. Déjà en 1895, dans l'*Entwurf*, on peut lire : « la différence entre imaginer et se mouvoir n'est que d'ordre quantitatif »[817]. Cependant, ici, ce principe est mis en œuvre sur la base d'une sorte de modèle proprioceptif-fectif qui paraît fonctionner selon plusieurs étapes. L'effectuation initiale du mouvement s'accompagne de sensations proprioceptives, dont le processus représentatif ultérieur utilisera simplement les traces. À l'autre bout de la chaîne, le processus cogitatif consiste en un **mouvement repré-**

---

[816] Freud Sigmund : NP, 378-379 ; 1900, 482, 509-512, 514, 522-523.
[817] Id., NP, 378.

sentatif, mettant en jeu un circuit nerveux qui connecte des traces d'influx proprioceptifs et des influx moteurs de faible intensité. D'après Freud, ce mouvement de la pensée se formerait en dérivant d'une impulsion à l'imitation, et se reproduirait, comme processus « figuratif », en utilisant comme vecteur une « impulsion » à « l'expression du contenu représentatif », sous forme de « phénomènes de tension ». Ces « phénomènes de tension » (*Spannungsphänomenen*) semblent vus par Freud comme une sorte de résonance tonico-posturale qui soutiendrait peut-être l'énergie minimale dont a besoin le mouvement de la pensée. Cependant, entre l'une et l'autre extrémité de la chaîne des processus, se produiraient, selon Freud, des conduites de caractère mixte, sortes de formations de compromis entre le mouvement réel et le mouvement représenté. Chez l'enfant, chez l'homme du peuple, les processus représentatifs et verbaux s'associent, non à une simple « impulsion à à la mimique », mais à « un langage mimique » explicite, sorte de commentaire gestuel, de substrat proprioplastique d'une pensée insuffisamment affranchie du mou vement. Or, il est très intéressant de noter que cette forme de pensée encore enlisée dans le geste a été repérée par Wallon, à partir de la « mentalité épileptique », comme une phase du développement normal de l'enfant au cours de la deuxième année (1,6 - 2 ans). Il s'agit de l' « activité projective » : celle-ci consiste en réalisations idéomotrices où la représentation naissante est projetée à travers une matière gestuelle, qui la réalise en même temps qu'elle l'entrave. « La représentation des choses ne parvient à bien s'imposer qu'à travers les gestes qui les réalisent… elle y reste comme incorporée… pour évoquer l'image il faut comme ressusciter le film des actes »[818]. Mais, laissons instant la parenté des vues de Wallon avec ces aspects du texte de Freud. Nous allons y revenir bientôt concernant l'impulsion à l'imitation, comme mouvement réel inhibé ouvrant la voie au mouvement de la pensée.

15.9.Justesse des observations et carence de la théorie de Piaget sur l'image

La thèse qui envisage le processus de pensée comme un système de mouvements représentatifs reproduisant, de manière transformée et *sui generis*, les séquences de mouvements réels dépendant de l'action, cette thèse est bien connue aujourd'hui dans le champ de la psychologie cognitive : c'est celle même de Piaget. En effet, pour cet auteur, la pensée consiste dans un système de transformations possibles issues de et projetées sur l'ensemble des transformations du réel. Ces transformations produites par la pensée sont de deux types : opératif, concernant les schèmes conceptuels, et figuratif, concernant les images mentales. La première convergence signalée plus haut entre le modèle piagétien et celui esquissé dans *Le mot d'esprit* concernait la connexion génétique entre le processus de pensée et le plan de l'action. La seconde convergence à présent envisagée, d'ailleurs sorte de corollaire de la première, concerne la **conception du processus représentatif comme une forme spécifique et *sui generis* de mouvement**.

De ce dernier point de vue, il semble que les réponses kinesthésiques au test de Rorschach puissent se laisser envisager en tant que processus spécifiques dans

---

818 Freud Sigmund : GW 6, 220 ; Wallon Henri : 1938 n° 103, 268.

le cadre de l'un aussi bien que de l'autre modèle. En effet, en tant que mouvements imaginés, ce sont incontestablement des mouvements du « représenter » ou du « penser », dans le sens très général où l'entend Freud. Mais, les interprétations kinesthésiques peuvent aussi représenter, dans la perspective même de Piaget, une variété particulière de transformations figuratives. Examinons ce point, dont l'examen attentif devrait dissiper l'apparence d'emblée surprenante de tels rapprochements.

Les engrammes kinesthésiques dont « l'ecphorie » (c'est-à-dire la projection) sur le percept aboutit à la réponse-mouvement sont des images mnésiques du mouvement. Or il s'agit précisément d'une classe de faits que Piaget a étudiés, avec ses méthodes et dans le cadre de ses conceptions propres, sous le nom d' « **images cinétiques et de transformation** »[819].

Celles-ci peuvent être de nature reproductrice, ou anticipatrice, mais même dans le premier cas, elles supposent toujours en fait une « réanticipation ». Elles impliquent, selon Piaget, la compréhension opératoire, et c'est pourquoi elles ne se développent guère avant 7-8 ans, alors que le niveau préopératoire comporte des images de caractère essentiellement statique.

Cette situation paraît bien présenter un rapport avec les résultats de C. Beizmann, selon lesquels ce ne serait qu'à 7-8 ans que 75 % des enfants donnent des kinesthésies ; « un quart d'entre eux n'en fournit encore aucune entre 9 et 10 ans »[820] .

Doron relève ce fait à titre de corollaire naturel de ce qu'il formule, nous l'avons vu, comme la grande loi de balancement entre les mouvements réels et les mouvements imaginés. À ce propos, il **évoque aussi l'hypothèse de Loosli-Usteri** qui « ramène la diminution des kinesthésies au refoulement fantasmatique effectué dans un but d'adaptation »[821].

Les **expériences de l'école de Genève** sur ce problème des images sont à présent bien connues. On demande aux enfants de reproduire par le dessin les étapes de la rotation de 90 degrés, dans le plan horizontal, d'une tige rigide autour de son extrémité ou encore la translation horizontale d'un carré par rapport à un autre sur lequel il est posé. Ou bien on présente un arc de cercle et on demande de le dessiner « quand on aura tiré dessus mais avant qu'il soit encore tout droit, puis quand il sera devenu tout droit ». Bien que ces tâches correspondent à des situations familières, mouvement des aiguilles d'une horloge, jeux de cubes, etc., l'enfant d'âge préscolaire n'en comprend pas la signification[822].

Nous pouvons à présent laisser le système de Piaget sur cette intéressante notion du processus de pensée comme organisation de mouvements imaginés. En dehors de cet aspect proprement structural, ce modèle ne peut plus guère nous aider à approfondir les questions soulevées précédemment. En effet, vu son

---

[819] Piaget Jean, Inhelder Bärbel : 1966, 54-63.

[820] Beizmann Cécile : 1961, 187-189.

[821] Doron Roland : 1971, 1410 ; Loosli-Usteri Marguerite : 1965, 55.

[822] Danset Alain : 1983, 158-159.

présupposé fondamental d'une absence de rapport conflictuel entre plans fonctionnels, donc d'une transition continue entre plans d'activités, il ne saurait nous fournir la clef, au point de vue génétique et fonctionnel, de ce rapport contradictoire entre les niveaux d'efficience respectifs du mouvement réel d'une part, et du mouvement représenté d'autre part. On pourrait même parler d'une sorte d'**expérience cruciale réfutant le préjugé continuiste** propre à l'ensemble des aspects de l'épistémologie piagétienne.

En revanche, revenons à ce modèle d'ensemble esquissé par le texte du *Mot d'esprit*, d'une organisation des attitudes comme fonction médiatrice entre les deux plans d'organisation du mouvement. Rappelons-en brièvement les aspects principaux : exécution initiale du mouvement avec inscription de marques proprioceptives, inhibition de l'impulsion à l'imitation lors de la perception ultérieure du mouvement, reproduction du mouvement réel sous forme de mouvement représenté d'investissement énergétique minimal, étayage de cette reproduction figurative par une infrastructure de traces proprioceptives et d'esquisses motrices. L'hypothèse sous-jacente à cet ensemble de mécanismes paraît résider dans la notion d'un dispositif tonico-postural, qui assumerait la fonction d'une sorte d'instance inhibitrice de la composante clonique extérofective au profit de la composante tonique propriofective du mouvement. C'est par ce rôle inhibiteur, suspensif, de l'impulsion motrice que s'effectuerait la mutation, selon un principe de balance économique, du mouvement réel en mouvement représenté. Ces propos peut-être obscurs s'éclaireront mieux dans un instant, nous l'espérons, lorsque nous aborderons la conception wallonienne du rôle de la fonction proprioplastique par rapport à l'organisation générale du mouvement.

Cependant, avant d'aborder ce point, soulignons encore un aspect capital dans le texte de Freud. En effet, c'est la structuration de ce dispositif proprioplastique qui permettrait au sujet, par le biais de cette représentation figurative engageant une dépense minime de forme posturo-motrice, de se mettre « à la place de la personne ». Ainsi, les effets fonctionnels de ce dispositif proprioplastique seraient nommément mis en rapport par Freud avec les processus d'identification. Peut-être peut-on comprendre à partir de ces considérations la référence ultérieure à cette expression de « **prise de posture** », de *Stellungnahme*, introduite par *Psychologie collective et analyse du moi* (1921), comme corrélat essentiel du lien identificatoire. En définitive, il est assez étrange de voir Freud, dans ce premier texte de 1905, anticiper avec ce modèle d'une organisation posturo-motrice, la notion wallonienne d'une fonction proprioplastique. Cette anticipation, converge du reste, dans la même période, et de manière significative, avec l'esquisse d'une théorie des émotions, dont nous avons signalé aussi par ailleurs la série des textes de 1895 a à 1911 b. On a également évoqué la conjoncture dans laquelle Freud s'est trouvé incité à se détourner ultérieurement de cette ligne de pensée, liée à la voie identificatoire, pour mieux s'orienter dans la voie privilégiée d'une doctrine de la pulsion (voir aussi Jalley, 1998). De son côté, **Lacan a parfaitement compris** et exprimé dès le tout début de sa carrière (1932) que la doctrine freudienne de l'identification comporte des carences qui requièrent des compléments.

15.10. Examen du modèle wallonien de la fonction proprioplastique

Si nous retournons à présent à la perspective wallonienne, il nous est possible de mettre en lumière une convergence avec les données précédentes, portant non seulement sur le schéma d'ensemble d'une fonction des attitudes, mais tout aussi bien sur l'agencement précis de ses moments fonctionnels. En effet, il se trouve que Wallon tient des propos fort proches de ceux que nous venons d'examiner dans le texte de 1905, lorsqu'il traite du rôle de l'organisation tonico-posturale dans la genèse tant de l'imitation que de la représentation.

Lors de la perception d'un mouvement intéressant, par exemple les culbutes du clown, il est fréquent que l'enfant ne s'essaie pas à le reproduire immédiatement. « Quand il assiste aux choses, il est en état d'imprégnation perceptivo-motrice... une phase alternée de participation sensori-posturale avec autrui et d'élaboration posturo-gestuelle... tout mouvement apparent est ajourné, mais l'activité posturale est loin d'être éteinte et c'est d'elle que pourra sortir l'imitation ». Dans la phase d'incubation précédant la reproduction intervient donc le rôle suspensif de la fonction tonico-posturale. En effet, « le tonus ne fait pas qu'être le support du mouvement qui s'effectue, il en prépare la suite, il le tient en puissance, et ce rôle peut devenir exclusif du mouvement lui-même. Alors il lui substitue l'immobilité, mais une immobilité parfois pleine de mouvements musculaires ». Cependant, le processus jusqu'ici décrit réalise la suspension du mouvement clonique au profit de l'attitude, de la posture, mais pas véritablement la suspension de l'imitation, puisque cette période d'incubation reconduit à terme à la reproduction imitative. L'imitation qui se réalise alors est « ajustement des gestes à un prototype... ébauche sans cesse confirmée et sans cesse rectifiée... pouvoir concret et latent » ; cependant, elle « devance la représentation ».

Envisageons à présent l'apparition de l'image, de la représentation. Celle-ci va se former à partir de l'organisation tonico-posturale selon un double rapport de conjonction-disjonction à l'égard de l'imitation. D'après Wallon, « l'attitude ou la posture, dont la perception peut aussi s'accompagner précède, prépare le mouvement ((imitatif)) ». Or du prototype gestuel que réalise, dans un second temps, l'imitation, surgit à terme l'image. En fait, l'apparition de celle-ci nous est décrite par Wallon, en rupture sur ce point avec la conception piagétienne, non comme le prolongement d'un simple processus d'intériorisation imitative, mais comme un **phénomène dérivant de l'imitation, dans un rapport conflictuel** avec celle-ci, sur la base d'une organisation tonico-posturale commune. Ce schéma explicatif du type filiation-opposition, dérivation-conflit représente l'un des points difficiles de l'épistémologie wallonienne, mais il est absolument nécessaire, par rapport à notre objet actuel, d'en bien repérer le fonctionnement. Suivons Wallon attentivement sur ce point : « Bien que l'imitation et la représentation se développent sur deux plans distincts, l'une sur le plan moteur, l'autre sur celui des images et des symboles, et bien qu'elles soient ainsi appelées à entrer **en conflit, elles ont pourtant des conditions communes**, qui tiennent à leur communauté d'origine et à la similitude de leur rôle. Toutes deux se développent ... comme une aptitude plastique à se façonner soi-même sur le modèle des choses… la **conversion** de l'activité immédiatement utilitaire **vers l'activité spéculaire** »[823].

En fait, si la genèse de l'image utilise en commun avec celle de l'imitation la même infrastructure proprioplastique, cela n'implique pas sa dérivation univoque par rapport à l'imitation. Elle tire également son origine d'un autre des rameaux de la fonction proprioplastique, plus primitif que l'imitation : « l'**émotion tend vers la représentation** par les attitudes et les simulacres qu'elle met en jeu »[824]. Or le simulacre n'est pas l'imitation, il s'apparente plutôt à ce que Piaget appelle le jeu symbolique : « faire comme si » est autre chose que « faire comme ». Le simulacre ne correspond pas nécessairement à la reproduction d'un modèle réel, il comporte une dimension imaginaire, par laquelle il débouche sur la fantaisie, le fantasme. La mise en jeu du simulacre tend à instituer **des scénarios**, des scènes qui mobilisent la puissance d'invasion, la participation syncrétique propres à l'émotion. Par ailleurs, le conflit entre l'imitation et l'image tient, dans un ordre d'idées proche, aux deux destins fonctionnels différents que comporte l'activité proprioplastique, l'un orienté vers la reproduction gestuelle dans l'espace moteur, l'autre vers la **reproduction figurale dans l'espace mental.**

Essayons à présent de resserrer l'ensemble du développement précédent par rapport à notre problème relatif à la réponse kinesthésique. L'espace moteur et l'espace mental, indique Wallon, ont bien pour infrastructure commune l'espace réel. Aussi bien, entre eux, « il peut y avoir passage, mais aussi opposition : leur réalité est distincte ». Cette opposition recouvre en fait celle entre le mouvement et la représentation, le geste et l'image, l'acte et la pensée, la fonction pratique et la fonction symbolique, l'activité psychomotrice et l'activité mentale.

Or, d'après Wallon, **les premières images sont spatiales**, et comme telles, fixes et statiques, dépourvues de mobilité. Le paradoxe dans une telle situation, est que l'espace moteur, où la gestualité se déploie en séquences dynamiques, ne soit repéré que par des images comportant le caractère opposé. Cependant, le transfert des processus mentaux du plan de l'espace moteur à celui de l'espace mental donne au sujet l'accès à un **milieu virtuel** où les changements peuvent être librement imaginés. L'activité mentale en reçoit « le pouvoir d'évoluer au-dessus du présent sensori-moteur… de transmuer les données de la sensibilité… de **se sublimer** en systèmes de lieux, de contacts, de positions et de relations », en un mot de concevoir, au lieu d'agir seulement, le mouvement. Il s'agirait, en particulier, d'un « pouvoir, non plus de reconnaître les dispositions dans l'espace, mais d'en réaliser par des tracés imaginaires »[825]. Or, **nous ne serions très pas loin, dans une telle approche, de la capacité de projeter des mouvements simplement imaginés sur un matériel perceptif**. En réalité, l'ensemble de ces nouveaux pouvoirs supposerait à la fois l'ancrage, l'embrayage dans l'organisation proprioplastique primi-

---

823 Sur l'ensemble du développement précédent, voir Wallon Henri : 1942 n° 113, 153-157, 160, 173. Souligné par nous.

824 Wallon Henri : 1956 c, 236. Souligné par nous.

825 Id., 1931 b, 147 ; 1938 n° 103, 265 ; 1942 n° 113, 224.

tive, en même temps que la mise en suspens de la gestualité motrice, dont la première constitue d'abord la base d'appui, l'organe de soutien. Dans ces conditions, pourraient s'expliquer peut-être deux ordres de faits par rapport à la production de la réponse-mouvement. **D'une part**, le critère invoqué par Rorschach d'une « impression de mouvement » réellement éprouvée, d'une « participation primaire » s'exprimant souvent par des « **ébauches involontaires** de gestes, le début du mouvement » interprété ; Cécile Beizmann, rappelons-le, commente fidèlement ce critère, tout en le transposant dans le langage wallonien d'une « participation proprioceptive mettant en jeu les fonctions tonico-posturales »[826]. **D'autre part**, le fait, corrélatif à la capacité kinesthésique, d'un pouvoir de stabilisation, d'une certaine **capacité de freinage**, d'inhibition à l'égard de la motricité clonique.

Le point essentiel nous paraît être celui d'une « impulsion psychomotrice » (Binder), qui se convertit, se transpose en « une *Antriebsgestalt*, c'est-à-dire la représentation, l'image d'une impulsion », au lieu de se prolonger directement dans un geste moteur réel[827]. Nous sommes toujours, à cet égard, fort proches du texte freudien de 1905 c, concernant cette impulsion motrice suspendue, et relayée, de ce fait, par une représentation qui en utilise les traces proprioceptives.

Il nous semble, pour insister encore sur la conception wallonienne de la fonction tonico-posturale, qu'elle offre le moyen d'approcher ce fait difficile d'une contradiction, d'une balance, entre le degré de développement du mouvement réel et celui du mouvement représenté. Dans la perspective wallonienne, l'infrastructure ultime commune des deux formes, gestuelle et mentale, du mouvement réside dans l'activité posturale dont les modes de réalisation dérivés, précisément, sont divergents. Mais développons encore un peu, à propos de ce point difficile, l'idée essentielle de Wallon. Elle consiste en ce que le tonus comporte les deux propriétés contradictoires de mobiliser la dynamique du mouvement, en la soutenant, et de la stabiliser en posture, en la retenant. Wallon écrit : « **Le tonus accompagne le mouvement** pour en soutenir l'effort dans la mesure des résistances rencontrées, **mais il peut aussi s'en dissocier** et le transformer en attitude stable, c'est-à-dire en immobilité… Le tonus s'est **différencié** ((physiologiquement)) du mouvement pour lui donner plus de stabilité, plus d'élasticité, plus de force explosive, plus de diversité et de précision. Mais du même coup il est devenu **capable de s'y opposer en lui substituant une attitude**… l'automatisme cède le pas à **la représentation** ». Wallon décrit aussi, de manière fort concrète, cette conversion de la motricité clonique en motricité tonique, dont s'accompagne le processus de représentation : « à toute activité, même purement sensorielle ou mentale, répond une augmentation du tonus musculaire… si l'objet est mental, il semble qu'il y ait transfert des accommodations périphériques… en même temps s'opèrent les inhibitions périphériques nécessaires pour rompre ses contacts avec l'ambiance ou pour suspendre toute diversion motrice »[828].

---

826 Rorschach Hermann : 1953, 12-13 ; Beizmann Cécile : 1961, 172.

827 Binder H. (1932), cité par Loosli-Usteri : 1965, 52-53.

828 Wallon Henri : 1938 n° 103, 215, 295 ; 1956 c, 236. Souligné par nous.

Ces considérations permettent, nous semble-t-il, de jeter quelque **lumière** sur les **paradoxes liés à la nature de la réponse-mouvement**. De ce point de vue précis, la fonction tonico-posturale présente les deux propriétés énoncées ci-dessus : elle fournit un principe d'étayage au mouvement réel, cependant que la rétention de celui-ci sous forme de posture, en convertit la dynamique en image motrice, en mouvement représenté. Or, ces deux propriétés de l'activité tonique, assurer la stabilité du mouvement clonique, ou suspendre celui-ci en attitude stable, sont exclusives, bien que fonctionnellement reliées. Ce ne sont donc pas les mêmes sujets que caractérise l'habileté motrice, les extratensifs, et qui forment un nombre élevé d'images de mouvement, les introversifs. **Les deux catégories de sujets** mettent en œuvre, au niveau de leurs types respectifs de conduites : motricité gestuelle, ou mouvement représenté, les deux modes fondamentaux de l'activité tonico-posturale : étayage dynamique du geste moteur alloplastique, réduction de ce dernier sous forme d'un geste proprioplastique, d'une attitude en tant qu'image spatiale ouvrant la voie à l'image mentale. L'image de mouvement canalise sur le plan de l'espace mental l'impulsion au mouvement dont l'organisation posturale représente le point d'attache.

15.11. La notion de conscience gestuelle d'après Roland Doron (1971)

En fait, le problème particulier de la réponse kinesthésique dans le Rorschach nous renvoie, au point de vue épistémologique, au problème fondamental des rapports génétiques entre la conscience et le mouvement. C'est ce problème général que pose R. Doron dans *La conscience gestuelle* (1971), tout en l'articulant aussi par ailleurs à la question de la kinesthésie dans le Rorschach.

R. Doron part d'une proposition dont la valeur est désormais indiscutable pour la psychologie génétique, quels qu'en soient d'ailleurs les modèles particuliers donnés par les différents auteurs « le mouvement est indissociable de la conscience… apparaît comme lié d'existence et en perpétuelle action réciproque avec le psychisme ». Cependant, une telle relation ne se réduit pas à une simple interaction biologique entre l'individu et le milieu : « l'adaptation n'est pas le seul levier de l'évolution humaine… **l'homme ne fait pas que s'adapter** ». Même orientés vers l'action sur les choses, « les mouvements sont toujours chargés de significations intersubjectives ». Toute action à caractère intentionnel comporte de ce fait une charge expressive. Ainsi s'affirme « l'unité indissociable des facteurs biologiques et sociaux de la vie mentale ». Celle-ci apparaît dès le niveau le plus archaïque des conduites humaines, ainsi « l'unité psychomotrice et psychosociale vécue dans le sentiment de prestance » décrit par Wallon. Ce double caractère actif et expressif du mouvement comporte, à terme, un destin représentatif. R. Doron en voit le noyau dans une conscience gestuelle en tant qu' « unité de sens objectivée dans la situation ». Il s'agit d'une **forme de « proto-conscience »** (Spitz, Mucchielli), à situer au **niveau du cogito pré-réflexif** (Merleau-Ponty), à savoir « mon être à la chose par l'intermédiaire du corps »[829].

[829] Doron Roland : 1971, 30, 33, 35-37, 42-43, 45, 54-56, 146.

Par ailleurs, R. **Doron voit l'une des expressions de « la conscience gestuelle dans « les kinesthésies » du Rorschach »**. En même temps, il souligne l'importance de « cette grande loi de balancement entre les mouvements réels et les mouvements imaginés », dont il a beaucoup été question ci-dessus[830]. Notons que ce terme de balancement atténue sur un mode plus *soft* la notion classique plus dure d'opposition, voire d'antagonisme.

Dans ces conditions, le problème est de comprendre le double rapport de continuité et de rupture, de fondation et d'autonomisation du plan de l'image motrice par rapport à celui de la motricité effective. Apparemment, le « nouveau concept opérationnel de conscience gestuelle » se situerait à un niveau intermédiaire où « la différenciation entre action et expression n'a pas encore eu lieu », où l'activité est indissociablement celle d' « un sujet d'action ou d'expression ». Comme telle, cette notion serait susceptible d'assurer le relais entre le plan de la gestualité expressive et celui de sa projection symbolique. D'ailleurs, R. Doron **indique nettement la notion wallonienne** de tonus musculaire, « support fonctionnel de l'activité totale du sujet », comme le point nodal où doit être rattaché l'ensemble de la question.

De fait, l'activité tonique représente le substrat de toute forme d'action ou d'expression, le support de la motricité aussi bien que de la représentation, de l'activité « utilitaire »-alloplastique que de l'activité « spéculaire »-autoplastique[831].

Cependant, par sa dimension spéculaire, la fonction proprioplastique inverse en quelque sorte la direction de l'activité utilitaire initiale dont elle assure d'abord le soutien. « Au lieu d'être uniquement tournée vers le monde extérieur pour en modifier les rapports ((*donc alloplastique*)), elle devient une modification du sujet lui-même ((*donc autoplastique*)), dont les réactions ne sont plus façonnées par les seules nécessités du milieu, mais aussi selon des modèles extérieurs »[832]. Mais cette **évolution n'est paradoxale qu'en apparence**, car c'est la définition même de la fonction proprioplastique, telle que l'envisage Wallon (1936) que d'intégrer les deux dimensions centrifuge-centripète, allo- et autoplastique du comportement, distinguées à l'origine par Sandor Ferenczi (1919) et évoquées parfois aussi par Freud (1924)[833].

En fait, pour originale que soit la conception wallonienne du rapport conflictuel entre le plan de l'organisation motrice et celui de l'activité mentale, elle n'est pas sans évoquer un autre thème bien connu dans l'histoire de la psychologie. Dans une perspective un peu différente, et sans rapport direct avec les préoccupations psychobiologiques d'un Wallon, **Claparède** a formulé, en un aphorisme célèbre, que « la conscience naît de l'obstacle ». Les connotations qui se dégagent de cette formule d'apparence toute simple peuvent en fait se regrouper autour de

---

[830] Id., 62, 140.

[831] Id., 48, 51. Les termes « utilitaire » et « spéculaire » sont de Wallon : 1942 n° 113, 157 ; autoplastique et alloplastique de Sandor Ferenczi, repris par Lagache, tandis que Wallon propose de son côté proprioplastique et propriofectif.

[832] Wallon Henri : 1942 n° 113, 156-157.

[833] Voir Piéron Henri : 1951-1963, 314 ; Laplanche Jean, Pontalis Jean-Bertrand : 1967, 45.

l'idée principale de Wallon. L'inhibition de la motricité de réalisation induit, par une **forme de « saut »**, une transposition de la dynamique de l'activité sur le plan de la conscience, de l'image, de la représentation. Cependant, Wallon donne toute sa plénitude au thème en question, en le référant à une organisation fonctionnelle définie, l'activité tonico-posturale, notion apparemment tout à fait absente des vues de Claparède.

En définitive, les fonctions complémentaires et contradictoires de l'organisation tonico-posturale : étayage de la motricité de réalisation, et retournement de celle-ci en motricité d'attitude, permettraient de se représenter de façon assez commode les effets de « la loi de balancement » entre les deux formes, motrice et représentative, du mouvement. En particulier, on comprendrait que l'activité proprioplastique, par l'un de ses versants fonctionnels : **la stase du mouvement réel en attitude**, puisse fournir appui à la genèse de l'image de mouvement.

Mais s'il est vrai que la fonction proprioplastique joue, comme on a essayé de le montrer jusqu'ici, un rôle essentiel **dans les processus d'identification**, alors on s'expliquerait par ailleurs que **ces images de mouvement concernent de manière préférentielle des figures humaines**. Effectivement, les kinesthésies animales (**kan**) et les kinesthésies d'objet (**kob**) sont statistiquement beaucoup moins représentées[834]. Il serait intéressant d'étudier, dans des conditions expérimetales variées, si les représentations de contenu humain ont un rapport privilégié avec les images de mouvement. Par rapport à ce problème, on saisit très bien le caractère « artificialiste » des vues de Piaget, citées plus haut, dont la méthodologie accorde un privilège exclusif, dans l'étude des images kinesthésiques, à des dispositifs d'ordre strictement physique.

Un cas assez intéressant de la réponse K est celui où le ou les personnages humains sont interprétés non comme effectuant un mouvement « réel », mais comme suspendus en attitudes, investis par une tension tonique. On sait que Rorschach cotait K, ce qui ne se fait plus aujourd'hui, « deux chinois tombés morts » dans les D latéraux de la planche 5. Par contre, tout le monde s'accorde à coter K, planche 7, « deux femmes qui se dévisagent ». Ces personnages **humains perçus en état de tension posturale** illustrent, dans le fait, la propre situation de participation posturale du sujet dans la production de la réponse K. Ces interprétations se présentent comme une forme de projection en miroir, de déplacement spéculaire de l'investissement tonico-postural du sujet produisant la réponse. On pourrait dire que le caractère spéculaire impliqué dans la forme primitive des processus d'identification à la Gestalt humaine, apparaît dans de tels cas avec une sorte d'évidence expérimentale. La planche ne fonctionne-t-elle pas alors comme **un équivalent de miroir** ? D'ailleurs, l'image virtuelle propre à l'expérience spéculaire n'est-elle pas, en un sens physique et littéral, **un phénomène projectif** ?

---

834 Loosli-Usteri Marguerite : 1965, 56, donne un barème précis des K, mais pas des « kan » (« plus rares », 58) ni des kob (« très rares », 62).

CONCLUSION : AUJOURD'HUI ET DEMAIN

Questions d'actualité scientifique et politique

1. Une Renaissance de la psychologie expérimentale au Collège de France ?

Une hirondelle n'a jamais fait le printemps, même si elle est toujours la bienvenue.

La promotion récente de Stanislas Dehaene au Collège de France, qui y a développé la première année de son enseignement en 2005-2006, semble y avoir répété d'une certaine manière celle de Théodule Ribot quelque 120 ans plus tôt (psychologie expérimentale et comparée, 1889). Notre propos mérite explication.

Stanislas Dehaene, né à Roubaix le 12 mai 1965, entre, après l'école préparatoire Ste Geneviève à Versailles (1982-1984), à l'École normale supérieure (1984 -1989), dans la section mathématiques où il obtient successivement une Maîtrise de Mathématiques appliquées et Informatique (1985), un DEA en psychologie cognitive (1986), puis un doctorat de 3ème cycle en psychologie cognitive sous la direction à l'EHESS de Jacques Mehler (1989). Il est ensuite Chargé de Recherches INSERM au Laboratoire de Sciences Cognitives et Psycholinguistique de Paris (EHESS) dirigé par Jacques Mehler (1989-1999), en accomplissant d'abord dans ce cadre un séjour post-doctoral à l'Institute of Cognitive and Decision Sciences (University of Oregon - USA), dirigé par Michael Posner, (1992-1994), puis en étant nommé Directeur de Recherches à l'INSERM (1997-2005), soutenant alors une Habilitation à Diriger des Recherches (1998), avant de devenir à partir de 2002 Directeur du laboratoire Unicog, unité mixte INSERM-CEA 562 de Neuro-imagerie Cognitive au Service Hospitalier Frédéric-Joliot à Orsay. En septembre 2005, il a été élu professeur au Collège de France sur la chaire nouvellement créée de psychologie cognitive expérimentale, puis membre de l'Académie des Sciences le 29 novembre 2005. Sa leçon inaugurale au Collège de France a eu lieu le jeudi 27 avril 2006. La psychologie, y insistera l'auteur, avait été absente du Collège depuis près de 60 ans. Une anomalie vraiment sérieuse, ajouterons-nous, et qui ne peut s'expliquer que par la formidable médiocrité des candidatures envisageables à partir du cadre universitaire, à de rares exceptions près (Anzieu, Moscovici) depuis la mise à la retraite de Wallon (1949), dernier professeur de psychologie dans cette institution.

Stanislas Dehaene déclare dans la presse récente que le laboratoire qu'il dirige depuis quelque cinq années représente « le plus grand centre de neuro-imagerie cognitive de France », après avoir d'ailleurs annoncé depuis quelque temps sa transformation imminente en un « nouveau centre NeuroSpin[835], dont les équipements exceptionnels permettront d'aller encore plus loin dans l'analyse des fonctions cognitives humaines ».

Les travaux de Stanislas Dehaene qui exploitent conjointement les paradigmes de la psychologie cognitive et les méthodes de l'imagerie cérébrale (IRM fonctionnelle), portent sur les architectures cérébrales de l'arithmétique, ainsi que de la lecture, ce qui l'a amené d'emblée à s'intéresser à la dyscalculie et à la dyslexie, mais, aussi de manière élargie à partir d'une telle base à la problématique de l'accès conscient à partir de l'inconscient.

Stanislas Dehaene est le personnage central d'un noyau de chercheurs français contemporains auxquels nos travaux précédents nous ont déjà intéressés : Jacques Mehler (2006 a, 2006 b, 2007 b) qui l'a initié à la recherche en psychologie, mais aussi Jean-Pierre Changeux (2006 a, 2006 b, 2007 a, 2007 b), dans le voisinage de qui il a également parachevé sa formation, Lionel Naccache (2008 a), qui le présente lui-même comme son propre maître, et plus latéralement Olivier Houdé (2006a, 2006 b, 2007 b), qui semblerait lui emprunter dans sa propre présentation de la nouvelle psychologie de l'enfant, l'essentiel de ses considérations neulogiques à l'appui de ses propres développements sur la genèse du nombre chez l'enfant, mais sans d'ailleurs pour autant le citer beaucoup.

Nous ne reviendrons pas sur les analyses, assorties de réserves et de critiques de divers ordres, que nous avons été amené à formuler, dans des développements déjà assez amples, à l'égard de Changeux, Mehler et Houdé (réf. ci-dessus). Rappelons que Changeux n'a guère d'égard pour la psychologie qu'il propose tout simplement, dans la perspective qualifiée d'éliminationnisme, de réduire purement et simplement à la biologie cérébrale. Que Mehler développe en psychologie de l'enfant des vues d'un innéisme presque outré, que le modèle de l'activation-inhibition proposé par Houdé est de ce point de vue moins excessif, quitte à basculer dans toutes sortes de contradictions introduites par l'image d'un développement « biscornu », qui fait coexister de manière ingérable les notions d'avance et de retard dans la psychogenèse. Naccache, qui met en avant la notion de neuroscience cognitive, se trouve, on l'a vu, être extrêmement intéressé par cette forme particulière de psychologie qu'est la psychanalyse, alors qu'on est endroit de se demander si la position de Dehaene, tout en brandissant vers le public le drapeau d'une psychologie cognitive expérimentale, diffère fondamentalement, quant au principe, de celle de Changeux.

Mais ce qui nous intéresse particulièrement ici, c'est le fait que l'épuisement de la psychologie expérimentale à l'Université, sa totale déchéance même, dont l'ouvrage important d'Henriette Bloch récemment paru nous a donné l'occasion de compléter sans aucune équivoque le triste bilan (2007 b), à vrai dire déjà pressenti par nous depuis le début de nos travaux (2004), mais scellé dans la période toute récente de façon significative aussi par le démembrement et même la fermeture du grand Laboratoire historique de psychologie expérimentale de la

[835] CEA/SAC/DSV/DRM/NeuroSpin.

Sorbonne (Beaunis, Binet, Piéron, Fraisse, Noizet, Segui), n'a pas empêché l'événement surprenant que représente la création d'une chaire de psychologie cognitive expérimentale, occupé comme autrefois par un greffon venu de l'École Normale : de fait, le retour des normaliens Dehaene (promotion 1984), Changeux (pr. 1955) et Naccache (pr. 1988), dans le champ de la « psychologie », au collège de France ou dans ses parages (Naccache à La Salpêtrière) n'est pas sans rappeler la période de jadis où l'implantation et le développement ultérieur de la psychologie se sont produits sous les auspices de professeurs au Collège de France issus d'une formation normalienne : à l'origine donc Ribot (pr. 1862, 1889), puis Janet (pr. 1879, psychologie expérimentale et comparée 1902) enfin Wallon (pr. 1899, psychologie et éducation de l'enfance 1937) et après lui d'une certaine manière encore Merleau-Ponty (pr. 1926, philosophie 1952)[836]. A une différence très importante près, c'est que cette ancienne génération normalienne venait de l'agrégation de philosophie, alors que la nouvelle est issue des mathématiques (Changeux, Dehaene) ou de la biochimie (Naccache).

Stanislas Dehaene est une personnalité scientifique aujourd'hui surchargée de responsabilités administratives importantes, comblée de distinctions et de prix scientifiques de toutes espèces[837], fêtée par les médias, comme aucun de ses prédécesseurs en psychologie scientifique ne l'a jamais été - ainsi présenté par exemple comme le tout premier de « ces chercheurs que le monde entier nous envie »[838]. Au point qu'il n'est **pas aujourd'hui possible de formuler dans tout l'éventail de la presse, de droite comme de gauche, la moindre critique contre le « cognitivisme »**, identifié purement et simplement à la qualité scientifique et à la science de pointe, avec tous les effets de halo et d'illusion liés à un tel état de chose. Entre autres la sujétion de plus en marquée, qui n'apparaît faire problème qu'à fort peu de membres de l'élite intellectuelle, de la culture européenne au paradigme de la culture états-unienne, laquelle colonise progressivement l'ensemble des secteurs modernes mais aussi traditionnels, de la civilisation mère dont elle d'abord été issue, effaçant la spécificité des premiers, et vouant même les seconds à l'effacement progressif.

Il est entendu que la qualité scientifique et intellectuelle de cette nouvelle génération des « normaliens psychologues » est à cent coudées de ce qu'elle était devenue dans l'institution universitaire depuis l'effacement des Lagache, Favez-Boutonier, Anzieu surtout - Zazzo et Oléron à la rigueur encore. Rappelons également l'acharnement de toute la discipline à trucider les philosophes jadis intéressés par la psychologie, à repousser depuis 60 ans la perspective de la création

[836] Maurice Merleau-Ponty (1908-1961) a enseigné la psychologie de l'enfant d'abord à l'université de Lyon (1945-1949), puis à la Sorbonne (1949-1952), avant de poursuivre un enseignement pour l'essentiel du même contenu dans sa chaire de philosophie au Collège de France (1952-1961). Piaget l'a beaucoup critiqué dans *Sagesse et illusions de la philosophie*, Paris, PUF, 1965.

[837] Dont le prix Louis D. de la Fondation de France (avec D. Le Bihan), le prix Jean-Louis Signoret de la fondation IPSEN, la *centennial fellowship* de la fondation américaine McDonnell, et le prix Boehringer-Ingelheim de la Fédération Européenne des Neurosciences.

[838] *Marianne* n° 559 du 5-11/1/2008, 58-59.

d'une agrégation de psychologie, alors qu'il en existe non seulement dans toutes les disciplines traditionnelles, y compris le droit et la médecine (récemment supprimée)[839], mais même dans les disciplines dites nouvelles - apparues après 1968 - telles que les sciences sociales, et les sciences économiques.

Dans le fait, un regard attentif, à propos de la personnalité scientifique assurément très douée de Stanislas Dehaene, quitte à y reconnaître un degré de virtuosité jamais atteint dans le maniement de l'appareil méthodologique (imagerie médicale), n'en serait pas moins préoccupé par le poids idéologico-scientifique particulier qu'y représentent justement la composante cognitive, disons même la psychophilosophie cognitiviste.

On éprouve le sentiment, à fréquenter un peu la pensée de S. Dehaene, que la psychologie y recommence, y refait ses débuts, en dépit et sous le masque de remarquables avancées technologiques, avec un long tour en spirale vers l'arrière - un mécanisme de la pensée moderne dont nous avons assez souvent parlé depuis 2004, à un niveau non pas inférieur, mais disons basique, au niveau de Cabanis, de Gall et de Weber, plutôt même que de Ribot, de Janet et de Wallon. On tend à reprendre la fondation de la psychologie à partir même des années 1830 (loi de Weber), et même avant, ce qui n'étonne plus à une époque où certains se sont vantés même de faire retour justement à la phrénologie de Gall (Fodor), si ce n'est tout aussi bien à la pensée-secrétion-du-cerveau d'un Cabanis.

Ce que nous avons dit précédemment (2006 a, 2007 b) des conceptions du neurobiologiste Gerald Edelman, condamnant résolument toute « philosophie de l'ordinateur » importée dans les sciences de la vie aussi bien que de l'esprit nous le faisait alors apparaître comme un créateur plus imaginatif et plus excitant que Changeux, et la même impression prévaudrait à l'égard de son voisin et cousin en pensée Dehaene - alors que Naccache nous paraîtrait bien plus ouvert, par son étrange passion pour la psychanalyse, totalement absente chez Changeux et peut-être davantage encore chez Dehaene - ce que l'avenir confirmera ou non.

On ne sait jamais très bien, à lire les textes de Dehaene dont on dispose, si son style de modélisation le fait pencher du côté des neurosciences ou bien des sciences cognitives, du côté de la machine organique ou bien de l'organisme artificiel, bref du côté de la biologie ou plutôt de l'informatique, ce qui n'a jamais été très net chez Changeux non plus, alors qu'Edelman, assez peu cité par la nouvelle génération française, prend nettement parti pour la première option plutôt que pour la seconde.

Une remarque s'impose aussi concernant le caractère implicitement technocratique du paradigme, régnant de manière intrusive, des sciences du cerveau, de l'esprit-cerveau. Tout se passe comme si une telle métonymie, réduisant le tout à la partie, la notion de l'esprit-corps à celle de soi plus restreinte d'esprit-cerveau,

---

[839] Ce qui marque une certaine volonté du pouvoir politique de réorganiser les disciplines médicales à un niveau moins élevé et moins coûteux, dans le sens d'un ensemble de techniques vétérinaires destinées à gérer la santé minimale des troupeaux humains, ceci du reste avec l'assentiment et même la complicité d'une large partie de l'*establishment* de la médecine.

soit encore de l'organisme global à son seul organe de commande, recouvrait le même genre de méprise que font toujours justement, et sans jamais penser à mal évidemment, les technocrates, à rabattre la description d'une entreprise à celle du profil de son instance dirigeante, disons même la masse des salariés à la politique industrielle de leur président-directeur-général. Il y aurait là une forme de projection d'un modèle social sur la réalité scientifique (ce que nous avons appelé l'argument kantien de type K 2, 2007 b, 2008 a). S. Dehaene semble obéir à une telle sollicitation implicite, qui se présente même sous sa plume dès les premières lignes de sa leçon, avec l'évidence d'une « idée claire et distincte », comme eût notre excellent René Descartes : « Comment s'organise la chaîne de commande, depuis la perception jusqu'à l'acte moteur ? ». Comme si la psychologie, fût-elle cognitive et expérimentale, ne pouvait se réduire qu'à cela. On dirait du Watson - encore un retour paradoxal en arrière, sans qu'il soit non plus question de faire de S. Dehaene un watsonien.

2. Le projet ancien et nouveau d'une science de la vie mentale

La leçon inaugurale au Collège de France de Stanislas Dehaene a été publiée tout récemment sous le titre *Vers une science de la vie mentale*[840], ce qui n'est évidemment pas sans évoquer l'usage antérieur, et fort rare depuis, de la même notion de « vie mentale » par Wallon (1938) - son prédécesseur au Collège et qu'il ne mentionne pas, et même par W. James (1890). Le cours pour l'année 2007-2008 a été consacré aux « Fondements cognitifs de l'arithmétique élémentaire », cependant que le séminaire conjoint portait sur « La représentation du nombre chez l'enfant », ce dernier titre évoquant de très près celui d'un célèbre ouvrage de Jean Piaget sur la même question. Il existe par ailleurs sur Internet un « résumé des cours 2005-2006 ».

À propos de Piaget, dont on a vu à quel point il était critiqué de manière plutôt ambiguë par Houdé touchant cette question du nombre, on dira seulement que la proposition selon laquelle les structures logico-mathématiques trouvent leurs assises dans les coordinations générales de l'action, liées aux modalités typiques de l'activité spontanée et originaire de l'organisme vivant (réunir, séparer, etc.), et ce à un niveau antérieur à, et indépendant de tout langage, représente l'une des thèses cardinales de l'épistémologie piagétienne – d'ailleurs à certains égards contestable[841]. Ce à propos de quoi il semble bien que S. Dehaene ne soutienne guère autre chose, même si c'est au moyen de méthodes d'observation et de recueil des données considérablement plus sophistiquées, et même si un tel style d'observation comporte l'inconvénient d'une centration métonymique exclusive sur la matière cérébrale, aux dépens d'une observation naturelle du comportement global. Mais de ce côté, on fait reproche à Piaget d'avoir vu les choses bien trop

[840] Dehaene Stanislas : 2006, *Vers une science de la vie mentale*, Collège de France/Fayard, 13-19, 21-22, 30-37, 41-45, 47-48, 50-54, 56-59, 62-64, 66-71, 73-74, 77-79, 83, 86.

[841] Les logiciens et mathématiciens de tendance conventionnaliste et/ou qui se rattachent peu ou prou au Cercle de Vienne, accordent beaucoup plus d'importance au langage, dans la tradition condillacienne de la science comme langue bien faite.

tard - quand ce n'est pas, à d'autres égards, et comme on a vu que le faisait Houdé, qu'il les a vues bien trop tôt[842].

L'hypervalorisation des méthodes modernes d'observation semble cacher de nos jours la difficulté que celle-ci peut très bien recouvrir la présence sous-jacente d'une doctrine implicitement admise sans être jamais remise en question - celle d'un substrat de cognition justement révélé tel quel, comme une sorte de pépite, par la puissante méthode de l'imagerie. Comme si la pure observation, « le fait que la modélisation et l'imagerie mettent en relation directe avec les données objectives de l'architecture cérébrale », ouvrait de soi la porte à la juste interprétation. Les déclarations de S. Dehaene à cet égard témoignent d'un engagement personnel et même affectif très marqué : « Jacques Mehler m'a transmis sa rigueur[843] et sa passion pour la psychologie expérimentale... Tout est maintenant ouvert avec les avancées vertigineuses de la technique... **Je crois profondément** à un renouveau du programme psychophysique de Weber, Fechner, Wundt, Ribot, Piéron, mais un programme qui, devenu neuro-physique, irait au-delà de la simple description des lois psychologiques formelles pour s'ancrer sans ambiguïté, au niveau neuronal... Je mesure **l'immense chance** que nous avons de vivre un temps où les avancées conjointes de la psychologie et de la neuro-imagerie cognitives laissent entrevoir **de rendre enfin visible, comme à crâne ouvert, l'invisible de la pensée** ».

Certes. Mais de ce point de vue, il serait avisé de rappeler une remarque fort pointue du grand Jean Rostand, dans son *Esquisse d'une histoire de la biologie* (1945)[844], à propos des premières observations faites au 17ème siècle à l'aide des premiers microscopes - et Houdé qualifie justement de nouveau microscope de l'esprit la neuro-imagerie moderne - , touchant le fait que certains observateurs de l'époque « font état de faits précis, mais qu'ils interprètent mal et dont ils tirent des conséquences fantastiques », alors que d'autres, rebutés par la bizarrerie de telles hypothèses fondés sur des faits exacts, ne savent y opposer que d'autres doctrines tout aussi « grossières ». On peut voir juste et penser faux, et être réfuté de façon tout aussi fausse.

La lecture attentive de la leçon inaugurale intitulée *Vers une science de la vie mentale* pose à l'expert qualifié en psychologie un certain nombre de questions préoccupantes. Nous nous bornerons seulement à quelques remarques.

Nos propos ne seront peut-être pas toujours très faciles à lire, et notre écriture sera ce qu'elle pourra. Il convient que le lecteur garde à l'esprit que **la psychologie-et-la-psychanalyse**, qui portent sur l'objet le plus concret et le plus complexe - idée toujours fort juste d'Auguste Comte - **sont les plus difficiles de toutes les sciences**, ni plus ni moins, malgré le vif appétit de vulgarisation d'un large public, et en dépit du fait que les pouvoirs, de nature politique, administrative et médiatique, traitent le plus souvent les usagers de telles disciplines -

842 Par exemple à propos du raisonnement et des opérations logico-mathématiques formelles.
843 On a vu qu'à cet égard les choses étaient loin d'être si simples (2006 a).
844 Rostand Jean : *Esquisse d'une histoire de la biologie*, Paris, Gallimard, 1945, 32.

enseignants, chercheurs, praticiens, étudiants, patients, public éclairé, comme au niveau de l'école maternelle, quand ce n'est pas comme un troupeau à canaliser, à bousculer et même à flageller sans merci. Commençons.

Pour servir de cadre théorique à l'appui des « avancées vertigineuses de la technique », S. Dehaene fait appel à **des notions en fait très anciennes**, si ce n'est même triviales de l'histoire de la psychologie et des sciences connexes, en les recollant dans un ensemble d'apparence rénovée, à la manière de pièces d'occasion dont on ferait un véhicule tous terrains, ou peut-être encore dans le genre d'un collage dans le style de Max Ernst. Les mauvaises langues diraient tout simplement : juste un collier de perles. Voyons cela :

La double loi de Weber et Fechner (1831, 1860), rénovée par la loi dite de détection du signal de Stevens[845] (1962) ouvrant sur un modèle d'ensemble de la décision perceptive (ayant débouché lui-même dans l'histoire sur le modèle dit de la théorie des jeux), le modèle mathématique des probabilités séquentielles (dont les chaînes de Markov représentaient dans les années 70 une illustration très à la mode en linguistique post-béhavioriste), la machine de Turing (modèle théorique de notre ordinateur quotidien), plus quelques autres gadgets du genre : contrôle « de haut en bas », dit processus *top-down*, que vous trouverez dans le tout venant des quelques manuels de psychologie disponibles en langue française. Il faudra aussi y ajouter le moment venu, pour faire plus vrai, des « mécanismes de récompense qui biaisent la prise de décision », des « biais émotionnels » associés à des « réactions viscérales » (Damasio). Sans oublier pour chapeauter le tout, les notions traditionnelles venues de l'ancienne psychologie, mais rénovées par la psychologie cognitive des dernières décennies, d'attention et de conscience. Rien de très neuf, dans cet arsenal théorique, même si les techniques d'observation sont ultrasophistiquées. Quitte à rappeler les dangers du piège constamment tendu aujourd'hui, d'ailleurs lié à l'épistémologie empiriste anglo-saxonne, de la confusion entre la science fondamentale et ses applications, entre le procès de théorisation et les méthodologies qui l'appuient, entre l'interprétation et l'observation dont celle-ci s'alimente.

Notons en passant que Piaget dans les années 50 et suivantes avait été un moment très intéressé par le mécanisme des probabilités séquentielles pour expliquer les diverses espèces de stratégies cognitives, de caractère à la fois intra- et interstadiale qu'il cherchait à décrire. La probabilité, c'est la désignation mathématique de ce qu'il y a d'à jamais indécidable, imprévisible, spontané - osez dire libre - dans le jaillissement de l'énergie psychique, dans le dynamisme de la vie mentale.

Assurément, recoller la loi de Weber à la machine de Turing, cela est neuf, il fallait y penser, mais la question est de savoir où cela peut mener. On y revient dans un instant.

---

845 Très curieusement, ce nom très célèbre n'est jamais cité, soit par ignorance (?), soit parce que sa réinterprétation de la loi de Fechner est restée très discutée, ce qui représente peut-être un pilier fragile pour une nouvelle « science de la vie mentale ».

La psychologie cognitive, soutient l'auteur, est « partie intégrante des sciences de la vie », se ralliant de cette manière à une définition traditionnelle depuis au moins Herbart (1816-1825), dans le courant de la réaction post-hégélienne, qui consiste à situer la psychologie dans la cadre de la « science de la nature » plutôt que dans celui de la « science de l'esprit », comme le faisait encore Hegel (1817), dans l'intéressante « Psychologie » exposée dans son *Encyclopédie* (*Naturwissenschaft* vs *Geisteswissenschaft*). Rappelons que Freud voit dans la psychanalyse - une « nouvelle psychologie » - à la fois et dialectiquement, une « science naturelle » en même temps qu'un « pont vers les sciences de l'esprit ». Et que Wallon pour sa part insère la psychologie à l'articulation des sciences de la nature et des sciences sociales, ce qui n'est pas rappeler, d'une certaine manière, la propre position de Freud.

S. Dehaene insiste beaucoup sur le caractère en droit interdisciplinaire de la psychologie - mobilisant « psychologues, linguistes, anthropologues, éthologues, physiologistes, médecins, physiciens, mathématiciens », tout en indiquant des programmes de recherche aboutissant à récupérer la **tradition de la riche méthode comparative**, qui a marqué la grande période fondatrice de la psychologie française, avec des effets encore sensibles jusqu'aux années 50 : comparaison du normal avec le pathologique[846], elle-même croisée avec d'autres systèmes de comparaison entre le jeune enfant, le primitif, l'animal aussi[847]. C'est le genre même de paradigme méthodologique, mis en jeu de façons diverses, par Ribot, Janet, Blondel, Lévy-Bruhl, Dumas, Wallon, - Freud aussi, et dont les prises de risque et même les dangers ont toujours été aussi grands que la fécondité scientifique et l'intérêt culturel.

En fait, cet appel à l'interdisciplinarité s'avère par ailleurs contrarié par la pente vers une forme de réductionnisme, et de style même incontestablement physicaliste : il s'agirait de se mettre à la « recherche de lois universelles en psychologie... aussi solides et universelles que peuvent l'être les lois de la physique... en fait des formulations provisoires dans un langage mathématique imparfait et propre à l'espèce humaine... des outils mathématiques élémentaires peuvent encore mener à des progrès importants... En premier lieu interviennent des lois physiques, chimiques et biologiques... puis un niveau de description que l'on pourrait qualifier d'algorithmique... Un modèle mathématique simplicissime rend compte d'un comportement complexe ». Faut-il alors que ce soient la physique et les mathématiques qui donnent leurs couleurs à la psychologie cognitive plutôt que les sciences de la vie, dont il a été plus haut question ? Ce n'est tout de même pas le même accent.

Cette **pente vers le physicalisme** limite aussi d'une autre manière l'ampleur quant à la démarche et la largeur de vue dont se réclame l'esprit d'interdisciplinarité invoqué précédemment : « L'exemple de la physique nous a montré

[846] Intérêt pour la dyscalculie et la dyslexie.

[847] Parmi lesquels, entre autres, le singe, et surtout d'ailleurs le macaque, plutôt que les anthropoïdes supérieurs (chimpanzés, gorilles) devenus plutôt clairsemés, si ce n'est même absents dans la recherche toute récente, sauf cas rares (Hauser, 2005), sans doute à cause de leur raréfaction, à titre d'espèces en voie de disparition.

que l'étude obstinée d'une question étroite donnait accès à la structure intime du monde naturel ».

On ressent donc que **la contradiction sous-tend de partout le discours raisonnable**, la démarche rationnelle de l'auteur, ce qui ne cause aucune surprise à l'égard du thème kantien qui nous est familier (argument de type K 3), touchant le fait que tout discours scientifique se présente presque invariablement sous forme de deux lignées de contenus du type de la thèse et de l'antithèse, dans le cadre donc d'une antinomie logique, dont la question est toujours de savoir dans quelle mesure la synthèse des deux composantes antagonistes en est possible ou non.

Ainsi dans la période actuelle, une polémique se déroule, en paléontologie humaine, avec des arguments tout aussi convaincants de part et d'autre, entre ceux qui soutiennent la thèse que l'évolution humaine est virtuellement achevée (Kenneth Kidd, André Langaney, University of Yale), alors que d'autres défendent l'antithèse que celle-ci, non seulement se poursuit, mais même n'a jamais été aussi rapide (John Hawks, Henry Harpending, University of Wisconsin).

Le même genre de contradiction apparaît, dans les propos de S. Dehaene, touchant la question de savoir dans quelle mesure le cerveau humain est assimilable ou non à **une machine de Turing** : c'est un hyper-ordinateur, qui, voyez-vous, n'est pas vraiment non plus un ordinateur. Ainsi, « tout indique que l'architecture du cerveau ne ressemble en rien à une architecture classique. C'est une étonnante machine comprenant de multiples niveaux d'architecture enchâssés et massivement parallèles. Avec cent millions de processeurs, un million de milliards de connexions, cette structure reste **sans équivalent en informatique**, et ce serait une erreur profonde de penser que la métaphore de l'ordinateur puisse s'y appliquer sans modifications ». Mais aussi bien le cerveau use, avec mots et chiffres, de « symboles qui donnent accès à des algorithmes séquentiels de calcul exact. C'est à ce niveau, et à ce seul niveau, que le cerveau peut être directement comparé à une machine de Turing - un bien pauvre ordinateur en réalité, un million de fois plus lent que la moindre calculatrice »[848].

3. Il s'agit d'abord pour l'homme mondialisé de bien savoir compter

Le premier registre d'intérêt majeur de S. Dehaene concerne la question du nombre, à propos de laquelle il défend « l'origine ancienne des concepts arithmétiques », de l'activité « mathématique qui trouve ses racines dans les représentations mentales structurées que nous héritons de notre évolution : le sens du nombre, de l'espace, du temps », notions qui, on le remarquera, fournissent le cadre et la thématique de presque toute la première partie de la *Critique de la raison pure* de Kant (esthétique et analytique transcendantales)[849]. En tout cas, « *Homo sapiens* a hérité de ces capacités proto-arithmétiques… les concepts (arithmétiques

[848] On a vu (2006 a, 2007 b) que Gerald Edelman réfute totalement l'analogie même partielle du cerveau avec un ordinateur, de même que l'assimilation du processus de pensée à une forme de calcul, proposée régulièrement sous toutes sortes de formes récurrentes par et depuis Jerry Fodor.

[849] Ce que ne manque pas de noter d'ailleurs S. Dehaene, si rapidement que ce soit.

et géométriques) fondamentaux sont tous présents sous une forme proto-mathématique, avant que nous ayons les mots pour le dire ».

Dès les années 50, « les travaux d'Otto Köhler démontrent que le concept de nombre est accessible à de nombreuses espèces animales... Des dizaines d'expériences, conduites notamment par Herb Terrace et Élizabeth Brannon (2006), ont aujourd'hui prolongé ces démonstrations pour monter que l'estimation, la comparaison, et la calcul de quantités numériques approximatives sont accessibles, non seulement aux primates non humains, mais également aux rongeurs, aux oiseaux, aux dauphins, à certains reptiles ». Dans le même sens, les observations de Marc Hauser montrent que des chimpanzés, avant d'agresser un adversaire, évaluent si leur coalition est suffisamment nombreuse - un comportement également observé chez les dauphins et les lions »[850].

Plus loin, on note que « Jean Piaget, pionnier du développement cognitif, a conçu des expériences qui, en proposant des situations de conflit cognitif difficiles à gérer par le cerveau de l'enfant, sous-estimaient les compétences numériques précoces ». En fait, « le sens des nombres existe très tôt chez le nourrisson » (L. Feigeison, 2004 ; K. Wynn, E. Spelke), constat « réfutant ainsi l'idée d'une lente construction logique qui s'étalerait tout au long de l'enfance ».

On a vu que O. Houdé (2002, 2006), appartenant au même cercle de chercheurs contemporains que S. Dehaene, tient à peu près le même discours, et on n'abordera pas ici et sur ce sujet la question du droit de priorité entre ces deux auteurs. On a déjà dit aussi qu'une discussion épistémologique délicate serait nécessaire pour savoir si le même mot de « nombre » recouvre la même chose dans les deux perspectives différentes - la récente et celle de Piaget, ce qui est très souvent la question en psychologie, et par ailleurs, qu'il s'agit également de se demander pourquoi les expériences de Piaget, par « interrogatoires serrés d'enfants », continuent à marcher, même réfutées sur le plan théorique.

En tout état de cause, « les lois psychophysiques de l'arithmétique mentale » - on aura à revenir sur ce terme de psychophysique, un peu étrange et en tout cas inédit en un tel domaine - confirment les vues précédentes, touchant « la présence de compétences numériques chez le nourrisson, avant même l'acquisition des premiers mots, soulignant la possibilité d'une pensée abstraite sans langage »[851], avec pour effet de rejoindre les préoccupations de « l'anthropologie cognitive : dégager, par delà la variabilité des langues et des cultures, des structures mentales

---

[850] Ce type de constat est tout de même difficile à tester par des méthodologies rigoureuses et incontestables, et nous rapproche plutôt des « histoires animales » rapportées depuis l'Antiquité et la période médiévale, et en soi du reste intéressantes. Les résultats très anciens d'O. Koehler et aussi de Woodrow sont mentionnés dans *La psychologie animale* de Guillaume (1940), qui précise qu'ils ont été obtenus par voie de dressage, ce qui invalide d'emblée au moins dans ces cas l'hypothèse de capacités natives. À ce compte, il faudrait y ajouter le fameux cheval Kluge Hans auquel son maître le professeur de mathématiques M. von Osten avait jadis appris à compter en frappant du sabot.

[851] On se demande si cette idée a quelque chose à voir avec la notion, dégagée jadis par l'école de Wurzbourg, d'une pensée sans image, ce qui n'est pas non plus la même chose. L'exposé de Dehaene nous fait buter à tout instant sur des données anciennes et soi-disant dépassées de l'histoire des idées.

universelles[852] », ainsi par exemple « la présence d'une intuition arithmétique sans langage chez des peuples lointains. Mon collègue linguiste Pierre Pica (2004) a ainsi examiné les compétences mathématiques d'un peuple d'Amazonie, les Mundukurus, qui n'ont de mots que pour les petits nombres de un à cinq »[853].

S. Dehaene prend le risque - dans l'esprit d'une sorte de **néokantisme recyclé par Darwin** - de soutenir que « l'expérimentation a permis de dégager, au sein de ce noyau de compétences, des lois simples et universelles, valides chez l'homme adulte comme chez le bébé et l'animal ». On a utilisé pour ce faire « un test très simple d'utilisation du nombre » (8, ou alors 21 sont-ils plus grands ou plus petits que 16 ?), permettant de mettre en jeu la célèbre loi de Weber-Fechner, que leurs auteurs avaient formulée à l'origine (1820, 1860) à partir de la comparaison couplée de sensations d'intensité plus ou moins proche.

Le résultat est alors trivial et sans surprise : il va de soi que **la loi de Weber-Fechner s'applique de manière tautologique** à toute forme de matériel (sensations, perceptions et même concepts, numériques voire ordinaux) dès que celui-ci est compacté dans des échelles d'intensité (même supputative). C'est alors un peu comme si on s'intéressait au fait de savoir si la loi de la pesanteur vaut également pour le bois ou le plomb, ou si la même syntaxe française générale intervient dans les tragédies de Racine, ou bien les titres de Proust. La réponse sera toujours oui, dans le cadre de la science… expliquée aux enfants du Cours élémentaire.

On laissera de côté les redoutables questions de savoir comment ce type de test, usant du paradigme méthodologique artificialiste et complètement épuisé du temps de réaction, est transposable de l'adulte normal chez l'adulte cérébrolésé, chez le nourrisson, chez le primitif Amazonien, chez le serpent… puisque ce sont de tels « sujets » que l'on invoque aussi au profit de lois universelles. Comment ce type de test, dans le même esprit que celui de l'ancien laboratoire de Wundt à Leipzig, se recommande dans l'approche de la réalité mentale du nombre, plus que les observations de caractère naturaliste et écologique bien plus évident d'un Piaget. On ne peut pas discuter de telles questions ici, pas plus que dans des articles de revues à comités de lecture limités à 10 pages.

Notons seulement qu'avec une telle utilisation de la loi de Weber-Fechner, on se trouve dans le cas bien connu de la confusion du possible avec le réel - type de paralogisme décrit par le génie de Kant et que nous avons appelé précédemment argument kantien de type K 2, en homologie d'ailleurs avec la *self-filfulling prophecy*, la prophétie auto-réalisatrice, de Robert King Merton et Orne - s'agissant

---

852 Cette idée, rigoriste et à la limite d'un apriorisme rigide, est bien plus proche de l'esprit de Chomsky que de celui de Piaget, qui avait déjà admis, une certaine relativité culturelle de ses résultats trouvés sur les populations genevoises.

853 De telles données nous remettent en présence en quelque façon dans l'esprit des anciennes histoires de voyageurs, qui ont certes leur valeur, on l'a dit. Cependant, l'anthropologie primitive de Lévy-Bruhl, plaidant pour une prélogique originale des populations primitives, et continuée d'une certaine manière aussi par Lévi-Strauss, comporte un sens de la relativité bien plus aigu que l'espèce d'universalisme dont il est fait état ici. Par ailleurs, le néokantisme recyclé par Darwin dont on va parler juste à l'instant existe de nos jours sous plusieurs formes et masques (Piaget, Konrad Lorenz).

ici de la projection d'un universel possible sur l'ensemble de l'univers réel, sur l'universalité du réel. La loi de Weber-Fechner, dès que le matériel est arrangé de manière convenable, en échelles graduées selon le plus et le moins[854], ce que l'on peut faire avec n'importe quoi, marchera à tous les coups. Comme les **tours de prestidigitation**, où l'on voit la souris entrer par la poche de l'opérateur et ressortir par son chapeau. Effets qui sont crédibles, fiables, répétables, font l'objet d'un commun accord, et dont l'agencement requiert beaucoup de talent. Cela est assurément objet de certitude, ce qui marche à tous les coups, *isn't* ?

Le caractère hautement sophistiqué des nouvelles techniques d'observation n'empêche pas que surgissent partout, sous les yeux et même sous les pieds du lecteur attentif, **de très grandes ambiguïtés d'ordre épistémologique, et même philosophique** : on en verra par exemple encore une autre dans l'impossibilité aujourd'hui courante en psychologie - ce dont on a parlé déjà parlé ailleurs (2006 b, 2007 b) - de distinguer entre perception et concept, au point même que S. Dehaene prend carrément le risque, fût-ce au conditionnel, de transférer leur assimilation, en fait leur confusion, au niveau neural : « Les lois de la psychophysique, souvent dérivables de la statistique bayésienne, suggèrent que les principes de codage cérébral pourraient être similaires aux niveaux perceptif et conceptuel ». Cela n'est pas étonnant que l'universelle loi de Weber-Fechner, en fenêtre ouverte à tout vent, permette de faire un joyeux cocktail des perceptions et des concepts, et ce n'est assurément pas non plus au niveau neural que pourra jamais s'en offrir la différenciation - la chose relevant probablement, comme dit Pascal, « d'un autre ordre ».

La perspective physicaliste de l'auteur, dont on a parlé ci-dessus, lui fait prendre également le risque, ce que peut faire comprendre sa formation initiale dans les sciences dures, de se fonder sur cette espèce de chimère - selon nous - qu'il appelle « le parallèle entre l'histoire de la psychologie et celle de la physique », laquelle a parfois anticipé ses objets théoriques bien avant de les découvrir - ainsi le neutrino seulement postulé en pensée par Pauli en 1936 avant de n'être détecté qu'en 1956. De même, « la psychologie cognitive commence à connaître, toutes proportions gardées, des succès similaires dans **la naturalisation de ses objets** théoriques... Il existerait donc des « neurones détecteurs de nombres », codant par exemple pour quatre ou cinq objets... Les modèles psychologiques - en tout cas, les bons modèles - auront vocation à se vérifier au niveau neuronal ».

Déjà pressentie dans des travaux anciens sur les blessés de guerre (Henschen et Gerstmann, 1920), « la région intrapariétale pourrait bien abriter, chez tous les primates, les neurones détecteurs de nombres postulés par la théorie », ainsi que le montre par ailleurs « l'électrophysiologie chez le singe macaque ». On nous garantit donc et **on nous demande de croire sur parole, en quelques lignes comme toujours** chez ces auteurs en vue et requis de se faire comprendre

---

[854] Rien de tout cela n'est nouveau : les différents types d'échelles conçus en psychologie sociale (Guttman, Likert, Thurstone), et expérimentale (différenciateur sémantique d'Osgood) sont de même structure que la loi prototypique de Weber-Fechner.

par un vaste public, qu'il existe chez le macaque une très petite, une microzone abritant des « neurones des nombres », en correspondance exacte avec la même localisation chez l'homme, dans un cerveau d'apparence aussi différente à en considérer l'image superficielle,[855] et chez une espèce de singe notablement bien plus éloignée de l'homme que le chimpanzé ou le gorille.

Mais voici que l'**on bascule à nouveau dans l'antithèse**. Car en fait, les localisations s'étendent sur un espace bien plus large que celui d'abord étroitement délimité - une telle antinomie est constante dans toute la littérature sur ce sujet depuis une vingtaine d'années : « Andreas Nieder et Earl Miller (2004), enregistrant (chez les macaques) dans la région préfrontale, puis dans la région intrapariétale profonde prédite par nos expériences d'imagerie cérébrale chez l'homme, découvrent que près de 20 % des neurones y sont sensibles aux nombres », du moins tels que ceux-ci peuvent se définir pour de tels animaux (on les entraîne à « juger »[856] qu'il y a autant dans l'ensemble A que dans un ensemble B) ».

La généralisation audacieuse de la loi de Weber-Fechner, déjà complétée dans les années 60 par le modèle de la loi de la décision de Stevens[857], va alors s'appuyer sur le modèle de la machine de Turing enrichi lui-même de l'hypothèse d'un fonctionnement réglé par la mathématique des probabilités séquentielles. Bien que cette vitrine arrangée par l'auteur apparaisse un peu compliquée, elle assemble des objets connus de manière triviale depuis des décennies, mais dont **l'organisation en un *new deal*** offre un profil scientifique astucieux, plausible, au surplus de présentation agréable et moderne pour la mentalité *machinewise*, « machinique », ou si l'on veut encore « mécanomaniaque » qui plaît de nos jours, répercutée à l'envi par les médias culturels.

« Lorsque nous effectuons des calculs symboliques - *ce qui signifie « penser » pour le courant partisan du cerveau-ordinateur* -, la loi de distance de Weber contribue à caractériser notre comportement », comme le proposent Moyer et Landauer (1967). Dans le cadre des évaluations quotidiennes soumises à des « fluctuations stochastiques » (ai-je entendu la sonnette de la porte ?), « le cerveau doit se

---

855 On nous prie de croire depuis des années que les cerveaux de l'homme et du macaque se ressemblent de façon étonnante au niveau fonctionnel, ce à quoi répugne complètement leur apparence visuelle, au moins au regard profane.

856 On ne dira pas - cela fait partie du perpétuel jeu de cache-cache de ce genre de littérature avec le lecteur, si ce *training* utilise un programme de conditionnement avec récompense, et ce que peut bien signifier « juger » pour un macaque, ce qui pose tout de même d'énormes problèmes d'évaluation méthodologique et d'interprétation scientifique.

857 La loi de Weber-Fechner prévoit que la perception d'un écart juste perceptible entre deux stimuli successifs s'accroît à mesure de l'échelle des intensités. Maurice Pradines l'interprétait jadis comme une loi de « distance », mot dont use également ici également Dehaene, dont la finalité adaptative visait à protéger l'organisme contre l'accroissement d'intensité des stimuli centripètes. La loi de Stevens, venue compléter la loi de Weber-Fechner, concerne la décision perceptive eu égard à la détection d'un signal, s'agissant de savoir si la présence ou l'absence du signal sont évaluées vraies ou fausses, décision dont on présume qu'elle peut être prise au hasard dans la zone d'indécision proche du seuil, et dont la signification très élémentaire ne peut qu'avoir une valeur métaphorique à l'égard des niveaux les plus élevés du comportement de prise de décision autonome.

comporter comme un statisticien qui collecte de multiples échantillons avant d'atteindre une conclusion ferme ».

S. Dehaene nous avoue bien volontiers que toute cette **cuisine nouvelle à partir de concepts anciens, la plupart du temps d'origine européenne, est due à des chercheurs états-uniens** - situation dont nous avons souvent signalé la fréquence depuis l'origine de nos travaux (2004) : « En 1947, le mathématicien Abraham Wald redécouvre l'algorithme de Turing et démontre qu'il constitue un mécanisme optimal d'inférence statistique séquentielle. Dans les années soixante, les psychologues Stone et Laming postulent que le cerveau humain utilise cette règle d'échantillonnage séquentiel... Dans ce modèle de marche aléatoire, le système de décision doit, dans un environnement neuronal bruité, repérer et extraire le signal pertinent ». Sans qu'il s'agisse, dans un premier temps d'autre chose que d'expliquer « la distribution des temps de réponses dans de nombreuses tâches cognitives simples », d'évaluer les paramètres d'une « chronométrie mentale de la décision ». Est-ce que c'est un « a » ou un « o », un « e » ou un « i » que je viens d'entendre au téléphone ? On voit comment ce nouveau modèle psycho-neuronal représente un pudding d'éléments divers, parmi lesquels, outre ceux déjà cités, se rencontrent aussi - avec le thème de la lutte contre le bruit - les anciennes idées de la théorie de l'information de Shannon et Weaver (1949).

Alors s'effectue **un premier saut périlleux**, et même un numéro de trapéziste sans filet, assurément d'une grande audace, devant les spectateurs ébahis du grand cirque scientifique : « L'intérêt de ce modèle, nous dit-on, est d'expliquer en détail la variabilité des décisions humaines ». Est-ce que je vais préparer Normal-Sup ou Polytechnique ? Il s'agit de bien autre chose alors que de savoir si j'ai entendu la sonnette de la porte. Lui fera-t-on crédit, au trapéziste, l'applaudirons-nous ? « L'ai-je bien descendu ? », chantait jadis la célèbre Mistinguett au non moins pétulant Maurice Chevalier à propos du grand escalier des Folies-Bergère. Dans un autre contexte encore, la question sera de savoir jusqu'à quel point le public accepte de laisser le cuisinier faire monter la mayonnaise. En même temps, l'auteur s'effraye quelque peu de son périlleux tour de trapèze vers les sphères les plus élevées de la décision, et il essaie d'en maintenir le mécanisme au ras des déterminants les plus matérialistes : « La faculté d'intégration temporelle se relie à la vitesse de réponse des récepteurs NMDA du glutamate, une prédiction qu'il faudra tester à l'avenir ».

Mais pourquoi tant vous inquiéter, alors que tout est si simple quant au principe - seulement fondé, savez-vous, sur une idée claire et distincte, donc de soi très cartésienne : « Conformément au projet défini (par Changeux) dans *L'homme neuronal*, la variabilité et l'illusoire libre-arbitre des décisions humaines se rattachent à des mécanismes neuronaux simples dont la dynamique gouverne notre comportement ». Rien de nouveau là-dedans non plus depuis l'animal-machine de Descartes, l'homme-machine de La Mettrie, l'homme-chien de Pavlov, l'homme-rat de Watson : pourquoi ne voudriez-vous pas de **l'homme-cerveau, doublé d'un robot-macaque**, de Changeux et Dehaene ?

Le lecteur s'aperçoit aussi, au fur et à mesure de sa lecture de la leçon inaugurale de S. Dehaene, que l'on quitte à un moment, de proche en proche, le plan du simple calcul numérique vers celui du calcul cognitif, en un sens cette fois bien plus métaphorique, soit du processus de pensée envisagé comme une espèce de « neurocalcul », comme disaient naguère Andler et col. (1992). Il faut alors envisager un nouvel espace théorique, celui des « lois neuronales de la décision », qui mobilisera lui-même un espace neuronal de localisations bien plus larges, fût-ce toujours à partir de la même métaphore organique périlleuse que représente à cet égard l'animal : « Le groupe de Michael Shadlen et William Newsome (1999) a enregistré l'activité de neurones du cortex préfrontal du macaque au cours d'une prise de décision perceptive... Des neurones intégrateurs - *on en vient progressivement à la notion bien plus ambitieuse d'intégration cognitive* – ont été observés dans la région pariétale latérale, le cortex frontal et le colliculus supérieur (*cette fois chez l'homme* ?). Leur **comportement** vient d'être **finement modélisé par la physique** des systèmes dynamiques ».

On insiste pour nous expliquer comment le principe d'une décision *libre* - mot refoulé mais qui insiste et fait retour par-dessous, pourra un jour sortir de la carcasse d'une machine de Turing, régie par un logiciel de gestion de l'aléatoire : « La nouvelle théorie indique **comment des décisions se prennent en nous** par brisure de symétrie dans un réseau stochastique et métastable. Dans cette théorie, **les lois psychologiques** de la chronométrie mentale[858] **se déduisent de la physique** statistique des réseaux neuronaux, et ceux-ci implémentent, en première approximation, l'algorithme de prise de décision de Turing ».

On nous présente alors, une fois bien préparé le terrain, le principe de la « décomposition d'une tâche cognitive », en trois temps - un peu comme le célèbre module de la dialectique hégélienne : « Trois systèmes cérébraux distincts, chacun affecté par un seul facteur, se déploient à un moment différent. Dès 110 millisecondes débute l'analyse visuelle, dans la région occipito-temporale de l'hémisphère gauche pour les mots écrits, et des deux hémisphères pour les chiffres arabes (« les chiffres et les lettres », disent les médias à propos des découvertes de l'auteur). À ce moment, aucune trace de sens ; seule domine l'extraction de la forme. Cependant, vers 190 millisecondes, la région intra pariétale entre en activité et le code change... Enfin, dès 250 millisecondes apparaissent les premiers effets de programmation motrice dans les cortex moteurs et moteurs... La sérialité de ces étapes n'est toutefois qu'approximative ».

4. L'homme qui lit : la structure analyse, tandis que la fonction globalise ?

Dans le programme général touchant les chiffres et les lettres, on en arrive cette fois aux « mécanismes de la reconnaissance visuelle des mots », autrement dit à la question aujourd'hui si débattue de la lecture, étant entendu qu'il convient d'abord, dans le cadre de notre « néophrénologie », de changer de localisations à

858 Expression moderne un peu pompeuse qui semble à peu près désigner ce qui s'appelait depuis l'ancêtre Wilhelm Wundt tout simplement temps de réaction.

l'égard de la question précédente du nombre : « Chaque région cérébrale contribue à une opération bien spécifique. En dehors de la région pariétale et du sens des nombres, la région occipito-temporale gauche est au moins aussi intéressante pour le psychologue. Cette région apparaît comme un nœud essentiel du réseau cérébral de la lecture » (Déjerine, 1892). À cet égard, il est assez singulier de voir S. Dehaene s'intéresser directement à la question du langage écrit - sujet à la mode et très débattu dans le champ de la politique éducative, **en sautant comme à pieds joints sur la question connexe et basique du langage oral**, comme si celle-ci avait été trop largement débattue pour que l'on trouve rapidement et à coups sûr de nouveaux aspects intéressants. On se demande si cette prise de parti méthodologique, épistémologique et même philosophique - tout cela à la fois - ne renfermerait pas le principe de certaines erreurs d'interprétation générale, par exemple à propos de la question si polémique de l'apprentissage de la lecture. On a parlé ailleurs des modèles récents en neuropsychologie, (2006 a ; Xavier Seron, 1993) aboutissant à supposer l'existence de deux voies requises par un tel apprentissage, l'une régie par un principe analytique dit « phénicien », l'autre par un principe global idéographique dit « chinois », lesquelles pourraient intervenir en se composant de manière différentielle selon les sujets, les étapes et les moments. Or, l'auteur ne nous dira pas un mot de son désaccord (?) avec ce modèle fort intéressant, préférant nous enseigner que l'examen par la neuro-imagerie ne nous montrerait rien d'autre qu'un fonctionnement de type analytique-syllabique - évidemment cher aux autorités de tutelle depuis un certain temps, pour des raisons de conservatisme pédagogique exigé à l'unisson d'un conservatisme socio-politique fondamental.

L'auteur est plutôt bref - prudent ? - sur un tel sujet, au moins dans sa Leçon inaugurale. Il nous déclare d'abord que « chez l'homme comme chez les autres primates, la région occipito-temporale intervient déjà dans la reconnaissance visuelle des objets et des visages », ce que l'on sait depuis longtemps, mais qui a reçu dans la période récente de nouvelles précisions - à propos des visages, sur lesquelles il n'y a pas lieu d'insister ici.

Plus loin, on interviendrait davantage cette fois « dans le débat, récemment revenu sous les feux de l'actualité, sur la méthode optimale d'enseignement de la lecture. La région occipito-temporale ne fonctionne pas par reconnaissance globale de la forme du mot, mais apprend à le décomposer en lettres, graphèmes et morphèmes, dont les relations avec les sons du langage gagnent à être enseignés explicitement aux enfants. La neuro-imagerie fournit ainsi des arguments en faveur d'un enseignement explicite des correspondances phonèmes-graphèmes, ce que la psychologie cognitive confirme par l'étude de l'acquisition de la lecture chez l'enfant et de l'efficacité de son enseignement ».

Personne n'a jamais refusé totalement une approche syllabique de l'apprentissage de la lecture, pour ne valoriser que la seule approche globale du mot[859] :

---

[859] J'ai personnellement connu 7 instituteurs et professeurs des écoles dans ma famille proche, officiant dès les années 1925 jusqu'à nos jours, et dont aucun n'a jamais enseigné, ni non plus connu

c'est **un véritable procès en sorcellerie** où l'on cherche de malheureux animaux à condamner au bûcher - chats noirs, chouettes chevêches et loups-garous - comme à l'époque médiévale et ainsi que cela se voit encore dans *Les plaideurs* de Racine. En outre, la fin du propos de S. Dehaene est très vague, s'il s'agit de nous soutenir que l'étude des micro-réseaux neuroniques ne nous montre nulle part l'émergence de formes globales, de *Gestalten*, flottant par-dessus comme des sortes de nuages. Mais ce serait là **confondre la structure et la fonction** : c'est comme si on cherchait à réfuter, comme Don Quichotte fonçant sur les moulins à vent, l'idée que l'étude du cerveau ne nous montre en aucune manière la façon dont auraient pu s'organiser ces formes culturelles globales que représentent les phrases, puis les paragraphes, puis les chapitres, et enfin les grandes parties de la *Critique de la raison pure* dans le cerveau de Kant, et que l'on ne peut pas non plus y lire la différence de celle-ci à l'égard de cet autre mode d'organisation des formes que représentent les *Illuminations* de Rimbaud ou *La recherche du temps perdu* de Proust. Par ailleurs, si l'étude du cerveau par la neuro-imagerie ne nous montre « que de l'analyse », faut-il rejeter les notions cardinales et reçues partout de la Gestalt-theorie : forme perceptive, figure et fond ? **La structure analyse peut-être, mais la fonction globalise en tout cas**, ce qui ne saurait se lire au niveau de la seule structure, pas plus que l'avenir dans le marc de café. C'est sur ce point que se perçoivent les **insuffisances de la nouvelle génération en matière d'histoire de la psychologie**, et de quelle manière celles-ci peuvent reconduire sur un mode insidieux des auteurs par ailleurs talentueux à des formes latentes de béhaviorisme, d'ordre à la fois méthodologique et théorique. Une telle situation d'ignorance des doctes, *docta ignorantia* disait Nicolas de Cuse, n'a d'ailleurs rien d'étonnant en l'occurrence. J'ai rapporté ailleurs (2004) un propos de Jean-Marc Lévy-Leblond touchant le fait que les chercheurs formés dans les sciences dures ignoraient la plupart du temps l'histoire de leur propre science, pour la bonne raison que leur démarche théorico-pratique n'en a en principe aucun besoin. Cependant, un tel état de choses est bien moins évident, il est même beaucoup plus gênant, en sciences humaines, même si bien des chercheurs en de tels domaines n'en ont cure, avec les dégâts dont on a abondamment parlé ailleurs également.

Le résumé des Cours 2005-2006, dont on parlera plus loin, continue à évoquer de manière tout aussi discrète cette question de l'apprentissage de la lecture par la méthode globale, et se prononcerait même plutôt pour une sorte de synthèse immédiate et spontanée de l'ensemble du mot dans l'espace cérébral. **Encore une autre forme d'antinomie**. Et il faut dire ici que ce sont les **médias, fussent-ils dits de gauche, qui ne manquent jamais l'occasion de venir à l'appui du conservatisme socio-pédagogique** dont on a parlé, en faisant dire à S. Dehaene ce qu'il n'écrit pas véritablement dans les textes signés de sa main : « S. Dehaene démontre que l'architecture de notre cerveau n'est pas compatible avec

---

aucun autre collègue enseignant, selon cette prétendue méthode globale dont leurs autorités de tutelle, appuyées par les tambours et trompettes des médias, leur rebattent les oreilles sur un mode largement persécutif depuis des décennies.

la méthode globale et pourquoi elle a généré tant d'illettrés » (*Marianne* n° 559). On reviendra un peu plus loin sur cette question.

Évidemment, S. Dehaene incline à rapporter l'ensemble des faits de la pathologie cognitive à une base organique, ce qui invariablement fait dire aux médias encore qu'il serait aujourd'hui prouvé que les troubles scolaires ont une origine uniquement neurologique : « L'anomalie de certains gènes, ou leur interaction avec des facteurs pathogènes, par exemple l'exposition à l'alcool *in utero*, pourrait expliquer la dyscalculie », nous dit seulement l'auteur dans sa Leçon inaugurale. Or, supposé que de tels troubles - dyslexie et dyscalculie - aient - en certains cas - une base en partie neuro-organique, cela ne signifierait en aucune façon qu'ils ne soient éventuellement accessibles qu'à une thérapie organique, et qu'une psychothérapie, fut-elle psychanalytique, ne puisse en aucune façon les améliorer. On a exposé ailleurs, et nous n'y reviendrons pas ici, les résultats spectaculaires que la psychanalyste et psychiatre Anny Cordié avait obtenus dans certains cas de troubles et dysfonctionnements scolaires graves (2006 a, 2006 b).

5. Le bond final dans l'espace-temps de la conscience

La partie finale de la Leçon inaugurale de S. Dehaene aborde, comme il se doit, les questions de niveau supérieur, s'agissant de la « coordination de plusieurs opérations mentales », sous l'égide hypothétique d' « un administrateur central (comme au Collège de France !), dont le rôle et de contrôler les tâches, de gérer les conflits et les erreurs, un opérateur mental... un processus de coordination encore mal spécifié », en tout cas pas un *homonculus* - ni non plus une substance pensante (Descartes), ni un *Ich denke* (Kant), encore moins un *animus* et/ou une *anima* (Valéry), encore que ce soit dans ces parages délicats que se trouve ici à naviguer à vue la nouvelle neuropsychologie cognitive.

À cet égard, nous propose-t-on, « le schéma simpliste d'un traitement réflexe (*béhaviorisme*), entrée-sortie (*modèle classique du traitement de l'information selon Shannon et Weaver*), doit donc être bouleversé (*encore heureux*) au profit d'un modèle où s'exerce un fort contrôle descendant », concept reposant sur une opposition classique en psychologie cognitive depuis une vingtaine d'années entre processus « de haut en bas » (*top-down*) et « de bas en haut » (*bottom-up*) (Shallice, 1988 ; Posner et M. K. Rothbart, 1998), et dont aussi on se demande en quoi il diffère fondamentalement de « l'unité originairement synthétique de l'aperception », dont nous parle déjà Kant (1782), et autres variétés de la « fonction de synthèse » (Janet) dans l'histoire classique des idées.

De ce point de vue, « même s'il est constitué de multiples processeurs parallèles, au plus haut niveau cognitif, le cerveau humain se comporte comme une machine étonnamment lente et sérielle, qui ne peut faire qu'une opération à la fois (*idée déjà présente chez Descartes, parfois jusqu'à l'obsession, ceci dès ses Regulae de 1628*)... D'où vous voyez comment les idées s'empêchent l'une l'autre... un effet de concurrence entre tâches... Seule une étape dite « centrale » semble subir un goulot d'étranglement où les opérations mentales s'exécutent en série et non en parallèle. Les recherches de Mariano Sigman suggèrent qu'il existe un lien étroit entre cette étape centrale et le modèle d'accumulation stochastique... seule la prise de décision stochastique semble responsable du goulot d'étranglement central ».

Toujours féru de son parallèle entre psychologie et physique, S. Dehaene expose avec beaucoup de brio que « l'étude des collusions mentales entre plusieurs opérations simultanées (*paradigme aujourd'hui courant dans tous les champs de problèmes de la psychologie cognitive : processus attentionnels, mémoire à court terme, etc.*), est devenue un outil aussi utile au psychologue que l'accélérateur de particules peut l'être pour le physicien ».

On poursuit alors sur ce processus de « supervision centrale et son lien avec l'accès à la conscience ». Notez que l'on chemine depuis le début par une **suite de transitions insensibles en vue de ménager la crédibilité et l'acquiescement** : loi de Weber-Fechner, loi de détection du signal de Stevens, modèle statistique de la probabilité, machine de Turing, prise de décision stochastique, organe d'intégration et de supervision centrale, et à présent, contrôle attentionnel[860] et accès à la conscience : « Un lien causal semble s'établir entre l'intégration centrale, l'attention et la perception consciente... entre l'attention exécutive et la conscience », en rapport avec la facilitation accordée aussi bien que « les limites imposées par l'attention à l'accès conscient ».

Il n'y a pas à s'étonner non plus que le processus conscient mobilise de très larges localisations, pour ne pas dire à peu près tout l'ensemble du cerveau : « La synthèse que l'on voit poindre des recherches associe l'accès conscient à un réseau pariéto-frontal qui amplifie, rassemble et organise les informations issues d'autres régions corticales afin de les intégrer à un comportement contrôlé et attentionnel. Cette idée n'est pas neuve. William James l'anticipait déjà (1890) ».

6. Un style économique particulier à l'école de psychologie française

Le *résumé des cours 2005-2006* (2007-2008 ?) disponible sur Internet n'ajoute rien d'essentiel au contenu de la Leçon inaugurale, à part peut-être certains aspects théoriques et institutionnels de détail, ainsi que quelques nouveautés de formulation.

L'auteur insiste sur le fait qu'il aurait d'abord étudié la question du nombre à partir des troubles du calcul et sur des patients atteints de lésions cérébrales, donc au moyen de la **méthode classique de comparaison pathologique**, inaugurée par Ribot[861] et poursuivie par la suite, selon des voies et des styles plus ou moins personnels, surtout par les principaux représentants de l'école française de psychologie pathologique (Janet, Blondel, Dumas, Wallon). Par ailleurs, S. Dehaene aurait démontré, notamment dans un article paru dans *Science* en 1999, que le calcul approximatif fait appel à des régions partiellement différentes de celles du calcul exact, ce que nous avons vu ailleurs O. Houdé, semblerait-il, lui reprendre

---

860 Michaël Posner, le maître états-unien de S. Dehaene, est un spécialiste reconnu des problèmes de l'attention.

861 Et même déjà Pinel, Broussais et Esquirol, où Freud en a pris plus tard connaissance, entre autres par l'intermédiaire probable de Charcot.

de manière plus ou moins adroite, en en tirant même des conclusions à la limite du bizarre, sur les mathématiques froides et la logique plus chaleureuse.

La dyscalculie chez l'enfant peut s'expliquer (*pourquoi pas dans certains cas ?*) par des pathologies de la région pariétale, d'origine génétique et/ou traumatique. Le diagnostic, la compréhension, et la rééducation de la dyscalculie constituent des objectifs majeurs de recherche d'un réseau international de l'OCDE et de projets européens auquel participe S. Dehaene, auteur de l'ouvrage intitulé *La Bosse des maths* (Éditions Odile Jacob ; Prix Jean Rostand en 1997).

Dans le domaine de la « Lecture subliminale » et de la « prise de conscience », il nous est dit que S. Dehaene a réalisé les premières expériences d'imagerie cérébrale du traitement subliminal des mots (*Nature*, 1998 ; *Nature Neuroscience*, 2001, 2005). Mise à part sa mise en relation avec un dispositif d'imagerie cérébrale, cette méthodologie de la perception subliminale, en grande part une sorte d'artefact créé de toutes pièces par la technique même du tachistoscope électronique, reprise à la recherche états-unienne antérieure, aura été utilisée jusqu'à l'abus et sans résultat vraiment intéressant par J. Segui et son équipe pendant une vingtaine d'année dans la phase d'agonie du Laboratoire de psychologie expérimentale de la Sorbonne. On souhaite meilleure carrière à ce fantôme déjà épuisé dans le laboratoire de la nouvelle école de psychologie cognitive. Or, ces expériences ont démontré que des mots ou des nombres présentés trop brièvement pour que l'on en prenne conscience activent néanmoins une série de régions cérébrales spécialisées. Cependant, on nous informe, de manière bien intéressante, à ce propos que **la prise de conscience d'un mot est associée à l'entrée en activité soudaine et coordonnée** de multiples régions supplémentaires, notamment dans le cortex préfrontal (*le processus sommairement décrit ici semble bien plus globalisant que sommatif*). Au surplus, avec Jean-Pierre Changeux, Stanislas Dehaene développe des modèles mathématiques de cet « embrasement cortical » qui permet à l'information consciente d'être mémorisée et rapportée[862].

Les recherches actuelles de Stanislas Dehaene s'orientent vers un déchiffrement du code neural en tentant de repousser les limites de l'imagerie cérébrale. L'objectif est de déchiffrer le code propre à chaque région corticale et d'en comprendre l'origine au cours du développement. Imagerie cérébrale de la lecture, de la compréhension des phrases, du bilinguisme ; visualisation de l'activité du cerveau du nourrisson, variabilité du cerveau d'une personne à l'autre. Dans ces domaines où l'imagerie cérébrale tisse des liens entre psychologie et neurosciences, les nouvelles recherches développées par Stanislas Dehaene et Denis Le Bihan, dans le cadre du futur centre d'imagerie *NeuroSpin*, ouvrent des perspectives « renouvelées », nous promet-on, de compréhension du cerveau humain.

Le fait que les chercheurs les plus brillants de la nouvelle psychologie cognitive (Changeux, et surtout Dehaene et Naccache) soient issus d'une formation en sciences dures et naturelles (mis à part J. Mehler, et O. Houdé, mon ancien étudiant en licence de psychologie à l'Université René-Descartes) est **un fait socio-**

---

[862] PNAS 1998, 2003 ; *PLOS Biology*, 2005.

culturel sans précédent, et auquel il convient de prêter attention. Leur formation en matière d'histoire de la philosophie, et aussi de la psychologie, est de toute évidence très faible[863], ce que l'on ne saurait leur reprocher, mais qui en même temps les incite - c'est surtout le cas de Dehaene, à reparcourir pour leur compte, dans leur propre programme de recherche, toute la série des notions dépassées par ce qu'il y aurait lieu d'appeler « l'esprit du temps ». Cependant que le même esprit du temps, tout en courant vers l'avant, aspire paradoxalement aussi à un retour en arrière, sur le mode d'une **spirale régressive**, ce dont nous avions déjà donné dans nos travaux précédents plus d'un exemple, et que nous avons vu ailleurs aussi confirmé de son côté et dans un autre contexte par Alain Badiou.

Il en résulte qu'un expert compétent s'ennuie parfois avec S. Dehaene, si incontestable que soit son talent de normalien - c'est le jour et la nuit avec le collègue standard que m'a fait connaître 45 années de carrière - à devoir refaire avec lui le calvaire des grandes notions historiques des sciences de la vie mentale : les lois de Weber-Fechner et de Stevens, non, tout passe, tout lasse… Il y a aussi **une sécheresse et une dureté**, une sorte de sobriété ascétique, de rigueur morne et monacale, typiques de l'école de psychologie française, un positivisme étroit et gris, à la Ribot, Piéron, Fraisse… dont on recherche toujours en vain l'origine mystérieuse… peut-être dans une sorte de conservatisme intellectuel à l'image du conservatisme politique et social de ce pays. La psychologie de l'ancêtre Henri Wallon au Collège de France, normalien lui aussi, sur lequel son successeur, après un saut de 60 ans, ne trouve pas à dire un mot, représentait autre chose de bien plus concret, riche, réel, et cultivé que cette nouvelle psychologie de **l'homme-cerveau, autre variante de l'homme-machine**, qui nous est resservie ici.

On peut se demander **s'il s'agit vraiment de psychologie**, ou plutôt d'une neuropsychologie ayant décidé, pour des raisons de politique scientifique et culturelle, d'occuper la place aujourd'hui laissée vacante par le désastre historique de la psychologie générale et expérimentale. Outre cela, cette neuropsychologie de l'homme-machine est très sollicitée par la demande sociale, et tend à ouvrir la porte, quoi qu'en veuillent les chercheurs qui l'animent, à tous les **excès fomentés par les passions médiatico-politiques**. On en a assez de la condamnation compulsive de la méthode globale, par des experts incompétents dans tous les domaines de la psychologie, exactement dans le même esprit, et avec la même détestation morbide avec lesquels naguère les cousins français du maccarthisme condamnaient le communisme[864].

---

863 On a signalé en plusieurs endroits (2006 a, 2006 b, 2007 b) les approximations désinvoltes d'un J.-P. Changeux, les bévues historiques étonnantes et même comiques de J. Mehler, les carences notoires d'O. Houdé, les inexactitudes incontestables de L. Naccache.

864 Henri Wallon, défenseur dans les années 30 de la méthode globale, initiée par le belge Ovide Decroly - parce qu'il trouvait cette idée conforme au principe général de la Gestalttheorie - était au surplus un communiste. Il existe encore en Belgique des écoles qui mettent en pratique les idées de Decroly, sans que cela soulève des polémiques d'une intensité ridicule, alors que, dans le contexte français ce sont d'autres motifs qui sont évidemment en cause que ceux liés à de purs impératifs pédagogiques. À d'autres !

S. Dehaene est un homme encore jeune, presque un jeune homme, et qui peut faire encore de très gros progrès vers la renaissance d'une véritable psychologie française. Pour le moment, à peu près toutes ses références sont de source états-unienne, même William James, et mis à part les allemands Weber et Fechner et le seul Français Piéron, ce qui n'a rien d'étonnant, vu **l'énorme étendue du désert français depuis 60 années - en dehors de la considérable richesse dans le même laps de temps, de la pensée psychanalytique** (2006 a).

Dans un article du *Nouvel Observateur* (6-12/12/2007, 128) rendant compte de son récent ouvrage sur *Les neurones de la lecture*, et intitulé « Rencontre avec Stanislas Dehaene. Le lecteur, ce primate », S. Dehaene déclare ceci à la journaliste Anne Crignon : « Notre cerveau contient des neurones, dits « bigrammes » qui répondent à des paires de lettres. Par exemple, il existerait un neurone qui répond lorsqu'un « e » se trouve à la gauche d'un « n ». Ce neurone conserve cette préférence même si les lettres sont un peu déplacées. Puis, depuis la rétine, le mot est éclaté en milliers de fragments codés par des neurones différents. Notre cerveau reconstitue étape par étape le puzzle d'identité du mot, **processus qui réfute la vieille idée d'une méthode globale** ».

La manière de raisonner de S. Dehaene semble se conformer à une **forme de paralogisme très ancienne** que l'on retrouve des Présocratiques jusqu'à Paracelse, et qui est déjà critiquée par Aristote : « le même connaît et/ou produit par le même, *similia similibus* ». À ce compte, objecte Aristote, la maison devrait ressembler à l'architecte, la flûte à l'artisan, alors qu'il est clair que « l'artisan ne descend pas dans les flûtes ». Pourquoi l'homme qui produit les machines serait-il lui-même une machine ? Or, c'est ce que sous-entend toute la nouvelle psychologie cognitive, à la suite du béhaviorisme qu'elle prétend avoir dépassé. Et **si le cerveau procède par analyse**, pourquoi les formes qu'il engendre devraient-elles être faites de petits morceaux ? **Pourquoi ces formes ne seraient-elles pas globales**, vécues et traitées comme des ensembles naturels ? Dès lors, c'est l'associationnisme qui a raison, et il faut rejeter entièrement la Psychologie de la Forme, ce que personne ne consentira à faire, vu qu'elle est validée par ailleurs par de multiples expériences.

Que **les enfants lisent *aussi* de manière globale**, l'observation phénoménologique et comportementale attentive des enfants qui commencent à bien maîtriser la lecture le montre à l'évidence : souvent les enfants de 7-8 ans qui lisent à haute voix, sautent des mots, les oublient, ou les écorchent, ou alors même les remplacent franchement par un autre mot complet. Le mot remplacé n'a pas été analysé de manière syllabique, il semble plutôt avoir biffé en tant que forme globale par une autre forme globale. Regardez donc sans préjugé autour de vous.

7. La signification politique pour les psys de l'autonomie des universités

Le 27 mai 2007 me parvenait par une collègue du Syndicat National des Psychologues le message suivant :

« Le Journal du Dimanche Propos recueillis par Alexandre Duyck (A. D.).

La nouvelle ministre de l'Enseignement supérieur et de la Recherche, Valérie Pécresse, s'exprime pour la première fois depuis sa nomination. Elle précise le projet de loi sur l'autonomie des établissements. Le premier volet de la première grande réforme du quinquennat, celle des universités, sera voté dès juillet :

« Ni sélection ni hausse des frais », annonce d'abord le Journal, puis :

« A. D. : La loi sur l'autonomie des universités doit être votée dès juillet. Pourquoi aller si vite ?

V. P. : Nicolas Sarkozy et François Fillon savent que l'université française est au pied du mur. Ils savent aussi que ce projet d'autonomie est constamment évoqué depuis quinze ans et sans cesse repoussé. Une demi-douzaine de rapports sur la question dorment dans des tiroirs. Or le projet est aujourd'hui politiquement mûr.

A. D. : Vous souhaitez aussi prendre de vitesse les organisations d'étudiants, qui auront du mal à mobiliser en si peu de temps, qui plus est au milieu de l'été...

V. P. : Le dialogue est d'ores et déjà engagé. Dès le lendemain de ma nomination, j'ai personnellement appelé tous les représentants des organisations syndicales d'enseignants du supérieur et d'étudiants. J'ai passé ma semaine à les recevoir, et j'en verrai d'autres toute la semaine qui vient. Je serai la ministre des étudiants. Eux-mêmes savent bien qu'il est temps d'agir.

A. D. : En quoi consistera cette nouvelle « autonomie des universités » ?

V. P. : L'idée est de donner aux universités françaises un mode de fonctionnement mieux adapté au monde dans lequel nous vivons. Il y a des procédures à simplifier, de la réactivité à gagner. On peut envisager notamment que les universités puissent gérer librement leur patrimoine immobilier, recruter les enseignants qu'elles souhaitent, gérer leurs crédits comme elles l'entendent.

A. D. : Choisir leurs étudiants ? Fixer le montant des frais de scolarité ?

V. P. : Il n'y aura pas de sélection à l'entrée des universités. Il n'y aura pas non plus d'augmentation des frais de scolarité. Et le caractère national des diplômes ne sera pas remis en cause. Il n'y aura ni regroupements imposés d'établissements ni fermetures. Nous ne toucherons pas aux implantations universitaires actuelles. La loi sur l'autonomie ne sera que le premier volet de la réforme de l'université.

A. D. : Quels en seront les autres ?

V. P. : Je veux lancer en même temps quatre grands chantiers. Le premier traitera des conditions de vie étudiante et se penchera sur les questions d'hébergement, de cantines, de bourses, de santé, d'intégration des élèves handicapés. Le deuxième s'attaquera aux carrières de tous les personnels de l'université (progression, statuts, mobilité, traitements, égalité hommes-femmes). Le troisième volet sera consacré aux conditions matérielles de travail. Trop d'enseignants, de chercheurs et d'élèves travaillent dans des conditions indignes, qui rebutent les professeurs et étudiants étrangers que l'université française devrait pouvoir séduire. Dernière réforme, celle du statut des jeunes chercheurs et enseignants chercheurs.

A. D. : Ces bouleversements seront très coûteux. De quels moyens financiers disposerez-vous ?

V. P. : Le président de la République a clairement annoncé des moyens inédits pour l'enseignement supérieur et la recherche : une hausse de 50 % du budget de l'enseignement supérieur en cinq ans et un milliard de plus par an pour la recherche.

A. D. : Vous n'évoquez pas la question de l'immense taux d'échec scolaire en fac, ni de l'adéquation entre études proposées et débouchés professionnels.

V. P. : Les organisations d'étudiants m'ont proposé d'en faire le cinquième chantier des mois à venir, une idée que j'ai évidemment acceptée. Nous poursuivrons ainsi la politique d'orientation active menée auprès des lycéens de terminale par 67 universités et nous évoquerons le contenu des enseignements de premier cycle ».

A.D. : Pourquoi a-t-il fallu que ce soit les étudiants qui abordent ces questions pourtant cruciales ?

V. P. : Je crois que cela prouve que le dialogue entre un ministre et ses partenaires peut être fructueux. Je veux être la ministre du changement concret. Je ne veux ni de grande loi cathédrale ni de palabres pendant deux ans. Je ne suis pas là pour occuper le terrain mais pour construire, sur la durée, un nouveau modèle universitaire français.

Réactions à l'article : Aucune réaction pour le moment - soyez le premier à réagir ! ».

Suite à cette nouvelle, j'ai adressé un certain nombre de messages aux membres de la Commission Université du Syndicat National des Psychologues, qui me font l'honneur de me traiter comme l'un de leurs consultants. J'en produis ici les passages susceptibles d'intéresser le lecteur.

30 mai 2007, et jours suivants :

« Chers amis,

Ce texte me semble la première porte ouverte sur la projet d'une privatisation complète des universités, à l'américaine quoi ! Sauf que les capitalistes américains financent abondamment les fondations universitaires, et que leurs émules français, plus pingres, ne donneront de l'argent qu'aux formations immédiatement rentables pour eux. Les contribuables, évidemment, continueront à payer aussi. Mais ce sont les décideurs privés qui méneront la politique universitaire. Voilà mon impression.

... Bien entendu, les nouveaux gestionnaires entrepreneuriaux n'auront aucun besoin de former des psychologues cliniciens. Pour gérer leurs personnels, des DRH style HEC suffiront...

... Dans la période où le nouveau régime s'efforce de concentrer tous les pouvoirs, celui-ci lâcherait le principe de l'autonomie universitaire. Cela cache un loup, et il faudrait essayer de bien comprendre lequel ? Vous avez des idées ?

... Je pense aussi que la température politique du SNP, pardonnez-moi, est bien tiède compte tenu de la pugnacité indispensable de la réponse à apporter.

… Le projet politique d'une autonomie des universités s'insère dans celui du démantèlement de la fonction publique.

… L'État entend renoncer à sa participation financière au lourd budget des dépenses universitaires, sinon à sa fonction régalienne dans la gestion administrative et même le contrôle autoritaire de l'institution (ceci jamais, comme l'avenir le montrera bien).

Les promesses électorales récentes d'une augmentation de 50 % des crédits pour l'université ne sont pas tenables, compte tenu de l'importance de la dette publique, des cadeaux fiscaux déjà faits aux grandes entreprises, et de ceux à venir pour les contribuables les plus aisés.

Appel donc sera fait au financement de l'entrepreneuriat privé, qui l'accordera *a minima* (car le capitalisme français est le moins généreux de tous les pays développés), mais ceci moyennant le contrôle de fait et à son profit de l'ensemble de la machine universitaire.

On utilisera l'université, sur la base de financements sélectifs, pour fournir des personnels techniques de bas niveau (les Grandes Écoles et Écoles d'ingénieur fournissent déjà le personnel nécessaire pour le haut de l'échelle), genre IUT et moins. Il faudra aussi former des enseignants non agrégés pour les enseignements scientifiques, pour une formation générale littéraire minimale, les langues vivantes également.

Toutes les autres formations seront étouffées, par le moyen d'un refus de financement officiel et d'une augmentation en pente croissante accélérée des droits d'inscription.

Et les psychologues? Les DRH type HEC remplaceront avantageusement les psychologues du travail actuellement formés. Pour ce qui est de la psychologie clinique, ce sont les pilules distribuées par les médecins généralistes (quelque peu initiés à l'entretien) qui devraient faire l'affaire.

Il y a dans le *Nouvel Observateur* de cette semaine un article de Fredet, qui se laisse prendre avec bonne foi à la confiture de cette autonomie des universités. C'est terrifiant, le niveau d'aliénation atteint dans la situation actuelle, par des gens qui se prétendent de gauche.

Bien entendu, X… et Y… , membres de la Haute nomenklatura de la discipline affectés à des fonctions de conseillers ministériels, vont donner les mains à tout cela.

Voilà à peu près l'état actuel de mes réflexions, et exprimées un peu rapidement… »

Je continue :

« L'État entend donc se désengager de la part nationale du financement des organismes universitaires. Tout en conservant la main sur sa gestion politique.

Le reste de la masse financière sera fournie par l'entrepreneuriat industriel, pour une part seulement et de façon sélective, mais avec une responsabilité croissante dans le pilotage de la machine universitaire. La part restante, majeure, sera mise à disposition par la fiscalité régionale, et l'augmentation des droits universitaires.

La bande qui a pris le pouvoir politico-médiatico-financier est là pour pressurer les classes moyennes. C'est ce qui a changé depuis *Le Capital* de Marx : son « prolétaire », c'est en bonne partie le Bac + 2, + 3, + 4. Les autres agissent vite, pour empocher vite, et le maximum. Ils ne sont très sûrs de rien à long terme. Délit d'initiés, parachute doré. Après nous le déluge, comme Louis XV.

Ils vont utiliser l'université scientifique, et désosser ce qui peut lui servir de force d'appoint dans l'université littéraire : gestion, informatique de bas niveau, etc. Alors la psychologie ? !

Pour le moment, le taureau français est ravi, il passe et repasse sous la cape du matador. On se croirait revenu à l'époque de Pompidou. Sauf que toute doctrine politique solide capable d'animer la lutte a disparu. Les gens ont de la bouillie dans la tête, des morceaux de TF1, etc. La télé permet vraiment de gouverner le pays, par modelage de l'inconscient collectif étendu sur des années, c'est vraiment le chien de Pavlov, le rat blanc américain, le cerveau-ordinateur.

La ministre VP est une énarque-HEC, qui *a priori* ne peut rien connaître de la réalité institutionnelle et de la finalité culturelle de l'université. Au moins Allègre était-il un universitaire. Mais les présidents d'université vont pour la plupart se précipiter : on les « nommera » membres de l'Institut, on les couvrira de missions internationales lucratives et de décorations.

... Je n'ai aucune confiance dans les capacités d'analyse politique et surtout de combativité des psychocliniciens français, tels qu'ils se sont formés depuis 25 ans. Il y a quelque dans l'approche clinique à la française qui anesthésie complètement le tranchant du jugement et de l'action.

... Pourtant le SNP est la seule petite force, le seul dernier carré qui reste, avec ses 1500 adhérents (?), avec quoi quelque chose serait possible ».

Un peu plus tard, le 11 novembre, alors que la grève des étudiants commence à s'installer sérieusement :

« La situation politique actuelle représenterait une considérable opportunité pour les cliniciens de modifier le système du verrou institutionnel que je suis le premier à avoir décrit avec cette netteté, et je dirais même ce tranchant (2004). Mais je pense que, transi par la peur du Maître, personne ne fera rien ».

Puis le 13 novembre, à un collègue qui objecte par courriel diffusé publiquement au Secrétaire du SIUERPP l'inefficacité du projet d'adresser une lettre demandant un rendez-vous pour une délégation de la psychologie clinique à Madame la Ministre, demande à laquelle celle-ci a évidemment répondu quelque temps après par une fin de non recevoir :

« Cher collègue,

Vous avez raison. Assez de pétitions maintenant.

La seule issue est d'engager la lutte, comme je le préconise, et avec les moyens et les objectifs appropriés, dans les Introductions et Conclusions de mes récents ouvrages : *La guerre des psys continue*, et *Critique de la raison en psychologie*.

Tout le monde est excédé par la prudence opportuniste, irresponsable et nocive de la nomenklatura de la psychanalyse à l'université.

Il faut redistribuer l'espace universitaire en deux secteurs égaux régis par 2 CNU « psychanalyse » et « psychologie objective » ; et en attendant, refuser de délivrer les diplômes tout en continuant à faire cours, et en expliquant ce qui se passe aux étudiants largement majoritaires en psychologie clinique.

Au moins que l'on me lise. Cordialement, Émile Jalley ».

Affaire à suivre.

8. Le pire pouvait arriver, et s'avance aujourd'hui à grands pas

Le présent titre fait référence à celui d'une contribution parue précédemment dans le numéro de Juillet 2007 de *Psychologues et psychologies*, revue ordinaire du *Syndicat national des psychologues*, et alors intitulée : *Le pire peut-il encore être évité ?*

Or, voici que depuis, dans la période toute récente (janvier 2008), la Commission université du SNP propose un appel à contribution à un cercle de personnes censées bien informées - « vous êtes tou(te)s sollicités pour une participation active » - en vue d'un dossier sur la formation des futurs psychologues autour des thèmes suivants :

- 1 / les réformes de l'université,
- 2 / la durée de la formation et la question d'un doctorat d'exercice,
- 3 / le recrutement des enseignants,
- 4 / les lignes de clivage entre cliniciens et autres psychologues,
- 5 / la professionnalisation de la formation et la participation des praticiens,
- 6 / le choix du moment de la sélection,
- 7 / l'insertion professionnelle,
- 8 / lien entre la formation et un éventuel ordre professionnel en débat actuellement,
- 9 / Comment les psychologues rêvent-ils cette formation à laquelle ils désirent être beaucoup plus associés ? Comment les étudiants rêvent-ils leur formation dont ils sont souvent plus ou moins satisfaits ?

Les considérations qui suivent se proposent en guise de brèves réponses à chacune de ces questions, à mesure de la compétence relative de l'auteur.

1 / La question générale de la réforme de l'université - s'agissant donc en fin de compte, comme l'avenir devrait le montrer, de son assujettissement aux exigences du patronat, en lien avec le désengagement financier du pouvoir central, la participation minimale de l'entrepreneuriat privé et en prime finale l'alourdissement de la fiscalité régionale - se complique, dans le cas de la psychologie, de la nécessité d'une réforme de son propre espace universitaire.

Depuis mon premier ouvrage sur cet ensemble de ces questions (2004), j'ai envisagé la séparation institutionnelle des deux psychologies comme une nécessité inéluctable, éventualité redoutée par une majorité des collègues universitaires, et perçue par les praticiens comme sans intérêt évident pour la sphère de leurs problèmes professionnels.

Cependant, les propositions récentes d'un Ordre des psychologues, et aussi d'Instituts de psychologie destinés à la formation spécifique des psychologues cliniciens, semblaient à terme devoir aller dans le sens d'une autonomisation institutionnelle de la psychologie clinique et de la psychanalyse à l'université.

Mais voilà - si l'on y regarde bien - que... cette mise en question de l'unité politico-institutionnelle de la discipline vient en fait de se produire... comme survenue du dehors, et par un chemin que personne n'attendait.

L'École de la Cause Freudienne, avec son antenne Intercopsychos et son assez vaste réseau national de formations, a de fait institué une sorte d'université privée où l'on commence à former des promotions de psys, d'ersatz de psychologues cliniciens, moyennant espèces sonnantes et trébuchantes. En réalité, le divorce entre les deux psychologies, les deux formations en psychologie, est d'ores et déjà consommé, et dans des conditions contrôlées par le seul Jacques-Alain Miller, quoi qu'on en pense.

Et que va faire, que pourrait faire l'Université publique, face à cette sorte de coup d'État, fomenté par la plus grande association de psychanalyse du monde (*dixit*), sinon s'y rallier, d'abord motus et bouche cousue... par la voie passive, tacite, en fait complice de la haute nomenklatura de la psychanalyse à l'université. D'autant que la dynamique de la dite ECF est bien supérieure à celle de la dépression universitaire aujourd'hui généralisée.

Les choses vont aller vite, on peut le craindre, à présent, dans le sens de l'étouffement de la psychologie clinique universitaire sous l'édredon cognitiviste.

Le paradoxe, à cet égard, est tout de même que la psychologie expérimentale universitaire en France se trouve en état de mort cérébrale effective, comme mes travaux l'ont montré dans tout le détail souhaitable depuis plusieurs années (2004, 2006 a, 2006 b, 2007 a, 2007 b), et sans que la moindre ligne de réplique ait pu jamais être formulée contre leurs conclusions irréfutables.

Pourtant, **ce mort vivant se tient toujours debout**, comme un boxeur déjà sonné pour le compte et qui s'accroche aux cordes, capable encore dans cet état de maintenir ses pauvres collègues cliniciens le dos courbé, tremblants de crainte devant sa *majestas* et son *imperium*.

Reste l'autre paradoxe décrit plus haut d'une sorte de résurrection de cette psychologie expérimentale, défunte à l'université, dans d'autres lieux institutionnels (Collège de France, Salpêtrière) et avec d'autres ressources humaines : les normaliens mathématicien et biochimiste S. Dehaene et L. Naccache, recueillant par une sorte de boucle en arrière la tradition de leurs ancêtres eux-mêmes normaliens Ribot et Janet. Alain Badiou nous dit avec raison que la France de ce début du XXIe siècle est en fait revenue au XIXe siècle.

Par ailleurs, touchant la passivité complice de la nomenklatura de la psychanalyse à l'université, il y a à dire que l'Université de Paris VII, où le SIUERPP trouve l'une de ses têtes de pont importantes, n'a jamais bien ressenti ni apprécié l'intensité comme l'enjeu de la lutte entre les deux blocs, ce qui s'explique par son statut dérogatoire, qui lui a toujours garanti une ambiance comme de tour d'ivoire, bien plus protégée en tout cas, à l'égard des fortes pressions exercée par l'agressivité collégiale cognitiviste dans le régime de l'université populaire ordinaire.

À partir de là, l'avenir peut se lire clairement, sans qu'il soit besoin de boule de cristal ni de marc de café.

La psychanalyse, discipline dorée, aurait d'ores et déjà choisi de se rallier à la **France d'en haut**, où elle espère trouver encore un moment une clientèle choisie. Mais en croyant sauver ainsi sa vie, elle la perdra - elle, fille de la culture européenne, car cette France sarkophile n'a pas d'autre idéologie que l'*american way of thinking*.

Pour la France **d'en bas**, on aura les psychologues cliniciens universitaires - ce qu'il en restera un jour - reformatés par le cognitivisme, avec aussi les « ni-ni »[865], qui leur dameront le pion partout, et à terme surtout, rien que la chimie délivrée par le médecin généraliste de quartier. C'est cela, la solution finale.

Dans de telles conditions, il se pourrait bien que les 10 000 « naïfs » qui ont signé la pétition « Sauvons la clinique », lancée à l'initiative de la haute nomenklatura du SIUERPP, ne soient des dupes, des moutons de Panurge, des rats du joueur de flûte de Hamelin que l'on a tout bonnement trompés, emmenés tout simplement vers la noyade. Quelle « clinique » ? Celle du médecin généraliste, car c'en est une aussi. Vous ne pensez tout de même pas que l'on va garantir de la psychanalyse dorée sur tranche à ces 10 000 benêts, ces gens de bonne volonté ainsi piégés. Non, non... pour la plupart d'entre eux, pas tous, mais les moins huppés, conviendraient très bien les « ni-ni »...

2 / En ce qui concerne la durée de la formation et la question d'un doctorat d'exercice, je dis mon accord avec les propositions de Robert Samacher, Sylvaine Sidot et Patrick Raoult (Raoult et col., 2004, 2005), que j'ai moi-même exposées et reprises ailleurs (2008 a).

3 / La question du recrutement des enseignants représente un problème redoutable, et dont la solution correcte ne pourrait être retrouvée, vu l'état d'effondrement intellectuel de la discipline, que d'ici quelques décennies, et sur la base préalable d'une autonomisation réelle de la psychologie clinique. J'ai décrit (2004 b) l'effritement progressif de l'institution doctorale depuis 1968, les procédures occultes de bricolage, de tripotage douteux et de népotisme local, le scandale représenté par le fait que la moitié (50 % !, p. 498) des dossiers d'enseignants chercheurs en place entre 1968 et 2000 présentent à l'examen attentif des anomalies et irrégularités diverses. Sans qu'aucune objection n'ait jamais été faite à l'encontre de mes conclusions. Au contraire, un silence sépulcral, et signifiant aveu.

Les faits culturels sont à la fois, et de façon paradoxale, très résistants et très fragiles, soumis à la condition d'une transmission continue et sans faille, faute de quoi ils sont voués, dans le laps de quelques décennies, d'une ou deux générations, à un déclin irrécupérable : le ressort est cassé, voyez-vous... Or c'est précisément le mécanisme de cette tradition d'un passage sans heurt entre formes culturelles qui s'est affaissé dès les années 70, pour la psychologie entre autres. Un héritage

---

865 On appelle les « ni-ni » depuis l'Amendement Accoyer, les psychothérapeutes qui ne sont ni psychologues ni médecins, et dont la formation est reprise, reprisée, notamment dans les cycles de conférences privées de l'ECF.

culturel abîmé n'est pas reprisable à la manière d'une chaussette trouée, et il n'est pas non plus davantage amendable qu'une citrouille pourrie.

Je partage, sur la question de la crise culturelle de l'université française, le pessimisme profond d'autres collègues de diverses disciplines, celui de Pierre Jourde et des co-auteurs du livre sur *L'université : la grande illusion*, dont je parle ailleurs.

Jourde, je le répète, va même jusqu'à penser que la décérébration de la jeunesse française a été dès longue date organisée comme une entreprise concertée, avec pour effet de la rendre gouvernable. Le pays reste régenté par le réseau des Grandes Écoles depuis le Premier Empire, établissements dont les critères d'excellence éprouvés font que la vieille machine continue malgré tout à tourner. Autrement, la masse universitaire convenablement formée représenterait un énorme danger potentiel pour le maintien de l'ordre établi des classes sociales.

Ce qui reste dans cette ruine intellectuelle à peu près complète, recentrons-nous sur la seule psychologie, c'est l'apparence d'autant plus active d'un grand affairement, celui du *Château* de Kafka, ou de la *Metropolis* de Fritz Lang, dont les machines tournent à plein régime à ne produire que du vent : l'homme de l'organisation, comme disait Herbert Marcuse, (dés)organise la (dés)organisation, voilà au moins de quoi s'occuper.

Mais **tout est paradoxal** dans une telle situation : il existe toujours des enseignants chercheurs cultivés, passionnés et curieux, surtout chez les plus de 50 ans. Chez les plus jeunes, j'ai vu des femmes charmantes m'expliquer qu'elles ne pouvaient plus lire que des courts articles de revues spécialisées, que c'est « ainsi qu'on les avais form(at)ées », aveu qui laisse l'interlocuteur à la fois tout écoute et sans voix.

4 / À propos des lignes de clivage entre cliniciens et autres psychologues, je me suis exprimé en long et en large dans plusieurs ouvrages depuis quelques années, assez longs même, sans que mes efforts aient jamais suscité la moindre émotion, à ce point que je ne vois pas en quoi les quelques lignes que je pourrais en écrire encore seraient à même ici de provoquer pour la première fois et comme par miracle la moindre réaction.

Les collègues paraissent dans un tel état de désespérance qu'aucun effort de communication, pas plus sous la forme d'un article de 4 pages que celle d'un livre de 500, ne semble plus à même de les toucher. On dirait leur entendement comme anesthésié par la privation culturelle, l'humiliation morale, la souffrance sociale.

Les questions 5, 6, et 7 me paraissent appartenir à un même ensemble, s'agissant de l'interférence du registre des pratiques avec celui des contenus doctrinaux dans la formation.

Tout le monde s'accorde en principe à reconnaître que l'intervention des professionnels dans l'enseignement universitaire reste insuffisante, et au surplus mal articulée avec celui-ci. Il reste que l'incorporation plus massive, et sans préalable ni planification spécifique, d'une telle composante professionnelle dans une institution aussi délabrée que l'actuelle psychologie universitaire n'en résoudrait pas les problèmes de manière spectaculaire, peut-être même bien au contraire. Pourquoi ?

S'il est vrai (Raoult, 2004) que la plupart des professionnels en sont à avoir renoncé à toute formation livresque conséquente et suivie, pour ne lire à la rigueur que de rares ouvrages de vulgarisation (*dixit*), j'ai du mal à comprendre qu'un enseignement pratique de qualité puisse développer de riches conséquences, sans l'appui de fortes références théoriques de base chez celui qui le dispense. Je n'ai jamais cru non plus à ces histoires de style d'interprétation analytique d'autant plus efficient que l'analyste s'est d'abord départi de toute espèce de préconception théorique. Soit-disant un troisième œil derrière la tête. C'est de la pure démagogie. En revanche, j'ai vu des analystes débutant(e)s, et d'agréable présentation physique et verbale, être incapables de bien vous expliquer ce qu'était la différence entre une hystérie et une névrose obsessionnelle, confondre aussi cette dernière avec la paranoïa. Et j'ai parfois moi-même dû entreprendre d'expliquer de telles choses à de tel(le)s analystes, qui ne les savaient pas encore au sortir de l'université.

Personnellement, pour avoir lu, dans des ouvrages collectifs récents, des interventions de certains enseignants chercheurs qui disent se réclamer d'un style de formation essentiellement axé sur les pratiques professionnelles, je déclare avoir été consterné par le caractère conventionnel, mais en outre invertébré, anencéphale, y compris socialement conservateur, d'un genre de démarche intellectuelle informe, profondément ennuyeux, et je dirais même à côté de toute espèce d'esprit psychologique. Je ne citerai ici aucun nom. La psychologie comme corps de pratiques, ce n'est tout de même pas le brevet professionnel de cuisinier.

En réalité, ce problème de l'articulation entre théorique et pratique, s'il existe dans d'autres corps de savoir, la médecine et le droit entre autres, se pose de manière particulièrement délicate en psychologie, parce qu'elle est, comme je l'ai déjà dit ailleurs, la plus difficile de toutes les sciences. Et ceci, comme le disait Auguste Comte - qui la jugeait même impossible - parce qu'elle a affaire à l'objet le plus riche en déterminations et le plus complexe, s'agissant de l'ensemble de la vie mentale. Vous trouverez par exemple, en psychologie cognitive, une douzaine de modèles d'une supposée mémoire de travail, dont la concurrence n'empêche pas qu'ils soient tous validés empiriquement. Cela n'existe pas de cette façon en mathématiques, en physique, en chimie, en biologie, en linguistique, en histoire, en géographie - mais peut-être davantage et d'une certaine manière en sociologie et en économie. Mais il n'existe pas pour autant douze modèles différents de la crise actuelle des *subprimes* dans le cadre du capitalisme financiarisé.

La **difficulté de l'articulation entre théorie et pratique** en psychologie se perçoit aussi au fait d'éprouver souvent le sentiment que le discours touchant la professionnalisation tend à devenir un mode langagier presque indépendant de son thème de départ, l'objet-psychologie, selon une forme de déplacement qui comporterait un danger particulier d'aliénation, vu que l'on ne sait plus très bien où se trouve le prétexte de départ - l'objet scientifique et culturel - dans un tel discours, si le premier en est l'âme, ou le corps, à moins que ce néo-discours n'en soit le tombeau. Et on peut se demander encore si pareille situation existe en littérature, en sociologie, en économie, en science politique, etc. C'est là un caractère bien étrange, et digne de réflexion, en tout cas un trait bien susceptible d'offrir un flanc encore plus fragile à la stratégie d'attaque du camp adverse, qui trouve en face de lui un combattant affaibli, ne sachant plus très bien de quel objet réel il est parti, et dont il voudrait parler, pour le défendre, tout en l'évitant aussi, et en se le masquant, ainsi d'ailleurs qu'au public.

8 / J'ai dit plus haut que l'idée d'un Ordre des psychologues (cliniciens ?) allait malgré tout dans le sens d'une autonomisation de la psychologie clinique.

9 / Quant à savoir comment les étudiants rêvent leur formation, et même s'ils rêvent à quelque chose, ce que j'ai dit de la décérébration que les malheureux ont subi déjà dès l'enseignement secondaire donne de fait la réponse. Ils veulent avant tout des recettes pratiques qui les rendraient capables d'intervenir, de soigner, de servir, d'être utiles et efficaces tout en gagnant honorablement leur vie. Ils n'ont en général aucune idée de la proposition incongrue que j'avançais plus haut, touchant le très haut degré de difficulté de la connaissance en psychologie. Encore moins que la psychologie moderne est reliée de façon essentielle à toute la tradition philosophique antérieure : de la psychologie, il y en déjà chez les milésiens, chez le médecin grec Alcméon de Crotone, au VIe siècle av. J. - C., etc.

9. À propos de deux livres récents contre la psychanalyse (2006, 2008)

Dans mon livre intitulé *La guerre des psys continue. La psychanalyse française en lutte*, j'adoptais pour méthode, au moins dans l'une des grandes parties du livre, de procéder à la présentation critique des principaux ouvrages qui ont pris parti dans un sens ou l'autre après la parution du *Livre noir de la psychanalyse* en septembre 2005. J'ai ainsi passé en revue *Pourquoi tant de haine ?* d'Élisabeth Roudinesco (2005), *L'Antilivre noir de la psychanalyse* de Jacques-Alain Miller et col. (2006), *La guerre des psys : manifeste pour une psychothérapie démocratique* de Tobie Nathan et col. (2006), et *Psychanalyse : vers une mise en ordre* de Frank Chaumon et col. (2006). Dans l'ouvrage suivant portant sur la *Critique de la raison en psychologie. La psychologie scientifique est-elle une science ?*, j'ajoutais, à cet éventail de livres significatifs à l'égard du débat actuel sur la psychanalyse, *Freud en liberté* d'Yvon Brès (2006).

J'avais signalé dans le livre de Tobie Nathan, le caractère particulier de la prestation de Mikkel Borch-Jakobsen, pour en dire que, s'appuyant sur la thèse remarquable de la prophétie auto-réalisatrice de Robert King Merton et de Martin Orne, elle en portait la généralisation jusqu'à déboucher dans la position, bien connue dans l'histoire de la philosophie, du scepticisme radical de Pyrrhron d'Élée, avec pour conséquence que l'invalidation de toute espèce de vérité formait une thèse qui s'invalidait elle-même, condamnait le sujet énonciateur au silence, ou au moins à une autre profession que celle mettant en jeu toute espèce de parole humaine. Comme Mikkel Borch-Jakobsen étend son attitude à titre de pétition de principe à toute espèce de discours possible dans les sciences humaines, on avait parlé à son propos d'auto-destruction d'un destructeur de Freud.

Or ce que présumait alors cette formule semble bien s'être produit avec la parution d'un ouvrage intitulé *Le dossier Freud. Enquête sur l'histoire de la psychanalyse* (2006) de Mikkel Borch-Jakobsen justement et Sonn Shamdasani, qui avait alors échappé à notre enquête, mais dont un remarquable compte rendu de Guy Samama vient de nous parvenir, paru dans le numéro 2008-1 de la *Revue Philosophique*, dirigée par Yvon Brès. Nous nous permettons de reproduire avec l'autorisation de celui-ci ainsi que de son auteur, ce texte absolument remarquable qui vient à l'appui de la thèse que nous formulions.

« Après *Le livre noir de la psychanalyse* (2005, Les Arènes), *Pourquoi tant de haine ?* par Élisabeth Roudinesco (la même année, Navarin), *L'Antilivre noir de la psychanalyse* (sous la dir. de Jacques-Henri (*sic*) Miller aux Éditions du Seuil en 2006) et de très nombreux dossiers vulgarisés dans la presse, voici un livre qui prétend être plus radical encore : il dénie à la psychanalyse son existence même. « **La psychanalyse n'a jamais existé** - c'est une nébuleuse sans consistance, une cible en perpétuel mouvement ». Sa seule unité serait celle de l'allégeance institutionnelle à la légende freudienne, c'est-à-dire une identification entre l'événement de la psychanalyse et la personne même de Freud. Les auteurs, un philosophe de l'université de Washington, et un historien du *Welcome Trust Center for the History of Medicine* à Londres, veulent faire l'histoire de l'histoire de la psychanalyse. De témoins interrogeant les principaux acteurs, ils sont devenus à leur tour acteurs engagés : l'histoire de la psychanalyse, telle qu'elle nous est contée par Freud et ses successeurs, est une fable édifiante, une sorte de « roman familial » destiné à nier ses humble origines historiques.

« Si la psychanalyse est allergique à l'histoire, ce serait parce qu'elle en est vulnérable ; sa prétendue scientificité, comme théorie universelle, ne résisterait pas à l'exposition des arrangements et des malversations de son histoire, la psychanalyse toute entière, moins fictive que *fictionnante*, se caractérisant par l'*interpréfaction*, transmutation d'interprétations et de constructions en faits positifs. En **fabriquant des faits avec des idées et avec des hypothèses**, elle présente une interprétation faussement positiviste de la production de données analytiques, en faisant oublier cette production même. Cette *interpréfaction* se décline dans différents petits dossiers : le mythe de l'auto-analyse de Freud, où l'auto-observation se confond avec une auto-thérapie, accréditant l'idée d'une science privée et secrète derrière la science publique ; les rumeurs engendrées par Freud au sujet de l'amour de transfert d'Anna O. à l'égard de Breuer et de l'accouchement hystérique de celle-ci ; les manipulations et stratégies narratives que Freud a déployées dans les histoires de cas (L'Homme aux loups, L'Homme aux rats, L'Homosexuelle (? !), Dora, etc.) en tentant de faire coïncider avec la fable théorique qu'il voulait broder ces récits dont il est l'auteur, non les patients eux-mêmes ; l'effacement (appelé « censure ») dans les lettres publiées des traces de l'intérêt que Freud avait porté aux idées de Wilhelm Fliess, salué d'abord comme le « Képler de la biologie » ; la fatale erreur délibéré de traduction commise par Freud dans son récit *Un souvenir d'enfance de Léonard de Vinci* où le *vautour* était en réalité un *milan* ; le mythe propagé par Ernest Jones d'un puritanisme de Freud.

« On pourrait se demander **si le type d'argumentation de ce dossier ne se retourne pas contre ses auteurs**. La falsification qu'ils dénoncent est peut-être celle qu'ils produisent. Remettre en question la scientificité de la psychanalyse n'est pas nouveau. Jacques Bouveresse, en 1991, dans *Philosophie, mythologie et pseu-*

do-science, étudiant la lecture de Freud par Wittgenstein, clarifiait pourquoi Wittgenstein tenait la psychanalyse pour une mythologie plus que pour une science : la confusion des *raisons* reconnues et des *causes* supposées (Freud traite la raison comme une cause en supposant qu'elle peut être conjecturée par une procédure de type scientifique et confirmée par l'acquiescement du sujet qui la reconnaît comme ayant été sa raison), la part de la persuasion, la croyance au déterminisme psychique (tout dans la vie psychique a un sens ou une finalité), le préjugé universaliste selon lequel, si une partie des faits est expliquée, la totalité doit pouvoir l'être, entraînent que la psychanalyse ne reconstruit pas une histoire réelle. Elle fait accepter au patient une histoire qui a le caractère apaisant d'un mythe. De sorte que la psychanalyse échapperait à toute possibilité de falsification. Ce qui rejoindrait Popper, pour qui la psychanalyse, par nature réfutable, serait non scientifique. Dans le cas d'une science, c'est la pratique scientifique seule qui décide. Or la psychanalyse, prétendant ne pouvoir être jugée de l'extérieur, serait à elle-même à la fois juge et partie. Mais ce n'est pas ce point de vue qu'adoptent les auteurs : cette question des critères du jugement d'objectivité, des frontières entre mythologie et science, n'est pas vraiment posée. Si bien que les « arguments » se révèlent être des conjectures qui, ne pouvant être démontrées, apparaissent comme aussi « fabriquées » que les constructions qu'elles dénoncent ».

On aboutirait à la même conclusion, concernant le retour du boomerang dans les pieds du lanceur - celui qui pose sans précaution l'autre sujet dans la non-vérité s'expose lui-même de façon réversible au même traitement - à propos du livre tout récent de René Pommier intitulé *Sigmund est fou et Freud a tout faux* (Éditions de Fallois, 2008), qui vient de faire l'objet d'un compte rendu de François-Georges Maugarlone dans le *Nouvel Observateur* (n° 2257 du 7-13/2/2008, p. 96). Ce dernier écrit qu' « il s'agit en réalité d'un réquisitoire. Si le docteur Freud n'emporte pas toujours la conviction, le professeur Pommier non plus. On est tenté de dire : la parole est à la défense. Il serait bon que la psychanalyse ne dédaigne pas de répondre à une telle provocation. Elle a été impérialiste, voire totalitaire, cela ne signifie pas qu'elle doive être disqualifiée. Mais il lui faut apprendre la modestie ».

Je connais, j'estime et même j'aime bien René Pommier, qui a été mon camarade de promotion à l'École normale supérieure (1955 - 1959) - venu de la khâgne de Lyon - entendement pointu qui se réclamait alors du patronage du philosophe Alain, et auquel j'ai toujours connu le même esprit déicide, iconoclaste et frondeur. C'est pourquoi, je ne souhaite pas polémiquer durement contre lui. Sauf à lui dire qu'à traiter sans trop de ménagements ses cibles - qui du reste ne peuvent répondre - de fous, quand ce n'est pas de « connards » (op. cit.), il s'expose à ce qu'un jour les mêmes épithètes lui reviennent en pleine face, ce qui ne rehausserait guère la qualité du débat intellectuel, déjà pas très brillante dans les milieux intellectuels contemporains de notre infortuné pays.

De toute manière, une telle situation est intéressante en ce qu'elle tend à illustrer l'état d'une marmite sociale, gérée depuis quelque temps par un pouvoir coiffé d'un protagoniste dont d'excellents observateurs ont bien noté qu'il excelle dans la capacité de diviser pour régner, de dresser et d'affronter les unes contre les autres toutes les parties du corps social, malheureux corps dont les factions en sont à s'entarter les unes les autres, quand ce n'est pas à se bombarder à coups d'œufs pourris, et dont la majorité revendiquerait à bon droit les épithètes mentionnées ci-dessus pour avoir porté à sa tête un gestionnaire qui, par un étrange effet de miroir, lui ressemble en tout point. René Pommier, dont la verve est intarissable s'en est déjà pris dans le même style à Jésus-Christ, Bossuet, Pascal, au structuralisme de Barthes. En si bon chemin, il pourrait s'en prendre également - pas à Marx, ce connard, on y a déjà pensé - mais par exemple à Albert Einstein, pour avoir raconté que l'espace intersidéral était courbe (quel connard aussi !). Attention, « le prophète »... c'est très dangereux. Mais il y a aussi pas mal de têtes de turcs possibles, parmi les vivants de notre société française contemporaine qui attendent justement qu'on les traite de la même manière. Allez, vas-y, René, pourquoi te gêner, mais fais gaffe quand même, chien méchant ! Tout de même, René, nous avons bien honte, ne trouves-tu pas ? Honte de supporter de vivre dans un pareil cirque, en ayant fini tout de même par baisser les bras... l'âge, la lassitude, le sentiment de l'inéluctable, *amor fati*, presque la complicité.

J'éprouve en réalité beaucoup d'admiration, quasiment de la jalousie, à l'égard du magnifique génie critique de René Pommier, une qualité native brute, un magnifique sabre de combat entre les mains d'un véritable samouraï qui fait sauter toutes les têtes qui se trouvent à sa portée C'est à Voltaire que Pommier ressemblerait le plus. Mais un tel instrument produirait utilisé sans discernement des ravages faute d'être muni d'un thermomètre philosophique mieux réglé.

Prenez la figure du Christ, de rabbin Iouhsha ; elle reste, même pour un athée, l'une des plus grandes figures morales de l'histoire de la philosophie. Relu sans préjugé, le texte du *Nouveau Testament* comporte une tension interne, et une qualité de démarche spirituelle et conceptuelle qui le situent largement au niveau du *Phédon* de Platon, ou encore des *Pensées* de Marc-Aurèle.

Même chose pour Pascal : c'est à le comparer à Descartes, à Spinoza, à Leibniz, à Kant même, qu'il apparaît comme l'un des plus intéressants philosophes français. Même à n'accorder que peu d'intérêt à la dimension religieuse de sa pensée, qui en représente tout de même la majeure partie, la description du divertissement, le passage sur les deux infinis, surtout un sentiment très particulier et absolument original pour son époque de la dialectique des oppositions, le thème enfin de l'échelle des ordres, des niveaux qualitatifs différents de la pensée, font de Pascal l'un des meilleurs philosophes français du XVIIe siècle, tout de suite après Descartes et Malebranche. J'ai essayé de discuter de cela avec Pommier un soir de pot de promotion à l'École normale. Mais il n'y avait rien à faire, il suivait son idée sans rien écouter de ce que je lui disais. Pascal était vraiment un crétin.

D'ailleurs, les déchets de la pensée religieuse sont nombreux chez beaucoup d'autres philosophes avant Marx, et même bien après : on ne va tout de même pas pour cela jeter au panier Kant, Hegel et Bergson. D'accord, Nietzsche et Alain sont de véritables athées dans le goût de Pommier. Mais ils sont rarissimes. Bien entendu, Baudelaire, Flaubert, Maupassant, Rimbaud, Mallarmé ne couraient guère après les curés non plus.

Je me suis toujours étonné de la réactivité particulière de René Pommier à l'égard de la question religieuse, en me demandant de quel composante biographique particulière elle aurait pu dépendre. D'ailleurs, il avait raison de sentir confusément - il ne l'a pas vraiment dit - dans la vogue structuraliste des années 70 comme une dimension religieuse, conservatrice en tout cas, hostile à toute philosophie du progrès, de l'histoire, une reprise en main de la philosophie bourgeoise contre l'idéologie marxiste dominante à l'époque, la philosophie de Monsieur Prudhomme, tout à fait comparable à ce qu'a pu être dans un autre contexte la droite hégélienne. Louis Althusser et son *Original dixieland cats band* n'y ont vu que du feu. Et dans quelle horreur est-on tombé aujourd'hui : le réquisitoire acharné de Luc Ferry contre la pensée 68, familles, je vous aime ! Même Cohn-Bendit déclare à la télévision que la situation de 1968 n'avait rien de révolutionnaire, alors que ceux qui s'y trouvaient vraiment, sans avoir les yeux dans leur poche, savent bien que pendant quelques jours au moins, le pouvoir était à ramasser par terre dans la rue. Un peuple qui n'a pas saisi une telle occasion ne peut que se punir lui-même pendant des décennies, et c'est ce qui est arrivé depuis.

10. Le concept d'évaluation, une vieille lune de l'histoire de la psychologie

J'ai lu ces temps derniers avec un grand intérêt le dernier numéro du *Nouvel Âne* (n° 8, février 2008), consacré pour l'essentiel aux deux questions connexes et même imbriquées de l'évaluation et de la nouvelle AERES ci-après (§ 11-12).

Mon but est ici, en évitant tout esprit de polémique et en m'efforçant de contribuer de manière utile au débat général, de proposer un certain nombre de remarques pour montrer que ce qui apparaît, en un sens et à juste titre, comme très nouveau dans la période récente trouve déjà des racines très anciennes bien en deçà de la période des années 85 - comme on l'affirme souvent aujourd'hui - déjà dès les années 70, et même dès les origines de la psychologie scientifique, pour ce qui est de la notion même d'évaluation. Tant il est vrai qu'en psychologie, comme en bien d'autres sciences humaines, comme l'écrit Freud à Fliess, tout paraît souvent sembler neuf, bien que rien ne soit nouveau. Que les choses puissent comporter des sauts qualitatifs, bien que procédant aussi d'un trajet antérieur continu, cela représente une tâche de pensée à quoi l'esprit français en général, surtout depuis la phase structuraliste des années 70, a beaucoup de peine à se confronter.

J'ai travaillé depuis une dizaine d'années à une *Critique générale de la psychologie contemporaine* en 8 volumes, dont l'actuel ouvrage représente le huitième et dernier, où j'avais déjà abordé l'étude des processus et mécanismes dont la résultante catastrophique se produit déjà depuis une vingtaine d'années, mais en s'aggravant encore dans la période actuelle. Par ailleurs, je suis entré à l'Université comme assistant de Raymond Ruyer à Nancy en 1965, pour muter à l'Université de Paris V en octobre 1967, comme maître assistant dans le laboratoire du remarquable et tragique Gilbert Simondon, où j'ai été attaché pendant 20 ans jusqu'à ma nomination comme professeur à Villetaneuse en 1986. J'ai donc assisté aux premières loges comme témoin, et même comme acteur bien souvent plus agi qu'agissant, à l'évolution d'un processus de déchéance institutionnelle, intellectuelle et scientifique de la psychologie, d'un caractère plutôt dramatique, et dans le cadre d'une université qui s'offrait alors comme le miroir et le modèle de toutes les autres en France.

Il me semble donc avoir la compétence pour apporter des éléments d'information plutôt nouveaux au tableau que d'autres plus jeunes dressent aujourd'hui avec autant de surprise que d'indignation légitime. Non, le trio des trois grands nouveaux experts de l'évaluation Monteil-Fayol-Lécuyer ne vient pas d'entrer par la fenêtre ni ne sort du chapeau d'un prestidigitateur, il prolonge une lointaine lignée de prédécesseurs, presque tout aussi acharnée qu'eux, mais dont la montée en puissance s'était depuis longtemps préparée dans l'espace restreint de la psychologie universitaire, pour lequel le public des psys non universitaires n'éprouvait alors que peu de curiosité.

Dans les ouvrages dont je parle, j'avais évité de mentionner nombre d'identités de personnes. Mais comme cela se pratique de façon directe dans *Le Nouvel Âne* à propos des trois précédents personnages, je trouve utile et intéressant de le faire à mon tour, sans intention délibérée de blesser les personnes concernées. Tel n'est pas mon propos, même si le rôle sensiblement plus négatif qu'ont joué un certain nombre d'entre elles n'attire pas particulièrement la sympathie. J'éprouve davantage d'amitié pour la vérité (*magis amica veritas*) que pour bien des collègues que j'ai rencontrés. Encore y a-t-il bien des différences de degrés entre eux. Certains protagonistes du camp de la psychologie scientifique ne méritent à mes yeux aucune espèce de considération, tandis qu'avec d'autres une sorte de dialogue semble parfois encore possible, surtout avec les jeunes et en province, dans des milieux où les gens semblent parfois moins durs, ce qui peut créer de la surprise lorsqu'on a connu les anciens tyrannosaures. En tout état de cause, il est intéressant de livrer, même à la petite histoire, les noms des personnages qui y ont joué un rôle plus ou moins décisif, quel qu'il soit. Cela peut parfois beaucoup aider à la compréhension de ses mécanismes plus généraux. J'ai fini par croire de plus en plus au rôle des individus, surtout dans le champ d'une science comme la psychologie.

Malgré tout, il m'a été demandé par la « censure » - et même l'autocensure présumée de certains comités de lectures - de supprimer un certain nombres de ces mentions d'identités personnelles. Je l'ai fait bien volontiers, tout en sachant que, si l'on me demandait encore de poursuivre dans cette voie, il ne resterait bientôt rien de l'intérêt historico-biographique incontestable de mon texte. A-t-on même le droit de parler des morts, pour le bien et pour le mal - car du mal, il y en a eu objectivement beaucoup - d'une façon juste et distancée ? Eh bien, dans ce pays et en tout cas dans le paysage universitaire particulier - la micro-culture spécifique - où nous nous situons, il ne le semble pas. Ce système d'inhibitions, qui muselle dés longtemps toute forme de créativité dans le cadre de la psychologie universitaire, c'est là un symptôme dont nous devrions tout d'abord prendre conscience afin de l' « analyser », au sens clinique et thérapeutique.

Quelques remarques tout d'abord à propos de la notion d'évaluation, et tout d'abord de son histoire, si l'on peut en trouver une.

Un piège fréquent en histoire de la psychologie est le suivant : une même chose peut être désignée à des époques différentes, ou parfois même à la même époque, par des noms différents. Et réciproquement un même nom peut désigner des choses différentes soit à la même époque - le terme représentation en psychologie cognitive ! -, soit encore à des époques différentes. Les exemples de ces deux états de choses sont innombrables.

Touchant surtout le premier aspect, un fait très fréquent dans le développement des idéologies contemporaines en psychologie consiste, probablement en raison de l'usure de la dynamique créative, dans le retour en arrière vers des idéologies dépassées par l'histoire des idées, ceci surtout de la part des auteurs états-uniens vers des thèmes de la pensée européenne ayant connu la vogue dans les années 1770-1830. C'est par exemple la propension des modèles post-piagétiens en psychologie de l'enfant à dériver l'intelligence de la perception - ce qui est en fait un retour à Locke ou à Condillac - doctrine professée par les recherches par exemple d'un Lécuyer qui la reprend lui-même d'une source nord-américaine.

L'idée d'évaluation existe sous d'autres vocables dès les origines mêmes de la psychologie scientifique. Elle est liée à son projet fondamental, qui a toujours été, dès les années 1880 - mais cela se relie en un sens aussi à tout un versant de la pensée de Descartes, de même que de la pensée prérévolutionnaire française (La Mettrie, Morelly) - une doctrine de « l'homme-machine » (*homo mechanicus*), même si cette tendance fondamentale coexiste parfois avec d'autres qui la combattent plus ou moins. Disons aussi que la date de 1968, marque d'une révolution manquée suivie de la reprise en mains de l'ordre ancien des choses, représente en tout état de cause, pour le problème qui nous intéresse une frontière caractéristique. Voyons un peu mieux cela.

Le classique *Vocabulaire de la psychologie* d'Henri Piéron (1951, 1963) ne contient pas encore le mot « évaluation », mais seulement un item « estimation », corédigé par H. Piéron, F. Bresson et P. Rennes, et comportant plusieurs implications en termes techniques (appréciation, mesure, coefficient, droite, équation, régression) référant uniquement au champ de la probabilité statistique.

Dès 1962, dans les *Méthodes quantitatives en psychologie* de Maurice Reuchlin apparaît l'insistance de certains thèmes cardinaux : corrélation, critère, échelle, jugement comparatif, prévision, prédicteurs, pronostic, réussite, utilité. Tout est déjà là, et tout le monde l'a immédiatement compris. L'évaluation, ce sera pour... presque tout de suite après 68. Cela vous surprend ?

Plus tard, se présente - donc après la date-frontière de 1968, pour la première fois dans la littérature française un article de Maurice Reuchlin (1974) sur les « Problèmes d'évaluation », rédigé pour le *Traité des sciences pédagogiques*, t. 4 : *Psychologie de l'éducation* (pp. 207-286), PUF.

Dans le *Dictionnaire de psychologie* du psychanalyste Norbert Sillamy (Bordas, 1980) existe un article sur « évaluation ou notation » (d. : *Bewertung, Evaluation* ; en. : *evaluation, assessment, rating*), avec référence à l'activité scolaire ou professionnelle (donc l'école, l'entreprise... mais pas encore l'hôpital... dont il va être question plus loin), renvoi à d'autres items apparentés (analyse du travail, docimologie), et mention de publications, datées des années 1974-1975, d'auteurs français, dont on reparlera encore un peu plus loin : J.-P. Caverni, J.-M. Fabre, G. Noizet, et aussi Reuchlin (pour son article cité supra de 1974).

Dans le *Dictionnaire de psychologie* de Doron-Parot (PUF, 1991), le mot évaluation (d. : *Schätzung* ; e. : *assessment* ou *evaluation* selon les cas) donne lieu à 7 items différents (définition générale, puis évaluation critérielle, des besoins, des programmes, formative, par les pairs, sommative), rédigés par G. De Landsheere, spécialiste belge de la psychologie de l'éducation. C'est dans ce filon de la psychologie de l'éducation que l'on retrouvera plus loin J.-P. Monteil et M. Fayol.

Dans le *Grand dictionnaire de la psychologie Larousse* de Bloch et col. (1994), un article du chef de clinique à Sainte-Anne André Galinowski est consacré, dans la perspective de la psychopathologie quantitative (et voilà le 3ème terme qui manquait), à la notion d'échelle d'évaluation (*rating scale*), renvoyant à une référence « française » antérieure dans le même domaine (Guelfi, 1983).

Dans les années 80, j'ai souvenir que Georges Noizet, alors successeur de Paul Fraisse comme Directeur du Laboratoire de psychologie expérimentale, nous demandait de corriger les copies de licence selon les principes de la docimologie scientifique, dont il se présentait alors comme l'un des rares spécialistes, avec normalisation des distributions et comparaisons de moyennes par le t de Student.

Donc, ce dont il question dans ce maquis, où les auteurs déplace le thème en brouillant un peu les cartes, c'est de la mesure en termes de probabilité (on dit aussi de « risque ») - ce qui s'appelle le « pronostic » (lié au maniement des moyennes, fréquences et coefficients de corrélation) - dans les trois champs conjoints et successifs des grands âges de la vie : l'enfant, l'adulte, le vieillard (Baldung-Grien), disons-le : l'école, le travail, l'hôpital, soit encore la formation, profession, la réformation. Ces trois champs concernent pour l'essentiel la psychologie de l'enfant, celle de l'éducation, celle aussi du travail, dite parfois industrielle et liée à la psychologie sociale, la psychopathologie également, avec en transversale, la psychologie différentielle, offrant les instruments de la mesure, et évidemment la psychologie expérimentale, justifiant à tout crin le prototype de l'*homo mechanicus*.

Cet état d'esprit est le même que celui des travaux de Carnot sur le rendement, forcément déficient, de la machine à vapeur (1824), et de la double problématique antithétique de la conservation de l'énergie (Mayer) et de l'entropie - la tendance au zéro -, qui s'y reliera ultérieurement (Clausius, 1854 ; Boltzmann, 1898, etc.). Un tel état d'esprit est présent de façon conséquente dès les origines mêmes de la psychologie « scientifique », qui accompagne en fidèle servante l'expansion croissante de la civilisation industrielle après 1870.

C'est tout d'abord l'anglais Francis Galton (1884) avec son obsession de la quantification appliquée au sujet humain : « mesurez tout ce que vous pourrez ».

Mais le français Quételet se passionnait déjà pour la taille des soldats de l'Empire. Puis les premiers psychologues industriels états-uniens (Münsterberg, etc.), ensuite le fameux test de Binet-Simon (1905), les échelles d'estimation - *rating scales* elles aussi - de Thurstone, Likert et Guttman (1928, 1932, 1950), la psychotechnique (1920), la psychométrie et la mesure des aptitudes (1935), les sondages d'opinion (USA, 1936), la psychologie appliquée (1955). Les *ratings scales* interviennent aussi dans ces mastabas et pyramides onéreuses que sont les modèles factorialistes de l'américain Cattell et de l'anglais Eysenck.

On voit donc que l'obsession de la « prédiction » du rendement scolaire, industriel, et de leurs échecs dans le dépotoir final de la maison de correction, de l'hospice, de l'asile, n'oubliez pas la prison et même à l'époque le bagne, ne sont pas du tout des inventions récentes du cognitivo-comportementalisme, mais l'âme même, le *Geist* de la psychologie « scientifique ».

Prenons donc bien garde ici au fait que les approximations en matière des idées conduisent à des erreurs de perspective, et celles-ci à des erreurs tactiques et stratégiques, dont la facture se paie toujours très cher.

À l'époque fondatrice, le problème de la récidive délinquante ne se pose pas tout à fait dans les mêmes termes que de nos jours : les déchets de la dégénérescence (Morel, Falret) alcoolique et syphilitique ouvrent de soi les portes, qui se referment à jamais, des lieux de détention (travaux forcés, asile pour les cas nombreux de Korsakov et de paralysie générale). Je laisse ici de côté la problématique réformatrice de l'eugénisme plus ou moins républicain qui anime tout un courant des pionniers de l'ancienne psychologie française (Toulouse, Vaschide) avec cet aboutissement douteux que sera la pensée fascisante d'un Alexis Carrel.

Un autre courant concernant la notion d'évaluation touche à l'obsession typiquement états-unienne de l'évaluation comparée des psychothérapies, dont les résultats abondants et déjà très anciens - dès les années 1980 ! - ont été rapportés pour la première fois dans l'ouvrage du belge Winfrid Huber sur *La psychologie clinique aujourd'hui* (1987), où se trouvent déjà, 20 ans avant le *Livre noir*, de violentes attaques, de la part d'une soi-disant psychologie clinique cognitive et médicale, contre la psychanalyse. Le *Livre noir* lui-même n'aborde que de manière latérale, et comme dédaigneuse, ces problèmes techniques de l'évaluation (quoi qu'on puisse en dise, voir l'Index des matières à ce mot), comme si son aspect technique justement dépassait déjà les capacités intellectuelles de ses auteurs.

J'ai déjà décrit ailleurs le syndrome français de la léthargie de la Belle au Bois dormant, comportant le fait que, depuis les années 50, la psychologie universitaire française a toujours réagi, paradoxalement, de façon aussi servile que tardive à l'idéologie scientifique états-unienne en matière de psychologie. Depuis l'Affaire du *Livre noir*, les psychanalystes français du courant lacanien dominant se sont réveillés, pour protester avec énergie - et ils ont raison – contre le paradigme expansif des TCC, dont la valorisation résulte de ces méthodes d'évaluation déjà mises en œuvre aux USA dès les années 70.

Le facteur décisif et nouveau, dans la remise en vedette toute récente de la question de l'ancien fétiche de l'« évaluation », consiste dans la prise de conscience par les milieux de la psychanalyse, intra- et surtout extra-universitaire, du fait de la montée en puissance politique des psychologues objectivistes dans l'échelle de l'appareil d'état : en fait, il a toujours existé, dès après les années 1968, un « patron » de la psychologie, nommé directement par et affidé à l'appareil politique, en général comme Conseiller pédagogique attaché à la direction de l'Enseignement supérieur (DES), mais il n'avait encore jamais existé de psychologue, comme J.-P. Monteil, nommé responsable direct de la Direction de l'Enseignement supérieur, ni non plus comme Conseiller du Premier ministre.

On notera que ce thème de l'évaluation se rattache en philosophie à la question du « Jugement de valeur », renvoyant, dans le Vocabulaire philosophique de Lalande, au terme « appréciation », à propos duquel l'auteur déclare de manière très intéressante, pour ce qui nous concerne ici, que cet « appreciation » est « fréquent dans la langue des philosophes américains ». La distinction entre « jugement d'existence ou de réalité » et « jugement de valeur » semble à rapporter d'abord à Durkheim (*Sociologie et philosophie*, 1898), reprise par son disciple Essertier (*Les formes inférieures de l'explication*, 1927), tandis que Cuvillier (1947) la rapporte ni plus ni moins à la distinction entre science et philosophie. J'ai aussi le souvenir que ce thème du « jugement de valeur » était une des questions classiques de la liste d'environ une centaine retenue pour la « grande leçon » de l'oral de l'agrégation de philosophie. On laissera de côté la question plus générale du « jugement », qui est un des chevaux de bataille de la philosophie et de la culture classique et qui culmine avec la célèbre *Kritik von Urteilskraft* de Kant (1790), pour dire seulement que ce mot tend à disparaître de plus en plus de l'usage contemporain, pour être remplacé justement à peu près partout et presque toujours de manière abusive, pour ne pas dire indigeste, par le terme « évaluation ».

Un autre exemple de cette erreur de perspective historique, consistant à rapporter à un saut plus récent un phénomène déjà inscrit dans une continuité antérieure, est celle courante aujourd'hui consistant à référer à la création du DSM (en fait 1952, 1968, DSM III 1980, 1994, 2011 ?) le point d'origine néfaste d'une psychopathologie évaluative, normative et quantitative. Non, ce courant d'une clinique anglo-américaine relève d'une tradition continue bien plus ancienne, à perspectives et faciès multiples : citons en vrac les travaux pharaoniques des factorialistes J. H. Eysenck (de 1947 à 1970) et R. B. Cattell (et son intérêt ingénu pour une « psychanalyse quantitative », *sic* ; de 1946 à 1961) proposant la mesure du degré potentiel de « névrosisme » ou de « psychotisme », sans parler du fameux MMPI (Hathaway, 1941) et de ses sous-échelles nosographiques (dépression, hystérie, paranoïa, psychopathie, etc.), ni non plus des représentants antérieurs importants de la psychologie états-unienne de la personnalité, S. Rosenzweig et son test de frustration (1934) destiné à la mesure de la force du moi, et D. Rapaport, déjà bien connus de Lagache.

Sur ce point encore, à négliger ainsi les prodromes, déjà consistants, de nouveautés par ailleurs incontestables, on court le risque aussi de produire de nouvelles erreurs de perspectives, dont le prix à régler, répétons-le, serait très élevé dans la période critique où l'on se trouve.

11. La nouvelle AERES au fil des péripéties de la guerre universitaire

J'en viens à présent à la question de l'AERES (Agence d'évaluation de la recherche et de l'enseignement supérieur), dont il y a lieu également de dire qu'il s'agit d'une nouveauté relative, suscitée par la montée en puissance d'une réalité en fait beaucoup plus ancienne, qui fonctionnait déjà depuis une quarantaine d'années - toujours cette charnière de 1968 - sous des formes et avec des appellations différentes, en fait à peu près totalement occultes, et ce sous de multiples masques. Cette « police administrative », que le juriste Dupond Muzart (LNA 8, p. 61) voit à juste titre dans l'Agence en question, le monde de la psychologie universitaire en a connu la réalité et le fonctionnement dès après les années 1968.

J'ai décrit ces phénomènes pour la première fois dans la littérature française en 2004 dans mon ouvrage en 2 volumes sur *La crise de la psychologie à l'université en France*, à une époque où, malgré 45 années de service continu dans l'Éducation nationale (30 ans à l'Université) je n'avais aucune idée - sauf un sentiment diffus et confus - de cette formidable partie cachée de l'iceberg institutionnel, que j'ai alors appelée le « gouvernement de la psychologie », formé par tout un réseau d'appareils plus ou moins coordonnés, dont les commandes sont activés par une *nomenklatura* ou *gentry* très exiguë, qui pilote la carrière des collègues à leur insu, *in the back*, cependant que les malheureux s'interrogent en vain sur l'identité de ces parasites qui ruinent leur économie interne sans jamais qu'ils puissent les pincer entre leurs doigts malhabiles. À un certain moment de ma carrière, après avoir passé 30 ans à consacrer 50 à 60 heures par semaine à préparer des cours magistraux d'une qualité de contenu irréprochable, avoir écrit aussi environ 1 bon millier de pages de ce que je ressentais comme des contributions d'un certain intérêt conceptuel, j'ai compris qu'une petite cohorte de snippers me flinguaient par derrière. J'interrogeais alors un certain nombre de mes collègues que je découvrais alors tout aussi ignorants que moi.

Un jour me tombe entre les mains un « Tableau de classement du personnel enseignant titulaire », document annuel dont l'existence secrète n'est connue que des seuls membres du CNU - le grand tribunal qui, depuis le décret scélérat socialo-communiste signé Mitterand-Savary-Le Pors de 1984, tranche les têtes de 75 % des collègues en les envoyant à la retraite à un niveau d'indice équivalent à celui des agrégés de la classe la plus élevée de l'enseignement secondaire (960). Après une lettre énergique au CNU, qui le comparait à la Chambre des pairs de Charles X - ce qu'il est à peu près -, je reçois de X... , qui siégeait encore dans ce tribunal d'exception dont il a été membre pendant une période continue de près de deux décennies, l'offre de me remettre une documentation complémentaire du même genre. Ce qui a été fait, après plusieurs rendez-vous annulés, un jour de Juillet 1999, dans son appartement de ... , rue ... , sous condition de n'en jamais rien révéler au public, parole que j'ai tenue jusqu'à ce jour, où j'estime qu'il pourrait tout de même y avoir prescription. Mais il ne veut pas !

En tout cas, sans communication par lui de tels documents, ce qu'il n'était pas obligé de faire, je n'aurais jamais pu démarrer ni avancer dans tout ce que j'ai écrit depuis.

Ce que je découvrais alors à partir de l'analyse de ces documents, où l'avancement des collègues est consigné selon un code difficile à déchiffrer, était effarant : une inégalité différentielle entre les sous disciplines absolument injustifiable : les cognitivistes avancent sur l'autoroute de la carrière disons à 120 km heure, en produisant 1 article de 10 pages en moyenne tous les 18 mois, alors que les cliniciens avancent, en proportion exacte, à 80 km heure, en produisant 1 article eux en 14 mois. Tandis que les cliniciens soutiennent des thèses d'une longueur de 600 pages, produisent en leur carrière 2 livres, environ 2 chapitres de livres et dirigent 6 thèses, les cognitivistes soutiennent des thèses de 350 pages, n'écrivent 1 livre en leur vie que pour 7 sur 10 d'entre eux, 1 chapitre de livre pour 8 sur 10 d'entre eux, et dirigent 4 thèses. Il résulte de tout cela que la différence de productivité entre cliniciens et cognitivistes est de 65 % à l'avantage des premiers, ce qui ne les empêche pas d'avancer dans leur carrière à une vitesse d'un tiers inférieure.

Bien, supposons que les psychanalystes non universitaires ne s'intéressent pas à cette effroyable condition des cliniciens, à l'intérieur même de la « misère matérielle, intellectuelle et morale » de l'ensemble de l'université, selon la formule du philosophe Spitz, c'est bien leur droit.

L'incompréhensible et injustifiable distorsion de la représentativité que forme le contraste entre la minorité « cliniciens vs objectivistes » dans l'espace universitaire (300 vs 1000 env.) et la majorité « cliniciens vs psychologues du travail » dans l'espace extra-universitaire (30 000 vs 10 000) est le principe contradictoire qui a conduit, appliqué de manière obstinée depuis 60 ans, à une perversion et un pourrissement complet de la psychologie universitaire française. Cette absurdité, offusquant toute espèce de « bon sens » (la *bona mens* censément la mieux partagée dont parle le *Discours de la méthode*) s'exprime à l'occasion dans des formules d'une arrogance provocante à l'adresse des cliniciens, comme celle du psychologue social J.-L. Beauvois, parlant à ses collègues cliniciens de la tourbe des étudiants : « Vous apportez le nombre, nous apportons le science ». En tout cas, cette situation explique que les relations entre les deux sous groupes de l'espace universitaire aient toujours été à l'enseigne d'une très grande violence, ceci, déjà bien avant 1968, dès la nomination en 1957 de Paul Fraisse dans la chaire de psychologie expérimentale à la Sorbonne.

J'entretenais à cette époque - dans l'espace même de sa parentèle - des relations très familières avec Juliette Favez-Boutonier, qui m'a parlé à l'occasion des algarades très discourtoises que déclenchait contre elle Fraisse à tout propos, dans les délibérations du Certificat de psychologie générale, concernant l'éminente dignité de l'épreuve de statistique à l'égard de celle de psychopathologie. Cela a été raconté aussi par Annick Ohayon (*L'impossible rencontre*, 1999). On ne peut donc pas soutenir que les origines de la guerre entre les deux camps tiendraient à une montée en puissance de la psychologie à partir des années 80-85, suite à une période de relatif équilibre entre les deux camps. Tout cela est une vraie fable. Ni non plus qu'il y a malgré tout, dès le début des années 90, des tentatives d'armistice. Non, la guerre est en ascension croissante, de plus en plus générale et totale depuis les années 60. Ce qui est vrai, c'est que, toute résistance intellectuelle véritable ayant disparu dans le corps universitaire, on s'était établi de plus en plus dans une sorte de « pacification », comme on disait pendant la Guerre d'Algérie, où le vainqueur croyait pouvoir imposer partout sans grand risque sa couleur au vaincu. Cela n'a jamais empêché que les collègues, au plan du vécu individuel avoué, se sont installés dans un climat de morosité, d'abattement, de découragement et de désespérance, qui n'a fait que s'étendre avec le temps.

Maître assistant, puis maître de conférences, comme je l'ai dit, dans l'équipe du laboratoire de psychologie générale, animée par le génial mais fragile Gilbert Simondon, j'ai été le témoin direct, pendant 25 années (1969-1986) de la mise au pas, puis de la liquidation, des enseignements donnés par les membres du dernier carré des philosophes agrégés normaliens, qui assuraient pour l'essentiel la formation générale de base des étudiants de licence : Bernard Balan, Françoise Clerc, Maurice Dayan, Émile Jalley, Denis Van Caneghem, au cours d'une guerre sans cesse ranimée par Paul Fraisse (*doctor tyrannicus*), J.-P. Rossi (*magister insidiosus*), le chef de police du précédent à Paris V, Germaine de Montmollin (*doctor furibunda*), Maurice Reuchlin (*doctor dogmaticus*), et à laquelle prêtait volontiers la main aussi la psychanalyste Colette Chiland (*doctor ambigua*).

C'est pourquoi, je ne suis pas très d'accord avec certaines présentations actuelles qui tendent à polir et à idéaliser ce passé déjà hyperconflictuel, en parlant d'une sorte d'accord tacite entre les partenaires des deux psychologies, d'équilibre fragile, dans le respect des personnes et des institutions, et tendant à la rupture à la fin des années 1980 (LNA, févier 2008, n° 8, p. 40).

Ce n'est pas personnellement ce que j'ai vu et vécu. J'ai parlé ailleurs (2004) d'une sorte de *deal* entre P. Fraisse et C. Chiland, entre les années 70 et 85, tendant à faire reconnaître la psychologie clinique comme une sorte de sœur cadette de la psychologie expérimentale, dans un contexte où la médecine devait alors être tenue à une certaine distance, mais dont la philosophie en tout cas avait aussi à être définitivement exclue, ce qui à mon avis est un point toujours négligé, bien qu'il soit d'une importance extrême. Car c'est depuis ce temps que la discipline est devenue complètement acéphale, ce qui se ressent par exemple au spectacle de ses errements politiques répétés et mortifères, dans un climat de soumission conservatrice dont le ressort secret échappe.

Plutôt que de respect, c'est de *peck-order* éthologique dont il s'agissait, de dominance-soumission animale spontanée (au fond la servitude volontaire de La Boétie), réglée au sein d'une très petite oligarchie de grands animaux de combat se reconnaissant un tyrannosaure en chef (*tyrannosaurus rex*), toujours un représentant de la psychologie expérimentale. Il y a peut-être eu de rares exceptions locales, comme j'ai connu à Nancy de 1964 à 1968, avec le philosophe Raymond Ruyer (philosophie et psychopathologie), Georges Snyders (p. de l'enfant), François Jodelet (p. sociale), et votre serviteur (épistémologie, p. générale et expérimentale).

La phase historique la plus intéressante de la psychologie universitaire, au plan de l'invention conceptuelle, se situe avant la Seconde guerre mondiale (Guillaume, Burloud) et un assez appréciable moment encore après, jusqu'à la cessation d'activité, entre 1960 et 1980 à peu près, d'un assez petit nombre de personnalités intéressantes : Wallon (actif jusqu'en 1960), Merleau-Ponty (1960), Lagache (1967), Anzieu (1983), Zazzo (1986), Oléron (1986), Piaget (professeur à la Sorbonne entre 1952 et 1963), Moscovici également. Après 1980, la perte de vitalité intellectuelle de la psychologie universitaire s'accélère à mesure que s'accroît le nombre de ses étudiants, celui aussi des thèses bâclées, et que se développe comme en proportion inverse, son système de coercition administrative et intellectuelle. C'est la seule montée en puissance dont on puisse parler à ce propos.

Une date marquante à cet égard aura été le décret Savary de 1984, qui radiait le système Faure de 1968 prévoyant l'avancement à trois vitesses (ancienneté, petit choix, grand choix) - lequel garantissait de ce fait et jusqu'alors une totale indépendance intellectuelle des collègues, nécessaire à une authentique créativité - nouveau système dont l'installation devait conduire rapidement à l'abominable modèle de servitude intellectuelle représenté par la liste des critères de l'avancement au choix définie par le CNU, jointe en l'occasion à celle aussi des revues à comité de lecture dites qualifiantes.

Ce que j'ai appelé, à propos de cette doctrine des revues orthodoxes reconnues par le tribunal du CNU, « bréviaire de la pensée paradoxale à l'usage du psychologue à l'université », a été promu entre autres par des cliniciens membres du CNU acceptant de collaborer apparemment sans problème avec l'état d'esprit borné et la conception scientifique rabougrie de sa majorité objectiviste : les auteurs de ces consignes progressivement plus draconiennes à travers le temps ont été un maître de conférences (MC) en psychologie clinique (p. cl.) (1992), un professeur (P.) et un MC tous deux en psychologie génétique (p. gén.) (1993), un P en psychologie différentielle et un MC en psychologie sociale et clinique (p. soc.) (1995), un P en p. soc. et un P en psychologie cognitive (p. cog.) (1996, 1997), un P en p. cl. (1997), un P en p. gén. et le même MC en p. soc. et cl. (1998), un MC en p. soc. et un MC en p. cl. et soc., et le même P en p. cog. (1998), le même P en p. gén. (1999), le même P en p. cog. et un P en p. cl. (2000).

Sur l'ensemble des collègues qui ont mis au point le code totalement répressif, et même réactionnaire - condamnation implicite du livre !, des critères de qualification et de promotion du personnel titulaire, notamment au niveau décisif de la légitimation de la littérature scientifique appropriée, figurent donc 6 psychologues cliniciens sur 14, ce qui n'est pas rien, et atteste de la complicité de fait des premiers, entre 1992 et 2000, dans la fabrication de ce système d'enchaînement du corps universitaire, dont il semble n'exister aucun autre exemple au niveau de l'Université des Lettres et des Sciences humaines, aucune enquête sérieuse n'ayant d'ailleurs jamais été faite à ce sujet. Songez que la fabrication d'un livre est déconseillée, qu'elle vous fait mal juger, qu'elle est interdite, qu'elle vous met déjà dans le wagon des condamnés. On n'a presque jamais rien vu de si honteux dans l'histoire de la culture française, sans que la plupart aient même conscience de pareille lèpre. Surtout pas de livres ! Brûler les livres, c'est-à-dire l'autodafé, évocation historique sinistre sur laquelle on n'insistera pas.

La rédaction de cette littérature standard destinée aux revues à comité de lecture (RCL) doit évidemment se faire dans un style d'écriture incolore, châtré de toute allusion hostile ou déplaisante éventuelle ; la « soumission des articles » (*sic*) les transfère à un système d'experts (en voilà une première catégorie) en principe anonymes, avec parfois la condition implicite mais conseillée, en tout cas rocambolesque, que les travaux des membres du comité de lecture y soient cités en bonne et due place et de manière honorable.

Quand certains osent prétendre que les collègues ne souhaitent rien tant que l'évaluation par leurs pairs, ils veulent ignorer que ce mécanisme, dans le contexte abject de son fonctionnement actuel au sein de la Section psychologie du CNU, n'a rien de démocratique, qu'il appuie au contraire un système de cooptation étroitement oligarchique, où sévissent justement l'imparité, la lutte des castes, l'ascension des esprits les plus serviles et les plus conformistes. Et qu'à l'encontre, il n'y a rien que les collègues détestent plus aujourd'hui que cette évaluation par les (im)pairs, cependant qu'il vaut mieux pour eux de n'en rien exprimer.

Le système de solidarité plus ou moins obligée entre psychologues cliniciens et objectivistes existe au niveau même des listes de candidatures aux élections du CNU : par exemple la liste « moins rose » SGEN-CFDT pour les élections de 1996 présente en tête de liste un triumvirat composé de trois officiers généraux : la psychopathologie en sandwich entre la psychologie du travail et la psychologie génétique-cognitive, puis en 2000 un autre triumvirat avec toujours la psychopathologie coincée en seconde position entre la même psychologie génétique-cognitive et la psychologie cognitive.

Donc, en temps de guerre, ce n'est pas toujours l'appel aux armes, ni le feu du combat, il existe des solidarités de fait et parfois des liens amicaux entre les deux camps. Le même représentant de la psychopathologie - on taira son nom - dira compter parmi ses amis telles personnalités en vue de la psychologie cognitive et de la psychologie sociale, en plus probablement de ses colistiers précédents sur la liste « moins rose », lesquels ne sont pourtant en rien des alliés de la psychanalyse. Mais c'est parfaitement son droit. Des liens que d'aucuns trouveront excusables, voire acceptables, d'autres les considéreront détestables. C'est là une question de disposition personnelle, d'attitude variable au gré des caractères. En tout cas, ce qu'il faut savoir, c'est que, dans le système Savary 84, un psychanalyste universitaire ne saurait atteindre un jour les grades de général et a fortiori de maréchal - et pourquoi pas ? - sans collaborer d'une certaine manière avec la politique scientifique officielle du camp objectiviste majoritaire. Prétendre qu'un membre de la minorité clinicienne puisse atteindre de tels grades par la voie obligée de la promotion au choix, tout en se maintenant dans une attitude d'opposition active, c'est pure affabulation. Ce sont les *Contes de ma mère l'oie.*

Quant aux revues à comité de lecture (RCL), telles qu'elles fonctionnent en psychologie, inutile d'insister sur la qualité du breuvage qui peut sortir de pareils pressoirs au bout d'une décennie d'un tel système. Personne ne lit plus personne, mais il faut surtout ne pas le dire.

Le CNU, sorte de session judiciaire et exécutive saisonnière qui vient rendre la justice et prendre les décisions stratégiques, comme jadis le bon Saint-Louis sous les chênes de Vincennes, se compose de deux catégories de membres.

Il est élu pour deux tiers sur des listes syndicales confectionnées dans des conditions de cooptation occulte absolument scandaleuse, avec des disputes à couteaux tirés dans l'ombre pour l'ordre des rangs sur les listes. Vous avez au choix surtout le SneSup, plus rose, et le SgenSup, plus pâle, avec de ce côté-là, et par derrière, des Frères trois-points (sujet tabou, mais j'ai pu en identifier quelques-uns).

Quant à l'autre tiers de la Commission, elle est nommée par le Ministère, mais dans quelle condition, par quel canal et mécanisme, *magnum mysterium*, on ne l'a jamais su publiquement.

Venons-en au « patron », au grand vizir de la psychologie, le Conseiller du Ministère (qui a porté plusieurs titres dans le temps) : le plus notoire et dont le rôle a été le plus nocif dans l'effondrement de la discipline a été, dans la période cruciale comprise entre 1988 et 1998, J.-P. Rossi, le bras armé de Paul Fraisse dans la chasse aux philosophes dont j'ai parlé dans le cadre de Paris V, acharné dès avant 1988 mais plus encore après à la confection de maquettes d'enseignement de couleur strictement méthodologique, vidées le plus possible de tout contenu conceptuel.

Un autre Conseiller du Ministère aurait été pendant une quinzaine d'années, soit entre 1972 et 1988, Claude Lévy-Leboyer, professeur de psychologie sociale et du travail et assez longtemps vice-présidente des sciences humaines à Paris V.

François Bresson - sans doctorat et sans avoir jamais écrit un seul livre - dit aussi avoir exercé, pendant quelques années (avant la collègue précédente ?) le rôle de « conseiller au ministère pour l'enseignement de la psychologie ».

Il faut garder à l'esprit que l'Université de Paris V, avant de donner aujourd'hui le spectacle des ruines de Persépolis, était, est restée jusqu'au début des années 1990, l'université hégémonique, l'ancienne université historique de Ribot, Beaunis, Binet, Piéron, Wallon, Piaget, Fraisse, Noizet… où étaient centralisés tous les organes du gouvernement de la psychologie, le « Conseiller pédagogique » du Ministre (Premier ministre de la discipline), la « Société française de psychologie » (SFP, son Sénat), l' « Association des enseignants en psychologie des universités » (AEPU, sa Chambre des députés), dont les deux réunions annuelles se sont toujours tenues depuis 1968 dans les locaux de Paris V. Ce Parlement croupion, convoqué en général seulement 15 jours à l'avance, de manière à décourager les provinciaux, n'a jamais réuni plus d'une trentaine de personnes (sur presque 1 500 collègues), que j'ai toujours vues, au cours de plusieurs années de présence assidue, avaler, avaliser et voter sans grande discussion tous les projets que la nomenklatura cognitiviste parisienne leur avait d'abord préparés dans les coulisses.

Les deux principales organisations syndicales, la plus rose (SneSup) et la plus pâle (SgenSup) jouaient également un rôle très important dans ce réseau de la politique universitaire de la psychologie : ses acteurs les plus connus (Jean-

François Camus, Janine Beaudichon) ont été parfois également présidents du Parlement (AEPU). Les leaders syndicaux jouaient un rôle occulte mais important dans les propositions faites au Ministère pour les nominations de membres du CNU (le tiers non élu) et d'experts en tous genres.

Le rôle de grand vizir de la psychologie semblerait avoir toujours dépendu, avec le titre officieux de « conseiller pédagogique », de la direction de l'enseignement supérieur (DES), dont ressortissait l'habilitation des diplômes de Premier et de Deuxième cycle, et aussi des DESS, alors que l'évaluation des autres diplômes post-maîtrise (DEA et Laboratoires de recherche) semble avoir dépendu de la DR. Cependant, les deux variétés d'experts intervenant en ces champs connexes, sortaient du même tiroir, la « Mission scientifique et technique » (MST), reliée elle-même à la direction de la recherche (DR). Donc une structure d'allure assez compliquée.

Claude Lévy-Leboyer, nommée plus haut, aurait pendant toute la période de son pouvoir comme Conseiller de la DES présidé également aux évaluations des DEA et des laboratoires de psychologie dans le cadre de la MST. C'est à elle que J.-P. Rossi aurait dû, dit-on, son intronisation comme grand mage de la discipline en 1988 dans les deux champs de la DES et de la MST au sein de la DR.

De fait, J.-P. Rossi avait aussi une autre casquette que sa fonction essentielle de Conseiller pédagogique dans l'espace de la DES : il appartenait à la « section sciences humaines » de la MST, relevant donc de la DR, associé dans ce cadre pendant un temps à une collègue des Sciences de la Terre, avant de diriger à lui seul, semble-t-il, cet ensemble des sciences humaines. On prétend qu'il était capable, par ce biais, de faire nommer expert qui lui plaisait, et lui-même a contrôlé entièrement vers les années 90 l'évaluation des laboratoires de psychologie.

La DES et la DR étaient régentées par des administrateurs civils dont les noms ont tintés longtemps comme des vocables mystérieux aux oreilles de ceux qui tentaient de s'approcher de ces grands jardins inconnus : pour la DES, Francine Demichel - dont parle Pierre Lunel dans son ouvrage sur la *Fac : le grand merdier ?* comme d'un animal politique (*zoon politikon*, Aristote) « membre du PCF » (ibid. p. 17) - pour la DR Monsieur Garden, que l'on disait le beau-frère de Claude Allègre, responsable aussi de la MST, structure dont dépendaient plusieurs Directions scientifiques (DS1, 2, 3, 4, 5, 6), dont la DS6 (Sciences humaines et humanités) dirigée par Claude Isabelle Brelot, et à laquelle se rattachait la psychologie. Les directeurs des DS1 à DS6 proposaient à la MST des noms à choisir parmi les professeurs « de luxe », ceux dirigeant des « équipes d'accueil », des « jeunes équipes », des équipes du CNRS. Ces experts ne se connaissaient pas forcément les uns les autres, mais de proche en proche, selon un système de communication très cloisonné, curieusement analogue à celui des organisations de la Résistance en 1939-1944, étant bien entendu que la comparaison doit s'arrêter là.

Vers les années 1890, une « Commission Curie » (psychologue du travail), composée d'une cinquantaine de membres, avait prétendu de manière louable se préoccuper d'introduire un principe de « transparence commune » (!) pour tous les DEA.

Après J.-P. Rossi, se succèdent, comme Conseiller pédagogique du Ministre, à mon souvenir, Pierre Leconte (p. cognitive), Alain Lancry (p. cognitive et du travail), Jean-Paul Caverni (p. cognitive), et enfin R. Lécuyer (p. du développement) qui l'est toujours, en occupant d'autres fonctions très importantes au plan stratégique.

Il y avait, dans ce réservoir de la MST, une autre catégorie particulière d'experts (ou les mêmes) que les deux précédentes, ceux préposés à l'évaluation des dossiers de prime d'encadrement doctoral, dont le rôle économique est d'une importance extrême, puisque, le salaire moyen d'un maréchal étant de 5 000 €, d'un général de 4 000 €, et d'un colonel de 3 000 €, la prime d'encadrement doctoral y ajoute respectivement pour les grades en question les suppléments de 750, 600, et 450 € par mois. Tous les maréchaux et les généraux obtiennent quasi automatiquement la prime en question, tandis que les colonels, 75 % des collègues, qui sont voués à partir à la retraite avec ce grade après décapitation par le CNU, peuvent en général se brosser pour se la voir accorder.

C'est de ces experts-là (Lécuyer et ses séides) que j'ai compris un jour que je les avais comme snippers qui me flinguaient dans le dos, après avoir présenté en vain pendant 10 ans un dossier pour la prime en question.

Le dénommé Lécuyer, toujours en vedette aujourd'hui, a donc eu depuis longtemps un pouvoir socio-économique très important : c'est de lui que dépendait l'augmentation mensuelle de 450 à 750 € qui mettait du beurre dans les épinards des collègues dont le dossier d'encadrement doctoral lui paraissait recevable, bien que je n'en aie jamais rien su depuis 30 ans que le connaissais, longtemps comme voisin de palier en tout cas - 20 ans - à l'université Paris V. Je lui en ai posé un jour publiquement la question en pleine assemblée de l'AEPU, pour m'entendre répondre que son rôle en ce domaine était sans mystère, puisque son nom figurait à ce titre sur une liste fournie par Le Minitel du Ministère, oui, comme celui des grands officiers de l'armée d'Ubu Roi.

Tout cela est lamentable, surtout lorsqu'on apprend (je ne l'ai su que tout récemment et par bribes successives) que les salaires sont, à grade égal, au moins 2 fois supérieurs en Suisse (jusqu'à 4 fois), en Belgique, en Angleterre (parfois 3), 3 fois en Allemagne, 9 fois aux États-Unis. Merci, Monsieur Edgar Faure, merci Monsieur Alain Savary, merci ô douce France, ô pays de mon enfance. Il semble que les salaires français, à grade égal, soient à peu près au niveau de ceux de l'Espagne et du Portugal, de la Grèce, du Brésil.

Vous ne saurez jamais qui a expertisé votre dossier de prime d'encadrement doctoral. Même si vous écrivez poliment, comme vous le conseille la circulaire ministérielle *ad hoc*, à cet inconnu, il ne vous répondra jamais, vous voulez rire !

En ce qui concerne l'échec de votre promotion au choix au grade de général, vous ne connaîtrez jamais rien non plus de l'identité du ou des rapporteurs qui ont tripoté votre dossier, ni non plus une seule phrase du contenu de leur rapport, et vous partirez à la retraite, avec 75 % de vos collègues, munis du seul grade de colonel, sans même savoir lequel de ces nuls, que vous connaissez d'ailleurs plus ou moins personnellement, vous a coupé les jarrets par derrière.

Les experts préposés à l'évaluation, en vue de l'habilitation, comme on dit, des maquettes d'enseignements de Premier et de Deuxième cycle, la discipline les connaît depuis très longtemps, à mon souvenir depuis 1985 ; avant j'en ai un souvenir moins net, encore que le système des études ait subi toutes sortes de tripotages à cette époque (petits ou grands modules...) au niveau du DEUG, et du 2ème cycle. La liaison entre ces experts et les responsables universitaires des enseignements, en vue du rabotage et de l'affinage desdites maquettes, s'effectuait par ce que l'on appelait le système de « la navette », sans que personne semblât comprendre que c'était bien de véritable « navets » qui faisaient l'objet d'une telle circulation en allers et retours.

En ce qui concerne l'« inspection » ainsi qu'on disait en ce temps-là - des laboratoires, j'en ai connu deux au cours de ma carrière, l'une dans les années 80-85 à Paris V, l'autre vers 1992 à Villetaneuse, la première par des gens très convenables (Pierre Pichot et Jean-François Richard), la seconde par un véritable bovin cognitiviste. Ce n'est donc pas une nouveauté.

Le style de ces rapports d'évaluation est d'une pauvreté et d'une rusticité consternantes, rappelant la contrefaçon des rapports de gendarmerie dans les vaudevilles, et j'en ai rapporté un texte complet, comme écrit par Ionesco ou encore Beckett, à propos de l'affaire de Paris XIII du printemps 2006, dont j'ai parlé dans *La guerre des psys continue* (2007 a).

Les experts attachés aux habilitations de diplômes et de laboratoires travaillaient selon une organisation particulière, par un procédé de rotation annuelle pour les quatre quarts du territoire national (NO, NE, SO, SE), chacun devant en principe travailler en dehors de son propre territoire d'affectation.

La proposition de nomination des experts était, à l'époque, le résultat de luttes d'influences croisées venues du CNU, de la SFP, des syndicats, de certains hiérarques influents aussi. On pouvait en estimer le nombre à environ une centaine pour la psychologie (environ 20 pour les DEA, puis progressivement 30 à 40), et ils appartenaient à un répertoire central dénommé le CEPPE (Comité d'expertise pédagogique des projets d'établissements), dont l'actuelle AERES, qui déchaîne tant de bruit contre elle aujourd'hui, ce dont on se félicite, ne paraît pas différer essentiellement, sinon par la dénomination.

Une dizaine d'experts pour la psychologie clinique formait un groupe dirigé par Odile Bourguignon, membre de la SPP.

On peut dire que presque tous les officiers généraux, maréchaux (15) et généraux (100) intervenaient peu ou prou de manière secrète à un moment ou à un autre dans une tâche d'expertise, s'agissant du profil des laboratoires ou des maquettes d'enseignement de tous les niveaux, mais parfois aussi, paraît-il, des dossiers de candidatures à l'avancement au choix des colonels (175). Ce dernier point reste obscur.

Entre ce CEPPE et l'actuelle AERES, supervisée aujourd'hui par un responsable en titre (Michel Fayol), au lieu de dépendre directement du Directeur de la DR, il semble y avoir eu un CNE (Comité national d'évaluation). Autant de transformations successives du même Protée.

J'ai décrit l'ensemble de ce système institutionnel fonctionnant dans le tissu interstitiel entre l'espace universitaire officiel et l'appareil d'État dans un long paragraphe de ma *Crise de la psychologie à l'université en France* (2004 b) intitulé « la stratosphère de la gentry ministérielle » (pp. 435-442), dont je ne puis reprendre le contenu en détail et auquel je renvoie le lecteur éventuellement intéressé. À l'époque de la parution de mon ouvrage, personne n'avait jamais décrit dans la littérature pour aucune discipline ces arcanes du fonctionnement masqué du *Château* de Kafka. Et je serais bien heureux d'avoir pu être l'hirondelle qui a attiré le printemps

Un point important, dont j'ai déjà parlé dans 2004 b, c'est que l'identité des experts a été publique, livrée au JO, au BO et sur le serveur Minitel du Ministère, jusqu'au ministère de Claude Allègre qui aurait alors donné la consigne de tout plonger dans la nuit et le brouillard (*Nacht und Nebel*), se référant apparemment au principe de la transparence socialiste.

Parmi les experts de jadis dont le rôle a été plus ou moins connu du public (on ne le criait pas non plus sur les toits, car en 30 ans de carrière universitaire presque entièrement à Paris, leurs noms n'a jamais résonné beaucoup dans mes oreilles), on m'a cité, en psychologie objective, Fraisse, Gréco, Bresson, Le Ny, Lévy-Leboyer, Rossi (évaluations des laboratoires vers 90-92, après Lévy-Leboyer), Lécuyer (primes d'encadrement doctoral), Fayol.

En psychologie clinique, il a existé une filière Chiland, O. Bourguignon - soutenue aussi par Bergeret de Lyon -, Widlöcher, Pédinielli. Les experts, et également les chargés de missions, en principe nommés par le ministre, en réalité s'investissaient successivement les uns les autres, en se passant la balle, et formant des espèces de généalogies comme celle dont il vient d'être question pour la psychologie clinique.

Dès les années un peu antérieures à 2000, je le répète (2004 b), il s'est dit que les experts travaillaient de manière automatique avec des listes de Revues à comité de lecture, et cochage sur des listes d'évaluation. Au diable les contenus !

J'ai dit bien d'autres choses sur ce sujet et d'autres connexes dans 2004 b, et comme j'ai toujours eu pour principe, dans ce que j'écris, de me répéter le moins le possible, j'y renvoie le lecteur.

La grande nouveauté dans le trio des grands experts de la toute récente AERES apparaît sous plusieurs aspects.

Si R. Lécuyer appartient à la tradition de l'université hégémonique depuis 50 ans, la jadis incontournable Paris V, ce n'est plus du tout le cas de Jean-Pierre Monteil et de Michel Fayol, qui sont issus de l'espace provincial jadis dominé par la première. Leur formation doctorale, très différente aussi, mérite d'être rapportée : tous deux, à peu près du même âge, ont soutenu un doctorat d'État, en une période record, l'un à 35 ans en 1982, l'autre à 34 ans en 1981, sous la direction de Jacques Wittwer, alors spécialiste des sciences de l'éducation à Bordeaux, le premier sur « Savoirs et systèmes de formation. Contribution à une psychosociologie des conditions intellectuelles chez l'adulte », le second, après une thèse de 3ème cycle - mais n'est-ce pas un prodige en si peu de temps à partir de l'état d'instituteur ? - sur « L'organisation du récit chez l'enfant. Son évolution de 6 à 10 ans ».

Je sais parfaitement, pour avoir travaillé pendant plusieurs années à Villetaneuse avec le Département et aussi dans le cadre du Laboratoire de Sciences de l'éducation, que si l'état de la psychologie universitaire française est déjà critique, celui des sciences de l'éducation, faites d'un collage hâtif de techniques et procédures empiriques, d'un collier dépareillé de recettes didactiques sans rigueur, avec une maigre composante de psychologie à peine au-dessus du niveau Terminales, est encore bien pire.

J'ai une très grande méfiance vis-à-vis de la qualité des profils intellectuels en France, notamment après avoir appris, par sa propre autobiographie, que le célèbre Althusser ignorait à peu près tout d'Aristote, ne savait rien de Rousseau, et à peu près rien de Kant, ceci l'année même où il nous préparait à l'agrégation, et où nous avions ces auteurs au programme (en 1959). Alors si lui... que dire des autres ? Ainsi, les sciences de l'éducation à Bordeaux, 10 ans après 68, ce n'est peut-être pas le Collège de France. Et des doctorats d'État produits dans un tel cadre en si peu d'années ne plongent peut-être pas fort loin dans le passé d'une culture scientifique, philosophique et épistémologique fort étendue. Je vois très bien de tels collègues croire que par exemple que Condillac était un ami personnel de Descartes, Pavlov le cousin germain de Watson, et Piaget un lecteur de Stuart Mill. Mais qu'importe ! Ce n'est pas pour cela que l'on a apprécié leurs services en haut lieu. Le pire, c'est qu'ils impressionnent, fassent trembler, inspirent la crainte.

L'excellente étude de Hervé Castanet sur « Monteil ou le cognitivisme au pouvoir » dans *Le Nouvel Âne* donne une vue très convaincante de la démarche de l'auteur, d'une banalité moderniste abyssale autant que d'un préjugé technocratique entêté, le tout résultant en un doctrinarisme pédant au service d'un « *engineering* de la fonction enseignante », dans un fatras où s'enchaînent à la queue leu leu la révolution neuronale du XXe siècle, la fondation du fait social au niveau neurobiologique, la visée d'une adaptation sociale réussie et performante, sur la base évidemment du processus de comparaison sociale, et supposant de ce fait un apprentissage scolaire, requérant alors une évaluation qualitative, elle - savez-vous ? - dépassant la perspective sommative vers le point de vue formatif, sans jamais oublier bien entendu le contexte historique, personnel aussi bien que social. Ouf ! Ce tissu de divagation idéologique - qu'y a-t-il de « scientifique » là-dedans ? - engendre un ennui à la mesure de son éloignement de la réalité des choses.

C'est pire encore, plus pauvre si c'est possible, chez un Michel Fayol dont un papier très éclairant de Pierre-Gilles Guégen montre que son seul horizon n'est rien d'autre que « la surveillance du berceau à l'université ».

J'ai parlé déjà ailleurs (2004 a) des pratiques étranges qui ont accompagné la déchéance de l'institution doctorale après 1968. Très souvent, une simple thèse de 3ème cycle d'à peine 150 pages peut avoir été transformée presque directement en doctorat d'État, avec deux cas : soit la première reste mentionnée dans le répertoire Doc-Thèses, soit elle en disparaît du fait de sa « transubstantiation » dans la seconde. Cette seconde éventualité serait le cas plus fréquent. Cette mutation, parfois à l'identique quant au contenu, peut être flagrante dans certains cas - les deux thèses soutenues la même année sur quasiment le même sujet ! - mais elle est dans la majorité des cas bien mieux dissimulée. En fait, les doctorats d'État sans thèse de 3ème cycle nettement distinguable sont très nombreux dans la période postérieure à 1968, alors que celle-ci était de règle pour les non agrégés. Mais laissons cela. Les cas où des instituteurs ont fait une carrière universitaire en psychologie très rapide n'ont pas été rares (Reuchlin, Guillevic, etc.), avec la séquelle d'une rugosité mentale particulière, écartant tout esprit de finesse, et toute disposition à la tolérance des différences, tout sentiment aussi de la relativité historique des valeurs culturelles. Des problèmes du même genre se rencontrent aussi avec certains collègues - pas tous - venus de la médecine vers la psychologie.

Qu'on ne pense pas que je mésestime ici les instituteurs, alors que j'en ai connu sept dans mon milieu familial proche.

Roger Lécuyer, quant à lui, né dans le même sérail que J. P. Rossi - le Laboratoire de psychologie expérimentale dirigé par Paul Fraisse -, puis en rupture de ban avec cette institution historique, a fait deux vraies thèses, d'une évidence massive, un doctorat de 3ème cycle de 345 pages à 30 ans avec Serge Moscovici sur « Les rapports entre l'homme et l'espace », et un Doctorat d'État de 511 pages à 44 ans avec Éliane Vurpillot sur « L'intelligence de la première année ». Par rapport à ce qui précède, un tel parcours semble de prime abord plus lent, progressif, laborieux, sérieux en des domaines importants et difficiles. Et je reconnaîtrai volontiers en lui un enseignant chercheur d'une autre dimension que celle des deux précédents, même si ses travaux de recherche ultérieurs reposent sur l'erreur de retourner à peu près au niveau des conceptions d'un sensualisme brutal de Locke et de Condillac, à un niveau inférieur à l'associationnisme de Hume ou de Stuart Mill.

D'autres formes de continuité plus essentielles apparaissent entre la situation actuelle et l'ancienne : il s'agit du rôle très important, sinon même majeur, de la psychologie sociale et du travail (Lévy-Leboyer, Curie, Monteil), en assistance de la psychologie expérimentale-cognitive (Fraisse, Rossi, Gaonac'h), sans négliger celui de la psychologie développementale (Lécuyer, Fayol, Gombert). Rien que de très naturel que ces trois perspectives se donnent la main dans la définition du système de pouvoir occulté venant chapeauter le cadre institutionnel de la psychologie universitaire : l'Homme-machine, préposé à et formaté dans ce rôle dès la prime enfance, est requis par l'aliénation dans le monde du travail.

12. Les chausse-trapes pour la critique du modèle de l'Homme-machine

On ne peut que se réjouir de voir dans la période toute récente la révolte se développer contre le cognitivo-comportementalisme, notamment sous la plume de ce très talentueux polémiste qu'est Jacques-Alain Miller dans *Le Nouvel Âne*, surtout aussi quand on voit s'éveiller autour de lui sur le même sujet d'autres excellentes plumes, comme celles de Bernard-Henri Lévy et de Philippe Sollers.

En fait, il y a plusieurs façons de traiter un pareil ennemi : celle - polémique - de Voltaire, qui dans son *Candide* se moque alertement de Leibniz, et celle - proprement critique - de Kant, qui avait lu Voltaire, et qui attaque Leibniz d'une autre manière, en réfutant les trois preuves traditionnelles de l'existence de Dieu dans l'abrupt et redoutable chapitre consacré à l' « Idéal transcendantal » dans sa *Critique de la raison pure*. Les deux voies sont bonnes et nécessaires et doivent se tolérer réciproquement.

On a certainement raison de dire que la psychologie cognitive n'est rien, rien qu'un discours illusoire sur l'Homme-machine précisément, mais justement ce rien n'est pas « un simple rien », *ein luter Nichts* comme dit Jacob Boehme de Dieu en voulant signifier que ce rien est aussi le fond, le *Grund*, des choses réelles. Ce néant, c'est celui des grands objets de la métaphysique, de l'illusion transcendantale devant laquelle se trouve Kant en entreprenant sa *Critique de la raison pure.*

De fait, il convient de ne pas oublier que la psychologie est l'un des trois grands objets de la métaphysique depuis l'Antiquité grecque (le moi, le monde et Dieu), tels que les identifie à nouveau Kant, sur l'indication antécédente de Bacon, donc la *Geisteswissenschaft*, science de l'esprit à côté de la science de la nature (*Naturwisseschaft*), et de celle aussi du Moi idéal (*Idealich*) - car c'est cela l'essence profonde de la théologie. Étant entendu qu'il est intéressant de comprendre comment un savoir portant sur un objet aussi relevé, à vouloir faire l'ange, comme dit Pascal, a fini par faire à ce point la bête.

La psychologie scientifique exprime une chose assez simple en apparence, c'est que l'homme est une machine - ce qui est à la fois et dialectiquement vrai et faux -, mais elle le dit sous des masques très adroits et avec des méthodologies très compliquées, souvent très difficiles à démonter et à décrypter. L'un de ses procédés les plus adroits est la confusion du possible et du réel - comme dans l'Idéal transcendantal kantien -, sous forme de projection du modèle souhaité dans l'observation des données, autrement dit de l'hypothèse dans le résultat (c'est la fameuse *self-filfulling prophecy* de Merton-Orne). Un autre procédé fréquent est la chosification - comme dans le Paralogisme transcendantal kantien - consistant à figer le processus en entité séparée, ainsi quand on parle de facteur g, de QI, voire même de « mondialisation ». Enfin, il y a à savoir que tout énoncé en ces domaines se présente sous la forme antinomique ordinaire de la thèse et de l'antithèse, également vérifiées empiriquement dans des cas très fréquents. Ce sont ces trois allures de la démarche rationnelle que j'ai qualifiées dans ma récente *Critique de la raison en psychologie*, et dans deux autres ouvrages plus récents aussi rédigés depuis, de types d'arguments K2, K1, et K3.

Un tel travail demande l'entraînement à une forme particulière de techniques de combat, faute de quoi l'adversaire vous glisse entre les doigts. Voici un exemple de rhétorique scientifique en langage ramassé, dont le but est d'arracher l'adhésion immédiate, ce que j'appelle la technique de la « gifle américaine ». Il est emprunté au *Nouvel observateur* du 25/2 - 5/3/2008, p. 89, où on peut lire les lignes suivantes :

« Nourrissons savants : Déjà à l'âge de trois mois, les nourrissons possèdent le « sens du nombre », c'est-à-dire la faculté de discerner la quantité et la nature des objets présents dans un ensemble. Les chercheurs du Laboratoire Neurospin

(CEA-Inserm 562) ont examiné par électro-encéphalographie les cerveaux de bébés auxquels on offrait des images contenant des nombres variés d'objets identiques ; ou des nombres identiques d'objets variés ; ou encore des combinaisons d'objets distincts, en nombres identiques ou différents. Conclusion : les cerveaux des enfants en bas âge réagissent à ces changements ».

On peut présumer que la plupart des lecteurs, même psychologues cliniciens, vont adhérer à ce discours, et le porter au crédit des résultats de la science cognitive, forçant une fois de plus le respect, et à sa suite la soumission. D'autres tourneront autour, en répétant la rengaine que le désir du sujet n'y trouve pas son compte, etc., ce qui à la longue ressemble à une prière aussi lassante que l'*Ave Maria*.

Voyons ce qui ne va pas là-dedans :

On peut d'abord se demander ce que signifie le recours à des mots magiques tels que « sens » ou « faculté ».

On peut se dire aussi, par ailleurs, que, même si ces résultats observés sont justes, valides, ils peuvent n'avoir aucune valeur de preuve quant à l'hypothèse.

De fait, les diverses situations envisagées se présentent comme autant de cases d'un plan d'expérience parfait au point de vue méthodologique. Elles décrivent tout autant de constellations perceptives différentes, auxquelles il est parfaitement concevable que le cerveau réagisse de façon différentielle par des images observables. Et alors ? Où donc est l'erreur, elle consiste ici, pour le sujet savant, à projeter le nombre dans les choses, à la manière dont le sujet naturel le fait déjà, et sans défaire, de la part du premier, le trajet mental inconscient du second (argument K2 : projection du modèle dans le réel) : or, le nombre n'existe pas comme tel dans les choses nombrées, quoi qu'on dise - même si peut-être la quantité - mais bien dans le sujet opératoire, le sujet nombrant qui nombre les choses nombrées. De fait, les nombres n'ont jamais existé dans les choses elles-mêmes, comme le croyaient les Pythagoriciens - et les chercheurs du laboratoire Neurospin retombent dans la même erreur qu'au VIe siècle av. J.-C. - mais bien dans l'activité mentale du sujet qui compte les choses. Descartes, Kant, Alain, et Piaget, et bien d'autres rationalistes le disaient déjà, et les résultats spectaculaires de la neuro-imagerie ne peuvent rien là contre, ils ne nous montreront jamais les nombres réalisés dans les choses elles-mêmes, même s'ils voient des images du cerveau réagir à certains aspects « quantitatifs » du perçu. Mais cette discussion est déjà trop compliquée pour ces nouveaux découvreurs de mondes. Laissons-les donc tourner le dos et bouder, cependant que les psychanalystes, à condition qu'ils lèvent un peu le nez au-dessus de leur clinique quotidienne, sont très capables de comprendre que les nombres puissent faire l'objet d'une « projection » dans les choses.

Stanislas Dehaene, le Directeur de ce laboratoire Neurospin, ne semblerait pas jusqu'ici un ennemi déclaré de la psychanalyse, et encore moins son ami Lionel Naccache (*Le nouvel inconscient*).

Quant aux vrais ennemis de la psychanalyse, il ne faut pas croire que le coup du *Livre noir* sera le dernier, et cela ne doit pas faire rire. Pourquoi ?

Parce qu'ils sont en train de mieux s'organiser, en particulier dans leur travail de sape au service d'une critique intellectuelle, qui risque de devenir de plus en plus difficile à contrer. Comment ? En témoigne par exemple l'annonce toute récente concernant la parution de l'ouvrage qui suit :

Les nouveaux psys par Pascal de Sutter, Violaine Guéritault, Catherine Meyer, Cédric Routier, Jacques Van Rillaer, sous la direction de Catherine Meyer, qui a déjà dirigé *Le Livre noir de la psychanalyse*, ouvrage (Éditions Les Arènes, 800 pages, Genre : Psychologie, Sciences humaines) portant sur Damasio, Bandura, Chomsky, Ekman, Gardner, Jouvet, Young, etc. : « ces grands noms de la psychologie moderne et des neurosciences nous racontent leurs découvertes et leurs parcours. Un panorama de ces disciplines méconnues en France à cause de l'écran du freudisme », déjà vendu à 40 000 exemplaires.

Tous ces auteurs, cela fait belle lurette que j'en ai déjà entendu parler, et que je sais parfaitement qu'un psychanalyste, capable, encore une fois, de lever le nez au-dessus de sa clinique, peut fort bien les lire, en tirer profit et les trouver d'une certaine manière compatibles avec une certaine perspective « cultivée » de la psychanalyse.

Cependant, la nouvelle présentation qui nous est faite ici, contre l'« écran du freudisme » pose d'autres problèmes. Il ne suffira pas toujours de dire que ce livre est une… « nouvelle merde » (*sic*), que Chomsky était déjà « un nul » (ce n'était pas tout à fait ce que Piaget - à moins qu'il ne soit lui aussi un autre « nul » - en a pensé), et Jouvet (le sommeil paradoxal) encore un « nul », et Damasio (base émotionnelle de la cognition, *resurrexit* Wallon) encore un autre « nul », etc.

Non, cela ne suffira pas, ni non plus de dire que « le désir du sujet » - on en a aussi un peu marre de ce *Kyrie eleison* trente ans après la disparition du grand Lacan - n'y trouve pas son compte. Non, il y faudrait un esprit philosophique très pointu, dans des choses qui s'inscrivent au registre des questions parmi les plus difficiles de l'histoire des idées (on vient de le voir plus haut à propos de l'histoire du nombrant et du nombré, du nombre dans le sujet et du « nombre » dans les choses). Malheureusement, ce genre d'esprit philosophique pointu, cela ne court plus guère les rues, depuis la disparition de Lacan, dans les milieux de la psychanalyse. Je pense aussi que les pétitions ne suffiront pas non plus. C'est là un autre usage.

Ce n'est pas que tout soit perdu, mais il faut vraiment se mettre au boulot, et par exemple se remettre à lire des choses très difficiles, vous savez… le *Parménide* de Platon, oui, les *Regulae* de Descartes, mais oui, la *Science de la logique* de Hegel, assurément, la *Critique de la raison pure* de Kant, je vous assure, et même - un peu plus accessible - la *Critique de la raison en psychologie* de Jalley… si, si, si… !

Le fait aussi que cette chose se soit déjà vendue à 40 000 exemplaires pose aussi un autre problème qui ne doit plus faire rire : cela montre qu'il existe un public cultivé déjà vaste, qui serait de plus en plus ouvert à l'*american mind* - au néo-modèle de l'Homme-machine, et corrélativement qui se ferme à la psychanalyse, une doctrine qui ne serait plus capable intellectuellement de faire face à la précédente. C'est là un problème essentiel, même si ce n'est le seul (les gens préfèrent aussi les thérapies courtes et, probablement en plus, les pilules du bonheur... et ça, on n'y peut pas grand-chose).

Enfin, je viens de lire le livre plus qu'intéressant, à mon avis original et remarquable, de Gérard Pommier visant à montrer « *Comment les neurosciences démontrent la psychanalyse* » (2004), ceci de façon aussi bien positive par leurs résultats pour beaucoup captivants, que négative par l'idéologie objectivante et nivelante dont elles tendent à s'entourer. Ce qui n'empêche pas l'auteur de formuler des critiques incisives contre le « cognitivisme », davantage lié, comme on sait, au modèle de l'ordinateur, c'est-à-dire des sciences informatiques (intelligence artificielle), encore que ce territoire présente des interférences occasionnelles avec le précédent.

L'entreprise est méritoire de tenter une telle articulation dialectique entre le continent des neurosciences et la psychanalyse, en tout cas dans la version lacanienne de celle-ci, dont se réclame clairement l'auteur. Disons seulement que se présentent ici plusieurs objections.

Tout d'abord, il n'est pas du tout certain que l' « ami neuroscientifique », comme se plaît à l'appeler l'auteur, accepterait sans discuter le modèle vraiment particulier proposé par la métapsychologie lacanienne : pour aller très vite, une pulsion revenue du dehors - attachée à la sensation (système Pc-Cs) -, par suite du refoulement originaire, vers l'extérieur, d'un corps-phallus de l'enfant réclamé par la demande menaçante d'une mère incestueuse, agie par « l'envie du pénis » (le fameux *Penisneid*). Idée que l'on retrouve aussi chez Laplanche d'une séduction maternelle (thème d'ailleurs authentiquement freudien), introduisant un mécanisme d'intrusion, comme par une sorte d'attaque externe, du facteur sexuel dans l'organisation primitive du sujet. Ce grand thème de la « voie externe », incontestablement présent chez Freud, est aussi concurrencé de façon antinomique-dialectique dans sa pensée - comme presque toujours sur les grands sujets - par le thème complémentaire et antagoniste de la « voie interne ». On ne reviendra pas sur cette question traitée ailleurs dans nos ouvrages précédents.

Par ailleurs, il n'est pas certain que ce modèle, quel que soit son attrait au plan de la spéculation intellectuelle, puisse se réclamer d'une vérification clinique faisant l'unanimité des psychanalystes : il est remarquable que la plupart des psychanalystes importants du sexe féminin, à commencer par Mélanie Klein et Hélène Deutsch - sans encore aller examiner de près la position de bien des représentantes notables du mouvement français (Joyce MacDougall, Piera Aulagnier, etc.), n'ont jamais réellement accepté cette description de la femme par le « manque du pénis ». Ne revenons pas sur un sujet de débat classique.

Enfin, se présenterait une autre objection, de caractère plus pratique celle-là : si la psychanalyse, dame mature, encore attrayante et même séduisante, se considère et s'offre à bon droit comme un parti *a priori* intéressant pour le jeune cavalier montant le grand destrier des neurosciences - et pourquoi pas ? - il n'est pas en revanche certain que celui-ci jette sur la belle un regard aussi intéressé, et qu'il ne soit pas tenté d'aller chercher fortune également ailleurs, en plantant là tout bonnement la belle avec ses regrets, et ceux de l'ensemble de sa compagnie, au beau milieu du grand jardin de la France.

Ici va s'achever ma « **Critique générale de la psychologie contemporaine** », en 8 volumes, dont 6 sont déjà parus, et dont prend fin ici le 8ème, qui va paraître en même temps que le 7ème chez mon éditeur habituel.

Je pense pouvoir dire qu'une telle entreprise n'a guère eu de précédent, au moins dans cette discipline. Certes, je ne suis pas sans savoir que les *Études d'épistémologie génétique* de Jean Piaget comportent plus de 30 volumes, et le *Séminaire* de Lacan une bonne vingtaine[866]. En fait, sans supporter la comparaison avec de tels géants, le centrage historico-critique de ma propre démarche est très différent des axes d'intervention respectifs de ces deux monuments de la pensée du XXe siècle.

Au début d'une telle entreprise, mon intention était d'écrire environ 200 pages sur la structure institutionnelle de la **discipline, dont le caractère pathologique et pervers est très évident**. Par la suite, j'ai compris que la somme des contenus frappés par l'amnésie et même par le refoulement collectifs depuis un bon demi-siècle était telle dans la discipline, qu'il convenait de prendre les champs de problèmes les uns après les autres, au fur et à mesure que je progressais, un peu à mon insu, sur le réseau des chemins qui parcourent ce massif himalayen qu'est l'ensemble des disciplines psychologiques. J'ai toujours essayé d'écrire sobrement, en évitant de me répéter jamais. J'ai une claire conscience de l'originalité ainsi que de la solidité de mes travaux. Et le fait qu'ils soient peu lus, sinon peut-être davantage dans certaines bibliothèques universitaires, représente pour moi un indice de plus, comme s'il en fallait encore, de la maladie profonde - **sorte de cancer généralisé** - où se trouve plongée la psychologie universitaire en France. Je pourrais continuer à critiquer les ouvrages significatifs qui paraissent encore à l'occasion. Mais j'ai dit tout l'essentiel de ce que j'avais à dire, suis très heureux d'y être parvenu avant de m'en aller pour le dernier voyage, et pense avoir gagné un repos terrestre pour le moment bien mérité. Adieu, lecteur, et bonne route.

---

866 Citons aussi les *Problématiques* I à VII de Jean Laplanche, et les quelque 20 livres de P.-L. Assoun.

Figures illustratives des chapitres 13 (1 à 14) et 14-15 (15 a, b, c, d).

Figure 1 : Facteurs composants de la personnalité				
	inné	acquis		
social	personne			
facteurs psycholog.	caractère		c o n s t i	
biologique	tempérament		t u t i o n	morphologique, statique Physiologique, dynamique

3 institutions secondaires (système projectif 2-3) : religion, rituels, tabous, folklores, mythes
réponses explicites : habitudes et réponses affectives
rôle — normes
personnalités statutaires — modèles culturels
attitudes, systèmes valeur-attitude — réponses implicites
motivations, besoins
2 personnalité de base (interaction 1-2-3-2) : techniques de pensée, systèmes de sécurité contre l'angoisse, système du surmoi, attitudes à l'égard des êtres surnaturels
1 institutions primaires : système éducatif

Figure 2
La culture selon Kardiner et Linton

1 cyclothymie	cycloïdie	psychose maniaco-dépressive
2 schizothymie	schizoïdie	schizophrénie
3 glischroïdie		épilepsie
4 personnalités paranoïaques	épisodes aigus réactionnels	
(3 formes)	(délire de relation sensitif)	

Figure 3
Modèle de Kretschmer

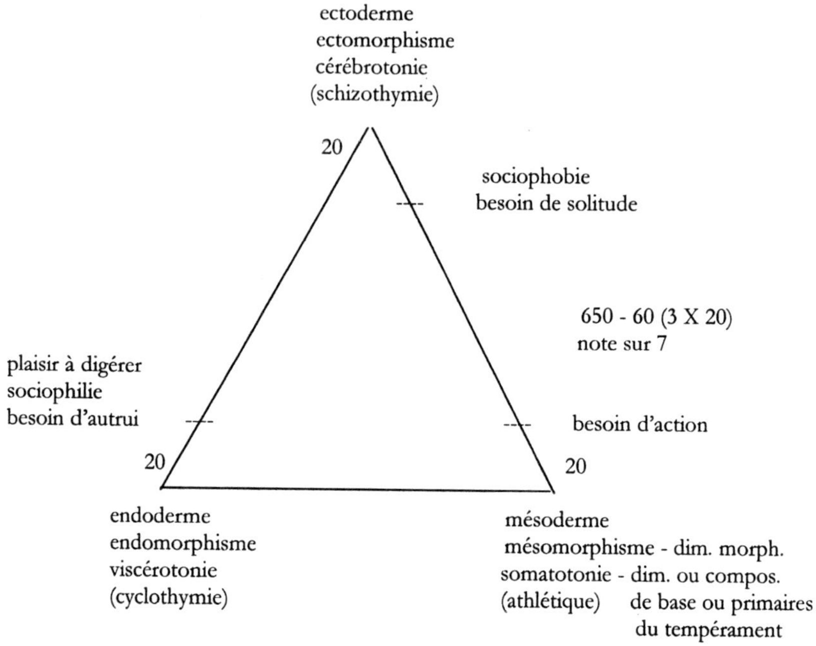

Figure 4 : la typologie de Sheldon

Fig. 5 : le système humoral de Galien (2e s. b.c) et la physique d'Aristote (4e s.a.c)					
éléments	qualités	combinaisons	humeurs	organes	tempérament
feu	chaud	chaud-sec	bile blanche	foie	colérique
air	sec	chaud-humide	sang	cœur	sanguin
terre	froid	froid-sec	bile noire	rate	mélancolique
Eau	humide	froid-humide	phlegme	cerveau	phlegmatique

Figure 6 : la typologie de Pavlov		
	exci +	tation -
i n h + i b	calme flegmat vif sanguin	inhibé mélancolique hystérie, schizo 1 s > 2 s psychasthénie 2 s > 1 s
i t i - o n	excitable colérique neurasthénie, hypomanie p.maniaco-dépressive	inerte

Figure 7 : Représentation graphique de la typologie de Heymans et Wiersma (1921)

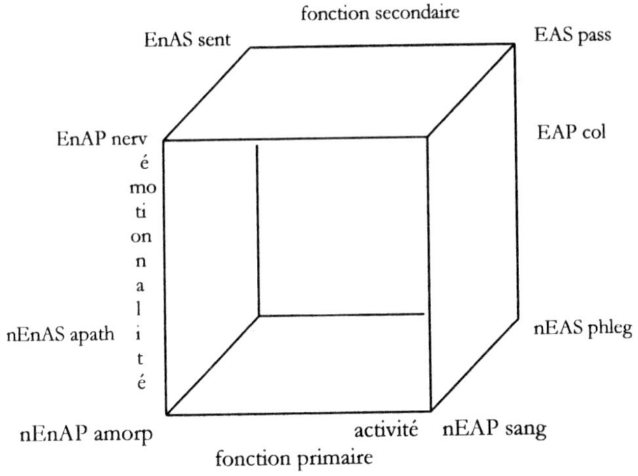

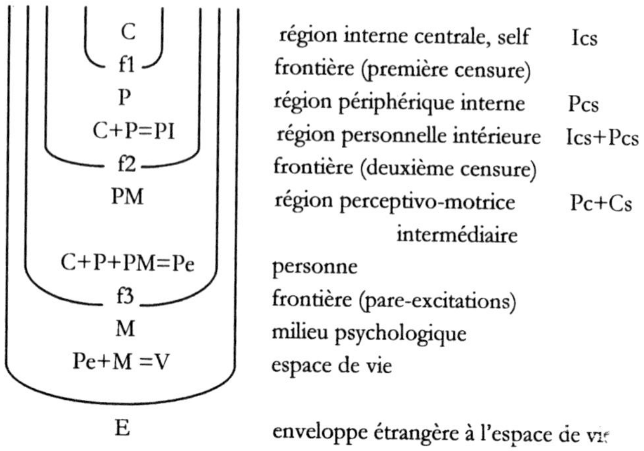

Figure 8 : le modèle topologique de la personne d'après Lewin : correspondances avec la première topique.

Figure 9 : correspondance des niveaux entre modèles factoriels				
	Vernon	Thurstone	Cattell	Eysenck
niveau 1	facteur g		3e ordre	dimensions
niveau 2	gr. frs gr.		2e ordre	types
niveau 3	pet. frs gr.	facteurs multiples	1er ordre traits-sources	traits
niveau 4	frs spécifiques		traits de surface	réponses habituelles
niveau 5			traits spécifiques	réponses spécifiques

Figures 9, 10, 11 : représentations de différents modèles de l'analyse factorielle

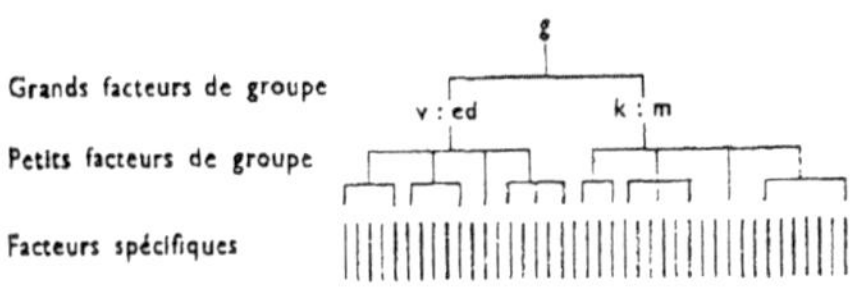

Fig. 1. — Diagramme illustrant la structure hiérarchique des aptitudes humaines selon Ph. Vernon (d'après Philip VERNON, *La structure des aptitudes humaines*, tr. fr., 1952, p. 28).

figure IO

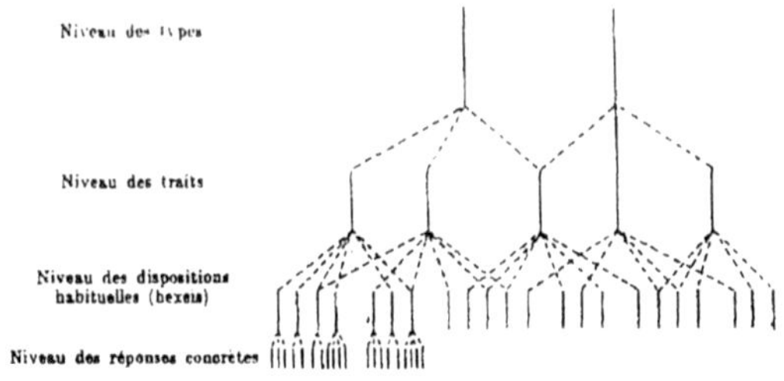

FIG. 1. — Diagramme factoriel de Guilford

figure II

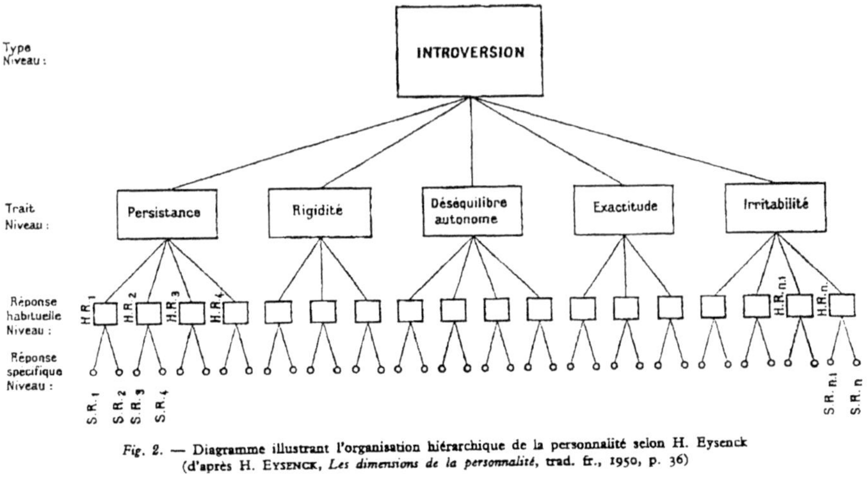

Fig. 2. — Diagramme illustrant l'organisation hiérarchique de la personnalité selon H. Eysenck (d'après H. EYSENCK, *Les dimensions de la personnalité*, trad. fr., 1950, p. 36)

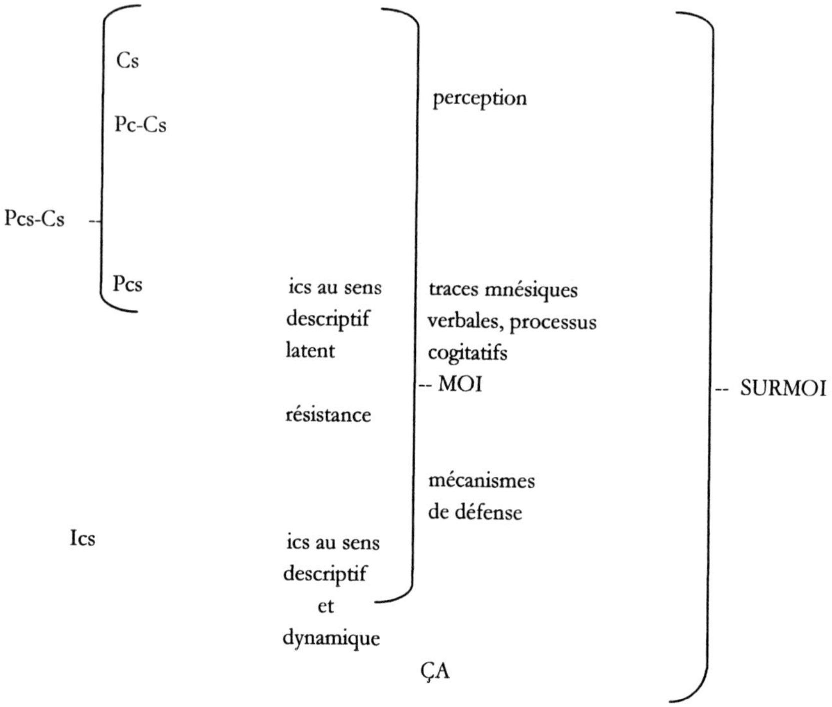

Figure 13 : Correspondances entre la 1ère topique et la 2ème topique

Figure 14 : Modèle caractérologique de Bergeret

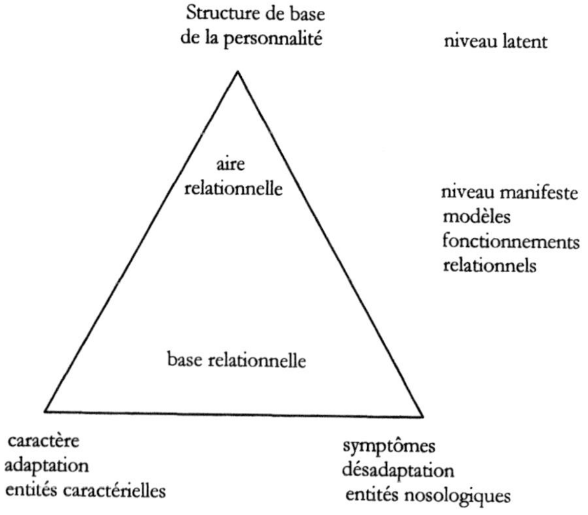

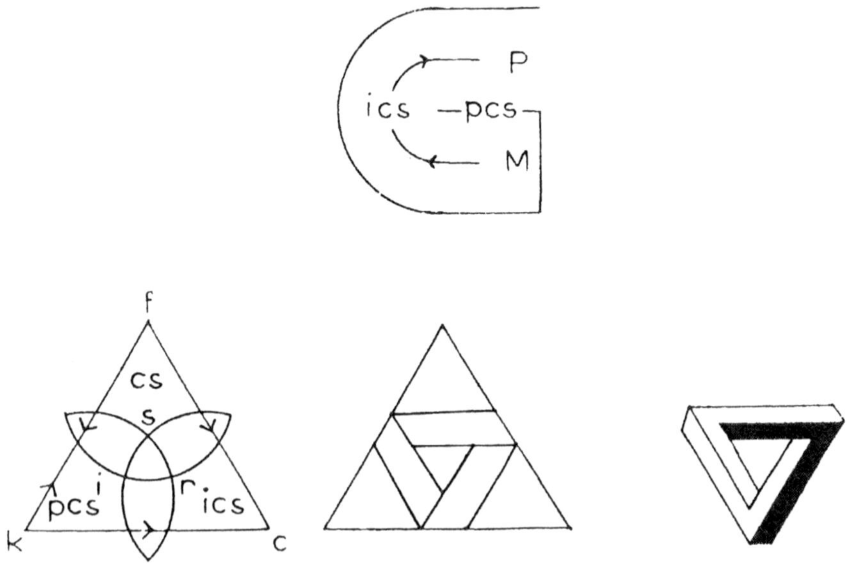

Figure 15 : a, b, c, d : correspondance, du système FKC avec la première topique (a), représentation transformée de la première topique rapprochant son modèle en tuyau de 1900 du modèle circulaire de l'œuf de 1935 (b), autres transformations rapprochant le système FKC de la bande de Moebius (c) en même temps que du triangle paradoxal de Penrose (d).

RÉFÉRENCES

Ajuriaguerra Julian de : 1974, *Manuel de psychiatrie de l'enfant*, Paris, Masson.

Ajuriaguerra Julian de, Diatkine René, et Badaracco S. G. : 1956, « Psychanalyse et neurobiologie », in Nacht Sacha et col. : *La psychanalyse d'aujourd'hui*, Paris, PUF, 2ème édit., 1967, 373-374.

Anzieu Didier et col. : 1974, *L'attachement*, Neuchâtel, Delachaux-Niestlé.

Anzieu Didier, Chabert Catherine : 1983, *Les méthodes projectives*, Paris, PUF.

Artemenko Pierre : 1979, « Philippe Malrieu », in Château Jean et col. : *La psychologie de l'enfant en langue française*, Toulouse, Privat, 209-230.

Atkinson James J. : 1903, *Primal law*.

Balan Bernard : 1979, *L'ordre et le temps. L'anatomie comparée et l'histoire des vivants au XIXe siècle*, Paris, Vrin.

Baudelaire Charles : 1861, *Les Fleurs du mal*, Œuvres complètes, Paris, Seuil, 1968.

Beizmann Cécile : *Le Rorschach chez l'enfant de 3 à 10 ans*, Neuchâtel, Delachaux et Niestlé, 1961.

Beizmann Cécile : *Livret de cotation des formes dans le Rorschach*, CPA, 1966.

Benedict Ruth : 1928, 1950, *Échantillons de civilisations*, Paris, Gallimard.

Bergeret Jean : 1974, 1985, *La personnalité normale et pathologique*, Paris, Dunod.

Bergeret Jean et col. : 1979, 1982, *Psychologie pathologique*, Paris, Masson.

Bergeron Marcel : 1951, *Psychologie du premier âge, De la naissance à 3 ans*, Paris, PUF, 2ème édit., 1965.

Bergson Henri : 1896, *Matière et mémoire, Œuvres, Édition du centenaire*, Paris, PUF, 1963.

Bergson Henri : 1901, *L'énergie spirituelle*, ibid.

Bergson Henri : 1922, *La pensée et le mouvant*, ibid.

Bergson Henri : 1924, *Le rire. Essai sur la signification du comique*, ibid.

Beth Evert W., Piaget Jean et col. : 1961, *Épistémologie mathématique et psychologie*, EEG, 14, Paris, PUF.

Binder H. : 1932, *Die Helldunkeldeutungen im Psychodiagnostischen Experiment von Rorschach : zugleich ein Betrag zur theoretischen Begründung des Experimentes*, Zurich, Oerll-Füssli.

Bion Wilfred : 1979 a, *Aux sources de l'expérience* (*Learning from experience*, 1962), Paris, PUF.

Bion Wilfred : 1979 b, *Éléments de psychanalyse* (*Elements of psycho-analysis*, 1963), Paris, PUF.
Bion Wilfred : 1983, *Réflexion faite* (*Second thoughts*, 1967), Paris, PUF.
Bleandonu Gérard : 1985, *L'école de Mélanie Klein*, Paris, Centurion.
Boekholt Monika : « Et si c'était un TAT ? Une approche du Rorschach centrée sur les procédés d'élaboration du discours », *Bulletin de psychologie*, 44, 402, 1991-1992, 469-472.
Bolk Louis : 1926, « La genèse de l'homme », trad. J.-C. Keppy, *Arguments*, 18, mai 1984, 654-669.
Borch-Jacobsen Mikkel, Shamdasani Sonn : 2006, *Le dossier Freud. Enquête sur l'histoire de la psychanalyse*, Paris, Les Empêcheurs de penser en rond.
Bovet : 1913, « Un rêve expliqué », *Archives de psychologie*, Genève, 13, 380-383.
Bowlby John : 1959, *L'éthologie et l'évolution des relations objectales.*
Brazelton Terry B. et col : 1982, *La dynamique du nourrisson, ou quoi de neuf bébé ?* Paris, Éditions ESF.
Brazelton Terry B. : 1983, *La naissance d'une famille ou comment se tissent les liens* (*On becoming a family*, 1981), Paris Stock/Laurence Pernoud.
Brès Yvon : 1985, *Critique des raisons psychanalytiques*, Paris, PUF.
Buffon Georges-Louis Leclerc, comte de : 1749, *Histoire naturelle.*
Burloud Albert : 1948, *Psychologie*, Paris, Hachette.
Cattell Raymond : 1950, 1956, *La personnalité*, Paris, PUF.
Chabert Catherine : 1987, *La psychopathologie à l'épreuve du Rorschach*, Paris, Dunod.
Chabert Catherine : 1983, *Le Rorschach en clinique adulte. Interprétation psychanalytique*, Paris, Dunod.
Château Jean et col. : 1977, *La psychologie de l'enfant en langue française*, Toulouse, Privat.
Claparède Édouard : 1920, « Introduction » à Freud Sigmund : *La Psychanalyse*, trad. Par Yves Le Lay, Genève, S. A. des Éditions Sonor, 3-22.
Cobliner W. Godfrey : 1965, « L'école genevoise de psychologie génétique et la psychanalyse : Analogies et dissemblances », in Spitz René A. : *De la naissance à la parole*, fr., Paris, PUF, 1968, 233-278.
Coppens Yves : 1983, *Le singe, l'Afrique et l'homme*, Paris, Fayard.
Corraze Jean : « La personnalité », in *Encyclopaedia Universalis*, Paris, 1985, t. 14, 286-190.
Danset Alain : 1983, *Éléments de psychologie du développement. Introduction et aspects cognitifs*, Paris, Armand Colin/Bourrelier.
Daval Roger et col. : 1963-1964, *Traité de psychologie sociale*, tomes 1 et 2, Paris, PUF.
Dehaene Stanislas : 2006, *Vers une science de la vie mentale*, Paris, Collège de France/Fayard.
Delay Jean : 1945, *La psychophysiologie humaine*, Paris, PUF.
Delay Jean, Pichot Paul : 1964, *Abrégé de psychologie à l'usage de l'étudiant*, Paris, Masson.
Descartes René : *Œuvres et lettres*, Paris, Gallimard, La pléiade, 1952.

Doron Roland : 1961, « Contributions de la psychologie infantile à la caractérologie », *La caractérologie*, 4, 23-39.
Doron Roland : 1964, « La socialisation de l'enfant : la prématuration, la croissance, la communication, l'intégration sociale », in Daval Roger et col. : *Traité de psychologie sociale*, tome 2, Paris, PUF, 1-94.
Doron Roland : 1968, « Sens clinique et psychologie clinique », *Bulletin de psychologie*, 21, 270, 15-19, 1151-1167.
Doron Roland : 1971, *La conscience gestuelle. Recherches théoriques et cliniques*, Paris, Vrin.
Dvoretzki Gertrude : 1939, « Le test de Rorschach et l'évolution de la perception », *Archives de psychologie*, 27, 233-296.
Ey Henri : 1967, *Manuel de psychiatrie*, Paris, Masson.
Eysenck Hans Jürgen : 1947, 1950, *Les dimensions de la personnalité*, Paris, PUF.
Ferenczi Sandor : 1913, 1952, *First Contributions to psychoanalysis*.
Ferenczi Sandor : 1924, *Versuch einer Genitaltheorie*, *Essai d'une théorie génitale*.
Fiske John : 1874, *Outlines of cosmic philosophy, based on the doctrine of evolution, with criticisms on the positive philosophy*.
Fiske John : 1884, *Excursions of an evolutionist*.
Fiske John : 1884, *La destinée de l'homme*.
Freud Ernst et col. : 1979, *Sigmund Freud, lieux, visages, objets*, Frankfurt am Main, 1976, Bruxelles, Éditions Complexe/Gallimard.
Freud Sigmund : GW, 1952-1968, *Gesammelte Werke*, 19 B, © Imago Publishing Co, Ltd, London, S. Fischer Verlag, Frankfurt am Main, Gmbh Hamburg.
Freud Sigmund : SE, 1966, *The standard edition of the complete psychological works*, édit. par James Strachey, 24 vol., © The Institute of Psycho-Analysis and Mrs Alix Strachey, London, Hogarth Press, 1953-1966.
Freud Sigmund : OC, *Œuvres complètes, Psychanalyse*, dir. Jean Laplanche, 20 vol., Paris, PUF, 1989-1995.
Freud Sigmund : *Correspondance 1873-1939*, Paris, © Gallimard, 1960.
Freud Sigmund : AP, 1950, *Aus den Anfängen der Psychoanalyse, Briefe an Wilhelm Fliess, Abhandlungen und notizen aus den Jahren 1887-1902*, © Imago Publishing Co, Ltd, London ; NP, 1887-1902, *La naissance de la psychanalyse. Lettres à Wilhelm Fliess, notes et plans*, publiés par Marie Bonaparte, Anna Freud et Ernst Kris, Paris, © PUF, 1956.
Freud Sigmund : EP, 1920-1923, *Essais de psychanalyse*, Paris, Payot, 1981.
Freud Sigmund : EPA, 1949 a, *Essais de psychanalyse appliquée*, fr., 1933, Paris, Gallimard, 1975.
Freud Sigmund : VP, 1949 b, *Ma vie et la psychanalyse*, Paris, Gallimard, 1950, 1974, 1987.
Freud Sigmund : MP, 1952, *Métapsychologie*, Paris, Gallimard.
Freud Sigmund : TP, 1953, *De la technique psychanalytique*, Paris, PUF.
Freud Sigmund : CP, 1954, *Cinq psychanalyses*, Paris, PUF, 1966.
Freud Sigmund : VS, 1969, *La vie sexuelle*, Paris, PUF, 3ème édit., 1972.
Freud Sigmund : NPP, 1973, *Névrose, psychose et perversion*, Paris, PUF.

Freud Sigmund : RIP 1, 1984, *Résultats, idées, problèmes, 1, 1890-1920*, Paris, PUF.
Freud Sigmund : RIP 2, 1985, *Résultats, idées, problèmes, 2, 1921-1938*, Paris, PUF.
Freud Sigmund : 1885, Lettre à Martha Bernays du 11/7/1885.
Freud Sigmund : 1890, *Traitement psychique*, GW V, 287-315 ; SE 7, 281-302 ; RIP 1, 1-23.
Freud Sigmund : 1894, *Les Psychonévroses de défense*, NPP, 1-14.
Freud Sigmund : 1895 a, *Esquisse d'une psychologie scientifique*, NP, 307-396.
Freud Sigmund, Breuer Joseph : 1895 b, *Études sur l'hystérie*, Paris, PUF, 6ème édit., 1978.
Freud Sigmund : 1895 c, *Obsessions et phobies. Leurs mécanismes psychiques et leur étiologie*, NPP, 39-45.
Freud Sigmund : 1896 a, « Manuscrit K », NP, 129-137.
Freud Sigmund : 1896 b, *L'hérédité et l'étiologie des névroses*, GW 1, 405-422 ; NPP, 47-59 ; OC 3, 105-120.
Freud Sigmund : 1896 c, *Nouvelles remarques sur les psychonévroses de défense*, NPP, 61-81.
Freud Sigmund : 1896 d, *L'étiologie de l'hystérie*, NPP, 83-112.
Freud Sigmund : 1900, *L'interprétation des rêves*, GW 2-3, 1-642 ; Paris, PUF, 1971.
Freud Sigmund : 1901, *Psychopathologie de la vie quotidienne*, GW 4 ; Paris, Payot, 1948, 1963.
Freud Sigmund : 1905 a, *Trois essais sur la théorie de la sexualité*, GW 5, 27-145 ; Paris, Gallimard, 1962.
Freud Sigmund : 1905 b, *Fragment d'une analyse d'hystérie : Dora*, CP, 1-91.
Freud Sigmund : 1905 c, *Le mot d'esprit et ses rapports avec l'inconscient*, GW 6 ; Paris, Gallimard, 1930, 1969.
Freud Sigmund : 1907, *Délires et rêves dans la « Gradiva » de Jensen*, GW 7, 29-125 ; Paris, Gallimard, 1949, 1971.
Freud Sigmund : 1909 a, *Analyse d'une phobie d'un petit garçon de cinq ans : Le Petit Hans*, CP, 93-198.
Freud Sigmund : 1909 b, *Remarques sur un cas de névrose obsessionnelle : l'Homme aux rats*, GW 7, 379-463 ; CP, 199-261 ; OC 9, 131-214.
Freud Sigmund : 1910 a, *Un souvenir d'enfance de Léonard de Vinci*, fr., 1927, Paris, Gallimard, 1952.
Freud Sigmund : 1910 b, *Des sens opposés dans les mots primitifs*, EPA, 59-67.
Freud Sigmund : 1911 a, *Le Président Schreber*, CP, 263-324.
Freud Sigmund : 1911 b, *Formulations sur les deux principes du cours des événements psychiques*, GW 8, 229-238 ; RIP 1, 135-143 ; OC 11, 11-21.
Freud Sigmund : 1912 a, *Totem et tabou*, GW 9 ; Paris, Payot, 1947, 1965 ; OC 11, 189-385.
Freud Sigmund : 1912 b, *La dynamique du transfert*, TP, 50-60.
Freud Sigmund : 1912 c, *Contributions à la psychologie de la vie amoureuse : sur le plus général des rabaissements de la vie amoureuse*, VS, 55-65.
Freud Sigmund : 1913, *L'intérêt de la psychanalyse*, GW 8, 389-420 ; RIP 1, 187-213.
Freud Sigmund : 1914, *Pour introduire le narcissisme*, GW 10, 137-170, VS, 81-105.

Freud Sigmund : 1915 a, *Pulsions et destins des pulsions*, GW 10, 209-232 ; MP, 11-12 ; OC 13, 161-185.
Freud Sigmund : 1915 b, *Le refoulement* ; MP, 45-63.
Freud Sigmund : 1915 c, *L'inconscient*, GW 10, 263-303 ; MP, 65-123 ; OC 13, 203-242.
Freud Sigmund : 1915 d, *Observations sur l'amour de transfert*, GW 10, 305-321 ; TP, 116-141.
Freud Sigmund : 1915 d, *Actuelles sur la guerre et la mort*, GW 10, 323-355 ; EP, 7-40 ; OC 13, 125-155.
Freud Sigmund : 1916-1917, *Introduction à la psychanalyse*, GW 11 ; Paris, Payot, 1951, 1962.
Freud Sigmund : 1917, *Deuil et mélancolie*, MP, 147-174.
Freud Sigmund : 1918, *L'Homme aux loups*, CP, 325-420.
Freud Sigmund : 1919 a, *Un enfant est battu*, NPP, 219-243.
Freud Sigmund : 1919 b, *L'inquiétante étrangeté*, EPA, fr., 1933, Paris, Gallimard, 1949, 1975, 163-210.
Freud Sigmund : 1920, *Au-delà du principe de plaisir*, GW 13, 1-69 ; *Essais de psychanalyse*, 41-115 ; OC 15, 273-338.
Freud Sigmund : 1921, *Psychologie des masses et analyse du moi*, GW 13, 71-161 ; *Essais de psychanalyse*, 117-217 ; OC 16, 1-97.
Freud Sigmund : 1923 a, *Le moi et le ça*, GW 13, 235-298 ; EP, 219-275 ; OC 16, 255-301.
Freud Sigmund : 1923 b, *« Psychanalyse » et « Théorie de la libido »*, GW 13, 209-233 ; RIP 1, 51-77 ; OC 16, 181-208.
Freud Sigmund : 1923 c, *La disparition du complexe d'Œdipe*, VS, 116-122.
Freud Sigmund : 1924 a, *Le problème économique du masochisme*, GW 13, 369-383 ; NPP, 287-297 ; OC 17, 9-23.
Freud Sigmund : 1924 b, *Petit abrégé de psychanalyse*, GW 13, 403-427 ; RIP 2, 97-117 ; OC 16, 331-354.
Freud Sigmund : 1925, *Ma vie et la psychanalyse* ; *Freud présenté par lui-même* ; *Autoprésentation*, GW 14, 31-96 ; VP, 9-91 ; OC 17, 51-122.
Freud Sigmund : 1926 a, *Die Frage der Laienanalyse* GW 14, 207-286 ; *Psychanalyse et médecine*, VP, 93-184 ; *La question de l'analyse profane*, Gallimard, 1984 ; OC 18, 1-78.
Freud Sigmund : 1926 b, *Inhibition, symptôme et angoisse*, GW 14, 111-205 ; Paris, PUF, 1965 ; OC 17, 203-286.
Freud Sigmund : 1927, *L'avenir d'une illusion*, GW 14, 323-380 ; Paris, PUF, 1971 ; OC 18, 141-197.
Freud Sigmund : 1930, *Malaise dans la civilisation*, GW 14, 419-506 ; Paris, PUF, 1971 ; OC 18, 245-333.
Freud Sigmund : 1931 a, *Sur la sexualité féminine*, VS, 139-155.
Freud Sigmund : 1931 b, *Des types libidinaux*, VS, 156-159.
Freud Sigmund : 1933 a, *Nouvelles conférences d'introduction à la psychanalyse*, GW 15 ; Paris, Gallimard, 1984 ; OC 19, 83-275.

Freud Sigmund : 1933 b, *Pourquoi la guerre ?* GW 16, 11-27 ; RIP 2, 203-215 ; OC 19, 61-81.
Freud Sigmund : 1938, *Abrégé de psychanalyse*, GW 17, 63-138 ; Paris, PUF, 1951.
Freud Sigmund : 1939, *Moïse et le monothéisme*, GW 16, 101-246 ; Paris, Gallimard, 1948.
Gesell Arnold : 1957, *Le jeune enfant dans la civilisation moderne.*
Glass Harvey, Meltzoff Julian : 1957, « The inhibition process, Rorschach human movement responses and intelligence », *Journal of Consulting Psychology*, 21, 339-42.
Goldmann Lucien : 1959, *Recherches dialectiques*, Paris, Gallimard.
Gouin-Décarie Thérèse : 1962, *Intelligence et affectivité chez le jeune enfant*, Paris, PUF.
Gould Stephen Jay : 1977, *Ontogeny and Phylogeny*, Cambridge and London, Harvard University Press.
Grimal Nicolas : 1988, *Histoire de l'Égypte ancienne*, Paris, Fayard.
Grinberg Léon et col. : 1976, *Introduction aux idées psychanalytiques de Bion* (*Introducción a las ideas de Bion*, 1972), Paris, Dunod.
Hartmann Eduard : 1869, *Philosophie de l'inconscient.*
Hartmann Heinz : 1939, *La psychologie du moi et le problème de l'adaptation*, Vienne ; New-York, 1958 ; Paris, PUF, 1968.
Hegel Georg Wilhelm Friedrich : 1807, *Phänoménologie des Geistes*, Bamberg und Würzburg, bey Joseph Anton Goebhardt, Philipp Reclam Jun. Stuttgart, 1987.
Hegel Georg Wilhelm Friedrich : 1811, *Science de la logique*, trad. S. Jankélévitch, 2 vol., Paris, Aubier, 1947 ; *Logique*, éd. Labarrière, 1981.
Hesnard Angelo : 1957, *Psychanalyse du lien interhumain*, Paris, PUF.
Holt R. R. : 1956, « Gaujing primary and secondary processes in Rorschach responses », *J. Proj. Techn.*, 20, 14-25.
Houdé Olivier : 2006, *10 leçons de psychologie et pédagogie*, Paris, PUF.
Hume David : 1739-1740, *Traité de la nature humaine*, 2 vol., Paris, Aubier, 1946 (souvent cité par Bion).
Jakobson Roman : 1963, *Essais de linguistique générale*, Paris, Éditions de Minuit.
Jalley Émile : 1981, *Wallon lecteur de Freud et Piaget*, Paris, Éditions sociales.
Jalley Émile : 1982-1983, « Type de résonance intime et motricité », *Bulletin de Psychologie*, 36, n° 362, sept.-oct., 843-860.
Jalley Émile : Postface : « Une dialectique entre la nature et l'histoire. Une psychologie conflictuelle de la personne. La spirale et le miroir », in Wallon Henri : *Psychologie et dialectique, Écrits de 1926 à 1961*, 189-241, réédit. in : Jalley Émile, 2006, *Wallon et Piaget. Pour une critique de la psychologie contemporaine*, Paris, L'Harmattan.
Jalley Émile : 1998, *Freud, Wallon, Lacan. L'enfant au miroir*, Paris, EPEL.
Jalley Émile : 2006, *Wallon et Piaget. Pour une critique de la psychologie contemporaine*, Paris, L'Harmattan.
Janet Pierre : 1914, « La psychoanalyse », *Journal de psychologie normale et pathologique*, 1-36 et 97-130.
Jones Ernst : 1953, 1955, 1957, *La vie et l'œuvre de Sigmund Freud*, 3 vol., fr., Paris, PUF, 1958, 1961, 1969.

Jouvet Michel : 1979, « Rêves - Dix mille siècles dans nos têtes », *Le Nouvel Observateur*, 29 oct. 1979.
Jung Carl Gustav : 1908-1909, « L'analyse des rêves », *L'année psychologique*, 15, 160-167.
Jung Carl Gustav : 1921, 1950, *Types psychologiques*, Genève, Librairie de l'Université.
Kant Immanuel : 1781-1787, *Critique de la raison pure*, trad. Tremesaygues-Pacaud, Paris, PUF, 1950, *Kritik der reinen Vernunft*, éd. Adickes, 1889.
Kardiner Abram : 1939, 1969, *L'individu dans la société. Essai d'anthropologie psychanalytique*, Paris, Gallimard.
Klein Mélanie : 1932, *Die Psychoanalyse des Kindes*, Wien, Internationale Psychoanalytischer Verlag ; trad. par Strachey Alix :*The psycho-analysis of children*, London Hogarth Press, 1932 ; trad. fr. : *La psychanalyse des enfants*, Paris, PUF, 1959, 5ème édit., 1978.
Klein Mélanie : 1948, « Sur la théorie de l'angoisse et de la culpabilité », in Klein Mélanie et col. : 1952, *Développements de la psychanalyse*, Paris, PUF, 254-273.
Klein Mélanie : 1952, *Développements de la psychanalyse*, fr., Paris, PUF, 1966, 4ème édit. 1980.
Klein Mélanie : 1968 a, *Essais de psychanalyse* (1948), Paris, Payot.
Klein Mélanie : 1968 b, « Envie et gratitude » (1957), in : *Envie et gratitude et autres essais* (1957, 1963, 1968), Paris, Gallimard, 11-93.
Klein Mélanie : 1968 c, *L'amour et la haine* (1937), Paris, Payot.
Klein Mélanie : 1975, *The writings of Melanie Klein*, éd. par Money-Kyrle R. E., Joseph B., O'Shaughnessy E., Segal H., 4 vol., London, Hogarth Press.
Klopfer Bruno : 1954, *Developments in Rorschach technique*, 3 vol., New-York, Burlingame, Harcourt, Brace and World.
Kostyleff Nicolas : 1911 a, Freud et le traitement moral des névroses (Contribution à l'étude objective de la pensée), *Journal de psychologie normale et pathologique*, 135-146, et 246-257.
Kostyleff Nicolas : 1911 b, « Freud et le problème des rêves. Contribution à l'étude objective de la pensée », *Revue philosophique*, 72, 491-522.
Kostyleff Nicolas : 1912, « La psychoanalyse appliquée à l'étude objective de l'imagination », *Revue philosophique*, 73, 367-396.
Kreisler Léon : 1981, *L'enfant du désordre psychosomatique*, Rencontres cliniques, Toulouse, Privat.
Kretschmer Ernst : 1921, 1931, *La structure du corps et le caractère*, Paris, Payot.
Lacan Jacques : 1938, « La famille », in *Encyclopédie française*, *La vie mentale*, tome 8, Directeur : Henri Wallon, Paris, Larousse, 8.40.3-8.42.8, réédit., *Les complexes familiaux dans la formation de l'individu*, *Essai d'analyse d'une fonction en psychologie*, Paris, Navarin, 1984.
Lacan Jacques : 1966, *Écrits*, Paris, Seuil.
Lagache Daniel : 1938, « Note sur le langage et la personne », in : *Les hallucinations verbales et travaux cliniques, Œuvres 1, 1932-1946*, Paris, PUF, 1977, 205-213.

Lagache Daniel : 1949, *L'unité de la psychologie. Psychologie expérimentale et psychologie clinique*, Paris, PUF.
Lagache Daniel : 1952, « le problème du transfert », in : *Le transfert et autres travaux psychanalytiques, Œuvres III, 1952-1956*, Paris, PUF, 1980, 1-114.
Lagache Daniel : 1954, « Quelques aspects de l'identification », ibid., 202-213.
Lagache Daniel : 1955, *La psychanalyse*, Paris, PUF.
Lagache Daniel : 1955, « La psychanalyse, évolution, tendances et problèmes actuels », in : op. cit., *Œuvres III*, 231-256.
Lagache Daniel : 1958, « Vues psychanalytiques sur les émotions », in : *Agressivité, structure de la personnalité et autres travaux, Œuvres IV, 1956-1962*, Paris, PUF, 1982.
Lagache Daniel : 1961, « La psychanalyse et la structure de la personnalité », ibid., 191-237.
Lagache Daniel et col. : 1965, *Les modèles de la personnalité en psychologie, Symposium de l'Association de psychologie scientifique de langue française*, Paris, PUF.
Lahy Jean-Maurice : 1927, « Méthode de mise au point et d'étalonnage d'un test d'aptitude professionnelle : Le Test du Tourneur », *Journal de Psychologie*, 15 avril.
Lansier Cyrille, Olivier-Martin René : 1988, « Les personnalités pathologiques » *Encyclopédie médico-chirurgicale*, t. 3, *Psychiatrie*, 37, 320, A, 10, 9-34.
Lapassade Georges : 1963, *L'entrée dans la vie*, Paris, Éditions de Minuit.
Laplanche Jean : 1970, *Vie et mort en psychanalyse*, Paris, Flammarion.
Laplanche Jean, Pontalis Jean-Bertrand : 1967, *Vocabulaire de la psychanalyse*, Paris, PUF.
Lebovici Serge, Soulé Michel : 1970, *La connaissance de l'enfant par la psychanalyse*, Paris, PUF.
Leroi-Gourhan André : 1964, *Le geste et la parole*, 2 vol., Paris, Albin Michel.
Leroy Eugène-Bernard : 1908, « À propos de quelques rêves symboliques », *Journal de psychologie normale et pathologique*, 358-365.
Lewin Kurt : 1964, *Psychologie dynamique*, Paris, PUF.
Linton Ralph : 1945, 1959, *Le fondement culturel de la personnalité*, Paris, Dunod.
Loosli-Usteri Margueritte : 1965, *Manuel pratique du test de Rorschach*, Paris, Hermann.
Maeder Alphonse : 1907 a, « Contributions à la psychopathologie de la vie quotidienne. Oublis-confusions-lapsus », *Archives de psychologie*, Genève, 4, 148-152.
Maeder Alphonse : 1907 b, « Essai d'interprétation de quelques rêves », *Archives de psychologie*, Genève, 4, 354-375.
Maeder Alphonse : 1909, « À propos des symboles », *Journal de psychologie normale et pathologique*, 46-51.
Maeder Alphonse : 1911-1912, « Sur le mouvement psychanalytique. Un point de vue nouveau en psychologie », *L'année psychologique*, 18, 389-418.
Mairesse Anne-Marie : 1978, *L'enfant suce-pouce*, Neuchâtel, Delachaux-Niestlé.
Malherbe Michel : 1984, *La philosophie empiriste de David Hume*, Paris, Vrin (à propos de Bion).
Malinowski Bronislaw : 1927, 1967, *La sexualité et sa répression dans les sociétés primitives*, Paris, Payot.

Malrieu Philippe : 1963, *La vie affective de l'enfant*, Paris, Éditions du scarabée.
Malrieu Philippe : 1967 a, *Les émotions et la personnalité de l'enfant*, Paris, Vrin.
Malrieu Philippe : 1967 b, *La construction de l'imaginaire*, Bruxelles, Dessart.
Malrieu Philippe : 1983, « Personnalisation et prise de conscience chez Jean Piaget », in : Not Louis et col. : 1983, *Perspectives piagétiennes*, Toulouse, Privat, 15-45.
Mathieu J., Thomas R. : 1985, *Manuel de psychologie*, Paris, Vigot.
Mauco Georges : 1948, *De l'inconscient à l'âme enfantine*, Paris, Psyché.
Maury Liliane : 1984, *Piaget et l'enfant*, Paris, PUF.
Mauss Marcel : 1950, *Sociologie et anthropologie*, Paris, PUF.
Mead George Herbert : 1934, 1965, *L'esprit, le soi et la société*, Paris, PUF.
Mead Margaret : 1930, 1973, *Une éducation en Nouvelle-Guinée*, Paris, Payot.
Meili Richard : 1963, « La structure de la personnalité », in : Fraisse Paul, Piaget Jean : *Traité de psychologie expérimentale* ; t. 5, Paris, PUF.
Meltzoff Julian, Levine Murray : 1954, « The relationship between motor and cognitive inhibition », *Journal of Consulting Psychology*, 19, 355-358.
Menzerath Paul : 1912, « Contribution à la psychoanalyse », *Archives de psychologie*, Genève, 12, 372-387.
Nicolas Serge : 2002, *Histoire de la psychologie française*, Paris, Inpress.
Not Louis et col. : 1983, *Perspectives piagétiennes*, Toulouse, Privat.
Nuttin Joseph : 1965, *La structure de la personnalité*, Paris, PUF.
Odier Charles : 1950, *L'angoisse et la pensée magique*, Neuchâtel, Delachaux-Niestlé.
Ohayon Annick : 1999, *L'impossible rencontre*, Paris, La Découverte.
Petot Jean-Marie : 1982, *Mélanie Klein, Le moi et le bon objet, 1932-1960*, Paris, Dunod.
Piaget Jean : 1919, « La psychanalyse dans ses rapports avec la psychologie de l'enfant », *Bulletin de la Société Alfred Binet*, Paris.
Piaget Jean : 1923 a, *Le langage et la pensée chez l'enfant*, Neuchâtel, Delachaux-Niestlé.
Piaget Jean : 1923 b, « La pensée symbolique et la pensée de l'enfant », *Archives de psychologie de Genève*, 18, 273-304.
Piaget Jean : 1924, *Le jugement et le raisonnement chez l'enfant*, Neuchâtel, Delachaux-Niestlé.
Piaget Jean : 1927, *La causalité physique chez l'enfant*, Paris, Alcan.
Piaget Jean : 1933, « La psychanalyse et le développement intellectuel », *Revue française de psychanalyse*, Paris, 6, 405-408.
Piaget Jean : 1933, « L'individualité en histoire. L'individu et la formation de la raison », CVP, *Revue européenne des sciences sociales, Cahiers Vilfredo Pareto*, t. 14, n° 38-39, 1976, 81-123.
Piaget Jean : 1936, *La naissance de l'intelligence chez l'enfant*, Neuchâtel, Delachaux-Niestlé.
Piaget Jean : 1937, *La construction du réel chez l'enfant*, ibid.
Piaget Jean : 1940, « Le développement mental de l'enfant », Juventus Helvetica, Zurich, réédit. in : 1964, *Six études de psychologie*, Paris, Gonthier, 9-86.

Piaget Jean : 1945, *La formation du symbole chez l'enfant. Imitation, jeu et rêve, image et représentation*, ibid.
Piaget Jean : 1950, *Introduction à l'épistémologie génétique*, Paris, PUF, 3 vol., Paris, PUF.
Piaget Jean : 1950, *Introduction à l'épistémologie génétique* ; t. 3. *La pensée biologique, la pensée psychologique et la pensée sociologique*, Paris, PUF.
Piaget Jean : 1951, « Pensée égocentrique et pensée sociocentrique », *Cahiers internationaux de sociologie*, Paris, 10, 34-49, réédit. in : op. cit., CVP, 148-160.
Piaget Jean : 1954, *Les relations entre l'affectivité et l'intelligence dans le développement mental de l'enfant*, Paris, Centre de documentation universitaire.
Piaget Jean et col. : 1957, *Les liaisons analytiques et synthétiques dans les comportements du sujet*, EEG 4, Paris, PUF.
Piaget Jean : 1960, « Problèmes de la psychosociologie de l'enfance », in : Gurvitch Georges : *Traité de sociologie*, t. 2, 229-254, réédit. in : CVP, 161-197.
Piaget Jean : 1963, « L'explication en psychologie », in Fraisse Paul et Piaget Jean : *Traité de psychologie expérimentale* ; t. 1. *Histoire et méthode*, Paris, PUF.
Piaget Jean : 1965, *Sagesse et illusions de la philosophie*, Paris, PUF.
Piaget Jean et col. : 1967, *Logique et connaissance scientifique*, Paris, Gallimard.
Piaget Jean : 1971, « Inconscient cognitif et inconscient affectif », *Raison présente*, n° 19, Paris, Éditions rationalistes, rééd. in : *Problèmes de psychologie génétique*, Paris, Denoël, 1972, 36-53.
Piaget Jean et col. : 1974, *Recherches sur la contradiction*, 2 vol., Paris, PUF.
Piaget Jean : 1975, *L'équilibration des structures cognitives*, Paris, PUF.
Piaget Jean et col. : 1977, *Épistémologie génétique et équilibration*, Neuchâtel-Paris.
Pichot Paul : 1965, « Les modèles psychopathologiques de la personnalité » in Lagache Daniel et col. : *Les modèles de la personnalité en psychologie*, Symposium de l'APSLF, Paris, PUF, 1965, 55-89.
Piéron Henri : 1963, *Vocabulaire de la psychologie*, Paris, PUF.
Pommier Gérard : 2004, *Comment les neurosciences démontrent la psychanalyse*, Flammarion.
Pommier René : 2008, *Sigmund est fou et Freud a tout faux*, Paris, Éditions de Fallois.
Preyer Wilhelm : 1882, *Die Seele des Kindes*, *L'âme de l'enfant*, trad. Varigny, Paris, Alcan, 1987.
Rambert Madeleine : 1945, *La vie affective et morale de l'enfant*, Neuchâtel, Delachaux-Niestlé.
Rapaport David and col. : 1945, *Diagnostic psychological testing*, Chicago, the Year Book Publishers
Rausch de Traubenberg Nina : 1970, *La pratique du Rorschach*, Paris, PUF.
Rausch de Traubenberg Nina, Shentoub Vica : 1982, « Tests de projection de la personnalité », Paris, EMC, 37190 A10, 9.
Rausch de Traubenberg Nina, Chabert Catherine : 1982 b, « Tests de projection de la personnalité chez l'enfant », Paris, EMC, 37190 BIO, 2.
Rausch de Traubenberg Nina, Boizou Marie-France : 1977, *Le Rorschach en clinique infantile*, Paris, Dunod.

Regis E., Hesnard Angelo : 1914, *La psychoanalyse des névroses et des psychoses*, Paris, Alcan.
Rennes : *Test mécanique*, Paris, CPA.
Reuchlin Maurice : 1981, *Psychologie*, Paris, PUF.
Reymond-Rivier Berthe : 1966, « Intelligence, affectivité et sociabilité » in : *Psychologie et épistémologie génétiques. Thèmes piagétiens*, Paris, Dunod, 169-176.
Ribble Margaret : 1944, « Infantile experience in relation to personality development » in J. Mc and V. Hunt, eds. : *Personality and the Behavior Disorders*, 2, New York, Ronald Press.
Ribot Théodule : 1914, « La logique affective et la psychoanalyse », *Revue philosophique*, 78, 144-161.
Rorschach Hermann : 1921, *Psychodiagnostik*, Hans Huber, Bern und Berlin, 1932.
Rorschach Hermann : 1921, 1953, *Psychodiagnostic*, Paris, PUF.
Rousseau Jean-Jacques : 1762, *Émile*, Paris, Garnier, 1957.
Rousseau Jean-Jacques : 1778, *Œuvres complètes* ; t.1. *Confessions. Autres textes autobiographiques*, Paris, NRF, La Pléiade, 1957.
Roussillon René : 1991, *Paradoxes et situations limites de la psychanalyse*, Paris, PUF.
Roy C. : 1954, *Trésor de la poésie populaire française*, Paris, Seghers.
Saussure Raymond de : 1933, « Psychologie génétique et psychanalyse », *Revue française de psychanalyse*, Paris, Denoël, 364-408.
Schachtel Ernest G. : 1966, *Experiential foundations of Rorschach's test*, London, Tavistock publications.
Schafer Roy : 1954, *Psychoanalytic interpretation in Rorschach testing, theory and application*, New-York, Grune and Stratton.
Sempé Jean-Claude et col. : 1969, *La psychanalyse. Le point de la question*, Paris, SGPP, SPADEM et ADAGP.
Sheldon William Herbert : 1942, 1951, *Les variétés du tempérament*, Paris, PUF.
Shentoub Vica et col. : 1990, *Manuel d'utilisation du T.A.T. (approche psychanalytique)*, Paris, Dunod.
Sherrington Charles Scott : « Le Système nerveux central », *Traité de physiologie*, 3, 16 (en coll. avec Forster), London, Macmillan, 1897.
Sherrington Charles Scott : 1906, *The integrative action of the nervous system*, London, Constable.
Sherrington Charles Scott : 1909, « On plastic tonus and proprioceptive reflexes », *Quart. J. exp. Physiol.*, 2, 109-156, trad. « Le Tonus plastique et les réflexes proprioceptifs », l'une des sources hautement probables des conceptions neurologiques de Wallon.
Sillamy Norbert : 1980, *Dictionnaire de psychologie*, 2 vol. Paris, Bordas.
Smirnov V. N. : 1966, *La psychanalyse de l'enfant*, Paris, PUF, 3ème édit., 1974.
Spitz René A. : 1954, « Genèse des premières relations objectales », *Revue française de psychanalyse*, 18, 479-575.
Spitz René A. : 1957, *Le non et le oui. La genèse de la communication humaine*, fr., Paris, PUF, 1962.
Spitz René A. : 1965, *De la naissance à la parole*, fr., Paris, PUF, 1968.

Sulloway Frank J. : 1981, *Freud biologiste de l'esprit* (1979, by Basic Books, Inc., New York), Paris, Fayard.
Tap Pierre : 1983, « Affectivité et socialisation de l'enfant selon Piaget », in : Not Louis et col., op. cit., 47-64.
Tinbergen Nikolaas : 1953, *L'étude de l'instinct*, Paris, Payot.
Torris Georges : « La caractérologie », *Encyclopaedia universalis*, 1990, t. 4, 945-948.
Tran-Thong : 1969, *La pensée pédagogique d'Henri Wallon*, Paris, PUF.
Tran-Thong : 1971, *Stades et concept de stade de développement de l'enfant dans la psychologie contemporaine*, Paris, Vrin.
Vernon Philipp E. : 1950, 1952, *La structure des aptitudes humaines*, Paris, PUF.
Vogel G. et col. : 1970, *Atlas de biologie*, Paris, Stock.
Wallon Henri : NS1963, *Enfance, numéro spécial Henri Wallon, 1959-1963*, NS5963.
Wallon Henri : *Enfance, numéro spécial Henri Wallon, Écrits et souvenirs, 1968*, NS1698.
Wallon Henri : 1920 n° 22, « La conscience et la vie subconsciente », *J. de psycho.*, janvier 1920, 69-96, rééd. in : Dumas Georges : *Traité de psychologie*, Paris, Alcan, 1924, t. 2, 479-521 ; puis in : Dumas Georges : *Nouveau Traité de psychologie*, Paris, PUF, 1942, t. 1, 293-331 ; puis in : Jalley Émile : *Wallon lecteur de Freud et Piaget* (WFP), Paris, Éditions sociales, 1981, 381-394.
Wallon Henri : 1921 n° 27, « Le problème biologique de la conscience », *Revue philos.*, 1921, 1, 161-185, rééd. in : Dumas Georges : *Traité de psychologie*, Paris, Alcan, 1942, t. 1, 202-228 ; PUF, 1942, 1, 293-331 ; passages sur la psychanalyse réédités in WFP, 394-402.
Wallon Henri : 1925 n° 33-34, *L'enfant turbulent, Études sur les retards et les anomalies du développement moteur et mental*, Paris, Alcan, rééd. PUF, 1984.
Wallon Henri : 1926 n° 40, *Psychologie pathologique*, Paris, Alcan ; passages sur la psychanalyse réédités in WFP, 407-411.
Wallon Henri : 1927 n° 42, « La « Science des rêves » de Sigmund Freud », *J. de psychol.*, 24, 759-764, réédité in WFP, 412-416.
Wallon Henri : 1928 n° 45, « La mentalité primitive et celle de l'enfant », *Revue philos.*, 1928, 7-8, 82-105 ; passages sur la psychanalyse réédités in WFP, 417-419.
Wallon Henri : 1930 n° 53, « De l'image au réel dans la pensée de l'enfant », *Revue philos.*, 5-6, 446-458 ; passages sur la psychanalyse réédités in WFP, 419-423.
Wallon Henri : 1932 n° 66, « De l'expérience concrète à la notion de causalité et à la représentation-symbole », *J. de psychol.*, 1-2, 112-145 ; rééd. in : NS5963, 121-150 ; passages sur la psychanalyse réédités in WFP, 425-426.
Wallon Henri : 1934 n° 76, Intervention à la séance du 24/2/1934 de la *Soc. fr. de philos.*, pour le 25ème anniversaire de la mort de Rauh, *Bull. soc. fr. philo.*, 2, 64-71.
Wallon Henri : 1934 n° 79, *Les origines du caractère chez l'enfant. Les préludes du sentiment de personnalité*, Paris, Boivin, 5ème édit., Paris, PUF, 1973.
Wallon Henri : 1934 n° 81, « La loi en psychologie », in Science et loi (Centre intern. de synthèse), Paris, Alcan, 1934, réédit. in Gratiot-Alphandéry Hélène : *Lecture d'Henri Wallon. Choix de textes*, Paris, Éditions sociales, 1976 ; passages sur la psychanalyse réédités in WFP, 438-441.

Wallon Henri : 1935 n° 82, « L'étude du caractère chez l'enfant et l'orientation professionnelle », *Revue philos.*, 5-6, 304-320 ; passages sur la psychanalyse réédités in WFP, 441-443.
Wallon Henri : 1935 n° 84, « Psychologie et technique », *J. de psycho*, 1935, et in : *À la lumière du marxisme*, Paris, Éd. soc. int., 1935, 128-148 ; réédit. in : NS5963, 1-2, 15-30.
Wallon Henri : 1936 n° 91, « Esprit critique et agnosticisme », Cahier du SPI, réédit. in : NS5963, 5-14.
Wallon Henri : 1938 n° 103, 1983, *La vie mentale*, Paris, Éditions sociales.
Wallon Henri : 1939 n° 105, « L'œuvre de Lévy-Bruhl et la psychologie comparée », *Revue philos.*, 1, 254-257 ; passages sur la psychanalyse réédités in WFP, 466-468.
Wallon Henri : 1939 n° 107, « Un psychologue humaniste : Charles Blondel », J. de psychol., 36, 1-10 ; réédit. in : NS5963 ; passages sur la psychanalyse réédités in WFP, 470-472.
Wallon Henri : 1939 n° 108, « La psychologie scientifique et l'étude du caractère », La pensée, nov.-déc. 1939, 6-12 ; passages sur la psychanalyse réédités in WFP, 470-472.
Wallon Henri : 1941 n° 111, 2000, *L'évolution psychologique de l'enfant*, Paris, Colin.
Wallon Henri : 1942 n° 113, *De l'acte à la pensée. Essai de psychologie comparée*, Paris, Flammarion.
Wallon Henri : 1943 n° 114, « La sensibilité affective : moi et non-moi », in : *La sensibilité dans l'homme et la nature* (Centre intern. de synthèse), Paris, PUF, 15-34 ; passages sur la psychanalyse réédités in WFP, 497-500.
Wallon Henri : 1945 n° 119, *Les origines de la pensée chez l'enfant*, Paris, PUF.
Wallon Henri : 1946 n° 124, « Le rôle de l'autre dans la conscience du moi », *Journal égyptien de psychologie*, 2, 1 ; réédit. in : NS5963, 279-286 ; passages sur la psychanalyse réédités in WFP, 500-504.
Wallon Henri : 1947 n° 127, « L'étude psychologique et sociologique de l'enfant », *Cah intern. sociol.*, 3, 3-23 ; réédit. in : NS5963, 297-388.
Wallon Henri : 1947 n° 129, « Les stades de l'évolution psychologique de l'enfant », *Éduc. nationale*, 27, 1-3 et 25, réédit. in : Wallon Henri : *Écrits de 1926 à 1961. Psychologie et dialectique*, Paris, Messidor, 1990, 140-147.
Wallon Henri : 1949 n° 145, « Préface à Dr Hesnard : « *L'univers morbide de la faute* » », Paris, PUF, 1949, VII-XII ; passages sur la psychanalyse réédités in WFP, 504-509.
Wallon Henri : 1951 n° 169, « Psychologie et matérialisme dialectique », *Societa*, 2 ; réédit. in : NS5963, 31-34.
Wallon Henri : 1951 n° 170, « Psychopathologie et psychologie génétique », *La raison*, 2, 46-53 ; réédit. in : NS5963, 35-42 ; passages sur la psychanalyse réédités in WFP, 509-512.
Wallon Henri : 1951 n° 177, « L'évolution dialectique de la personnalité », *Dialectica*, 5, 3-4 ; réédit. in : NS5963, 43-50 ; passages sur la psychanalyse réédités in WFP, 512-513

Wallon Henri : 1953 n° 199, « L'organique et le social chez l'homme », *Scientia* ; réédit. in : NS5963, 59-66.
Wallon Henri : 1954 n° 206, « Kinesthésie et image visuelle du corps propre chez l'enfant », *Bulletin de psychologie*, 7, 5, 239-246 ; réédit. in : NS5963, 252-263.
Wallon Henri : 1954 n° 208, « Journées internationales de psychologie de l'enfant (Paris, 1954). Rapport inaugural, *Enfance*, 1954, 3, 253-261 ; réédit. in : Gratiot-Alphandéry Hélène : *Lecture d'Henri Wallon. Choix de textes*, Paris, Éditions sociales, 1976, 297-306 ; passages sur la psychanalyse réédités in WFP, 513-516.
Wallon Henri : 1956 n° 221, « Importance du mouvement dans le développement psychologique de l'enfant », *Enfance*, 1956, réédit. in : NS5963, 235-259.
Wallon Henri : 1956 n° 224, « Les étapes de la personnalité chez l'enfant », in : *Le problème des stades en psychologie de l'enfant*, Symposium de l'APSLF, Paris, PUF, réédit. in : NS5963, 73-85.
Wallon Henri : 1958 n° 237, « Introduction à l'Émile, in : J.-J. Rousseau : Émile ou de l'éducation », Paris, Éd. Soc. intern., 7-60 ; réédit. in : NS5963, 53-89.
Wallon Henri : 1958 n° 241, « Fondements métaphysiques ou fondements dialectiques de la psychologie », *La nouvelle critique*, nov. 1958, réédit. in : NS5963, 99-110 ; passages sur la psychanalyse réédités in WFP, 516-518.
Wallon Henri : 1959 n° 247, « Entretien avec Henri Wallon », *La nouvelle critique*, 108, 11-25, réédit. in : NS5963, 17-29 ; passages sur la psychanalyse réédités in WFP, 518-519.
Wallon Henri : 1961, « Nécessité de l'école maternelle », *L'école et la nation*, 99, 14-16 ; passages sur la psychanalyse réédités in WFP, 519-521.
Widlöcher Daniel : 1979, « Wallon et Freud », *Enfance*, déc., 5, 335-345.
Winnicott Donald : 1958, *De la pédiatrie à la psychanalyse*, fr., Paris, Payot, 1978.
Winnicott Donald : 1971, *Jeu et réalité, L'espace potentiel*, fr., Paris, Gallimard, 1975.
Wood Peter et col. : 1974, *Les origines de l'homme. Les débuts de la vie*, Amsterdam, Time-Life, 115-118.
Zazzo René : 1971, « Du corps à l'âme : les réponses de Wallon et de Freud », *Nouvelle revue de psychanalyse*, print. 1971, réédit. in : Zazzo René : 1975, *Psychologie et marxisme*, Paris Denoël-Gonthier, 31-52.
Zazzo René : 1975, *Psychologie et marxisme*, Paris, Denoël-Gonthier.
Zazzo René : 1980, « Un Piaget méconnu », *L'évolution psychiatrique*, tome 45, fasc. 4, in : 1983, *Où en est la psychologie de l'enfant ?* Denoël-Gonthier, 261-268.

INDEX DES MATIÈRES

INDEX DES NOMS

L'HARMATTAN, ITALIA
Via Degli Artisti 15 ; 10124 Torino

L'HARMATTAN HONGRIE
Könyvesbolt ; Kossuth L. u. 14-16
1053 Budapest

L'HARMATTAN BURKINA FASO
Rue 15.167 Route du Pô Patte d'oie
12 BP 226
Ouagadougou 12
(00226) 76 59 79 86

ESPACE L'HARMATTAN KINSHASA
Faculté des Sciences Sociales,
Politiques et Administratives
BP243, KIN XI ; Université de Kinshasa

L'HARMATTAN GUINEE
Almamya Rue KA 028
En face du restaurant le cèdre
OKB agency BP 3470 Conakry
(00224) 60 20 85 08
harmattanguinee@yahoo.fr

L'HARMATTAN COTE D'IVOIRE
M. Etien N'dah Ahmon
Résidence Karl / cité des arts
Abidjan-Cocody 03 BP 1588 Abidjan 03
(00225) 05 77 87 31

L'HARMATTAN MAURITANIE
Espace El Kettab du livre francophone
N° 472 avenue Palais des Congrès
BP 316 Nouakchott
(00222) 63 25 980

L'HARMATTAN CAMEROUN
BP 11486
(00237) 458 67 00
(00237) 976 61 66
harmattancam@yahoo.fr

Achevé d'imprimer par Corlet Numérique - 14110 Condé-sur-Noireau
N° d'Imprimeur : 53426 - Dépôt légal : octobre 2008 - *Imprimé en France*